主　编：龙卫球

副主编：周友军　李　昊　丁海俊

撰稿人：龙卫球　周友军　李　昊　丁海俊　王天凡　李　超
聂卫锋　汪东丽　郑志峰　张陈果　王　琦　雷震文
林洹民　赵精武　孙新宽　马强伟　赵申豪　汤　敏
李传超　邓　辉　谢　地　郑　臻　王　江　庄晨曦
魏振华　李　磊　范冬雨　景南衡　李贝妮　秦　婧
米伊尔别克·赛力克

民法典权威解读丛书

丛书主编 龙卫球

中华人民共和国
民法典

·总则编释义·

龙卫球 ◎ 主编

ZHONG HUA REN MIN GONG HE GUO
MIN FA DIAN
ZONG ZE BIAN SHI YI

中国法制出版社
CHINA LEGAL PUBLISHING HOUSE

总　序

《中华人民共和国民法典》（以下简称《民法典》）由第十三届全国人民代表大会第三次会议通过，标志着新中国第一部民法典终于浮出水面。这部《民法典》出台意义重大，意味着我国民法通过改革开放近四十年的发展提升到一个法典化时期，而法典化以体系成熟、规范稳定为特点。《民法典》可谓凝聚了新中国成立以来几代人的立法智慧，是我国民法自晚清开始继受发展以来的一个重要里程碑，其立于历史的累积之上，同时具有鲜明的中国特色和临机发挥，可谓当代民法中继受和本土化发展融合极为突出的一个典范。

《民法典》既出，学理解释和司法解释大显身手的大好时机也就到来。《民法典》立得好固然重要，但是从其终极意义来讲，或者从一部民法典的实施效果来讲，学理解释、司法解释发达不发达、完备不完备，往往更加重要。近期和今后一段时间之内，可以预计关于《民法典》的释义甚至评注乃至更加复杂的各类法律阐释类作品会大量出现，其意义都在于提供学理解释。我国民法学日趋繁荣已然可期。

本丛书起意于此，旨在以学理解释定位，立足法条释义，面向法律适用，力求通过简洁阐释的方法，依次揭示各法条的规范对象和问题，扼要说明其历史演化基础并加以变化对比，明晰其制定理由，剖析理论和立法政策争议，明确若干适用要点等，以及必要时加入典型案例分析，可谓竭力以自己所掌握的方法论为基础，重点在体系解释和目的解释基础上，提出关于《民法典》逐条式的理解。编者期待，本丛书可以激扬新时代民法解释学的智慧火花，有助于《民法典》的有效实施和准确适用。

龙卫球

2020 年 6 月 5 日

前　言

《民法典》由总则和六个分编再加附则组成，共计1260条，体系庞大。《民法典》自2014年启动，采取了分两步走的策略。第一步是制定《民法总则》，2017年3月15日由第十二届全国人民代表大会第五次会议于2017年3月15日通过。第二步是编纂各分编，并在最后将总则合拢一并通过，即2020年5月28日由第十三届全国人民代表大会第三次会议通过。由此，《民法总则》转为了第一编“总则”，同时根据“附则”第1260条规定，《民法典》将于2021年1月1日生效，《民法总则》也于同日废止。《民法典》即将成为我国民事主体据以开展民事活动，国家据以调整民事法律关系的基本准则体系。

《民法典》第一编“总则”是全部法典的统领，具有提纲挈领的作用，对其作好释义具有重要意义，是理解民法典全部内容的一把钥匙。总体来看，总则编基本上原封不动将两年前的《民法总则》迁移进来，条文和其体系在《民法总则》时期就已经形成。但是这次整体移入《民法典》之后，使其在整个民法典体系中得以凸显，作为一般规定的脉络更加清晰。总则编或者说两年前的《民法总则》是制定的，意味着很多条文是重新提出来的，尽管不是一种狂飙式立法的结果，但是也在许多方面呈现出明显发展创制的意义。

总则编尊重了《民法通则》的历史，其基本架构和许多规定是通过继受而成，从这个意义上说可以称为《民法通则》的升级版，但同时也做出了重大的改革创新，不仅吸收了四十多年的理论发展和司法见解，更以《民法典》新的体系化思想为基础，根据现实情况和时代需要，做出了许多重大完善和发展。这些都不同程度地体现在总则编的每个章节。最重要的发展变化，可以归结为两个主要方面：

其一，推动我国民法体系和制度更进一步的现代化。总则编体现了不少时代创新，具有比较鲜明的时代属性。

首先，在民法体系观方面，名为“总则”实为“通则”，通过继受和发展《民法通则》的弹性架构，特别是通过强化第一章的原则体系规定，扬弃了由德国民法所代表的“价值中立”概念形式化封闭的旧体系观，转而发扬了由《瑞士民法典》和我国《民法通则》所发展的“价值彰显”的由“原则+规则”合成弹性化结构的新体系观。这种新体系观体现了当代民法的趋势，具有很强的当代适应性，可以在复杂社会中实现保留多样性整合。

其次，《民法总则》注重民商合一的规范整合，发挥其在统一规范方面的指引作用，同时可以有效满足商业化加剧趋势下对于民商架构应当明晰的需求。

再次，在许多具体方面做出重要创新。最突出的体现是在民商合一基础上增加民事主体的开放性和完善法人制度类型的改革。这些包括：对于民事主体进行了多元化的发展，特别是确认了“非法人组织”的民事主体地位；法人分类引入营利法人和非营利法人的分类，通过这种因重视功能作用而更加贴近社会经济发展开放需要的新兴分类，凸显营利法人的存在感，极大地顺应了当前商业组织和社会组织蓬勃发展对于法人形态的多样化开放需求；引入特别法人形式，适用了我国特殊政治经济体制下特定组织体的法人形态确认需要，有利于推动这些组织向法人化功能方向发展，同时依法维护这些组织中相关成员的民事法律地位和合法权益。

此外，还做出不少“开窗式”的立法授权，为未来布局。例如，在第五章“民事权利”中，进行了广泛的民事权利确认，同时为许多新型权利或法益的进一步立法奠定授权基础。其中，第111条“自然人的个人信息受法律保护”，第127条“法律对数据、网络虚拟财产的保护有规定的，依照其规定”，属于典型的“开窗式”立法，对于我们现在所置身的网络信息数据时代做出了及时回应。

其二，推动我国民法功能和作用更进一步的治理化。《民法典》以问题和目标为导引，强化自身在国家治理体系和能力现代化中的作用，总则编为此通过自身特有的作用方式，提升治理功能，促进民事权利保护和社会保护的协同。

首先，第一章“基本规定”明确彰显我国民法的协同治理要求。第1条关于民法目的的规定，在明确民法“保护民事主体的合法权益，调整民事关系”的同时，强调民法也具有社会维护的任务，着重添加“维护社会和经济秩序”“弘扬社会主义核心价值观”等要求；在第3条至第9条的原则规定中，在继续强调平等、自愿等民法传统内在价值原则的同时，保留和扩展了许多具有社会意义的价值原则，包括强化体现社会信赖价值的诚信原则，体现社会正义价值的公平原则以及禁止违反法律和公序良俗原则，全新引入生态环境保护原则等。

其次，在各主要制度上，增设了许多具有社会化意义的规定。例如，第二章“自然人”引入“社会监护”“成年任意监护”等；第三章“法人”通过引入“非营利法人”和“特别法人”概念，对于许多具有特殊社会结构意义的组织予以法人确认；第五章“民事权利”通过确立社会弱者的特殊权利，引入民事权利应与义务一致，民事权利行使不得损害国家利益、社会公共利益等原则规定，使得民事权利制度进一步走向社会相对化；第八章“民事责任”更是彰显一种社会化责任趋势，民事责任从保护民事权益，突破发展为在多个特定情形下也用来保护社会公共利益，具体如第184条的紧急救助的免责规定、第185条禁止对英雄烈士等进行造成社会公共利益损害的侵害等。

《民法典》既出，接下来最重要的问题，就是如何贯彻和实施的问题了。总则编作为我国民法典的开编，处于作为继受而来的“总则—分则”两层楼式的法典化体系构造的上端，且主要是以一般性法律规定作为其内容构成。那么，何谓总则范畴的一般性规定，其如何适用才属于实施得当？这里就不是总则编既有的204条规定简简单单的表述本身就可以揭示得了的。按照两层模式设计者构想，处于下端的即各分则部分，采取的是具体规定的方式，依照具体法律事实——法律关系的对应结构，形成一个个具体的法规范，从法律适用上来说，他们可以直接成为民事活动、民事调整或者民事裁判的依据；但是，分则条文可能存在大量表述的重复，于是处于上端的总则出场了，为了立法简约、经济起见，通过“提取公因式”的办法，将一些具有共同性的规定提炼出来，加以一般化规定。

这样，总则编规定在具体适用上，就产生了两层或多层的体系关联性，体现出一种“从后向前”的适用程序，即针对一个具体法律问题，分则有规定的则排斥总则规定的适用，分则没有规定时，总则有规定的则应自动降落加以适用。在这个意义上，总则编的条文作为所谓的上层规定，其适用的复杂性几乎不可言喻，无论解释方法还是解释空间都极为微妙。同时，前已述及，我们这部《民法典》实际秉持的民法体系观不是《德国民法典》代表的那种完全概念化形式的旧民法体系，而是由我们当年的《民法通则》通过吸收《瑞士民法典》发展起来的新民法体系观，即以“价值彰显”为特点，以“原则加规则”为体系构造，富有弹性创制和开放功能。由此而论，总则编势必具有更加复杂的法律适用问题，特别是存在新体系的解释复杂性问题。

需要说明的是，本人作为主编，自己撰写了其中一部分，其余写作任务主要是由一批国内的优秀民法青年才俊担当。虽然力求保障全书写作，努力追求方法贯彻上的一致性和整体水平上的均衡性，但组织撰写的时间略为匆忙，加之人数颇多，所以协调起来不易，差异和参差难免。但我坚持对每一位参写者的内容做了逐条通读和统稿，在觉得有必要的情况下，自己做主进行了不同程度地修改或调整，比例占半数以上，因为时间匆忙，就不及与各条作者本人进行具体协商了。此外，也就各章撰写了导读，以便读者可以更加系统地了解各章的规范整体、体系架构、规范重点和变化情况，旨在缓解逐条式释义容易导致的碎片化。但无论如何，草率和缺陷在所难免，欢迎读者指正和见谅。最后，感谢中国法制出版社的辛勤劳动和编辑支持，特别感谢韩璐玮编辑等的高效工作。

龙卫球

2020 年 6 月 20 日

目　录

Contents

第一章　基本规定

【导读】

本章以“基本规定”为主题，重点在于宣示和规定了我国民法的立法目的和制定依据、调整对象、基本原则、形式渊源、适用效力等民法上最一般规定。总体上来说，这些规定基本维持了1986年《民法通则》的基本规定的架构和内容，但是也有了一些与时俱进的调整和发展。从章名使用上，直到四审稿一直援用1986年《民法通则》名称“基本原则”，到了十二届全国人大五次会议最后审议修改阶段，调整为“基本规定”。

第一，关于民法上的立法目的和制定依据（第1条）。相比《民法通则》有关规定的具有弹性，新的表述更加具有清晰性和限定性，例如，过去目的中较为模糊的“适应社会主义现代化建设事业发展的需要”表述修改为更加具有限定性的“维护社会和经济秩序，适应中国特色社会主义发展要求”，过去依据中的“根据宪法和我国实际情况，总结民事活动的实践经验，制定本法”这一弹性而开放的表述，修改发展成为简洁而具限定性的“根据宪法，制定本法”的表述。

第二，关于民法的调整对象。根据主体更加多元的发展特点，增加了非法人组织作为主体的关系，同时在表述上把人身关系提到财产关系前面，体现了一种关注人身关系的立场。

第三，关于民法的基本原则。总体上维持了《民法通则》的原则体系，但有一定变化和发展。其一，保留了过去的平等原则（第4条）、自愿原则（第5条）、公平原则（第6条）和诚实信用原则（第7条）。这些原则以前在《民法通则》中都有规定，但此次却都作为单独的法条加以确立，更加明确和清晰了。该四条基本原则中，平等原则和自愿原则是民法最重要的体制性原则，体现民法的基本价值所在，而公平原则和诚信原则则是现代民法基于社会关系复杂化发展出来的限制性原则，旨在平衡个人的平等、自由价值与社会的公平、诚信价值之间的关系。其二，将过去已经确立的民事保护原则提到首位（第3条），也使其成为一项体制性原则。其旨在强调在我国保护民事权益的重要性，并特别要求有关组织或个人守法，即“不得侵犯”。其三，将过去实际确立的禁止违反公序良俗的原则规定，发展为禁止违反法律和公序良俗的两个方面并置的原则（第8条）。这里提升了禁止违反法律的原则要求，同时也将过去没有明确的“公序良俗”概念加以明确化。其四，新添规定了生态环境保护原则（第9条）。其旨在平衡民事活动自由与生态环境保护的关系，强调在当今人与自然日趋紧张的关系背景下，民事活动的绝对性应当受到生态环境保护的必要限制，以追求人与自然的关系和谐。其五，删除了等价有偿原则，也可以认为由公平原则吸收。其原因在于认为我国社会主义市场经济体系已经比较成熟，人们已经习惯了等价有偿，改革初期那些经常借助行政划拨、行政指令、“拉郎配”进而破坏等价交易的情况已经不多见，所以不必要将等价有偿作为一项原则来强调。

第四，关于民法法源。相比《民法通则》有不小的变化，即除了继续维持法律作为主要渊源之外，删除了过去以国家政策作为补充渊源的规定，而以习惯（法）替代之（第10条）。

第五，关于民法效力的规定，确立了两条简单规则。在事项效力方面明确了特别法优于本法作为普通民法而适用的一条原则规定（第11条）；在空间效力上确立了属地适用为主同时容许例外的原则规定（第12条）。这两条规定同时具有转介规定属性。

第一条　【民法立法目的和制定依据】① **为了保护民事主体的合法权益，调整民事关系，维护社会和经济秩序，适应中国特色社会主义发展要求，弘扬社会主义核心价值观，根据宪法，制定本法。**

【释义】

本条的规范对象是民法的立法目的和立法根据。本条规定在很大程度上继承了1986年《民法通则》第1条原来的规定。1986年《民法通则》第1条原文为，“为了保障公民、法人的合法的民事权益，正确调整民事关系，适应社会主义现代化建设事业发展的需要，根据宪法和我国实际情况，总结民事活动的实践经验，制定本法”。但本条规定根据近40年来民法观念发展和实践经验做了必要完

---

① 全书条旨为本书作者所加。

善，总体上更具有清晰性但也更具有限定性。

立法目的和立法根据是既相互区别又紧密相关的问题。立法目的是立法追求的价值目标，立法根据则是立法近前的直接依据。立法目的本身也可以说是一种立法价值根据。多数国家民法典并无此项规定，通常只在学说上倡导公法、私法的区分，并明确私法的目标是维护私人利益。但是，我国作为民法后发国家，在民法中宣示立法目的和根据，与下面宣示调整对象、基本原则等一样，有着独特的意义，即具有宣示民法的作用。从法律适用上来讲，它和原则条款等一样，本身不具有直接适用性，不得单独援引为裁判依据，但可以与其他具体规范结合，构成系统解释、目的解释的规范基础。

首先，是立法目的，即“为了保护民事主体的合法权益，调整民事关系，维护社会和经济秩序，适应中国特色社会主义发展要求”。包含了两层含义：

（1）从目的出发点来看，是“保护民事主体的合法权益”[①]。与《民法通则》原来的规定比较，用“民事主体”表述替代了过去的“自然人、法人”表述，因为《民法典》对于民事主体类型规定更加多元化了，除了自然人和法人，还包括非法人组织等。民法在目的上具有权利法性质，其出发点是保护民事权益。当然，民法在目的上本身不是只被动地保护权利，本身更具有积极的明确或确认权利的要求，所以在此“保护”一词不宜孤立解释，必要时应该延伸到以包含“明确和确认”权利为前提。以明确和保护民事权益为目的，这说明民法的立法功能是赋权保障，因此民法主要为授权性立法或任意法，区别于以命令性立法为特点的刑法和行政法。在立法过程中，有的学者建议稿提出表述为“明确和保护民事主体的合法权益”显得更加完整，[②] 但最终立法文本没有采用这种建议，可能有多个原因。一方面，此次民法总则制定名为制定实际上是以修改《民法通则》为基础，所以在立法表述上尽量维持原来《民法通则》条文的表述，能不加就不加，能不改就不改；[③] 另一方面，关于民事权益是否皆可由民法明确或确认也存

---

① 北京航空航天大学法学院课题组（龙卫球主持）：“《中华人民共和国民法典·通则编》草案建议稿”（以下简称“北航建议稿”）建议将此处原来《民法通则》表述的“合法的民事权益”中的“合法的”字样删去，认为“民事权益”表述本来就具有合法的属性，否则怎么称“权益”呢？参见北航法学院课题组（龙卫球主持）：“北航建议稿”第 1 条，载“中国法学创新网”，http：//www. fxcxw. org/index. php/home/xuejie/artindex/id/9597. html。

② 参见北航法学院课题组（龙卫球主持）：“北航建议稿”第 1 条，载“中国法学创新网”，http：//www. fxcxw. org/index. php/home/xuejie/artindex/id/9597. html。

③ 具体负责民法典编纂工作的全国人大法工委民法室的副主任石宏在接受媒体采访中明确了这种起草思想，“民法总则在编纂民法的基本制度和一般规则的时候，尽量把民法通则的一些基本的规则都拿了过来”。参见《法工委民法室：初步考虑民法总则通过后民法通则暂不废》，http：//www. zgjdnews. com/xinwen/shehui/19266. html。

在争议，在自然法思想中就有一种观点认为，自然人的民事地位和权利是天赋的，而不是由实在法确认而来的。

（2）从目的效果来看，是“调整民事关系，维护社会和经济秩序，适应中国特色社会主义发展要求，弘扬社会主义核心价值观”。相比过去《民法通则》，《民法典》删除了“调整民事关系”前面的“正确”二字，大概认为这种表述纯属多余，添加了“维护社会和经济秩序”表述，并将过去“适应社会主义现代化建设事业发展的需要”修改表述为“适应中国特色社会主义发展要求”，还添加了“弘扬社会主义核心价值观”[①]。保护民事权益，在目的效果上，一是应发挥调整民事关系的效果，这是最直接的效果，结合保护民事权益的出发点理解，这种对于民事关系的调整是以保护民事权益为中心的，保护民事权益既是调整目的也是调整手段。二是也应当发挥维护社会和经济秩序、适应中国特色社会主义发展要求、弘扬社会主义价值观的宏观效果，这些效果和调整民事关系的一般效果相比，更具有整体性，因此体现了一种微妙的平衡要求，使得我国民法在立法目的上具有将调整民事关系与维护特定的社会和经济秩序和适应特色社会主义发展要求整体兼顾的限定效果。[②]

其次，是立法依据，即“根据宪法，制定本法”。新法没有继承《民法通则》的原来表述，而是进行了修改简化，使用了这种更加明确也更加限定的一种表述。

从文义解释上，指宪法是民法的制定依据，既指宪法是民法的立法权力和程序上的依据，也是民法的制度内容上的依据。在此次立法过程中，学术界对于宪

---

① “弘扬社会主义核心价值观”的表述最早是在第三次审议稿中出现，作为第133条权利行使的一条限制原则的第二段出现，前一段是目前移入第8条的环境保护原则，体现人与自然的和谐，该句的宗旨大概是想体现人与社会的和谐，以此作为权利行使的一种限制。《民法总则》终审稿将这句话提升规定到了第1条民法目的条款，作为总的目的追求的一部分，使得民法保护民事权益的定位受到特定的社会价值限制。

② “北航建议稿”在目的效果段落明确添加了“维护社会正义”的要求，认为这样既符合国际民商法的当下趋势，也能够更好体现我国特色社会主义价值理念中的公平理念。民法随着时代发展，已经进入一个保护民事权益同时必须兼顾社会正义或社会公平的时代，这些既体现在财产领域，也体现在人身领域，一切民事活动包括民事权利的取得、享有、行使和消灭，都必须受到社会公平的价值限制。20世纪以后，各国民法发展越来越体现出这种趋势，有的国家通过增补“私权应当服从公共福利”等原则修补原来民法在社会公义上的不足（如日本），有的则通过越来越多的单行法来软化民法私权的绝对化。“北航建议稿”还建议将原先“适应社会主义现代化建设事业发展的需要”修改为“适应建设社会主义市场经济和全面推进依法治国的需要”，旨在更加明确的同时，可以体现我国民法置身社会市场经济和全面依法治国的背景的动态发展的目的需要。《民法通则》实施近四十年来，在这种面向未来的开放表述的指引下，我国民商法立法没有封闭而是得到极大发展，不断随着改革开放、依法治国和社会主义市场经济的发展而发展，甚至超越《民法通则》既有的框架和规定，包括先后制定出《公司法》《合同法》《物权法》《侵权责任法》等民商事立法，极大地丰富了我国民商事法律制度。

法作为民法制定的立法权力和程序依据争议不大，但对于宪法作为民法的制定依据则存在较大的争议。反对的观点认为，民法在制定依据上具有独特性，赞成的观点则认为，基于宪法是根本法的论断，民法应以宪法为其内容依据，甚至应该成为宪法的施行法。① 新法从文本上来看，似乎采纳了赞成论的见解。

但笔者认为，在民法根据上解释不宜极端，而应当有一定的开放性，宜引入体系解释观，将前面的目的表述和“根据宪法”表述结合起来，将目的要求视为立法价值依据而纳入理解，形成一种既尊重宪法又不限于宪法的开放依据体系。从比较法上来看，在历史上，著名民法典坚持“宪法是公法的基本法、民法是私法的基本法”的理论分野，同时坚持民法具有作为市民社会生活规范的原发性，所以没有表述自己的根据是“宪法”或仅为“宪法”，在今天，虽然宪法作为高级法出场，对于民法的制定具有重要的框架影响，但是民法的实质渊源并不限于宪法，而是仍然具有显著的自生性和很大的开放性。从我国过程来看，《民法通则》对于民法的制定依据，采取的是一种更加灵活开放的表述，即“根据宪法和我国实际情况，总结民事活动的经验”，在制定根据上既表示尊重宪法又表示不限于宪法，在“宪法”和“我国实际情况”的结合关系中形成了一种张力机制，同时要求“总结民事活动的实践经验”，但是到了 2007 年《物权法》开始，这种民事立法根据表述才突然开始简化为“根据宪法”的表述，其意在于凸显民法制定根据的全面宪法化，但是这种简化尚不能得到合理论证。

值得一提的是，有些建议稿曾提出在本条加入“维护自然环境”等目的表述，但没有得到采纳，原因大概是因为这些目的追求对于我们整个法律体系来说非常重要，但是并非民法本身的体制追求，应该主要通过民法以外的其他法律比如环境资源法、经济法去实现，对于民法来说是一种外部限制，所以作为一项民法基本原则中的限制性原则，放到了第 9 条的位置。② 新法在本条最终也没有加入中国法学会版《民法总则草案建议稿》提出“维护人的尊严”“尊重和保护人

---

① 反对宪法根据论的观点，参见龙卫球：《民法典编纂要警惕“宪法依据”陷阱》，载《法学的自觉》，北京大学出版社 2015 年版，更早刊于财新网，http：//opinion. caixin. com/2015 - 04 - 22/100802509. html；龙卫球：《民法依据的独特性——兼论民法与宪法的关系》，载《国家检察官学报》2016 年第 6 期。赞成宪法根据论的观点，参见郑贤君：《作为宪法实施法的民法——兼议龙卫球教授所谓的“民法典制定的宪法陷阱”》，载《法学评论》2016 年第 1 期；韩大元：《民法典编纂要体现宪法精神》，载《国家检察官学报》2016 年第 6 期；秦前红：《民法典编纂中的宪法学难题》，载《国家检察官学报》2016 年第 6 期；林来梵：《关于民法典编纂的宪法学透析》，载《法学研究》2016 年第 4 期。持中间立场的观点，参见谢鸿飞：《中国民法典的宪法功能——超越宪法施行法与民法帝国主义》，载《国家检察官学报》2016 年第 6 期。此外，相关讨论，还可以参见林来梵、龙卫球、王涌、张翔：《对话：民法典编纂的宪法问题》，载《交大法学》2016 年第 4 期。

② 关于环境保护条款在民法中的位置，一直存在立法争议，第三稿放到了民事权利一章，作为权利行使的一项原则处理。在十二届全国人大五次会议的四审稿中，作为民法基本原则，最后通过稿放在第 9 条。

的尊严”“促进人格自由发展”的目的表述，原因应该是认为这些虽然属于法律的总体价值，但民法本身作为保护民事权益和调整民事关系的法律首先存在更加近前的法律价值，民法通过这些近前的价值最终达成法律的总体价值，所以不必在民法目的中表达这些总体价值，否则容易导致价值层次的混乱，且模糊民法制度的直接意义。

（撰稿人：龙卫球）

第二条 【民法调整对象】民法调整平等主体的自然人、法人和非法人组织之间的人身关系和财产关系。

【释义】

本条是关于民法调整对象的宣示规定。本条也是我国民法的重要宣示类条款之一，其他国家也通常并无类似规定。这一条文的意义在于：不仅在观念上宣示了民法的法域独立性，而且也在规范技术上明确了民法的适用领域，为正确认识民法性质提供观念指导，也为民法拓展其范围提供了规范依据。最早在《民法通则》就有了这一关于调整对象的宣示规定。相比《民法通则》时期的规定，本规定作了一定表述上的修改发展，由“民法调整平等主体的公民之间、法人之间、公民和法人之间的财产关系和人身关系”，修改为“民法调整平等主体的自然人、法人和非法人组织之间的人身关系和财产关系”。即有两处表述变化：一是主体由自然人、法人二元变成自然人、法人、非法人组织三元；二是将人身关系提到财产关系的前面，强调人身关系的优越性。

关于民法调整对象的上述规定的解读，首先，最重要的一点理解是其具有“平等主体”的限定性，即民法调整对象限于平等主体之间的关系，这是区分民法和其他法律的适用领域的关键。何谓平等主体的关系，存在学理辨析复杂性。实际上，“平等主体关系说”，作为民法调整对象的一种表达，是传统公私法区分学说发展到现代以后的结果，成熟于德国法律科学鼎盛时期。早期，划分民法与公法的学说主要是利益说，但是该种学说依靠目的性质的辨析，较为模糊，所以德国人在法律科学思维下提出了主体说，通过形式上判断是私主体还是公主体来加以区划，后来不断完善形成通说，特别是明确了公、私主体的本质是相互之间地位平等或者不平等，其中私主体之间的关系是一种平等地位关系。我国在《民法通则》时期就该条规定如何表述，当年曾经有过广泛而深远的讨论，先后出现过“商品经济关系说”和“平等主体关系说”的分歧，最后达成共识采用了

“平等主体关系说”。当时的主要理由是，两者本质上没有什么区别，但是前者是一种政治经济学意味的表达，在法律适用上不好把握，而后者是一种法律科学意义的表达，本身具有法律上的可规定性和把握性。

其次，应当注意，“平等主体”在民法上有类型的限定性。《民法通则》规定的是两类主体，自然人和法人，这是1900年《德国民法典》为代表确立的二元主体体制。在《德国民法典》之后特别是20世纪50年代以后，民事主体呈现一种更加丰富和精细发展的趋势，自然人、法人二元体制逐渐走向主体多元体制。此次《民法典》在本条进行了相应的修改发展，打破自然人、法人二元主体体制构造的封闭性，在自然人、法人之外，添加“非法人组织”作为第三类民事主体，其范围包括合伙、独资企业、不具有法人资格的专业服务机构和其他组织等，以适应多样化民事主体的实际需要。

最后，平等主体的关系体现为两大类即人身关系和财产关系。民法平等主体之间的社会关系也称法律关系，本身丰富多样而且不断发展，但从类型化的角度来说，近代以来最主要的一种目的归类就是可以分为人身关系和财产关系，前者旨在实现人身利益，包括人格和身份，后者旨在实现财产利益，包括物权关系、债的关系等。不过，到了后来，人身关系和财产关系的分类发生了不能完全涵盖的情况，例如，出现了知识产权、出资权和股权等新型权利关系，它们本身既有财产关系的一面，又有人身关系的另一面，具有混合性质。需要注意的是，《民法典》在本条对于人身关系和财产关系做了表述位置的修改，将人身关系提到财产关系之前，而原来《民法通则》系将人身关系放在财产关系之后。这种表述次序变化的主要原因，是随着社会复杂化，民法越来越重视人身关系的规范的缘故。一方面，当今社会复杂化导致人身关系特别是其中的人格权关系得到极大发展，呈现一种和财产关系相近的日益复杂的趋势，而不像过去那样在实证规范角度而言相比财产关系显得过于简单；另一方面，当今社会由于人权观念的彰显，促进一种人身关系比财产关系更具有优先性的私法价值观。[①] 人们逐渐认识到，人身关系其价值更接近主体的内在，所以应具有优先性。过去，我国民法理论界甚至存在一种排斥人身关系的观念，很多20世纪80、90年代的教科书将民法调整的人身关系限于“与财产有关的人身关系”，这种认识是不完整的。当代民法

---

① 国内学者徐国栋教授就人身关系应当提到财产关系之前进行了推动，他把这种表述体例拔得很高，誉称“新人文主义”，而把相反的表述归为“物文主义”。参见徐国栋：《新人文主义和中国民法理论》，载《学习与研究》2006年第6期。但是张谷教授等不赞成徐国栋教授的论说，参见张谷：《质疑民法典起草中的“新人文主义”——评徐国栋〈两种民法典起草思路：新人文主义对物文主义〉》，载《上海师范大学学报（哲学社会科学版）》2007年第4期。

在努力提高人的“人格地位”上，所表现出来的广度和深度是显而易见的[①]，尤其是“二战”以来，由于受“人权运动”影响，各国尤其关注人格权的保护及其地位规定。在美国，沃伦法院时期接受了人身权优先地位说，不仅扩大了具体人格权利本身的实体内容，还将人权法案保障的权利约束力扩及各州；[②] 在大陆法系国家，立法和司法逐渐扩大和加强对人格权的维护，也出现了所谓的“人格性正在向财产夺回桂冠”[③] 的现象。

【关联规定】

《民事诉讼法》第 3 条

（撰稿人：龙卫球）

第三条　【民事保护原则】民事主体的人身权利、财产权利以及其他合法权益受法律保护，任何组织或者个人不得侵犯。

【释义】

本条宣示了我国特有的民事保护原则，也称民事合法权益受法律保护原则，也有简称守法原则。这一原则在 1986 年《民法通则》就已经确立，但是当时从位序看是放在主要民法基本原则之后，更像是一种辅助性的宣示性原则，即第 5 条规定：“公民、法人的合法的民事权益受法律保护，任何组织和个人不得侵犯。”此次《民法典》编纂，开始也大概要像过去的位序那样加以继承和保留，所以在原《民法总则》四审稿放在了第 9 条的位置。但是到了十二届全国人大五次会议《民法总则》审议期间，有代表提出该原则应该具有更加突出的重要地位，十二届全国人大法律委员会听从这种见解，在最终提交的《关于〈中华人民共和国民法总则（草案）〉审议结果的报告》第二项建议认为，“草案第九条对民事主体的民事权利以及其他合法权益受法律保护作了规定。有的代表指出，民

---

① ［法］萨瓦第埃：《当代私法的社会与经济条件的变化》，第 33 ~ 355 页；［日］五十岚清、松田昌士：《西德私生活的私法保护（一）》，北大法学会论集，11 卷 4 号，昭和 36 年，第 204 页注 1；［日］星野英一：《私法中的人——以民法财产法为中心》，第 182 页。

② ［美］伯纳德·施瓦茨：《美国法律史》，王军等译，法律出版社 1989 年版，第 245 页。

③ Paul Roubier, Preface a Roger Nerson, Les droit extrapatrimoniaux, 1939, p. IX. 转引自星野英一：《私法中的人——以民法财产法为中心》，第 182 页。

事权利受法律保护是民法的基本精神，统领整部民法典和各民商事特别法，建议进一步突出民事权利受法律保护的理念。法律委员会赞成上述意见，建议将草案第九条移至第二条之后（草案修改稿第三条）”。[①] 由此，民事保护原则靠前成为我国民法基本原则中一项至关重要原则，与后面的平等原则、自愿原则一样可归入为体制原则。

民事保护原则，多数国家民法典上并未专门强调。实际上，民事合法权益应受法律保护乃民法之为法律的应有之义，因为保护民事权益本来就是民法目的所在，即“民法基本精神”所在，所以只要立法者不嫌麻烦和累赘，将民事合法权益受法律保护从体制性原则角度再次强调何尝不可呢？但我国民法明确宣示该原则并不断凸显其重要地位，应该主要在于认为有矫枉必过正的需要。也就是说，之所以需要强调是因为现实存在纠偏的需要。这种观念认为，我国属于民法后发国家，所以一直以来从上到下民事权益意识都表现淡薄，即使这些年我国民法从形式上逐渐发展起来，并且不断强调要尊重和保障民事权益，但是实际上到目前为止，我们民事合法权益得不到法律保护的现象却依然明显，特别是有关组织和公权力对于民事权益的任性侵犯比较严重，个人之间不尊重甚至漠视相互的民事权益的情况也很突出。所以，此次立法不仅认为有必要确立这一原则，而且还要提前到第 3 条的显著位置，以便达到振聋发聩的效果。[②]

《民法典》第 3 条新规定从表述上来看，相比《民法通则》略有变化，但实际没有改变，鉴于民事主体多样化，把“公民、法人”改为了“民事主体”，基于权利类型的丰富性，把“合法的民事权益”改成了“人身权利、财产权利以及其他合法权益”。具体而言，关于民事保护原则或者说民事合法权益受法律保护的理解，至少应体现三个方面的内涵：首先，是“民事主体的人身权利、财产权利以及其他合法权益受法律保护”，这里特别强调了民事合法权益受法律保护的属性。民法具有主观性和客观性两个属性：民法的主观性，体现为民法具有权利赋权规定属性，或者说权利法属性；民法的客观性，则指民法本身是具有法律规定性的，具有可强制实施的规范本质。我们不能只看到民法的主观性而忽视了其客观性，所以民事权益是有“牙齿”的。这种受法律保护的属性，不仅反映为对民法自身的要求，也反映为其他立法的要求，包括宪法和其他法律都应当在自己

---

① 参见第十二届全国人民代表大会法律委员会：《关于〈中华人民共和国民法总则（草案）〉审议结果的报告》，载“全国人大网”，http：//www. npc. gov. cn/npc/xinwen/2017 -03/15/content_ 2018917. html。

② 笔者怀疑这种单纯的高举高打的做法会起到充分的预期效果。我们在《民法通则》时代亦然把该原则明确宣示出来了，也算是其他民法国家没有的一次创举，但是经过三十年的实践，似乎达不到我们当初预期的充分效果。所以，除了高举高打，恐怕更重要的是民法内外真实有效的制度设计和具体执行。这方面我们还需要一些深刻的研究。

的职责范围担当对于民事权益法律保护的任务，特别要警惕其他法律消极对待民事权益的保护要求甚至以法律之名任意否认民事权益的保护要求。

其次，“任何组织或者个人不得侵犯”，这是强调民事合法权益受法律保护的重点，在于应当禁止任何组织或者个人的任意侵犯。我们民法的合法权益在法律上可能有很好的保护规定，但是在实践中却可能受人任意侵犯、践踏，这是绝对不容许的，应当打击这种针对民事权益的任性行为或违法加害行为。这种任性加害来自两个方面：一方面是有关组织，很多时候是代表公权力的组织。我国长期以来是大政府小社会，公权力观念过于强大，现实中最容易侵蚀甚至危害民事权益。① 另一方面是个人，我国民法生活中，保护民事权益的意识十分薄弱，既需要权益相对人树立尊重他人合法民事权益的观念，切实履行自己的对应义务，也需要权益主体自身积极为权利而斗争，维护民法和民事权益的尊严。

最后，这一原则是对于一切民事合法权益受法律保护的宽泛宣示，不能理解为特定的民事权益受法律保护，且没有强调私权绝对性，不能理解为特定的某些类型的私权神圣。近代法国民法典曾经在价值体系上确立私有权神圣原则，这是因为当时法国民法以此作为民法体制基础之一，旨在构建整个资本主义经济关系的核心制度和价值基础。但我国民法并没有专门确立私有权神圣这样的原则，基于自身体制的特殊性，我们 2007 年在《物权法》确立了物权平等原则，对于具有公有属性的国家物权、集体物权和私人物权予以平等保护，淡化了宪法上第 12 条“社会主义的公共财产神圣不可侵犯”的规定精神，赋予市场化物权平等地位。在这里，《民法典》第 3 条是对全部民事权益受法律保护的一种宣示，是全面的动态发展的这样一种概念内涵，包括人身、财产权利以及其他民事合法权益，且顺应现代民法以来权利必受限制的观念，不再高举私权神圣，只说受法律保护，隐含了私权得受合理限制的必要内涵，其中包括各种义务的限制。②

---

① 参见江平：《谈民法典：在国家公权下筑起私权保护墙》，载《中国青年报》2003 年 1 月 23 日；江平：《私权神圣 公权力需受到限制》，凤凰网与人民网文史频道联合推出特别策划《百年转型》活动访谈，载“人民网”，http：//history. people. com. cn/GB/198310/15746077. html。

② 《民法总则》立法过程，存在是否应在基本原则部分确立民事权益应受义务限制规定（也称权利义务一致原则）的争议、三审稿在第 9 条规定确立民事权益受法律保护原则的同时，在第 2 款规定“民事主体行使权利的同时，应当履行法律规定的或者当事人约定的义务”。十二届全国人大五次会议审议稿（四审稿）将民事合法权益受法律保护原则在第 9 条专条规定，又在第 10 条专门规定民事权利应受义务限制。最终通过审议时，该条下撤到了第五章“民事权利”，在第 131 条作为权利行使的一项限制原则加以规定，“民事主体行使权利时，应当履行法律规定和当事人约定的义务”。

【关联规定】

《宪法》第13条

（撰稿人：龙卫球）

第四条 【平等原则】民事主体在民事活动中的法律地位一律平等。

【释义】

本条规定宣示了民法基本原则之一，即平等原则，又称人格平等原则或民事主体平等原则，重点体现为权利能力平等原则。基本原则条款也是我国宣示类条文的重要体现。我国《民法通则》第3条就已经明确确立平等原则，表述为“当事人在民事活动中的地位平等”。此次新法基本继承了这一表述，只是用词上做了略微修改：“当事人”改为“民事主体”，其意在显示用语的明确；“地位平等”改为“法律地位一律平等”，其意在明确是“法律”地位而不是其他什么地位，同时强调平等的绝对性（“一律”）。[①] 民法基本原则是民法的基本价值和精神体现，决定民法的内在追求和体系基础。其中，平等原则和下面的自愿原则是最具体制性、基础性地位的两大原则。

平等原则是民法的最核心原则之一，彰显其体制基础价值所在，所以是体制性原则。所以，我国著名民法学家江平教授将平等看成民法的核心所在，彰显着民法的精神。[②] 平等原则是民法形成与发展的主要基础，罗马法早期因维护奴役制度以及区分人格等级而未能真正确立人格平等，但是后来通过梅因所揭示的“从身份到契约”的运动，平等原则萌芽而出，以家长权为中心的家族结构向以个人主体化结构逐渐转化，个人的法律主体平等原则渐渐成型。近代以来，个人理性主义促生的个人平等思想深入人心，人格平等原则因此兴起。1804年《法国民法典》虽然没有做民法基本原则宣示，但公认其实际确立了近代民法四原则，

---

① “北航建议稿”第3条规定的是平等原则，表述上也建议把“当事人”改成“民事主体”，但不建议将“平等”改成“一律平等”，主要原因是平等原则在今天随着社会化程度越来越高，从保护弱势群体等方面考虑，开始出现特殊软化以便于纠偏的做法，所以不宜强调绝对化。

② 参见江平：《民法的核心是平等精神 防止公权力滥用》，载《21世纪经济报道》2016年12月30日，http://finance.sina.com.cn/roll/2016-12-30/doc-ifxzcvfp5327442.html。

首要的就是人格平等原则，其他三项分别是私有权神圣原则、合同自由原则、过错责任原则。1900 年《德国民法典》继承了这些原则，并借助法律行为的抽象制度，将合同自由原则上升为意思自治原则。不过，这一时期在家庭法、继承法领域这些国家保留了家长财产制以及某些家长特权，对妇女和未成年人没有贯彻全面平等。今天，随着平等观念的深入，这些领域都为平等原则覆盖。

平等原则在理解上应有三层含义：一是民事主体地位具有抽象意义的平等，是谓法律地位平等。民事主体在民法上受平等地位规范，任何人不享有特殊地位，不因身份、性别、地位和其他原因而差别。平等是特权的对立物，所谓特权，指不合理的法律照顾，它是基于不合理根据而产生的差别待遇，如根据社会出身不同而在地位上有所差别。我国现实中，基于传统体制的惯性，国家机关、事业单位和国有企业等参加民事活动时，时有实际地位凌驾于其他民事主体之上的现象，应当努力避免。二是这种法律平等主要体现为民事权利能力平等。这是一种主体资格的平等。任何自然人因出生而当然平等享有权利能力，所以《民法总则》第 14 条规定“自然人的民事权利能力一律平等”，这种权利能力平等广义上也包括法人的权利能力平等，但法人这种平等与自然人比较存在一定的差别，因为法人性质、国家法令等而受限制。三是平等也意味着民事主体平等受法律保护。任何民事主体在法律保护上没有特权，平等受法律保护。必须注意，民事主体平等强调主体在资格和其他法律地位上的平等性，反对不合理的特权，但并不排斥依合理根据设定的必要差别。平等不等于没有差别，合理差别是允许的。如婚姻能力，民法以特定生理状态作为其取得条件之一，导致不同生理状态的自然人在取得婚姻能力上出现差别，这不是特权，而是基于生理和社会合理原因设定的合理差别。

需要注意的是，民事主体平等原则在当代存在一定的软化和松动现象，主要是因为随着社会复杂化发展，出现了社会经济关系上所谓弱势主体，包括社会生活中的老人、妇女、儿童、残障者，也包括经济关系中的消费者、劳动者等，在这种情况下绝对贯彻所谓民事主体法律地位平等，对于这些弱势主体来说并不合理，因此出现了对于平等原则绝对化进行纠偏的必要，赋予这些弱势主体某些特殊地位，对其加以特殊法律保护，以达成实际的平等。

【关联规定】

《消费者权益保护法》第 4 条，《合伙企业法》第 5 条

（撰稿人：龙卫球）

第五条　【自愿原则】民事主体从事民事活动，应当遵循自愿原则，按照自己的意思设立、变更、终止民事法律关系。

【释义】

本条规定确认了民法上的自愿原则，也称意思自治原则或私法自治原则。自愿原则的核心是尊崇意思选择，即从法律上承认当事人可以自由决定相应法律关系。其必要性，在于民法以维护个人利益为目标，呈现利益个体化的要求，因此，最好的实现方法应是由利益个体自作安排，此外无更恰当的方法。何况，个人需要、个人尊严也必然要求拒绝外力的强行介入。《民法通则》只是在第 4 条笼统规定“民事活动应当遵循自愿、公平、等价有偿、诚实信用的原则”，简单列示应当遵循自愿原则，并与其他另外几个原则并列。新法本条将自愿原则单独规定加以强调，并展开表述为“民事主体从事民事活动，应当遵循自愿原则，按照自己的意思设立、变更和终止民事法律关系”。

自愿原则和平等原则一样，是民法基本原则中具有核心地位的价值原则，发挥着体制的、基础的指导功能。自愿原则发轫于早期民法，在近代民法上基于尊崇理性自由主义和个人价值的需要，以合同自由原则为体现，上升为具有核心价值地位，与平等原则、私有权神圣、过错责任一起成为近代以来民法的四项原则。这种契约自由，包括当事人决定是否订约的自由、选择相对人的自由，也包括内容自由和形式自由，不论其内容如何、形式如何，法律概须尊重当事人的意思。[①] 现代民法以来，自愿原则作为民法的体制基础和重要价值得到维持，并由契约自由原则逐渐上升为“私法自治”或“意思自治”原则。1900 年《德国民法典》创造了抽象“法律行为”概念，作为“契约”的上位概念，指称一切依自由意志的行为，覆盖了所有领域的自主行为。意思自治原则一旦确立，契约自由、遗嘱自由、婚姻自由等遂成下位原则。民法主体通过更广泛的法律行为，不仅可以通过契约，也可以在相当范围通过多方或单方法律行为，自主处理属于自己的事务，创设预期法律关系，是谓意思自治。

自愿原则是关于民事活动的原则，首先，其内涵体现为民事主体可以按照自

① 《法国民法典》第 1101 条以下规定了契约之债，原则上将契约承认为“一人或数人对另一人或另数人，承担给付某物、做或不做某事的义务的合意”。这样，通过将契约界定为一种合意，实际宣示了契约自由，即民法上的主体可以凭自己的意思创立契约，处分自己的私有财产或处理自己的私人事务。因此，缺乏当事人自由意志不能形成契约；任何人不能对当事人意志附加限制；任何一方不能强加意志于相对人；任何人也不得干涉。

己的意思设立、变更和终止民事法律关系，包括决定是否创设或变动民事法律关系，与谁创设或变动民事法律关系，以及创设和变动什么内容的民事法律关系。其次，自愿原则体现在民法的多个领域：当事人在债法领域可以自由缔结契约，建立和变动法律关系，也可以在物权和婚姻领域，自由以契约的形式建立和变动法律关系，还允许在一定条件下，如在遗嘱场合或者在有形成权场合，由当事人以单独行为自主建立或变动法律关系。不过，最彻底的自愿领域仍然是债法上的契约自由，其他领域则有较多内容或形式的限制。最后，自愿原则并非绝对，而是要受到必要限制，民事主体自主处理私法事务时，不得违反强行法规定，也不得违反公序良俗以及公平等。我国现实生活中，自愿原则的最大阻力之一，是传统体制滋生的计划思维和经济干预思想。“大社会、小政府”的理念在我国还没有完全确立，政府滥用行政手段干预民事活动自愿的事例并不罕见。

（撰稿人：龙卫球）

第六条　【公平原则】 民事主体从事民事活动，应当遵循公平原则，合理确定各方的权利和义务。

【释义】

本条规定确立了现代民法以来越来越彰显的一条原则即公平原则。1986 年《民法通则》融合现当代社会发展趋势，同时基于社会主义观念的特殊追求，在第 4 条直接列示了公平原则，作为民法基本原则之一，其位序仅次于自愿原则，可谓一次率先之举。① 此次《民法典》在第 6 条予以继承和发展，不仅规定了公平原则，而且以专条方式明确其作为基本原则之一的地位和基本内涵。公平原则在我国具体民法制度上有许多体现，比如在本法第 151 条关于法律行为制度的规定中就有“显示公平”的民事法律行为可撤销规则，② 在 1999 年《合同法》上也有显失公平的合同可撤销的规则以及其他有关公平的规则，在《侵权责任法》上在第 24 条（修订后成为《民法典》第 1186 条）则规定了狭义的公平规则。

早期民法是在公私法区分理念下逐渐形成，所以观念上并没有那么绝对，因

---

① 欧洲民法典研究组和欧盟现行私法研究组 2008 年 12 月提交的《欧洲示范民法典草案》在倡导的基本原则中确立了一条“自由、安全、正义、效率”一体的原则，其中正义与公平十分接近。参见欧洲民法典研究组和欧盟现行私法研究组编著：《欧洲示范民法典草案：欧洲私法的原则、定义和示范规则》，高圣平译，中国人民大学出版社 2011 年版，第 13 页。

② 《民法通则》第 59 条，《民法总则》第 152 条。

此公平观念也有体现，特别在民事责任领域，在阿奎利亚法之前，不法损害责任是一种受早期朴素公平正义观影响的客观责任，到了阿奎利亚法之后，过错责任才逐渐兴起。[①] 近代民法，通过个人理性理念绝对化的洗礼，全面确立了人格平等、契约自由、私有权神圣、过错责任四大原则，公平观念几无容身之处。现代以来，随着社会关系的日趋复杂，社会公平正义意识和需求逐渐兴起，公平观念也因此作为一种补充观念逐渐进入民法，推动了一些独特规则的形成，比如法律行为中的反暴利制度等，更多规则则出现在侵权责任领域，那些过错归责的例外情形或多或少应与公平观念有关。现当代以来，民法置身于经历多次工业化与技术发展的更加复杂的社会关系背景中，民事主体从事民事活动应当兼顾公平尤其彰显必要性。这一原则的基础在于，现代社会关系日趋复杂，其社会化关联程度也越来越高，通过公平正义促进社会团结的意义越来越重要，于是公平问题在民法中逐渐成为作为民法体制的平等、自愿之外一种必须兼顾的价值，作为一种限定性原则而出现，在必要的时候可以作为平等、自愿原则的例外而适用。

公平观念是一种社会观念，在实践中标准具有不确定性，所以这一公平原则的规定实际成为一条对司法者的法律解释授权条款，是一项“弹性”很强的条款。那么，应该如何加以理解和适用呢？从法律解释角度来说，该公平原则应该包括四层含义：其一，它是一项适用于所有民事活动中的原则。所以应与民事利益直接相关，体现为民事利益关系上的一种公平要求。不过，拉伦茨认为，这一原则最主要的适用领域是合同法，因为公平在交换合同即“双务合同”中更有等价思想的余地。[②] 其二，这种公平主要应从活动结果来判断，是在活动结果上来看是否合理。这与下面的诚实信用原则不同，诚实信用原则更加着重活动过程的考量，甚至还可以提前延后。其三，这种公平与否的判断标准，在现实中不是权利义务的简单对等与否，而应该是法条上所表述的是否“合理确定各方的权利和义务”。从这个意义上来说，公平包含了狭义的等价有偿，即结果上给付和对待给付是否具有相近的价值；但是，公平的含义还应关系到如何公平地分配与合同相关的负担和风险的问题。其四，从裁判者角度来说，它和下面的“诚实信用”原则一样，是较强的弹性原则。

《民法通则》曾经规定了等价有偿原则，这次《民法典》删除了该原则。等价有偿原则，依其字面上解释，指应以价值规律为基础按照经济对等的标准进行民事活动，但广义可理解为当事人权利义务的对等，即在法律范围内，任何一方

---

① 参见［意］桑德罗·斯奇巴尼选编：《债　私犯之债　阿奎利亚法》，米健译，中国政法大学出版社1992年版，第4页以下。

② 参见［德］拉伦茨：《德国民法通论（上）》，邵建东译，法律出版社2003年版，第60页。

不得无偿、不对等地占有、剥夺他人财产，或无偿、不对等地让他人负担义务。正当的赠与、无偿借贷尽管在经济上不等价有偿，但依一般观念，不视为有违等价有偿。我国《民法通则》提出这一准则是有特定历史原因的，长期的计划经济下的任意调拨的做法，使我国经济生活不习惯交易，使人们淡薄了等价有偿观念。《民法通则》确立等价有偿原则，其意图在于要以法律的形式促进我国经济生活向市场转型。[①] 现在我们认为，我国社会主义市场经济体系已经比较成熟，人们已经习惯了等价有偿，改革初期那些经常借助行政划拨、行政指令、“拉郎配”进而破坏等价交易的情况已经不多见，所以不必要将等价有偿作为一项特殊原则来强调，而且理解上应该可以由公平原则吸收。[②]

（撰稿人：龙卫球）

第七条　【诚信原则】 民事主体从事民事活动，应当遵循诚信原则，秉持诚实，恪守承诺。

【释义】

本条规定了我国民法基本原则中的诚信原则，又称诚实信用原则。诚实信用原则是现代民法越来越重要的原则，和公平原则一样成为我国《民法总则》的限制性原则之一。1986 年《民法通则》在第 4 条也列示了诚实信用原则，此次《民法典》第 7 条继承之并予以专条强调和进一步明确化。

诚实信用原则在现代民法的崛起，得益于高度社会化程度下个人关系处理同时面临社会团结的需要。这一原则被我国有学者誉为现代民法上的“帝王原则”[③]，但实际上诚实信用原则只是基本原则体系中的限制性原则，而平等原则、自愿原属于民法的基本体制原则，后者才决定民法最一般的价值或品性，不过诚实信用原则从适用上，在例外情形为了体现某种社会价值的比较优势，要替代、限制民法体制性原则的适用，所以看起来似乎具有更高效力。

诚实信用条款被现代民法奉为一般限制条款之前，在古典民法中已有表现，例如，罗马法《法学阶梯》第 1 卷第 1 篇第 3 条就宣示罗马法的准则是“诚实生

---

① 参见龙卫球：《民法总论》，中国法制出版社 2002 年版，第 65 页。

② “北航建议稿”也建议删除等价有偿原则，理由是：“原来《民法通则》第四条还有等价有偿原则的规定，我们认为这是特殊时期对于国有企业等主体之间交易等价化的一个强调，时过境迁可以不再强调，而且也可以在主客观不同方面由诚实信用、公平原则所吸收。”

③ 参见徐国栋：《民法基本原则解释》，中国政法大学出版社 1992 年版。

活、不犯他人、各得其所”。[①] 近代民法由于过于追求私有权神圣和契约自由，忽略了诚实信用的基础价值，只在某些领域保留其适用。1804 年《法国民法典》第 1156、1134、1135 条将诚实信用限于在契约领域有狭窄的适用，[②] 作为契约篇章的准则，主要起确保契约债务的作用，其含义为：在订约时，诚实行事，不诈不欺，在订约后自觉履行。1900 年《德国民法典》第 157 条规定，也涉及诚实信用，但仅适用于合同解释狭小领域，“合同必须照顾交易习惯，以诚实信用要求的方式予以解释”。第 242 条，则规定了适用债法上的诚实信用一般条款，“债务人有义务照顾交易习惯，以诚实信用所要求的方式履行给付”。《瑞士民法典》首先，将诚实信用条款作为民法的一般条款明确确立，而不再只是契约法中的条款，其第 2 条规定，“任何人都必须诚实、信用地行使权利并履行其义务”。此后，有关国家或者通过立法或者通过判例将诚实信用确立为民法的一般条款。例如，德国便在判例明确承认诚实信用是民法的最高条款，在其他法条于适用将产生与此原则不相符合的结果时，有限制其他法条的效力，此种功能被称为修正功能（Korrektorische Funktion）。[③]

诚实信用原则，按照我国《民法典》的上述规定的进一步明确化，首先应该是“秉持诚实、恪守诺言”。这是一种有关不辜负自己已经表示什么以及他人为此付出信赖的要求。德国学者拉伦茨认为，诚实信用原则的真正基础应该是作为体现社会伦理因素的社会信赖，社会信赖的首先体现就是遵守“诚实信用”的要求。[④] 这种信赖要求的本质在于“任何一方都应该谨慎维护对方的利益，满足对方的正当期待、给对方必需的信息——总之，他的行为应该是‘忠诚’的”。[⑤] 其次，诚实信用原则适用范围广泛，不仅着重于活动的过程，也包括活动之前和之后，以及其他关系方面。也就是说，它不但适用于行为过程，适用于业已发生的债务关系，也适用于开始就合同进行谈判的阶段，而且还适用于任何形式的法

---

① 学者多认为诚信原则起源于罗马法中的诚信契约和诚信诉讼。参见徐国栋：《民法基本原则解释》，中国政法大学出版社 1992 年版，第 79 ~ 80 页。

② 《德国民法典》第 157 条规定：“契约的解释，应遵守诚信原则，并考虑交易上的习惯。”

③ 参见德国帝国法院判决 GZ，85，108，117。引自黄立：《民法总则》，中国政法大学出版社 2002 年版，第 505 页。

④ 拉伦茨认为，《德国民法典》中体现社会伦理因素的就是信赖保护原则，在《德国民法典》看来，只有当人与人之间的信赖至少普遍能够得到维持，信赖能够作为人与人之间的关系基础的时候，人们才能够和平生活在哪怕是关系很宽松的共同体中。在一个个人之间互不信任的社会中，大家就像处于一种潜在的战争状态，这时候就无和平可言了。信赖原则首先表现就是遵守诚实信用，也表现在其他方面，比如表见制度、登记外观信赖制度等。参见［德］拉伦茨：《德国民法通论（上）》，邵建东译，法律出版社 2003 年版，第 58 页。我国没有确立广泛的信赖原则，我们可以把诚实信用原则上升到整个社会信赖的广度，覆盖到其他方面。

⑤ 参见［德］拉伦茨：《德国民法通论（上）》，邵建东译，法律出版社 2003 年版，第 58 页。

律上的特殊联系。[①] 从这个意义上来说，合同法上的缔约过失责任、合同后义务等均出于此。最后，诚实信用原则作为裁判授权规范，同时应被理解为一项法律适用中的授权规范。所以其具体含义并不一定受限于字面解释，而应该以此为出发而由裁判者根据社会观念的进展来加以把握其内涵。这一点已为各国民法实践所表现出来。诚实信用条款的外延往往是不确定的，司法者可以依据它所包含的授权精神，限制、补充、协调其他规范的适用，因此，它实际成为法官据以追求具体社会公正而解释或补充法律的依据。[②] 从这种意义上来说，它与上面的公平原则都因为与社会价值关系密切而互有交叉，但区别在于前者与社会正义联系密切，后者更关注社会伦理。

（撰稿人：龙卫球）

第八条　【禁止违反法律和公序良俗原则】 民事主体从事民事活动，不得违反法律，不得违背公序良俗。

【释义】

本条确立了禁止违反法律和公序良俗原则。1986 年《民法通则》在第 7 条确立了禁止违反公序良俗的原则规定，但没有规定“禁止违反法律”的原则要求。《民法通则》第 7 条规定：“民事活动应当尊重社会公德，不得损害社会公共利益、破坏国家经济计划、扰乱社会经济秩序。”这一规定和现代其他国家确立的“尊重公序良俗”条款表述也有所不同，体现了我国关于公序良俗的一种特殊理解，甚至把当时国家任意性很强的经济计划等也纳入其中。1999 年《合同法》第 7 条规定：“当事人订立、履行合同，应当遵守法律、行政法规，尊重社会公德，不得扰乱社会经济秩序，损害社会公共利益。”将禁止违反公序良俗，发展为尊

---

① 参见［德］拉伦茨：《德国民法通论（上）》，邵建东译，法律出版社 2003 年版，第 58 页。

② 德国学者施塔姆勒认为衡平法是司法程序中的道义衡平原则，是法官手中的追求具体社会公正的衡平法；希赖德也认为：诚信原则的作用，是使当事人双方的利益达到平衡，换言之，公正实现双方利益，以达到利益调和。（史尚宽：《债法总论》，荣泰印书馆 1978 年版，第 319～320 页。）我国台湾地区学者也作出了相近的见解。何孝元认为大陆法系诚实信用条款，原意与英美衡平法一样，增加法律弹性，救济法律之穷，现为适应社会关系复杂的新特点，扩展了更进一步的含义，即可以据以解释、限定其他既定法的含义。（何孝元：《诚实信用与衡平法》）蔡章麟认为，诚信原则内涵和外延不具确定性，它的范围极大，远远超过其他一般条款的范围，是未形成的法规，换言之，是给法官的空白委任状。（蔡章麟：《债权契约与诚实信用原则》，载刁荣华主编《中国法学论集》，汉林出版社 1976 年版，第 416 页。）黄立认为：诚实信用是在“善良思考的行为人间，相对人依公平方式的可以期待的行为”。（黄立：《民法总则》，自行发行 1994 年台湾版，第 504 页。）

重法律和禁止违反公序良俗并置的原则，且对公序良俗的表述略有变化，从提升合同自由的角度拿掉了经济计划等比较意志任性的表述。此次《民法典》通过本条将《民法通则》和原《合同法》上述规定予以继承和提升，不仅在民法基本原则的高度全面确立了禁止违反法律与违反公序良俗，而且关于公序良俗的表述简化了、直接了，直接使用“公序良俗”的弹性概念，不再像过去那样具体化表述；同时还把原《合同法》第 7 条的“遵守”的正面表述转换成“不得”的禁止表述，实现这一原则规范在禁止表述方式的统一。

我国《民法典》的这一禁止违反法律和公序良俗原则，是一项明确以禁止表述方式表现出来的民法基本原则，是我国民法基本原则中的限制性原则之一，构成对作为民法体制性原则的平等原则和自愿原则等的一种限制。该原则对于传统民法上的公序良俗原则，既有继承又有发展，其中最大发展就是把禁止违反法律的要求也加入进来。

尊重公序良俗条款，在近代民法以及之后一个时期作为原则开始得到发展，一开始仅在一定范围被适用。例如，《法国民法典》第 6 条规定“不得以特别约定违反有关公共秩序和善良风俗”，以及第 1135 条规定“如原因为法律所禁止，或原因违反善良风俗或公共秩序时，此种原因为不法原因”；《德国民法典》第 826 条规定“违反善良风俗的方法对他人故意施加损害的人，对受害人负有赔偿损害的义务”；《日本民法典》第 90 条规定“以违反公共秩序或善良风俗和事项为标的的法律行为，为无效”。但是，20 世纪 40 年代后期，它开始被一些国家民事立法或实践提升为一般条款，以补救传统民法原则指导的民法规范的不足。例如，日本于 1947 年民法修正时，便以一般条款的形式确立了尊重公共秩序和善良风俗条款，经修正的民法第 1 条第 1 项规定：“私权应服从公共利益”。根据这一规定，在私权与公共利益结合的范围，私权行使应与公共利益结合，受公共利益要求约束或限制，其行使必须同时符合社会公共利益。①

现代国家民法上，民事活动不得违反法律按理也是应有之义，但是它们却没有从原则表述的高度加以强调，这是有原因的，那就是民法对于涉及民事活动的强制规定总是抱有一种深深的怀疑态度，因为担心国家权力会借助立法之名而任意施加各种不必要的干预。民法以追求确认和保护民事权益为目的，以贯彻平等、自由为体制追求，因此应当尽可能鼓励民事活动自由开展，对之进行法律限制必须慎重。总之，民法总体上多是任意法，所以不宜动辄加以原则性的法律限

---

① 《德国民法典》于 1976 年修正时以第 138 条第 1 项规定：“违反善良风俗的法律行为，无效。”第 2 项规定乘人之危的法律行为亦无效。德国始终没有宣示保护公共利益，究其原因，在于德国学者认为如果在民法上使用公共利益这种过于意识形态化的术语，很可能导致恣意的政治司法行为发生。

制，而是最好在一些具体的方面引入必要的禁止违反法律的规定来进行具体干预，例如，在法律行为领域关于法律行为效力规定中，各国民法往往规定违反强制性法律的法律行为或合同无效的具体规定。我国原《民法通则》和《合同法》在相关的法律行为效力和合同效力部分也都做出了类似规定。[①] 此次我国《民法典》起草者将禁止违反法律直接将之提到民法基本原则高度，在四审稿阶段大概为了避免表述上重复的缘故，忽然将法律行为效力部分的相关具体规定删除了，但未做过多解释，结果引起了一些学者有关立法细节的批评。[②]

笔者认为，此次立法过程对于禁止违反法律的原则规定，其实最值得商榷的是其在上升为基本原则的理由上尚欠一个清晰有力的说明。从有关民事活动的限制性立法的发展趋势而论，全面确立禁止违反法律原则的合理性仅在于：由于当今社会复杂化的加剧，导致对于有关民法体制原则的社会限制必要不断添加，其中有些需要通过国家介入强制性立法方式来进行解决，既有在民法之内的强制性规定，例如物权法、合同法中某些强制性、禁止性规定，也有在民法之外的强制性规定，例如一些体现在非以民法为主题的单行法中的旨在限制民事活动的强制性规定。这些强制性规定，不仅仅是针对法律行为、合同，也涉及权利行使以及其他许多方面。在这种情况下，将禁止违反法律上升为一项贯彻全部民事活动的原则，确实有一定的事实基础。但是这种提升的意义，需要严格把握，特别是需要注意这种提升本身，并不意味着鼓励国家可以通过立法来对于民事活动进行任意限制和干预。

违反法律和公序良俗原则，在适用中应当把握以下几点理解：

第一，这一原则是一项民事活动的原则，因此适用于全部民事活动领域，重

---

① 参见《民法通则》第58条第2项和《合同法》第52条第5项。《最高人民法院关于合同法的司法解释（一）》第4条将合同法上的违法限于法律和行政法规的范畴，即“合同法实施以后，人民法院确认合同无效，应当以全国人大及其常委会制定的法律和国务院制定的行政法规为依据，不得以地方性法规、行政规章为依据”。学理上将这种法律和行政法规进一步区分效力性规定和管理性规定，只有违反效力性规定才使法律行为归于无效。

② 原《民法总则》三审稿第155条规定：“违反法律、行政法规的效力性强制规定或者违背公序良俗的民事法律行为无效。”这条继承了《最高人民法院关于适用〈中华人民共和国合同法〉若干问题的解释（一）》第155条规定，并纳入学理和司法见解，上升为法律行为的效力的一条规定。《民法总则》终审稿将这一条删除，大概是考虑到第7条在民法基本原则高度已经对禁止违反法律做了一般规定。在十二届全国人大五次会议审议期间，梁慧星教授和时为全国人大代表孙宪忠教授先后发声，对这一删除提出反对见解，请求恢复，同时请求恢复的还有三审稿的第156条：“超越依法登记的经营范围从事经营活动的，除违反法律、行政法规有关限制经营、特许经营或者禁止经营的规定外，不影响民事法律行为的效力。”（参见微信文章：梁慧星：《恢复民法总则（三审稿）第一百五十五条的紧急建议》，孙宪忠：《关于民法总则（草案）的修改建议》）。最后，通过的《民法总则》正式稿恢复了相关条文（现行第153条第1款）。可见，《民法典》第8条和被恢复的第153条第1款之间实际形成了一种上下关系，第153条第1款是将禁止违反法律的原则在法律行为领域予以具体化（以现有学理和司法经验为基础的明确化），具有可直接适用的裁判依据的效力。

点是法律行为特别是合同领域，但又不限于此。这一原则，到了权利行使的领域，则可体现为权利不得违法和滥用等下位原则。

第二，这项原则作为一项限制性原则，所谓禁止违反的范畴，包括禁止违反法律和禁止违反公序良俗两个方面。其中，禁止违反法律中“法律”一语应该限定为强制性的法律，从目前学理和司法而言，不仅应限于法律中与保护民事权益目的直接相关的强制性规定，到了决定法律行为、合同无效的特殊领域，还应该限于那些有关效力性的强制性规定。至于公序良俗，则指公共秩序和善良风俗，但本身实际上是不确定的概念，随着社会发展而发展，并且具有相当程度的地域性，通常需要司法实践逐渐通过类型化方式确定其内涵。目前，在学理和司法实践上，公共秩序既体现为宪法和法律的公共秩序，也体现社会共同体规范意义的公共秩序，即人们长期生活中形成的公共生活秩序；善良风俗则主要指一般意义的社会道德、健康风俗，有时也包括较高层次的社会公德。关于我们所追求的社会主义道德风俗，是否应当进入民法上的公序良俗范畴加以考量，一直存在一些争议。过去的主流观点认为，社会主义道德风俗作为一类倡导标准不宜作为普通民事活动的硬性要求，否则会存在对于现实民事活动要求太高的情况，不利于普通民事生活的开展；另一种观点则认为，我们的民事生活应该具有社会主义道德高度。此次《民法典》在第 1 条明确将“弘扬社会主义核心价值观”作为总体目的追求加以规定，显得有利于后一种观点。

第三，这一原则的解释，应从客观标准出发，即不问当事人主观如何，客观上构成违反法律或公序良俗，便为法所不许。

第四，这一原则的违反，从适用效果的角度而言，应该根据相关具体化的规定加以确定。理解。例如，当事人从事法律行为或合同活动，违反法律和违反公序良俗，应该援引关于法律行为、合同无效的相关规定予以处理；当事人为权利行使，违反法律和公序良俗的，则按照权利行使不得违反法律和滥用的原则以及有关具体规定，做出失权效果或者其他类似法律效果的处理。

（撰稿人：龙卫球）

第九条　【生态环境保护原则】民事主体从事民事活动，应当有利于节约资源、保护生态环境。

【释义】

本条确立了我国民法的一条全新的基本原则即“生态环境保护原则”，也被誉为“绿色原则”。此次《民法典》编纂，最终将生态环境保护直接提升到民法基本原则高度，可谓一次重大突破，是对当代民法重大的价值发展，使得我国民法成为一部更具多元价值的社会化民法典，在追求个人关系的私本位关系合理的同时，也追求个人利益与自然生态利益的关系和谐。

生态环境保护，已经成为当今世界特别是我国一种关系重大的社会利益，理应成为民事活动的一种体制限制。我国此次《民法典》编纂过程，正是国家面临环境污染和生态危机严重困扰的时期，因此促进了是否应在民法基本原则层面确立生态环境保护原则的立法思考。此前，生态环境保护观念在环境资源立法中早已得到全面确立和发展，环境保护法也成为新兴的法律部门。[①] 环境和资源保护在世界范围大约在20世纪70年代开始逐渐进入民法，主要在侵权法和土地物权法等具体领域得到体现。我国1986年《民法通则》在第124条也确立了具体的环境侵权制度，[②]；2009年《侵权责任法》第8章“环境污染责任”，又以专章形式计4条规定规范了环境侵权，明确严格责任、因果关系举证倒置等规则，以示重视；1999年《土地管理法》第38条规定：“国家鼓励单位和个人按照土地利用总体规划，在保护和改善生态环境、防止水土流失和土地荒漠化的前提下，开发未利用的土地；适宜开发为农用地的，应当优先开发成农用地。国家依法保护开发者的合法权益。”此次《民法典》编纂过程中，一种观点认为，生态环境资源保护应当成为当今社会的基本价值之一，我国民法应当体现环境保护的要求明确确立环境保护原则。[③] 另一种观点则认为，法律存在不同的分工，民法主要功能是保护民事权益，环境保护问题应主要由环境保护法等去解决，所以不宜确立为民法基本原则。在立法过程中，曾经作为一种妥协的考虑，原《民法总则》三审稿考虑

---

① 环境保护立法不仅体现在专门的环境立法之中，例如，《环境保护法》《大气污染防治法》《海洋环境资源保护法》等，也体现在许多部门法的制度新发展之中，包括刑法中关于环境资源保护的新型犯罪规定、行政法关于环境资源保护的特殊规制、民事诉讼法关于环境公益诉讼机制和程序规定等，还体现在许多特别法、单行法之中，包括《土地法》《海洋法》《森林法》《民用航空法》等。

② 《民法通则》第124条规定：“违反国家保护环境防止污染的规定，污染环境造成他人损害的，应当依法承担民事责任。”

③ 此次关于《民法典》应当确立环境保护原则的建议，不少来自民法学界外部，特别是环境资源法学科的学者和深受雾霾等环境污染困扰的社会民众。民法学界而言，徐国栋教授较早就倡导了所谓“绿色民法典”基本思想，参见徐国栋：《绿色民法典草案》，社会科学出版社2004年版，相关观念倡导还可参见徐国栋：《绿色民法典：诠释民法生态主义》，载《中国环境报》2004年4月5日，但从条文设计上主要还是在具体层面比如第五分编第30条“以绿色方式行使物权”加以规范。2016年4月中国法学会版《中华人民共和国民法典 民法总则专家建议稿》在基本原则部分也支持确立环境保护原则，见其第8条“人与自然和谐发展原则：民事主体从事活动应当节约资源和能源、保护生态和环境，促进人与自然和谐发展”。“北航建议稿”（龙卫球主持）在第10条第2款与违反法律和公序良俗原则规定相联系，作为该民法基本原则的当代新内涵加以重点规定：“民事活动应当维护尊重自然生态保护，不得破坏自然环境和浪费自然资源。”

将生态环境保护作为权利行使的原则规定到第五章“民事权利”项下,[①] 但到了终审稿又提升到了民法基本原则的位置。

关于生态环境保护原则的理解，具有一定的复杂性。首先，注意其为民事活动的原则，应该适用于民事活动的全部领域。也就是说，不像过去只是在侵权法、物权法领域作为局部规范发挥作用，也不是三审稿规定那样作为下位原则仅适用于民事权利行使范畴，而是作为上位原则覆盖于民法所有活动的原则。其次，该原则并非全面的环境保护原则，而是严格限受到“生态”二字的限定，应局限于生态环境领域保护的价值要求。民法本身不以实现全面的环境保护为己任，这一任务仍然是环境保护法的任务，民法只对与自己活动相关的生态环境部分加以保护关切。再次，生态环境保护原则，在内容上，不是单纯消极的，应当包括积极的“节约资源”在内，此即“有利于节约资源、保护生态环境”之谓。也就是说民事活动涉及资源利用时，当事人还应当力行节约，尽力避免浪费。最后，应注意这一原则性质上为限制性原则，它和公平原则、诚实信用、权利义务一致等原则一样，从不同角度体现了社会化的要求，所以本身都不是民法的基本体制原则。它和那些具有社会化倾向的原则共同构成对于民法体制的限制原则，对于那些决定民法最一般体制价值的平等原则、自愿原则、合法权益受法律保护原则等，形成一种或多或少属于外部性质的限制。可见，关于民事活动应当尊重生态环境保护的理解，不能泛解成一种体制要求，而只是在民法和生态环境保护之间建立了一种价值关联而已。这意味着民法不能因为这一原则规定而沦为自然生态法。从这个意义上说，它在适用上只是应当作为一种价值限定或者说兼顾而植入法律体系解释之中。所以，生态环境保护原则进入我国民法，是我国民法对于高度社会化以及生态环境问题十分突出的当下的一次重要回应。但对于这一原则，我们应当清醒地看到，它本身不是环境法对于民法的体制入侵，而只是民法对于环境法的一次伸手援助，作用只能是脐带性的、桥梁性的（中国民法母亲是多么的伟大，连不是她的孩子都要养一把），这一原则作为一条中国民法上平等、自由等体制原则的例外，诚希望环境法立足好自己的本位，看守好自己的灵魂，不要丢了自己的本体。

---

① 《民法总则》三审稿第 133 条曾经规定：“民事主体行使民事权利，应当节约资源、保护生态环境；弘扬中华优秀文化，践行社会主义核心价值观。”

【关联规定】

《宪法》第9条第2款,《环境保护法》第6条

（撰稿人：龙卫球）

第十条　【民法的形式渊源】处理民事纠纷，应当依照法律；法律没有规定的，可以适用习惯，但是不得违背公序良俗。

【释义】

本条规定了我国民法的形式渊源。本条对1986年《民法通则》规定做出了重大发展,《民法典》第10条维持了我国民法的基本渊源仍然是法律，但是却将补充渊源由过去的“国家政策”改成了“习惯”（实际上是习惯法）。1986年《民法通则》第6条曾经规定：“民事活动必须遵守法律，法律没有规定的，应当遵守国家政策。”《民法典》的这一变化，使得我国民法渊源过去立于唯国家意志基础的做法，演化为国家意志兼顾民意基础。我国民法在渊源上总体上继受了大陆法系国家的传统，从晚清的《大清民律草案》到“中华民国民法典”都是以制定法作为法律渊源。1986年《民法通则》也以1982年《宪法》作为基础，明确在第6条规定，我国民法的渊源，主要是基于立法机构形成的法律即制定法，但同时承认比较具有任意性的国家政策也是补充渊源，其原因在于当时我国民商事立法刚刚起步，还有一个长期的“成熟一个、制定一个”的过程，尤其考虑到结合改革开放的过程性，认为需要依靠国家政策的作用，所以非常独特地规定了“国家政策”具有补充渊源的地位。应该说几十年来，我国确实出台了大量的且不断变化的国家政策，它们在不同时期都发挥了积极的补充渊源作用。此次《民法典》废除“国家政策”的补充渊源地位，取代为习惯法，其背后的观念应该是：我国市场经济和法治发展已经到了一个相对成熟的时期，调整民事关系，不应该继续依赖从上到下式且不确定的国家政策方式，而应该更加关注民事生活自下而上的自发性秩序。

民法的形式渊源，简称民法渊源，指民法的形式来源或实在表现形式。民法渊源从理论上来说，反映的则是学理关于民法应该存在于何种形式的思考，不同学派对此会有观点分歧，自然法学派、历史法学派、实证法学派、社会法学派、自由法学派等各有其主张。例如，按照历史法学派萨维尼的认识，民法的实质渊

源应该是民族精神，而形式渊源最好的体现应该是学理法——法学家的法，而制定法仅仅是国家立法机构不得已的对法学争议较大部分所做的决断而已。[①] 但是，民法渊源从实证的角度来讲，则由国家现实法律产生机制而定，民法渊源本身不只是民法表现形式，而且也是民事立法机制和形式手段的反映。实证民法的合理性，首先取决于民事立法的合理性，体现为法律渊源形式的合理性。比如，罗马法在市民法发展之后，逐渐形成市民法、裁判官法并行的法源体系。我国古代礼法结合、诸法合一、民刑不分，有关民事生活的调整规范存在形式就比较复杂，既在礼，也在法，在法这一部分而言，既体现在国法即正典、司法则例之中，也存在民间社会的宗族惯习之中。一国民法实际上采用哪些渊源，往往与其法律传统有关，更与其现行立法体制紧密相关。从法律渊源根本差异角度论，世界上存在大陆法系和英美法系的区分。

大陆法系民法经由罗马法传统而来，其法律渊源的主要形式是制定法，但总体上却呈现一种法源的多元化趋势，在尊重制定法的基础渊源地位的同时，逐渐承认习惯法、学理甚至生活条理等具有补充渊源的地位。日本实务上较早就奉行“民事之裁判，有成文法者，依成文法；无成文法依习惯；无习惯者，应推考条理裁判之”，[②] 此谓条理，不是法理，而指社会共同的生活原理或普遍的价值观。[③] 近代有关国家一度非常尊崇民法法典化，甚至曾经有过将民法典视为民法唯一渊源的思想。例如，1900 年《德国民法典》，当时的立法者就特别相信立法理性和穷尽一切问题的能力，追求法典规定的完整、详细和无遗漏。但是，后来 1907 年《瑞士民法典》开始认为，绝对理性的法典是不可能的也是不必要的，主张采取概括抽象立法模式，立法者只提出每种法律制度的轮廓，留给法官按照他所处理的具体案件的意见加以填充。《瑞士民法典》多使用一般性规定，让法官区别不同类型的案件，将之再具体化，这种具体化应依逻辑程序或依其他解释方法。《瑞士民法典》甚至确立了最抽象的概括规范——民法原则，如诚实信用、公序良俗等，作为一种弹性的价值指导，同时授予法官创制性解释法律的巨大权力。最重要的是，《瑞士民法典》在法源问题上，在法典中明示习惯法和学理有补充成文法的效力。其第 1 条规定，民法典没有相应规定时，以经实践确定的惯例（即习惯法）为补充，如无惯例时，则法官可依实践确定的学理自己作为立法人

---

① 参见［德］萨维尼：《论立法与法学的当代使命》，许章润译，中国法制出版社 2001 年版，全书的中心观点即为此。

② 日本太政官 1875 年布告第 103 号“裁务事务须知”第 3 条。

③ 参见郑玉波：《民法总则》，中国政法大学出版社 2003 年版，第 40 页。邓曾甲在《日本民法概论》（法律出版社 1995 年版，第 3 页）译为法理，考察其含义“事务自然的道理叫法理”。比较起来，郑玉波的“条理”用语更为妥当，因为一般所谓法理，乃指法律的原理之意。

提出规则。随着时代的进步，德国也从迷信绝对理性立法、尊崇民法典唯一渊源的观念中走出来，逐渐通过具体立法和司法实务创制发展的方式，完善自己的法源体系，使自己更加灵活而动态，这些导致了大量的民事单行法的发展，也促成了司法判例的累积和司法规则的创制。[①] 其他大陆法系国家也以不同的方式将习惯、学理或者其他渊源认可为法律补充渊源。[②]

英美法系的民法（财产法、合同法、侵权法等）渊源，主要是判例法，判例法是指作为法律规范援用的有拘束力的法院判决。根据英美法律传统和近代以来宪法原则，拥有最高司法权的审判机构作出的判决，遂成判例法。其中，在美国，联邦法院和各州最高法院在其分辖范围内均有形成判例的权力。判例法反映了立法的经验色彩，具有实践专家（法官）立法的优势。民事判例法是法官在职业实践中，依实践经验和才智而不是依逻辑思辨，加以创制和培育而成；判例法的适用和演进也是法官依经验和才智，在很大的自由裁量空间进行。所以，判例法作为一种渊源，有开放性、非僵化性的特点，也有职业性强的特点。除了判例法，根据现行的宪法立法体制，英美法律也承认制定法的法律渊源地位，经宪法赋权的立法机构颁布的制定法同样属于法律渊源。目前，制定法在英美国家作为法律渊源，占有越来越大的比例，判例法和制定法共同构成有关民法的法源。[③]

我国《民法典》第10条关于民法的渊源规定，应当体现以下几个方面的理解：

首先，一如既往规定了主要渊源是“法律”，其表述为“处理民事纠纷，应当依照法律”。这里“法律”的含义，应当理解为有权立法机构的“制定法”。关于我国法律或者制定法的范围，应当结合《宪法》和《立法法》的有关规定来理解。按照我国现行立法体制，属于法律或制定法的，体现为许多效力不同层次，有全国人大和常委会制定的法律，这是最狭义的法律，还有国务院制定的行政法规，还有各省、直辖市、自治区依据自己的立法权制定的地方性法规，它们之间存在效力等级差别；此外，还包括根据特别授权获得特殊区域、事项立法权的少数民族自治区、经济特区所制定的变通性法规等。国务院行政令和各部委的规章、省级政府的地方规章，是否属于制定法，对此则存在争议。笔者认为，不

① 参见龙卫球：《民法总论》，中国法制出版社2002年版，第33～34页。

② 例如，奥地利、意大利等国，就都肯认法理的补充渊源地位。《奥地利普通民法典》第7条规定，裁判官应依自然的法原则决定的规则；《意大利民法典》第3条第2项规定，法律未设规定者，应类推其他规定以为适用，其他规定亦无者，应适用由法律精神所得之原则。

③ 参见［英］哈特：《法律的概念》，张文显等译，中国大百科全书出版社1996年版，第2页。但也有一些英美法学者格外看重英美国家法院的积极作用，甚至认为制定的法律或法规本身不是真正的法律渊源，法院的判决才是真正的法律渊源，例如，早期著名美国分析法学派学者格雷就说“法规是法的渊源……而不是法律自身的成分”，而现实主义法学家卢埃林则更加极端认为：“官员们关于争端所作的……即是法律本身。”

可一概而论，关键在于这些规章在来源上是否有法律、行政法规、地方性法规等的明确授权，如果具有明确授权，则不能简单看成一般的抽象行政行为，而应该延伸视为有关制定法授权规范法源的一部分。同时需要注意，还存在一些特殊规定，例如我国原《合同法》以及相关司法解释上，对于违反导致合同无效的强制法的范围作出限定，限于狭义法律和行政法规范畴。

其次，规定了我国民法的补充渊源是习惯法。第 10 条对此的表述是“法律没有规定的，可以适用习惯，但是不得违背公序良俗”。这里似乎没有使用“习惯法”而是使用了“习惯”的术语，但是由于对“习惯”加上了“不得违背公序良俗”的限定，所以应该理解为不是“习惯”而是“习惯法”。习惯法，又称不成文法，指由习惯制定的法，即由“习俗认可的法”。习惯法的构成，有两个必备条件：[①]（1）把习惯规范当作法来遵守，即社会对该习惯规范形成了法律信念。最深刻的法律信念是人民内心的法律信念，基于它的习惯才是合理的习惯，即自觉的习惯或萨维尼所说的“人民的共同意识”，才可能是习惯法。习惯并非都是合理的，例如奴役可能是一种奴隶制下的习惯，但它是不合理的，不是人民内心的信念。（2）对该习惯规范的自发遵守已经普遍化，即成为“由最广泛的同意所认可的长期习俗”[②]。可见，只有上升为法律信念且得到广泛遵守的习惯，才能成为习惯法。[③] 我国此次之所以将习惯法确立为补充渊源，一方面是认识到，我国民法社会特别是市场经济已经较为成熟，本身已经存在较好的习惯法发育和演化的基础；另一方面也认识到，现行制定法立法机制复杂，虽然它因与国家权力结合而具有国家意志威力和文字表述的明确性，但是也经常因为程序缓慢而具有滞后性，不能及时准确和及时反映社会生活的合理需要，故有肯认习惯法的必要。

最后，基于“明示其一即排斥其他”的解释原理，我国民法渊源应该严格限于上述的制定法和习惯法的范围，而不得随意扩解。由此而论，其他国家民事立

---

① 参见龙卫球：《民法总论》，中国法制出版社 2002 年版，第 33 页。

② ［意］彼德罗·彭梵得：《罗马法教科书》，黄风译，中国政法大学出版社 2005 年版，第 16 页。

③ 制定法产生以前，人类社会曾在很长的一个时期处于习惯法时代。习惯法是法律的最早渊源形式，是最自然和最自发的渊源。习惯法的优点是具有自发性，直接回应生活需要，但习惯法的缺点是不具有明示性，不易观察。随着文字的出现和国家权力的增长，习惯法很快为制定法压倒，而逐渐失去法律渊源的地位。罗马法发展起来之后，法源虽然存在多元化的表现，但是对于习惯法加以排斥，除非纳入市民法或裁判官法渊源，否则不能直接作为法律渊源。其原因大概是因为裁判官机制本身具有了及时吸纳习惯法的能力。大陆法系在民法典编纂初期，多否定习惯法的存在，例如《法国民法典》颁布之后的 19 世纪上半叶就明确否认习惯法的法律渊源地位，《德国民法典》颁布之后很长一个时期亦然，究其原因一方面大概是迷信法典形式可以包罗万象，另一方面国家制定法权力膨胀，国家要独占立法权。但是今天我们看到，这种情况有了很大变化，大陆法系国家均在实际上承认了习惯法的地位。至于英美法系，明显地通过其独特的判例法机制，使得习惯法与其得以融为一体，因此没有必要单独作为一种法源形态。

法和实践中承认的判例法、学理、生活条理等，在我国不能看成民法的渊源。此外，我国过去一段时间由《民法通则》第6条所承认具有补充渊源地位的国家政策以及在司法实践中实际获取相当民法渊源地位的司法解释、指导性判例，由此明确不再是我国民法的渊源。此次立法过程中，关于我国民法渊源应当纳入国家政策、司法解释的呼声不断。支持国家政策继续保留为法源的观点认为，当今社会极具复杂性，我国兼又处于转型社会具有特殊性，所以将国家政策保留为作为我国民法的补充法源仍然具有必要性。[①] 支持司法解释作为我国民法补充渊源的观点认为，近40年以来，我国最高人民法院依据1979年《法院组织法》、1981年全国人民代表大会常务委员会《关于加强法律解释工作的决议》以及最高人民法院2007年《关于司法解释工作的规定》等规定赋予的就法律具体适用需要而得颁布司法解释、指导性案例的权力，持续发布和运用司法解释、指导性案例等，已经形成一种很好的颇具中国特色的法源补充机制，可以和英美判例法、大陆法系习惯法等媲美，不仅适应中国过去一个阶段以来的司法实践需要，而且也已经体现了可以很好适应当今社会急剧发展特点的优势，因此有必要明确规定为一种补充法源。[②] 上述观点最终都没有被采纳。可以预期，虽然这些主张不会因为《民法典》第10条的决断而彻底消失，但是国家政策、司法解释等要想取得民法补充渊源的地位，恐怕短时间之内是不可能的了，可行的办法是如何转换为制定法的内容，或者转入习惯法的视角进行确认，现实中很多的国家政策、司法解释本身就来自习惯法，所以也可以纳入习惯法来对待。

（撰稿人：龙卫球）

第十一条 【本法适用的事项效力或民事特别法的适用效力】

其他法律对民事关系有特别规定的，依照其规定。

【释义】

本条规定了本法适用效力上的一条特殊原则，即民事特别法优于普通法原

---

① 参见刘作翔：《国家政策的法律地位不能忽视》，载《北京日报》2016年9月12日。

② “北航建议稿”即持有这样的观点，认为司法解释等是我国转型时期的一种灵机法源创制，融合了历史上的罗马裁判官的法源形式、英美国家的判例法，同时契合了新时代民商法在分工更趋精细、社会经济管理更趋复杂化的社会背景下更走向机制化发展的需要。参见“北航建议稿”第3条规定：“民事活动应当遵守法律。法律没有规定的，以经实践确定的惯例作为补充。最高人民法院对审判工作中具体应用法律和惯例的问题，可以结合审判实际需要和有关实践发展情况进行合理解释或发布指导性案例。司法解释和指导性案例的内容，应当符合法律规定和有关立法精神。”

则，也简称民事特别法效力优先原则。本法在性质上属于普通法或者说一般法，其效力应让位于特别法，即如果其他法律对于同样民事关系有特别规定的，则优先于本法规定而适用。1986 年《民法通则》对此没有明确规定，但实践中特别法优于普通法是公认法理，所以为司法实务和学理所认同。但 1999 年《合同法》、2007 年《物权法》《侵权责任法》等都确立了各自范围的特别法优于普通法的规定。[①] 此次《民法典》编纂将这一适用规则提升到基本规定层面加以规定，使之在全部民法体系层面得到明确化，应该说是对过去一个立法漏洞的弥补。

民事特别法优于普通法是民法适用效力的一个特殊原则。民法适用，存在空间、时间、事项诸方面的效力范围问题。除了时间、空间的一般适用效力问题之外，民法在适用上还会遇到有关事项适用效力的特殊问题，例如，民法本身在法律体系内本身处于不同层次的区别，还存在普通法和特殊法的定位区别，那么如何认识它们之间在特定事项上的适用关系呢？对于前者，学理从立法事项权的本质出发，提出上位法优于下位法的特殊原则，我国《立法法》对之予以明确采纳，第 87 条到第 89 条，规定了宪法具有最高层次的效力，其次是法律，再次是行政法规，然后是地方性法规，最后是规章。[②] 对于后者，学理从法律规定涉及事项的本质考察出发，提出“特别法优于普通法”的特殊原则，对于同一事项规定由冲突的，特别法优于普通法。我国《立法法》第 92 条予以确认，明确规定了特别法优于普通法的例外原则，即“同一机关制定的法律、行政法规、地方性法规、自治条例和单行条例、规章，特别规定与一般规定不一致的，适用特别规定”。可见，《民法典》本条规定是对于已经确认的学理和上述《立法法》的具体体现。

本条规定在理解上，应该具有以下两个要点：

其一，本法属于普通法。本条规定隐含了本法是普通法的定位。本法是民法中的普通法，这本是不言而喻的，因为《民法典》由全国人大直接审议通过，所以应该是民事领域的最具有一般性的法律。本法作为最一般的普通法而言，从民

---

① 原《合同法》第 123 条规定：“其他法律对合同另有规定的，依照其规定。”原《物权法》第 8 条规定：“其他相关法律对物权另有特别规定的，依照其规定。”原《侵权责任法》第 5 条规定：“其他法律对侵权责任另有特别规定的，依照其规定。”

② 《立法法》第 87 条规定：“宪法具有最高的法律效力，一切法律、行政法规、地方性法规、自治条例和单行条例、规章都不得同宪法相抵触。”第 88 条规定：“法律的效力高于行政法规、地方性法规、规章。行政法规的效力高于地方性法规、规章。”第 89 条规定：“地方性法规的效力高于本级和下级地方政府规章。省、自治区的人民政府制定的规章的效力高于本行政区域内的设区的市、自治州的人民政府制定的规章。”

法适用的效力而言，可以适用于全部民法领域，对于整个民法领域都具有可适用效力。

其二，但是在同一事项上有特别法时，本法作为普通法，其适用则应让位于特别法。这是本条明文规定所明确的。本条表述的“其他法律对民事关系有特别规定的”，这一说法就是指“特别法”的意思，在此所谓“其他法律”因为“有特别规定”而构成了特别法。但是什么算是“有特别规定”呢？这是一个具体衡量的问题，法律上并没有给出标准。[①] 理解上，应该是在同一事项上出现了与普通法不一样的规则。有时，其他法律可能出现了与普通法相同的规则，但是属于更加具体化的，这种情况下也可以视为特殊规则，但也可以归入规则应优先于原则的原理。某一法律中的规定是否属于“特别规定”，在实践中经常陷于难以决断，为此《立法法》提供了一种裁决解决机制，第 94 条规定：“法律之间对同一事项的新的一般规定与旧的特别规定不一致，不能确定如何适用时，由全国人民代表大会常务委员会裁决。行政法规之间对同一事项的新的一般规定与旧的特别规定不一致，不能确定如何适用时，由国务院裁决。”有时立法为了避免争论，在法律上对于一些事项直接赋予特别立法的权力。例如，《民法典》第 128 条即如此规定，“法律对未成年人、老年人、残疾人、妇女、消费者等的民事权利保护有特别规定的，依照其规定”。这一法条等于将这些领域特定化，赋予较大的特殊的立法空间。

【关联规定】

《立法法》第 92 条、第 94 条

（撰稿人：龙卫球）

第十二条　【本法适用的空间效力】中华人民共和国领域内的民事活动，适用中华人民共和国法律。法律另有规定的，依照其规定。

---

① 李建国副委员长在《关于〈中华人民共和国民法总则（草案）〉的说明》中说，“著作权法、专利法、保险法等民商事特别法既涉及民事法律关系，也涉及行政法律关系，还有一些涉及特殊商业规则，这些法律很难也不宜于纳入民法典，这条规则明确了民法总则与民商事特别法的关系”，在这里，明确了著作权法等是民法总则或民法典的特别法。

【释义】

本条规定的是我国民法适用效力中的空间效力问题，对我国民法的适用确立了属地主义为主但是容许例外规定的原则。本条规定大致继承了《民法通则》第8条第1款的表述，该条原规定“在中华人民共和国领域内的民事活动，适用中华人民共和国法律，法律另有规定的除外”。本条在表述上略作发展，将后面的“法律另有规定的除外”改成“法律另有规定的，依照其规定”的表述后单独成句，使得这一例外规定和前面的一般规定从表述上凸显一种张力，旨在凸显其包含内容的重要性。2010年，我国专门制定了一部《涉外民事法律关系适用法》，对于涉外民事关系的法律适用确立了较为系统的特别规则体系，构成了比较基础的一块“法律另有规定”的情形。但是，上述法律另有规定，应该还不限于此。本条制定中的另一个变化是，将过去《民法通则》第8条的第2款予以删除，即不再保留“本法关于公民的规定，适用于在中华人民共和国领域内的外国人、无国籍人，法律另有规定的除外”，揣其原因，是我国不再像过去那样复杂使用“公民（自然人）”的概念，而是简单直接使用“自然人”概念，因此不必再单独强调有关自然人的规定对于中国领土内外国人、无国籍人的适用问题，其适用性从概念上看就已经一目了然。

民法适用的空间效力和时间效力是民法适用的两大核心问题之一。对一部制定民法来说，对于其适用范围应当重点考虑的必有空间效力问题，因为我们这个世界在空间上是以不同国家主权存在为特点的，存在着一种法权空间林立的状态。著名法学家萨维尼因此说：“实在法在世界内并非一致，各民族与国家之间有所不同……实在法的这种多样性决定了有必要严格划分它的支配范围，以确定不同实在法各自的界限。”① 可见，对于任何一国的制定法来说，首先存在一个适用上的法权空间限制问题。关于民法的空间效力，理论家们提出了各种方案，例如，萨维尼就提出过著名的“法律关系本座说”，来解决实在民法的适用的地域范围的划定问题，特别是解决法律适用陷于地域冲突时的适用关系问题。② 现实中，不同国家实证法也根据自己的实际确立了许多范例，总体上来说存在属地主义和属人主义的根本分歧：强调国家领土主权的国家如我国，更加愿意以属地主

---

① ［德］萨维尼：《法律冲突与法律规则的地域和时间范围》，李双元等译，法律出版社1999年版，第1～2页。

② 参见［德］萨维尼：《法律冲突与法律规则的地域和时间范围》，李双元等译，法律出版社1999年版，第2章。

义为原则，将本国制定法适用限于领土主权之下，本国领域内活动事项原则上都应纳入本国法管辖；强调所谓法律文明论的国家，则奉行属人主义为标准，将其法律适用于一切有其国籍的人，无论其身在何处，一些国家如美国甚至由此发展处“长臂管辖原则”。[①] 但是无论采取哪种观点，不同国家的民法在具体适用中，在实际上都要发生空间效力上的冲突，因此存在复杂的国际协调问题，因此产生了这一领域的国际私法，专门处理不同国家民法适用发生空间冲突时的管辖或法律适用效力问题。我国也不例外，所以在坚持属地主义原则的同时，同时尊重国际私法在空间效力冲突方面的规则。

关于本条规定，应做以下两个重点解读：

其一，我国民法在空间效力上采取属地主义为主的原则。也就是说，“中华人民共和国领域内的民事活动，适用中华人民共和国法律”。在此，“中华人民共和国领域内”应该理解为中国国家主权可覆盖的一切领空、领海、领土，广义上还包括现在《国家安全法》和《网络安全法》所涉及的“网络空间”；“法律”也应该取广义理解，包括但不限于法律、行政法规、地方性法规等。

其二，我国民法适用在空间效力上允许例外，但应当以其他法律有特别规定为限。这些容许例外的特别法，最重要的是 2010 年《涉外民事法律关系适用法》(应注意的是，涉外民事关系有很多是我国境内民事活动形成的)，但还包括其他特别法或法律上的特别规定。按照现有的法律特别规定，存在两种例外的可能：一种是我国领域内的民事活动，不适用中国法律，而是通过冲突法规则等适用其他国家或地区的法律，或者适用国际条约、国际或区域实体法等；另一种是我国境外的民事活动，因为冲突法规则而需要适用我国民法。

【关联规定】

《涉外民事法律关系适用法》第 3 条

（撰稿人：龙卫球）

① 参见龙卫球：《民法总论》，中国法制出版社 2002 年版，第 76～77 页。

第二章　自 然 人

【导读】

本章以“自然人”为主题，确立了我国民法的重要主体制度之一“自然人”主体制度。1986 年《民法通则》就在第二章的位置以“公民（自然人)”为主题，确立了自然人主体制度，但是当时在使用自然人术语上存在犹豫，采取了“公民（自然人)”同置的表述方式，现在自然人已经成为大家耳熟能详的用语，所以此次《民法典》总则编在第二章继承自然人主体制度的同时，在概念上完全复归民法传统，明确使用“自然人”术语，放弃了政治化、公法化的“公民”术语。

本章采取四节的结构，与原《民法通则》第二章前四节标题一致，但不再纳入《民法通则》第五节“个人合伙”，其原因在于本编增加了第四章“非法人组织”作为一类相对民事主体，其中包括合伙企业（当然，个人合伙和合伙企业存在一定的区别，到一定商业组织化程度的合伙属于合伙企业，简单的个人合伙可以归入契约关系)。第一节“民事权利能力和民事行为能力”，第二节“监护”，第三节“宣告失踪和宣告死亡”，第四节“个体工商户和农村承包经营户”。在这些章节里面，基本结构和制度维持了原《民法通则》的规定，但是也做出了不少变化发展，有的属于完善和细化，主要是对司法经验和学理进行吸收，有的则属于从更加人性化、增加灵活性或者适应新的民事需求方面进行制度创新。按照李建国副委员长在《关于〈中华人民共和国民法总则（草案)〉的说明》的解释，草案在民法通则的基础上，对自然人比较明显的完善有三点：一是增加了保护胎儿利益的规定（活体出生视为有民事权利能力)；二是下调了限制行为能力的未成年人的年龄标准（四审稿为 6 周岁，最后审议报告修改为 8 周岁)；三是完善了监护制度，即以家庭监护为基础，社会监护为补充，国家监护为兜底，并且明确了父母子女的抚养、赡养等义务，扩大了被监护人的范围，强化了政府的监护职能，并就过去没有明确的一些规定进行明确。[①]

---

① 参见李建国：《关于〈中华人民共和国民法总则（草案)〉的说明》。

第一节“民事权利能力和民事行为能力”。本节继续规定自然人的两大能力制度。首先，规定自然人具有民事主体地位，并在生存期间享有民事权利能力和民事行为能力（第13条）。其次，规定自然人权利能力制度，包括自然人民事权利能力一律平等（第14条）、自然人的出生死亡时间的确定（第15条）、胎儿活体出生视为具有民事权利能力（第16条，为新添规定）。再次，规定自然人行为能力制度，包括规定成年制度（第17条）、完全民事行为能力及其条件（第18条）、未成年人作为民事限制行为能力的条件及后果（第19条，修改为8周岁起点）、未成年人作为无民事行为能力的条件及后果（第20条）、成年人作为无民事行为能力人的条件及法律后果（第21条）、成年人作为限制民事行为能力人的条件及后果（第22条）、两类民事行为能力欠缺者的法定代理人（第23条）、成年人为欠缺民事行为能力人的认定（第24条，由宣告改为认定）。最后，附带规定了自然人的住所制度（第25条）。

第二节“监护”。《民法通则》就规定了监护制度，此次《民法典》总则编起草过程有建议考虑将监护制度按照体系逻辑移入婚姻家庭编”，但没有被接受，原因大概是经过几十年的实践约定成俗了。首先，新添规定父母子女相互之间的亲属义务（第26条）。其次，规定监护的设置。包括规定未成年人的法定监护设置（第27条）、成年人欠缺民事行为能力的法定监护设置（第28条）、新添遗嘱监护方式（第29条）、新添协议监护方式（第30条）、指定监护（第31条）、新添国家监护或机构监护（第32条）、新添成年人任意监护（第33条）。再次，规定监护人职责、履行和违反责任。包括规定监护人职责、权利及其不履行的责任（第34条）、监护人履行职责的尽职要求（第35条）、新添监护人资格的撤销（第36条）、新添监护人资格撤销的效果限制（不影响亲属抚养、赡养、抚养义务，第37条）、新添监护人资格撤销的恢复（第38条）。最后，是监护终止的规定（第39条）。

第三节“宣告失踪和宣告死亡”。本节也基本继承了《民法通则》的相关规定，但通过吸收司法经验进一步具体化，并做了一些调整或变化。首先，规定失踪宣告制度。包括失踪宣告的条件（第40条）、失踪宣告的下落不明时间起算（第41条）、宣告失踪时财产代管人的确定（第42条）、新添财产代管人的管理义务和责任（第43条）、新添财产代管人因不履行职责的变更（第44条）、宣告失踪的撤销（第45条）。其次，规定宣告死亡制度。规定宣告死亡的条件（第46条）、新添宣告失踪和宣告死亡申请竞合时的后果（第47条）、新添被宣告死亡的日期确定（第48条）、新添宣告死亡人实际未死亡的民事法律行为后果（第49条）、宣告死亡的撤销（第50条）、新添宣告死亡撤销后的婚姻后果（第51

条)、新添宣告死亡撤销后的收养后果(第52条)、宣告死亡撤销后的财产后果(第53条)。

第四节“个体工商户和农村承包经营户”。这一部分在立法中存在争议,有建议认为,改革开放几十年导致时过境迁,我国现实中商业经营自由程度已经极高,这种名为赋权实际包含商业经营限制的两户制度没有必要规定。但是,立法者认为这一制度仍然存在完善保留的价值,不仅仅是因为它们是中国改革开放过程的历史见证,而且它们本身还存在为实践完善规范的必要。本节在继承《民法通则》第四节的基础上,最终略有完善。首先,关于个体工商户和农村承包经营户的定义和地位规定(第54条和第55条),对原来的定义进行了现实修正,更加精确。其次,删除了《民法通则》原第28条关于两户合法权益受保护的规定。大概是因为第一章第3条已经将民事保护确立为体制原则,没有必要具体重复。再次,完善了两户的债务的承担规定,特别是农场承包经营户做了农户和部分成员的承担区分(第56条)。

第一节 民事权利能力和民事行为能力

第十三条 【自然人民事权利能力及其取得和丧失】 自然人从出生时起到死亡时止,具有民事权利能力,依法享有民事权利,承担民事义务。

【释义】

本条是对自然人民事权利能力及其取得和丧失的规定。本条规定沿袭了《民法通则》第9条,仅将公民的称谓改为了自然人。

民事权利能力制度是私法高度抽象概念的一个重要组成部分,反映了大陆法系尤其是德国法抽象思辨的特色。自然人具有民事权利能力观念的产生与自然人获得独立民事主体息息相关。权利能力是某种可能性或曰资格,与一般权利义务相联系,但并不与具体的权利、义务发生关联。权利能力的这种概括性、抽象性特点,也使得民事主体的私权范围可以随着社会生活的变化而不断扩充,从而更快更好地适应社会变迁。

对本条的理解,需要注意如下几点:

其一,自然人享有民事权利能力。按照通说,民事权利能力是指,充当民事主体，享有民事权利和承担民事义务的法律资格（法律地位或曰可能性）。[①] 从本条的表述看，它包括享有权利和承担义务两个方面的能力，而不仅指享有权利的能力，所以有学者将之称为权利义务能力。它也隐含了民事主体承担民事责任的能力，因为责任实际上是由法律施加给责任人的一种强制性义务。另外，它只是一种资格、地位或曰可能性，主体并未实际承担某种权利或义务，只是在抽象意义上有享有权利、承担义务的可能。民事权利能力与具体的权利或义务并不发生直接关联，而是通过民事行为能力和民事责任能力与具体的权利或义务发生间接的关联。因此，权利能力与（法律）人格是同义词，确立了民事主体的法律地位。

基于伦理上的考虑，民法关于民事权利能力的规定，属于强行性规定。自然人的权利能力不得转让，不得抛弃，也不允许当事人依自由意思予以排除。同时，自然人的民事权利能力不受剥夺，即使受刑事处分，其一般民事权利能力仍不受影响。[②]

其二，自然人民事权利能力的取得和丧失，以其出生和死亡为时间准据。

首先是自然人出生作为自然人取得民事权利能力的起始。人自受孕到出生需要经历一个较为漫长的过程。虽然有学者根据自然法观念，认为自受胎之日起，形成中的人即应享有权利能力，但法律规则需要准确界定权利能力的开始时间，受胎时刻因难以确定，只能委之于生育时点。[③] 本条依循国际通例，规定自然人的民事权利能力始于出生，准确地说，应当是始于出生完成之时。即如《德国民法典》第 1 条之规定："人的权利能力始于出生完成之时。"对于尚未出生胎儿的保护，我国《民法典》则委之于第 16 条。

从法律属性上而言，出生的完成属于法律事实中的事件。在出生完成的判断上，学者曾提出许多判断标准，如一部露出说、全部露出说、独立呼吸说等。我国通说认为，出生须同时具备"出"与"生"两项要素，即全部露出且为活体。[④] 在出生时间的证明上，《民法典》第 15 条作了相应规定。

其次是自然人死亡作为自然人丧失民事行为能力的终点。与出生取得民事权利能力相对，自然人的民事权利能力终于死亡。这也成为自然人民事权利能力终止的唯一事由。与出生一样，死亡作为一种结果，其法律意义独立于原因而存

---

① 梁慧星：《民法总论》，法律出版社 2011 年版，第 63 页。
② 梁慧星：《民法总论》，法律出版社 2011 年版，第 66 页。
③ 朱庆育：《民法总论》，北京大学出版社 2016 年版，第 384 页。
④ 朱庆育：《民法总论》，北京大学出版社 2016 年版，第 385 页。

在，亦无关乎人的意志，属于法律事实中的事件。[①] 本条中规定的消灭民事权利能力的死亡为事实死亡，不包括宣告死亡。被宣告死亡的人如仍生存于他方，其民事权利能力及所为的民事法律行为不因在原住所地被宣告死亡而受影响（本法第 49 条）。

对于死亡的判断标准，存在心脏停止跳动说、呼吸停止说与脑死亡说等不同学说。以何种因素作为死亡标准，涉及主体地位何时消灭、继承何时开始、人体器官移植等重大法律与伦理问题。[②] 特别是在人体器官移植方面，脑死亡成为医学上采用的通行标准。对此，我国《人体器官移植条例》并未加以明确（第 20 条第 1 款）。在学说上，我国学者间也存在不同观点，一种主张采用法律上判定自然人死亡的通行标准，即以呼吸断绝、脉搏消失且心脏鼓动停止之时为死亡之时，[③] 一种则主张宜以各种生命迹象中最后消逝的时间为准。[④]

在死亡时间的证明上，本法第 15 条另有规定。除此之外，我国还规定了死亡时间的推定制度。依据《最高人民法院关于贯彻执行〈中华人民共和国继承法〉若干问题的意见》第 2 条的规定，相互有继承关系的几个人在同一事件中死亡，如不能确定死亡先后时间的，推定没有继承人的人先死亡。死亡人各自都有继承人的，如几个死亡人辈分不同，推定长辈先死亡；几个死亡人辈分相同，推定同时死亡，彼此不发生继承，由他们各自的继承人分别继承。[⑤]

【关联规定】

《民法通则》第 9 条，《民法典》第 57 条

（撰稿人：李昊　米伊尔别克·赛力克）

第十四条　【自然人的民事权利能力的平等性】 自然人的民事权利能力一律平等。

---

① 朱庆育：《民法总论》，北京大学出版社 2016 年版，第 387 页。
② 朱庆育：《民法总论》，北京大学出版社 2016 年版，第 389 页。
③ 梁慧星：《民法总论》，法律出版社 2011 年版，第 63 页。
④ 朱庆育：《民法总论》，北京大学出版社 2016 年版，第 389 页。
⑤ 对本规定的反思，参见朱庆育：《民法总论》，北京大学出版社 2016 年版，第 390～391 页。

【释义】

本条是对自然人民事权利能力平等性的宣示，亦即人格平等原则，是民法上平等原则的核心体现。我国《民法通则》第10条就规定了公民的民事权利能力平等，本法第14条沿袭之，但添加了“一律”二字，从字面看似乎更加强调平等的绝对性。

创设民事权利能力概念的目的在于赋予一切“人”以平等的地位，在平等的层面上构筑法律关系，从而形成一种有效的私法秩序。权利能力平等是民事主体平等享有权利的前提，是权利得以真正享有的基础。“平等地赋予所有人以法律人格，正是伦理性的必然，是向私法上也以适合于人的方式对待人的方向迈出的基础性的第一步。……法律人格这一概念除了权利义务的归属这种法律技术性意义之外，还由于它从出发之际起，其背后就具备尊重人的思想。”① 将权利能力人为地分为一般权利能力和特殊权利能力，削弱了权利能力所包含的这种伦理观念上的价值，无形中消弭了“私法平等”的基础。

在原始社会，人在一定程度上受自然的奴役，并未产生将自己独立于自然界并控制自然界的观念，人与自然是融合在一起的。人类的第一次解放是在奴隶社会时期，这时人已有一定的能力去征服控制自然，建立自己的社会，主体意识开始凸显，但受奴隶制度的局限，不可能将人一视平等，奴隶只是被看作“会说话的工具”，处于和牲畜、劳动工具相似的地位。

在奴隶制社会最发达的罗马法中，只有市民才具有完全的“人格”，奴隶是不具有“人格”的。“人格”是民事权利能力概念的最早渊源。在罗马法中，享有“人格”需要具备三个要件：自由权、市民权和家族权。只有同时具备这三个要件，才能成为市民法的主体。不过，罗马法中的“人格”首先是公法意义上的，是市民地位的反映。在这种意义上，所有的市民，无论是家父还是家子，都享有完全而平等的“人格”。在私法意义上，家父和家子的“人格”是不平等的，家子在取得权利方面基本不享有任何权能。罗马市民法上的“人格”是可变动的，出现了“人格减等”制度。市民法虽未明确提出“行为能力”和“责任能力”的概念，但已初具雏形，如出现类似今日监护和保佐制度的内容。在古罗马，除市民法外还有万民法和自然法。万民法是“罗马人与古代文明民族共有的

---

① 薛文成：《法人能力与目的范围关系论》，载《清华法律评论（第2辑）》，清华大学出版社1999年版。

或在同他们的关系中逐渐创立的规范的总和”。在市民法中没有“人格”的外国人，在万民法中取得了“人格”，但与罗马市民不平等。随着罗马帝国领域的不断扩大，外国人的范围越来越广，与罗马市民的交往也越来越多。公元212年，卡拉卡拉皇帝下令将市民身份授予帝国所有的异邦人，“人格”概念得以推广。但无论是市民法还是万民法，奴隶都以“客体”的面目出现。对此，乌尔比安提出了批评：“根据属于自然法的法则，一切人都是平等的。”这一观点为“人格”概念的进一步发展埋下了伏笔。①

中世纪等级森严，教会神权笼罩着整个欧洲，“平等的法律人格”不可能存在。经过文艺复兴，人文主义又重新开始关注人自身，平等意识逐渐被树立起来，在启蒙思想家那里臻于极盛。在立法上，1794年的《普鲁士一般邦法》率先提出了“法律人格”的概念。

1804年的《拿破仑民法典》虽未提“人格”或“权利能力”的概念，但规定了“私权的享有”。法典第7条和第8条的规定表明，人在私法上是平等的。作为德语法学创造的概念，“权利能力”（Rechtsíähigkeit）在法典上的实证化首见于《奥地利普通民法典》第18条，其所表达者，即人生而平等的自然法思想。②这并未被之后的民法典所承继。③

本条规定，可以从以下几个方面加以理解：

其一，本条规定一切自然人均应平等地具有民事权利能力。

我国自然人不因年龄、性别、民族、种族、国籍、信仰、智力程度、文化程度、身体状况及财产状况而有所不同；④ 而且由此推出，任何人的人性尊严均有着相同的本质，其生命、健康以及人格的自由发展具有同等的不可侵性。⑤

其二，本条强调“一律”平等，应该理解为对过去实际上贯彻平等观念尚有不足的匡正之意。但这是否还意味着我们比《民法通则》更进一步强调人格平等的绝对性呢？笔者认为，从本法体现的价值追求和体系关联的角度，应该不能这样理解，否则既不符合现代民法以来基于社会复杂性，人格平等原则逐渐由形式平等向实质平等发展的趋势，特别是对于特殊群体如老人、妇女、儿童、残疾人、消费者不断强化特殊保护的趋势，也不符合《民法典》总则编在“民事权

---

① 参见龙卫球：《民法总论》，中国法制出版社2002年版，第170页以下。

② 朱庆育：《民法总论》，北京大学出版社2016年版，第380页。

③ 有关人格和权利能力的历史梳理，详见李昊：《对〈民法通则〉中民事能力制度的反思》，载《南京大学法律评论》2010年第1期。

④ 梁慧星：《民法总论》，法律出版社2011年版，第66页；朱庆育：《民法总论》，北京大学出版社2016年版，第383页。

⑤ 朱庆育：《民法总论》，北京大学出版社2016年版，第383页。

利”一章第128条规定的特殊保护。

此外，有学者将权利能力进一步区分为一般民事权利能力和特殊民事权利能力。自然人在一般民事权利能力上是平等的，但在特殊民事权利能力上存在不平等，具体体现在本国人和外国人之间、个体工商户和自然人之间在特殊民事权利能力上的不同。[①] 更有学者从罗马法系的经验出发，引入“民事死亡”的概念，认为通过民事死亡制度可以剥夺被判罪者或归化外国者的私法上的能力，一经剥夺，被剥夺者与未被剥夺者就在能力上不平等。[②] 同时，宗教身份也限制了出家人的民事权利能力，由此完成世俗社会与灵修世界的区隔。所以，公民的权利能力一律平等的规定是错误的，因为出家人的权利能力受到了限制。由于这种限制是他们自愿承受的，所以，权利能力不得放弃的命题也是错误的。[③] 笔者认为，这种不同民事主体之间权利能力不平等的观点，不仅有违民法秉持的平等原则，不符合时代发展的方向，在逻辑和实践上也都存在不周全之处。将权利能力区分为一般权利能力和特殊权利能力，甚或主张权利能力受限或被剥夺，实际上是将具体的权利、义务与权利能力直接对应起来，破坏了权利能力的抽象性和概括性。我们完全可以在维持民事权利能力一般性和平等性的基础上，通过行为能力的样态来达致同样的目标。

【关联规定】

《民法典》第4条

（撰稿人：李昊　米伊尔别克·赛力克）

第十五条　【自然人的出生时间和死亡时间的证明】 自然人的出生时间和死亡时间，以出生证明、死亡证明记载的时间为准；没有出生证明、死亡证明的，以户籍登记或者其他有效身份登记记载的时间为准。有其他证据足以推翻以上记载时间的，以该证据证明的时间为准。

---

① 梁慧星：《民法总论》，法律出版社2011年版，第66页。

② 徐国栋：《论民事死亡——兼论社会死亡和社会瘫痪》，载《东方法学》2015年第5期。

③ 徐国栋：《论宗教身份对出家人的私法和公法能力的影响》，载《现代法学》2016年第2期。

【释义】

本条规定的是自然人的出生时间和死亡时间的确定依据。根据《最高人民法院关于贯彻执行〈中华人民共和国民法通则〉若干问题的意见（试行）》（以下简称《民通意见》）第1条第2句，公民的出生时间以户籍证明为准；没有户籍证明的，以医院出具的出生证明为准。没有医院证明的，参照其他有关证明认定。在证据的采用上以户籍证明、出生证明和其他证明为顺序。但依这一规定，户籍证明所记载的出生时间不得被其他证据所推翻，[①] 赋予了户籍证明以绝对的效力。但实践中户籍登记的出生时间通常是以医院开具的出生证明为依据的，在二者不符时，以户籍登记为准于理不合。

2016年2月全国人大法工委的《民法总则（征求意见稿）》第14条改变了《民通意见》过于绝对的规定模式，首先以户籍登记的时间来确定自然人的出生和死亡时间，但有其他证据足以推翻户籍登记时间的，以相关证据表明的时间为准。该规定没有规定出生证明的证据效力。但这一规定在2016年6月《民法总则（一审稿）》中被修订，成了本条的雏形。依据《民法总则（一审稿）》第15条，自然人的出生时间和死亡时间，以出生证明、死亡证明记载的时间为准；没有出生证明、死亡证明的，以户籍登记的时间为准。有其他证据足以推翻以上时间的，以相关证据证明的时间为准。2016年10月的《民法总则（二审稿）》和12月的《民法总则（三审稿）》基本沿袭了一审稿的规定，仅三审稿将“户籍登记”改为了“登记”。在2017年3月最终通过的《民法总则》中，第15条第1句、第2分句则在户籍登记之外新增“其他有效身份登记”，取代了三审稿中的“登记”表述。此次《民法典》延续了2017年《民法总则》的规定。

本条规定，应该注意以下几个理解：

其一，依据本条的规定，证明自然人的出生时间和死亡时间的证据以出生证明、死亡证明，户籍登记或者其他有效身份登记以及其他充分的证据为顺序。

出生证明通常由婴儿出生的医院开具，并据以办理新生儿户籍。死亡证明则区分情况由不同单位开具。根据《殡葬管理条例》第13条第2项，火化遗体必须凭公安机关或者国务院卫生行政部门规定的医疗机构出具的死亡证明。但中国公证协会发布行业规范《办理继承公证的指导意见》（2009年10月22日中国公证协会第五届常务理事会第九次会议通过）第3条第2款明显扩大了死亡证明的

---

① 梁慧星主持：《中国民法典草案建议稿附理由·总则编》，法律出版社2013年版，第37页。

范围。该规范所称的“死亡证明”，是指医疗机构出具的死亡证明；公安机关出具的死亡证明或者注明了死亡日期的注销户口证明；人民法院宣告死亡的判决书；死亡公证书。而实践中公证机关办理死亡公证，需要提供医院、公安机关出具的死亡证明书，其中因病死亡的由医院出具，因非正常原因死亡的由公安部门出具。[①][②] 有效身份登记除通常的居民的户籍登记外，[③] 尚应包括现役军人的军籍登记、[④] 公民的居住登记。公民的身份证以及护照的记载等也可作为证明自然人出生日期的有效证据。

其二，依据本规定，出生证明、死亡证明，户籍登记或者其他有效身份登记都不具有绝对的效力，可以被其他充分的证据所推翻。

上述作为自然人出生或死亡时间证明的证据仅具有推定效力，若有其他充分的证据推翻该推定，则以该证据证明的时间为准。

【关联规定】

《户口登记条例》第 7 条、第 8 条

（撰稿人：李昊　米伊尔别克·赛力克）

第十六条　【胎儿利益的保护】涉及遗产继承、接受赠与等胎儿利益保护的，胎儿视为具有民事权利能力。但是，胎儿娩出时为死体的，其民事权利能力自始不存在。

---

① 如北京市人民政府对外办公室和北京市人民政府港澳办公室网页，申请办理死亡公证书，须提供哪些证件材料？，http：//www. bjfao. gov. cn/crjxx/gygz/8792. html；北京市国信公证处关于死亡公证的网页，http：//gongzheng. com. cn/Cert/view/id/33。

② 实践中还存在火化证明，常常与死亡证明并列使用，如依据《最高人民法院研究室关于买卖骨灰存放格位行为的效力的答复》（法研〔2001〕52 号），“公墓内用于存放死者骨灰的格位，具有特定用途，是国家特别管理的设施。除凭火化证明、死亡证明或者为自用目的购买骨灰存放格位外，其他买卖骨灰存放格位的活动违反了民法通则第五十八条及其他有关规定，属于无效民事行为”。但依据《殡葬管理条例》第 13 条第 2 项，火化遗体必须凭公安机关或者国务院卫生行政部门规定的医疗机构出具的死亡证明。也就是死亡证明是火化证明的前提条件。

③ 依据《户口登记条例》（1958 年 1 月 9 日全国人民代表大会常务委员会通过）第 2 条第 3 款，除法令另有规定外，该条例也适用于居留在中华人民共和国境内的外国人和无国籍的人的户口登记。

④ 依据《户口登记条例》第 2 条第 2 款，现役军人的户口登记，由军事机关按照管理现役军人的有关规定办理。

【释义】

本条是关于胎儿利益保护的规定。1986 年《民法通则》采取了自然人的概念，同时对于胎儿利益的保护没有作出明确规定，这就使得胎儿问题变得非常困惑，因为从规定上说，自然人民事权利能力的取得始于出生，所以胎儿因而不具有民事权利能力，不得为民事法律关系之主体。① 所以，实践中往往把胎儿视为母体的一部分处理。不过，一些特别法顾及胎儿实际保护的需要，例如，1985 年的《继承法》第 28 条在遗产分配上，为了保护胎儿将来出生后的利益，就胎儿的特留份制度设有特殊规定，“遗产分割时，应当保留胎儿的继承份额。胎儿出生时是死体的，保留的份额按照法定继承办理”。② 实践中，也出现胎儿期间受侵害得在活体出生后请求损害赔偿的案例。本条明确以胎儿活体出生为限，使其为具有民事权利能力，以保护胎儿利益。

从罗马法以来，关于胎儿利益之保护就受到生命伦理的影响，出现了两种不同的立法模式。其一，总括的保护主义，也被称为概括式。即就胎儿利益之保护，一般地将胎儿视为已出生。该模式源于罗马法，并为《瑞士民法典》（第 31 条第 2 款）和我国台湾地区“民法”（第 7 条）③ 所采。其二，个别的保护主义，也被称为列举式。即胎儿原则上无权利能力，但于若干例外情形视为有权利能力。如《德国民法典》第 1923 条第 2 款、第 844 条第 2 款分别规定了胎儿的继承权和损害赔偿请求权。④⑤ 但无论何种立法例，典型体现胎儿特别保护的，皆集中于遗产继承和损害赔偿两方面。并且，民事权利能力的概念一般包含享有权利与承担义务两个方面，但胎儿却无须承担义务。⑥ 当代以来，随着自然生命伦理思

---

① 梁慧星教授将这种立法模式称之为“绝对主义”。参见梁慧星：《民法总论》，法律出版社 2011 年版，第 89 页。

② 对该条的理解存在不同认识，肯定说认为，该规定通过对胎儿继承权的肯认，突破了《民法通则》确立的“权利能力始于出生”之规则。而否定说则认为，该条所规定的只是遗产分配问题，并未承认胎儿的权利能力，只是基于胎儿保护的特别规定。参见朱庆育：《民法总论》，北京大学出版社 2016 年版，第 386 页。但《继承法》通过和施行在《民法通则》之前，肯定说认为其突破《民法通则》的规定显然不妥。

③ 我国台湾地区“民法”第 7 条：“胎儿以将来非死产者为限，关于其个人利益之保护，视为既已出生。”

④ 《德国民法典》第 844 条第 2 款末句：“若第三人于损害发生时已受孕，纵未出生，亦发生赔偿义务。”第 1923 条第 2 款：“继承发生时虽未生存却已受孕者，视为继承之前即已出生。”

⑤ 梁慧星：《民法总论》，法律出版社 2011 年版，第 88 ~ 89 页；朱庆育：《民法总论》，北京大学出版社 2016 年版，第 385 ~ 386 页。

⑥ 朱庆育：《民法总论》，北京大学出版社 2016 年版，第 385 ~ 386 页；梁慧星主持：《中国民法典草案建议稿附理由 · 总则编》，法律出版社 2013 年版，第 38 页。

想的深化和人文观念的发达，胎儿作为生命体越来越被关注，作为自然人的前端，越来越被认识具有伦理上的意义，在出生前若完全不给予保护，与情理有所不合。于是，只要胎儿活体出生，即视为具有民事权利能力，并且从继承能力扩展到受侵害能力的全方位加以保护。

关于对胎儿利益的保护，我国学者在草拟的《民法总则（建议稿）》中基本都采用了总括保护主义的模式。[①] 2016 年 2 月全国人大法工委的《民法总则（征求意见稿）》第 15 条采用了总括式规定："涉及胎儿利益保护，胎儿出生时为活体的，其出生前即视为具有民事权利能力。"但 2016 年 6 月全国人大常委会讨论的《民法总则》（一审稿）第 16 条却采取了个别保护的模式，"涉及遗产继承、接受赠与等胎儿利益的保护，胎儿视为具有民事权利能力。但是，胎儿出生时未存活的，其民事权利能力自始不存在"。从对《民法总则》一审稿的说明可见一斑，"自然人的民事权利能力始于出生，胎儿尚未出生，原则上不具有民事权利能力。但是为了保护胎儿的遗产继承、接受赠与等权利，有必要在需要对胎儿利益进行保护时，赋予胎儿一定的民事权利能力。据此，草案在继承法规定的基础上明确：涉及遗产继承、接受赠与等胎儿利益的保护，胎儿视为具有民事权利能力。但是，胎儿出生时未存活的，其民事权利能力自始不存在"。这一规定亦为《民法总则》二审稿（第 16 条）、《民法总则》三审稿（第 15 条）所沿袭。最终通过的《民法总则》仅将三审稿中的"胎儿出生时未存活的"改为"胎儿娩出时为死体的"。之所以如此，可能与我国长期以来执行计划生育政策有关，一种担心认为，概括保护模式下必定全面授予胎儿以受侵害能力，难以协调好胎儿保护与计划生育之间的关系。

对于本条规定的理解，需要注意以下三个方面：

一是本条虽然采用了个别保护主义的模式。

但"等"字意味着并未排除遗产继承、接受赠与之外的其他需要保护胎儿利益的情形，至少在对于胎儿受侵害的情形，应当赋予胎儿一定范围的损害赔偿请求权。

二是对胎儿娩出时为死体的法律性质的理解。

对于胎儿民事权利能力始于何时存在两种观点：其一，法定停止条件说，即

① 如中国法学会组织学者起草的《中华人民共和国民法典民法总则专家建议稿（征求意见稿）》第 17 条；梁慧星主持的《中国民法典草案建议稿·总则编》（第 3 版）第 14 条；杨立新教授主持的《中华人民共和国民法总则（草案）》建议稿（刊载于《河南财经政法大学学报》2015 年第 2 期）第 17 条；北航法学院课题组（龙卫球主持）："北航建议稿"第 13 条（条文可见中国法学创新网，http：//www. fxcxw. org/index. php/Home/Xuejie/artIndex/id/9597/tid/1. html）等。

认为胎儿于怀孕期间并无民事权利能力，于胎儿活着出生后，追溯至继承开始或损害赔偿请求权成立之时取得民事权利能力；其二，法定解除条件说，即认为胎儿自怀孕之时起，即视为具有民事权利能力，以后胎儿分娩为死产的，其已经取得的权利能力溯及于怀孕之时归于消灭。① 从本条第 2 款的但书规定方式来看，应当是采用了法定解除条件说。不过，有学者认为，解除条件对于继承的解释较为合理，在损害赔偿的问题上，则似以停止条件为优。因为胎儿出生前无法确定是否受损以及受到何种程度的损害，求偿无法实行，或难与真实情形相符，如此，出生之后将陷入因赔偿不足而再次求偿或因赔偿过度而得利返还的局面，徒增无谓讼累。而且采用解除条件在诉讼时效上对受害人不利。② 在胎儿被视为具有民事权利能力的情形，如胎儿以后活着出生，则其应继续享有已经取得的民事权利；如胎儿未能活着出生，则应视为胎儿自怀孕之时起，从未具有过民事权利能力。其已受让的财产权益，应适用不当得利规则。③

三是在将胎儿视为具有民事权利能力的情况下，胎儿的地位相当于被监护人，胎儿母亲或者父亲的地位相当于监护人，胎儿的权利应当由其父母作为法定代理人代为行使和保护。④

但胎儿父母的法定代理权范围较窄：胎儿父母只能代理胎儿受让权利和利益，而不得为胎儿设定义务；非为胎儿利益，不得处分胎儿的财产。此外，胎儿尚未出生，尚无姓名，于签订合同及诉讼时，应以父母的名义进行。⑤

此外，作为延伸，与胎儿类似的情形尚有冷冻胚胎。《民法典》对于冷冻胚胎的法律定位并未做出具体规定，仍有待于理论和实践的进一步发展。⑥

2014 年，由江苏省无锡市中级人民法院二审的国内首例因争夺冷冻胚胎监管权和处置权引发的纠纷案曾引发了法学界、医学界等社会各界的广泛争论。在该案中，一审原告之子沈某与儿媳刘某因自然生育存在困难，在依法取得准生证后，于 2012 年 2 月至南京鼓楼医院生殖医学中心采用人工辅助生育技术繁育后

---

① 梁慧星主持：《中国民法典草案建议稿附理由 · 总则编》，法律出版社 2013 年版，第 40 页。

② 朱庆育：《民法总论》，北京大学出版社 2016 年版，第 387 页。

③ 梁慧星主持：《中国民法典草案建议稿附理由 · 总则编》，法律出版社 2013 年版，第 39 页。

④ 梁慧星主持：《中国民法典草案建议稿附理由 · 总则编》，法律出版社 2013 年版，第 39 页。

⑤ 梁慧星主持：《中国民法典草案建议稿附理由 · 总则编》，法律出版社 2013 年版，第 40 页。

⑥ 中国法学会组织学者起草的《中华人民共和国民法典民法总则专家建议稿（征求意见稿）》第 18 条对体外受精胚胎的问题作出了建议：对体外受精胚胎的保管和处置，不得违背社会公德，不得损害公共利益。北航法学院课题组（龙卫球主持）："北航建议稿" 第 14 条也设计了关于人工胚胎法律地位的条文："基于生育、医学研究或应用等原因形成的人工胚胎，受精发育两周以上的，按照胎儿对待。对于两周以内的人工胚胎，或者虽然在两周以上但一直处于冰冻状态、暂停发育的人工胚胎，允许当事人依据协议处置，但这种处置应当尊重人伦及有关公序良俗且不得违反法律的强制性规定。"

代。医院确定于2013年3月25日进行胚胎移植手术，但在手术前一天，沈某与刘某因车祸死亡。双方父母因处理冷冻胚胎事宜发生争执。该案一审以继承纠纷为案由，男方父母、女方父母和南京鼓楼医院分别作为原告、被告和第三人参诉。在一审中，江苏省宜兴市人民法院认为，施行“体外受精—胚胎移植手术”过程中产生的受精胚胎具有发展为生命的潜能，是含有未来生命特征的特殊之物，不能像一般之物一样任意转让或继承，因而不能成为继承的标的。同时，夫妻双方对权利的行使应受到限制，即必须符合法律法规，不违背社会伦理和道德，并且必须以生育为目的，不能捐赠、买卖胚胎等。该案中沈某和刘某均已死亡，通过手术达到生育的目的已无法实现，故他们手术中留下的胚胎所享有的受限制的权利不能被继承，因此，基于上述理由，一审法院判决驳回原告的诉讼请求。①

江苏省无锡市中级人民法院二审中将本案定性为监管权和处置权纠纷，并认为：（1）死者二人生前与南京鼓楼医院虽然签订相关知情同意书，约定胚胎冷冻保存期为一年，超过保存期同意将胚胎丢弃，但二人现意外死亡，合同因发生了当事人不可预见且非其所愿的情况而不能继续履行，南京鼓楼医院不能根据知情同意书中的相关条款单方面处置涉案胚胎；（2）在我国现行法律对胚胎的法律属性没有明确规定的情况下，结合本案实际，应考虑以下因素以确定涉案胚胎的相关权利归属：从伦理角度，施行“体外受精—胚胎移植手术”过程中产生的受精胚胎，含有双方父母两个家族的遗传信息，双方父母与涉案胚胎亦具有生命伦理上的密切关联性；从情感角度，涉案胚胎是双方家族血脉的唯一载体，承载着哀思寄托、精神慰藉、情感抚慰等人格利益，由双方父母监管和处置，既合乎人伦，亦可适度减轻其丧子失女之痛楚；从特殊利益保护的角度，胚胎是介于人与物之间的过渡存在，具有孕育成生命的潜质，比非生命体具有更高的道德地位，应受到特殊尊重与保护，沈某和刘某死亡之后，其父母是胚胎之最近最大和最密切倾向性利益的享有者；（3）卫生部关于胚胎不能买卖、赠送和禁止实施代孕的相关规定，并未否定权利人对胚胎享有的相关权利，且这些规定是卫生行政管理部门对相关医疗机构和人员在从事人工生殖辅助技术时的管理规定，南京鼓楼医院不得基于部门规章的行政管理规定对抗当事人基于私法所享有的正当权利。因此，二审法院判决沈某和刘某双方父母对涉案胚胎共同享有监管权和处置权。②从本案的二次审理来看，涉及如下主要问题：（1）冷冻胚胎的法律属性如何？是

---

① 江苏省宜兴市人民法院（2013）宜民初字第2729号民事判决书。

② 江苏省无锡市人民法院（2014）锡民终字第01235号民事判决书。

财产、人还是介于二者之间的中间体？一审将冷冻胚胎视为特殊之物，二审则采用了人与物之间的过渡存在这一表述。(2) 对冷冻胚胎，谁享有处置权？是提供配子或接受配子的父母或患者还是保管冷冻胚胎的医院？在父母或患者死亡时，医院是否有权处置？这些处置是否存在法律或医疗规范上的限制？

（撰稿人：龙卫球　李昊　米伊尔别克·赛力克）

第十七条　【自然人的成年年龄】 十八周岁以上的自然人为成年人。不满十八周岁的自然人为未成年人。

【释义】

本条是关于自然人成年年龄的规定，自然人以十八周岁为成年时间。《民法通则》并没有关于自然人成年的制度，自然人满十八周岁仅仅具有自然人取得完全民事行为能力的年龄条件的意义。本条设立自然人成年制度，比将十八周岁仅仅作为完全民事行为能力的年龄起点意义更加丰富，如成年往往意味着很多法律上对于私法活动限制的解除。

成年年龄不仅是自然人享有完全民事行为能力的标准，也是许多方面得以解除私法活动限制的标准，如饮酒、进酒吧等。因成年人一般已具有相当的知识和社会经验，且开始独立生活，在社会交往中能够判断和预见自己行为的法律后果。法律不仅赋予完全民事行为能力，使其能够不依赖他人而独立实施法律行为，也允许其破除其他许多未成年不能涉足的禁区，可以参加更加广泛的民事法律关系。[①] 各国民法在成年年龄的规定上各有不同，法德瑞意采 18 周岁，日本采 20 周岁。

本条规定，应当理解以下几点：

其一，本条以 18 周岁作为成年年龄。在我国，自然人通常 18 周岁升入大学或者独立工作，可视为跨入社会的能力，在社会判断能力上已趋于成熟，作为成年年龄应该可行。

其二，本条规定指向的自然人成年制度，这是一项全新制度。

本条超越了对《民法通则》第 11 条的简单继承，在作为自然人具有完全民事行为能力的条件之外，将超过 18 周岁也作为成年的年龄条件。《民法总则》一审稿中第 17 条单独规定了完全民事行为能力人，而将劳动成年制与限制行为能力

---

① 梁慧星：《民法总论》，法律出版社 2011 年版，第 104 页。

人一起做了规定，二审稿、三审稿同。最终，《民法典》则将成年和具有完全民事行为能力两个问题分开规定。

其三，本条第2句不满十八周岁的自然人为未成年人，属于第1句的反对解释。

这种分割立法在立法技术上不精简，表述上有所累赘。

【关联规定】

《宪法》第34条，《未成年人保护法》第2条

（撰稿人：龙卫球　李昊　米伊尔别克·赛力克）

第十八条　【成年人得为完全民事行为能力人及其后果】成年人为完全民事行为能力人，可以独立实施民事法律行为。

十六周岁以上的未成年人，以自己的劳动收入为主要生活来源的，视为完全民事行为能力人。

【释义】

本条是关于成年人为完全民事行为能力人的条件及其后果的规定。本条和第18条一起构成了广义的民事成年制度，丰富和发展了《民法通则》第11条的规定。《民法总则》一审稿中就单独规定了成年人应为完全民事行为能力人，且将劳动成年制与限制行为能力人一起做了规定（第17条），二审稿、三审稿同。最终，《民法典》在本条单纯规定成年人具有完全民事行为能力及其后果，并根据《民法通则》的立法模式重新将劳动成年制纳入因成年而成为完全民事行为能力人的规定中。

权利能力和行为能力的区分是德语法系学者创造的产物。经学者Puchta和Dernburg的努力，至Savigny正式明确了权利能力和行为能力的区分，前者指持有权利的可能性，后者指取得权利的可能性。此后，从对行为能力的再认识中产生了“责任能力”的概念。《德国民法典》吸收了学者的理论，确立了权利能力、行为能力和责任能力三种制度。受其影响，《瑞士民法典》在第1编人格法中规定了“权利能力”和“人格”的概念。《日本民法典》中则分别使用了“私权的享有”“能力”和“责任能力”，与《德国民法典》中的三种能力相对应。

所谓民事行为能力，是指民事主体据以独立参加民事法律关系，以自己的行为取得民事权利或承担民事义务的法律资格。① 首先，民事行为能力是一种资格或地位，民事主体并未实际享有权利或承担义务，而是有通过自己独立的行为取得权利、承担义务的可能。从这个意义上说，它是民事权利能力和具体的民事权利、义务相互联结的中介。民事权利能力只是民事主体享有民事权利、承担民事义务的基础条件，即具有民事主体资格，但民事主体要实际取得民事权利、承担民事义务还需通过具体的民事行为来实现，而要为民事行为则需具有民事行为能力。因此，民事行为能力制度属于动态层面的设计。其次，与民事权利能力突出平等性不同，民事行为能力分一般民事行为能力和特殊民事行为能力。特殊民事行为能力是指法律对为某种行为所特别规定的资格，而为这些特定行为以外的行为的资格就是一般民事行为能力。特殊民事行为能力的适用对象不限于自然人，法人也有其适用余地，如只有符合特定条件的公司才能发行新股或公司债券。对自然人来说，特殊民事行为能力也分两种情形：一种是法律规定了更为严格的资格要求，如收养能力，《收养法》第 6 条规定收养人必须年满 35 周岁，再如结婚能力，根据《民法典》第 1047 条与第 1051 条第 3 项的规定，男未满 22 周岁，女未满 20 周岁，不得结婚，否则结婚行为无效。另一种是法律放宽了资格要求，如《民通意见》第 6 条规定，无民事行为能力人、限制民事行为能力人可以接受奖励、报酬和赠与，《民法总则》第 22 条的但书规定亦同。最后，民事行为能力还有广义和狭义之分。狭义的民事行为能力仅指进行合法行为的能力；广义的民事行为能力还包括进行非法行为的能力，而这种能力又被称为民事责任能力。《民法通则》并未明确规定民事责任能力，而是在第 133 条中包含了民事责任能力的含义，并为《侵权责任法》第 32 条所承继。

私法自治原则的实现以民事行为能力的具备为前提。私法自治原则的核心是承认个人能够依照自己的行为创造约束自己的行为规范，易言之，即凭人类的意思为中心构成具体法律。它突出体现为意思自治原则。在该原则下，人们只有基于自己的意思为行为才能取得权利、创设义务，也只有依个人的意思造成他人损害才承担相应的责任。要形成个人的意思，则须具有意思能力。所谓意思能力，是指对于事物有正常的认识及能够预见其行为后果的能力。他包括正常的识别力和预期力两种。在《瑞士民法典》和我国台湾地区“民法”中，意思能力分别被称为判断能力和识别能力。在人们依自己的行为创设民事权利和民事义务时，须具有意思能力，无意思能力者，其行为不发生法律上的效力。由于意思能力终究是

① 梁慧星：《民法总论》，法律出版社 2011 年版，第 67 页。

个事实问题，须就每个人的具体行为来加以审查判断，这样才不致发生被法律否认的结果。但是，日常生活中的交易大量发生，如果每次交易时都要对每个人的意思能力进行逐个审查，势必费时费力，大大降低交易效率。于是，在判断意思能力的有无上，法律通常以人的年龄和精神障碍为划一的标准。可见，行为能力是从意思能力升华转化而来的、能够从事为法律所认可行为的能力或资格。

本条规定应该理解以下几点：

其一，成年即得具有完全民事行为能力。本条和《民法通则》第 11 条一样，将 18 周岁作为具有完全民事权利能力的年龄门槛，超过此年龄并无智力障碍者可具备完全民事行为能力。

其二，成年人具有完全民事行为能力的后果，就是得独立实施法律行为，并承担相应的法律后果。本条关于民事行为能力的规定应属于强行性规定，任何人均不得放弃其民事行为能力，限制或者剥夺自然人的民事行为能力的行为一律无效。[①]

其三，作为例外，补充以劳动成年制。[②] 本条第 2 款规定了劳动成年制。本条第 2 款继续沿袭了《民法通则》第 11 条第 2 款的规定内容，在符合条件时，16 周岁以上不满 18 周岁的自然人被视为完全民事行为能力人。

依据 1994 年颁布的《劳动法》第 15 条第 1 款，用人单位可以招用未满 16 周岁的未成年人。而之前已经施行的《民法通则》第 11 条第 2 款已规定："十六周岁以上不满十八周岁的公民，以自己的劳动收入为主要生活来源的，视为完全民事行为能力人。"依《民通意见》第 2 条的解释，所谓"以自己的劳动收入为主要生活来源"，是指"能够以自己的劳动取得收入，并能维持当地群众一般生活水平"。

对于这一规定，有学者考察德国法的经验后认为，依德国法之规定，未成年人进入雇佣或劳动关系之前，需要得到法定代理人的授权，而且未成年人经授权进入劳动领域后，所拥有的也仅是部分行为能力，并且法定代理人可收回授权，该未成年人在此领域即回归为限制行为能力人。我国法律在未成年人的保护方面远不如德国。[③] 在我国民法理论上，也出现了废除论、取代论和保留论三种不同的主张。[④]

---

① 参见梁慧星主持：《中国民法典草案建议稿附理由·总则编》，法律出版社 2013 年版，第 67 页。

② 相关论文可参考：王占明：《论劳动成年制的理论基础与法律适用》，载《法律适用》2009 年第 5 期；朱广新：《我国民法拟制成年制度的反思与重建》，载《法商研究》2011 年第 1 期；戴孟勇：《劳动成年制的理论与实证分析》，载《中外法学》2012 年第 3 期。

③ 朱庆育：《民法总论》，北京大学出版社 2016 年版，第 244 页。

④ 详见戴孟勇：《劳动成年制的理论与实证分析》，载《中外法学》2012 年第 3 期。

【关联规定】

《民法通则》第11条，《劳动法》第15条，《最高人民法院关于贯彻执行〈中华人民共和国民法通则〉若干问题的意见（试行）》第2条

（撰稿人：李昊　米伊尔别克·赛力克）

第十九条　【未成年人为限制行为能力的条件和后果】 八周岁以上的未成年人为限制民事行为能力人，实施民事法律行为由其法定代理人代理或者经其法定代理人同意、追认；但是，可以独立实施纯获利益的民事法律行为或者与其年龄、智力相适应的民事法律行为。

【释义】

本条是关于限制民事行为能力人的规定。与我国先前立法相比（原《民法通则》第12条第1款），增加了法定代理人对限制行为能力人单独实施法律行为的追认，此外，将限制民事行为能力人的年龄放宽到8周岁，并增加了可以独立实施“纯获利益的民事法律行为”的规定（吸收了原《合同法》第47条的规定）。

自然人是权利主体资格者，但并不能自动创设相关民事法律关系，而是需要根据当事人的理性能力自主创设，也即民法中的行为能力制度，而具有不同程度理智的人所拥有的行为自由范围，也是不同的。[①] 理性能力各有不同，最准确的方法是个案审查，但这一做法不具有技术上的可操作性且可能会给法律交往带来极大的不安定，因此，法律只是消极宣示欠缺完全行为能力的人。[②] 而自然人的理性能力又通常依赖于其生理发育，因此法律根据自然人年龄的不同，将自然人区分为不同类型，赋予不同程序的行为能力。限制民事行为能力人的民事行为能力所受限制，既不同于无民事行为能力人，也不同于完全民事行为能力人，而是介于二者之间。

根据本条的规定，应该注意以下几点理解：

---

① 龙卫球：《民法总论》，中国法制出版社2002年版，第252页；朱庆育：《民法总论》（第2版），北京大学出版社2016年版，第380页；费安玲等：《民法总论》，高等教育出版社2011年版，第76页。

② 朱庆育：《民法总论》（第2版），北京大学出版社2016年版，第242页。

其一，未成年人作为限制行为能力人的年龄条件为8周岁以上。

本条关于限制行为能力人的规定，与我国先前立法最大的不同就是将限制民事行为能力人的年龄从10周岁放宽到8周岁。这也就意味着，8周岁以上的未成年人不再是无民事行为能力人，而是限制行为能力人，其从事的行为也不再是一概无效（本法第144条，原《民法通则》第58条第1项）。民法上的无行为能力制度，主要从安全出发，以保护无行为能力人的利益，但在工商业发达、市场交易频繁的当代社会，却无法兼顾社会交易上动的安全，不免使法律行为的相对人受到损害。[①] 现在未满10周岁的未成年人事实上已具有相当的能力，如在法律上一概认为无效，显然与生活现实存在严重的脱节，而且也不是对其利益的最佳保护方案。[②] 民法总则编自室内稿开始将这一标准下调至六周岁，理由是为了更好地尊重未成年人的自主意识。[③] 但由于争议较大，最终在2017年3月12日全国人民代表大会审议时，采取了一个比较折中的方案，修改为八周岁。[④]

其二，八周岁以上的未成年人作为限制行为能力人的后果，是限制民事行为能力人实施民事法律行为需要由其法定代理人代理，或者经其法定代理人同意、追认。

关于法定代理人的代理行为，适用本法第7章的一般规定。

所谓“同意”，是指法定代理人事先允许限制行为能力从事受限的法律行为。法定代理人可针对每项法律行为单独作出允许，也可以针对某一特定领域的法律交往进行概括授权。例如，法定代理人概括允许限制行为能力人从事一定的营业活动，则在此营业范围内，限制行为能力人实施的法律行为，不因行为能力的欠缺存在瑕疵。再如，法定代理人定期或不定期给未成年子女一些零用钱或给与一定期间内基本生活花销的金钱，或给与预先设定使用目的的财产，限制民事行为能力人对这些零用钱的处分行为，或依照设定的目的处分这些财产，由于存在着法定代理人的一个特殊同意，因此其从事的这些法律行为也不存在效力瑕疵。

此外，限制行为能力人未得到法定代理人同意而从事法律行为，虽然存在效力瑕疵，但根据本条规定，法定代理人又可通过事后的追认，允以补正（另外参见本法第145条）。我国先前立法中，原《民法通则》第58条第2项规定限制民

---

① 刘得宽：《民法总则》，中国政法大学出版社2006年版，第73～74页。

② 朱庆育：《民法总论》（第2版），北京大学出版社2016年版，第249页；王利明：《民法总则研究》，中国人民大学出版社2012年版，第238页。

③ 《关于〈中华人民共和国民法总则（草案）〉的说明》（2017年3月8日在第十二届全国人民代表大会第五次会议）。

④ 《第十二届全国人民代表大会法律委员会关于〈中华人民共和国民法总则（草案）〉审议结果的报告》（2017年3月12日第十二届全国人民代表大会第五次会议主席团第二次会议通过）。

事行为能力人依法不能独立实施的民事行为为无效，拒绝了法定代理人补正的机会，《民法通则》第12条也没有规定法定代理人可以追认。此后，原《合同法》第47条第1款规定，限制民事行为能力人订立的合同，经法定代理人追认后，该合同有效。本条继承了合同法的做法，允许法定代理人事后追认，更能充分尊重私法自治，值得肯定。关于法定代理人的追认及对相对人的保护，具体可另参见本法第145条的规定。

其三，虽然限制民事行为能力人的能力受限，但其单独实施的民事法律行为也并不当然无效，除经法定代理人同意或追认外，本条但书还规定了两类例外行为：(1) 纯获利益的民事法律行为；(2) 与其年龄、智力相适应的民事法律行为。其中“与其年龄、智力相适应的民事法律行为”的规定沿袭原《民法通则》第12条前段的规定。但对于如何认定“与其年龄、智力相适应的民事法律行为”，本法没有给出明确标准，《民通意见》第3条提供的判断依据是：可以从行为与本人生活相关联的程度、本人的智力能否理解其行为，并预见相应的行为后果，以及行为标的数额等方面认定。但即便有此判断标准，在适用中仍然存在较大的弹性，进而削弱对限制行为能力人的保护，且可能因其极端不确定而伤害交易安全。因此，在判断是否“相适应”时，应尽可能朝有利于限制行为能力人一方解释，以便实现贯彻保护未成年人之法律意旨。[①]

关于第2项例外规定，虽然在原《民法通则》中没有规定，但在《民通意见》第6条的规定已经有所体现，原《合同法》第47条更是有明确规定限制民事行为能力人订立的纯获利益的合同不必经法定代理人追认。民法限制未成年人行为能力之范围，目的在于限制未成年人对其财产的管理、处分权限，避免因其意思能力不足或欠缺社会经验而遭受不利益，以求其财产的维持与保全。因此，未成年人实施对其财产无不利益的行为，法律并无干涉之必要，应允许其单独实施。[②] 此次，民法总则编明确规定这一例外情形，值得肯定。但关于“纯获利益”存在一定的解释空间。以经济标准判断是否纯获利益，会使法律行为处于不确定状态，不具有可行性，我国有学者主张以“法律利益”为准，即限制行为能力人实施此法律行为时，不会因此减损权利或增加义务，较为合理和可行。[③] 另外，我国也有学者认为，对于限制行为能力人所获利益远远高于其承受负担所遭受的

---

① 朱庆育：《民法总论》(第2版)，北京大学出版社2016年版，第254页。

② 梁慧星：《民法总论》，法律出版社2011年版，第105页。

③ 朱庆育：《民法总论》(第2版)，北京大学出版社2016年版，第251~252页；梅仲协：《民法要义》，中国政法大学出版社1998年版，第99页。

不利益，也可以认为是纯获利益的行为。①

此外，虽然本条没有言明，但是日常生活中的定型化行为，如利用自动售货机、利用交通工具等行为，也应当是限制民事行为能力人可以单独实施的行为。②这一类行为不涉及复杂利益判断，较为简单，且这些行为大多是日常生活所必需的，金额较小，并已被大量行使的定型化处理，所以利益者只要具备通常利用的意思能力即可。所以在该种生活必需的定型化供给关系中，限制行为能力人也应当可以单独实施。③

【关联规定】

《民法典》第145条，《民法通则》第12条，《合同法》第47条，《最高人民法院关于贯彻执行〈中华人民共和国民法通则〉若干问题的意见（试行）》第3条

（撰稿人：龙卫球　马强伟）

第二十条　【未成年人无民事行为能力的条件和后果】不满八周岁的未成年人为无民事行为能力人，由其法定代理人代理实施民事法律行为。

【释义】

本条是关于无民事行为能力人的规定。与我国先前《民法通则》立法相比，将无民事行为能力的年龄从不满十周岁降到不满八周岁（《民法通则》第12条第2款）；但后果方面则没有变化。

这一规定在于明确未成年人无民事行为能力的年龄条件，并且明确其后果。民事行为能力对于法律行为有重要意义，民事行为能力是法律行为的有效条件之一（本法第143条第1项），因此欠缺民事行为能力的法律行为，其效力也必然存在问题，其中无民事行为能力人既无任何理性能力，自不具有独立实施任何法律行为的资格，故规定上应当十分明确。这一规定的目的在于，明确何种未成年

---

① 王利明：《民法总则研究》，中国人民大学出版社2012年版，第236页。

② 梁慧星：《民法总论》，法律出版社2011年版，第106页。

③ 龙卫球：《民法总论》，中国法制出版社2002年版，第231～232页；陈华彬：《民法总论》，中国法制出版社2010年版，第255～257页。

人为完全无民事行为能力人，对之禁止从事法律交往，配备法定代理人协助，以避免其因理性能力不足或欠缺社会经验而遭受不利益。

本条规定，应做以下几点重点理解：

其一，明确8周岁以下的未成年人为无民事行为能力。此前，我国无民事行为能力的界限为10周岁以下。考虑到社会智力发展的现实，以及确实存在部分10周岁以下的未成年人已经入学且具有一定的独立性的事实，将年龄下调到8周岁更为恰当。我国也有学者认为，不采取三分法而采取两分法，使无民事行为能力人也可以独立实施某些法律行为，但如此解释不仅在逻辑上与“无民事行为能力”相矛盾，也实际对于需要得到绝对保护的婴幼儿阶段未成年人并不十分有利。①

其二，未成年人无民事行为能力的后果时，应完全由其法定代理人代理法律行为。法律对于行为能力欠缺者的保护要优先于交易安全。根据本法第144条的规定，无民事行为能力人实施的民事法律行为无效，且该无效不可补救。例如，根据《最高人民法院关于贯彻执行〈中华人民共和国继承法〉若干问题的意见》第41条第2句的规定，无行为能力人所立的遗嘱，即使其本人后来有了行为能力，仍属无效遗嘱。因此，无论相对人如何善意，亦无论是通过自主机器、远程对话抑或电脑网络作出意思表示，均不得以信赖保护为由主张法律行为有效。②这就意味着，为了不使无民事行为能力人远离自治生活之外，最好是为其得以从事法律行为找到帮助，于是法律引入了为其设置法定代理人作为后果。是否应当允许无民事行为能力人独自实施纯获利益的民事法律行为呢？以前，司法实践没有否认。原《民通意见》第6条规定：“无民事行为能力人、限制民事行为能力人接受奖励、赠与、报酬，他人不得以行为人无民事行为能力、限制民事行为能力为由，主张以上行为无效。”梁慧星教授甚至进而认为，《合同法》第47条但书之限制行为能力人有关纯获利益合同的规定，应类推适用于无行为能力人。③但是，此次《民法典》总则编在第19条仅仅规定，限制行为能力的未成年人可以实施纯获利益的民事法律行为，却并没有规定无民事行为能力人可以实施纯获利益的民事法律行为。④ 这一规定似乎表示，无民事行为能力人不能再和限制民

① 朱庆育：《民法总论》（第2版），北京大学出版社2016年版，第248～249页。

② 朱庆育：《民法总论》（第2版），北京大学出版社2016年版，第248页。

③ 梁慧星：《民法总论》，法律出版社2011年版，第105页。王利明教授也认为，无行为能力人可以实施纯获益的行为和日常生活必需的细小行为，参见王利明：《民法总则研究》，中国人民大学出版社2012年版，第238页。

④ 室内稿第103条：“无民事行为能力人实施的法律行为无效，但纯获利益的法律行为除外。”征求意见稿第101条删去但书。此后未变。

事行为能力人一样实施接受奖励、赠与、报酬等纯获利益行为。法律之所以一律禁止无行为能力人实施纯获利益行为，是因为纯获利益行为对未成年人未必有利，不劳而获或随意收受他人恩惠，对于未成年人心智成长及心理健康，未必有利，这与限制行为能力人因为已经有一定的辨别是非能力和社会生活经验不同。[①]

【关联规定】

《民法通则》第 12 条，《民法典》第 144 条

（撰稿人：龙卫球　马强伟）

第二十一条　【成年人无民事行为能力的条件和后果】 不能辨认自己行为的成年人为无民事行为能力人，由其法定代理人代理实施民事法律行为。

八周岁以上的未成年人不能辨认自己行为的，适用前款规定。

【释义】

本条是关于不能辨认自己行为的成年人和八周岁以上的未成年人民事行为能力的规定。与先前《民法通则》立法相比，对于成年人成为无民事行为能力的条件不再采用“精神病人”的狭义概念，而是使用“不能辨认自己行为”（原《民法通则》第 13 条第 1 款）的用词，不再局限于特定不能辨认的原因，体现了更宽的范围。同时，本条增加了“八周岁以上的未成年人不能辨认自己行为的”情形，对于八周岁以上未成年人也存在“不能辨认自己行为”的情况，吸收实践经验，也纳入此项无民事行为能力人的范畴，在概念和体系方面更加完善和严谨。

自然人的理智能力或辨识能力，实为意思能力，除了与其生理发育相关外，还与其精神或智识发育息息相关。自然人即使成年，其精神智识发育不健全者，难以具有同龄人相当的理性能力，如果其理性能力的欠缺程度影响其法律交往，法律就有必要为之提供保护。所以，类比依据年龄的三级制的划分（完全民事行为能力、限制民事行为能力和无民事行为能力），对于成年人，根据其智识能力

---

① 李宇：《民法总则要义》，法律出版社 2017 年版，第 523 页。

的欠缺程度划分，也区分三个等级，包括正常的能够完全辨认自己行为的，不正常的不能完全辨认自己行为的，以及不正常的完全不能辨认自己行为的。其中，根据本法第21条的规定，完全不能辨认自己的成年人，归入限制民事行为能力人范畴。

本条规定，可以从以下几个方面理解：

其一，成年人和八周岁以上的未成年人在智识能力上完全不能辨认自己行为的，属于无民事行为能力。所谓“不能辨认”，《民通意见》第5条的解释是“没有判断能力和自我保护能力，不知其行为后果”。值得注意的是，与无民事行为能力的未成年人不同，认定成年人为无民事行为能力人的原因在于其不能辨认自己的行为，但这种不能，并不是如同生理发育一样，随着年龄的增长而相应稳定增长，而是表现得极不稳定，无法根据生活常识把握其规律。即便是在司法精神医学鉴定中，也难以根据《民通意见》第5条的规定，准确地判断精神障碍者究竟应是“不能辨认自己行为”还是“不能完全辨认自己行为”。因此，我国有学者对这一两分法提出质疑，不无道理。① 精神障碍者的理性能力，通常变现为不稳定的状态，难以像普通人那样根据其生理发育区分为限制民事行为能力或无民事行为能力。如《德国民法典》即对精神障碍者的无限制行为能力分档，而概以无行为能力人视之（《德国民法典》第104条第2项）。

其二，不能辨认自己行为的成年人和八周岁以上的未成年人既然是无行为能力人，其实施法律行为，应当由其法定代理人代理。但是，由于成年人患精神障碍，往往存在理性能力不稳定这一特性，所以不能绝对地说其不会出现某种“灵光时刻”，所以，在精神障碍者清醒时，是否应当允许其可以独立实施民事法律行为，涉及一种法律理解的灵活性。有的观点认为应该允许，换言之即便是精神障碍者，也只有在不能辨认自己行为或不能完全辨认自己行为时从事的法律行为无效或需要其代理人的追认或同意。② 笔者赞成这种观点，因为第21条和以下的第22条的规定，与本法第24条规定的行为能力欠缺者经司法认定后在所有场合抽象地没有行为能力或限制行为能力不同，可以理解为它们只是对行为能力欠缺者从事法律行为是否有效应进行个案审查的依据，在没有根据第24条被抽象地认定为无行为能力或为限制行为能力时，其从事的法律行为，只有真正是在不能辨认自己行为或不能完全辨认自己行为时，才会无效或需要其代理人的追认或同意。

---

① 朱庆育：《民法总论》（第2版），北京大学出版社2016年版，第245页。

② 朱庆育：《民法总论》（第2版），北京大学出版社2016年版，第246页。

其三，有无辨认能力的判断，发生争讼时，法院应斟酌有效的鉴定意见予以认定。主张无辨认能力的一方当事人，负有举证责任，应由其提出鉴定申请。[①]

【关联规定】

《民法典》第144条，《民法通则》第13条，《精神卫生法》第83条，《最高人民法院关于贯彻执行〈中华人民共和国民法通则〉若干问题的意见（试行）》第8条

（撰稿人：龙卫球　马强伟）

第二十二条　【成年人限制民事行为能力的条件和后果】 不能完全辨认自己行为的成年人为限制民事行为能力人，实施民事法律行为由其法定代理人代理或者经其法定代理人同意、追认；但是，可以独立实施纯获利益的民事法律行为或者与其智力、精神健康状况相适应的民事法律行为。

【释义】

本条是关于成年人作为民事限制行为能力人的条件和后果的规定。与第21条类似，本条也不再采用先前《民法通则》第13条第2款立法中的“精神病人”的概念，而是使用“不能完全辨认自己行为的成年人”，在概念上要更加周延。

前已述及，自然人的智识发育情况，与正常情况下根据年龄存在三级状态类似，也会出现在辨认能力方面完全正常、绝对不正常和相对不正常三种状态，因此可以对应为完全民事行为能力、无民事行为能力和限制民事行为能力的条件。第22条规定的为其中相对不正常的状态。

本条规定，应当做以下两点理解：

其一，不能完全辨认自己行为的成年人为限制民事行为能力人。所谓“不能完全辨认”，《民通意见》第5条的解释是：“对于比较复杂的事物或者比较重大的行为缺乏判断能力和自我保护能力，并且不能预见其行为后果”。

---

① 李宇：《民法总则要义》，法律出版社2017年版，第92页。

其二，不能完全辨认自己行为的成年人既然是限制行为能力人，因此应适用限制行为能力的后果规定。首先，可以独立实施纯获利益的民事法律行为或者与其智力、精神健康状况相适应的民事法律行为；其次，不能独立实施超出其辨认能力的其他法律行为，而应当由其法定代理人代理，或者经其法定代理人事先同意或事后追认。

同样，与本法第 24 条规定的民事行为能力欠缺者经司法认定后在所有场合抽象地没有行为能力或限制行为能力不同，第 22 条的规定可以理解为是对行为能力欠缺者从事法律行为是否有效应进行个案审查的依据。

【关联规定】

《民法典》第 145 条，《民法通则》第 13 条，《精神卫生法》第 83 条，《最高人民法院关于贯彻执行〈中华人民共和国民法通则〉若干问题的意见（试行）》第 4 条、第 5 条

（撰稿人：龙卫球　马强伟）

第二十三条　【欠缺民事行为能力人的法定代理人】 无民事行为能力人、限制民事行为能力人的监护人是其法定代理人。

【释义】

本条是关于无民事行为能力人、限制民事行为能力人的法定代理人的规定，与我国先前立法规定一致（原《民法通则》第 14 条）。民事行为其参与法律交往的重要途径便是经过其法定代理人。

民事行为能力制度的初衷是为了更好地保护欠缺民事行为能力人，而不是使其隔离在法律交往之外。欠缺民事行为能力人既然欠缺民事行为能力，其为民事法律行为的资格受限或者完全受限，导致在法律生活中成为不能以自己之力正常介入的旁观者或者消极者。在这种情况下，欠缺民事行为能力人就会被不同程度地被隔绝在法律交往之外，这是非常不公平的。法律为了修补这一缺陷，帮助欠缺民事行为能力人得以正常参与法律生活，就需要为其实施法律行为配备机制，这就是法定代理人。但是，应当由谁来担任法定代理人呢？

本条规定了欠缺民事行为能力人的法定代理人应由监护人担任。之所以如此，这里存在一种科学设置和人性平衡双重关怀问题，各国几乎无一例外原则上

选择监护人直接充任法定代理人的做法。我国也不例外。关于自然人的监护人的规定，可具体参见本章第 2 节的规定。

【关联规定】

《民法典》第 34 条，《民法通则》第 13 条

（撰稿人：龙卫球　马强伟）

第二十四条　【成年人欠缺民事行为能力的司法认定】 不能辨认或者不能完全辨认自己行为的成年人，其利害关系人或者有关组织，可以向人民法院申请认定该成年人为无民事行为能力人或者限制民事行为能力人。

被人民法院认定为无民事行为能力人或者限制民事行为能力人的，经本人、利害关系人或者有关组织申请，人民法院可以根据其智力、精神健康恢复的状况，认定该成年人恢复为限制民事行为能力人或者完全民事行为能力人。

本条规定的有关组织包括：居民委员会、村民委员会、学校、医疗机构、妇女联合会、残疾人联合会、依法设立的老年人组织、民政部门等。

【释义】

本条是关于成年人为无民事行为能力人或者限制民事行为能力人的司法认定规定，具体包括认定条件和程序、认定的撤销、申请资格人等。该条承继自原《民法通则》第 19 条的规定，不同的是，该条采用了《民事诉讼法》中的"认定"，而非《民法通则》中的"宣告"，显得更加中性，但其制度内涵并无太大变化。

近代民法以来，包括 1804 年《法国民法典》和 1900 年《德国民法典》都建立了成年人欠缺民事行为能力的宣告制度，称禁治产宣告制度和准禁治产宣告制度，当时的目的在于外观方便，并且也有利于保护第三人的交易安全。后来在实践中发现，这种司法宣告制度存在一个弊端，就是灵活性存在很大不足，不能兼顾欠缺民事行为能力人的实际需要，在尽可能尊重欠缺民事行为能力人的自治和

保护第三人交易安全之间，过多地向后者倾斜。通过司法宣告，行为能力欠缺的成年人在宣告范围在所有场合所有情况下都要失去民事行为能力，不能单独实施法律行为。这一制度的初衷是对精神障碍者的保护，但与常人的理性能力不同，精神障碍者的理智并不一直处于稳定状态，既有判断能力极弱的时候，也存在"清醒"的时刻，因此，抽象地拟制其为无民事行为能力或为限制民事行为能力，反而过分限缩本人自我决定的机会，忽略本人剩余的行为能力的存在，不利于加强对本人利益的保护。[①] 由于这一制度有法律歧视、扩张管制之嫌，遭到越来越多的批判，法国、德国和我国台湾地区也都逐渐废除了行为能力欠缺宣告制度。[②] 但是我国原《民法通则》继承了这一制度，此次《民法典》总则编原则上保留，但也做了一定的软化，比如概念上由"宣告"改为"认定"就是一种由主观化转向客观化的趋势。

本条规定，在理解上有四个要点：

其一，关于成年人欠缺民事行为能力的司法认定的条件和程序。

根据该条第 1 款的规定，认定成年人为无民事行为能力人或者限制民事行为能力人应具备两项条件：(1) 须被申请人不能辨认或者不能完全辨认自己行为；(2) 须利害关系人或者有关组织的申请。其中，本条第 3 款规定了利害关系人或者有关组织的范围，为了不使这一制度落空，规定可以作为申请资格人的"有关组织"非常广泛，包括"居民委员会、村民委员会、学校、医疗机构、妇女联合会、残疾人联合会、依法设立的老年人组织、民政部门等"。人民法院受理申请后，应当按照特定程序予以处理，最终做出司法认定。具体认定程序，应适用《民事诉讼法》第 15 章特别程序中第 4 节"认定公民无民事行为能力、限制民事行为能力案件"的规定。除以上通过特别程序认定外，根据《民通意见》第 8 条的规定，在诉讼中，当事人及利害关系人可附带提出认定申请，人民法院认为确有必要认定的，应当根据特别程序的规定，先做出当事人有无民事行为能力的判决。

其二，关于成年人欠缺民事行为能力受司法认定后的后果。第 24 条规定的目的在于抽象地认定不能辨认或者不能完全辨认自己行为的成年人为无民事行为能力人或者限制民事行为能力人。因此，经司法认定后为，不能辨认自己行为的成年人为无民事行为能力人，应适用无行为能力的未成年人的规定，其实施法律行为，应当由其法定代理人代理。不能完全辨认自己行为的成年人经司法认定后是

---

① 龙卫球：《民法总论》，中国法制出版社 2002 年版，第 230 页。

② 龙卫球：《民法总论》，中国法制出版社 2002 年版，第 226 ~ 230 页；朱庆育：《民法总论》（第 2 版），北京大学出版社 2016 年版，第 245 ~ 247 页；梁慧星：《民法总论》，法律出版社 2011 年版，第 106 页。

限制行为能力人，应适用限制行为能力的未成年人的规定，除了独立实施纯获利益的民事法律行为或者与其智力、精神健康状况相适应的民事法律行为外，其实施法律行为，应当由其法定代理人代理或者经其法定代理人同意、追认。

应注意的是，我国《民法典》总则编在本条虽然仍然保留了这一制度，但在适用中应当认识到这一制度有过分限制精神障碍者的弊端，在适用中应当作适度限缩。一方面，对于没有经认定程序的行为能力欠缺者，根据第 21 条和第 22 条的规定，其从事的法律行为是否有效，应当进行个案审查，如果其从事法律行为时处于“清醒”状态，则法律行为应当有效。另一方面，应当认识到与无民事行为能力或限制民事行为能力的未成年不同，即便是被认定为无民事行为能力或限制民事行为能力，精神障碍者从事法律行为时，也有处于“灵光时刻”的可能，因此，即便是被认定为无民事行为能力或限制民事行为能力人，如果其在从事法律行为时处于清醒状态，能够理解其行为的意义，应当认为其从事的法律行为有效。① 但精神障碍者被认定为无民事行为能力或限制民事行为能力人时，其从事法律行为无效为常态，主张其有效者，须证明行为实施时被宣告者例外地具有正常的理性能力。反之，法律行为则应以有效为常态，主张无效者，须证明行为实施时行为人不能辨认自己的行为。②

其三，这种司法认定可以基于相反的事实而通过一定程序撤销。根据本条第 2 款的规定，被认定为无民事行为能力人或者限制民事行为能力人的成年人，根据其智力、精神健康恢复的状态，经本人、利害关系人或有关组织的申请，法院应认定该成年人恢复为限制民事行为能力人或者完全民事行为能力人。

其四，本条没有规定对存在智识障碍的 8 周岁以上的未成年人可以申请认定其为无民事行为能力人。根据本法第 19 条的规定，8 周岁以上的未成年人为限制民事行为能力人，其实施的法律行为也并不必然无效，但如果其同样没有辨认能力时，可以作为无民事行为能力人处理。那么对之是否得以援引本条申请司法认定呢？笔者认为应该肯定回答。从体系上解释，可以认为是计划内的法律漏洞，通过补充解释将之纳入司法认定范围。通过认定程序，对于主张法律行为效力的证明负担不同。例如，此类不能辨认自己行为限制行为能力人从事了与其年龄相符的法律行为（在一般限制行为能力人情况下为有效），其法定代理人主张无效的，则需要证明行为实施时行为人不能辨认自己的行为。

---

① 朱庆育：《民法总论》（第 2 版），北京大学出版社 2016 年版，第 246 页。
② 朱庆育：《民法总论》（第 2 版），北京大学出版社 2016 年版，第 239 页。

【关联规定】

《民法通则》第 19 条,《民事诉讼法》第 187 条至第 190 条,《最高人民法院关于贯彻执行〈中华人民共和国民法通则〉若干问题的意见(试行)》第 7 条、第 8 条

(撰稿人:龙卫球 马强伟)

第二十五条 【自然人的住所】 自然人以户籍登记或者其他有效身份登记记载的居所为住所;经常居所与住所不一致的,经常居所视为住所。

【释义】

本条是关于自然人住所的规定。本条与我国先前《民法通则》相比,原则上仍然坚持事实主义,但是具体方面,依据我国城乡关系发展带来户籍制度的重大变化,进行了合乎时宜的修改,自然人的住所不再只是仅以户籍所在地的居住地为准,而是根据户籍登记或者其他有效身份登记记载的居所为住所,体现了更宽也更加有利于流动中的自然人的利益面向。但何为其他有效身份登记,仍然有待立法或司法解释。

自然人住所是自然人发生和变动法律关系之中心地域,是其法律上的所在或活动场所,各国都将之作为自然人的一种重要属性加以规定,与人格利益几乎近似。从法律上说,自然人的住所有很多的法律意义,包括关乎监护(本法第 27、28 条)、成立失踪的空间标准(《民通意见》第 26 条)、债务履行地(《民法典》第 511 条第 3 项)、诉讼管辖地(《民事诉讼法》第 21 条等)、涉外法律适用之准据法(参见《涉外民事关系法律适用法》)等重要因素。

本条可以做以下几点理解:

其一,本条关于自然人法定住所(登记住所)的确定,采取了两重标准,即以户籍登记或者其他有效身份登记记载的居所为准。在我国,每个自然人都有户籍,而且是唯一的,因此比较容易确认。在我国,自然人在独立生活之前,一般与父母构成一"户",故自然人未将户口迁出父母之"户"前,父母住所也就是该自然人的住所。但是随着城市化的发展,我国人口流动加剧,这些年来,大量的人员特别是农村人员,离开原来的户籍所在地而外出工作或生活,但其户籍可

能并未变化；按照我国现行城市人口管理政策，如果外来人员需要在其他城市工作或生活，应该取得有效认可，比如取得暂居证等，这就导致了与户籍登记不同的另类有效身份登记的产生。本条适应这一发展，将其他有效身份登记记载的居所也纳入登记住所的范围，作为双重标准之一。唯有疑问的是，户籍记载的居所和其他有效身份登记记载的居所发生冲突时，两者究竟以何者为准，本法没有明确，值得今后关注。可以期待，或许我们在这里开启了一个自然人同时允许有多个住所的范例。

其二，本条关于自然人的住所采取了事实主义，即采取经常居所优先登记住所的做法。这也是世界各国的普遍做法，旨在更好服从自然人的切身利益，使其更加方便把握自己的法律关系。但是本条规定表述上显得比较微妙，乍一看似乎是登记主义，难以看出这种事实主义取向，即“自然人以户籍登记或者其他有效身份登记记载的居所为住所；经常居所与住所不一致的，经常居所视为住所”。该句表述的重点其实在后面，“经常居所与住所不一致的，经常居所视为住所”。这种貌似例外的表述方式带来的特殊法律效果是，这种事实主义不是当然适用的，而是需要举证的，谁主张谁举证。所谓“经常居住地”，依照《民通意见》第 9 条的解释，是指以长期居住为目的，连续居住一年以上的地方。

【关联规定】

《民法通则》第 15 条，《最高人民法院关于贯彻执行〈中华人民共和国民法通则〉若干问题的意见（试行）》第 9 条

（撰稿人：龙卫球　马强伟）

第二节　监　　护

第二十六条　【父母子女之间的抚养、赡养等亲属义务】 父母对未成年子女负有抚养、教育和保护的义务。

成年子女对父母负有赡养、扶助和保护的义务。

【释义】

本条是关于父母子女间扶养和赡养义务的规定。

尊老爱幼是中华民族的传统美德，也是良好家风的题中之意。而“赡老扶幼”则是其中最为基本的体现和要求。我国《宪法》《老年人权益保障法》《未成年人保护法》等对此皆已有明确的规定。本条在既有法律规定的基础上，对父母扶养未成年子女的义务和成年子女对父母的赡养义务作出原则性规定，既是对既有法律规范的概括和梳理，更是对该项义务私法属性的肯定，为本法其他编的相关规定与未来相关立法提供坚实的规范基础。

结合当前理论与实践，对于本条规定，应作如下理解：

第一，父母对未成年子女负有抚养、教育和保护的义务。

首先，父母对未成年子女负有抚养义务。抚养，是指父母从物质上、经济上对子女的养育和照料。① 以其具体方式而论，抚养主要包括经济上的供养和生活上的照料两个方面的内容。其中，前者是对被扶养人提供生活来源的义务，而后者则是指因未成年子女实际生活需要而提供相应家务劳动（如换尿布、喂奶等）的义务。② 普遍认为，父母对子女的抚养义务是生活保持义务，不以抚养人有抚养能力为条件，无论父母的生活条件、抚养能力如何，都应当在自己的能力范围内为子女提供衣食住行，父母不得因给付子女抚养费会危害或降低自身的生活水平而不承担抚养义务。③ 而按照本法第1067条第1款的规定，“父母不履行抚养义务的，未成年子女或者不能独立生活的成年子女，有要求父母给付抚养费的权利。”同时，生活保持义务亦包含对扶养程度的要求，“维持对方生活，即为保持自己生活”，父母应当以其子女的生活作为自己生活的一部分而维持，其抚养与自己的生活程度应相等。④ 值得注意的是，依据第1067条第1款的规定，父母承担抚养义务的对象除本条第1款规定的“未成年子女”外，也包括“不能独立生活的成年子女”。至于后者的范围，按照《最高人民法院关于适用〈中华人民共和国婚姻法〉若干问题的解释（一）》第20条的规定，则包括尚在校接受高中及其以下学历教育，或者丧失或未完全丧失劳动能力等非因主观原因而无法维持正

---

① 巫贞昌主编：《婚姻与继承法学》，中国政法大学2017年版，第224页。

② 参见［日］铃木初代：《应尽照顾被保护人的私人义务——以应尽监护未成熟子女的父母的义务为中心》，陈同花译，载《外国法译评》2000年第2期。

③ 夏吟兰：《民法典未成年人监护立法体例辩思》，载《法学家》2018年第4期。

④ 陈苇：《中国婚姻家庭法立法研究》，群众出版社2000年版，第391页。

常生活的成年子女。

其次，父母对未成年子女负有教育义务。该项义务主要包括两个方面的内容：其一，尊重和保障未成年子女的受教育权利的义务。按照《未成年人保护法》第13条规定，“父母或者其他监护人应当尊重未成年人受教育的权利，必须使适龄未成年人依法入学接受并完成义务教育，不得使接受义务教育的未成年人辍学。”其二，按照国家法律规定，以健康的思想、品行和适当的方法教育子女的义务。[①] 父母是孩子的启蒙老师，对子女世界观、价值观和人生观和社会生活能力的养成负有不可推卸的责任，应当以适当的方式引导子女的健康成长。同时，鉴于未成年人是非分辨能力和自我控制能力尚不健全，父母还有必要对子女在生活中表现出的错误行为及思想观念进行约束和纠正。[②] “父母在行使其教育权的范围内，可以要求未成年子女承担义务，或者限制未成年子女的权利。”[③] 按照《未成年人保护法》第11条的规定，“父母或者其他监护人应当关注未成年人的生理、心理状况和行为习惯，以健康的思想、良好的品行和适当的方法教育和影响未成年人，引导未成年人进行有益身心健康的活动，预防和制止未成年人吸烟、酗酒、流浪、沉迷网络以及赌博、吸毒、卖淫等行为。”而且，作为父母教育义务的延伸，按照本法第1068条的规定，未成年子女造成他人损害的，父母应当依法承担民事责任。

最后，父母对未成年子女负有保护义务。史尚宽先生指出，“保护，谓预防及排除危害，以谋求子女心身成长之安全。”[④] 为保护未成年子女的合法人身和财产权益，父母一方面应当采取积极行动，保障其免受来自家庭外部的自然界或人为因素的威胁和侵害，并在未成年子女合法权益遭受不法侵害时，积极履行其作为监护人、法定代理人的职责，依法为其寻求法律上的救济；另一方面，父母应谨慎约束自己的行为，不得侵害子女的人身和财产权益。譬如，依据《未成年人保护法》第10条第2款的规定，“禁止对未成年人实施家庭暴力，禁止虐待、遗弃未成年人，禁止溺婴和其他残害婴儿的行为，不得歧视女性未成年人或者有残疾的未成年人。”

第二，成年子女对父母负有赡养、扶助和保护的义务。

首先，成年子女对父母负有赡养义务。与抚养相似，赡养的内涵主要表现为

---

① 蒋月、韩珺：《论父母保护教养未成年子女的权利义务——兼论亲权与监护之争》，载《东南学术》2001年第2期。

② 王洪：《婚姻家庭法》，法律出版社2003年版，第222页。

③ 王丽萍：《论家庭对未成年人的保护——以父母找股权为中心》，载《法商研究》2005年第6期。

④ 史尚宽：《亲属法论》，中国政法大学出版社2000年版，第664页。

成年子女对父母物质上供养。传统学说都把赡养父母作为孝道之基本内容。欲尽赡养之责，则须尽力保证父母衣食无忧，日用物资皆不匮乏。① 值得注意的是，本条仅就成年子女对父母的赡养义务作出规定，并未对此附加条件和期限的限制。② 而按照本法第 1067 条第 2 款的规定，成年子女不履行赡养义务的，缺乏劳动能力或者生活困难的父母，有要求成年子女给付赡养费的权利。有学者据此认为，成年子女对父母的扶养义务在法律规范上是静态的，而扶养义务的动态履行，则基本上是在父母生活困难或体力不支时。③ 更确切地说，成年子女对父母的赡养是无条件的，只要父母要求赡养，有负担能力的子女就应当履行赡养义务。父母经济困难与否只决定赡养费的数额，而不能决定赡养义务的有无。④ 甚至，依照目前相关司法裁判的观点，成年子女对父母的赡养义务也无须以父母抚养子女为对等条件。按法官的裁判逻辑，“如果父母没有尽到抚养义务，子女可以主张自己的权利。该项权利如果子女一直未主张，则视为放弃；但子女对父母的赡养义务，并不因此而丧失。”⑤ 此外，在部分学者看来，对于父母的一般过错，一般不能成为子女拒绝赡养的理由，但如果父母实施了严重危害子女身心健康的罪行，诸如构成故意伤害罪、遗弃罪、虐待罪、强奸罪等时，可以认为其丧失了被赡养的权利。⑥

其次，成年子女对父母负有扶助义务。扶养，是指子女给予父母精神上的安慰和生活上的照料。⑦ 按照《老年人权益保障法》第 14 条第 1 款的规定，赡养人应当履行对老年人经济上供养、生活上照料和精神上慰藉的义务，照顾老年人的特殊需要。另据该法第 15 条的规定，对生活不能自理的老年人，赡养人应当承担照料责任；不能亲自照料的，可以按照老年人的意愿委托他人或者养老机构等照料。而随着现代社会物质生活水平的不断提高，民众对精神生活关注日益增加。《老年人权益保障法》第 18 条规定，“家庭成员应当关心老年人的精神需求，不

---

① 龙大轩：《孝道：中国传统法律的核心价值》，载《法学研究》2015 年第 3 期。

② 《民法总则（草案）》第一次审议稿第 25 条第 2 款曾对作为赡养对象的父母附加行为能力方面的要求，规定“子女对无民事行为能力或者限制民事行为能力的父母负有赡养、照顾和保护的义务”。但因此种将父母行为能力作为子女是否需要承担赡养义务标准的做法，显然混淆了监护职责与赡养义务之间的关系，不仅不符合我国现行法律规范，而且也与社会主流的伦理道德观念存在较大差距，而没有在后来的立法中获得认可。参见陈甦：《民法总则评注》，法律出版社 2017 年版，第 177 页。

③ 刘宏渭：《我国扶养制度的法律文化解读》，载《齐鲁学刊》2009 年第 5 期。

④ 范李瑛、付斌：《子女赡养父母的几个法律问题》，载《烟台大学学报（哲学社会科学版）》2014 年第 2 期。

⑤ 参见赵玉：《婚姻家庭法中的利他主义》，载《社会科学战线》2018 年第 10 期。

⑥ 王国平：《婚姻家庭法与继承法论要》，九州出版社 2010 年版，第 300 页；巫贞昌主编：《婚姻与继承法学》，中国政法大学 2017 年版，第 229 页。

⑦ 巫贞昌主编：《婚姻与继承法学》，中国政法大学 2017 年版，第 164 页。

得忽视、冷落老年人”，将对父母的精神关怀纳入子女赡养、扶助义务的范畴。同时，针对现代社会家庭结构的变化，子女父母分开居住、“空巢老人”问题日益突出，该条第2款还特别规定，与老年人分开居住的家庭成员，应当经常看望或者问候老年人。用人单位应当按照国家有关规定保障赡养人探亲休假的权利。有学者认为，该款规定的“常回家看看”是法定义务，附有强制性的法律后果，一旦子女违反这种义务，老年尊亲属即可行使自己的权利，要求家庭成员进行探望，或者向法院起诉其强制履行义务。①

同时，成年子女对父母负有保护义务。子女对父母的保护也包括两个方面的内容：一方面，负有不得侵害父母合法权益的义务。譬如，按照《老年人权益保障法》第25条规定，禁止对老年人实施家庭暴力。另一方面，保护父母免受家庭以外的自然或人为因素侵害的义务。有学者指出，保护义务并不适宜针对所有的父母，而应仅是其中不具有完全民事行为能力的父母，并建议在《民法典》编纂时对该条作出相应的修改。② 但此项建议未获立法者采纳，本法依然沿用了《民法总则》的规范表述。以实践来看，立法者的此种规范安排不无道理，亲属间的保护义务并非完全等同于监护制度中的“保护”。在父母正在遭受外来侵害的情形中，不论其是否具备相应的行为能力，要求子女对其负有相应的保护和救助义务而非熟视无睹，或许更符合基本社会常识和亲属伦理。

第三，本条规定与监护的关系。

在《民法总则》起草过程中，有的意见提出，本条是关于亲属间扶养的权利义务内容，与监护制度并不完全相同，更适宜规定在婚姻家庭编中，建议删除本条。③ 尤其是对于本条第1款的规定，有学者认为，其完全是亲权的内容。④ 由此，在我国，亲权与监护开始加以区分。⑤ 更有学者批评，本条不仅将亲权与监护合二为一，而且将赡养义务也纳入其中，虽然简化了制度设计，但却抹杀了亲权（父母照顾）、监护与赡养的区别。⑥

其中，亲权与监护的关系是引发对本条不同意见的主要原因。所谓亲权，主

---

① 杨立新：《“常回家看看”条款的亲属法基础及具体适用》，载《法学论坛》2013年第6期。

② 胡雪梅：《关于〈民法总则〉的修改意见——以助益我国未来〈民法典〉之完善为视角》，载《法治研究》2017年第4期。

③ 石宏主编：《〈中华人民共和国民法总则〉条文说明、立法理由及相关规定》，北京大学出版社2017年版，第58页；杜启顺：《论监护在婚姻家庭制度中的地位及立法完善——以民法典的编纂和〈民法总则〉为背景》，载《法学杂志》2017年第8期。

④ 杨立新：《民法总则精要10讲》，中国法制出版社2018年版，第96页。

⑤ 罗杰：《中国民法典之亲子关系立法模式的改进》，载《甘肃社会科学》2018年第2期。

⑥ 杨震：《民法总则“自然人”立法研究》，载《法学家》2016年第5期。

要是指父母对未成年子女在人身和财产方面的管教和保护的权利和义务。[①] 其内容主要包括居（住）所指定权、子女交还请求权、惩戒权、职业许可权、法定代理权和同意权、亲权人对未成年子女财产上的权利（即对未成年子女的财产依法享有管理、使用、收益和必要的处分权）。[②] 与本条规定的内容虽有一定重合，却并非完全一致。大陆法系国家的传统私法理论较为注重对亲权与监护的区分，并将前者作为调整亲子关系基本制度，强调只有亲权人均死亡或者丧失亲权或者被剥夺亲权，才须为未成年人指定监护，以监护权补正未成年人的行为能力。[③] 而在我国，此种“亲权—监护”的二元构造虽颇受主流学者的肯定，[④] 却未被立法所采纳。自《民法通则》起，我国即以英美法为借鉴，采取的是“大监护”或广义监护的制度模式，[⑤] 没有确定未成年人的父母是未成年人的亲权人，而是认可未成年人的父母为未成年人的监护人。[⑥]

以域外私法关于亲权与监护规范实践来看，二者已实际呈现出一定程度的趋同：[⑦] 在不少大陆法系国家和地区民法关于监护的规定中，类似“除另有规定外，监护人于保护增进受监护人利益之范围内，行使负担父母对于未成年子女之权利义务”的制度安排，[⑧] 已颇为常见；而在亲权制度中，基于父母子女间的信任假设对父母权利行使所持的放任态度，[⑨] 也已不复绝对，公权力开始大量主动介入亲子关系，监督父母权利与义务的行使，要求其在行使管教权时要考虑尊重子女的意向。[⑩] 有鉴于此，有学者认为，没有必要，也不可能在法典中建立纯粹的亲权或监护制度，而最多是在形式亲权之下以实质监护矫正（如大陆法诸国），或在形式监护之下以实质亲权矫正（如英美法诸国）；对这些已经形成的语词习惯，只要明白其名义之下的二元互动，继续沿用也无妨。因此保留我国一体的监护制

---

① 李志敏：《比较家庭法》，北京大学出版社 1988 年版，第 227 页。

② 李志敏：《比较家庭法》，北京大学出版社 1988 年版，第 231 ~ 235 页。

③ 杨立新：《〈民法总则〉制定与我国监护制度之完善》，载《法学家》2016 年第 1 期。

④ 参见徐国栋：《试论完善我国监护制度问题》，载《法律科学》1987 年第 2 期；汪金兰：《未成年人监护问题探析》，载《法学》1997 年第 8 期；尹志强：《未成年人监护制度中的监护人范围及监护类型》，载《华东政法大学学报》2016 年第 5 期。

⑤ 刘征峰：《被忽视的差异——〈民法总则（草案）〉“大小监护”立法模式之争的盲区》，载《现代法学》2017 年第 1 期。

⑥ 杨立新：《〈民法总则（草案）〉自然人制度规定的进展与改进》，载《法治研究》2016 年第 5 期。

⑦ 裴桦：《亲权与监护立法之比较》，载《甘肃政法学院学报》2004 年第 5 期。

⑧ 史尚宽：《亲属法论》，中国政法大学出版社 2000 年版，第 720 页。

⑨ 参见蒋月、韩珺：《论父母保护教养未成年子女的权利义务——兼论亲权与监护之争》，载《东南学术》2001 年第 2 期。

⑩ 张力：《监护、亲权抑或其他——论我国亲子法的立法模式选择》，载《广西大学学报（哲学社会科学版）》2005 年第 3 期。

度的称谓是可取的。[①] 而本法在坚持广义监护模式的同时，亦通过将抚养和赡养义务引入其中，而创设了不少能够更为准确反映父母与子女之间特殊身份关系的监护规则，譬如，明确父母的法定监护人地位、允许父母通过遗嘱指定监护人以及父母监护人资格的恢复制度等。[②]

按照立法机关的观点，我国采取的是“以家庭监护为基础，社会监护为补充，国家监护为兜底”的监护制度体系。[③] 而父母对未成年子女的抚养、教育和保护义务，成年子女对父母的赡养、扶助和保护义务，是家庭监护的基础，有必要在《民法总则》中作出规定。[④] 立法者在监护一节中设置扶养和赡养义务条款，其主要目的不在于对这两项义务作出规定，而是为了给监护规则的进一步完善提供理论和制度基础。[⑤] 譬如，有学者指出，未担任监护人的扶养义务人可担任监护职责履行的监督人，从而弥补《民法总则》规范的空缺，并将对扶养权利人的扶助与保护义务落到实处。即便被撤销监护资格，此项监督义务依然存在。怠于履行监督义务致使被监护人受损的，应当承担民事责任。[⑥]

【关联规定】

《宪法》第 49 条，《未成年人保护法》第 10 条至第 16 条，《老年人权益保障法》第 14 条

（撰稿人：雷震文）

第二十七条　【未成年人法定监护人的设置】 父母是未成年子女的监护人。

未成年人的父母已经死亡或者没有监护能力的，由下列有监护能力的人按顺序担任监护人：

（一）祖父母、外祖父母；

---

① 张力：《监护、亲权抑或其他——论我国亲子法的立法模式选择》，载《广西大学学报（哲学社会科学版）》2005 年第 3 期。

② 参见陈甦：《民法总则评注》，法律出版社 2017 年版，第 177 页。

③ 李建国：《关于中华人民共和国民法总则（草案）的说明——2017 年 3 月 8 日在第十二届全国人民代表大会第五次会议上的讲话》，载民法总则立法背景与观点全集编写组编：《民法总则立法背景与观点全集》，法律出版社 2017 年版，第 8 页。

④ 扈纪华：《民法总则中的监护制度》，载《中国公证》2017 年第 12 期。

⑤ 陈甦主编：《民法总论评注》，法律出版社 2017 年版，第 177 页。

⑥ 李贝：《统一规则模式下监护制度的不足与完善》，载《法律科学》2019 年第 2 期。

（二）兄、姐；

（三）其他愿意担任监护人的个人或者组织，但是须经未成年人住所地的居民委员会、村民委员会或者民政部门同意。

【释义】

本条规范的是未成年人法定监护人的设置制度。监护是对无民事行为能力人或者限制民事行为能力人的人身、财产及其他合法权益进行监督和保护的民事法律制度。履行监督和保护职责的人，称为监护人；被监督和保护的人，称为被监护人。① 本条内容仅针对未成年人的法定监护人的设置。该条基本沿袭了《民法通则》第 16 条第 1 款和第 2 款对未成年人法定监护人的规定："未成年人的父母是未成年人的监护人。未成年人的父母已经死亡或者没有监护能力的，由下列人员中有监护能力的人担任监护人：（一）祖父母、外祖父母；（二）兄、姐；（三）关系密切的其他亲属、朋友愿意承担监护责任，经未成年人的父、母的所在单位或者未成年人住所地的居民委员会、村民委员会同意的。"存在的改变是在第 2 款中明确了"按顺序担任"监护人的顺位规则，并在第 2 款第 3 项中将能够担任监护人的范围进一步扩大，即只要愿意担任监护人的个人或者组织，在满足监护人资格的要求下，经未成年人住所地的居民委员会、村民委员会或者民政部门同意即可担任。

监护人的职责在于全面保护行为能力欠缺者，此系纯为他人利益的制度安排。为保证监护人有足够的动因履行保护职责，二者密切而长期的结合关系即属必要。在各种结合关系中，唯有亲属关系最能符合这一条件。因此，监护人通常由行为能力欠缺者的亲属担当，包括亲权人与监护人。这也是大部分法典国家将该部分内容置于亲属法的原因。然而行为能力欠缺者可能拥有众多亲属。确定监护人时，一般应以亲属关系之远近作为取舍标准。原因在于，亲属关系越近，就越有看护被监护人利益的动因，相互之间的生活关联也越紧密，也就越有资格成为监护人。②

本条适用，理解上须注意以下三点：

其一，未成年人以其父母为法定监护人。

本条属于法定监护，而法定监护的基本特点是，"监护人的范围与顺序由法

---

① 魏振瀛主编：《民法》，北京大学出版社 2010 年版，第 60 页。

② 朱庆育：《民法总论》，北京大学出版社 2016 年版，第 398 页。

律事先明确规定，监护人如没有法律规定不得任职的限制性条件，就必须担任监护人，不得拒绝。”其制度基础在于一个经验假设，即“父母比其他任何人或机构都更关心子女的最佳利益”。[①] 根据本法第27条第1款规定，父母作为未成年人的法定监护人的资格是法律直接赋予的，无须再经过其他任何程序。作为未成年人子女的法定监护人的父母，包括生父母、养父母、有抚养关系的继父母。父母担任未成年子女的法定监护人的资格，不因父母的离婚而丧失。父母离婚后，子女无论是同父方或者母方生活，仍是父母双方的子女，父方和母方仍是未成年子女的法定监护人。

其二，未成年人的其他法定监护人。

依照本条第2款，在“未成年人的父母已经死亡或者没有监护能力”的情形下，其他人担任未成年人的法定监护人的，既应该依照法定的先后顺序，又须符合法定的必要条件。监护人的选定有顺位要求。除父母外，第一顺位监护人是祖父母、外祖父母，第二顺位监护人是兄、姐。这两个顺位监护人的选定皆不需要经有关组织同意。在前两顺位皆不能担任适格监护人的情形下，由其他愿意担任监护人的个人或者有关组织担任，但此一顺位的监护人的担任，须经未成年人住所地的居民委员会、村民委员会或者民政部门同意。其立法目的即从未成年人最大利益出发，须对这一顺位的监护人的监护能力进行审查，在选任程序上防止其对未成年人利益进行损害。如果同一顺序中有数人符合法定监护人条件，依据该原则，应当由与未成年人共同生活并照料未成年人的法定监护人履行监护职责，[②] 但亦不排除共同监护与协议监护制度的适用。对于顺位问题，本法依然沿用了《民法通则》中“按顺序担任监护人”的规则，实则与比较法上旧日本法与我国台湾地区的旧有规定相同，但从被监护人利益保护以及被监护人利益最大化的原则出发，二者均在修法时将“按顺序担任监护人”的规则予以废止。[③] 因此，该规则是否能够充分保障被监护人利益，有待实践检验。

其三，法定监护人必须具备监护能力。

依照《民通意见》第11条规定：“认定监护人的监护能力，应当根据监护人的身体健康状况、经济条件，以及与被监护人在生活上的联系状况等因素确定。”因此，只有当监护人具有以上条件时，才是适格的监护人，才有成为监护人的可

---

① 刘征峰：《被忽视的差异——〈民法总则（草案）〉“大小监护”立法模式之争的盲区》，载《现代法学》2017年第1期。

② 杨大文主编：《婚姻家庭法》，中国人民大学出版社2012年版，第218页。

③ 李昊：《大陆法系国家（地区）成年人监护制度改革简论》，载《环球法律评论》2013年第1期。

能，即“既有民事行为能力，又应有管教和保护被监护人的能力”。[①] 此时的判断标准具有模糊性，虽然《民通意见》对相关因素进行了列举，但在实际判断过程中仍应以被监护人利益最大化为原则，审查监护人的监护能力。

（撰稿人：庄晨曦）

第二十八条 【成年人法定监护的范围与顺序】 无民事行为能力或者限制民事行为能力的成年人，由下列有监护能力的人按顺序担任监护人：

（一）配偶；

（二）父母、子女；

（三）其他近亲属；

（四）其他愿意担任监护人的个人或者组织，但是须经被监护人住所地的居民委员会、村民委员会或者民政部门同意。

【释义】

本条是关于无民事行为能力或者限制民事行为能力的成年人的法定监护的范围与顺序的规定。

监护制度的主要目的在于弥补被监护人行为能力的不足，保护无行为能力人与限制行为能力人的合法权益，并对其行为加以必要的监督和约束。[②] 而自然人的行为能力虽能随着年龄的增长而不断提高，直至圆满；亦有可能因精神、智力等方面的不足而减损，甚至完全丧失。因此，自罗马法起，针对因特定原因（精神病、浪费）而处于限制行为能力状态的成年人而设的监管和保护制度（保佐），即已初见其形。[③] 而至近代以来，在《法国民法典》《德国民法典》《日本民法典》等中，针对“因精神错乱（且按其性质并非暂时的）不能自由决定意志”的成年人（即禁治产人）的监护，则更是成为其监护制度中不可或缺的重要部分。[④]

---

① 程维荣、袁奇钧：《婚姻家庭法律制度比较研究》，法律出版社 2011 年版，第 207 页。

② 参见崔建远等：《民法总论》，清华大学出版社 2013 年版，第 109 页。

③ 参见［意］彼德罗·彭凡得：《罗马法教科书》，黄风译，中国政法大学出版社 1992 年版，第 180 ~182 页；赵虎、张继承：《成年人监护制度之反思》，载《武汉大学学报（哲学社会科学版）》2011 年第 2 期。

④ 参见何宏莲、王威武：《老龄化社会背景下我国成年人监护制度的立法完善》，载《学术交流》2007 年第 5 期。

本条在沿袭《民法通则》第 17 条规定的基础上，对监护对象范围、监护人范围和顺序等作出了更为全面和具体的规定。

对于本条规定，应着重从以下几个方面理解：

第一，成年人监护的对象范围。

以禁治产人为主要对象，近代成年监护表现出与行为能力较大的勾连，即成年监护以禁止产宣告为前提，先行剥夺或者限制禁治产人的行为能力，而后为其设置监护人。[①] 20 世纪中叶以来，主要大陆法系国家纷纷修改其成年人监护制度，弱化了行为能力欠缺宣告制度对成年人监护制度的影响，逐步实现监护制度与行为能力欠缺宣告制度的分离，使监护制度真正成为一种保护不能正常照顾自己利益的成年人（尤其是老年人）的制度。[②] 譬如，德国不仅在 1990 年《关于改革监护法和成年人保佐法的法律》中，废除了成年人禁治产制度，代之以“照管”制度。并在随后修改的《德国民法典》第 1896 条第 1 款中规定，“成年人因心理疾患或身体上、精神上或心灵上的残疾而完全或部分地不能处理其事务的，照管法院根据该成年人的申请或依职权为其选任一个照管人。该项申请也可以由无行为能力人提出。以成年人因身体上的残疾而不能处理其事务为限，仅得根据该成年人的申请为其选任照管人，但该成年人不能表明其意思的除外。”

在我国《民法典》编纂的过程中，不少学者曾建议，取消作为设立监护前置程序的行为能力欠缺宣告制度，成年人需不需要设立监护采个案审查的方式，不以是否欠缺行为能力来确定适用成年监护制度对象范围。[③] 尤其是面对当代老龄化的社会图景，[④] 有学者指出，目前我国监护制度利用者的范围过于狭窄，且在制度利用者的区分上存在问题，宜应将视力、语言、听力障碍者都列入有请求权人之列。[⑤] 或者，如有的学者所言，应当对未达到丧失或者部分丧失民事行为能力程度的身心障碍人设立照管制度，将其纳入法律照管范围，避免其合法权益受到侵害。[⑥] 更有学者主张以“成年障碍者”作为对成年监护对象统摄，将其范围拓展至包括智商低下者、弱智者、老龄痴呆者、危重病人等不能进行正常判断的

---

① 陈雄、牛盼盼：《论法定成年监护制度去行为能力化——兼谈〈民法总则〉第 28 条》，载《江汉大学学报（社会科学版）》2019 年第 6 期。

② 赵虎、张继承：《成年人监护制度之反思》，载《武汉大学学报（哲学社会科学版）》2011 年第 2 期。

③ 参见焦富民：《民法总则编纂视野中的成年监护制度》，载《政法论丛》2015 年第 6 期；孙犀铭：《民法典语境下成年监护改革的拐点与转进》，载《法学家》2018 年第 4 期。

④ 陈雄、牛盼盼：《论法定成年监护制度去行为能力化——兼谈〈民法总则〉第 28 条》，载《江汉大学学报（社会科学版）》2019 年第 6 期。

⑤ 李霞：《成年监护制度的现代转向》，载《中国法学》2015 年第 2 期。

⑥ 杨立新：《〈民法总则〉制定与我国监护制度之完善》，载《法学家》2016 年第 1 期。

成年人（即所谓“智力障碍者”和视觉障碍者、听觉障碍者、语言障碍者、肢体障碍者、重要器官失去功能者、植物人，即所谓“身体障碍者”）等。[①] 但亦有学者对此提出不同意见，认为成年监护制度与赡养等养老制度有本质区别，监护制度解决的是行为能力不足需要“补”足的问题，制度设计的目的不包括赡养、扶助等养老问题。过分夸大成年监护的功能对于应对养老问题并无裨益，试图将成年监护制度打造成解决老年人的“养”老问题的良药，不是理性的选择。[②]

以本条的规定来看，我国《民法典》对此最终采取了较为谨慎的态度。本条虽以“无民事行为能力或者限制民事行为能力的成年人”取代《民法通则》第17条中关于“无民事行为能力或者限制民事行为能力的精神病人”的规定，一定程度上扩大了成年监护制度的适用对象范围，将不能辨认或者不能完全辨认自己行为的成年人（如植物人、老年痴呆症患者等）完全囊括其中。[③] 但是，其依然保持着与行为能力制度较强的关联性，仅以部分或完全丧失行为能力的成年人为监护对象，其实与《民法通则》第17条的规定并无实质性差别，至多算是一种量变。[④] 而且，根据立法机关的观点，在认定成年被监护人范围时，要正确区分失能与失智的区别：失能是失去生活自理能力，失智即辨识能力不足。失能的成年人未必需要监护，只有失智的成年人需要监护。[⑤]

第二，成年人监护人的范围和顺序。

监护人对被监护人负有保护和监督的职责，其选任对于被监护利益的保护和社会利益的维护皆有十分重要的现实意义。本条在沿袭《民法通则》第17条规定的基础上，对成年人法定监护人选任的范围和顺序作出较为明显的修订和完善，突出体现在：

首先，突出强调了对监护人选任的顺序要求。在现实生活中，对无行为能力和限制行为能力的成年人，常常容易发生相互推诿，不愿担任监护人的情况，如果缺乏对监护人选任顺序的规定，可能使精神病人难以找到监护人，从而既不利于保护被监护人的利益，也不利于保护他人的利益。[⑥] 虽然，《民法通则》第17

---

① 参见梁慧星主编：《中国民法典草案建议稿附理由：亲属编》，法律出版社2013年版，第405～406页。

② 李洪祥：《论成年监护制度研究存在的若干误区》，载《政法论丛》2017年第2期。

③ 参见杨立新：《〈民法总则（草案）〉自然人制度规定的进展与改进》，载《法治研究》2016年第5期。

④ 陈甦主编：《民法总则评注》，法律出版社2017年版，第198页。

⑤ 石宏主编：《〈中华人民共和国民法总则〉条文说明、立法理由及相关规定》，北京大学出版社2017年版，第63页。

⑥ 王利明：《民法总则研究》（第3版），中国人民大学出版社2018年版，第367页。

条的规定亦包含对监护人选任的一定顺序要求，[①] 但尚未十分明确。本条在此基础上，开宗明义，更加突出了其中的顺序要求，对于尽快稳定监护关系颇有实益。但是，值得强调的是，考虑到成年人监护的特殊性，被监护人在丧失或部分丧失行为能力前，可能已经建立起较为复杂的社会经济关系，其行为能力丧失的原因往往也较为复杂，甚至，某些成年人丧失或部分丧失民事行为能力的原因就与其某一顺位的法定监护人有关。[②] 在实践中，对本条关于监护人顺序的规定不应作僵化理解。为更好地维护被监护人利益、尊重被监护人意愿，法定顺序可在法定情形下通过法律行为或有关机关的指定予以变更。[③] 因此，本条关于监护顺位的规定效力主要体现为，一方面，前顺位监护人在没有争议时可以自动充任监护人；另一方面，在对于监护人的选任有争议时，不同顺位的监护人履行监护职责均有同等条件、同样有利于最大限度地保护被监护人合法权利时，前顺位监护人在选任中享有优先性。[④]

其次，将子女提升为与父母同一顺序的监护人。确定监护人时，一般应以亲属关系之远近作为取舍的标准。原因在于，亲属关系越近，就越有看护受监护人利益的动因，相互之间的生活关联也越密切，也就越有资格成为监护人。[⑤]《民法通则》第 17 条将成年被监护人的父母置于监护人的第二顺位，而将成年子女置于其后的做法，或许主要是基于对父母监护能力和监护意愿方面的优先性假设。但在现实生活中，有些成年人的父母年事已高，体力和精力的限制很可能使其无法有效履行监护职责。[⑥] 以此为考虑，本条无行为能力和限制行为能力人的子女提升为与其父母同一顺位监护人选。毕竟，以亲等为论，父母和子女在与被监护人的亲属关系的远近程度上是相等的。而且，依据本法第 26 条的规定，成年子女本身也需对父母承担赡养、扶助和保护的法定义务。值得注意的是，在本条规定中，虽然对作为监护人的“子女”未作“成年”即具备完全行为能力的明确要求，但是，依本条就监护人须“有监护能力”的规定来看，该项要求不言自明。

最后，扩大了近亲属以外监护人的范围。除其第 2 款关于由精神病人的所在单位或者住所地的居民委员会、村民委员会或者民政部门担任监护人的兜底性规定外，《民法通则》第 17 条第 1 款仅承认了关系密切且愿意承担监护责任的其他亲属、朋友作为精神病人近亲属以外的监护人的资格。而随着我国的城市化、工

---

① 李开国：《民法总则研究》，法律出版社 2003 年版，第 132 页。
② 胡波：《〈民法总则〉监护人范围规定评析》，载《哈尔滨学院学报》2018 年第 2 期。
③ 李世刚：《〈民法总则〉关于“监护”规定的释评》，载《法律适用》2017 年第 9 期。
④ 满洪杰：《〈民法总则〉监护设立制度解释论纲》，载《法学论坛》2018 年第 3 期。
⑤ 朱庆育：《民法总论》，北京大学出版社 2013 年版，第 388 页。
⑥ 陈甦主编：《民法总则评注》，法律出版社 2017 年版，第 199 页。

业化进程的发展，家庭和社会结构已经发生了质的变化，社会基本构成单元已经从家庭向个人变迁，监护不再仅仅是家庭内部事务，而逐渐走向社会，越来越多地体现出社会化、专业化、职业化的特点。[①] 不少学者建议，除被监护人的近亲属外，应当逐步建立专门的社会机构来负责承担这一任务，并在法律上明确规定由孤儿院或者社会福利院作为监护人。[②] 是以，本条第 4 项在沿袭《民法通则》第 1 款第 5 项规定的基础上，对"关系密切的其他亲属、朋友"作出明确肯定，较大程度地拓展了无行为能力或限制行为能力的成年人的监护人范围。

依据本条规定，被监护人的近亲属以外的其他愿意担任监护人的个人或者组织成为无行为能力或限制行为能力成年人的监护人需要满足两个基本的条件：其一，具备履行监护职责的能力，根据《民通意见》第 11 条的规定，认定监护人监护能力，应当根据监护人的身体健康状况、经济条件，以及与被监护人在生活上的联系状况等因素确定。除此以外，按照学者的建议，还必须考虑监护人的文化水平、职业种类、人格品行、生活习惯、居住环境和监护人与被监护人及其父母之间有无利害关系及感情因素等其他相关因素，以利于监护人的确定和监护目的的全面实现，确保监护人监护职责的落实，防止监护人侵犯被监护人利益情况的发生。[③] 其二，经被监护人住所地的居民委员会、村民委员会或者民政部门同意。同时，鉴于"其他愿意担任监护人的个人或者有关组织"的规定中未说明个人或者有关组织在担任监护人时应以何者为先。有学者认为，应解释为自然人优先。因为成年监护人不仅需要支持被监护人从事法律行为，补充其行为能力的不足，还需要照管被监护人的财产和身心，监护人与被监护人之间的随时沟通和保持情感交流，对于被监护人来说具有重要的意义。此种职责，应首选由有血有肉的自然人来履行，而非仅具有法律上人格的组织。[④]

【关联规定】

《最高人民法院关于贯彻执行〈中华人民共和国民法通则〉若干问题的意见（试行）》第 12 条

（撰稿人：雷震文）

---

① 满洪杰：《〈民法总则〉监护设立制度解释论纲》，载《法学论坛》2018 年第 3 期。

② 吴国平：《监护人主体资格法律制度完善之探讨》，载《福建政法管理干部学院学报》2008 年第 1 期。

③ 吴国平：《监护人主体资格法律制度完善之探讨》，载《福建政法管理干部学院学报》2008 年第 1 期。

④ 满洪杰：《〈民法总则〉监护设立制度解释论纲》，载《法学论坛》2018 年第 3 期。

第二十九条　【遗嘱监护】被监护人的父母担任监护人的，可以通过遗嘱指定监护人。

【释义】

本条规范的是遗嘱监护制度。本法（包括原《民法总则》）首次确立了遗嘱监护制度，赋予担任监护人的父母通过遗嘱确定监护人的可能性。[①] 通过遗嘱方式设立监护是私法自治原则在监护人选任方面的体现。[②] 遗嘱监护是目前被世界各国普遍采用的且已非常成熟的监护类型，德、法、美、英等国都设立了遗嘱监护的形式。遗嘱监护是指后死亡的父母一方为需要监护的子女以遗嘱指定监护人的类型。遗嘱监护是父母生前对需要监护的子女的监护人作出的安排。担任监护人的父母系需要监护的子女最亲密、最值得信赖的人，父母对子女的情况最了解，他们能够从子女的最大利益出发，从亲属、朋友中选择出最适合、最有责任心的人担任子女的监护人。因此，由父母为需要监护的子女选择监护人合情合理，被我国立法所采纳。[③]

本条理解适用，需要注意以下几点：

其一，被监护人与监护人的范围。

本条规范的是遗嘱监护制度，对于被监护人的范围没有进行限定，即既可以是未成年人，也可以是无民事行为能力或者限制民事行为能力的成年人，只要被监护人的监护人是由父母担任的，均可以适用本条。做遗嘱监护的主体只能是父母，其他人包括监护人不能为被监护人设立遗嘱监护。之所以将被监护人的范围限定在父母，原因在于，虽然该制度对被监护人的范围没有限制在未成年人，但遗嘱监护的主要适用情形为对未成年人设定遗嘱监护人，而“在监护扮演补充功能的情况中，父母权利仍然处于中心地位”。[④] 因此本条将监护人的范围限制在“担任监护人的父母”。

其二，遗嘱监护的适用条件。

父母一方或者双方，在其死亡或者是因为其他事由无法或者不能行使监护权

---

① 周友军：《我国〈民法总则〉的成功与不足》，载《网络法前沿》2017 年 3 月 16 日。

② 余延满：《亲属法原论》，法律出版社 2007 年版，第 486 页。

③ 尹志强：《未成年人监护制度中的监护人范围及监护类型》，载《华东政法大学学报》2016 年第 5 期。

④ 刘征峰：《被忽视的差异——〈民法总则（草案）〉“大小监护”立法模式之争的盲区》，载《现代法学》2017 年第 1 期。

的情形下，可以根据父母一方生前订立的合法有效的遗嘱指定监护人。由于本条将监护人的范围限制在“担任监护人的父母”，若是父母仅一方不能成为监护人，原则上另一方可以继续担任监护人，此时不应对该条予以适用，即原则上只有父母双方均不能担任适格监护人的情形，才能适用本条。

遗嘱指定监护人需要具备的条件：(1) 有合法有效的遗嘱存在。(2) 由被监护人享有亲权且死亡的父或母进行制定；遗嘱监护的指定主体一般是后死亡的父母一方，但如果后死亡的父母一方无遗嘱能力而先死亡的父母一方有遗嘱能力，则以先死亡的父母一方的指定为准。[①] (3) 制定监护人必须在遗嘱予以指定，[②] 且被遗嘱指定为监护人的人须无异议，虽然父母可以为子女指定遗嘱监护人，但因监护并非他人的法定义务，因此需要征得其同意。(4) 作出遗嘱指定监护的父母须没有丧失对子女保护救济的权利，也就是说没有滥用亲权。[③]

其三，父、母指定的监护人不一致的情形。

不少学者认为，本条没有明确遗嘱监护中父母双方指定的人不同时，如何确定遗嘱监护人的规则，实为本条规范的一个遗憾。[④] 但在原《民法总则》一审稿与二审稿中，都存在类似的条文，在一审稿中表述为“未成年人的父母可以通过遗嘱指定未成年人的监护人；其父、母指定的监护人不一致的，以后死亡一方的指定为准”。有的代表、地方和部门提出，父、母指定的监护人不一致的，以后死亡一方的指定为准不一定有利于保护被监护人的利益，也涵盖不了父母同时死亡的情况。因此，在二审稿转变表述为“未成年人的父母可以通过遗嘱指定未成年人的监护人；其父、母指定的监护人不一致的，应当尊重被监护人的意愿，根据最有利于被监护人的原则确定”。但在最终通过的本法中，却没有对父、母指定的监护人不一致的情形的规定，因此在具体适用时，仍应贯彻此原则，方能最有利于被监护人。

其四，遗嘱监护的优先效力。

由于遗嘱的订立及其效力应遵循继承法的相关规则，而遗嘱本身的优先效力为私法自治原则的体现。在遗嘱监护中，遗嘱监护也应当具有优先效力。[⑤] 在实定法上，本法确定了法定监护人的顺位规则，即除非法律规定的监护人中，前一顺序人具有明显不适合做监护人的情形，否则不能由后次序者担任监护人。与其

---

① 王竹青、杨科：《监护制度比较研究》，知识产权出版社 2010 年版，第 239 ~ 240 页。

② 张伟、赵江红主编：《亲属法学》，中国政法大学出版社 2009 年版，第 245 页。

③ 余延满：《亲属法原论》，法律出版社 2007 年版，第 486 页。

④ 周友军：《我国〈民法总则〉的成功与不足》，载《网络法前沿》2017 年 3 月 16 日。

⑤ 余延满：《亲属法原论》，法律出版社 2007 年版，第 486 页。

他的监护类型相比，遗嘱监护为父母选定的监护人，基于对亲子的关爱，应推定遗嘱监护人系父母最信赖的监护人，也是对被监护人照顾最好的人，父母为子女所指定的监护人应比法定的按照亲属关系设立的监护人更适合子女。因此，承认遗嘱指定监护人优先于法定监护人更有利于被监护人利益的保护。

（撰稿人：庄晨曦）

第三十条　【协议监护】依法具有监护资格的人之间可以协议确定监护人。协议确定监护人应当尊重被监护人的真实意愿。

【释义】

本条是关于协议监护的规定。协议监护是指有监护资格的人之间协议确定由其中一人或数人行使监护职责的监护。[①]《民法通则》中并没有关于协议监护的明确规定，其确立主要是司法实践探索的结果。《民通意见》第15条规定，“有监护资格的人之间协议确定监护人的，应当由协议确定的监护人对被监护人承担监护责任。”本条在此基础上，增加了关于“协议确定监护人应当尊重被监护人的真实意愿”的规定，以体现对“最有利于被监护人的原则”的尊重和对监护人协议的必要限制。[②]从法律性质上看，本条规定应属于法定监护范畴，法律之所以允许具有监护资格的人通过协议方式对监护顺序进行调整，主要是为了解决法定监护顺序僵化、死板的固有缺陷，希望可以通过意思自治要素的加入，使社会生活的实际情况与监护双方的主观意愿得到充分的考量，从而作出最为合理的监护人选任安排。

对于本条应当着重从以下三个方面理解：

第一，监护协议的主体。

本条规定将可以协议确定监护人的主体范围限定为“依法具有监护资格的人”。因此，首先，应当明确被监护人并非监护协议的主体。虽然该条规定应当尊重被监护人的意愿，但是显然被监护人不是协议的主体，也不能主动发起协议以改变监护人选任次序，对其意志的尊重最多体现为是否同意监护人之间通过协议选定的具体监护人而已，其本身仍然是被动的、被决定的对象。[③]

其次，“依法具有监护资格的人”应以本法第27条和第28条的规定为限制。

---

① 马俊驹、余延满：《民法原论》（第3版），法律出版社2007年版，第876页。

② 参见刘建：《〈民法总则〉第31条和第35条“最有利于被监护人的原则”评析》，载《苏州大学学报（哲学社会科学版）》2019年第4期。

③ 满洪杰：《关于〈民法总则（草案）〉成年监护制度三个基本问题》，载《法学论坛》2017年第1期。

至于被监护人住所地的居民委员会、村民委员会和民政部门等，虽然依据本法第31条和第32条的规定，也具备担任监护人的资格，但是，依据前述规定，其仅是在对监护人的确定有争议时，指定监护人前，担任临时监护人，或者在被监护人没有依法具有监护资格的人时，“兜底性”地担任其监护人。由被监护人住所地的居民委员会、村民委员会和民政部门等担任无行为能力或限制行为能力的监护人并非监护制度的常态，不应将其列入协议监护人的范畴。而且，协议监护的着眼点在于通过有资格的人在尊重被监护人意愿的前提下通过自治尽快确定适当的监护人，如果无限扩大参与协议者的范围，将使该目的无法达成。同时，其他个人或者组织担任监护人必须经过被监护人住所地的居民委员会、村民委员会或者民政部门同意，在此之前其不具有担任监护人的资格，自然无法参与协议的订立①。

最后，父母不应成为未成年人的协议监护主体。虽然，父母作为未成年人的监护人规定在本法第27条中，并且本条规定并未明确排除协议监护对其的适用可能性。但是，按照本法第27条的规定，父母是未成年人当然的监护人，只有在未成年人的父母已经死亡或者没有监护能力时，由其他主体担任其监护人方为法律所允许。因此，对于未成年人来说，协议监护只限于父母死亡或者没有监护能力的情形，未成年人父母具有监护能力的，不得与其他人签订协议，确定由其他人担任监护人，推卸自身责任。②

此外，协议监护主体不应受本法第27条和第28条关于监护人顺序规定的限制。协议监护的内容，主要是对“监护人选任次序”的改变。③ 因此，应当允许后顺位的监护资格者与前顺位的资格者参与确定监护人的协议。此既是尊重意思自治的表现，亦是克服法定监护顺序僵化的重要途径。④

第二，监护协议的内容与效力。

依据本条规定，协议监护的主要内容在于“确定监护人”，即改变监护人的选任秩序。依据《民通意见》第14条第2款规定，“监护人可以是一人，也可以是同一顺序中的数人。”因此，依法具有监护资格的人既可以在监护协议中约定由其中一人担任无行为能力人或限制行为能力人的监护人，也可以约定由其中数人共同担任监护人。而在约定由数人共同担任监护人的监护协议中，监护人还可就各自职责和履行监护职责的方式作出具体约定。当约定分别履行监护职责时，由每个监护人就自己应尽职责范围内的监护事务承担监护责任，以更好地保护被

---

① 满洪杰：《〈民法总则〉监护设立制度解释论纲》，载《法学论坛》2018年第3期。

② 王利明主编：《民法》（第7版），中国人民大学出版社2018年版，第50页。

③ 满洪杰：《关于〈民法总则（草案）〉成年监护制度三个基本问题》，载《法学论坛》2017年第1期。

④ 参见李世刚：《〈民法总则〉关于“监护”规定的释评》，载《法律适用》2017年第9期。

监护人利益，发挥监护制度的功能。①

以协议为形式，监护协议却并非本法第三编所规定的典型合同范畴。虽依本法第464条第2款的规定，婚姻、收养、监护等有关身份关系的协议，适用有关该身份关系的法律规定；没有规定的，可以根据其性质参照适用本编规定。但是，有学者指出，有关身份关系的协议具有浓厚的伦理感情底色，不适用合同编的规定，仅适用特定身份关系人之间及其与交易第三人之间有关财产关系的协议，如本法婚姻家庭编或其他法律没有特别规定的，可以适用本法合同编的一般规定。② 就本条规定的监护协议而言，其效力（法律约束力）其实不仅限于签订协议的监护资格人之间，对被监护人，以及遇有本法第1188条规定的无民事行为能力人、限制民事行为能力人造成他人损害的情形时，对于遭受损害的其他民事主体，皆具有直接的影响。因此，除本条关于"应当尊重被监护人的真实意愿"的规定外，就监护协议的是否适用本法第三编第三章关于合同效力的规定，或者构建特别的效力判断规则，尚需今后相关立法和司法解释予以进一步明确。譬如，有学者指出，如以协议规避法律，相互推诿监护责任的，其约定无效。③

第三，协议监护应当尊重被监护人的真实意愿。

监护人的选任对被监护人的切身利益影响重大。出于对被监护人自由的必要尊重及其利益的维护，选任监护人时，应当充分尊重被监护人的真实意愿，是域外立法较为普遍的态度。譬如，《德国民法典》第1897条第（4）项规定，"成年人对可被选任为照管人的人选提出建议的，如不违背该成年人的最佳利益，则这一建议必须予以依从。成年人建议不选任某一特定的人的，应对此予以考虑。第1句和第2句也适用于成年人已在照管程序前提出的建议，但成年人明显无意坚持这些建议的除外。"

值得注意的是，"尊重被监护人的真实意愿"并非要求作为被监护人的无行为能力人和限制行为能力人作出包含独立意思表示的法律行为，也不是简单地征询被监护人的意见，更不意味着完全依从被监护人所表示的意愿安排，而是要结合多种情况进行综合考量判断，探求其真实的愿望。其中，被监护人的行为能力程度、生活状态、生活习惯、情感倾向等皆应是探求其真实意愿时应当着重考量的因素。而且，鉴于被监护人大多缺乏必要认知和判断能力，在强调协议确认监护人时应当充分尊重其真实意愿的同时，也应当注意对"最有利于被监护人的原

① 参见梁慧星主编：《中国民法典草案建议稿附理由·亲属编》，法律出版社2006年版，第236页。

② 王雷：《婚姻、收养、监护等有关身份关系协议的法律适用问题——〈合同法〉第2条第2款的解释论》，载《广东社会科学》2017年第6期。

③ 陈苇：《中国婚姻家庭法立法研究》，群众出版社2000年版，第371页。

则”的遵守，对于被监护人所表示出的与其利益维护要求不符的意愿，不应机械地接受和遵从。至于“应当尊重被监护人的真实意愿”与监护协议的效力关系，本条规定并未言明。有学者认为，鉴于本条规范的强行性规定特点，以及协议监护对被监护人利益的重大影响，对于明显违背被监护人意愿，与最有利于被监护人原则存在内在矛盾的监护协议，应当直接认定协议确定监护人不发生法律效力，以期更为有效地保护被监护人的利益。①

【关联规定】

《最高人民法院关于贯彻执行〈中华人民共和国民法通则〉若干问题的意见（试行）》第 15 条

（撰稿人：雷震文）

第三十一条　【指定监护】对监护人的确定有争议的，由被监护人住所地的居民委员会、村民委员会或者民政部门指定监护人，有关当事人对指定不服的，可以向人民法院申请指定监护人；有关当事人也可以直接向人民法院申请指定监护人。

居民委员会、村民委员会、民政部门或者人民法院应当尊重被监护人的真实意愿，按照最有利于被监护人的原则在依法具有监护资格的人中指定监护人。

依据本条第一款规定指定监护人前，被监护人的人身权利、财产权利以及其他合法权益处于无人保护状态的，由被监护人住所地的居民委员会、村民委员会、法律规定的有关组织或者民政部门担任临时监护人。

监护人被指定后，不得擅自变更；擅自变更的，不免除被指定的监护人的责任。

【释义】

本条规定的是监护人的指定设立。《民法通则》第 16 条第 3 款规定：“对担

① 陈甦主编：《民法总则评注》，法律出版社 2017 年版，第 215 页。

任监护人有争议的，由未成年人的父、母的所在单位或者未成年人住所地的居民委员会、村民委员会在近亲属中指定。对指定不服提起诉讼的，由人民法院裁决。”第17条第2款：“对担任监护人有争议的，由精神病人的所在单位或者住所地的居民委员会、村民委员会在近亲属中指定。对指定不服提起诉讼的，由人民法院裁决。”《民通意见》第14、16、17、18、19条均对该条款的具体适用予以了进一步规定。本条在此基础上经扬弃而予以完善。

相较于《民法通则》及《民通意见》，本条的变化主要体现在以下几个方面：(1) 理顺了监护纠纷的解决程序，对担任监护人有争议的，赋予有关当事人直接向人民法院提起诉讼的权利。[①] (2) 删除了“未成年人的父、母的所在单位”作为有权指定的主体。(3) 尊重被监护人的真实意愿，突出“最有利于被监护人的原则”，此为对指定监护制度中最为重要原则的明文化。(4) 增加临时监护人制度。在对监护人有争议需要指定监护人时，在指定监护人前，被监护人的人身、财产及其他合法权益处于无人保护状态的，由被监护人住所地的居民委员会、村民委员会、法律规定的有关组织或者民政部门担任临时监护人。同时在实践中应在合理期限内确定实际的监护人，不能将“临时”变为常态。[②]

指定监护并不是一种与法定监护并列的监护方式，仅是在有法定监护资格的人之间对担任监护人有争议时确定法定监护人的一种方式。其表现在：(1) 有权机关的指定是直接依照法律的规定指定的，而不是依遗嘱或被监护人的意愿指定的；(2) 有权机关之所以依照法律规定指定监护人，是因为在有法定监护资格的人之间对担任监护人有争议，而不是没有适格的法定监护人；(3) 被指定担任监护人者亦为法定监护人，而非法定监护人之外的人。[③]

本条适用，应注意以下几点理解：

其一，有权指定监护的机关。

首先，本条规定的有权指定监护的机关为居民委员会、村民委员会、民政部门及人民法院。删除了“未成年人的父、母的所在单位”作为有权指定监护的主体，并增加了“民政部门”。原因在于，在社会主义市场经济条件下，单位与职工之间主要是劳动合同关系，而且就业人员流动越来越频繁，因此单位在监护制度中所起到的作用微乎其微。而民政部门作为国家的专门机关，就被监护人的保护问题，有监督职责，使其作为有权指定监护的机关，是其职责所在。

---

① 李建国：《关于〈中华人民共和国民法总则（草案）〉的说明》，载《人民日报》2017年3月9日。

② 尹志强：《未成年人监护制度中的监护人范围及监护类型》，载《华东政法大学学报》2016年第5期。

③ 余延满：《亲属法原论》，法律出版社2007年版，第489页。

其次，依照《民通意见》第16条的规定，对于担任监护人有争议的，应当按照《民法通则》第16条第3款或者第17条第2款由有关组织予以指定，“未经指定而向人民法院起诉的，人民法院不予受理”。因此，由相关组织指定成为向人民法院提起诉讼的前置程序，该规定在实际适用过程中虽然能够减少法院的审理压力，但是也存在不能及时终局性地确定监护人的弊端，使被监护人处于一种“保护缺位”的状况，与“最有利于被监护人的原则”不符，因此本条第1款规定“有关当事人也可以直接向人民法院申请指定监护人”。

其二，指定监护人的范围和条件。

首先，本条的适用前提是“对监护人的确定有争议”，并非本法第32条“没有依法具有监护资格的人的”情形。因此，在指定监护人的范围上，与协议监护制度中的监护人范围相同，即父母原则上不在本条的指定监护人范围内，这是由亲权（父母照顾）制度的特殊性决定的。同时，也应该排除存在委托监护、遗嘱监护的情形。①

其次，指定监护制度既适用于未成年人监护也适用于成年障碍者监护。即本法第27条规定的祖父母、外祖父母，兄、姐，其他愿意担任监护人的个人或者组织均可以成为未成人的指定监护人。而本法第28条规定的配偶，父母、子女，其他近亲属及其他愿意担任监护人的个人或者组织均可以成为成年障碍者的指定监护人。但前提是该主体必须具备监护资格。

最后，本条与本法第35条均明确了监护制度中应当贯彻的被监护人利益最大化原则，以回应实践中对被监护人利益不够尊重的问题。从该原则出发，在担任监护人的问题上，应以自然人为首选。因为监护人不仅需要支持被监护人从事法律行为，以补充其行为能力的不足，还需要照管被监护人的财产和身心，与被监护人之间的随时沟通，和被监护人的情感交流，对于被监护人来说都具有重要的意义。此种职责，应首选自然人来履行，而非仅具有法律上人格的组织。② 为此，在适用该条过程中，应明确组织担任监护人是自然人担任监护人的补充。

其三，指定机关的指定效力。

指定机关指定监护人之后，如果没有正当事由，被指定者不得拒绝担任被监护人的监护人。这是从维护被监护人切身利益出发而作出的法律规定。现代国家通常认为，对需要照顾的人提供充分保护不仅是国家的任务，同时也是一项公共

---

① 参见梁慧星主编：《中国民法典草案建议稿附理由·亲属编》，法律出版社2006年版，第230页。

② 满洪杰：《关于〈民法总则（草案）〉成年监护制度三个基本问题》，载《法学论坛》2017年第1期。

任务，故而整个监护制度中均存在公共权力的参与。① 因此，被指定担任监护人的近亲属相互推诿而不履行监护义务，必然会导致被监护人生活陷于无助的不良境地，与我国设立监护制度的立法宗旨相悖。②

同时，本条第 4 款规定了擅自变更监护人的法律后果。《民通意见》第 18 条规定："监护人被指定后，不得自行变更。擅自变更的，由原被指定的监护人和变更后的监护人承担监护责任。"据此，擅自变更的法律后果是"原被指定的监护人和变更后的监护人承担监护责任"，此责任应为连带责任。而本条仅规定了"擅自变更的，不免除被指定的监护人的责任"。至于变更后的监护人是否需要承担责任，本条文没有明确，留待今后司法解释予以规定。

（撰稿人：庄晨曦）

第三十二条　【国家监护或社会监护】没有依法具有监护资格的人的，监护人由民政部门担任，也可以由具备履行监护职责条件的被监护人住所地的居民委员会、村民委员会担任。

【释义】

本条规定的是监护人缺位情形的处理办法，明确国家监护或社会组织监护的替补地位。本条文内容在《民法通则》中分别于第 16 条第 4 款及第 17 条第 3 款中予以规定，即"由未成年人的父、母的所在单位或者未成年人住所地的居民委员会、村民委员会或者民政部门担任监护人"或"由精神病人的所在单位或者住所地的居民委员会、村民委员会或者民政部门担任监护人"。本条为政府监护的兜底性条款，强调政府在监护中的职责，即没有依法具有监护资格的人的，监护人由民政部门担任，也可以由具备履行监护职责条件的被监护人住所地的居民委员会、村民委员会担任。③ 同时，成年监护制度的社会化是不可避免的，而社区保障体系的日益完善使成年监护制度不再是一个单纯的民法领域的具体制度，它将作为社会福利政策的组成部分，与社会保障、社会保险等制度共同发挥作用。④ 即通过本条与相关条款体现我国监护制度"以家庭监护为基础、以社会监护为保

---

① 刘征峰：《被忽视的差异——〈民法总则（草案）〉"大小监护"立法模式之争的盲区》，载《现代法学》2017 年第 1 期。

② 杨大文主编：《婚姻家庭法》，中国人民大学出版社 2012 年版，第 219 页。

③ 周友军：《我国〈民法总则〉的成功与不足》，载《网络法前沿》2017 年 3 月 16 日。

④ 余延满：《亲属法原论》，法律出版社 2007 年版，第 481 页。

障、以国家监护为补充"[1]的定位。

本条适用，需要注意以下几点理解：

其一，本条款的适用情形。

本条为没有依法具有监护资格的人即没有合适的监护人人选时的处理办法，属于兜底条款。在无民事行为能力人和限制民事行为能力人的监护人缺位时，民政部门及相关组织作为最后的保障，可以作为监护人，履行监护职能。同时，民政部门具有监督监护人监护行为的职能，在发现监护人不适格导致监护人缺位的情形下，应及时申请法院撤销不合格监护人的监护资格并自己申请作为监护人。[2]

其二，单位不再具有监护人主体资格。

本条删除了"由未成年人的父、母的所在单位"作为监护主体的条款，其原因在于，在计划经济体制下，因政企不分，对本单位职工子女给予监护属于单位承担的社会职能。本条对此的改变源于在社会主义市场经济条件下，单位与职工之间主要是劳动合同关系，而且就业人员流动越来越频繁，单位缺乏履行监护职责的意愿和能力。[3]与此同时，随着我国公益事业的发展，有监护意愿和能力的社会组织增多，由这些组织担任监护人可以作为家庭监护的有益补充，也可以缓解国家监护的压力。这些社会组织担任监护人应当具备的信誉、财产状况等条件，可以在今后由其他相关法律具体规定。[4]本条的规定较为保守，即只规定在没有依法具有监护资格的人的情形下，可以担任监护人的主体为民政部门或者具备履行监护职责条件的被监护人住所地的居民委员会、村民委员会。

其三，民政部门的兜底性作用。

由民政部门设置专门的组织对不能获得亲权保护，又无法获得相关个人监护的未成年人给予国家监护，此种做法被联合国《儿童权利公约》所明定。[5]但是该公约的规定是由国家对不能得到父母保护的儿童给予特别保护，并非指由国家机关本身具体从事监护等工作。在司法实践中，即便判决由民政部门担任未成年人的监护人，具体做法也是由民政部门协调其设立的救助机构具体履行监护职责。因此有学者建议由民政部门负责建立或设置相应的组织，对缺乏自然人监护

---

① 《民政部关于贯彻落实〈关于依法处理监护人侵害未成年人权益行为若干问题的意见〉的通知》

② 杨立新：《保护未成年人权益 推动民政部门监护职责落实》，载《中国审批》2015年第12期。

③ 尹志强：《未成年人监护制度中的监护人范围及监护类型》，载《华东政法大学学报》2016年第5期。

④ 张维炜、王博勋：《让民法典成为民族精神、时代精神的立法表达——访全国人大常委会法工委主任李适时》，载《中国人大》第13期。

⑤ 《儿童权利公约》第20条第1款规定："暂时或者永久脱离家庭环境的儿童，或为其最大利益不得在这种环境中继续生活的儿童，应有权得到国家的特别保护和协助。"明确了缔约国对于父母死亡、失去监护能力以及被依法剥夺监护资格的情况下，应对未成年人承担监护职责。

的未成年人实行国家监护，而民政部门本身对相关组织的监护工作负责监督。[①]但是亦不乏学者认为，由民政部门担任监护人，不仅与其性质和职责契合，且能够切实达成监护制度之立法目的，[②] 因此，究竟民政部门如何履行监护职责，有待出台相应的法律、法规予以明确。

其四，居民委员会、村民委员会的补充作用。

依据《城市居民委员会组织法》第2条以及《村民委员会组织法》第2条的规定，居民委员会、村民委员会并非福利机构，无法得出其有对辖区内未成年人承担人身保护、财产管理，甚至教育等监护的职责。[③] 居民委员会、村民委员会的成员一非专职，二无报酬，根本不具备对未成年人的监护条件。在司法实践中，村民委员会等承担未成年人监护工作也有实际困难。[④] 再者，监护事务是一项非常复杂的工作：对被监护人监护不仅需要财力上的支持，更需要付出关爱和耐心；除了要照顾被监护人的日常生活，还要对其思想进行正确的指引与教导。作为组织体本身是难以完成这一任务的，而在市场经济条件下，有些居民委员会、村民委员会更是形同虚设，因此，本条强调“具备履行监护职责条件”的被监护人住所地的居民委员会、村民委员会才能担任监护人。

（撰稿人：庄晨曦）

第三十三条　【具有完全民事行为能力的成年人的意定监护】 具有完全民事行为能力的成年人，可以与其近亲属、其他愿意担任监护人的个人或者组织事先协商，以书面形式确定自己的监护人，在自己丧失或者部分丧失民事行为能力时，由该监护人履行监护职责。

【释义】

本条系关于意定监护设立规则的规定。“意定监护制度”，是指本人意思能力健全时可以预先选定监护人，就有关监护的设立、监护的内容等均由当事人自我

---

① 尹志强：《未成年人监护制度中的监护人范围及监护类型》，载《华东政法大学学报》2016年第5期。

② 梁慧星主编：《中国民法典草案建议稿附理由·亲属编》，法律出版社2006年版，第231页；杨立新：《保护未成年人权益 推动民政部门监护职责落实》，载《中国审判》2015年第12期。

③ 余延满：《亲属法原论》，法律出版社2007年版，第498页。

④ 尹志强：《未成年人监护制度中的监护人范围及监护类型》，载《华东政法大学学报》2016年第5期。

决定，并且意定监护的效力优先于法定监护。① 意定监护是在监护领域对自愿原则的贯彻落实，是具有完全民事行为能力的成年人对自己将来的监护事务，按照自己的意愿事先所做的安排。②

20世纪后半叶，随着全球老龄化趋势的加速以及国际社会人权保障理念的发展，老年人和障碍者的基本人权和尊严获得空前关注。以英美国家"持续代理权"制度、德国的"预先授权"、法国的"为了将来的保护"、日本和韩国的"任意监护制度"为代表，以最大限度地尊重被监护人意愿为核心的意定监护制度在欧美诸发达国家立法中相继得以设立。③ 我国2012年修订的《老年人权益保障法》也首次对此作出明确回应。该法第26条规定，"具备完全民事行为能力的老年人，可以在近亲属或者其他与自己关系密切、愿意承担监护责任的个人、组织中协商确定自己的监护人。监护人在老年人丧失或者部分丧失民事行为能力时，依法承担监护责任。老年人未事先确定监护人的，其丧失或者部分丧失民事行为能力时，依照有关法律的规定确定监护人。"本条在此基础上，扩张其适用范围并明确设立形式，确立了更具广泛适用性的意定监护制度。

对于本条的规定，应主要从以下几个方面理解：

第一，意定监护的主体包括具有完全行为能力的成年人和其近亲属、其他愿意担任监护人的个人或组织。与《老年人权益保障法》囿于其调整对象范围限制而将意定监护的动议者仅限于"具备完全民事行为能力的老年人"（即60周岁以上的完全行为能力人）不同，本条将意定监护的提出者（准被监护人）明确为具有完全行为能力的成年人，较大程度地扩张了意定监护制度的适用主体范围。依据本条规定，自然人只要具备完全行为能力，无受年龄限制，即可与其近亲属、其他愿意担任监护人的个人或组织协商预先为自己选定相应监护人。而在做相对方即意定监护的监护人中，"近亲属"的范围，依据《民通意见》第12条的规定，应当包括被监护人的配偶、父母、子女、兄弟姐妹、祖父母、外祖父母、孙子女、外孙子女；"其他愿意担任监护人的个人或者组织"实际是一个开放的概念，实践中，相关个人或组织只要具有担任相关成年人未来监护人的意愿、具备相应的监护能力，皆可在该成年人尚具备完全行为能力时与其事先协商确定将来担任后者的监护人。而且，因与被监护人的事前合意为基础，其他愿意担任监护人的个人或者组织在实际担任监护人时，无须再依据本法第27条的规定，征求未

---

① 参见李霞：《意定监护制度论纲》，载《法学》2011年第4期。

② 石宏主编：《〈中华人民共和国民法总则〉条文说明、立法理由及相关规定》，北京大学出版社2017年版，第73页。

③ 刘金霞：《中国老年意定监护实施的几个问题》，载《北京社会科学》2018年第10期。

成年人住所地的居民委员会、村民委员会或者民政部门同意。

第二，意定监护须以书面形式设立，为要式法律行为。具有完全民事行为能力的成年人与其近亲属、其他愿意担任监护人的个人或者组织间的监护协议是意定监护的基础。虽然，依据本条的规定，协议的内容看似只有监护人的确定一项。但普遍认为，其远不止于此，对监护职责的内容、范围、履行状态、终止等皆应囊括其中。[①] 由此可见，监护协议不仅是明确监护人与被监护人权利义务的基础，也直接影响到第三人的利益。[②] 而且，意定监护协议在被监护人丧失或者部分丧失民事行为能力时开始生效，此时被监护人的意思能力已经受限，如果发生争议，通过被监护人确认该意定监护协议是否真实有效，恐怕非常困难。[③] 因此，域外立法大多对其附以较为具体的形式要求：其中，日本、韩国最为烦琐，需公证人公证和法院登记。最灵活的是美国，德国相对灵活，仅须书面形式。[④] 虽然，基于提升证明能力和减少纠纷的考虑，不少学者曾提出，意定监护应以公证为形式要求。[⑤] 但本条以我国国情实际为考虑，仅以书面形式作为监护协议成立的基本要求。虽然如此，依法律解释的基本逻辑和规则，实践中，当事人如选择公证、律师见证等未被本条明确规定却比书面形式更具证明效力形式缔结意定监护协议的，在法律适用上，也应当承认其已满足监护协议的形式条件要求。

第三，意定监护协议属于附条件法律行为，以被监护人丧失或者部分丧失民事行为能力为生效要件。以域外立法为观察，成年意定监护合同的生效存在三种形式：一是转移型，以英美法系持续性代理权授予制度为代表，指委任人在契约签订后将监护事务委托给受任人，受任人在委任人辨识能力低下后继续履行职责。二是即效型，指在委任人与受托人契约签订后，契约便立即生效。三是将来型，以日本任意监护制度为代表，契约订立后不生效，在将来委任人辨识能力低下时才生效。[⑥] 依本条规定，我国《民法典》采取的是第三种即将来型的协议生效立场，被监护人丧失或者部分丧失民事行为能力作为意定监护协议生效的条件。至于该生效条件的判断，则主要应当适用本法第 24 条第 1 款的规定，即"不能辨认或者不能完全辨认自己行为的成年人，其利害关系人或者有关组织，

---

① 参见费安玲：《我国民法典中的成年人自主监护：理念与规则》，载《中国法学》2019 年第 4 期。

② 满洪杰：《〈民法总则〉监护设立制度解释论纲》，载《法学论坛》2018 年第 3 期。

③ 张素华：《意定监护制度实施中的困境与破解》，载《东方法学》2020 年第 2 期。

④ 参见周俊圻、焦富民：《成年意定监护的解释论研究》，载《齐齐哈尔大学学报（哲学社会科学版）》2019 年第 9 期。

⑤ 参见方勇男：《日本成年监护制度对我国民法的启示》，载《学术交流》2010 年第 5 期；王琦：《公证视角下对意定监护制度的思考》，载《中国公证》2019 年第 2 期。

⑥ 周俊圻、焦富民：《成年意定监护的解释论研究》，载《齐齐哈尔大学学报（哲学社会科学版）》2019 年第 9 期。

可以向人民法院申请认定该成年人为无民事行为能力人或者限制民事行为能力人。”意定监护人只有在人民法院对被监护人作出无行为能力或限制行为能力的确认判决后，方可（须）开始履行监护职责。

此外，本条仅是对意定监护的原则性规定，就意定监护制度实际适用过程中面临的诸多问题尚缺明确的规定。[①] 其中，固然有些问题，譬如，意定监护制度对法定监护制度在适用上的优先性；除被监护人丧失或者部分丧失民事行为能力外，意定监护协议的生效尚需以监护人具备相应的监护能力为条件；监护协议生效前双方的任意解除权等，可以借由基本的法律解释得出较为一致和明确的答案。但亦存在不少问题，如意定监护的效力范围，意定监护协议后监护人可否申请解除、在何种条件可以申请解除监护协议，意定监护人可否要求被监护人支付一定的报酬等，则尚待未来立法或司法解释进一步释明。

【关联规定】

《老年人权益保障法》第26条

（撰稿人：雷震文）

第三十四条　【监护人的职责、权利与责任】 监护人的职责是代理被监护人实施民事法律行为，保护被监护人的人身权利、财产权利以及其他合法权益等。

监护人依法履行监护职责产生的权利，受法律保护。

监护人不履行监护职责或者侵害被监护人合法权益的，应当承担法律责任。

因发生突发事件等紧急情况，监护人暂时无法履行监护职责，被监护人的生活处于无人照料状态的，被监护人住所地的居民委员会、村民委员会或者民政部门应当为被监护人安排必要的临时生活照料措施。

---

① 参见李国强：《成年意定监护法律关系的解释——以〈民法总则〉第33条为解释对象》，载《现代法学》2018年第5期。

【释义】

本条是关于监护人的职责、权利与责任的规定。本条分为三款，分别规定了监护人的监护职责、权利保护与责任承担。从内容上看，本条基本延续了《民法通则》第18条的规定，同时部分采纳了《民通意见》第10条的规定。实际上，在特别法上也存在监护职责的相关规定，如《精神卫生法》第9条规定："精神障碍患者的监护人应当履行监护职责，维护精神障碍患者的合法权益。禁止对精神障碍患者实施家庭暴力，禁止遗弃精神障碍患者。"本法作为民事基本法对监护人的监护职责作了基本规定，其他法律可以根据其立法旨意对特别情形下的监护人职责作出针对性规定。

本条适用，应当注意以下几点理解：

其一，监护人的监护职责。

本条第1款规定监护人的职责包括代理被监护人实施民事法律行为、保护被监护人的人身财产权利及其他合法权益等。显然，其采取"列举+概括"的方式在突出上述两项监护职责的同时，也为其他监护职责的适用预留了空间。《民通意见》第10条规定："监护人的监护职责包括：保护被监护人的身体健康，照顾被监护人的生活，管理和保护被监护人的财产，代理被监护人进行民事活动，对被监护人进行管理和教育，在被监护人合法权益受到侵害或者与人发生争议时，代理其进行诉讼。"除本条所明确规定的两项职责外，所谓"等"字固然包括对被监护人进行管理和教育、代理被监护人进行诉讼等内容。但由于晚近以来，个体的基本人权、人格尊严获得空前重视，民事生活中弱者的权利和意志也越来越受到关注，各国开始逐渐修改其监护法律，将接管式监护变为监督和照顾，在监护人的他治中加入被监护人的自治。[①] 本条突出监护人的代理职责与保护职责正是顺应这种立法趋势，更加强调对被监护人的自治尊重和权利保护。

其二，监护人的权利保护。

本条第2款规定依法保护监护人履行监护职责产生的权利。《民法通则》第18条第2款规定："监护人依法履行监护的权利，受法律保护。"对此，有观点认为，《民法通则》既明文规定"监护职责"，同时又规定"监护人依法履行监护的权利，受法律保护"。由此可见，监护作为民事权利义务的结合体，集监护权

---

① 参见朱凡：《现代监护法发展趋势及热点问题比较研究》，载《重庆大学学报（社会科学版）》2004年第3期。

与监护职责于一身。[①] 也有学者认为，《民法通则》第18条第2款以“履行”来搭配“权利”未免不当，这种语法上的含混反映了认识上的含混，即监护为权利或者义务的问题并未取得一致认识。但从监护制度的设置目的与司法实践来看，监护不可能是一种权利。[②] 正是为了避免这种语义上的含混与歧义，本条明确规定监护人依法履行监护职责“产生”的权利，受法律保护。对此，可存在两层含义：一是明确了监护应是一种职责，而非权利，不应再将监护定性为权利；二是履行监护职责时可能产生相应的权利，而法律应保护此种权利。至于监护人履行监护职责时可能产生何种权利，尚需法律或者司法解释作出明确规定，或者经由司法实践总结、归纳相关权利类型。如在“徐某香诉吴某珍等监护权纠纷案”中，审理法院认为，徐某香作为张某某的法定监护人可以通过协议的方式与吴月香约定张某某的财产暂由其保管，同时作为委托人的徐某香也有权在未征得吴某珍同意的情况下随时终止委托关系。[③] 由此可见，将被监护人的财产依法委托他人管理（并得依法终止委托关系）即属于监护人履行监护职责所产生的权利，法律应予以保护。本条既已明确修订《民法通则》第18条第2款的规定，“监护权”的表述是否妥当或者准确则值得进一步反思。

其三，监护人的责任承担。

本条第3款规定当监护人不履行监护职责或者侵害被监护人合法权益时，应当承担法律责任。《民法通则》第18条第3款本有“给被监护人造成财产损失的，应当赔偿损失”的规定，但承担法律责任自然包括“赔偿损失”，本条删去上述表述后显得更为简洁、概括，在适用上更具灵活性。监护人承担法律责任有两种情形：一是不作为的失职，二是作为的侵害。监护人不履行监护职责类似于刑法上的行为犯，监护人侵害被监护人合法权益则类似于结果犯。[④] 针对监护人侵害未成年人权益行为，最高人民法院、最高人民检察院、公安部、民政部联合发布了《关于依法处理监护人侵害未成年人权益行为若干问题的意见》（法发〔2014〕24号）。值得注意的是，本条所称“法律责任”不限于民事责任，也包括行政责任和刑事责任。如《未成年人保护法》第62条规定：“父母或者其他监护人不依法履行监护职责，或者侵害未成年人合法权益的，由其所在单

---

① 参见“吕某珍与常德市康复医院生命权纠纷案”，湖南省常德市武陵区人民法院（2016）湘0702民初3003号民事判决书。

② 参见徐国栋：《试论完善我国监护制度问题》，载《西北政法学院学报》1987年第2期。

③ 参见《中国指导案例》编委会编：《人民法院指导案例裁判要旨汇览：婚姻家庭·继承卷》，中国法制出版社2014年版，第181～182页。

④ 参见李霞、陈迪：《〈民法总则（草案）〉第34、35条评析——监护执行人的撤销与恢复》，载《安徽大学学报（哲学社会科学版）》2016年第6期。

位或者居民委员会、村民委员会予以劝诫、制止；构成违反治安管理行为的，由公安机关依法给予行政处罚。”《刑法》第260条之一则专门规定了虐待被监护、看护人罪。

【关联规定】

《未成年人保护法》第11条、第13条，《精神卫生法》第30条、第49条，《广告法》第33条，《母婴保健法》第19条

（撰稿人：魏振华）

第三十五条　【监护人履行职责的原则】监护人应当按照最有利于被监护人的原则履行监护职责。监护人除为维护被监护人利益外，不得处分被监护人的财产。

未成年人的监护人履行监护职责，在作出与被监护人利益有关的决定时，应当根据被监护人的年龄和智力状况，尊重被监护人的真实意愿。

成年人的监护人履行监护职责，应当最大程度地尊重被监护人的真实意愿，保障并协助被监护人实施与其智力、精神健康状况相适应的民事法律行为。对被监护人有能力独立处理的事务，监护人不得干涉。

【释义】

本条是关于监护人履行职责的原则规定。在本法（包括《民法总则》）颁布前，以《民法通则》第18条第1款、《未成年人保护法》第14条、《残疾人保障法》第9条第2款等为代表，关于监护人履行监护职责时应当遵守的相关行为准则的规定其实已经散见于各相关法律法规中。在《民法典》编纂的过程中，来自立法机关的观点认为，监护人履行监护职责涉及被监护人人身、财产等各个方面，法律难以对所有具体履行职责的行为作出规范。通过确立监护人履行监护职责的重要原则，有利于指导监护人履行职责的行为，保护好被监护人的人身、财

产权利及其他合法权益。[1]

就其具体内容而言，本条第1款是关于最有利于被监护人原则的规定，第2款为尊重未成年的真实意愿原则的规定，第3款则是对最大程度地尊重被监护人的真实意愿的规定。本条所确立的监护人履行监护职责时应当遵守的基本原则主要有二：最有利于被监护人原则与尊重被监护人的真实意愿原则。二者不仅是对我国监护制度既有立法、司法经验总结和提炼的结果，而且在域外相关立法甚至国际公约中亦可找到其较为充分的经验与价值支撑。譬如，英美法系主要国家立法均规定了以"儿童最大利益原则"作为处理子女事项的基本原则，并规定了认定子女最大利益时应考虑的因素，在判决离婚后子女随何方生活时，也应考虑这些因素。[2] 《德国民法典》第1626条规定了父母照顾子女最佳利益原则（Kindeswohl），第1901条第2款至第4款规定了成年人监护的最佳利益原则（Wohl des Betreuung）。[3]《日本民法典》在第858条也规定，"成年监护人在料理被监护人的生活、疗养、看护以及财产管理事务时，须尊重成年被监护人的意思，并且须照顾到其身形状态和生活状况"。在国际公约中，1959年联合国《儿童权利宣言》要求"儿童的最大利益应成为对儿童的教育和指导负有责任的人的指导原则"；而《残疾人权利公约》第3条也将"尊重固有尊严和个人自主，包括作出自己的选择，以及个人的独立"作为其基本原则之一。

以既有的理论与实践为参考，对于本条所确定的两项原则应作如下理解：

第一，最有利于被监护人的原则。

"最有利于被监护人"的原则的核心价值在于彰显以被监护人利益为本的理念，要求监护人以客观上最有利于被监护人利益维护或实现被监护人利益最大的方式积极履行其依据法律规定和协议约定的监护职责。一方面，可以避免监护人利用被监护人的无能力而随意侵害成年被监护人的财产和不履行监护职责；另一方面，也避免被监护人做出不利于自身的决定。[4] 对于该项原则的司法适用而言，"最有利于被监护人"判断标准选取颇具实际意义。对此，域外理论主要存在三种不同的观点：其一，形式说，即主张通过在司法实践中形成一种带有标准化或

---

① 石宏主编：《〈中华人民共和国民法总则〉条文说明、立法理由及相关规定》，北京大学出版社2017年版，第73页。

② 冉启玉：《英美法"儿童最大利益原则"及其启示——以离婚后子女监护为视角》，载《河北法学》2009年第9期。

③ 高丰美：《〈民法总则〉监护规定的进步、不足与完善——兼谈"婚姻家庭编"的监护立法》，载《上海政法学院学报（法治论丛）》2017年第3期。

④ 高丰美：《〈民法总则〉监护规定的进步、不足与完善——兼谈"婚姻家庭编"的监护立法》，载《上海政法学院学报（法治论丛）》2017年第3期。

惯例性的司法模式来解决同类民事法律关系问题，以实现对被监护人合法权益的最大限度地保护；其二，实质说，在民事司法实践中，司法工作人员可以基于案情事实以该原则为指导，本着一切从实际出发的原则处理相关问题，以实现对被监护人合法权益保护的最大化；其三，被监护人内心真实意思说，在民事监护法律关系纠纷出现时，司法人员可通过询问被监护人意见或探究其内心真实意思来确定其合法的权益诉求，并要求监护人履行相关的责任和义务或进行监护权的终止与变更。[①] 不可否认，以上三种学说皆有其可取之处，但是，却又各有不足，难以依某一学说而为司法实践提供周延、妥当的指导，在对“最有利于被监护人”的原则内涵的理解中，三者融会而用的思路或许更为可取。以此为指导，对于“最有利于被监护人”的原则应着重作出如下理解：首先，应当保证被监护人生存和发展的权利，此乃实现一切其他权益的基础；其次，建立以被监护人为本的监护理念，尊重被监护人的人格尊严，充分了解被监护人的实际情况并采取与之对应的监护措施；再次，在合理范围内，尊重被监护人的自主决定权；最后，妥善保管、利用和处分监护人的财产权益。尤其是，依照本条第 1 款的规定，监护人除为维护被监护人利益外，不得处分被监护人的财产。

第二，尊重被监护人的真实意愿原则。

尊重未成年人的真实意愿是现代未成年人监护制度的基本原则。联合国《儿童权利公约》第 12 条第 1 款规定，缔约国应确保有主见能力的儿童有权对影响到其本人的一切事项自由发表自己的意见，对儿童的意见应按照其年龄和成熟程度给以适当地看待。《英国家庭法》第 12 条规定，在为子女作出安排时，双方当事人应考虑子女的利益、意愿和感情。而20 世纪中期以降，成年监护开始由医疗监护模式转向“权利模式”，身心障碍者不再仅仅是医疗和福利的对象，而是社会生活的平等参与者，“他治”为主的保护逐渐转为“自治”为主的支援或辅助，立法理念从法律关爱转向尊重自我决定权和正常化。[②] 现代成年人监护目的不仅是防止成年人对他人的潜在危险，更多的是使不再具有照顾自身能力的成年人能够得到合适的照顾的前提下，尊重每一个意思能力欠缺的成年人的自由意志，保障其在最大限度范围内遵从被监护成年人的意志。[③] 本条第 2 款、第 3 款分别规定未成年人的监护人、成年人的监护人履行监护职责时应尊重被监护人的真实意

---

① 参见刘建：《〈民法总则〉第 31 条和第 35 条“最有利于被监护人的原则”评析》，载《苏州大学学报（哲学社会科学版）》2019 年第 4 期。

② 李霞：《成年监护制度的现代转向》，载《中国法学》2015 年第 2 期。

③ 高丰美：《〈民法总则〉监护规定的进步、不足与完善——兼谈“婚姻家庭编”的监护立法》，载《上海政法学院学报（法治论丛）》2017 年第 3 期。

愿，体现出对现代监护制度发展趋势的积极回应。

而所谓尊重被监护人的真实意愿，在实践中则主要体现为，监护人在作出与被监护人利益有关的决定时，应当认真探究被监护人在相关利益事项处理中的真实意愿，并尽量作出与该真实意愿相符的安排；对于被监护人实施与其年龄、智力、健康状态相适应的民事活动，监护人应当充分尊重并提供必要的保障。同时，值得注意的是，"尊重被监护人的真实意愿"，并非简单地征询被监护人的意见，更不意味着完全依从被监护人所表示的意愿安排，而是要结合多种情况进行综合考量判断，探求其真实的愿望。而本条第2款与第3款的规定略有不同，后者在"尊重被监护人的真实意愿"前增设了"最大程度"的要求，体现出成年监护人由"替代决策"到"决策支持"的理念转变，①彰显对成年被监护人残余自主决策能力的必要尊重。依据第3款的规定，对被监护人有能力独立处理的事务，监护人不得干涉。

【关联规定】

《残疾人保障法》第9条第2款，《未成年人保护法》第14条

（撰稿人：雷震文）

第三十六条　【监护人资格的撤销】监护人有下列情形之一的，人民法院根据有关个人或者组织的申请，撤销其监护人资格，安排必要的临时监护措施，并按照最有利于被监护人的原则依法指定监护人：

（一）实施严重损害被监护人身心健康的行为；

（二）怠于履行监护职责，或者无法履行监护职责且拒绝将监护职责部分或者全部委托给他人，导致被监护人处于危困状态；

（三）实施严重侵害被监护人合法权益的其他行为。

本条规定的有关个人、组织包括：其他依法具有监护资格的人，居民委员会、村民委员会、学校、医疗机构、妇女联合会、残疾人联合会、未成年人保护组织、依法设立的老年人组织、民政部门等。

---

① 王竹青：《论成年人监护制度的最新发展：支持决策》，载《法学杂志》2018年第3期。

前款规定的个人和民政部门以外的组织未及时向人民法院申请撤销监护人资格的，民政部门应当向人民法院申请。

【释义】

本条是关于监护人资格撤销的规定，具体规定了撤销监护人资格的申请主体、事由、后果和补救措施。《民法通则》第18条第3款规定："人民法院可以根据有关人员或者有关单位的申请，撤销监护人的资格。"《民通意见》第21条及《反家庭暴力法》第21条[①]亦作了相关规定。本条规定则是在总结上述立法经验基础上而作出的，但相较于上述规定，本条规定在以下几个方面更为完善：首先，撤销监护人资格的事由更加具体；其次，申请主体更加明确且多样；最后，除了规定撤销监护人资格的法律后果（丧失监护资格），还增加了补救措施，即"安排必要的临时监护措施，并按照最有利于被监护人的原则依法指定监护人"。[②]

本条适用，应当注意以下几点重点理解：

其一，撤销监护人资格的申请事由。

本条第1款规定撤销监护人资格的情形包括以下三项：（1）实施严重损害被监护人身心健康行为的；（2）怠于履行监护职责，或者无法履行监护职责并且拒绝将监护职责部分或者全部委托给他人，导致被监护人处于危困状态的；（3）实施严重侵害被监护人合法权益的其他行为的。从内容来看，上述三种情形实际是对《关于依法处理监护人侵害未成年人权益行为若干问题的意见》第35条所述七种情形的进一步概括与总结。[③] 对此，有学者认为，本条存在规定撤销事由不当的问题，因为其对失职行为加以结果限制，进一步抑制了撤销监护在实践中的

① 该条第1款规定："监护人实施家庭暴力严重侵害被监护人合法权益的，人民法院可以根据被监护人的近亲属、居民委员会、村民委员会、县级人民政府民政部门等有关人员或者单位的申请，依法撤销其监护人资格，另行指定监护人。"

② 参见孙煜华：《对民法总则（草案）撤销监护资格条款的改进建议》，载《人民法院报》2016年9月14日。

③ 该条规定："被申请人有下列情形之一的，人民法院可以判决撤销其监护人资格：（一）性侵害、出卖、遗弃、虐待、暴力伤害未成年人，严重损害未成年人身心健康的；（二）将未成年人置于无人监管和照看的状态，导致未成年人面临死亡或者严重伤害危险，经教育不改的；（三）拒不履行监护职责长达六个月以上，导致未成年人流离失所或者生活无着的；（四）有吸毒、赌博、长期酗酒等恶习无法正确履行监护职责或者因服刑等原因无法履行监护职责，且拒绝将监护职责部分或者全部委托给他人，致使未成年人处于困境或者危险状态的；（五）胁迫、诱骗、利用未成年人乞讨，经公安机关和未成年人救助保护机构等部门三次以上批评教育拒不改正，严重影响未成年人正常生活和学习的；（六）教唆、利用未成年人实施违法犯罪行为，情节恶劣的；（七）有其他严重侵害未成年人合法权益行为的。"

应用；同时，失职就应撤销，否则监护将有名无实。[①] 此种观点不无道理，因为怠于履行监护职责或者无法履行监护职责本身即足以构成撤销监护人资格之事由，如果等到被监护人陷于危困状态方可申请撤销，不利于保护被监护人的合法权益。况且此种情形与委托监护并无关联，监护人是否委托监护不应作为判断是否存在撤销事由的考量因素。鉴于此，在司法实践中对本款第 2 项的适用宜从宽把握，当监护人怠于履行监护职责，或者无法履行监护职责且没有及时委托监护时，即应认定被监护人处于危困状态，人民法院即有权撤销其监护人资格。

关于委托监护的问题，本法并未作规定，而《未成年人保护法》第 16 条及《民通意见》第 22 条等均对委托监护作了规定。从本条“拒绝将监护职责部分或者全部委托给他人”的表述来看，本法已经间接承认委托监护，至于委托监护的具体规则设计则有赖于相关法律及司法解释的进一步完善。

其二，撤销监护人资格的申请主体。

本条第 2 款规定了撤销监护人资格的申请主体包括其他依法具有监护资格的人，居民委员会、村民委员会、学校、医疗机构、妇女联合会、残疾人联合会、未成年人保护组织、依法设立的老年人组织、民政部门等；同时第 3 款明确了“民政部门”的兜底性作用。此外，《关于依法处理监护人侵害未成年人权益行为若干问题的意见》第 11、30 条分别规定，公安机关将受侵害未成年人交临时监护人后、检察机关对监护人的监护侵害行为提起公诉后，应书面告知临时监护人有申请撤销监护人资格的权利。那么，公安机关、检察机关是否可以作为申请主体？上述意见实际仅赋予二者建议权，其不宜直接作为申请主体，但实践中检察机关可能以支持起诉人的身份参与撤销监护程序。[②]

其三，撤销监护人资格的补救措施。

按照本条第 1 款规定，撤销监护人资格的补救措施包括两项：其一，安排必要的临时监护措施；其二，按照最有利于被监护人的原则依法指定监护人。原《民法总则》草案本无第一项规定，但有代表提出，在人民法院确定新监护人之前，为了避免原监护人对被监护人特别是对未成年人造成进一步伤害，应当指定临时监护人或者作出其他临时监护安排。因此，原《民法总则》草案二次审议稿之后增加了此项规定。[③]

---

① 参见李霞、陈迪：《〈民法总则（草案）〉第 34、35 条评析——监护执行人的撤销与恢复》，载《安徽大学学报（哲学社会科学版）》2016 年第 6 期。

② 参见王韵洁：《检察机关参与未成年人民事权益保护研究——兼评全国首例检察机关支持起诉撤销监护权案》，载《吉林工程技术师范学院学报》2016 年第 3 期。

③ 参见全国人民代表大会法律委员会：《关于〈中华人民共和国民法总则（草案）〉修改情况的汇报》。

【关联规定】

《未成年人保护法》第53条，《反家庭暴力法》第21条，《最高人民法院、最高人民检察院、公安部、民政部关于依法处理监护人侵害未成年人权益行为若干问题的意见》第27条至第31条

（撰稿人：魏振华）

第三十七条　【监护人资格撤销后的其他义务负担】依法负担被监护人抚养费、赡养费、扶养费的父母、子女、配偶等，被人民法院撤销监护人资格后，应当继续履行负担的义务。

【释义】

本条是关于监护人资格撤销后的其他义务负担的规定。本条规定如果监护人对被监护人负有抚养、赡养、扶养义务，那么即使被撤销监护人资格，其仍应当继续负担相关的抚养费、赡养费、扶养费。草案前三次审议稿并无本条内容，本条实为草案四次审议稿新增条文。尽管《民法通则》及《民通意见》并无与本条相同或者近似规定，但撤销监护人资格后，仍由相关义务人承担抚养费、赡养费、扶养费却是应有之义。《未成年人保护法》第53条第2款规定：“被撤销监护资格的父母应当依法继续负担抚养费用。”《反家庭暴力法》第21条第2款也规定：“被撤销监护人资格的加害人，应当继续负担相应的赡养、扶养、抚养费用。”而《全国民事审判工作会议纪要（2015年4月征求意见稿）》在关于未成年人保护问题方面也指出，“依法负有赡养、抚养义务但被撤销监护资格的监护人，应当继续负担赡养、抚养费用”。由此可见，本法在总结相关立法经验及司法实践的基础上作出了本条规定。

监护人资格撤销，不等于其他法律上规定的亲属家庭义务的撤销。《婚姻法》第20条规定：“夫妻有互相扶养的义务。一方不履行扶养义务时，需要扶养的一方，有要求对方付给扶养费的权利。”第21条规定：“父母对子女有抚养教育的义务；子女对父母有赡养扶助的义务。父母不履行抚养义务时，未成年的或不能独立生活的子女，有要求父母付给抚养费的权利。子女不履行赡养义务时，无劳动能力的或生活困难的父母，有要求子女付给赡养费的权利……”可见，父母对子女的抚养义务、子女对父母的赡养义务以及夫妻之间的扶养义务本属法定义

务，即使其相互之间不存在监护关系（如被撤销监护人资格后，监护关系终止），这种抚养义务、赡养义务、扶养义务也会存在，基于此种义务而产生的抚养费、赡养费、扶养费仍然由相关义务人负担。

首先，抚养子女既是父母应尽的义务，也是子女应享有的权利。

抚养是指父母抚育子女的成长，并为他们的生活、学习提供一定的物质条件。根据《宪法》第 49 条规定，父母有抚养教育未成年子女的义务。《未成年人保护法》第 10 条也规定，父母或者其他监护人依法履行对未成年人的抚养义务。可见，父母对未成年子女的抚养是无条件的，在任何情况下都不能免除；即使父母已经离婚，对未成年的子女仍应依法履行抚养的义务。对成年子女的抚养是有条件的，在成年子女没有劳动能力或出于某种原因不能维持生活时，父母也要根据需要和可能，负担其生活费用或给予一定的帮助。① 因此，本条所称由父母负担抚养费的被监护人不仅包括未成年人，也包括无民事行为能力或者限制民事行为能力（且无劳动能力）的成年人。当然，对于虽有民事行为能力但无劳动能力的成年人来说，尽管其与父母之间不存在监护关系，但父母仍需负担相应的抚养费。

其次，父母对子女有抚养义务，同时子女对父母也有赡养扶助义务。

赡养是指子女在物质上和经济上为父母提供必要的生活条件；扶助则是指子女对父母在精神上和生活上的关心、帮助和照料。《宪法》第 49 条规定，成年子女有赡养扶助父母的义务。《老年人权益保障法》第 14 条也规定，老年人的子女以及其他依法负有赡养义务的人应当履行对老年人经济上供养、生活上照料和精神上慰藉的义务，照顾老年人的特殊需要。在我国发展的现阶段，赡养老人还是家庭的一项重要职能。国家和社会对老年人的物质帮助，还不能完全取代家庭在这方面的作用。子女对父母履行赡养扶助义务，是对家庭和社会应尽的责任。一切有经济能力的子女，对丧失劳动能力，无法维持生活的父母，都应予以赡养。对不在一起生活的父母，应根据父母的实际生活需要和子女的负担能力，给付一定的赡养费用。② 本条所称由子女负担赡养费的被监护人仅指无民事行为能力或者限制民事行为能力且无经济来源的父母，其实不仅如此，即使父母尚有民事行为能力，但因年老体弱而丧失劳动能力或者没有经济来源，成年子女仍应当负担赡养扶助义务。

最后，夫妻之间存在相互扶养义务，因此相互负有提供生活供养责任的法律义务。

夫妻之间的互相扶养既是权利又是义务，这种权利义务是平等的。例如，丈

---

① 参见胡康生主编：《中华人民共和国婚姻法释义》，法律出版社 2001 年版，第 82 页。
② 参见胡康生主编：《中华人民共和国婚姻法释义》，法律出版社 2001 年版，第 84 页。

夫有住房的，应当向妻子提供该住房供其居住。按照《民法典》第1065条的规定，夫妻可以约定夫妻在婚姻关系存续期间所得的财产的归属，如将其中的某项财产或收入，确定归一方所有或双方分别所有。既然夫妻互相扶养是法定的义务，无论夫妻就财产的问题作出什么约定，都不能免除法定的扶养义务。夫或妻一方不履行扶养义务时，需要扶养的一方要求对方付给扶养费。[1] 但本条所称由配偶负担扶养费的情形实际仅限于夫妻一方因无民事行为能力或者限制民事行为能力（且没有劳动能力）而处于被监护的状态，实际上，对于有民事行为能力而丧失劳动能力的夫妻一方而言，其配偶同样需要负担扶养义务。

值得注意的是，父母对子女的抚养义务、子女对父母的赡养义务、夫妻之间的扶养义务以及兄、姐与弟、妹之间的扶养义务均属法定义务，无论是否存在监护与被监护情形，相关义务主体均应负担相关费用。本条规定仅适用于存在监护与被监护情形，实际仅仅是强调了此种义务的负担，其并未逸出上述法定义务范围。此外，根据《民法典》第1075条的规定，兄、姐与弟、妹之间也可能存在扶养义务。[2] 因此，本条所称负担扶养费的相关主体是否也包括存在法定扶养义务的兄、姐与弟、妹，值得关注。

【关联规定】

《未成年人保护法》第53条，《反家庭暴力法》第21条，《最高人民法院、最高人民检察院、公安部、民政部关于依法处理监护人侵害未成年人权益行为若干问题的意见》第42条

（撰稿人：魏振华）

第三十八条　【监护人资格的恢复】 被监护人的父母或者子女被人民法院撤销监护人资格后，除对被监护人实施故意犯罪的外，确有悔改表现的，经其申请，人民法院可以在尊重被监护人真实意愿的前提下，视情况恢复其监护人资格，人民法院指定的监护人与被监护人的监护关系同时终止。

---

① 参见胡康生主编：《中华人民共和国婚姻法释义》，法律出版社2001年版，第79～81页。

② 该条规定："有负担能力的兄、姐，对于父母已经死亡或父母无力抚养的未成年弟、妹，有扶养的义务。由兄、姐扶养长大的有负担能力的弟、妹，对于缺乏劳动能力又缺乏生活来源的兄、姐，有扶养的义务。"

【释义】

本条是关于特定范围的监护人资格恢复的规定。《民法通则》及《民通意见》仅有关于撤销监护的规定，而无恢复监护人资格的规定。但现实中，出现了呼吁及时恢复监护人资格的声音，[①] 而相关部门也对此予以回应。如《最高人民法院、最高人民检察院、公安部、民政部关于依法处理监护人侵害未成年人权益行为若干问题的意见》第 38 条第 1 款规定："被撤销监护人资格的侵害人，自监护人资格被撤销之日起三个月至一年内，可以书面向人民法院申请恢复监护人资格，并应当提交相关证据。"第 40 条第 1 款规定："人民法院经审理认为申请人确有悔改表现并且适宜担任监护人的，可以判决恢复其监护人资格，原指定监护人的监护人资格终止。"[②]

基于现实需求及司法实践经验，原《民法总则》草案对恢复监护人资格作了简单规定。[③] 有代表认为，撤销监护权的情形都是严重损害被监护人利益的情形，不宜轻易恢复。同时，监护人资格撤销后再恢复，还有可能给被监护人造成二次伤害。为此，有必要将监护人资格恢复的制度进行限制。[④] 于是，原《民法总则》草案二次审议稿将可恢复监护人资格的范围限于未成年人的父母（原《民法总则》草案三次审议稿后又扩张至"被监护人的父母或者子女"）并增加了"尊重被监护人意愿"的前提，原《民法总则》草案三次审议稿又将"对被监护人实施故意犯罪的情形"排除于可恢复监护人资格的范围。可见，关于监护人资格恢复的规定经历了不断严格限制适用的过程，体现了立法者对监护人资格恢复的谨慎态度，因此，在司法适用上也应当秉持审慎的态度。

本条规定，适用中应注意以下几点理解：

其一，根据本条规定，恢复监护人资格的对象仅适用于被监护人的父母或者子女。也就是说，当父母或者子女之外的监护人被撤销监护人资格后，无论其是否确有悔改，均不得再行恢复其监护人资格。这主要考虑到父母对于未成年子女

---

① 参见王心禾：《监护权可暂时剥夺，也应及时恢复》，载《检察日报》2014 年 1 月 22 日，第 6 版。

② 此外，《全国民事审判工作会议纪要（2015 年 4 月征求意见稿）》也规定，"自监护资格被撤销之日起三个月至一年内，引发监护资格被撤销的事由消失的，当事人可以向人民法院书面申请恢复监护人资格"。

③ 原《民法总则（草案）》第 35 条规定："原监护人被人民法院撤销监护人资格后，确有悔改情形的，经其申请，人民法院可以视情况恢复其监护人资格，人民法院指定的新监护人与被监护人的监护关系同时终止。"

④ 参见全国人民代表大会法律委员会：《关于〈中华人民共和国民法总则（草案）〉修改情况的汇报》。

以及成年子女对年老父母的不可替代性，尤其是未成年子女与父母的天然感情，决定了父母应是守护好未成年子女的最佳人选。

其二，恢复监护人资格的条件是原监护人确有悔改表现且并未对被监护人实施故意犯罪。草案前三次审议稿原规定为“确有悔改情形”，有代表认为，“确有悔改情形”条件模糊，在司法实践中非常难以把握，建议明确何为悔改情形。[①] 其后，起草者虽然没有明确何为“悔改情形”，但修改为“确有悔改表现”，其意在表明原监护人必须有切切实实的悔过改正的表现，尽量防止“假悔改”。对此，有学者认为，所谓“确有悔改”极难通过证据认定，终止新的监护人的监护资格，亦必然挑起矛盾冲突。按照生活经验，确有悔改表现有必要恢复其监护人资格的，应属于极特殊的个案，针对特殊个案创设一项新的制度，在立法政策上失之偏颇。[②]“对被监护人实施故意犯罪的”，不适用恢复监护人资格的规定，但相较于《关于依法处理监护人侵害未成年人权益行为若干问题的意见》第40条的列举性规定，[③] 何为“实施故意犯罪”的表述并不明确，其是否意味着必须经过人民法院审理认定构成犯罪？对此，尚需相关法律及司法解释进一步明确。

其三，恢复监护人资格的前提是尊重被监护人真实意愿，也就是说，即使作为原监护人的父母或者子女确有悔过表现，但被监护人并不愿意让其重新担任监护人时，人民法院不宜恢复原监护人的监护资格。充分尊重和保障被监护人的程序权利是当代监护法律发展的国际趋势，如《德国非讼事件法》第67条，即使有专家鉴定意见，在决定是否撤销原监护、指定何者为新监护以及是否恢复原监护等重大问题上，如果有必要听取本人意见的，就必须与本人进行口头上的谈论。[④]

其四，恢复监护人资格的后果是人民法院指定的监护人与被监护人的监护关系同时终止。根据本法第36条，人民法院撤销监护人资格后，按照最有利于被监护人的原则依法指定监护人。但原监护人的监护资格恢复后，新的监护关系终止似乎是理所应当的。但实际上，并非所有的监护撤销都必然导致新监护的产生。例如，未成年人的父母同时为监护人，如果仅撤销其中一方监护人资格，还有另

---

① 参见刘茸：“审议民法总则‘撤销监护权’：防止‘假悔改’”，载人民网，http：//npc. people. com. cn/n1/2016/1220/c14576－28964602. html，2020年3月19日访问。

② 参见梁慧星：《〈中华人民共和国民法总则（草案）〉：解读、评论和修改建议》，载《华东政法大学学报》2016年第5期。

③ 该条规定：“……申请人具有下列情形之一的，一般不得判决恢复其监护人资格：（一）性侵害、出卖未成年人的；（二）虐待、遗弃未成年人六个月以上、多次遗弃未成年人，并且造成重伤以上严重后果的；（三）因监护侵害行为被判处五年有期徒刑以上刑罚的。”

④ 参见李霞、陈迪：《〈民法总则（草案）〉第34、35条评析——监护执行人的撤销与恢复》，载《安徽大学学报（哲学社会科学版）》2016年第6期。

一方为监护人，没有指定新监护人的必要。同样地，恢复一方监护人资格，也绝不意味着另一方与被监护人的监护关系终止。因此，本条规定的监护关系终止的法律后果实际仅针对撤销监护人资格后，被监护人并无父（母）或者其他子女作为监护人，而由人民法院指定其他个人或者组织作为监护人的情形。否则，撤销监护后既无必要指定监护人，监护恢复后监护关系亦不因此而终止。

【关联规定】

《最高人民法院、最高人民检察院、公安部、民政部关于依法处理监护人侵害未成年人权益行为若干问题的意见》第38条至第40条

（撰稿人：魏振华）

第三十九条　【监护关系的终止】有下列情形之一的，监护关系终止：

（一）被监护人取得或者恢复完全民事行为能力；

（二）监护人丧失监护能力；

（三）被监护人或者监护人死亡；

（四）人民法院认定监护关系终止的其他情形。

监护关系终止后，被监护人仍然需要监护的，应当依法另行确定监护人。

【释义】

本条是关于监护关系终止的一般性规定。监护是有目的的制度，一旦被监护人已经可以自我保护和具有正常生活能力，或者没有保护必要时，监护继续存续也就没有意义，自然应该终止。对于监护的终止，此前我国学者多有讨论，但相关立法的回应却颇显不足。本条在充分参考学者建议和借鉴域外立法经验（如《德国民法典》第1884条、《澳门民法典》第1817条等）的基础上，从终止的法定事由和终止的法律后果两方面对监护关系的终止作出了一般性的规定，不但有助于监护制度体系的完善，并且对相关司法实践也颇具指导意义。

对于本条规定，应该主要从以下两个方面理解：

第一，监护关系终止的法定事由。

监护因一定的事实而发生，也因一定的法律事实而终止。监护设立的根据不同，终止的原因也不相同。本条第 1 款主要是从监护成立所需要的基本条件出发对监护关系终止的法定的事由的一般性规定。其主要包括：

（1）被监护人取得或者恢复完全民事行为能力。监护以“补足”被监护人行为能力的不足为其主要功能，是以，当被监护人取得或者恢复完全民事行为能力，监护自无存在的必要。以实践来看，该项事由主要包括两种情形：其一，未成年因年满 18 周岁，或者依据本法第 8 条的规定，年满 16 周岁的未成年人因以自己的劳动收入为主要生活来源而被视为完全行为能力人；其二，不能辨认自己行为的成年人，因智力、精神的恢复而重新具备完全行为能力。其中，未成年人成年后，无须任何手续，即自动终止对其的监护，而对于成年人监护的终止，则依据本法第 14 条第 2 款的规定，则需经本人、利害关系人或者有关组织申请并由人民法院认定该成年人恢复完全民事行为能力人后，方可终止。

（2）监护人丧失监护能力。监护人履行监护职责需以必要的能力和条件为保障，若相应能力丧失，则难以继续负担并做好对被监护人的保护和监管工作，终止监护关系便为符合监护人与被监护人利益的妥当选择。而所谓“监护能力”并非仅指监护人的行为能力，根据《民通意见》第 11 条的规定，认定监护人监护能力，应当根据监护人的身体健康状况、经济条件，以及与被监护人在生活上的联系状况等因素确定。

（3）被监护人或者监护人死亡。监护以维护被监护人的合法权益并对其行为作出必要监管为主要内容，如被监护人死亡，自无存在必要，而监护人死亡后，亦无履行监护职责的可能，监护关系宣告终止当属自然之理。而本条所称“死亡”意指自然人民事主体资格（权利能力）的丧失，既包括自然死亡，也包括人民法院根据本法第 46 条的规定作出的宣告死亡。

（4）人民法院认定监护关系终止的其他情形。此为关于监护关系终止的兜底性规定，包括但不限于人民法院依据本法第 30 条的规定指定监护人后，被监护人住所地的居民委员会、村民委员会、法律规定的有关组织或者民政部门与被监护人的临时监护关系终止；依据本法第 36 条的规定撤销相关监护人资格；依本法第 38 条的规定恢复被监护人的父母或者子女监护人资格时，指定的监护人与被监护人的监护关系终止等情形皆可实际归为本项调整的范畴。

第二，监护关系终止的法律后果。

依其法律后果，监护关系的终止素有绝对终止与相对终止之分。前者是指已失去设置监护的依据，如被监护人取得完全民事行为能力或者死亡等；后者仅指监护职责的转移，如监护人死亡等。本条第 2 款所列“监护关系终止后，被监护人仍然需要监护”则属于监护关系相对终止的情形。而其中所规定的“应当依法另行确定监护人”，实际指向的应当依据本法第 27 条、第 28 条、第 30 条、第 31 条、第 32 条的规定，为需要被监护的无行为能力人或限制行为能力人重新选任合适的监护人。值得注意的是，本条并未就监护关系终止的法律后果作出全面的规定。譬如，按照普遍认可的观点，监护关系终止后，原监护人应在一定的期限内向新的监护人或已经取得完全民事行为能力的被监护人，清点监护人的财产，必要时列出财产账目。[①]其中阙如规则尚待未来立法和司法解释作出更为具体和明确的回应。

（撰稿人：雷震文）

第三节　宣告失踪和宣告死亡

第四十条　【失踪宣告的条件和程序】 自然人下落不明满二年的，利害关系人可以向人民法院申请宣告该自然人为失踪人。

【释义】

本条是关于自然人下落不明人的一项特殊制度，自然人下落不明，与之有利害关系者，在满足规定期间的条件下，可以向人民法院申请宣告该自然人在法律上失踪。本条源自《民法通则》第 20 条第 1 款，与《民法通则》第 20 条相比，有以下几点不同：（1）本条仅为《民法通则》第 20 条第 1 款，而第 2 款则变成了《民法典》第 41 条；（2）《民法通则》第 20 条规定的下落不明的人为公民，而《民法典》第 38 条规定的则是自然人。

我国采用宣告失踪与宣告死亡两者并存的立法模式。从自然人编的制度设置上看，宣告失踪的财产代管与监护人代管制度的共性更加突出，宣告失踪与宣告死亡安排在监护之下，似乎合理。[②] 但是，宣告死亡本身又与自然人的死亡问题联系在一起，涉及自然人的本体，从这个意义上说放在自然人一般规定后面似乎更加合理。

---

① 陈苇：《中国婚姻家庭法立法研究》，群众出版社 2000 年版，第 380 页；余延满：《亲属法原论》，法律出版社 2007 年版，第 509 页。

② 杨震：《民法总则“自然人”立法研究》，载《法学家》2016 年第 5 期。

对于宣告失踪的制度设计，有学者认为弊大于利，但尚有商榷的余地。理由有二，第一，宣告失踪是授权性规范，即利害关系人可以选择是否宣告他人失踪；[①] 第二，即便启动宣告失踪程序，到确定财产代管人仍需花费两年零三个月，其间，失踪人的财产仍属于不稳定状态。[②] 因此，以直接设立财产代管人制度取代宣告失踪制度，似乎能更好地保护失踪人财产。[③] 但是，一方面，通过考察直接设立财产代管人国家的相关法规，我们可以发现，直接设立财产代管人的条件为：(1) 失踪人财产确有保管之必要；(2) 无法确定法定代理人或委托代理人；(3) 需要利害关系人申请。[④] 由此可见，直接设立财产代管人从法律规范的角度来看也是授权性规范，如果授权性规范不利于保护失踪人的财产安全，那么直接设立财产代管人也不利于保护失踪人的财产安全。另一方面，根据我国的实际情况，家庭成员如有下落不明，其亲近的人（如配偶、父母、子女、兄弟姐妹等）就会对其财产进行生活上的"管理"，短时间内其财产仍处于相对稳定的状态，但是如果一出现下落不明的人，其利害关系人就可以申请成为下落不明者的财产代管人，一来容易出现家庭不睦，二来这一制度也极容易被恶意的当事人利用，反而不利于保护下落不明者的财产。综上所述，可以认为，直接设立财产代管人制度虽有很多优点但是与我国实际情况有所抵触，不宜采用。宣告失踪必须满足下落不明达一段时间并经严格法律程序方可实现，短期内不容易导致下落不明者财产不稳定，同时可以防止恶意当事人滥用资格，这一设置比较符合我国国情，不宜删除。

宣告失踪的立法模式有三种，其一是以直接设立财产代管（或者保佐制度）表示宣告失踪，德国、瑞士、日本、我国台湾地区等普遍采用此种立法模式；[⑤] 其二是直接规定宣告失踪，苏联和我国大陆地区采用该种立法模式；[⑥] 其三是直接设立财产代管人与宣告失踪并存，法国、葡萄牙、意大利等国家采用[⑦]。对比三种制度，我们可以发现，他们都有一个共同的特点，即无论是直接设立财产代管，还是直接宣告失踪，抑或两者混合，这些制度与宣告死亡制度都是彼此独立的，也就是说，即便没有人申请成为失踪人的财产代管人，或者宣告该人失踪，经过一定期限后依旧可以宣告该人死亡。这三种制度的不同点也是很明显的，其

---

① 罗玉珍：《民事主体论》，中国政法大学出版社 1992 年版，第 88 页。

② 杨震：《民法总则"自然人"立法研究》，载《法学家》2016 年第 5 期。

③ 罗玉珍：《民事主体论》，中国政法大学出版社 1992 年版，第 89 页。

④ 尹田：《论宣告失踪与宣告死亡》，载《法学研究》2001 年第 6 期。

⑤ 参见《德国民法典》第 1911 条，《瑞士民法典》第 392、393 条，《日本民法典》第 25 条、我国台湾地区"民法"第 10 条。

⑥ 参见《苏俄民法典》第 12 条。

⑦ 参见《法国民法典》第 112、122 条，《意大利民法典》第 48、49 条，《葡萄牙民法典》第 91、99 条，需要注意的是，法国民法典关于宣告失踪表述为推定失踪，宣告死亡表述为宣告失踪。

一是是否要对失踪人进行失踪的宣告，这一点在上文已有论述，在此不作赘述。其二是宣告失踪与财产代管和宣告死亡的顺序，是宣告失踪在前，还是财产代管在前，以宣告失踪在前为立法模式的国家或地区，更侧重考察失踪人资格，经过足够时间的等待与公示，可以从法律上确定下落不明者为失踪人，以此为前提，“外人”才有接手失踪人财产的依据；财产代管在前为立法模式的国家或地区，更注重保护失踪人的财产利益，如果有人出现下落不明的情势，其利害关系人、甚至检察院认为有必要管理其财产的都可以向法院申请，宣告失踪的制度设计则更像是法律上拟制死亡的序曲，一旦宣告自然人失踪，财产代管终止，继承人就可以“临时占有”被继承人，也就是失踪人的财产，相对应的，这些国家或地区对于宣告失踪或者宣告死亡的要求也要严于以宣告失踪在前的国家或地区。

从比较法上看，以直接设立财产代管（或者保佐制度）表示宣告失踪的国家或地区，其对失踪期限没有要求；以直接设立宣告失踪的国家或地区，其对失踪期限有要求；[①] 宣告失踪与财产代管并存的国家或地区，对财产代管没有失踪期限的要求，对宣告失踪则有要求。[②] 值得注意的是，不论是依据哪一种立法模式，在失踪这一情势发生后立即或者短时间内（相比于宣告死亡）财产代管制度都可以启动，也就是说，对于保护失踪者的财产利益，大部分的国家或地区还是持积极或者比较积极的态度的。

关于本条适用，应注意以下几点理解：

其一，本条的设定期间条件为“自然人下落不明满两年”。下落不明，根据《民通意见》第 27 条的规定，是指“公民”离开最后居住地后没有音讯的状况[③]。其中自然人，包括了本国公民、非本国的公民以及无国籍人士。也就是说，这三种人在符合条件的情况下，其利害关系人也可以依据此条，对其宣告失踪。

其二，本条的行为模式是“利害关系人可以向人民法院申请”，其中利害关系人是指与下落不明的公民在法律上有人身关系和财产关系的人。利害关系人包括下落不明人的配偶、父母、成年子女、祖父母、外祖父母、成年的兄弟姐妹、债权人、合伙人等。[④]“可以”一词说明本条是授权性规范，即利害关系人可以选择是否启动宣告失踪程序。“申请”表示本项权利依据当事人申请而产生效力，

---

① 参见《苏俄民法典》第 12 条。

② 参见《法国民法典》第 112、122 条，《意大利民法典》第 48、49 条，《葡萄牙民法典》第 91、99 条。

③ 《民通意见》第 26 条。

④ 全国人大法制工作委员会：《中华人民共和国民事诉讼法（2012 修正）释义》，http：//www. pkulaw. cn/CLink_ form. aspx？ Gid = 183386&Tiao = 183&km = siy&subkm = 0&db = siy，2020 年 3 月 2 日访问。

人民法院应遵循“不告不理”原则，不得主动查明。[①]

其三，本条的法律后果是“该自然人为失踪人”出于保护法律上失踪人利益的精神出发，当某人被宣告为失踪人后，其人身关系并不会因此而改变，法律后果主要体现在其财产关系上，对于失踪人的财产，由失踪人的配偶、父母、成年子女、愿意担任财产代管人的人或者法院指定的财产代管人代为保管。[②]

【关联规定】

《最高人民法院关于适用〈中华人民共和国民事诉讼法〉的解释》第 347 条

（撰稿人：龙卫球　郑臻）

第四十一条　【下落不明的起算】 自然人下落不明的时间自其失去音讯之日起计算。战争期间下落不明的，下落不明的时间自战争结束之日或者有关机关确定的下落不明之日起计算。

【释义】

本条所调整的是宣告失踪的起算点，非战时失踪的，自失去音讯起满两年，利害关系人可以启动宣告失踪程序；战时失踪的，自战争结束之日起满两年，利害关系人可以启动宣告失踪程序。本条前半句，是由《民通意见》第 28 条上升而来，后半句则是源自《民法通则》第 20 条第 2 款。本条与这两者的区别在于，本条所规定的起算时间要比《民通意见》第 28 条规定的起算时间早一天。战时失踪的规则与《民法通则》的规定完全一样。

下落不明的起算时间非常重要，对于失踪宣告的期间计算存在直接的影响，其合理与否值得立法关注，明确化有利于减少实践纷争。

本条适用，应注意以下几点理解：

其一，自然人下落不明的起算，一般情形从失去音讯之日计算。这里强调是一般情形。这里的失去音讯，笔者认为应是指《民通意见》第 26 条的“离开最后居住地后没有音讯”的简略。

---

① 此处需要注意的是，人民法院也包括专属法院，例如军事法院，详见《最高人民法院关于军事法院管辖民事案件若干问题的规定》第 2 条。

② 龙卫球：《民法总论》，中国法制出版社 2002 年版，第 209 页。

从字面的含义来看，音讯就是音信，指消息或者往来的信件，在这里可以扩大解释为被宣告失踪者的一切联系。除去本条提到失去音讯一词以外，《民通意见》第26条在解释何为“下落不明”的时候也提到过，与之不同的是，该意见第26条，在失去音讯之前加了一个限制——离开最后居住地后没有音讯。如何理解这两个条文、如何区分这两个词语，学界有不同的声音。有学者指出，本条是对原《民法通则》与《民通意见》规定的修正，宣告失踪或死亡不再以自然人最后离开“住所地”为程序的启动要素，而是以“自然人失去音讯”为判断标准，这一改变就使“宣告失踪与宣告死亡”与“住所”失去了制度衔接的关键性要素——住所地。[①] 该意见第26条规定的“最后居住地”是否就是“住所地”仍需商榷。从法条的角度出发，“住所”的产生有两种方式，根据《民法典》第24条的规定，一是法定要件——登记，二是法律拟制——经常居住地，经常居住地的产生方式在我国现行法律中尚为空白，无法断定最后居住地与经常居住地是否为同一概念；根据该意见第28条第2款，住所地与居住地不一致的，由最后居住地的基层人民法院管辖。因此，我们可以判断“最后居住地”并非“住所地”。更遑论以住所地来启动宣告失踪程序了。如果我们认可上述观点，那么从逻辑上应可推导出如下两点，一是在该意见中最后居住地并非判断标准，而是适用管辖的标准，事实判断的标准仍是失去音讯；二是《民法通则》与该意见中“宣告失踪与宣告死亡”与“住所”本就没有制度上的衔接。而其与上一节监护的联系本就十分紧密。最后从行文逻辑的角度观之，《民法典》第41条在表述“失去音讯”之前，已经对其做了“下落不明”的限制，而根据该意见的解释，下落不明是一种有条件失去音讯，即在最后居住地失去音讯，因此《民法典》第41条中的“失去音讯”应理解成是对下落不明的省略表达。也就是说，《民法典》第41条并没有对原《民法通则》与《民通意见》进行修正。

其二，自然人下落不明的起算，存在一种特殊情形，就是战争期间下落不明的，应当自战争结束之日起算。这里是从发生战争的特殊原因出发，本着有利于下落不明人的立场，进行特殊合理考量。

（撰稿人：龙卫球　郑臻）

---

① 杨震：《民法总则“自然人”立法研究》，载《法学家》2016年第5期。

第四十二条　【宣告失踪的财产代管人设置】 失踪人的财产由其配偶、成年子女、父母或者其他愿意担任财产代管人的人代管。

代管有争议，没有前款规定的人，或者前款规定的人无代管能力的，由人民法院指定的人代管。

【释义】

本条主要调整的是宣告失踪人的财产代管人的设置，包括法定代管（配偶、成年子女、父母、愿意担任财产代管人的人）以及指定代管（由人民法院指定）。本条来源于《民法通则》第21条第1款，与之不同的是《民法典》扩大了财产代管人的范围，从原来的亲属、朋友扩大到了愿意担任财产代管人。第2款源于《民通意见》第30条，增加了“有争议”，去掉了“不宜作代管人的”，这样的调整实际上增加了人民法院指定代管人的范围，即代管有争议、没有前款规定、前款规定的人无代管能力以及法院认为不宜代管的均可指定代管。

宣告失踪人设置财产代管人的必要性在于，对于限于失踪的人的财产可以进行照管，避免失于管理的不利和损失。这里面既有社会照顾的一面，又有社会经济考虑的一面。但是财产代管也可能带来意想不到的任意支配和处置，导致过度的干预和破坏。所以，对于财产代管人的设置需要合理规范。对宣告失踪的财产代管人的设置，要特别注意财产代管人的身份性。从比较法上说，关于财产代管人的身份要求，除了极个别的国家之外①，大部分的国家和地区的法律对此并无要求；而对于是否有必要设立财产代管人，大部分的国家和地区多以“无人管理”作为条件②。

本条适用中，应注意以下理解：

其一，首先适用法定代管。其范围和程序是，“其配偶、成年子女、父母或者其他愿意担任财产代管人的人代管”。从文法的角度来看本条第1款采用了“顿号＋或者”的结构，意味着这几者之间的关系是并列的，并没有次序之分。但是从实务的角度出发，则有侧重于亲属血缘的排序与侧重管理能力的排序之分。两者各有优劣，侧重于亲属血缘的更符合大众的心理预期，但是关系最密切的人，未必最适合管理财产；侧重管理能力的或对失踪人的财产有更好的管理能力，但是较难取得社会认同。笔者更倾向于亲属血缘，原因有二，一是失踪人的

---

① 参见《法国民法典》第113条。

② 参见《意大利民法典》第48条第3款，《日本民法典》第25、26条，《德国民法典》第1911条。

财产代管目的是维持失踪人在失踪后财产的稳定性，例如取得收益，或者承担债务，由此观之，财产代管人只需要对失踪人的财产进行基本维持即可，并不用突出其财产管理能力。二是宣告失踪制度并未对失踪人的人身权利进行限制，即便是在失踪的状态下，失踪人依旧是我们民法上所承认的自然人，因其受限于失踪状态，失踪人无法对其财产发表任何意见，因此需要有人来代替失踪人实际控制财产，那么代替者与失踪人之间也就形成了某种信赖关系，同样受制于失踪状态，失踪人无法对任何人可以信赖表达态度，因此法律才会推定与其社会关系越近的人，信赖关系越强，越可以保护失踪人的财产安全。

其二，其次适用制定代管。即在“代管有争议、没有前款规定的人或者前款规定的人无代管能力”时转向指定代管。此处“有争议”的理解，应既包括本条规定的有资格的代管人之间的争议，也包括本条规定的有资格的代管人与失踪人失踪前委托管理自身财产的人或者组织之间的争议。此时，“由人民法院指定的人代管”。此处需要注意的是，依据法条自愿申请成为财产代管人的仅限于有完全行为能力的自然人，而法院指定的财产代管人则可以包括组织。[①]

其三，应注意代管人设置的后果，是可以代管失踪人的财产。此处的财产，既包括有形也包括无形，既包括授益性财产也包括负担性财产。

此外，有时由于失踪人没有财产，或者存在不需要财产代管的情形，这种情况是否不必设置代管人呢？的确值得商榷。例如，失踪人在失踪前直接设立财产管理人或失踪时已有法定代理人的，在这两种情况下，失踪人与代理人的信赖关系要强于本条所规定的代管人，原因在于第一种情况的信赖关系来自双方当事人的合法合意，后一种情况来自法律所规定的监护责任，这两种形成信赖关系的依据都要强于法律推定，同时由于失踪人的财产已经有了比较稳定的保障，从而间接地保障了利害关系人的利益，那么，在这两种情况下，对宣告失踪者设立财产代管人，显然已无意义。笔者建议在本条中增加前缀予以限定，即“失踪人全部或者部分财产无人管理的、管理人权限灭失的或有其他更改原管理人必要的，利害关系人可依据本条，向法院申请”。

【关联规定】

《最高人民法院关于适用〈中华人民共和国民事诉讼法〉的解释》第343条

（撰稿人：龙卫球　郑臻）

---

① 龙卫球：《民法总论》，中国法制出版社2002年版，第209页。

第四十三条　【财产代管人的义务和责任】财产代管人应当妥善管理失踪人的财产，维护其财产权益。

失踪人所欠税款、债务和应付的其他费用，由财产代管人从失踪人的财产中支付。

财产代管人因故意或者重大过失造成失踪人财产损失的，应当承担赔偿责任。

【释义】

本条主要规范了财产代管人的职责与责任。本条第 1 款与第 3 款是新增加的，也是财产代管人的职责和责任。其中，第 1 款规定管理人应妥善管理与维护失踪人的财产及财产权益；第 2 款与原《民法通则》第 21 条第 2 款几乎相同，规定的是费用支付问题，即财产代管人可就失踪人所欠税款、债务和应付的其他费用，从失踪人的财产中予以支付。这里的其他费用，根据原《民通意见》第 31 条规定包括赡养费、扶养费、抚育费和因代管财产所需的管理费等必要的费用；第 3 款规定了财产代管人的侵权损害赔偿采用过错责任原则，财产代管人对自己故意或重大过失致损的承担赔偿责任。

失踪人的财产代管人是法定或由法院直接指定的，并不以失踪人的意愿为前提。因此，就失踪人财产代管人的地位而言，兼具有法定代理人、指定代理人类似的法律地位。关于代管人的权限，各个国家及地区的规定比较严格。《日本民法典》第 28 条规定，“此权限应依法院的命令内容而定。当法院确定的管理权限不明时，对于失踪人的财产，管理人具有实施该法第 103 条所规定的‘管理行为’的权限；管理人需要实施超越此权限的行为（如给与失踪人之子教育资金和结婚资金的行为）时，须经法院许可……”而依我国台湾地区“非讼事件法”（2005 年修正）第 118 条的规定“财产管理人应以善良管理人之注意，保存财产，并得为有利于失踪人之利用或改良行为，但其利用或改良有变更财产性质之虞者，非经法院许可，不得为之”。

本条规定，在适用中应当做以下几点理解。

首先，财产代管人履行其代管职责，应当尽妥善保管义务，这是善良管理人的义务。

财产代管人有权依其代管权，对失踪人财产的全部或者部分进行管理。不过，关于对财产代管人代管行为范畴的确定，不同国家和地区的立法也有所不同。通过对比我们可以发现，大部分国家与地区采取了比较严格的限制立场，是因为仅设立了失踪人的财产代管人制度，并未设置失踪宣告制度所致。换言之，代管人对失踪人财产的代管行为不应该过于积极，更不应该进行投资冒险，而是以必要的保全行为为主，主要限定于保管该财产并用以支付失踪人所欠各类债务。但也不能过于狭义理解，否则与社会生活实践需求和维护当事人合法财产权益宗旨相悖。[①] 例如，甲因外出打工长时间下落不明，甲父向法院申请宣告其失踪后被指定为甲的财产代管人。经查，甲名下有待拆迁房屋一套。根据当地拆迁政策，如签订拆迁协议自愿拆迁，将获得额外拆迁补偿，如因不能达成拆迁而被强制拆迁则不能获得上述额外拆迁补偿。此时，如果机械解读上述法律规定，将签订拆迁协议理解为财产处分行为，认为甲父因无权处分该房屋，故无权签订该协议，其后果必将导致甲因房屋拆迁可以增加的利益没有增加，从而损害甲的合法权益。可见，对于失踪人财产确有经营或处分的必要也可以为之，一律禁止财产代管人对失踪人财产进行管理或处分，非但可能造成失踪人财产不能增值，甚至可能导致失踪人财产贬值。

从我国《民法典》第43条的条文表述来看，似乎也是采取严格限制失踪人财产代管人权限的立场。但考虑到我国《民法典》所确立的宣告失踪制度中的财产代管人制度，其程序更为复杂，被宣告失踪人的下落不明之状态更为稳定，故就我国失踪人之财产代管人的管理权限而言，除保存行为（包括对财产的保管、维护、收益等）及改良行为外，还包括必要的经营行为和处分行为。例如，可以采取必要的措施对易于变质的失踪人的财产采取变价处分，保存价金；又如，将失踪人闲置的房屋对外出租，收取租金等。[②]

司法实践中可能存在的争议是何谓“必要的经营行为和处分行为。”一种观点采客观主义，认为只有从客观结果上看，该经营行为和处分行为确实让失踪人受益了才能认定为必要的经营行为和处分行为；另一种观点则采主观主义，认为只要财产代管人在实施经营失踪人财产或处分失踪人财产时主观上是为了失踪人利益即可认定为必要的经营行为和处分行为。我们认为上述两种观点都有失偏颇。首先，财产代管人对失踪人财产进行经营或处分本质上多为商业交易行为。既然是商业交易行为，自然会出现意料不到的商业风险。而要求财产代管人事先预测并规避这种风险不符合商业规律；其次，财产代管人所代管的财产毕竟不是属于自己的财产，难免会在日常管理中出现懈怠、过失，这种懈怠、过失与其财

① 尹田：《论宣告失踪与宣告死亡》，载《法学研究》2001年第6期。
② 尹田：《论宣告失踪与宣告死亡》，载《法学研究》2001年第6期。

产代管人主观上是为失踪人利益管理之间并不矛盾。故若仅以财产代管人主观上是为了失踪人利益作为其过错免责必要条件，亦对失踪人财产的保值增值不利。而且，财产代管人主观上是否为失踪人利益对财产进行管理或处分在司法实务中也很难进行判断。笔者认为，这里对是否具有必要性的判断，一般应结合普通人日常生活经验：如果该经营或处分行为的实施对增加失踪人财产价值或防止失踪人财产价值减少的可能性明显大于不实施该行为，则该行为的实施就具有必要性。也就是说，财产代管人有权实施该经营或处分行为。

其次，财产代管人的职责，包括可以用失踪人财产支付失踪人所欠税款、所欠债务、赡养费、扶养费、抚育费和因代管财产所需的管理费等必要的费用。

再次，财产代管人因其失职而造成失踪人损失的，基于自己故意或重大过失而承担赔偿责任。这是一种法定责任，其前提一是要有失职导致损失，二是主观上有故意或重大过失。财产代管人在代管失踪人财产过程中，没有故意或重大过失，但仍造成失踪人财产损失或他人损失时，无须负责。过去，学理有主张还要区分有偿无偿的情况的，如果属于无偿代管，可考虑类推适用原《合同法》第374条（现《民法典》第897条）之规定，即只要财产代管人能证明其在无偿保管失踪人财产过程中没有重大过失，就不对其保管失踪人财产不善造成的失踪人财产毁损、灭失承担损害赔偿责任；但是如果财产代管人不是无偿保管失踪人财产，则根据收益和风险相一致原则，即便财产代管人在保管过程中只有一般过失，也应对失踪人财产毁损、灭失承担相应损害赔偿责任。现在本条似乎将问题简单化了，都以故意或重大过失为条件。

最后，是否应当考虑损益相抵，存在关注的必要。

失踪人财产代管人在管理失踪人财产过程中既为失踪人增加了财产收益，又因其管理行为造成了失踪人财产损失时，从平衡双方利益、鼓励担任财产代管人角度出发，是否可以在失踪人财产代管人的赔偿问题上考虑损益相抵原则的适用呢？肯定的观点，其法理依据有利益说和禁止得利说，其中禁止得利说具有普遍的适用性，值得采纳。这一学说认为，赔偿旨在填补损害，故赔偿应与损害大小一致，不能少也不能多，被害人不得因损害赔偿较损害事故发生前得到更多利益。因而，凡同一损害原因受有损害并受有利益，则其可主张的损害赔偿数额仅为损害与利益两者间的差额。利益大于或等于损害，则无损害可言，利益小于损害时，计算损害赔偿数额时则应扣除利益额。这样，既保护了失踪人的财产权利，又相对财产代管人来说比较公平。

（撰稿人：龙卫球　郑臻）

第四十四条 【财产代管人的变更】财产代管人不履行代管职责、侵害失踪人财产权益或者丧失代管能力的，失踪人的利害关系人可以向人民法院申请变更财产代管人。

财产代管人有正当理由的，可以向人民法院申请变更财产代管人。

人民法院变更财产代管人的，变更后的财产代管人有权请求原财产代管人及时移交有关财产并报告财产代管情况。

【释义】

本条规定的是财产代管人的变更。本条第1款由《民通意见》第35条演变而来，与之不同的是，本条在第2款新增加了“正当理由”的表述要求。也就是说，除了因不履职的原因，财产代管人还可以主动因为“正当原因”要求变更。第3款规定了新财产代管人的受移交请求权和知情请求权。

本条规定的意义在于，通过确立财产代管人的变更制度，有利于更加合理地监督财产代管人履行职责，为失踪人提供一种更加实际的保护机制，同时也为财产代管人提供一种合理更换的机制。该项制度需要由利害关系人（财产代管人不履职时）提出或财产代管人自己推动（自己有正当理由时），存在司法程序的要求，因此比较严肃。

本条在适用上，应当注意以下理解：

其一，财产代管人得因不履行职责被利害关系人申请变更。

这里存在一个前提，就是财产代管人应有不履行代管职责的行为或侵犯失踪人财产权益的事实。那么如何认定呢？司法实践中有两种观点：一种观点强调行为，认为只要财产代管人有不履行代管职责的行为或侵犯失踪人财产权益的行为，即足以证明其不称职，故可支持利害关系人有关申请变更财产代管人的请求；另一种观点则强调结果，认为只有在财产代管人有不履行代管职责的行为或侵犯失踪人财产权益的行为并造成了失踪人财产受损的情形下，才可支持利害关系人有关变更财产代管人的请求。笔者认为，失踪人下落不明，失踪人财产代管人对失踪人财产的管理都有较长期限。这种长时间对财产的管理一般会导致两方面结果：（1）失踪人财产代管人因对财产管理时间较长，取得了对特定财产比其他人更多的管理优势；（2）在长时间的管理过程中，失踪人财产代管人难免因各种因素影响出现偶尔的懈怠，疏忽履行代管职责的行为。此时，如果因失踪人财产代管人偶尔的不履行代管职责的行为就更换财产代管人，往往对失踪人财产权益的维护有不利影响。因此，如果利害关系人仅以失踪人财产代管人不履行代管职责为由要求更换代管人时，法院应考虑财产代管人不履行代管职责行为的发生频率、时间长短等综合考量后再决定是否更换代管人。至于“侵犯失踪人财产权益”则应考虑失踪人财产管理人是否构成主观上的过错。如果失踪人财产管理人在侵犯失踪人财产权益的问题上没有过错或只有轻微过失，则同样没有必要更换财产代管人。

其二，财产代管人自己也可因为“正当理由”而提出申请变更。

这里取决于是否有“正当理由”的前提。那么此处的正当理由应该如何认定呢？从财产代管人的客观状态来看，确实存在无法或不宜继续代管财产的，如变成无民事、限制民事行为人、有重大疾病创伤、出国、外地求学等原因长时间离开失踪人财产所在地等，应该属于正当理由，人民法院可以变更财产代管人。从主观心态来说，如果代管人明确表示不愿代管失踪人财产，是否属于正当理由呢？笔者认为属于正当理由，原因有二，其一是强制一个主观已不愿意管理失踪人财产的人继续进行管理，往往会导致其消极对待管理事务。故不如另行指定代管人，更有利于保护失踪人的财产权益；其二是失踪人财产代管人对失踪人财产的管理仅出于保护失踪人合法权益的需要，并非其法定义务，应最大程度尊重其意愿。

其三，财产代管人发生变更，存在新财产代管人的受移交和受报告的请求权。

即“变更后的财产代管人有权要求原财产代管人及时移交有关财产并报告财产代管情况”。这是为了更好地代管财产，维护失踪人利益的需要，是由财产代管制度的本质可以推出的要求；对于原财产代管人来说，既是一种法定义务，也是其原来既有的财产代管职责基于诚实信用可推知的隐含要求。

此外，根据《民通意见》第30条第2款规定，无民事行为能力人、限制行为能力人失踪的，其监护人即为财产代管人。但如果该监护人不服指定、不履行财产代管职责或者侵害了失踪的被监护人的合法权益应如何适用法律，则有争议：一种观点认为，应根据立法关于失踪人财产代管人的相关规定处理。即根据《最高人民法院关于适用〈中华人民共和国民事诉讼法〉的解释》第344条之规定，财产代管人自己申请变更代管的，比照民事诉讼法特别程序的有关规定进行审理。失踪人的其他利害关系人申请变更代管的，人民法院应告知其以原指定的代管人为被告起诉，并按普通程序进行审理。另一种观点则认为，既然财产代管人有监护人身份，则应根据有关监护的立法规定进行处理。也即如果被指定监护人不愿担任监护人时，根据《民通意见》第19条之规定，被指定人对指定不服提起诉讼的，人民法院应当根据该意见第14条的规定，作出维持或者撤销指定监护人的判决。如果判决是撤销原指定的，可以同时另行指定监护人。此类案件，比照民事诉讼法规定的特别程序进行审理。如果监护人不履行监护职责，或者侵害了被监护人的合法权益，则可根据《民通意见》第20条之规定，由《民法典》相关规定的其他有监护资格的人或者单位向人民法院起诉，要求变更监护关系的，按照特别程序审理。

笔者认为，既然该意见第30条规定了无民事行为能力人、限制行为能力人失踪的，其监护人即为财产代管人，那么从法律角度来看，其实质上就有了两重身份：失踪人财产代管人和失踪人监护人。由于我国法律明确财产代管人身份是在宣告失踪之后产生，对在此之前失踪人的财产管理人并未规定，故不利于失踪人财产权益保护。而监护人身份在宣告失踪之前早已产生，故适用监护人相关规定更能保护下落不明人在被宣告失踪前的财产权益。由此，建议采用第二种观点，适用监护制度相关规定来处理，可能更为妥当。

【关联规定】

《最高人民法院关于适用〈中华人民共和国民事诉讼法〉的解释》第344条

（撰稿人：龙卫球　郑臻）

第四十五条　【失踪宣告的撤销】失踪人重新出现，经本人或者利害关系人申请，人民法院应当撤销失踪宣告。

失踪人重新出现，有权请求财产代管人及时移交有关财产并报告财产代管情况。

【释义】

本条规范的是宣告失踪的撤销，包括条件和程序，同时规定了撤销的后果，即重新出现的失踪人享有的一些旨在恢复其财产地位的特殊权利。本条源自原《民法通则》第22条，与之不同的是，对于撤销宣告失踪的前提，原《民法通则》的表述是“重新出现或者确知他的下落”，本条则删去了“或者确知他的下落”，其他的没有变化。

本条规定，适用上应做以下理解：

其一，宣告失踪的人重新出现导致应当撤销宣告。

撤销宣告失踪的前提是宣告失踪的人重新出现，但应当经过一个司法程序，撤销的行为只能由人民法院做出。申请的主体，既可以是本人也可以是利害关系人。本条没有规定如果本人或利害关系人不申请的情况会怎么样，值得进一步关注。

其二，对失踪宣告的撤销效果，明显应是结束代管关系。[①] 这种代管结束应该在撤销时自动发生，有利于维护失踪人财产稳定财产利益。

其三，失踪宣告撤销后，重新出现的失踪人还享有关于获得移交代管财产等权利。宣告失踪撤销后，财产代管人的代管职责消灭，财产代管人要向本人返还财产，并将自己管理代管人财产期间所进行的管理情况详细地告诉本人。

【关联规定】

《民事诉讼法》第 186 条

（撰稿人：龙卫球　郑臻）

第四十六条　【宣告死亡的条件和程序】自然人有下列情形之一的，利害关系人可以向人民法院申请宣告该自然人死亡：

（一）下落不明满四年；

（二）因意外事件，下落不明满二年。

因意外事件下落不明，经有关机关证明该自然人不可能生存的，申请宣告死亡不受二年时间的限制。

【释义】

本条规范了宣告死亡的条件和程序。本条源自《民法通则》第 23 条，与之相比，取消了战时宣告死亡的设置，其原因在于与之前的战时失踪有重复，第 2 款的设置与基本仿照《民事诉讼法》184 条的规定。

宣告死亡制度是法律为极有可能死亡的下落不明人设定的一项重要拟制制

① 龙卫球：《民法总论》，中国法制出版社 2002 年版，第 210 页。

度，旨在提供一种足以平衡各方合理需要关系的法律善后机制。自然死亡为对自然人生命绝对消灭之事实的确认，而宣告死亡是民法为失踪人特设的一项制度，其基点在于失踪人生死不明但有极大可能已经死亡。当“生死不明”达到一定程度特别是形成时间跨度几乎可以判定死亡时，法律上可以拟制其死亡，以便更好地为其进行法律善后，及时处理与其他人的法律关系。

本条规定，应注意以下方面的理解：

其一，规定了死亡宣告的一般条件和程序。即自然人下落不明达一定时间，经利害关系人申请，由人民法院判决宣告。其中，第一个条件为实体要件，后两个为程序要件。[①]

我国《民法通则》与德国、日本等大多数国家规范相同，并不强调下落不明者之情形是否达到足以推测其死亡的程度，而是单纯以失踪时间作为推定失踪人死亡的根据（一般情形的失踪，需经过4年；意外事故中的失踪，需经过2年）。但是，依其他国家或地区的立法例来看，此种期限并非毫无例外。对于自然人在危险事故中失踪，而根据现实情况可以确认其绝无生存可能时，一些国家或地区的民法规定得确认其死亡或宣告其死亡而不受民法规定的一般失踪期限的限制。例如，《瑞士民法典》第34条规定：“失踪的人，只要是在使他人对其死亡确信无疑的情况下失踪的，即使未发现其尸体，亦视其死亡已得证实。”我国台湾地区“民用航空法”第98条规定：“因航空器失事，致其所载人员失踪，其失踪人于失踪满6个月后，法院得因利害关系人或检察官之声请，为死亡之宣告。”

其二，对于可证明极为可能死亡的情形，规定了死亡宣告的特别条件，即时间上不受2年期间的限制。即“因意外事件下落不明，经有关机关证明该自然人不可能生存的，申请宣告死亡不受二年时间的限制”。

在原《民法总则》的制定中，对于如何处理极为可能死亡之人存在争议。一种观点认为，如果自然人在危险事故中“消失”，依当时情形完全可以确定其已经死亡的（如飞机高空爆炸）或经特别寻找而由官方确定其不可能生存的，虽“生不见人，死不见尸”，由于死亡可以判断，故应根据有关机关的证明确认其已经死亡（自然死亡），而不必另设宣告死亡所需失踪期限的例外规定。否则，有可能徒增纠纷，不利于空难、海难、矿井爆炸等危险事故遇难者善后问题的处理。[②] 另一种观点则认为，只要不见尸体，就存在各种可能性，不能认为是自然

① 龙卫球：《民法总论》，中国法制出版社2002年版，第211页。

② 参见“北航建议稿”第34条。

死亡，还得适用宣告死亡。《民法典》（自《民法总则》起）最后采取这种观点：因意外事故下落不明，经有关机关证明该自然人不可能生存，利害关系人申请宣告其死亡的，不受民法有关宣告死亡之特别期间的限制。

【关联规定】

《民事诉讼法》第184条

（撰稿人：龙卫球　郑臻）

第四十七条　【宣告死亡和宣告失踪申请竞合的处理】对同一自然人，有的利害关系人申请宣告死亡，有的利害关系人申请宣告失踪，符合本法规定的宣告死亡条件的，人民法院应当宣告死亡。

【释义】

本条是规范宣告死亡与宣告失踪申请竞合时的处理规定。本条属于新增法条，但此前《民通意见》已经形成了司法见解。按照这一规定，宣告死亡与宣告失踪发生申请竞合时，如果符合宣告死亡的条件（此时当然也符合宣告失踪的条件），则只能宣告死亡。

这一规定体现的是一种基于制度功能的比较选择。宣告死亡之所以可以覆盖宣告失踪，总体上在于其体现了一种更加重大的价值指向和利益关系，其对于被宣告人和相关关系人来说，都是一种法律上意义重大的相当法律效果，所以理应优于宣告失踪而被适用。但是这种情况如果是同一个利害关系进行竞合申请时容易理解。但是具体到不同特定利害关系人而言，其利益却存在差异性，有时甲的需要，可能正好是乙的不需要，如果是不同的利害关系人分别提出宣告死亡和宣告失踪，那么是否也以宣告死亡压倒宣告失踪呢？在学理和实务中存在不同声音。一种主张认为，配偶在所有利害关系人之中，由于涉及夫妻身份利益，关系最为密切和重大，所以其是否主张宣告死亡最为关键，如果配偶反对宣告死亡，或者其主张宣告失踪，就不得宣告死亡。《民通意见》第25条明确宣告死亡申请人存在顺序排斥性，实际中采取了这种见解。[①] 也就是说，配偶应取得类似“一票否决”的权利，因为假如配偶没有宣布死亡而其他利害关系人宣布了，就意味着可以由其他人决定被申请人与其配偶之间的夫妻关系的存续，这是明显不妥当的。[②] 另一种主张认为，宣告死亡制度的立法目的在于为被宣告人善后，同时兼顾利害关系人的利益，而利害关系人在地位上一律平等，不因其为配偶、子女、父母抑或债权人、债务人而有先后之分，而且在法院宣告失踪人死亡后，其遗产之继承、债务之清偿，均有法律规定，与何人提出宣告死亡之申请无关，所以不因具体利害关系人申请的不同而产生不同的后果，法律不应因某些利害关系人反对而损害其他利害关系人的申请效果。实际案件中，有的配偶基于感情或有其他不正当目的，不提出申请，导致不能宣告失踪人为死亡人，使其他利害关系人的合法利益遭受损害，这显然违背民法设立宣告死亡制度之立法目的。故这种观点认为，最高人民法院的司法意见不得谓为正确之解释。[③] 由于配偶不同意申请宣告死亡，则失踪人长期不能被宣告死亡，这反而会造成财产关系长期不能稳定，继承人不能发生继承，遗产不能分割的问题。这一局面对于利害关系人的损害显然是很大的。因此，法律没有理由厚此薄彼，将配偶“虚幻”的身份利益置于其他利害关系人的现实利益之上。[④]

本条规定，适用中应理解以下两点：

其一，如果出现宣告死亡和宣告失踪的申请竞合，只要符合宣告死亡的条件，就应当宣告死亡。这里规定得非常简单明了，只要发生申请竞合，且符合宣告死亡的条件，就应当选择宣告死亡。

其二，在这里，是否仍需要考虑《民通意见》提出申请的利害关系人的顺序问题，并且使前一顺序的可以排斥后一顺序的申请呢？从本条规定来看，依据“明示其一而排除其他”，似乎不再维持《民通意见》第 25 条所谓的顺序排斥问题。也就是说，不再问谁申请、谁反对申请，或者谁申请宣告死亡、谁申请宣告

---

① 参见龙卫球：《民法总论》，中国法制出版社 2002 年版，第 211、214 页。《民通意见》第 29 条规定：“宣告失踪不是宣告死亡的必经程序。公民下落不明，符合申请死亡宣告的条件，利害关系人可以不经申请宣告失踪而直接申请宣告死亡。但利害关系人只申请宣告失踪的，应当宣告失踪；同一顺序的利害关系人，有的申请宣告死亡，有的不同意宣告死亡，则应当宣告死亡。”《民通意见》第 25 条规定了申请死亡宣告的顺序：“申请宣告死亡的利害关系人的顺序是：（一）配偶；（二）父母、子女；（三）兄弟姐妹、祖父母、外祖父母、孙子女、外孙子女；（四）其他有民事权利义务关系的人。申请撤销死亡宣告不受上列顺序限制。”

② 王利明：《民法总则研究》，中国人民大学出版社 2003 年版，第 359 页。

③ 梁慧星：《民法总论》，法律出版社 2001 年版，第 124 页。

④ 黄忠：《误解的冲突与虚幻的利益——宣告死亡申请人顺位之辨》，载《社会科学论坛》2009 年 5 月。

失踪，只要符合宣告死亡条件，就直接适用宣告死亡。但是，我们应该注意，配偶的确定权是否那么重要还值得商榷，理由在于，配偶的身份利益是以被宣告死亡人仍未死亡为前提的，宣告死亡就会导致配偶身份的利益失去，这是其他利害关系人显然不可比拟的，他们不会受到这种影响，如父母子女血缘关系就不会因此而受到影响。当然，相比一般的债权人和债务人，父母子女关系又比他们的关系更加复杂，涉及亲属权利和义务问题。所以，宣告死亡人的利害关系人的顺序问题，涉及他们之间特别是配偶、子女、父母的利益平衡问题，所谓配偶的确定权或排斥权反映的是一种比较利益需求或者比较价值追求。

（撰稿人：龙卫球　郑臻）

第四十八条　【宣告死亡的日期】被宣告死亡的人，人民法院宣告死亡的判决作出之日视为其死亡的日期；因意外事件下落不明宣告死亡的，意外事件发生之日视为其死亡的日期。

【释义】

本条主要规范的是宣告死亡的日期。本条吸收了《民通意见》第 36 条第 1 款，将宣告死亡的时间和人民法院判决作出日期联系在一起，人民法院判决的日期视为其死亡的日期；但因意外事件而被宣告死亡的，意外事件发生之日视为其死亡的日期。

宣告死亡引起重要的法律意义，因此其时间确定非常重要。在比较法上，认为这一问题比较复杂。在德国法上，宣告死亡与确定死亡的时间被认为是两个性质不同的问题。前者主要解决某个自然人处于下落不明的失踪状态达到一定的期限之后，法律上可以通过宣告死亡的方法，推定其死亡，从而终结其在法律世界中的主体资格的问题。[①] 从其规范性质来看，有关法条其实是授权性质的规范。确定死亡时间则主要是一个事实的查明和推定的问题。[②] 我国台湾地区的“民法”清晰地区分了宣告死亡的判决作出之日与确定死亡之日，这两者不是一回事。根据我国台湾地区“民法”第 9 条，“受死亡宣告者，以判决内所确定死亡之时，推定其为死亡”。可知在宣告死亡的判决中，必须确定死亡的日期，同时该条还

---

① ［德］汉斯·布洛克斯、沃尔夫·迪特里希·瓦尔克：《德国民法总论》，张艳译，中国人民大学出版社 2012 年版，第 423 页。

② 《德国失踪法》第 44 条。

规定“前项死亡之时，应为前条各项所定期间最后日终止之时，但有反证者，不在此限”，这是死亡日期的推定规则。有台湾地区学者也指出如果某人依据宣告死亡的方法请求给付保险金，保险人只需要证明失踪人没有死亡就可以拒绝给付，不需要撤销死亡宣告。[①] 其他国家和地区在认定具体的死亡日期时各有不同的标准。瑞士民法以最后音信或灾难发生之日为死亡日期。法国民法以可得推定死亡的情形发生之日为死亡日期，没有此日期的，以失踪之日为死亡日期。日本民法与我国台湾地区“民法”类似，以法定期间届满之日为死亡日期。《魁北克民法典》以法定期间届满之日为死亡日期，可得推定死亡之情形发生于法定期间届满之日前的，以该情形发生之日为死亡日期。[②]

本条规定，在适用上应该理解以下几点：

其一，本条原则上明确将宣告死亡时间与判决作出时间结合在一起。即判决作出之日，就是宣告死亡的死亡日期。这种做法，显然是非常注重法院的判决功能，从法律的操作便利性角度观之，在清晰性上有很大的进步。

但是，从某种程度上来说，对于利害关系人的死亡日期，确定要求采取了一概否定的态度。我国大陆地区也有观点认为，应该允许利害关系人提出关于死亡日期的确定要求，由法院根据证据在宣告死亡的判决中给予认定。法院需要听取相关当事人在这一问题上的观点，当事人可以收集相关证据来证明自己的诉求，而且法院在做出认定时，事实上也必须体现出一定程度的价值判断和利益衡量，这样才能体现法律的公平和公正。[③]

其二，作为唯一的例外，在因意外事件导致宣告死亡的情形，还是转向事实主义，以事件发生之日为死亡日期。

【关联规定】

《最高人民法院关于贯彻执行〈中华人民共和国民法通则〉若干问题的意见

① 王泽鉴：《民法总则》，北京大学出版社 2009 年版，第 91 页。

② 梁慧星：《民法总论》，法律出版社 2011 年版，第 113 页。

③ 薛军：《论被宣告死亡者死亡日期的确定——以中国民法典编纂为背景的论述》，载《政治与法律》2016 年第 6 期。试举一例：甲乙系夫妻，无嗣，在一次地震中失踪，三天后只找到乙的尸体，乙的遗产继承开始，甲因下落不明而不丧失继承权，继承乙财产的一半，乙父母继承另一半；六年后甲父宣告死亡，后宣判，按原法条，因判决未确定死亡日期，死亡时间是判决做出之日，甲遗产继承开始，因乙死于甲之前，无继承权，甲父母继承甲所有财产（包括乙的一半财产）。若乙父母想获得甲父母继承的乙的一半财产则必须支付补偿；按现法条，甲因意外事件而下落不明，意外事件发生之日视为其死亡的日期。虽然乙遗体被找到，甲遗体没有被找到，但法院不应因为这种偶然性，而机械地认定甲在 6 年之后才死亡。因为无论从逻辑还是从常理来看，这种可能性都微乎其微。合理的做法应该是确定男女双方同时死亡，这样男女双方彼此之间不发生任何继承关系，各自的保险金应该由各自的父母取得。

(试行)》第36条，《最高人民法院关于适用〈中华人民共和国保险法〉若干问题的解释（三)》第24条

（撰稿人：龙卫球　郑臻）

第四十九条　【宣告死亡后实施法律行为的效力】 自然人被宣告死亡但是并未死亡的，不影响该自然人在被宣告死亡期间实施的民事法律行为的效力。

【释义】

本条规范的是宣告死亡但实际未死亡的自然人实施民事法律行为的法律效果。该规定认为，这种死亡宣告本身不影响民事法律行为的效力。本条规范为《民法典》新增内容，但在此前《民通意见》已经形成了司法经验。

关于宣告死亡的一般效力，居于主流的观点认为，宣告死亡制度系为了及时清理长期下落不明因而死亡可能性极大的自然人遗留的法律关系和维护生存者合理利益及正当社会秩序所设，故立法应采决然之立场，确定宣告死亡发生与自然死亡相同之民事法律效果，即被宣告死亡的人丧失民事主体资格，其权利能力和行为能力终止，其婚姻关系自然解除，其个人合法财产成为遗产并开始继承。[①] 例如，德国民法认为，关于被宣告死亡的一般后果是导致自然人权利能力全面地发生终止，并对被宣告死亡的自然人之一切法律关系均发生效力，但其可因被宣告死亡的人之生还而得以自始推翻。[②] 但也有观点认为，宣告死亡的法律效果与自然死亡相似而不相同：（1）二者规范意旨不同。在自然死亡，自然人的权利能力消灭；而宣告死亡制度的目的，却不在剥夺失踪人的民事权利能力，而仅在结束以原住所地为中心的民事法律关系，效力并不及于公法上的关系。（2）一为事实，二为拟制。在自然死亡，死亡是事实的；而宣告死亡，则是拟制，当事人未必确已死亡。（3）二者要件不同。自然死亡是当然死亡；而宣告死亡却要充分的法律要件才可。（4）二者效力不同。自然死亡的效力是绝对的；而宣告死亡的效力是相对的，可以撤销而溯及地被消灭；（5）死亡日期不同。自然死亡中的死亡日期一般是真实的；宣告死亡中的死亡日期则是法律拟制，为判决宣告日。[③] 还

---

① 魏振瀛：《民法》，北京大学出版社2000年版，第61页。

② ［德］迪特尔·梅迪库斯：《德国民法总论》，邵建东译，中国政法大学出版社2001年版，第789页。

③ 张俊浩：《民法学原理》，中国政法大学出版1991年版，第112页。

有观点甚至认为，宣告死亡仅对失踪者失踪前的住所或以居所为中心的法律关系发生效力，即仅在该“中心”之范围内发生与自然死亡相同的法律效果，但并不意味着失踪者本人的权利能力发生消灭。[①]

本条规定，适用上应理解以下几点：

其一，本条规范的属于宣告死亡的一种例外，即宣告死亡具有某种不稳定性，这种不确定性表现在两个方面：一是宣告死亡人生还，在这种情况下，其权利能力消灭之效果即溯及地消灭，毋庸置疑其行为能力也同样溯及地恢复。二是宣告死亡人后来确实被证明死亡了，但是其实际死亡的时间比真正死亡的时间要更晚些，这就产生了一个人格存在和可能从事法律行为的空档。对于人格存在的时间差问题，我国《民法典》没有规定如何处理，显然是一个法律漏洞。但本条对于可能从事法律行为的这个时间差问题进行了规定。

其二，本条规定，“自然人被宣告死亡但并未死亡的，不影响该自然人在被宣告死亡期间实施的民事法律行为的效力”。死亡宣告的死亡日期和真正的死亡日期不一致，在这种情况下还存在一个时间差，那么发生的民事法律行为是否因为死亡宣告而受到影响呢？在此，存在如何在这个时差段平衡失踪人、利害关系人与法律行为相对人的关系问题。本条对于本人和第三人来说都意义重大，采取尊重实际的立场，具体考察宣告死亡人在时间差中是否实际具有民事行为能力。这里“不影响”的意思是指，宣告死亡人在时间差中所为法律行为，不因死亡宣告而受到影响，而应该根据实际中民事行为能力的状况加以确认。

（撰稿人：龙卫球　郑臻）

第五十条　【宣告死亡的撤销】被宣告死亡的人重新出现，经本人或者利害关系人申请，人民法院应当撤销死亡宣告。

【释义】

本条规定是死亡宣告的撤销，包括条件、程序。依照本条，撤销死亡宣告的实体要件为被宣告死亡的人重新出现，程序要件是经利害关系人申请由人民法院做出撤销宣告。我国自《民法通则》以来就有此项规定，其第 24 条第 1 款规定：“被宣告死亡的人重新出现或者确知他没有死亡，经本人或者利害关系人申请，人民法院应当撤销对他的死亡宣告”。《民法典》在本条予以继受，但在条件上删

---

① ［日］四宫和夫：《日本民法总则》，台湾五南图书出版公司 1995 年版，第 76 页。

去了“或者确知他没有死亡”这一表述，大概是因为“重新出现”即可包含其意。

死亡宣告之判决一经作出，被宣告人即被视为已经死亡。法律将宣告死亡的人“视为死亡”，是为“拟制主义”，即虽然不能判明失踪人是否确已死亡，但拟制其已经死亡的事实，使其发生与自然死亡相同的法律效果，包括结束其以失踪前住所或居所为中心的法律关系。但是实际上死亡宣告人可能并没有死亡，在这种情况下事关重大。有两种方案处理：一种是宣告死亡得被相反证据所自动推翻。因此，只要出现反证，宣告死亡所作出的失踪人已经死亡的推定即被否定，即使宣告死亡的判决尚未被撤销，有关死亡宣告所导致的法律效果也有可能受到影响。采此“事实主义”的，有德国、瑞士、土耳其、我国台湾地区等。[①] 另一种是必须经历一个撤销的程序，即要阻止死亡所带来的效果，就必须撤销死亡宣告，仅提出反证不能追溯否定死亡所带来的效果。依此撤销的“拟制主义”，在宣告死亡之后，即使有确切证据证明失踪人并未死亡，甚至于被宣告死亡之本人已经出现，在未经法定程序撤销死亡宣告之前，有关死亡宣告所导致的一切法律效果，并不因此而发生任何影响。采“拟制主义”的，有日本、苏联、泰国等。[②] 我国也采取拟制主义。

本条规定，应理解以下几点：

其一，宣告死亡可以因为相反事实的出现而撤销。

我国在本条继受了宣告死亡失效的“拟制主义”，仅仅有相反事实出现并不就使得宣告死亡自动失效，必须经过一个司法上的撤销程序。在事实条件上，首先必须是被宣告死亡人重新出现，这是一个事实证据可以证明的问题。但是在程序上，必须由本人或利害关系人申请，人民法院经过一定的审理程序查明属实则应当作出撤销宣告。

其二，假使宣告死亡人重新出现，而本人或利害关系人不申请撤销，本条没有规定如何处理。

实践中存在不同观点，一种观点认为，本条规定意味着“明示而排除其他”，因此不得认为宣告死亡失效；另一种观点认为，本条只是规定了一种所谓死亡宣告失效的正式方式而已，不等于否定其他方式，否则有违事理，至少本人或第三人也可以此为某些事由之抗辩（终止支付保险金），不用等待死亡宣告的撤销。不仅如此，本人和第三人还应当遵循诚实信用原则，假如被宣告死亡人重新出

---

① 参见《德国民法典》第18条，《瑞士民法典》第38条，《土耳其民法典》第34条，我国台湾地区“民法典”第9条第1项。

② 参见《日本民法典》第31、32条，《苏俄民法典》第21、22条，《泰国民法典》第75条。

现，本人或利害关系人应该依照诚实信用原则，停止基于宣告死亡而产生的一切行为（遗产分割，未婚恢复等），禁止恶意利用，无端以被宣告死亡的人还活着为由拒绝履行义务或者妨害利害关系人行使权利且由此造成损失的，应予赔偿。宣告死亡撤销程序的意义仅在于，法院的撤销判决具有一种更加正式的基于确证效力的撤销效力，被宣告死亡的人是否确实生存，法院可以予以审查。

【关联规定】

《民事诉讼法》第186条

（撰稿人：郑臻）

第五十一条 【宣告死亡及其撤销对于婚姻关系的后果】 被宣告死亡的人的婚姻关系，自死亡宣告之日起消除。死亡宣告被撤销的，婚姻关系自撤销死亡宣告之日起自行恢复。但是，其配偶再婚或者向婚姻登记机关书面声明不愿意恢复的除外。

【释义】

本条规定了宣告死亡及其撤销的一种法律效果即对于婚姻关系的后果。第一句话规定了宣告死亡对婚姻关系的影响，第二句则规定了死亡宣告被撤销对婚姻关系的影响。本条来源于《民通意见》第37条，相比原来的规定，有了一些重要的变化，将“如果其配偶再婚后又离婚或者再婚后配偶又死亡的，则不得认定夫妻关系自行恢复”修改为“但其配偶再婚或者向婚姻登记机关书面声明不愿意恢复的除外”，适应社会关系复杂变化多样的合理需要，用增加配偶可主观选择不适用自行恢复的方式增加了灵活性，体现了更具人性化的趋势。

其他国家与地区对于宣告死亡于婚姻关系的影响，有两种做法：一为导致婚姻关系当然消灭①；二为婚姻关系自生存配偶再婚时消灭②。对于死亡宣告的撤销于婚姻关系的影响，也有两种做法：一是为自动恢复主义。如果未缔结新婚

---

① 参见《法国民法典》第128条第3款，《意大利民法典》第65条，《日本民法典》第32条，我国台湾地区“民事诉讼法”第640条。

② 参见《德国婚姻法》第38条，《瑞士民法典》第102条第1项。

姻原婚姻固然自始有效,[①] 但如果发生新缔结婚姻的，这里又有两种情况，第一种是新婚姻无效而恢复原婚姻,[②] 第二种是新缔结的婚姻为有效；二是原来婚姻视为消灭后不再恢复，即使生存配偶未缔结新婚姻亦然，原婚姻绝对消灭而不能复活。[③]

本条理解上有三个要点：

其一，宣告死亡直接导致婚姻关系自宣告之日终止。这是因为宣告死亡具有和自然死亡类似的效力，所以理应消灭婚姻关系。

其二，宣告死亡撤销的，原则上夫妻关系自行恢复。这里的立法认为，既然是宣告死亡撤销就意味着从未死亡，所以应该使过去宣告死亡的法律效果归于消灭，一切重新恢复到原来的法律状态，对于夫妻关系也应该一样，应自动恢复到未被宣告死亡时的状态。

其三，宣告死亡撤销后出现配偶再婚或者明确书面声明不愿意恢复的，作为例外不得恢复原来的夫妻关系。前面提到宣告死亡撤销应恢复夫妻关系只是原则，本条第 2 款规定了特殊情况会导致障碍。这里的认识基础是：宣告死亡后，从法律状态上而言意味着拟制死亡，所以婚姻也应当视为结束，对应的配偶一方由此有了再婚的自由，在这个时间差里，可能进入了新的婚姻，那么依“一夫一妻”原则，同一人不得同时存在两项以上的婚姻关系，现在宣告死亡撤销，在这种情况下就存在一个法政策的现实选择问题，到底是自动恢复过去的婚姻，还是承认新的婚姻呢。我国《民法通则》选择了后者，但表述得比较复杂（即如果其配偶再婚后又离婚或者再婚后配偶又死亡的，则不得认定夫妻关系自行恢复）。本条也不例外，继续以新的婚姻为保护，但表述较为简化。这当然是符合常理的一种选择，各国法律不论什么立场，在这里都会从基本人性出发，偏向选择正在进行中的婚姻，对于再婚情形的恢复做出例外。

不过，本条还增加了另外一个重要的例外，就是配偶虽然没有再婚，但可以通过明确书面声明的方式使得婚姻不自动恢复。这是一种非常人性化的做法，也顺应社会发展的合理趋势。在立法过程中，有种观点就提出，宣告死亡撤销在婚姻关系的后果上，不能只考虑实际再婚情况，从人性化的角度来说，也应考虑到对应配偶一方虽然没有再婚但是实际已经进入另一段感情的情况（现实中配偶是否再次进入婚姻往往非常复杂，涉及财产、子女等干扰因素），所以从尊重人性

---

① ［德］迪特尔·梅迪库斯：《德国民法总论》，邵建东译，中国政法大学出版社 2001 年版，第 789 页。

② 参见《意大利民法典》第 68 条。

③ 参见《法国民法典》第 132 条。

和自由选择的角度出发，最好采取“婚姻不得恢复”的做法，这样可以给予配偶更多选择的机会。①

（撰稿人：郑臻）

第五十二条　【宣告死亡撤销对于收养关系的后果】被宣告死亡的人在被宣告死亡期间，其子女被他人依法收养的，在死亡宣告被撤销后，不得以未经本人同意为由主张收养行为无效。

【释义】

本条所规范的是宣告死亡撤销对收养子女的影响。本条源自《民通意见》第38条，但表述略有变化，较其第38条而言更为清晰。

本条规定，在理解上应当注意两点理解：

其一，宣告死亡撤销，原则上不得以未经本人同意为由对抗被宣告期间发生的子女收养关系。

这里，强调了在被宣告死亡期间，宣告死亡人的子女如果系被别人依法收养，则不得以未经本人同意为由加以否定这种收养效力。其中，“依法收养”是主要是指依据《民法典》第1093～1107条规定的条件和程序收养，而收养关系的解除需依照《民法典》第1114、1115条处理。

其二，本条规定并不意味着被宣告死亡的人不可以以其他正当理由对抗宣告死亡期间发生的收养关系。收养关系本身非常复杂，需要满足法定条件和程序，所以被宣告死亡的人在宣告死亡撤销后可以依据其他正当、合法理由质疑不正当、不合法的收养关系。

（撰稿人：郑臻）

---

① 参见“北航建议稿”（龙卫球主持）第39条第2款规定：“被撤销死亡宣告的人的婚姻关系并不当然恢复。”另参见龙卫球：《关于〈中华人民共和国民法总则（草案）〉（征求意见稿）的完善建议（北航法学院）》，“（二）关于第二章‘自然人’的修改意见之2（8）”“对于‘征求意见稿’第46条，建议改采死亡宣告被撤销后，原夫妻关系不再自行恢复的立场”，认为“从实践来看，在自然人被宣告死亡以后，其原配偶可能已经与他人之间建立感情，甚至可能已经与他人同居，这种情况在现代社会很普遍。如果按照《民法通则》的做法，死亡宣告撤销，原夫妻关系自行恢复，坚决拆散新的恋爱关系或同居关系，就无法适应这一新的变化。对此问题，《法国民法典》第132条规定：‘即使宣告失踪（相当于我国宣告死亡，笔者注）的判决已被撤销，失踪人的婚姻仍然解除。’我们认为，这一规定更为妥当，值得借鉴。当然，如果被宣告死亡者与其原配偶之间仍然愿意缔结婚姻的，可以再次办理结婚登记”。

第五十三条 【宣告死亡撤销对于财产关系的后果】被撤销死亡宣告的人有权请求依照本法第六编取得其财产的民事主体返还财产；无法返还的，应当给予适当补偿。

利害关系人隐瞒真实情况，致使他人被宣告死亡而取得其财产的，除应当返还财产外，还应当对由此造成的损失承担赔偿责任。

【释义】

本条规定了宣告死亡撤销后对于相关财产的效果。第 1 款规定了死亡宣告撤销后，被宣告死亡的人一般享有财产返还请求权或替代的补偿权；第 2 款规定了恶意利害关系人额外承担损害赔偿责任，这是一种独立的法定之债。本条第 1 款与原《民法通则》第 25 条的区别不大，除却将依照继承法取得而应当返还原物的主体由“公民或者组织”的表述换成更加严谨的“民事主体”表述外，其他的并无二致。第 2 款则是吸收了《民通意见》第 39 条的规定。

本条规定，在理解上应当注意以下几点：

其一，宣告死亡撤销，被宣告人原则上有权请求返还财产，包括依照继承法取得的财产。

这里存在一个理解，是不是一切转移的财产都应当返还，包括按照交易处分方式转移的，按照字面来看似乎包括在内。但是实际上，司法实践有不同见解，如《民通意见》第 40 条就规定：“被撤销死亡宣告的人请求返还财产，其原物已被第三人合法取得的，第三人可不予返还。但依继承法取得原物的公民或者组织，应当返还原物或者给予适当补偿。”也就是说，排除第三人依据继承法以外的方式合法取得的财产。[①] 今后是否还保留这一司法解释值得关注。如果结合后一句看，即使不再保留，那么从体系上来说，似乎应该仅限于返还原物，原物不存在的情况则不存在补偿问题。但是根据第二句，依照继承法取得的，则不仅必须返还，而且这种返还不限于原物，原物不存在的情形，还应包括给予“补偿”，

---

① 参见史尚宽：《民法总论》，中国政法大学出版社 2000 年版，第 102 页。史尚宽先生认为，如果是继承人合法取得财产再交易给第三人，第三人为善意的情况下，从保护交易安全的角度出发，不应要求善意第三人返还或补偿。但是继承人属于恶意取得财产而第三人仍然为善意取得的情况下，在不动产处分行为，虽继承人为恶意，在该不动产已因继承而作变动登记的情况下，善意受让人受不动产登记之公信力的保护，在动产处分行为，虽继承人为恶意，但善意受让人可依动产善意取得而受保护。至于恶意继承人为债务清偿或受领债务清偿之行为，为无损或有利于遗产之行为，前者视为对债权之准占有人之清偿而为有效，后者应为死亡宣告人所承认。需要注意的是，如恶意的继承人为财产设置的无偿的或者单方的行为（如赠与、债务免除等），回返的失踪人是否享有撤销权，得依情况而定。

过去在《民法通则》提的是“适当补偿”，现在改成了“补偿”，应该指充分补偿。

其二，对于恶意利害关系人加重法律后果，即除了返还原物或替代补偿之外，还要就造成的损失承担民事责任。这是一种法定之债。

所谓恶意，是指以明知为推论的，只要存在隐瞒就可，即“利害关系人隐瞒真实情况，致使他人被宣告死亡而取得其财产的”。

比较法上，存在区分利害关系人为恶意而第三人善意取得财产的情况，在此如德国法倾向于保护善意第三人，[①] 而日本法与我国台湾地区“法律”则倾向于保护被宣告死亡者的利益。[②]

（撰稿人：郑臻）

第四节　个体工商户和农村承包经营户

第五十四条　【个体工商户的成立和地位】自然人从事工商业经营，经依法登记，为个体工商户。个体工商户可以起字号。

【释义】

本条规范的对象是个体工商户。本条明确了何为“个体工商户”，以及个体工商户起字号的权利。事实上，自然人一旦以个体工商户的名义从事工商业经营活动，就成为商事主体。[③] 这里所说的工商业是广义的。在历史上我国曾经限定个体工商户的经营范围，[④] 不过，目前，只要自然人申请登记的经营范围不属于法律、行政法规禁止进入的行业，都可以办理个体工商户登记，[⑤] 从而最大限度地保障了经营自由。例如，自然人开设服装店、理发店、日杂商店、小吃店、石

① 参见《德国民法典》第2037条。

② 参见《日本民法典》第32条，我国台湾地区“民事诉讼法”第640条。

③ 参见王利明主编：《民法》，中国人民大学出版社2015年版，第57页。

④ 例如，1984年《国务院关于农村个体工商业的若干规定》就明确了，农村个体工商业是指农村居民从事的适合个体经营的工业、手工业、商业、饮食业、服务业、修理业、运输业、房屋修缮业以及国家允许个体经营的其他行业。1981年《国务院关于城镇非农业个体经济若干政策性规定》明确了，城镇非农业的个体经济，是指城镇非农业人口个体经营的各种小型的手工业、零售商业、饮食业、服务业、修理业、非机动工具的运输业、房屋修缮业等。参见王胜明：《试论个体工商户、农村承包经营户》，载《中国法学》1986年第4期。

⑤ 参见《个体工商户条例》第4条第2款。

材厂、建材厂等，都可以申请注册为个体工商户。本条在《民法通则》第26条的基础上修改完善而来。本条与《民法通则》第26条的区别主要在于：（1）取消了“在法律允许的范围内”的限定。这大概是考虑到，《民法典》第8条已经明确了民事活动“不得违反法律”。（2）将原来的“依法经核准登记”修改为“经依法登记”。这大概是为了使法律更有包容性。（3）将“公民”修改为自然人，这与《民法典》整体上将“公民”的概念改为“自然人”是一致的。

从历史的角度观察，个体工商户是我国改革开放时代的政策产物，是在原来禁止或限制自然人经营工商业的体制下逐渐允许私人经营而采取的法律形式，实际是我国自然人解冻步向自由经营的先声。[①] 在这种背景下，我国《民法通则》规定了个体工商户制度。在我国《民法总则》起草过程中，面对已经改变了的社会情事和法律制度体系，关于个体工商户是否还需要在法律上予以规定的问题，不少学者提出应当废止。他们认为，单个自然人从事工商业经营，可以采取个人独资企业的形式，[②] 而两个以上的自然人从事工商业经营，可以采取合伙协议或合伙企业的形式。[③] 而且个体工商户制度已经不符合历史发展需要。[④] 不过，立法者大概是考虑到尊重我国既有的现实（目前有5000多万户）、国家对个体工商户的改革方向尚不明晰等因素，保留了个体工商户制度。《民法典》总则编也保留了这一制度。

在《民法典》保留个体工商户制度的前提下，个体工商户在民事主体制度中的如何归属和定位，仍然值得探讨。就此，在理论上存在不同的看法：第一种观点认为，个体工商户只是我国特有的自然人参与经营活动的方式，属于自然人的特殊形式。[⑤] 第二种观点认为，个体工商户属于非法人组织。[⑥] 第三种观点认为，个体工商户如为一人经营，应为从事经营活动的自然人个人（商法学上称为商自然人），如为二人以上共同经营，则其性质应为合伙。[⑦] 笔者赞成第三种观点。如此可以使得个体工商户很好地融入我国既有的民事主体制度，实现体系化。

本条规定，可以理解如下：

其一，我国个体工商户不是当然的，而是以登记为成立要件。

---

① 参见龙卫球：《民法总论》，中国法制出版社2002年版，第351页。

② 参见赵旭东：《独资企业立法研究》，载《政法论坛》1995年第1期。

③ 参见梁慧星主编：《中国民法典草案建议稿附理由·总则编》，法律出版社2004年版，第21页。

④ 参见曹兴权：《民法典如何对待个体工商户》，载《环球法律评论》2016年第6期；李友根：《论个体工商户制度的存与废——兼及中国特色制度的理论解读》，载《法律科学》2010年第4期；黄波、魏伟：《个体工商户制度的存与废：国际经验启示与政策选择》，载《改革》2014年第4期。

⑤ 苏号朋：《民法总论》，法律出版社2006年版，第131页。

⑥ 参见房绍坤主编：《民法》，中国人民大学出版社2009年版，第62页。

⑦ 梁慧星：《民法总论》，法律出版社2011年版，第147页，注2。

为了规范个体工商户的登记和管理等，我国颁布了《个体工商户条例》《个体工商户登记管理办法》《个体工商户名称登记管理办法》等规范性法律文件。从实际来看，自然人从事工商业经营，可以申请登记为个体工商户。当然，单个自然人从事工商业经营也可以注册个人独资企业，两个以上的自然人从事工商业经营可以仅订立合伙协议或者设立合伙企业。

目前，为了鼓励港、澳及台湾地区居民在大陆地区投资创业，法律允许他们在大陆申请登记为个体工商户，不需要办理外资审批（不包括特许经营）。只不过法律仅允许他们采取“个人经营”的形式。[①] 自然人申请登记为个体工商户的，应当在其经营场所所在地登记机关申请注册登记，[②] 并取得营业执照。在领取营业执照以后，可以办理税务登记，[③] 在银行或者其他金融机构开立账户，[④] 并可以根据经营需要招用从业人员，但应当依法与招用的从业人员订立劳动合同。[⑤]

其二，个体工商户在法律地位上虽然不是一类独立于自然人之外的第三主体，但具有特殊的一项权利即字号权，这是一种商业化的名称权。

按照《民法典》总则编第 54 条的规定，个体工商户可以起字号。具体来说，应当依据《个体工商户名称登记管理办法》办理。例如，“眉山市东坡区天池页岩建材厂”就是个体工商户的名称。[⑥] 这实际上使得作为个体工商户的自然人，享有一般自然人所不享有的一项特殊权利，即起字号的权利。[⑦] 在民事诉讼中，个体工商户以营业执照上登记的经营者为当事人。有字号的，以营业执照上登记的字号为当事人，但应同时注明该字号经营者的基本信息。如果营业执照上登记的经营者与实际经营者不一致的，则以登记的经营者和实际经营者为共同诉讼人。[⑧]

---

① 参见国家工商行政管理总局《关于扩大开放台湾居民在大陆申办个体工商户登记管理工作的意见》（工商个字〔2015〕224 号）、国家工商行政管理总局《关于扩大开放港澳居民在内地申办个体工商户登记管理工作的意见》（工商个字〔2016〕99 号）。

② 参见《个体工商户条例》第 8 条第 1 款。另外，《个体工商户条例》第 3 条规定：“县、自治县、不设区的市、市辖区工商行政管理部门为个体工商户的登记机关（以下简称登记机关）。登记机关按照国务院工商行政管理部门的规定，可以委托其下属工商行政管理所办理个体工商户登记。”

③ 参见《个体工商户条例》第 17 条第 1 款。

④ 参见《个体工商户条例》第 20 条第 1 款。

⑤ 参见《个体工商户条例》第 21 条。早期，我国要求个体工商户雇工不得超过 7 人，但是，随着社会的变迁，这一规定已经被突破。参见李友根：《论个体工商户制度的存与废——兼及中国特色制度的理论解读》，载《法律科学》2010 年第 4 期。按照《个体工商户条例》第 21 条第 1 款的规定：“个体工商户可以根据经营需要招用从业人员。”该条并没有明确其雇工人数的限制。

⑥ 参见四川省高级人民法院（2014）川民提字第 495 号民事判决书。

⑦ 龙卫球：《民法总论》，中国法制出版社 2002 年版，第 350 页。

⑧ 参见《最高人民法院关于适用〈中华人民共和国民事诉讼法〉的解释》第 59 条第 1 款。

【关联规定】

《民法通则》第26条，《最高人民法院关于贯彻执行〈中华人民共和国民法通则〉若干问题的意见（试行）》第41条

（撰稿人：周友军）

第五十五条　【农村承包经营户的成立和地位】 农村集体经济组织的成员，依法取得农村土地承包经营权，从事家庭承包经营的，为农村承包经营户。

【释义】

本条要规范的对象是农村承包经营户的成立和地位。确切地说，本条对如何成为“农村承包经营户”及其特殊权利进行了规定。本条在《民法通则》第27条的基础上修改完善而来，其实质内容并无变化，但是，也有一些细微的变化，主要包括：（1）删除了原条文中“在法律允许的范围内”的表述，这大概是因为《民法总则》第8条已经要求民事活动“不得违反法律”，所以，不必在此重述。另外，《民法通则》要求“在法律允许的范围内”也反映了当时原则上禁止农民从事经营活动的时代背景。（2）将原来的“按照承包合同规定从事商品经营”修改为“依法取得农村土地承包经营权，从事家庭承包经营”，这既突出了“家庭承包经营”，也没有再强调“按照承包合同规定”，而是具有更大的包容性。例如，基于继承而取得农村土地承包经营权，也可以包括在内。

农村承包经营户是我国二十世纪七十年代末农村经济体制改革的产物。当时，我国农村进行了以联产承包经营制为内容的经营方式改革（如包产到户）。[①]可以说，至今农村承包经营户仍然是最为重要的农村集体经济的经营形式。[②] 在我国《民法总则》立法过程中，也有学者提出，农村承包经营户制度应当废除，主要理由在于，农村承包经营户的概念不具有科学性和严谨性，[③] 而且，背离了城乡一体化的改革目标。[④] 不过，立法者在《民法总则》中仍然保留了这一制度，

---

① 参见杨震：《民法总则“自然人”立法研究》，载《法学家》2016年第5期。

② 苏号朋：《民法总论》，法律出版社2006年版，第131页。

③ 房绍坤、张旭昕：《我国民法典编纂中的主体类型》，载《法学杂志》2016年第12期。

④ 参见申惠文：《论农村承包经营户的死亡》，载《河南财经政法大学学报》2016年第2期。

这大概是考虑到农村承包经营户大量存在的现实（2亿多户），同时，也是考虑到目前农村集体经济领域的改革仍处于探索阶段。《民法典》总则编也继续规定了这一制度。值得注意的是，自2008年的中央一号文件就已经提出，要将家庭农场和专业大户作为规模经营的主体。党的十八届三中全会再次强调了这一问题。[①]不过，对于家庭农场和专业大户与农村承包经营户的关系，《民法典》总则编并没有明确。

本条规定，可以理解以下几点：

其一，农村承包经营户，通过依法取得农村土地承包经营权、从事家庭承包经营而成立。

这里的"依法"有一定的复杂性，包含了现行法律和体制关于农村承包经营户的条件要求，如是否必须限于农村集体经济组织的成员。按照我国《农村土地承包法》第3条的规定，农村土地承包大体上采取两种方式：一是家庭承包，即由农村集体经济组织内部的家庭承包。二是其他方式的承包，即不宜采取家庭承包方式的荒山、荒沟、荒丘、荒滩等农村土地，可以采取招标、拍卖、公开协商等方式承包。通常来说，农户的代表（即户主）应当与农村集体经济组织签订土地承包合同，[②]在没有农村集体经济组织的地方，往往由村民委员会代行农村集体经济组织的职权，作为发包方。此后该特定家庭就成为农村承包经营户，而不需要像个体工商户那样进行核准登记。[③]

其二，农村承包经营户不是独立于自然人、合伙之外的一类主体，但具有一项特殊权利即农村承包经营权。

在《民法典》总则编规定农村承包经营户的背景下，在解释上，如何确定农村承包经营户在民事主体制度中的归属和定位，也值得探讨。对此，理论上存在不同的观点：一是自然人说。此种观点认为，农村承包经营户只是我国特有的自然人利用农村集体经济组织的财产进行经营活动的方式，属于自然人的特殊形式。[④]二是非法人组织说。此种观点认为，农村承包经营户有一定的组织机构和财产，且能够以自己的名义对外从事民事活动，符合非法人组织的特征。[⑤]三是

---

① 参见杨震：《民法总则"自然人"立法研究》，载《法学家》2016年第5期。

② 例如，《新疆维吾尔自治区农村集体经济组织资产管理条例》第3条规定："本条例所称农村集体经济组织，是指乡（镇）、村、村民小组农民以生产资料集体所有的形式组成，实行独立核算、自负盈亏的社区性经济实体。"

③ 苏号朋：《民法总论》，法律出版社2006年版，第132页。

④ 苏号朋：《民法总论》，法律出版社2006年版，第132页。

⑤ 参见沈文朋：《农村承包经营户：从独立民商事主体到适当的有限责任》，载《华南师范大学学报（社会科学版）》2012年第3期。

家庭合伙说。此种观点认为，农村承包经营户是以家庭成员为合伙人的、以营利为目的的家庭合伙。家庭合伙与普通合伙既有相同之处，也有不同之点。[①] 笔者认为，如果农村承包经营户只有一人，则为自然人；如果其中有两人以上，则应当作为合伙来对待。在户内有两个或两个以上成员的情形，各个成员之间应当形成共有的关系。

农村承包经营户享有农村土地承包经营权，是我国《民法典》物权编确认的一种重要用益物权。但是，农村承包经营户不享有起字号的权利。[②] 在三权分置的背景下，农户甚至可以在农村土地承包经营权之上再设立经营权。另外，如果农户与农村集体经济组织订立了承包合同，其还基于合同享有合同债权。如果农户所承包的土地被征收，其还可以依据法律规定享受获得征收补偿的权利。

【关联规定】

《民法通则》第 27 条，《农村土地承包法》第 5 条、第 15 条

（撰稿人：周友军）

第五十六条　【两户债务的承担】 个体工商户的债务，个人经营的，以个人财产承担；家庭经营的，以家庭财产承担；无法区分的，以家庭财产承担。

农村承包经营户的债务，以从事农村土地承包经营的农户财产承担；事实上由农户部分成员经营的，以该部分成员的财产承担。

【释义】

本条是就个体工商户和农村承包经营户债务承担的规定。本条是在《民法通则》第 29 条的基础上完善而来。本条与《民法通则》的不同主要表现为：(1)《民法通则》就个体工商户和农村承包经营户规定了统一的债务承担规则，而《民法总则》则在一条之内分两款，分别规定个体工商户和农村承包经营户的债务承担。(2) 就个体工商户的债务承担，本法增加了一项规定，即无法区分个人经营还是家庭经营的，以家庭财产承担债务，从而强化对债权人的保护。(3) 本条明

① 参见彭万林主编：《民法学》，中国政法大学出版社 1999 年版，第 133 页以下。

② 龙卫球：《民法总论》，中国法制出版社 2002 年版，第 350 页。

确了，如果事实上仅由农户部分成员从事承包经营的，则以该部分成员的财产承担债务。

本条规定，应当理解如下：

其一，总体上，本条明确了无论是个体工商户还是农村承包经营户，都是由从事经营的人负担债务。笔者认为，本条确立的规则可以简单理解为：如果仅一个自然人从事经营，则由其自己承担债务；如果两个或两个以上的自然人从事经营，则由他们按照合伙的规则承担无限连带责任。这里所说的债务，包括因合同、侵权等产生的债务。例如，在迅达科技集团股份有限公司诉湖南省宁乡县黄材镇新一佳家电经营部侵害商标权纠纷案中，法院认定由被告个体工商户的经营者（王某）承担商标侵权责任。①

其二，依据本条第 1 款的规定，个体工商户的债务承担要区分三种情形予以处理：

（1）个人经营的，以个人财产承担债务。此处所说的“个人经营”，是指单个自然人从事工商业经营。此时应当以该自然人的个人财产承担个体工商户的债务，这是一种无限清偿责任。② 不过，在夫妻关系存续期间，其在经营过程中以个人名义所负的债务，要结合《民法典》婚姻家庭编第 1064 条的规定，来确定是否属于夫妻共同债务。依据《民法典》第 1064 条的规定，只有当债权人能够证明该债务用于夫妻共同生活、共同生产经营或者基于夫妻双方共同意思表示，才属于夫妻共同债务。

（2）家庭经营的，以家庭财产承担个体工商户的债务。此处所说的“家庭经营”，是指家庭内的两个或两个以上的成员共同经营。如果个体工商户被注册为“家庭经营”，且参加经营的家庭成员姓名已备案的，自然可以认定为家庭经营。如果个体工商户被注册为“个人经营”，但是其他家庭成员也参与了经营活动的，也应当认定为家庭经营。例如，在邹某与李某、张某等买卖合同纠纷案中，李某是福建省南安市石井宗兴石材厂业主（个体工商户），工商登记的经营者是李某，但李某的妻子张某、其儿子李某某均对外出具条据，且张某和李某某购买的刀头也是用于石材厂的实际经营需要，因此，法院认为，其妻子和儿子参与了南安市石井宗兴石材厂的经营，因此，李某及其妻子、儿子都要承担该个体工商户的债务。③

虽然本条使用“以家庭财产承担”的表述，但是，从民法的一般原理出发，尤其是考虑到与合伙制度的一致性，“以家庭财产承担”应当理解为以参与经营

---

① 参见湖南省长沙市中级人民法院（2016）湘 01 民初字第 1767 号民事判决书。

② 王利明主编：《民法》，中国人民大学出版社 2015 年版，第 57 页。

③ 参见福建省南安市人民法院（2013）南民初字第 5370 号民事判决书。

的家庭成员的共同财产承担债务。有学者认为，此处所说的“家庭财产”是指家庭共有财产，不包括家庭成员的个人财产。[①] 笔者认为，这一看法并不妥当，也与合伙制度不一致，如此处理会导致法秩序内部的判断矛盾。因此，家庭财产应当包括参与经营的家庭成员的个人财产和他们的共同财产。

（3）无法区分个人经营还是家庭经营的，以家庭财产承担债务。此处所说的“无法区分”的含义如何确定？笔者认为，可以借鉴《民通意见》第42条的规定予以理解，也就是说，如果是以自然人个人名义申请登记的个体工商户，但用家庭共有财产投资，或者收益的主要部分供家庭成员享用的，应当认定为“无法区分”，其债务应以家庭共有财产清偿。

从实践来看，法院一般认为，即使个体工商户已经注销，也不影响其经营者按照上述规则承担债务。例如，在于某与洪某、田某的买卖合同纠纷案中，田某和洪某曾经是夫妻，虽然田某注册、洪某参与经营的杭州农副产品物流中心冷冻食品交易市场汇通食品经营部已经被注销，但是，法院仍然认为，田某和洪某应当共同承担债务。[②]

其三，就农村承包经营户的债务承担而言，本条第2款明确了，原则上应当“以从事农村土地承包经营的农户财产承担”的规则。

也就是说，如果该农户内仅有一个自然人，则以该自然人的财产承担责任；如果该农户内有两个或两个以上的自然人，则以该数个自然人的财产（包括其个人财产和共同财产）承担责任。因为此时实际上形成了家庭内的合伙。[③]

在实践中，农户内可能仅有部分成员实际地从事了农业经营。例如，户主的女儿已经出嫁，但是户口暂时没有迁出，也没有再参与该农户的经营。考虑到这种情况，本条第2款特别规定，如果事实上由农户内的部分成员经营的，以该部分成员的财产承担。这一规定有利于解决户口本上记载的农户的成员与实际的农户成员不一致的情形，具有积极意义。

【关联规定】

《民法通则》第29条，《最高人民法院关于贯彻执行〈中华人民共和国民法通则〉若干问题的意见（试行）》第42条至第44条

（撰稿人：周友军）

---

① 参见王利明主编：《民法》，中国人民大学出版社2015年版，第57页。

② 参见浙江省杭州市余杭区人民法院（2015）杭余塘商初字第369号民事判决书。

③ 参见龙卫球：《民法总论》，中国法制出版社2002年版，第351页。

第三章　法　　人

【导读】

本章确立了另一类重要的民事主体制度即法人制度。按照本法界定，法人是具有民事权利能力和民事行为能力，依法独立享有民事权利和承担民事义务的组织。原《民法通则》已经确立了我国法人的主体地位和一般规则，特别是在企业法人和非企业法人分类的基础上，重点规范了企业法人、机关法人、事业单位法人和社会团体法人四类法人，实践中又发展出了基金会法人。这些规定对于我国法人的发育和发展起到了极大的促进作用，但是时过境迁，法人制度需要进一步发展和完善。《民法典》延续了这一立法传统，同时做出了重大完善。其目的在于，“随着我国经济社会的发展，新的组织形式不断出现，法人形态发生了较大变化，民法通则的法人分类已难以涵盖实践中新出现的一些法人形式，也不适应社会组织改革发展方向，有必要进行调整完善”。①

本章的主要内容，包括：其一，关于法人的一般性规定。包括：法人的定义（第57条）、法人的成立要件（第58条）、法定代表人制度（第61、62条）、法人的住所（第63条）、法人的登记（第64条至第66条）、法人的清算（第70条至第73条）、法人的终止（第68、69、73条）、法人的分支机构（第74条）、设立中的法人（第75条）。其二，就营利法人类型作出一般性规定。包括：营利法人的定义和类型（第76条）、营利法人的成立（第77、78条）、营利法人的组织机构（第80条至第82条）、营利法人的法人人格否认（第83条）、营利法人所作决议的撤销（第85条）、营利法人的社会责任（第86条）。其三，就非营利法人作出规定。包括：非营利法人的定义（第87条）、事业单位法人（第88、89条）、社会团体法人（第90、91条）、捐助法人（包括基金会法人、社会服务机构法人、宗教活动场所法人等，第92条至第94条）。其四，对特别法人作出了规定。包括：机关法人（第97、98条）、农村集体经济组织法人（第99条）、合作经济组织法人（第100条）、基层群众性自治组织法人（第101条）。

---

① 参见李建国：《关于〈中华人民共和国民法总则（草案）〉的说明》，第三部分之（三）。

本章对于法人制度最突出的发展，就是采取营利法人和非营利法人的主要分类。这一分类不仅是对原有企业法人和非企业法人的清晰化，更是一种更好反映现实法人组织更加多样化需求的选择。这一分类方式不仅通过营利、非营利的本质区分，适应民商合一法人划分架构的需要，同时凸显法人功能的区分必要，并通过打破依据法人成立方式的分类方式，避免法人陷入过分的形式限定性，也利于科学监管和配套规范。其中，非营利法人的概念统一使用，特别是对非公益法人的吸纳，除了事业单位法人、社会团体法人，还明确添加承认了捐助法人，包括基金会、社会服务机构等以及宗教活动场所法人，大大扩展了我国法人的类型范围和空间。[①] 按照立法说明的解释，这些类型化规定本身不是封闭的，“需要说明的是，草案只列明规定了比较典型的法人具体形式，对现实生活中存在的或者可能出现的其他法人形式，可以按照其特征，分别纳入营利性法人或者非营利性法人”。本法为了更有针对性地适应我国特色法人组织需求，还专设一节规定了特别法人，确认了现实中的集体经济组织、合作社以及基层群众自治组织为法人，并将我国独特的机关法人纳入其中。

本章还有其他一些重要的制度发展和变化。包括：其一，扩大了法人人格否认的适用范围，将其适用到所有营利法人（第83条）。其二，就法人的分支机构和设立中的法人从事民事活动的法律后果作出了规定（第74、75条），以回应实践中的问题。其三，废止了原《民法通则》中的联营制度，因为已经不再符合实践的需要，等等。

第一节　一般规定

第五十七条　【法人的定义和法律地位】法人是具有民事权利能力和民事行为能力，依法独立享有民事权利和承担民事义务的组织。

---

① 李建国：《关于〈中华人民共和国民法总则（草案）〉的说明》第三部分之（三）阐述的采取营利法人和非营利法人分类的理由是：“不同国家的民事法律对法人的分类也不尽相同。经反复比较，草案按照法人设立目的和功能的不同，将法人分为营利性法人和非营利性法人两类，主要考虑：一是营利性和非营利性能够反映法人之间的根本差异，传承了民法通则按照企业和非企业进行分类的基本思路，比较符合我国的立法习惯，实践意义也更为突出；二是将非营利性法人作为一类，既能涵盖事业单位法人、社会团体法人等传统法人形式，还能够涵盖基金会和社会服务机构等新法人形式，符合我国国情；三是适应改革社会组织管理制度、促进社会组织健康有序发展的要求，创设非营利性法人类别，有利于健全社会组织法人治理结构，有利于加强对这类组织的引导和规范，促进社会治理创新。”

【释义】

本条沿用了原《民法总则》第 57 条的规定，没有变动。本条属于法人的定义条款，也是关于法人法律地位的规定。虽然属于定义条款，但由于是规范性定义，因此对法人也具有一定的“体系规范”意义。本条规定完全继承了 1986 年《民法通则》第 36 条第 1 款，从具有组织的本体性和兼具两个能力即权利能力和行为能力的属性角度，进行法人的定义。在比较法上，同时规定法人具有民事权利能力和民事行为能力的非常少见，如《德国民法典》等往往只规定法人具有权利能力，但《瑞士民法典》（第 53、54 条）、《阿根廷共和国民法典》（第 35 条）、《阿尔及利亚民法典》（第 50 条）等规定了这两种能力。①

本条的规范目的，是通过法人定义，从法律角度揭示其定性和基本属性，同时也明确其法律地位。通过这种规定，也具有主体建构的功能，不仅明确了法人本身的法律本质，也使其与自然人以及其他不具有法人资格的组织体得以区别。法人属于非自然人民事主体，作为组织体相比较于自然人而言，在法律上完全属于理论建构的产物，因此需要明确其具体的构建标准、条件，并且表明其构建的法律意义；同时，对比观察第 102 条“非法人组织”的立法定义，本条的规范价值也获得另一种凸显，即区别于其他不具有法人资格的组织体。但是，从法律规范构成和功能预设的角度来看，本条一般而言不具备可以单独据之进行裁判的功能，如果被法院援引作为裁判的依据，亦是配合其他条文共同发挥作用。“法人”主体化，并非从法学观念的角度做想象的建构，乃是立法积极回应社会的需求，是正视社会中客观上存在的各种组织体，赋予其中的一部分组织以独立的主体资格。② 从理论上来说，法人的定义涉及法人的主体赋予、法人的本质和功能确定、法人的属性、法人内部治理机制、法人外部行为展开等诸多方面。法人的定义对法人性质、地位、价值功能、目的等预设越多，必然会越加复杂。理论上，存在关于法人的本质，“法人拟制说”③“法人实在说”“受益人说”“目的财产说”④等主要学说的争论。“法人拟制说”更侧重于从类比自然人的角度看待法人，“法人实在说”关注法人的实体性，“受益人说”则穿透了法人的外衣，洞悉了法人

---

① 梅迪库斯的《德国民法总论》和拉伦茨的《德国民法通论》之中，关于法人即仅讨论其权利能力相关问题，而未讨论行为能力。参见［德］梅迪库斯：《德国民法总论》，法律出版社 2004 年版，第 820～822 页；［德］卡尔·拉伦茨：《德国民法通论》，法律出版社 2003 年版，第十章（第 232 页以下）。

② 参见龙卫球：《民法总论》，中国法制出版社 2002 年版，第 324～325 页。

③ 参见江平、龙卫球：《法人本质及其基本构造研究——为拟制说辩护》，载《中国法学》1998 年第 3 期。

④ 关于“受益人说”“目的财产说”，参见朱庆育：《民法总论》，北京大学出版社 2013 年版，第 435 页。

制度的真实目的，各有其可值得重视和借鉴之处，这一点需特别注意。

此外，实践中，作为法人的“组织体”多种多样。德国民法在公法人和私法人的基本架构下，对私法人以成立基础为标准，采取社团法人和财团法人的基本分类。但是，我们今天发现，这种起于近代的概念精确的分类，其实很难涵盖我国法人的多样性的特点和需求，如一人有限责任公司（《民法典》通过第76条第2款衔接至《公司法》）、宗教场所捐助法人（第92条）、更不用说难以涵盖我国现行的机关法人（第97条）、事业单位法人等。我国此次《民法典》的制定，采用和发展了基于目的的更加弹性的分类方式，即区分营利法人和非营利法人，同时引入特别法人概念，较好地适应了我国法人的归类和多元化规范发展的需要。

本条规定的内容有以下五个要点：

第一，法人是组织体。所谓组织体，是指一种人的集合或者财产的集合。

第二，法人具有兼有权利能力和行为能力的法律属性。首先，具有权利能力，这是一种得为民事主体的资格，由此可以享有权利、承担义务。民事主体在法律上的首要意义，在于其可以在法律规范之中享有法律主体地位。人类进入近现代社会之后发展至今，除了少数（基于宗教原因）的国家和落后的地区，自然人在（民事）法律地位上的平等性几乎得到普遍承认，权利能力作为法律技术对于自然人而言在很大程度上已经失去了理论和实践价值。但对于法人而言，权利能力的强调还有其特定的理论价值和规范价值，一个组织体在法律上是否有确定的地位，是否可以享有权利、承担义务，存在法律意志的选择问题，故有特别依法赋予的必要。其次，法人具有行为能力。本条明确法人具有行为能力，表明了我国立法者采纳了“法人实在说”。以德国法为代表的法人制度，并未明确赋予法人行为能力，意在将此问题交由学理和实践解决，但是我国民法为了更加明确，在立法上做了决断，赋予法人从事法律行为的能力。

第三，法人自成立时起，原则上而言就拥有了完整的民事权利能力和行为能力；但对于法人具体类型而言，其民事权利能力和民事行为能力，还涉及法人性质、法令、经营范围的限制问题。原《民法通则》颁布一段时间后，出现过“法人民事权利能力限定说”和“法人民事行为能力限定说”的争论，① 现在一般的观点是，为了保护交易安全，除非法律有特别的例外规定，仅仅因为经营范围的原因不会产生法人民事权利能力和行为能力的限制。② 但自然人作为具有自然生

---

① 相关讨论非常普遍，参见梁慧星：《民法总论》，法律出版社1996年版，第128页；韩松编著：《民法总论》，法律出版社2014年版，第159页；朱庆育：《民法总论》，北京大学出版社2016年版，第454～458页。

② 参见1999年《最高人民法院关于适用〈中华人民共和国合同法〉若干问题的解释（一）》第10条规定：“当事人超越经营范围订立合同，人民法院不因此认定合同无效。但违反国家限制经营、特许经营以及法律、行政法规禁止经营规定的除外。”这里隐含了经营范围对于法人权利能力、行为能力不发生限制的含义。

命的人，其权利能力与生俱来，即始于出生，且均享有平等的权利能力；其行为能力则与实际的一般认识事物的能力（自然辨识能力）相连，原则上与其年龄和精神状态相适应，我国现行法中自然人存在完全民事行为能力、限制民事行为能力、无民事行为能力的区别。

第四，法人依法独立享有民事权利和承担义务，包括独立承担民事法律后果，这是法人具有权利能力的应有之义。法人独立享有民事权利和承担民事义务，可以从两个角度展开分析：其一，相对于（可能存在的）法人成员而言，法人作为独立的民事主体享有“自己的”权利，承担“自己的”义务，以区别与法人成员自身的权利和义务，即学理上所称的“分离原则”；其二，此种“独立”性，亦是区别与非法人组织的显著法律特征，非法人组织最多享有名义上的权利能力。“依法”两个字在文义上仅修饰“独立”一词，强调“独立”享有和承担的立法赋予特性，法律实践意义可能有限，但法律说明价值甚大。

第五，本条从法律适用上来说，可以作为确定是否具有法人资格的裁判依据，因此本身具有可直接适用的规范意义。本条规定指向的虽然不是某种以权利义务为内容的法律效果或者说某种请求权基础，但是却指向了一类意义更加重大的法律效果——主体地位和功能。所以，在司法实践中，该法人定义条文常常被包括最高人民法院在内的各级法院援引到判决书中作为裁判依据。[①]

（撰稿人：龙卫球 聂卫锋 赵精武 秦婧）

---

① 参见“东方希望（三门峡）铝业有限公司、河南兴业天成环保有限公司技术转让合同纠纷案”［最高人民法院（2019）最高法民再390号］中，最高人民法院支持了一审法院对于原《民法总则》第58条第1款的援引，（虽未明确是第1款，但是阅读最高人民法院判决书裁判说理部分的内容，称“义马金汇鑫公司已经按照公司法的规定领取了营业执照，自2009年7月7日已经合法成立，取得独立法人资格”即可推知）；在“高光与三亚天通国际酒店有限公司、海南博超房地产开发有限公司等第三人撤销之诉案”［最高人民法院（2017）最高法民终63号］中，最高人民法在该案中支持了一审法院对原《民法通则》第36条第1款的援引，博超公司是具备独立法人资格的有限责任公司；在“山西省物资产业集团有限责任公司与黄陵县南川一号煤炭实业有限责任公司、吕梁华大酒店有限公司等合同纠纷案”［最高人民法院（2015）民一终字第372号］中，最高人民法院在该案支持了一审法院对于原《民法通则》第36条第1款的援引未明确是第1款，但阅读判决书裁判说理部分的内容，称“物产集团与物产集团进出口公司虽有关联，但双方均属于具有法人资格的独立民事主体”；在“刘某等与金某红等确认合同无效纠纷上诉案”［最高人民法院（2013）民二终字第8号］中，最高人民法院也支持了一审法院对原《民法通则》第36条第1款的援引（未明确是第1款，但阅读判决书裁判说理部分的内容“津通公司作为独立承担民事责任的法人，具有相应民事权利能力与民事行为能力，系缔约的适格主体”可以推知）；以及“中国长城资产管理公司沈阳办事处与辽宁中百商厦集团有限公司、颜某琴、锦州中百（集团）公司其他借款合同纠纷”案［最高人民法院（2014）民二终字第76号］和“中国水利水电第一工程局有限公司与桦甸市盛达机械施工处、桦甸市公路工程项目管理办公室、桦甸市交通运输局建设工程施工合同纠纷案”［最高人民法院（2012）民申字第1238号］中，最高人民法院在其作出的判决和裁定的裁判说理部分都直接引用原《民法通则》第36条第1款作为裁判的理由。

第五十八条　【法人的成立及其要件】 法人应当依法成立。

法人应当有自己的名称、组织机构、住所、财产或者经费。法人成立的具体条件和程序，依照法律、行政法规的规定。

设立法人，法律、行政法规规定须经有关机关批准的，依照其规定。

【释义】

本条沿用了原《民法总则》第 58 条的规定，没有变动。本条规范法人成立原则及其要件。本条共有 3 款，分别规定法人成立的法定原则、法人成立的实质条件和程序条件、法人成立的特殊程序等事项。本条原则上继承了原《民法通则》第 37 条，但略有修改和发展。本条与该条的区别在于：(1) 原《民法通则》第 37 条笼统规定法人成立的“条件”，将“依法成立”纳入该条第 1 项，本条规定则把“依法成立”作为了单独的第 1 款，以示重视。(2) 原《民法通则》第 37 条第 4 项“能够独立承担民事责任”只能是法人成立之后的法律后果或表现，而不应是其前提条件，故本条删除了此项规定。(3) 原《民法通则》第 37 条仅在一般法的意义上规定法人设立的程序条件，并没有考虑不同法人成立的特别设立程序，本条做出完善，第 3 款专门规定“设立法人，法律、行政法规规定须经有关机关批准的，依照其规定”，以此链接诸如《公司法》《商业银行法》《证券法》等特别法之中有关法人在设立上的特殊程序要求。

本条设置的意义在于明确法人成立的原则和基本要求。法律赋予特定的组织体以法人资格，是寄希望法人在民事法的意义上承担、实现或实施相应的社会职能，并非不具有法律政策导向的逻辑演绎结果，故需对法人的成立设置相应的原则要求和条件程序门槛。本条仅系在《民法典》的层面规定法人成立的一般问题，不可能详细列明不同类型法人的成立所需的更为具体的条件、程序等，因而通过法律规范援用的立法技术，衔接至其他涉及法人成立的特别法。

关于法人的成立，在理论上涉及法人成立管理的问题，本条采取“依法成立”，也就是采取法人成立的法定主义。这里包括两个方面：一是法人成立必须依据法律规定的特定类型而成立，也就是说采取法人类型法定；二是成立必须依据法律规定的明确条件和程序，简单来讲，即是否承认事实法人的存在。[①] 关于

① 有关事实法人的法律态度，参见龙卫球：《民法总论》，中国法制出版社 2002 年版，第 383 页。

法人管理，无论是在法人历史之上，还是在不同国家的历史阶段，立法都有可能持不同的态度。纵观各国，法人设立的原则在立法例上归纳起来主要有以下几种：(1) 放任主义。也称为自由设立主义，是指法人的设立，国家不加予干涉，可由当事人自由设立。这种主义是欧洲中世纪商业勃兴时期，采取自由放任主义的结果，现今已很少有国家采用。(2) 特许设立主义。是指法人的设立，须由立法机关制定的特别法特许，或者由行政机关特准。这种主义对于法人的限制很严格，很少有国家采用。(3) 许可主义。又称为核准设立主义，是指法人的设立需遵照法律规定的条件，且须经过其行政主管机关的批准，主管机关根据法律予以审查，作出准许或不准许的决定。(4) 准则主义。是指法人的设立，法律规定一定的条件，只有具备法律规定的条件，方可为设立登记，不需要再经许可。各国对于营利法人（如公司）的设立，原则上采取此种主义。①

从历史发生学的角度来看，大部分现代意义上的法人最初显然不是法学家们主观臆造的产物，但其是否在法律上为其明确独立的地位，有着非常复杂的社会、政治、宗教背景，也具有相当的历史性。法人制度被广泛承认，法人管控的立场越来越宽松和中性之后，经法定程序取得法人资格逐渐成为常态，但事实法人在有些国家数量并没有减少，法律也持放任的态度。② 我国《民法通则》也采取了法人成立的法定主义的态度，并不承认事实法人。

应注意的是，并不是所有国家和地区的民法典都明确规定了法人设立的条件，我国台湾地区的“民法典”就没有在其总则之中规定法人设立的条件。在规定法人设立条件的民法典之中，也很少有类似于本条以及原《民法通则》第 37 条的规定模式。大部分规定法人设立条件的民法典，都强调法人设立应当有其章程，“名称、组织机构、住所、财产或者经费”都融入章程之中（参见《德国民法典》第 57 条、《意大利民法典》第 16 条第 1 款等），但我国的立法传统一直不强调章程的必要性，只是在（《公司法》第 11 条）等特别法之中必须要求章程。不过，我国立法不明确要求章程，可能与本条及原《民法通则》第 37 条的立法位置有关，亦与我国法人类型的多样化有关。毕竟我国《民法典》之中还有机关法人、捐助法人（宗教法人）等特殊类型的法人，这些法人不存在章程的问题，故而规范法人设立的条件的本条作为法人制度中的一般法，也不太可能统一要求必备章程。

本条规定的法人成立基本要求，应当做以下四点解读：

---

① 参见陈华彬：《民法总论》，中国法制出版社 2011 年版，第 314 页。

② 参见陈华彬：《民法总论》，中国法制出版社 2011 年版，第 314 页。

第一，法人成立的“依法”要求。法人成立实行法定主义，不仅类型法定，而且在设立条件和程序上也必须法定。我国法律从原《民法通则》开始即不承认事实法人，本条是此立法精神的延续。

第二，法人成立，一般必须具备法人基本要素，同时还要符合法律、行政法规规定的具体条件。法人成立的一般要素包括法人的名称、组织机构、住所、财产或者经费，前三种体现为组织要素，后一种体现为财产要素。法人的名称是为了区别某一法人与其他法人或非法人组织，具有标识功能；法人的组织机构是法人开展活动所必需的机制；法人的住所是法人开展日常活动的物理前提；法人的财产或者经费是法人的独立经济基础。此外，法人成立还存在具体条件的差别，不同的特别法之中对不同类型法人的成立条件有更为具体的条件要求。

第三，法人成立须经一定的设立程序。法人成立原则上采取准则主义，只要符合条件法人就应当允许成立。但是，法律、行政法规也可能对某些类型的法人要求更加严格的程序，即采取核准主义或者更加严格的许可主义。所以，本条第3款规定：“设立法人，法律、行政法规规定须经有关机关批准的，依照其规定。”换言之，作为法人准则主义的例外，一些特殊法人需要经过有权机关的“批准”才能成立，在此，批准不仅仅是简单的程序问题，也涉及批准的实体条件、权力依据等问题，需要符合特别法的明确规定。

第四，本条从法律适用上说，由于涉及对于法人是否存在的判断，具有相当的法律效果，因此也具有裁判上的可适用性，其在司法实践当中可被法院引入作出裁判的依据。①

---

① 参见一些最高人民法院和高级人民法院的案例，如最高人民法院审理的“九玖地产有限公司（前称山东九玖地产有限公司）、烟台市莱山区城市资源开发经营管理中心项目转让合同纠纷案”［最高人民法院（2018）最高法民终1345号］，在该案中最高人民法院支持了一审法院对原《民法总则》第58条的援引，认定九玖公司是通过提交虚假的证明材料骗取公司的注册登记，公司并非依法成立。高级人民法院审理的“广东省华侨建设工程有限公司与汕头市林百欣国际会议展览中心筹建委员会、汕头市人民政府装饰装修合同纠纷案”［广东省高级人民法院（2013）粤高法民提字第4号］，“阳某斌、欧某琼与陶成钢、同心煤业公司、威远残联侵害出资人权益纠纷案”［四川省高级人民法院（2013）川民终字第368号］，“靖宇县公路网建设指挥部与长春市宏达市政工程有限责任公司、靖宇县交通运输局建设工程施工合同纠纷案”［吉林省高级人民法院（2014）吉民一终字第43号］等案例。在这些案例中，有关高级人民法院都援用原《民法通则》第37条作为裁判依据。此外，还有一些基层法院的判例，例如“中十冶集团有限公司诉中宝滨海镍业有限公司等建设工程施工合同纠纷案”［河北省黄骅市人民法院（2015）黄民初字第66号］，该案也引用了第37条规定，认为“上述规定是判定一个公司是否在实质上符合法人的基本条件，以及是否具有独立法人人格的法律依据。本案中，虽然被告滨海镍业公司和滨海实业公司的办公场所和法定代表人相同，经营范围也有部分重叠之处，但是二者在公司根本的财产、业务及人员组成上不存在混同，滨海实业公司代滨海镍业公司支付工程款的行为并没有损害债权人中十冶公司的合法权益，加之，滨海镍业公司、滨海实业公司就支付工程进度款均已记入本公司账目，不能仅因为滨海实业公司有代付行为，就视为其与滨海镍业公司存在法人人格混同，所以，原告中十冶公司要求被告滨海实业公司承担连带责任的主张，无事实和法律依据，本院不予支持”。

【关联规定】

《公司法》第 11 条,《商业银行法》第 11 条至第 16 条,《证券法》第 6 条

（撰稿人：龙卫球　聂卫锋）

第五十九条　【法人的存续期间】法人的民事权利能力和民事行为能力，从法人成立时产生，到法人终止时消灭。

【释义】

本条沿用了原《民法总则》第 59 条的规定，没有变动。本条主要规范法人的存续期间，也是其民事权利能力和民事行为能力的起始点。法人权利能力也是法人的主体资格和存在前提，所以其存在与否决定法人的存续。本条延续了 1986 年《民法通则》第 36 条第 2 款的规定，未做任何变更。本条分别以法人的成立和终止时点作为法人民事权利能力和民事行为能力的起始点。法人也有类似自然人的生与死，但法人在资格法定化的背景之下，其民事权利能力的得失与自然人不同，自然人的权利能力基于生理出生而取得，基于生理死亡而消灭，而法人却以依法产生和消灭的时间确定其民事权利能力的起始和终止。

法人的存续期间，或者其权利能力和行为能力的起始点，对于法人存续、法人所涉权利义务的归属及其民事法律行为的有效性而言极其重要，因此需要在立法上尽可能明确。我国立法采取的是法人资格法定化的立场，故而法人资格即法人民事权利能力和民事行为能力的产生和消灭，依赖于法定的条件和程序。但在承认事实法人的国家，法人的民事权利能力和民事行为能力不宜在立法的层面进行明确处理，只能结合法人从事民事行为的事实进行具体判断。

本条规定可以从以下几个方面理解：

第一，法人的民事权利能力和民事行为能力的开始，以法人成立为条件。法人民事权利能力和民事行为能力的取得不同于自然人，其作为法律上的拟制人，均以法律确定的成立时间为准。法人设立进入筹备过程但一直到未成立之前，属于设立中的法人，因此不具有法人的地位包括民事权利能力和民事行为能力，但对于其实际法律地位如何，学理和司法实践大体经历了从“分离说”到“有限同

体说”的发展阶段。[①]《民法典》对设立中的法人的具体地位在第75条进行了明确，接受了“有限同体说”。

第二，法人的民事权利能力和民事行为能力的消灭，以法人终止为条件。法人作为法律上的拟制人，也不存在自然终点问题，而是以法律上的终止时间为法定终点。法人的终止，存在终止原因和程序的要求（参见《民法典》第68条等规定），否则不得认为终止。法人因终止原因发生而进入清算阶段，但一直未完成注销登记程序的，属于清算中的法人，仍然保留法人资格，在清算目的范围内享有民事权利能力和行为能力。

第三，从法律适用的角度而言，本条涉及相当于法律效果，所以可以在实践中作为裁判依据。原《民法通则》第36条第2款，在司法实践之中被法院运用作为裁判说理或判决依据的频率非常高。[②]

（撰稿人：龙卫球　聂卫锋）

第六十条　【法人的民事责任能力】法人以其全部财产独立承担民事责任。

【释义】

本条沿用了原《民法总则》第60条的规定，没有变动。本条规范法人的民事责任能力，即法人可以自己名义独立以其全部财产承担责任。法人在民事活动中，不管是基于民事法律行为，还是由于事实行为、违法行为，都可能导致民事责任，但是是否得由法人独立承担呢？这是一个需要法律明确的问题，本条明确赋予了法人民事责任能力，得以自己的全部财产独立承担民事责任。1986年《民法通则》并未有单独的条文对应于本条的规定，但在第37条关于法人的条件的规定中，第4项为“能够独立承担责任”。此外，第41条第1款、第48条、第51条等，涉及对有关类型的法人具有民事责任能力的规定；《公司法》第3条第2款也采取了类似的表达：“公司以其全部财产对公司的债务承担责任。”此次

① 参见龙卫球：《民法总论》，中国法制出版社2002年版，第289～392页。

② 最新的案例有“张某生与临漳县煤矿、临漳县工业和信息化局劳动和社会保障行政管理复查与审判监督案”[河北省高级人民法院（2016）冀民申1010号]、“林某华、林某邦与儋州市人民政府行政判决书案”[海南省高级人民法院（2016）琼行终81号]、“甘泉县车辆修配厂与延安市粮油建筑工程公司建设工程合同纠纷申请案”[陕西省高级人民法院（2016）陕民申586号]等，这些案件的裁判都引用了《民法通则》第36条第2款作为裁判或说理的依据。

《民法典》第 60 条以独立法条的方式，明确以赋予民事责任能力的法律效果方式加以规定，更加清晰和合乎逻辑。本条的“独立承担民事责任”表述可视为源自第 37 条第 4 项，“以其全部财产”可视为源自第 48 条等。本条与原《民法通则》零散规定之间的差异，首先它是从一般条款的意义赋予法人民事责任能力；其次明确了法人独立承担责任不是如第 37 条第 4 项作为法人成立的条件，而是法人成立之后的法律效果。

本条作为法人具有民事责任能力的规定，是法人制度中关于法人地位的重要规定的一部分。法人具有民事权利能力、民事行为能力，但是是否具有民事责任能力呢？这是在法人实践中需要明确的问题，如果不加以明确则容易造成模糊。从学理和比较法上来说，主流观点认为，法人具有责任能力，原是法人具有权利能力的应有之义。但是，在有些国家如德国，由于将法人责任能力问题与法人是否具有意思能力挂钩，在理论上产生了困惑和分歧，所以不好规定；在另一些国家如法国，由于其广义使用了法人概念，在这种情况下法人并非均可具有民事责任能力，而是存在具体区分的必要。《民法典》在本条予以明确，规定法人具有民事责任能力，体现了一种追求法律上明晰的努力，但是也彰显了很强的法律拟制属性。在比较立法例上，大部分的民法典都没有与本条类似的规定，但《俄罗斯民法典》第 56 条第 1 款、《蒙古国民法典》第 27 条第 1 款、《越南社会主义共和国民法典》第 103 条第 2 款等为例外。

本条规定，解读要点有三：

其一，法人一律具有民事责任能力。这是一种抽象法律地位，所有法人不加区别地具有。

其二，这种法人的民事责任能力体现为“法人以其全部财产独立承担民事责任”，重点在于承担责任的独立性和体现为财产能力两个方面。

首先，是承担责任的独立性。法人在法律地位上具有独立承担自己责任的资格。其独立承担责任，意味着除非有法律明确规定的例外，否则法人成员的财产与法人的民事责任没有直接关系。[①] 其次，是体现为财产能力。法人的责任能力主要体现为使用全部财产的承责能力。本条所使用的“民事责任”一词，可对应于本法第八章“民事责任”中相应的责任，但本条更看重财产能力，所以强调“以其全部财产”的承责授权。“以全部财产”承责，意味着法人不仅独立承担责任，而且是对外承担无限责任。在第 58 条第 2 款之中，除了财产之外，“经费”

① 实践中一些不准确的表述，如“法人承担有限责任，合伙承担无限连带责任”等，实际上混淆了法人成员与法人、合伙成员与合伙人之间的责任关系。

亦是特殊类型法人成立的必备条件，本条关于“全部财产”的术语使用，是否意味着从文义上排除了以“经费”作为成立基础的法人也得以“经费”承担民事责任呢？解释上似乎不宜排除，否则会导致立法漏洞。

其三，在法律适用上，由于本条同样涉及相当的法律效果，所以具有直接的可适用性，司法实践中经常被法院引用。①

【关联规定】

《公司法》第 3 条

（撰稿人：龙卫球　聂卫锋 秦婧）

第六十一条　【法定代表人的确定及其法律地位】依照法律或者法人章程的规定，代表法人从事民事活动的负责人，为法人的法定代表人。

法定代表人以法人名义从事的民事活动，其法律后果由法人承受。

法人章程或者法人权力机构对法定代表人代表权的限制，不得对抗善意相对人。

【释义】

本条沿用了原《民法总则》第 61 条的规定，没有变动。本条规范法人的法

① 参见“江某君与兰溪市女埠街道中心幼儿园劳动争议上诉案”［浙江省金华市中级人民法院（2016）浙 07 民终 60 号］、“刘某红与中交一航鹤大高速公路项目 ZT08 标段项目经理部追偿权纠纷案”［吉林省长春林区中级人民法院（2016）吉 76 民终 20 号］、“巩义市涉村镇人民政府与吴某伟等买卖合同纠纷上诉案”［河南省郑州市中级人民法院（2014）郑民四终字第 1905 号］、“徐某凡与陈某民、孙某玲合同纠纷案”［河南省封丘县人民法院（2018）豫 0727 民初 1101 号］等案，都涉及援引原《民法通则》第 37 条第 4 项或原《民法总则》第 60 条规定，对特定经济组织是否可以“独立”承担责任进行裁判。此外，尽管全民所有制企业、集体所有制企业现在经济实践中重要性已经显著降低，但规范全民所有制企业、集体所有制企业责任承担的原《民法通则》第 84 条仍然被法院在最近的判决中适用，参见“于某华与山东淄博鑫都建设实业总公司、桓台县马桥人民政府金融不良债权追偿纠纷案”［山东省淄博市中级人民法院（2015）淄商初字第 98 号］、“林宝和诉辽宁煤矿安全监察局等运输合同纠纷案”［辽宁省高级人民法院（2015）辽审一民申字第 688 号］等。在“牟定县光云建材厂与牟定县工业开发投资有限公司、陈某云金融不良债权追偿纠纷上诉案”［云南省楚雄彝族自治州中级人民法院（2019）云 23 民终 1707 号］一案中，法院直接援引了原《民法总则》第 60 条作为裁判说理的依据，认定光云建材厂虽然被吊销了企业法人的营业执照，但是并没有依照法定的程序注销，企业法人对其生产经营活动所负的债务应当以其全部财产独立承担民事责任。

定代表人的确定及其法律地位问题，具体包括法定代表人的确定机制、法定代表人对外代表行为及其法律后果归属、法定代表人代表权限限制的法律后果等。本条主要继承了原《民法通则》第 38 条和其他立法上的相关条款。原《民法通则》第 38 条规定：“依照法律或者法人组织章程规定，代表法人行使职权的负责人，是法人的法定代表人。”《公司法》第 13 条对于公司法定代表人也有相关规定。此次《民法典》在针对本条继承上述第 38 条的基础上，不仅在文字表达方面做了些许修改，也在具体内容上吸收了司法经验和学理见解，向更加明确的方向予以发展。首先，第 1 款关于法定代表人的确定规定，在继承基础上进行了文字表述的完善。过去的“法人组织章程”变为现在的“法人章程”，过去的“行使职权的负责人”变为现在的“从事民事活动的负责人”，表述更加符合民事习惯。其次，本条第 2 款是新增条款，吸收了司法经验和学理，明确法定代表人代表行为的界定和效果归属，即系“以法人名义”“其法律后果由法人承受”。原《民法通则》之中比较接近的条文是第 43 条关于法定代表人的规定，原《民通意见》第 58 条也有类似规定，不过内容有所差异。最后，本条第 3 款也是新添条款，规定法人内部对法定代表人限制的外部效果，引入交易安全原理或外观保护规则，规定不得对抗善意第三人。该款源自原《合同法》第 50 条（现《民法典》504 条），但是一种规范的层次提升，不再仅适用于法人的合同订立，而是适用于法人的全部“民事活动”。

法人的法定代表人的确立以及对外法律地位的规定，属于法人的核心制度之一，关系重大。法人的法定代表人，是可以法人名义进行民事活动的人，其为法人的名义承受者或者对外代表，属于法人核心机构。法人本身属于法律构造物，与自然人有根本性的差异，本身不能自为行为，在名义上或对外关系上需要借助具体的人加以代表，这就是法定代表人。[①] 法定代表人对于法人如此重要，正因如此，需要明确其确定机制及其具体地位，既明确赋予其代表地位，又能够通过明确其产生机制和地位边界，确保法定代表人的确立和活动符合法人的利益。在理论上，由于是否采取法人实在说的不同，关于法定代表人的定位也不尽相同。例如，《德国民法典》没有采取实在说，未赋予法人行为能力，法人近似“无行为能力者”，所以需要借助法定代表人的作用，法人与法定代表人之间构成一种类似代理关系（准委任关系），其代表效果以一种代理效果的归属方式处理。但在明确承认法人实在说因而法人具有行为能力的国家，法定代表人成为法人内部

① 不管是持法人实在说或法人拟制说，都承认法人或多或少都具有构造或拟制属性。参见龙卫球：《民法总论》，中国法制出版社 2002 年版，第 329 页以下。

机体的一部分，法定代表人与法人成为一体的关系，代表效果视为法人自己的行为效果进行归属。① 我们应该属于后一种情况。

本条规定，在理解上有四个方面的重点：

其一，关于法定代表人的确定。本条第 1 款明确规定，法人的法定代表人通过法律或法人章程来确定。由于《民法典》之中法人的类型非常多元，一些特殊类型的法人直接由法律（特别法）确定其法定代表人；大多数法人的法定代表人通过章程规定的机制确定。总之，依据法律或章程规定，谁是代表法人从事民事活动的负责人，谁就是法定代表人。

其二，关于法定代表人的法律地位的规定。本条在第 1 款和第 2 款都涉及了法定代表人的地位规定。首先，法定代表人最重要的法律地位，是得为法人的名义承受者，即可以法人的名义从事民事活动。其次，法定代表人以法人名义从事的民事活动为代表行为，原则上即为法人的行为，相关的法律后果须由法人承受。民法典之中一般性规范法定代表人的条文，可参见《德国民法典》第 26 条第 1 款、《瑞士民法典》第 55 条第 1 款、《日本民法典》第 53 条等。

其三，关于法定代表人的内部限制的效力问题。这也属于法定代表人法律地位的一部分。本条第 3 条规定“不得对抗善意相对人”。基于法人治理的需要，法人可以通过章程或由法人权力机关对法定代表人的代表权进行限制，但此种具有内部属性的限制在内部虽然有效，对外却受到交易安全原理的限制，即“不得对抗善意相对人”。法定代表人代表行为的法律后果得以归属于法人或由法人承担，首先必须以法人的名义（并表明法定代表人的身份），其次必须在代表权的权限之内，但为了保护交易安全，法定代表人代表权的内部限制不能对善意交易第三人造成法律上的风险。法定代表人超出内部限制使得法人对外负责的，法人代表人是否应当在内部承担相应责任呢？《民法典》在接下来的第 62 条作出肯定，但以有过错为条件，其性质存在争议（参见第 62 条释义）。

其四，从法律适用上来看，本条由于涉及多种法律效果的确定问题，所以明

---

① 民法典之中一般性规范法定代表人的条文，可参见《德国民法典》第 26 条第 1 款，《瑞士民法典》第 55 条第 1 款，《日本民法典》第 53 条等。

显具有可直接适用性。[①]

【关联规定】

《公司法》第13条,《民法典》第504条

（撰稿人：龙卫球 聂卫锋 秦婧）

第六十二条 【法定代表人职务行为的责任承担】 法定代表人因执行职务造成他人损害的，由法人承担民事责任。

法人承担民事责任后，依照法律或者法人章程的规定，可以向有过错的法定代表人追偿。

【释义】

本条沿用了原《民法总则》第62条的规定，没有变动。本条规范了法定代表人职务行为的责任承担问题。法定代表人执行职务的行为，为职务行为，其所造成他人损害，原则上视为法人自身的行为致害，法人应当承担责任；但是在法人内部，法人可以追偿，但是以法定代表人有过错为限。本条算是一条新设法条，但并非没有历史基础。1986年《民法通则》关于法人的一般规定中没有做出相应规定，但在第43条对企业法人、法定代表人进行了规定，由企业法人对法定代表人的经营活动负责。该条规定："企业法人对它的法定代表人和其他工作人

① 关于原《民法总则》第61条的适用，可参见最高人民法院审理的"郭某亮与交行公司镇江扬中支行金融借款合同纠纷再审案"［最高人民法院（2018）最高法民再302号］、"昆丰公司、瓮福金泰公司合同纠纷上诉案"［最高人民法院（2019）最高法民终832号］、"华瑞公司、正东公司合同、无因管理、不当得利纠纷上诉案"［最高人民法院（2018）最高法民终480号］等案例；关于原《民法通则》第38条的司法适用，可参见"中建材公司诉银大公司等担保合同纠纷案"［北京市高级人民法院（2009）高民终字第1730号］、"张某与成就英才公司公司证照返还纠纷上诉案"［北京市高级人民法院（2015）二中民（商）终字第06848号］等；关于原《民法通则》第43条，仅以最高人民法院最新的裁判文献为统计，可参见"华晨公司与王某立、豆某与李某进、穆某梅、兆伦公司、启华公司、隆邦公司、华晨公司借款合同纠纷申请案"［最高人民法院（2016）最高法民申607号］、"王某声与联达公司等企业借贷纠纷申请再审案"［最高人民法院（2014）民提字第138号］；关于原《合同法》第50条（现《民法典》第504条），相关案例更是数量繁多，可参见"博瑞公司与秋林公司、秋林大厦公司房屋买卖合同纠纷案"［最高人民法院（2014）民一终字第314号］、"招商银行大连东港支行与振邦公司、振邦集团借款合同纠纷案"［最高人民法院（2012）民提字第156号］等。

员的经营活动，承担民事责任。”[①] 此次《民法典》在本条以法人一般规定方式，提升了关于法定代表人职务行为的责任承担规定，并用“执行职务”的表述替代模糊的“经营活动”。该条在第1款明确法定代表人的职务行为导致损害应由法人承担责任的一般规则；同时新添第2款，对于法人承担责任后与法定代表人的内部关系予以明确，规定法人在法定代表人有过错时可以进行内部追偿。

法定代表人职务行为的责任承担问题是由法定代表人的法律地位本身决定的。法定代表人的法律地位本身非常复杂，存在不同理解，所以关于法定代表人的职务行为的责任承担也就存在不同处理。国外立法在民法典法人一般规定部分，专门规范法人对法定代表人职务行为责任承担的法例并不少见。例如，《德国民法典》第31条、《瑞士民法典》第55条第2款、《日本民法典》第44条第1款、《澳门民法典》第150条等。不过，依据法人实在说或者法人拟制说的不同，这些条文在对外责任承担和内部追偿的性质和依据理解很不相同。采取法人拟制说的国家，如德国，法定代表人和法人对内是一种准委任关系，对外是代理关系，因此在职务行为的责任归属上采取侵权法上的转承规则。但是，采取法人实在说的国家，如我国，则认为法定代表人与法人是一体关系，其作为法人名义代表，其行为即为法人的行为。所谓职务行为，是指执行与职务相关的行为，应该依据目的解释和客观解释。此类行为的范围，不仅包括常见的民事法律行为，亦包括属于不合法行为的侵权行为在内。

本条规范要点有三：

第一，法人直接承担法定代表人职务行为的民事责任。法定代表人在职务范围之内的一切行为原则上都是法人的行为，法人应当承担相应的法律后果包括致损导致的民事责任。法人对法定代表人职务行为的责任承担，属于一种严格责任或无过错责任。

第二，法人对于法定代表人具有基于过错的内部追偿权。法人对于法定代表人职务行为承担民事责任后，可以依据法律或章程的规定，对有过错的法定代表人进行内部追偿。之所以将内部追偿限制在过错情形，是因为考虑到维护法定代表人“代表积极性”的必要，旨在鼓励其按照“经营判断规则”积极执行职务。关于内部追偿关系的依据，在采取法人拟制说的国家，由于认为法人和法定代表人是两体关系，对外为责任转承，对内则可以作为准委任关系处理；但我国由于

① 该条规定还涉及法人对其工作人员的责任承担，应该属于一种替代责任或转承责任，与法人对于法定代表人的责任承担属于自承责任的性质相区别。《民法典》第1191条第1款对于这种责任做了进一步明确，“用人单位的工作人员因执行工作任务造成他人损害的，由用人单位承担侵权责任。用人单位承担侵权责任后，可以向有故意或者重大过失的工作人员追偿”。

采取了法人实在说，法人和法定代表人是一体的，比较微妙，因此规定这种追偿的依据为“法律或章程的规定”，这意味着必须具有明确的法律或章程上的规定可资依据才行。

第三，从法律适用上看，本条因为涉及某种相当的法律效果，因此也具有直接的可适用性。①

【关联规定】

《公司法》第 149 条，《保险法》第 83 条

（撰稿人：龙卫球　聂卫锋　赵精武　秦婧）

第六十三条　【法人的住所】 法人以其主要办事机构所在地为住所。依法需要办理法人登记的，应当将主要办事机构所在地登记为住所。

【释义】

本条沿用了原《民法总则》第 63 条的规定，没有变动。本条规范法人的住所。本条以法人的主要办事机构作为法人住所的判断标准，而且法人办理登记时应当以此予以登记。本条继承了以前的规定，但有所发展：第 1 款完全继受了原《民法通则》第 39 条和《公司法》第 10 条的规定；但新增的第 2 句明确了法人登记时应当登记住所的特殊要求。

法人住所是法人的条件之一。法人和自然人一样，本身可能具有多变的经营地或事务所，但是同样需要确定一个中心地作为法律上的固定住所地，以稳定相应法律关系、法律事实的空间要素。从事实层面的角度来看，法人的住所是其经

① 关于原《民法总则》第 62 条的适用的案例，可参见“建泰公司、七堡公司建设工程施工合同纠纷再审案”［最高人民法院（2019）最高法民申 3649 号］、“长鹏公司、恒铭公司金融借款合同纠纷上诉案”［湖北省高级人民法院（2019）鄂民终 734 号］“叶某波、仙洞山公司提供劳务者受害责任纠纷上诉案”［福建省泉州市中级人民法院（2018）闽 05 民终 6335 号］等案例；关于原《民法通则》第 43 条的适用案例，主要体现在合同责任领域，但在侵权责任上也有典型案例。可参见“北大法宝”之中的三则案例处理侵权案件，“何某朝与中志船厂与莫某树、黄某坤、庞某荣、刘某荣侵权责任纠纷案”［广西壮族自治区北海市中级人民法院（2015）北民一终字第 242 号］、“南县农村粮油企业管理站与曾某等侵权责任纠纷上诉案”［湖南省益阳市中级人民法院（2015）益法民一终字第 348 号］、“索尼爱立信公司与凯迪亚公司商标侵权纠纷上诉案”［广东省深圳市中级人民法院（2013）深中法知民终字第 785 号］。

营、活动所必需；从规范层面的角度来看，法人住所除了影响着法律关系（如承诺的生效地点）之外，也影响着其他方面，如法律的适用（如确认诉讼管辖）。所以法人住所的确定十分重要，并且应该成为必要登记事项。

本条理解上，需注意三点：

其一，我国法人应以其主要办事机构所在地作为法定住所。实践中，基于经营的需要，法人可能有多个经营地，包括管理场所、生产场所等，但其中主要办事机构对于法人最为重要，所以以此作为住所地最为符合事理，所以各国基本都是这种立场。[①] 何谓法人主要办事机构所在地？虽然原《民法通则》第 39 条、《公司法》第 10 条、《个人独资企业法》第 3 条等都以主要办事机构作为住所，但无论是《企业法人登记管理条例》（2016 年修订）还是《公司登记管理条例》（2016 年修订）之中，都对“主要办事机构”缺乏具体的认定标准。《最高人民法院关于适用〈中华人民共和国民事诉讼法〉的解释》第 3 条第 2 款的规定“法人或者其他组织的主要办事机构所在地不能确定的，法人或者其他组织的注册地或者登记地为住所地”，也只是从诉讼管辖的角度为法人确定了一个住所，而不能理解为形成了“主要办事机构”的认定标准。现实中，法人的管理所在地多被认定为主要办事机构所在地。[②]

其二，法人登记时，应当一并将主要办事机构登记为法人的住所。法人登记事项中，应当包括住所，而且应当将主要办事机构作为住所加以登记。我国在本条规定，对于法人住所登记，采取的是登记生效主义。关于法人住所登记的具体程序和要件，应针对不同类型的法人，根据特别法加以确定。关于这种登记的要求，许多国家采取的是登记对抗主义，《德国民法典》第 24 条、《日本民法典》第 46 条和第 50 条、《意大利民法典》第 47 条、《葡萄牙民法典》第 159 条、《埃塞俄比亚民法典》第 453 条等都规定，法人住所未经登记不得对抗第三人。[③]

其三，从法律适用的角度来看，本条同样因为住所在法律上具有许多相当法

---

① 龙卫球：《民法总论》，中国法制出版社 2002 年版，第 396 页。

② 称主要办事机构所在地的，如《日本民法典》第 50 条，《蒙古国民法典》第 24 条第 5 款，《韩国民法典》第 36 条等；称管理机构所在地的，《阿尔及利亚民法典》第 50 条，《越南社会主义共和国民法典》第 98 条第 1 款，《葡萄牙民法典》第 159 条等。

③ 《日本民法典》第 46、50 条。

律效果，具有直接的可适用性。[①]

【关联规定】

《公司法》第10条，《个人独资企业法》第3条，《最高人民法院关于适用〈中华人民共和国民事诉讼法〉的解释》第3条

（撰稿人：龙卫球 聂卫锋 秦婧）

第六十四条 【法人的变更登记】法人存续期间登记事项发生变化的，应当依法向登记机关申请变更登记。

【释义】

根据民法理论以及《民法通则》《公司法》等立法实践，法人的登记一般分为设立登记、变更登记和终止登记三种类型。（1）设立登记。设立登记顾名思义指的是法人设立时进行的登记。在准则主义下，不同国家或者地区对登记的意义有不同的认识。我国台湾地区"民法"第30条规定："法人非经向主管机关登记，不得成立。"法人登记具有创设效力[②]。《日本民法典》第45条关于法人的设立登记规定，法人的设立，未在其主事务所所在地登记的，不能对抗第三人[③]，可见日本对法人成立登记采对抗主义。是否登记不影响法人的有效设立，未经登

---

① 有关法人住所规定适用的案件，主要涉及诉讼管辖问题等，参见"阳泉公司、易美公司侵害作品信息网络传播权纠纷上诉案"［天津市高级人民法院（2020）津民辖终17号］、"翼殿公司、创思公司侵害计算机软件著作权纠纷上诉案"［最高人民法院（2019）最高法知民辖终164号］、"横店公司、汉华公司侵害作品信息网络传播权纠纷上诉案"［天津市高级人民法院（2019）津民辖终148号］、"亿阳公司与中山证券公司公司债券交易纠纷上诉案"［北京市高级人民法院（2018）京民辖终92号］、"同一公司与巨亨公司建设工程施工合同纠纷管辖权异议上诉案"［最高人民法院（2015）民一终字第222号］、"金宝公司与百盈电动机修理工作室修理合同纠纷案"［吉林省延边朝鲜族自治州中级人民法院（2016）吉24民辖终13号］、"德科公司诉欧亚美公司买卖合同纠纷案"［天津市滨海新区人民法院（2015）滨塘民初字第9019号］等，涉及原《民法通则》第39条的适用。也有个别案例适用执行送达的环节，如"姜某某诉祯隆公司仲裁纠纷案"［庄河市人民法院（2015）庄执字第03578号］。《公司法》第10条的适用，也同样主要在于确定诉讼管辖事宜，参见"洋泰公司与中信银行南京分行等金融借款合同纠纷上诉案"［江苏省南京市中级人民法院（2015）宁商终字第1330号］、"艺帮仁公司与百捷公司合同纠纷案"［湖北省武汉市江夏区人民法院（2015）鄂江夏民二初字第01066号］、"商社公司与高锟公司买卖合同纠纷案"［重庆市南岸区人民法院（2015）南法民管异初字第12344号］等。

② 朱庆育：《民法总论》，北京大学出版社2013年版，第426页。

③ 渠涛：《最新日本民法典》，法律出版社2006年版，第14页。

记仅不能对抗第三人。但是日本商法采要件主义。[①] 根据《民法通则》第44条和第50条的规定，[②] 我国对设立登记适用要件主义，即未经登记，法人不能成立。我国《民法典》总则编在营利法人（第77条）、非营利法人（第87条）和特别法人（第96条）的规定中则延续了《民法通则》的传统，对法人设立登记采用要件主义，即营利性法人以登记设立，非营利法人部分需要办理登记，部分非营利性法人和特别法人无须办理法人登记。根据《公司法》的规定，法人登记事项一般包括法人的名称、住所、组织形式、责任形式等。（2）变更登记。法人的变更，是指在法人存续期间，法人的组织、责任形式和其他重要事项发生变化。企业法人的变更是企业自由的重要内容。法人登记事项，包括名称、住所、经营范围、资本额等的事项变动，应依法向受理设立登记的登记机关办理法人的变更登记，以备社会公众查询。（3）终止登记。法人因解散、破产或者其他原因不再存续时，在清算完结之后，必须办理注销登记才能消灭法人。终止登记，一般由清算人在清算终结后一定期内申请。对于以登记方式设立的法人而言，尽管设立登记、变更登记和终止登记的效力不尽相同，但是它们之间是具有连续性的。不同的法人对设立登记的要求不同，但是对变更登记的要求却是一致的，所以民法总则将其规定在法人的一般规定之中。

本条规范的是法人变更登记，法人对其存续期间有关登记事项的变更负有申请变更登记的义务。法人登记承担着维护交易安全，促进社会信任的功能，法人登记事项与实际情况保持一致，才能起到证明、确认以及对抗的效力。本法条为义务性规范，要求法人对其存续期间登记事项的变化，履行申请变更登记的义务，以保障社会公众尤其是相对人查询到真实的信息，并根据登记信息实施法律行为。如果法人不履行申请变更登记的义务，导致实际情况与登记情况不一致，则依据本法第65条规定"不得对抗善意相对人"。

对于变更登记，我国《民法通则》《公司法》均有相关规定。《民法通则》第44条第1款："企业法人分立、合并或者有其他重要事项变更，应当向登记机关办理登记并公告。"与《民法通则》仅规定了企业法人的变更登记相比较，《民法典》的规定涵盖了所有以登记方式设立的法人，包括营利性法人和非营利性法人，更科学合理。《公司法》第7条规定："依法设立的公司，由公司登记机关发给公司营业执照……公司营业执照应当载明公司的名称、住所、注册资本、经营

---

① 龙卫球：《民法总论》，中国法制出版社2002年版，第401页。

② 我国《民法通则》第41条规定，国有企业、集体企业经主管机关核准登记取得法人资格，三资企业具备法人条件的，经工商部门核准登记取得法人资格。第50条规定，具备法人条件的事业单位、社会团体，依法需要办理法人登记的，经核准登记，取得法人资格。

范围、法定代表人姓名等事项。公司营业执照记载的事项发生变更的，公司应当依法办理变更登记，由公司登记机关换发营业执照。”《公司法》还在第12条、第13条和第179条分别规定了经营范围变更、法定代表人变更以及分立、合并时均应办理变更登记。与《民法典》总则编的规定相比较，《公司法》的规范更为具体细致，不仅明确了法人变更登记的义务，而且明确了需要办理变更登记的具体事项范围。这也真正体现了《民法典》的一般性和普遍性。

本条规范是从法人义务的角度规定的，规范的要点主要有：

（1）适用的对象。本条规定适用于以登记方式设立的营利性法人和部分非营利性法人。无须登记即可设立的部分非营利性法人和特别法人，因为不存在设立登记，自然也无须承担申请变更登记的义务。

（2）本条文中的变更登记事项应做广义的理解，不应限于对原登记事项的更改，也应包括对新增事项的登记。[①]

（3）“依法”是指依据不同法人设立、变更所适用的具体法律，包括《民法典》《公司法》等。

【关联规定】

《公司法》第7条、第8条、第9条、第12条、第13条，《企业法人登记管理条例》第9条，《公司登记管理条例》第9条、第10条，《事业单位登记管理暂行条例》第8条第2款，《社会团体登记管理条例》第18条第1款，《基金会管理条例》第11条第2款

（撰稿人：汪东丽）

第六十五条　【法人登记的信赖保护】法人的实际情况与登记的事项不一致的，不得对抗善意相对人。

【释义】

本条规定了法人登记的信赖保护制度，为《民法典》新增条款。我国《民法通则》并没有法人登记公信力的规定，《公司法》第32条第3款对未经登记的股

---

① 参见北航法学院课题组（龙卫球主持）：“北航建议稿”第1条，中国法学创新网，http：//www.fxcxw.org/index.php/home/xuejie/artindex/id/9597.html。

东名册不得对抗第三人做了规定①，但对其他登记事项与法人实际情况不一致的法律后果并没有规定。法人登记就其性质而言是一种行政行为，能够起到公信和对抗的效力。登记机关对登记事项进行公示，公示产生公信，因而能够对抗善意相对人，未经登记的事项则无法公示公信，因此法律规定不得对抗善意相对人。导致登记事项与实际情况不一致的原因，无论是登记机关的错误还是法人的过错，善意相对人基于对登记事项的信赖从事民事活动，其信赖利益均应受法律保护。在我国，并非所有的法人都需要办理设立登记，从登记的连续性来看，无设立登记，自然不存在变更登记和终止登记，因此本条的适用范围应为依法需要办理登记的法人，包括营利性法人和部分非营利性法人；登记的类型并未指明仅限变更登记，也应包括设立登记、终止登记。

根据外观主义原则，商事交易行为人的行为意思应以其行为外观为准，商事交易行为完成后，原则上不得撤销，公示事项与事实不符时，交易相对人可依外观公示主张权利。外观主义原则体现的是对信赖利益进行保护。《民法典》第65条对法人登记事项赋予公信力，既能够督促法人及时履行变更登记的义务，又能够保护善意第三人。据此规定，法人登记信赖保护制度的构成应包括三个要件：一是前提条件，即法人的实际情况与登记事项不一致。若登记事项与实际情况一致，则不存在适用本条的必要。二是主观要件，相对人须为善意，即相对人不知情且无过失。若相对人已明知法人的实际情况，或者法人已明确告知真实情况，则不属于善意相对人。此时相对人实施法律行为，则不能主张信赖保护。三是法律后果，登记事项具有对抗效力，而与登记不一致的实际情况不产生对抗效力。需要注意的是，当法人的实际情况与登记事项不一致时不具有对抗效力，并不是指该不一致的实际情况不生效，而是其效力仅在法人内部产生，但不能对抗善意的相对人。本条规范的根本目的在于保护善意相对人的利益。因此，如果相对人愿意放弃自己的利益，在不违反公序良俗的前提下，基于意思自治原则，也应该允许相对人自愿承认这种未经登记事项的效力。本条规定的登记对抗效力，只有在相对人主张以法人登记事项受信赖保护时才发生对抗力问题，而并非因实际情况与登记事项不一致的事实而自然发生。

本条规定，有两个方面的重要理解：

其一，是确立了法人登记的信赖保护原则。

法人登记的信赖保护原则的确立应为我国民事立法的进步。信赖保护原则通

---

① 《公司法》第32条第3款规定："公司应当将股东的姓名或者名称向公司登记机关登记；登记事项发生变更的，应当办理变更登记。未经登记或者变更登记的，不得对抗第三人。"

过保护基于正当信赖而实施的法律行为效果，能够维护社会信任，保护交易的安定性。[①] 如果登记不一致是法人怠于申请变更导致的，则由法人对自己过错形成的权利外观承受不利后果，是私法自治和自己责任的体现。如果是登记机关的过错，则由登记机关承担登记错误的责任，均不影响善意相对人基于对登记事项的信赖而实施法律行为的效果。第65条规定仅明确了未登记事项的效力问题，为法人与善意相对人之间纠纷的解决提供了依据，但是并不能有效督促法人内部负有登记职责的成员履行义务，也不利于提高登记制度的公信力，应有必要引入社团罚规则。[②] 社团罚，是指针对违反社团章程或做出其他违背社团利益行为的成员的纪律措施。[③]《日本民法典》第84条，《德国民法典》第78条均规定了社团罚，对不履行法人登记的法人成员处以罚款或罚金。《日本民法典》第84条第3款规定，法人的理事、监事或清算人如有怠为本章规定的登记时，处五十万日元以下罚款。[④]《德国民法典》第78条规定，区法院可以通过确定罚金来督促董事会成员按照规定进行社团登记。[⑤] 社团罚制度的缺失可为法人制度之不足。

其二，则是明确了法人登记的对抗效力。

民法理论认为，法人设立一般采用登记生效主义（也称登记要件主义），法人变更通常采登记对抗主义。本条规定了法人变更的登记对抗主义，我国《民法典》对法人设立是否明确规定登记要件主义呢？法人的一般规定部分没有明确法人设立登记中的登记要件主义，[⑥] 但是在营利法人（第77条）、非营利法人（第88条）和特别法人（第97条）部分，则分别规定了："营利法人经依法登记成立。"（第77条）"具备法人条件，为适应经济社会发展需要，提供公益服务设立的事业单位，经依法登记成立，取得事业单位法人资格；依法不需要办理法人登记的，从成立之日起，具有事业单位法人资格。"（第88条）"有独立经费的机关和承担行政职能的法定机构从成立之日起，具有机关法人资格，可以从事为履行职能所需要的民事活动。"（第97条）从上述规定来看，民法总则是把法人设立登记分散规定在了不同类型的法人规定中。对于需要办理登记的法人，经依法登记才能设立，体现的应是法人设立的登记要件主义。从立法技术上来看，民法总则没有采用

---

① 刘保玉、周玉辉：《论我国民法典编纂的"四个面向"》，载《法学杂志》2015年第10期。

② 周友军：《我国〈民法总则〉的成功与不足》，载http：//fzxc. fyfz. cn/b/916401法律博客，2017年3月19日访问。

③ ［德］布洛克斯、瓦尔克：《德国民法总论》，张艳译，中国人民大学出版社2012年版，第178页。

④ 渠涛：《最新日本民法典》，法律出版社2006年版，第22页。

⑤ 陈卫佐：《德国民法典》，法律出版社2015年版，第24页。

⑥ 周友军：《民法总则（草案三审稿）的完善建议（下）》，载中国民商法律网微信公众号，2017年2月12日。

在法人的一般规定中，将设立登记、变更登记、终止登记完全体系化，而是采用了分散规定在各类型的法人部分的方法，尽管体系化稍弱，但更便于法律适用。

【关联规定】

《公司法》第32条

（撰稿人：汪东丽）

第六十六条 【法人登记信息的公示】登记机关应当依法及时公示法人登记的有关信息。

【释义】

本条规范的是法人登记信息的公示，法人登记机关负有依法及时公示的义务。我国《民法通则》没有规定登记机关的公示义务，而是在第44条规定了企业法人有向登记机关办理变更登记和公告的义务，[①] 与《民法通则》相比，本规范明确了公示义务的承担主体是登记机关，一方面体现了我国民法总则对权利义务的配置更加合理，免去了法人的不合理义务；另一方面也我国民法对法人登记目的的认识变化，从登记监管主义向登记公示主义的转变。[②] 在我国《公司法》中，规定的是登记机关负有向社会公众提供查询的义务，《企业法人登记管理条例》中不仅规定了登记机关的公示义务，而且规定了公示的方式和途径，即通过企业信用信息系统向社会公示。[③] 由此可见，《民法典》在拟定本规范时充分吸纳和借鉴了我国已有的立法实践经验，且与二审稿第62条“登记机关应当通过信息公示系统依法及时公示法人登记的有关信息”相比较，[④] 本条规定删除了对公示方式的特定限制，可以根据社会的发展需要灵活采用适当的公示方式，使民法规范更科学更稳定。

---

① 《民法通则》第44条第1款规定，企业法人分立、合并或者有其他重要事项变更，应当向登记机关办理登记并公告。

② 朱庆育：《民法总论》，北京大学出版社2013年版，第427页。

③ 《公司法》第6条规定，公众可以向公司登记机关申请查询公司登记事项，公司登记机关应当提供查询服务。《企业法人登记管理条例》第23条规定，登记主管机关应当将企业法人登记、备案信息通过企业信用信息公示系统向社会公示。

④ 《民法总则（草案）》二次审议稿，载中国人大网，http：//www.npc.gov.cn/npc/lfzt/rlyw/node_30514.htm。

关于法人登记的目的，一般认为主要有两种倾向：监管主义和公示主义。监管主义认为，国家通过对法人登记制度对法人进行监督管理，这也是我国民法通则以及计划经济时代的典型观点。公示主义认为，国家对法人事项进行登记的目的是公示，公示产生公信，以便于交易第三人知悉从而维护交易的安全。在商事领域，公示主义是商法的一项基本原则，其目的是便于交易当事人及时知晓与其利益相关的客观事实及其变动，从而免受损害。① 我国《澳门商法典》第 61 条明文规定了公司登记的公示目的："商业登记之目的系将商业企业主及企业之法律状况公开，以保障受法律保护之交易之安全。"② 在我国，法人登记不仅仅是法人成立的公示方式，还负载行政管理职能。③ 例如，《企业登记管理条例》《事业单位登记管理暂行条例》、登记管理机关等用语，无不体现管理的色彩。《民法典》在条文中使用的是"登记机关"和公示义务，似乎有彰显公示目的而弱化监管意图的趋势。此外，登记机关公示法人信息以便于社会公众知悉登记事项，也可以理解为是向社会公众提供查询服务，而在规定查询登记信息的情形下，更便于对人们查询信息的范围和使用范围进行约束，如《德国民法典》第 79 条关于社团登记簿的查阅④，其中就规定了使用人必须被提醒：他仅得以了解信息为目的而使用所传递的数据，有管辖权的机构可以审查该数据是否被滥用。我国《公司法》第 6 条规定的也是提供查询义务。公示义务与提供查询的义务相比较，提供查询的义务不仅能够起到公示的作用，而且有利于保护法人的信息不被滥用。

本条在理解和适用上需要注意以下几个方面：

第一，登记机关信息公示的对象应为需要办理登记的法人，根据我国民法总则的规定，包括营利性法人和部分非营利性法人，不包括无须登记的非营利性法人和特别法人。

第二，公示的信范围既应包括法人设立登记、变更登记的有关信息，也应当包括终止登记的有关信息。

第三，"依法"进行公示，指的是登记机关应当依据《公司法》《企业法人登记管理条例》《事业单位登记管理暂行条例》等规定的方式向公众提供查询服务或者通过企业信用信息公示系统向社会公示。

第四，公示要及时，是对行政行为的效率要求。一般认为，应当在合理的时

① 王远明、唐英：《公司登记效力探讨》，载《中国法学》2003 年第 2 期。
② 王远明、唐英：《公司登记效力探讨》，载《中国法学》2003 年第 2 期。
③ 朱庆育：《民法总论》，北京大学出版社 2013 年版，第 427 页。
④ 陈卫佐：《德国民法典》，法律出版社 2015 年版，第 24 页。

间内尽快公示，不得长时间拖延。此条还可理解为，任何社会公众，无须证明自己所具有的正当利益，均可以查询登记事项。

【关联规定】

《公司法》第6条第3款，《企业信息公示暂行条例》第5条、第6条第1款、第24条，《慈善法》第70条，《公司登记管理条例》第56条、第57条第1款，《企业法人登记管理条例》第23条、第24条第1款

（撰稿人：汪东丽）

第六十七条　【法人合并、分立后权利义务的享有和承担】 法人合并的，其权利和义务由合并后的法人享有和承担。

法人分立的，其权利和义务由分立后的法人享有连带债权，承担连带债务，但是债权人和债务人另有约定的除外。

【释义】

本条规范的是法人合并与分立后的权利义务承担。我国《民法通则》第44条第2款仅规定了企业法人分立、合并后权利义务的承担，[①] 该规定的适用范围仅为企业法人，而且对于企业法人分立、合并后债务承担规则规定得比较笼统。《民法总则（草案)》（二审稿）在第63条规定："法人合并、分立的，其权利和义务由变更后的法人享有和承担。"与民法通则相比，只去掉了"企业"二字，这意味着除适用范围不再限于企业法人外，其余部分完全相同。二审稿在征求意见时，不少学者建议进一步细化法人分立后的债务承担规则，分别规定法人合并的权利义务承担规则与分立的权利义务承担规则，同时允许债权人和债务人自由约定，以体现对法人分立前与债权人就债务清偿所作约定的尊重。[②] 三审稿采纳了上述建议，并最终体现在《民法典》总则编中。本法条的修改完善，体现了我国立法技术的提高和民事规范日渐精细。此外，我国《公司法》第172条至第

---

① 《民法通则》第44条第2款："企业法人分立、合并，它的权利和义务由变更后的法人享有和承担。"

② 全国人民代表大会法律委员会关于《中华人民共和国民法总则（草案)》修改情况的汇报，全国人民代表大会2016年10月18日发布，载 http://www.pkulaw.cn/fulltext_form.aspx?Db=protocol&Gid=1090527644&keyword=民法总则&EncodingName=&Search_Mode=accurate。

179 条具体规定了公司法人合并、分立的条件程序等，其中第 174 条规定了公司合并的债权债务承担，第 176 条规定了公司分立的债权债务承担，[①]《民法典》的规定也充分吸纳了公司法的立法实践经验。

本条规定，应当重点理解如下：

其一，本条规范的法人合并与分立均属于法人组织的变更。法人合并，一般是指两个以上的法人合为一个法人，分为新设合并和吸收合并。新设合并，是指两个以上的法人合并为一个新法人，原来的法人消灭，新的法人产生。吸收合并是指一个法人归并到另一个现存的法人中，参加合并的两个法人只消灭一个，另一个继续存在并吸收了已消灭的法人。法人分立是一个法人分成两个以上的法人，分为派生分立和新设分立。其中新设分立是指解散原法人，而分立为两个以上的新法人；派生分立则是原法人存续，从中分立出新的法人。法人分立一般需征得法人债权人的同意。

其二，本条第 1 款规定的是法人合并的权利义务承担规则，第 2 款规定的是法人分立的权利义务承担规则。总体来说，法人分立比法人合并要复杂。因为无论是新设合并还是吸收合并，原来两个以上的法人变成了一个法人，所有的债权债务都将毫无争议的归属于合并后的法人。因合并而消灭的法人，其权利义务由合并后的新设法人或者派生法人的法人概括承受。而法人分立则是由一个法人变成两个以上的法人，无论是新设分立还是派生分立，都必然涉及分立后两个以上法人之间的债权债务分割问题。对于法人分立，法人的债权可以由分立后的法人约定享有；如果没有约定或约定不明确，为连带债权。法人分立后，法人的债务可以由分立后的法人约定承担；如果没有约定或约定不明确，为连带债务。该规定尊重了当事人之间的约定，但是该约定应不具有对抗第三人的效力，这既是债的相对性规则的体现，也是基于保护债权人利益的考量。[②]

【关联规定】

《公司法》第 172 条至第 176 条

（撰稿人：汪东丽）

---

① 《公司法》第 174 条规定："公司合并时，合并各方的债权、债务，应当由合并后存续的公司或者新设的公司承继。"第 176 条规定："公司分立前的债务由分立后的公司承担连带责任。但是，公司在分立前与债权人就债务清偿达成的书面协议另有约定的除外。"

② 周友军：《民法总则（草案三审稿）的完善建议（上）》，载中国民商法律网微信公众号，2017 年 2 月 17 日。

第六十八条　【法人终止的原因】有下列原因之一并依法完成清算、注销登记的，法人终止：

（一）法人解散；

（二）法人被宣告破产；

（三）法律规定的其他原因。

法人终止，法律、行政法规规定须经有关机关批准的，依照其规定。

【释义】

本条规定的是法人终止的事由和程序，法人可因解散、破产或者法律规定的其他原因等法定事由，并遵循法定程序而终止。我国《民法通则》没有对法人终止做出一般规定，而是在第45条和第46条规定了企业法人的终止。[①]《民法通则》规定的企业终止事由有四个：即依法被撤销、解散、依法宣告破产和其他原因，而《民法典》在文字上删去了“依法被撤销”这一事由，仅规定了三个终止事由。事实上，对于营利性法人而言，是将“依法被撤销”纳入了解散事由之中，[②]因为“撤销”并不能直接导致营利性法人的终止，[③]而且含义较窄，不能涵盖吊销证照、责令关闭。《公司法》第180条规定公司解散的原因时，已有比较科学的分类和列举[④]，将“依法被吊销营业执照、责令关闭或者被撤销”作为解散事由之一。

《民法典》总则编在这一问题上，注重和吸收了立法实践中较成熟的经验和表述，也保持了法的统一性与协调性。此外，《民法总则（草案）》（二审稿）中直接规定了法人解散，并没有规定法人终止的事由与程序。在二审稿征求意见后

---

① 《民法通则》第45条规定：“企业法人由于下列原因之一终止：（一）依法被撤销；（二）解散；（三）依法宣告破产；（四）其他原因。”

② 《民法总则》第69条是有关法人解散的规定，其中第4项：法人依法被吊销营业执照、登记证书，被责令关闭或者被撤销。

③ 对于营利性法人来说，依法被撤销或者吊销营业执照，并不是法人终止，并不能直接消灭法人的主体资格，还需要进行清算，并办理注销登记。注销登记完成，法人才终止。参见李永军《民法总论》，北京大学出版社2015年版，第90页。

④ 《公司法》第180条规定：“公司因下列原因解散：（一）公司章程规定的营业期限届满或者公司章程规定的其他解散事由出现；（二）股东会或者股东大会决议解散；（三）因公司合并或者分立需要解散；（四）依法被吊销营业执照、责令关闭或者被撤销；（五）人民法院依照本法第一百八十三条的规定予以解散。”

增加了法人终止的规定，《民法总则（草案）》（三审稿）第 66 条有了法人终止事由的规定。[①] 最终通过的《民法典》总则编又增加了法人终止的程序，与终止事由合并为如今的第 68 条。在法人终止的程序规定上，《民法通则》第 46 条混淆了“解散”与“终止”的概念，导致先终止后清算的不合理表述。[②] 本条规范修正了《民法通则》的不当之处，既体现了民法的传承，又吸收了立法实践中的新成果，将实体条件与程序要求一并予以规定。

本条规定，应当注意理解如下：

其一，法人终止，即法人的消灭，是指法人不再存续，丧失其民事主体资格，民事权利能力终止。简言之，法人终止，表示法人资格消灭。民事主体的产生与消灭，都会引起民法法律关系的变动，关系到权利义务分配和他人的利益。因此世界各国都通过法律来规范法人的设立和终止，明确其条件与程序。法人终止应当符合法定的事由和程序。法人终止的原因无外乎自身的原因和外部的原因，尽管不同类型的法人终止的具体原因会有所不同，但是仍然存在一些共同的原因。法人自身的原因主要包括法人基于自己的意思终止，诸如章程规定的存续期间届满，约定的解散事由出现，[③] 法人决议解散等。外部的原因主要有被宣告破产和法律规定的原因。破产是世界各国法人终止的重要事由，[④] 如果符合破产规定，可申请破产程序以终止法人资格。法律规定的其他原因，如基于国家政策和法律规定终止或者其他不可抗力。世界各国有关法人终止的事由基本都可以归结为上述两大类，在民法理论和实践中，法人终止需要遵循一定的程序，只有在完成法定的程序后，方可消灭主体资格。以登记方式设立的法人须办理注销登记；在注销之前需要进行清算，了结债权债务，清算完结才能注销。

其二，本条规定有两款，第 1 款规定了法人终止的事由和一般程序，第 2 款

---

① 修改意见决定增加一条规定：法人由于下列原因之一终止：1. 法人解散；2. 法人被宣告破产；3. 法律规定的其他原因。法人终止，法律规定须经有关机关批准的，依照其规定。参见：《全国人民代表大会法律委员会关于〈中华人民共和国民法总则（草案）〉修改情况的汇报》，全国人民代表大会 2016 年 10 月 18 日发布，载 http://www.pkulaw.cn/fulltext_ form.aspx? Db = protocol&Gid = 1090527644&keyword = 民法总则 &EncodingName = &Search_ Mode = accurate。

② 《民法通则》第 46 条规定：“企业法人终止，应当向登记机关办理注销登记并公告。”该条表述很容易被错误地理解为企业法人不进行清算就可以终止。对此，我国著名民法学家江平教授在其《法人制度论》一书中，评论道：“……该条所用‘终止’一词，似有不当，实际上应当为解散。”参见田浩为：《企业法人终止的立法缺陷及审判对策》，载《法律适用》2000 年第 11 期。

③ 《日本民法典》第 68 条第 1 款第 1 项“以章程或者捐助行为规则规定的解散事由发生”；《德国民法典》第 74 条第 2 款“社团存续的指定期间届满而解散”；我国《民法总则》第 69 条第 1 款等。

④ 《德国民法典》第 42 条第 2 款、第 87 条第 1 款规定了财产不足抵偿债务，《日本民法典》第 70 条第 1 款规定了法人不能清偿债务，可申请破产程序解散法人。参见龙卫球：《民法总论》，中国法制出版社 2002 年版，第 453 页。

则补充规定了终止的特别程序。据此，我们将本规范分为法人终止的事由、法人终止的一般程序和法人终止的特别程序三个问题。

首先，法人终止的法定事由。法人的终止，意味着法人资格的消灭。法律规定的终止事由有三个：(1) 法人解散。这是由法人使自己归于消灭。主要是因为法人章程规定的存续期间届满或者法人章程规定的其他解散事由出现；法人的权力机构决议解散；因法人合并或者分立需要解散等，具体规定在本法第69条。(2) 法人被宣告破产。法人因破产而终止，应适用《破产法》的有关规定。当企业法人不能清偿到期债务，并且资产不足以清偿全部债务或者明显缺乏清偿能力的，依照《破产法》的规定进入破产程序。(3) 法律规定的其他原因。其他原因包括国家经济政策调整、法律规定或者不可抗力等。①

其次，法人终止的一般程序。法人在具备终止事由之一后，终止的一般程序为完成清算并办理注销登记，法人即消灭。对于不需要办理法人登记的，仅须完成清算，清算结束，法人即告终止。不同事由引起的终止，在清算程序上会有不同，一般因解散而终止的法人，由清算义务人组成清算组清算并完成注销登记；因破产而终止的法人，则进入破产程序，破产清算结束，办理注销登记。

最后，法人终止的特别程序。法人终止一般不需要经过特别的许可，只要符合法定事由，遵循法定程序即可终止。但是对于法律有特别规定的其解散和终止均须经有关机关批准的法人，则须申请批准方可解散或者终止，如保险公司须经国务院保险监督管理机构批准后才能解散或者破产清算。②

【关联规定】

《公司法》第180条、第182条、第187条，《破产法》第121条

（撰稿人：汪东丽）

第六十九条　【法人解散的情形】有下列情形之一的，法人解散：

（一）法人章程规定的存续期间届满或者法人章程规定的其他解散事由出现；

---

① 李永军：《民法总论》，北京大学出版社2015年版，第90页。

② 《保险法》第89条规定，保险公司解散事由出现，经国务院保险监督管理机构批准后解散；第90条则规定，保险公司须经国务院保险监督管理机构同意，保险公司或者其债权人可以依法向人民法院申请重整、和解或者破产清算。

（二）法人的权力机构决议解散；

（三）因法人合并或者分立需要解散；

（四）法人依法被吊销营业执照、登记证书，被责令关闭或者被撤销；

（五）法律规定的其他情形。

【释义】

本条规范的是法人的解散，列举了法人解散的五个法定事由。在我国《民法通则》中，无论是一般规定中还是在企业法人部分均没有规定法人解散的事由，应为《民法典》新增的条款。我国《民法通则》没有规定法人解散的原因之一，可能是对法人的解散与终止概念的混淆，或者不准确适用。[①] 立法实践中，我国对法人解散的规定主要体现在《公司法》中，第 180 条规定的是公司解散，主要有五个法定事由：一是公司章程规定的营业期限届满或者公司章程规定的其他解散事由出现；二是股东会或者股东大会决议解散；三是因公司合并或者分立需要解散；四是依法被吊销营业执照、责令关闭或者被撤销；五是人民法院依照《公司法》第 182 条的规定予以解散。与《公司法》的规定相比，能看出《民法典》在法人解散的规定上贯彻了“提取公因式”的立法技术。[②]《民法典》总则编在立法过程中，有关法人解散的规定变动不大，一审稿和二审稿中，均规定了四个法定事由，[③] 三审稿时增加了“因法人合并或者分立需要解散”一项，并保持了与《公司法》一致的排列顺序，这一修改为《民法典》所最终采用。

本条规定，重点理解如下：

其一，法人解散不等同于法人终止。法人的解散是指法人因自身不能存续的事由发生，而停止业务活动，开始整理财产关系，是法人终止的原因之一或者说是法人终止程序开始的标志，法人解散将确定使法人终止，这种确定性虽然不会立即导致法人的消灭，但它必将导致法人的消灭。[④] 根据民法理论通说，解散的

---

① 田浩为：《企业法人终止的立法缺陷及审判对策》，载《法律适用》2000 年第 11 期。

② 刘斌：《论我国民法总则对商事规范的抽象限度——以民法总则的立法技术衡量为视角》，载《当代法学》2016 年第 3 期。

③ 《中华人民共和国民法总则（草案）》二次审议稿，载中国人大网，http：//www. npc. gov. cn/npc/lfzt/rlyw/node_ 30514. htm。

④ 江平：《法人制度论》，中国政法大学出版社 1998 年版，第 155 页。

效力原则上不在于使法人归于消灭[1]，而是法人的目的发生变化，原来的业务活动变更为清算完结债权债务。施密特教授对此提出异议，其认为法人的目的应当保持不变，但是因为增加了清算了结程序，与法人目的发生了交叉，并由此产生新的权利义务。[2] 我国民法理论一般认为，法人解散意味着法人丧失了权利能力并不导致法人资格的消灭，所以解散的法人，不能再从事与法人目的相关的业务活动。但是法人人格仍存在，法人在解散前所发生的法律关系，必须由清算手续或者破产手续而完结，即主张债权，履行债务。

其二，根据法人是否自愿解散，法人解散一般可分为自行解散和强制解散两种情况。自行解散，也称为自愿解散，是指依法人章程或者决议而解散。这种解散不是外在原因引起的，而是基于法人自身的原因，取决于法人的意思，解散或者不解散是由法人自由选择的。强制解散则是指因法律规定、政府机关的决定或者法院的判决而引起的解散。这种解散不是出于法人的自愿，是法人不能自由选择的。《日本民法典》第 68 条规定了法人解散的事由，其事由也可分为自愿解散和强制解散。[3] 我国《民法典》规定的法人解散事由有五个，其中前三项规定属于自愿解散，后两项规定属于强制解散，其中第一项是法人章程规定的存续期间届满或者法人章程规定的其他解散事由出现。当法人章程中规定了存续期限的，期限届满，法人即可解散；章程中规定了存续期限以外的其他解散事由的，解散事由出现，法人可以解散。但是此时，法人亦可通过修改章程，如延长存续期限等，使法人继续存续。我国《公司法》第 181 条有公司可通过修改章程继续存续的规定。

【关联规定】

《公司法》第 180 条、第 182 条

（撰稿人：汪东丽）

第七十条　【法人解散后的清算】 法人解散的，除合并或者分立的情形外，清算义务人应当及时组成清算组进行清算。

法人的董事、理事等执行机构或者决策机构的成员为清算义务人。法律、行政法规另有规定的，依照其规定。

---

① 杜景林、卢谌：《德国民法典——全条文注释》，中国政法大学出版社 2015 年版，第 42 页。

② 在德国法上，在社团解散之后，清算人为了社团的利益可以社团的名义吸纳新的成员。参见 Vgl. MünchKommBGB/Reuter，§40，Rn. 3。

③ 渠涛：《最新日本民法典》，法律出版社 2006 年版，第 14 页。

清算义务人未及时履行清算义务，造成损害的，应当承担民事责任；主管机关或者利害关系人可以申请人民法院指定有关人员组成清算组进行清算。

【释义】

本条规范的是解散清算的清算义务人，包括组成清算组、清算义务人的范围以及清算义务人不履行清算义务的责任以及救济途径。我国1986年《民法通则》没有对法人清算进行一般规定，但是在第47条和《民通意见》第59条规定了企业法人清算组的组成，《民通意见》第60条规定了企业法人清算组的职权。[①] 我国《公司法》在公司解散和清算一章中对此有较为详尽的规定。

本条规定分为三款，分别规定了三个方面的问题，重点理解如下：

其一，第1款规定是关于清算组的产生。法人解散一般应当清算，清算中应成立清算组织，清算组由清算义务人组成。因此，本款首先明确了清算义务的适用范围，即哪些情况下法人解散需要清算，哪些情况下不需要清算。根据本条规定，法人因合并或者分立而解散的，不需要清算。这主要是考虑到在法人合并和分立的情况下，存在权利义务的继受者，不清算也不会损害债权人的利益。关于清算义务存在除外范围在立法上也经历了一个认识的过程。[②] 除了合并或者分立的情形，是否还存在其他不需要清算的情形呢？其实是可以深究的。比如，公法人撤销后，命令撤销的机关会指定有关法人或者根据行政法律规定由其自身承担其权利义务，这时也不需要规定清算义务。因此，除外条款似乎有进一步抽象化的可能。其次，明确清算组的组成。由清算义务人及时组成清算组执行清算事务，具体包括成立清算组织和成立时间及时。清算义务人与清算组织不同，前者是清算义务的承担者，后者是对清算的专业化要求。所谓及时，根据《公司法》第183条的规定，成立清算组的期限要求是在解散事由出现15天内。

---

① 《民法通则》第47条规定："企业法人解散，应当成立清算组织，进行清算。企业法人被撤销、被宣告破产的，应当由主管机关或者人民法院组织有关机关和有关人员成立清算组织，进行清算。"《民通意见》第59条规定："企业法人解散或者被撤销的，应当由其主管机关组织清算小组进行清算。企业法人被宣告破产的，应当由人民法院组织有关机关和有关人员成立清算组织进行清算。"《民通意见》第60条："清算组织是以清算企业法人债权、债务为目的而依法成立的组织。它负责对终止的企业法人的财产进行保管、清理、估价、处理和清偿。"

② 中国法学会的《民法总则法专家建议稿》第66条第1款规定："法人解散的，应当依法进行清算。未经清算即终止的，由清算义务人承担责任"，没有规定"法人合并和分立的情形除外"。《民法总则》二审稿和三审稿也没有除外条款。

其二，第2款规定的是清算义务人的范围。鉴于法人解散后法人财产保管、清理、分配的紧迫性以及复杂性，法人执行机构在法人正常存续时承担经营义务，那么解散后承担清算义务具有正当性和便利性，因此理事、董事的执行机构应该作为当然清算义务人，即没有例外的情形时执行机构承担清算义务人，这可以保证从正当经营到清算之间顺利过渡。关于清算义务人，不同的国家有不同的规定。《德国民法典》第48条第1款规定，清算由董事会进行，也可以选任其他的人为清算人。[①]《日本民法典》第74条，理事为清算人。[②] 我国《民法典》立法过程中，清算义务人的范围也一再变化，从一审稿规定“法人的董事、理事等执行机构成员”，到最终确定为“法人的董事、理事等执行机构或者决策机构的成员”的过程中主要有以下变化：一是当然清算义务人，从执行机构变更为执行机构与决策机构成员并列；二是当然清算义务人更改依据删除了章程规定、权力机构决议，同时扩大了法律强制性规定的依据，从法律扩展到行政法规。该修改似乎值得斟酌。首先，当然清算人从执行机构变成了执行机构与权力机构成员并列，那么他们之间是否存在顺位呢？如果都没有进行清算，如何划分他们之间的责任；还有权力机构成员以何种方式介入，权力机构成员与权力机构还是有差别的，因此将权力机构成员列为清算义务人貌似尊重了股东但实质上可能导致更加混乱。其次，强化法律的特别规定似乎缺少正当性。因为法人解散在很多情况下是一个私法问题，行政法规的强行干预容易导致行政权力的滥用；至于公法人的解散和清算，可能需要行政法规的特别规定，但是这与权力机构的决议相似。

其三，第3款规定了清算义务人不履行清算义务的责任以及救济途径。[③] 责任和救济的规定对清算激励是非常必要的，如果没有责任约束，那么清算可能会无人负责。因此，清算义务人对自己未及时履行清算义务而造成损害要承担赔偿责任，根据法条，清算义务人承担损害赔偿责任需要具备以下条件：(1) 清算义务人未及时履行清算义务；(2) 造成损害；(3) 清算义务人未及时履行清算义务与造成损害之间存在因果关系。此外，法律还规定了清算救济措施，即当清算义务人不及时履行清算义务时，主管机关和利害关系人均有权向人民法院提出申

---

① 杜景林、卢谌：《德国民法典——全条文注释》，中国政法大学出版社2015年版，第46页。

② 渠涛：《最新日本民法典》，法律出版社2006年版，第20页。

③ 本款规定在立法过程中存在着不同的意见。中国法学会的建议稿第66条第1款后段仅仅规定“未经清算即终止的，由清算义务人承担责任，”只针对未经清算的情形规定了责任。一审稿第65条第3款规定“清算义务人怠于履行清算义务的，主管机关或者利害关系人可以申请人民法院指定有关人员组成清算组进行清算”，对于清算义务人怠于履行清算义务，仅规定了申请法院另行指定清算组的救济；二审稿将“怠于履行清算义务”修改为“未及时履行清算义务”，其余没有变动，修改后应该说救济的前提条件更容易触发。三审稿没有发生变化，但是最终通过的《民法总则》增加了清算义务人损害赔偿责任的规定，同时将另行指定清算组的救济规定后置。应该说，本条规定在立法过程中是在逐步完善的。

请，人民法院可根据申请重新指定有关人员组成清算组。此外，清算义务人是否应该承担损害赔偿责任需要考虑造成了清算法人的损害还是第三人的损害。如果造成了法人损害，清算义务人承担责任自不必说，但是如果清算义务人造成了第三人的损害，第三人可否主张以法人财产偿还呢？若损害是清算义务人为履行清算工作而导致的，似乎并无不可。

【关联规定】

《公司法》第183条，《事业单位登记管理条例》第13条第2款，《社会团体登记管理条例》第20条，《基金会管理条例》第18条第1款，《民办非企业单位登记管理暂行条例》第16条第2款，《宗教事务条例》第37条，《最高人民法院关于适用〈中华人民共和国公司法〉若干问题的规定（二）》第18条、第19条、第20条

（撰稿人：汪东丽）

第七十一条 【清算适用的法律依据】 法人的清算程序和清算组职权，依照有关法律的规定；没有规定的，参照适用公司法律的有关规定。

【释义】

本条规定了法人清算程序和清算组职权的法律适用。本条没有具体规定清算程序与清算组职权，而是指出确定清算程序与清算组职权的法律依据。本条条文表述简洁准确，体现了较高的立法技术。

我国《民法通则》没有对法人清算程序和清算组的职权作出一般规定，仅在第47条和《民通意见》第59条涉及企业法人清算组的成立，《民通意见》第60条规定了企业法人清算组的职权，[①] 相关规定都比较笼统和粗疏，且没有具体规定清算程序。

本条规定，应当理解以下几点：

---

① 《民法通则》第47条规定："企业法人解散，应当成立清算组织，进行清算。企业法人被撤销、被宣告破产的，应当由主管机关或者人民法院组织有关机关和有关人员成立清算组织，进行清算。"《民通意见》第59条规定："企业法人解散或者被撤销的，应当由其主管机关组织清算小组进行清算。企业法人被宣告破产的，应当由人民法院组织有关机关和有关人员成立清算组织进行清算。"《民通意见》第60条第1款规定："清算组织是以清算企业法人债权、债务为目的而依法成立的组织。它负责对终止的企业法人的财产进行保管、清理、估价、处理和清偿。"

其一，根据本条规定，对于法人的清算程序和清算组职权，有法律规定的，依照有关法律规定，包括依据《公司法》；没有法律规定的，参照《公司法》。

其二，应当注意衔接《公司法》等具体规定。

《公司法》对此有比较详尽的规定，其中第 184 条规定了清算组的职权①，一般限于清算目的范围；从第 183 条至第 188 条则依次规定了公司清算的程序②：第 183 条规定了清算组的成立，第 185 条规定了债权申报，第 186 条规定了清算方案的制订与财产的分配，第 187 条规定了破产清算的转入，第 188 条规定了清算结束后清算组的义务和法人终止的程序，上述规定即为法人清算的依据或者参照。

【关联规定】

《公司法》第 184 条至第 189 条

（撰稿人：汪东丽）

第七十二条　【清算中法人地位、清算后剩余财产的处理和法人终止】清算期间法人存续，但是不得从事与清算无关的活动。

法人清算后的剩余财产，按照法人章程的规定或者法人权力机构的决议处理。法律另有规定的，依照其规定。

---

① 《公司法》第 184 条规定：“清算组在清算期间行使下列职权：（一）清理公司财产，分别编制资产负债表和财产清单；（二）通知、公告债权人；（三）处理与清算有关的公司未了结的业务；（四）清缴所欠税款以及清算过程中产生的税款；（五）清理债权、债务；（六）处理公司清偿债务后的剩余财产；（七）代表公司参与民事诉讼活动。”

② 《公司法》第 183 条规定：“公司因本法第一百八十条第（一）项、第（二）项、第（四）项、第（五）项规定而解散的，应当在解散事由出现之日起十五日内成立清算组，开始清算。有限责任公司的清算组由股东组成，股份有限公司的清算组由董事或者股东大会确定的人员组成。逾期不成立清算组进行清算的，债权人可以申请人民法院指定有关人员组成清算组进行清算。人民法院应当受理该申请，并及时组织清算组进行清算。”第 185 条规定：“清算组应当自成立之日起十日内通知债权人，并于六十日内在报纸上公告。债权人应当自接到通知书之日起三十日内，未接到通知书的自公告之日起四十五日内，向清算组申报其债权。债权人申报债权，应当说明债权的有关事项，并提供证明材料。清算组应当对债权进行登记。在申报债权期间，清算组不得对债权人进行清偿。”第 186 条规定：“清算组在清理公司财产、编制资产负债表和财产清单后，应当制定清算方案，并报股东会、股东大会或者人民法院确认。公司财产在分别支付清算费用、职工的工资、社会保险费用和法定补偿金，缴纳所欠税款，清偿公司债务后的剩余财产，有限责任公司按照股东的出资比例分配，股份有限公司按照股东持有的股份比例分配。清算期间，公司存续，但不得开展与清算无关的经营活动。公司财产在未依照前款规定清偿前，不得分配给股东。”第 187 条规定：“清算组在清理公司财产、编制资产负债表和财产清单后，发现公司财产不足清偿债务的，应当依法向人民法院申请宣告破产。公司经人民法院裁定宣告破产后，清算组应当将清算事务移交给人民法院。”第 188 条规定：“公司清算结束后，清算组应当制作清算报告，报股东会、股东大会或者人民法院确认，并报送公司登记机关，申请注销公司登记，公告公司终止。”

清算结束并完成法人注销登记时，法人终止；依法不需要办理法人登记的，清算结束时，法人终止。

【释义】

本条规范的是清算中法人地位、清算后剩余财产的处理和法人终止。1986 年《民法通则》在第 40 条规定法人清算时，应停止清算范围外的活动，[①] 意指停止法人的业务活动及所有与清算无关的活动。《民通意见》第 60 条第 2 款规定："对于涉及终止的企业法人债权、债务的民事诉讼，清算组织可以用自己的名义参加诉讼。" 据此规定，清算组织具有诉讼主体的资格。清算时，法人并未消灭，此时的法人是否具有主体的资格，我国《民法通则》中没有明确规定。但是我国《公司法》186 条第 3 款规定"清算期间，公司存续，但不得开展与清算无关的经营活动……" 由此可见，《公司法》已明确规定，清算中公司具有法人资格，但是公司的行为能力受到限制。在立法过程中，从《民法典》总则编草案一审稿直到最终通过，本条规定几乎只字未改。[②] 可以推断，本条规范是在吸收公司法的立法经验基础上提取的公因式，已为大家所普遍接受。

本条规定，理解如下：

其一，法人清算是指法人解散时对法人各项事务和财产进行清理，并按照有关清偿程序清偿法人的债务，并将清算后的剩余财产依法进行处理。根据本条规定，法人在进入清算程序后，若非为清算所需，不得与他人产生新的法律关系。尽管如此，也有必要对清算中法人的主体资格和法律地位加以明确，世界各地有不同的立法例。如《瑞士民法典》将清算中的法人视同合伙。[③] 《德国民法典》第 49 条第 2 款规定："直至清算终结时至，以清算目的有此要求为限，社团视为继续存在。"[④] 与我国台湾地区"民法"第 40 条第 2 款的立场相似，即在清算目的所需范围内，法人在清算结束之前视为继续存在。[⑤]《日本民法典》认为法人至清算终结止，在清算的必要范围内，仍然视为原法人的存续。[⑥] 从我国《公司法》

---

① 《民法通则》第 40 条规定："法人终止，应当依法进行清算，停止清算范围外的活动。""终止"一词应属表述不准，不能认为清算时法人主体资格已消灭。

② 《民法总则》与草案一、二、三审稿相比，仅有个别文字的调整和标点的变化。

③ 龙卫球：《民法总论》，中国法制出版社 2002 年版，第 456 页。

④ 杜景林、卢谌：《德国民法典——全条文注释》，中国政法大学出版社 2015 年版，第 46 页。

⑤ 朱庆育：《民法总论》，北京大学出版社 2013 年版，第 431 页。

⑥ 《日本民法典》第 73 条规定："解散的法人，在清算目的范围内，至其清算完结，仍视为存续。" 参见渠涛：《最新日本民法典》，法律出版社 2006 年版，第 20 页。

到《民法典》来看，我国亦认可在清算期间法人与清算前法人的主体资格具有同一性，在清算期间法人仍然具有主体资格，仅限制其行为能力。

其二，本条第2款规范的是清算剩余财产的处理。法人清算后有剩余财产的，一般应以法人章程或者法人权力机构的决议处理。但是不同类型的法人处理规则也有所不同，对于营利性法人，一般应归于股东，但对于非营利性法人，根据《民法典》第95条的规定，禁止向出资人、设立人或者会员分配财产。

其三，本条第3款规定的是法人终止的程序。对于需要办理登记的法人而言，法人清算完结后须办理注销登记方可终止；对于不需要办理登记的法人而言，清算结束即告终止。有关法人终止的程序在本书第68条已有详细的阐述，此处不再赘述。

【关联规定】

《公司法》第188条，《事业单位登记管理条例》第13条第3款，《社会团体登记管理条例》第21条、第22条，《基金会管理条例》第18条第2款，《民办非企业单位登记管理暂行条例》第17条第1款，《宗教事务条例》第37条

（撰稿人：汪东丽）

第七十三条　【法人破产】 法人被宣告破产的，依法进行破产清算并完成法人注销登记时，法人终止。

【释义】

本条规范的是法人破产。根据本条规定，被宣告破产的法人，应进行破产清算，待清算完结并办理注销登记之后，法人才归于消灭。1986年《民法通则》没有关于法人破产的规定，在其第47条和《民通意见》第59条规定了企业法人的破产清算，[①] 主要是为了明确清算组织的组成。《公司法》第190条规定了公司破产清算，[②] 即依据企业破产的有关规定进行。《破产法》第121条至第124条规定

---

① 1986年《民法通则》第47条规定："企业法人解散，应当成立清算组织，进行清算。企业法人被撤销、被宣告破产的，应当由主管机关或者人民法院组织有关机关和有关人员成立清算组织，进行清算。"《民通意见》第59条规定："企业法人解散或者被撤销的，应当由其主管机关组织清算小组进行清算。企业法人被宣告破产的，应当由人民法院组织有关机关和有关人员成立清算组织进行清算。"

② 《公司法》第190条规定："公司被依法宣告破产的，依照有关企业破产的法律实施破产清算。"

了破产清算的具体程序。将法人清算分为破产清算与非破产清算，分别适用不同的程序，在理论与实务界似乎均无太多争议。《民法典》在立法过程中，对于本条规范的认识也比较一致。①

法人破产适用破产特别清算程序，在这种清算中，法人成员得到剩余财产分配的可能性已大为减少，甚至债权人的债权也往往不能得到全额清偿。不同于非破产清算中，法人的债权人往往全额受偿，法人成员有分到法人的剩余资产的机会。但是非破产清算过程中，如果发现法人有破产原因，即应转入破产清算。在破产清算中，法人仍然处于存续状态。法人人格并不消灭，待清算完毕，并办理注销登记之后，法人人格才归于消灭。

本条规定适用时，需要注意几点：

第一，适用范围。根据本法规定，需要办理注销登记的法人，应为营利性法人或者部分非营利性法人；但是依据《破产法》的规定，适用破产清算程序的应为公司法人。

第二，破产清算程序应依据破产法的规定进行。

第三，破产清算完成，应向法人登记机关申请办理注销登记，登记完成，法人终止。

【关联规定】

《企业破产法》第121条

（撰稿人：汪东丽）

第七十四条 【法人分支机构及其责任承担】 法人可以依法设立分支机构。法律、行政法规规定分支机构应当登记的，依照其规定。

分支机构以自己的名义从事民事活动，产生的民事责任由法人承担；也可以先以该分支机构管理的财产承担，不足以承担的，由法人承担。

【释义】

本条规范是关于法人的分支机构及其责任承担，规定了法人有依法设立分支

① 本条规定在一审稿、二审稿、三审稿和《民法总则》中可谓一字未变。

机构的权利、分支机构的法律地位和分支机构从事民事活动的后果。我国《民法通则》没有对法人分支机构进行规范，导致了司法实践中法律适用的困难。对法人的分支机构从事民事活动的法律后果进行规范，体现了《民法典》对实践中问题的回应[①]，是《民法典》立法上的进步之一。我国的立法实践中，《公司法》第14条有关于公司分支机构设立及法律地位的规定，即公司可以设立分公司；设立分公司，应当办理登记；分公司不具有法人资格，其民事责任由公司承担。《公司法》第192条至第197条关于外国公司的分支机构的规定，应该是我国关于法人分支机构最详尽具体的规定。

《民法典》总则编在立法过程中，中国法学会建议稿[②]和北航建议稿[③]都有关于法人分支机构的规定，从一审稿、二审稿到三审稿[④]，本条规范基本保持不变："法人可以依法设立分支机构。法律、行政法规规定分支机构应当登记的，依照其规定。分支机构以自己的名义从事民事活动，由此产生的民事责任由法人承担。"但是最终通过的《民法典》在第74条第2款增加了责任承担的选择性规定，即法人分支机构可以自己的财产先行承担责任，不足部分，由法人承担。这一规定在北航建议稿和法学会建议稿中都有近似的表述，不过《民法典》最终采用的表述，肯定了分支机构从事民事活动的后果由法人承担，同时允许以法人分支机构的财产承担责任，赋予当事人一定的选择权，更有利于保护债权人的利益。

法人的分支机构曾在我国民法理论和司法实践中引发了诸多争议。一般认为，法人的分支机构是法人在某一区域设置的、完成法人部分职能的业务活动机构。其中法人分支机构不享有法人资格，不能独立承担民事责任，[⑤] 比较容易达成共识；但是关于分支机构是否有权独立从事各种民事活动，是否能够成为其所参与的民事法律关系的当事人，以及是否能够成为民事诉讼的主体等问题上存在

---

① 周友军：《我国〈民法总则〉的成功与不足》，载http：//fzxc. fyfz. cn/b/916401法律博客，2017年3月19日访问。

② 中国法学会建议稿《中华人民共和国民法典·民法总则专家建议稿（提交稿）》，载http：//www. civillaw. com. cn/zt/t/？id＝30198，第66条规定："法人可以设立分支机构。分支机构应当依法办理登记手续。分支机构经法人授权，以自己的名义从事民事活动，由此产生的债务，以法人分支机构以及法人的财产承担。"

③ 北航法学院课题组（龙卫球主持）："北航建议稿"，载"中国法学创新网"，http：//www. fxcxw. org/index. php/home/xuejie/artindex/id/9597. html。第76条规定"法人可以依法设立分支机构。依法办理了登记的法人分支机构，在登记事项或法人授权的范围内，可以以自己的名义从事民事活动。法人分支机构以其财产先行承担债务，不足部分由法人承担。"

④ 《中华人民共和国民法总则（草案）》三次审议稿，载中国人大网，http：//www. npc. gov. cn/npc/lfzt/rlyw/node_ 30514. htm。

⑤ 江平、赵旭东：《法人分支机构法律地位析》，载《中国法学》1991年第5期。

分歧。[①] 目前，民法理论与司法实践中，基本已经对分支机构的法律地位、从事民事活动的后果有了比较统一的认识。法人的分支机构可以根据法人的授权在所属法人的业务范围内以自己的名义进行民事活动，可以作为诉讼主体，但是不具有法人资格，其财产不足以清偿债务时，由所属的法人以其财产承担责任。[②]

本规范在适用时，应注意以下几个方面的问题：

第一，法人分支机构的概念。

法人的分支机构是法人以自己的财产依法投资设立的根据法人的授权在所属法人的业务范围内以自己的名义进行民事活动的组织。

第二，法人有设立分支机构的权利。

法人可以依法设立分支机构，为任意性规范，是民法自治。

第三，法人分支机构须依法定的程序设立。需要办理登记的，应当申请办理登记。

第四，法人分支机构的法律地位和实施民事活动的后果。

法人分支机构不具有法人资格，没有独立的章程和财产，不能独立承担民事责任；但是法人分支机构可以自己的名义从事民事活动，其民事活动的效果由法人承担；法人分支机构也可以自己的财产承担责任，其财产不足以承担的，由法人承担。

【关联规定】

《公司法》第 14 条第 1 款，《商业银行法》第 17 条、第 22 条，《保险法》第 74 条，《社会团体登记管理条例》第 17 条，《基金会管理条例》第 12 条，《民办非企业单位登记管理暂行条例》第 13 条

（撰稿人：汪东丽）

---

① 有学者认为，法人的分支机构不能作为诉讼主体，代替法人进行诉讼。参见杨瑞玲、徐高：《法人的分支机构不能替代法人诉讼》，载《人民法院报》2001 年 9 月第 6 期。但是大多数学者认为法人的分支机构可以作为诉讼主体，作为诉讼主体并不代表法人可以不承担责任，无论分支机构是否作为诉讼主体，都由法人承担民事责任。参见江平、赵旭东：《法人分支机构法律地位析》，载《中国法学》1991 年第 5 期。

② 郭明瑞：《民法总则中非法人组织的制度设计》，载《法学家》2016 年第 5 期。

第七十五条　【法人设立行为的法律后果】设立人为设立法人从事的民事活动，其法律后果由法人承受；法人未成立的，其法律后果由设立人承受，设立人为二人以上的，享有连带债权，承担连带债务。

设立人为设立法人以自己的名义从事民事活动产生的民事责任，第三人有权选择请求法人或者设立人承担。

【释义】

本条规定了法人设立行为的法律后果，明确了设立中法人的行为效力与责任归属。我国过去立法对于设立中法人的法律地位没有明确的规定：1986 年《民法通则》中没有专门进行规范，但我国《公司法》在第二章第一节和第四章第一节对公司的设立行为进行了规范，其中第 94 条规定了股份有限公司发起人的责任。[①] 但《最高人民法院关于适用〈中华人民共和国公司法〉若干问题的规定（三）》的第 3 条，认可了发起人以设立中公司的名义对外签订合同，由成立后的公司承担合同责任。[②] 这一解释对设立中法人的行为效力与责任归属有了明确的规定，成为指导司法实践的重要依据。

《民法典》对设立中的法人进行规范，是对实践问题的回应[③]，也是《民法典》在立法上的成功之处。法人从开始筹备到最终成立需要一个过程，在筹建期间，需要为法人的成立进行一些民事活动。因此，发起人在法人的设立过程中会以自然人的名义或者以筹建的法人的名义进行民事活动。那么，设立中的法人处于什么地位呢？在立法过程中，《民法总则（草案）》一审稿第 71 条规定："设立人为设立法人从事的民事活动，其法律后果在法人成立后由法人承受；法人未成立的，其法律后果由设立人承受，设立人为二人以上的，承担连带责任"。二审

---

① 《公司法》第 94 条规定："股份有限公司的发起人应当承担下列责任：（一）公司不能成立时，对设立行为所产生的债务和费用负连带责任；（二）公司不能成立时，对认股人已缴纳的股款，负返还股款并加算银行同期存款利息的连带责任；（三）在公司设立过程中，由于发起人的过失致使公司利益受到损害的，应当对公司承担赔偿责任。"

② 《最高人民法院关于适用〈中华人民共和国公司法〉若干问题的规定（三）》第 3 条规定："发起人以设立中公司名义对外签订合同，公司成立后合同相对人请求公司承担合同责任的，人民法院应予支持。公司成立后有证据证明发起人利用设立中公司的名义为自己的利益与相对人签订合同，公司以此为由主张不承担合同责任的，人民法院应予支持，但相对人为善意的除外。"

③ 周友军：《我国〈民法总则〉的成功与不足》，载 http：//fzxc. fyfz. cn/b/916401 法律博客，2017 年 3 月 20 日访问。

稿增加了一款，即“设立人为设立法人以自己的名义从事民事活动产生的民事责任，第三人有权选择请求法人或者设立人承担”。最终《民法典》保留了两款的规定，并置于法人的一般规定中。

根据民法理论和实证法规定，法人的民事权利能力始于成立，设立中的法人是没有法人资格的，不能独立承担民事责任。例如，在德国民法上，通说认为设立中的法人虽然与之后成立的法人法律性质不同，但都是基于同一目的，组织本质是相同的，因而，设立中法人发生的权利义务，原则上应无须特别转移手续，而当然归于成立后的法人享有或者负担。当然设立中的法人必须是为法人设立而实施的法律关系才能直接转移给法人。此为德国民法上的“修正同体说”。[①] 我国民法理论界不少人倾向于共同行为说，认为设立法人的行为属于共同行为，是两个以上当事人内容相同、方向并行的意思表示达成一致方能成立的民事行为。[②] 例如，合伙协议、设立公司的协议等都属于共同行为，但二者在具体目的、主体、形式要件和适用的法律依据等方面多有不同。[③]

本条规定，重点理解如下：

其一，如何认定设立中法人的行为效力和责任归属。

我国《民法典》似乎倾向于修正同体说，第 75 条的规定认可了设立中法人与成立后法人之间的特殊关系，对于设立中法人和成立后法人的关系一般采用自动移转，并限定了设立中法人只能从事与其设立活动有关的民事活动，以个人名义实施的行为不当然自动转由法人承受其法律后果。但是对于法人未能成立的，其发起人为二人以上时，享有连带债权，承担连带债务，似乎亦符合共同行为说；但是发起人若为一人，则难有共同行为之称。

根据本条规定，如果法人成立，则发起人为设立法人而以法人名义实施的行为自动转移，由成立后的法人承担；但是发起人以自己的名义实施的活动不能自动转移，第三人可以选择或者发起人承担。如果法人未成立，其法律后果由设立人承受，二人以上的，视为合伙关系，承担连带责任。

其二，本法条在适用中还需要明确以下两个问题：

（1）法人成立时，发起人以法人的名义实施的民事活动，其法律后果由法人承担；发起人以自己的名义实施的民事活动，其法律后果由法人或者发起人承担，第三人可以行使选择权。此处有疑问的是，第三人是否可以主张自然人和法人共同承担责任，或者主张他们承担连带责任。从法条本身意在保护债权人的立

① 龙卫球：《民法总论》，中国法制出版社 2002 年版，第 404 页。

② 王雷：《我国民法典编纂中的团体法思维》，载《当代法学》2015 年第 4 期。

③ 王利明：《合同法分则研究（下卷）》，中国人民大学出版社 2013 年版，第 431～432 页。

法意图来看，似乎并无不可。

（2）法人未能有效成立时，其法律后果由发起人承担，无论其是以法人的名义实施的行为还是以自然人的名义实施的行为；当发起人为二人以上时，应视为合伙关系，享有连带债权，负有连带债务。

其三，就本规范而言，法律没有将设立中的法人归于非法人组织，尽管就其行为效果与责任承担而言，视为非法人组织似乎并无不当，[①] 但是，设立中的法人毕竟只是一个法人的过渡阶段，难以称为组织，置于法人一般规定部分似乎更为妥当。

【关联规定】

《公司法》第94条，《最高人民法院关于适用〈中华人民共和国公司法〉若干问题的规定（三）》第2条至第5条

（撰稿人：汪东丽）

第二节　营利法人

第七十六条　【营利法人的定义和范围】以取得利润并分配给股东等出资人为目的成立的法人，为营利法人。

营利法人包括有限责任公司、股份有限公司和其他企业法人等。

【释义】

本条是对营利法人概念的界定，明确营利法人是以取得利润并分配给股东等出资人为目的的法人，同时列举了几种重要的营利法人类型，包括有限责任公司、股份有限公司以及其他企业法人等。

法人制度是《民法典》编纂过程中的一个重点和难点，学界争议极大，其中，有关法人分类模式的争议尤其激烈。从世界范围来看，法人分类也不存在一

① 郭明瑞教授认为设立中的法人属于常见的非法人组织。参见郭明瑞：《民法总则中非法人组织的制度设计》，载《法学家》2016年第5期。

个统一的模式。例如，在大陆法系内部，各国和一国的不同历史时期对于法人如何分类就极其不一致。① 考察大陆法系主要国家的民法典的相关规定可知，大陆法系国家制定的民法典比较倾向于社团法人与财团法人的分类，如《德国民法典》《日本民法典》《瑞士民法典》等。但是之后却出现了以民法典之外的特别立法，促进一种营利法人和非营利法人分类发展，抽空甚至替代民法典中的社团法人和财团法人的分类架构的情况，旨在满足现实中法人多元化的需要。与此不同的是，在英美法系中，由于没有采取大陆法系中财团法人的概念，所以也就不存在严格的财团法人和社团法人的分类体例，营利法人和非营利法人的分类自然而然就得到广泛采用。

早前，基于历史原因和改革开放的现实，我国《民法通则》将法人作企业、机关、事业单位与社会团体之四分。② 根据《民法通则》第三章的有关规定，我国法人主要分为企业法人与非企业法人。企业法人是指以营利为目的，独立从事商品生产和经营活动的法人。依据不同标准，企业法人又可以做以下区分：一是根据投资主体和所有权归属的不同，将企业法人分为全民所有制企业法人、集体所有制企业法人、私营企业法人以及中外合资经营企业法人、中外合作企业法人、外资企业法人；二是根据企业法人的组织形式，可以将企业法人分为公司法人与非公司法人。至于非企业法人，则是指以从事国家管理、社会公益事业等非生产经营活动为目的的法人组织，主要包括三类：其一，机关法人，即依法享有国家赋予的各种权力，并因行使职权的需要而享有相应的民事权利能力和民事行为能力的国家机关。其二，事业单位法人，是指从事非营利性的、社会各项公益事业的法人，包括从事文化、教育、卫生、体育、新闻等公益事业的单位。其三，社会团体法人，是指自然人或法人自愿组成，从事社会公益、文学、艺术、学术研究、宗教等活动的法人。

多年来，学者对于《民法通则》的这一分类方法多有批评质疑。按照《民法典》两步走的部署，在第一步《民法总则》制定过程中，许多学者都认为应该改变《民法通则》的四分法。例如，有学者认为，《民法通则》的四分法起码存在以下缺陷：其一，没有明确公法人、私法人的分类，减弱了民法的社会功能。其二，在市场经济条件下，决定法人分类的标准不是所有制身份，而应是法人的组织结构和运行机制。其三，事业单位法人包括的类型过于宽泛，既有国家拨款成立的兼有部分行政管理职能的公法人，又有依国家行政命令组建的公益法人，还

① 蒋学跃：《法人制度法理研究》，法律出版社 2007 年版，第 243 页。

② 朱庆育：《民法总论》，北京大学出版社 2013 年版，第 421 页；蔡立东：《法人分类模式的立法选择》，载《法律科学》2012 年第 1 期。

有由自然人或法人组建并办理登记成立的私法人。这些法人没有按照其特征抽象出同一类别的因素和基础。其四，没有确认财团法人，不能容纳我国现有的法人类型，如基金会、寺庙、捐助财产构成的各类组织等。① 此外，有学者认为，《民法通则》的四分法还存在以下问题：首先，企业不是一个完全的法律概念，其内涵和外延均不清晰，难以从法律上予以界定。例如，有观点认为，企业是从事生产经营活动，以营利为目的的经济组织，强调企业的营利属性。但也有观点认为，企业就是通过契约来联结各生产要素、依靠权威进行协调管理、存在内部明确分工、为交易而生产的专业化团队组织，注重企业的组织属性。其次，企业的主客体属性仍有待探讨，不宜将其作为法人基本分类的标准。经济学界常常将企业视为权利客体，而民法理论也认为企业可以作为企业主财产的综合体，可以进行转让、出租、继承和抵押。在企业被普遍视为一种客体的情况下，将其纳入民事主体并作为法人基本分类的标准，显然也是存在问题的。最后，以企业法人与非企业法人作为法人的基本分类，难以建立起科学、合理的规范体系。一方面，目前纳入非企业法人的各类法人之间存在巨大差异，机关法人、事业单位法人、基金会法人、社会团体法人等在组织结构、设立依据、设立原则等方面均无法统一，难以形成统一适用于各类非企业法人的一般规则；另一方面，即使在企业法人内部，我国目前也存在公司法人与非公司法人两种类型，尚未形成统一的规范机制。②

随后，在法人分类模式的选择上，学界争议主要是围绕究竟是采用社团法人与财团法人的分类，还是采纳营利法人与非营利法人的分类展开。在所有的不同版本的建议稿中，“北航建议稿”明确建议，在民商合一、兼顾我国历史以及更进一步市场化的基础上，采取了营利法人和非营利法人的基本分类，其中营利法人作为独立一节并作为典型法人加以突出，不过考虑到非营利法人作为统一概念使用还有一定距离，建议将非营利法人分为两个部分，即公益法人和基金会。③ 从《民法总则》草案来看，自第一次审议稿开始就采用营利性法人与非营利性法人的分类，后两次审议稿也都坚持了这一做法。对此，全国人大常委会法制工作委员会主任李适时在《关于〈中华人民共和国民法总则（草案）〉的说明》中指出：“一是营利性和非营利性能够反映法人之间的根本差异，传承了民法通则按照企业和非企业进行分类的基本思路，比较符合我国的立法习惯，实践意义也更为突出；二是将非营利性法人作为一类，既能涵盖事业单位法人、社会团体法人

---

① 马骏驹：《法人制度的基本理论和立法问题之探讨（上）》，载《法学评论》2004 年第 4 期。

② 谭启平：《中国民法典法人分类和非法人组织的立法构建》，载《现代法学》2017 年第 1 期。

③ “北航建议稿”第三章。

等传统法人形式，还能够涵盖基金会和社会服务机构等新法人形式，符合我国国情；三是适应改革社会组织管理制度、促进社会组织健康有序发展的需求，创设非营利性法人类别，有利于健全社会组织法人治理结构，有利于加强对这类组织的引导和规范，促进社会治理创新。”① 从最终通过的《民法总则》来看，我国在法人分类模式的选择上有了重大转向，将法人分为营利法人、非营利法人以及特别法人。此后，2020 年 5 月颁布的《民法典》也延续了这一分类。

当然，对于营利法人和非营利法人的分类，学界也有不同声音。有学者认为这是总则在法人制度上“最重要的突破和创新”，并赞扬“这一分类概念和体系体现了法典化立法应有的理性，直接反映了我国的现实国情，表现出鲜明的中国特色，既实现了对《民法通则》法人类型概念的突破和创新，又保持了我国法人制度立法的连续性和稳定性”。② 但也有学者认为：“营利法人和非营利法人的这种分类方式不够清晰，现实生活中的一些情况很难照顾到，如合作社是营利性法人还是非营利性法人，就说不清楚。”③ 此外，有学者更是详细论述了营利法人与非营利法人的分类存在的诸多不足：其一，从字面上看，营利法人与非营利法人似乎简单明确，但如何解释“营利”“非营利”一直以来都存在争议，分类方法本身并不清晰。其二，立法体系衔接难度大，一方面，关于营利法人的规定，难以与其他商法规则相协调；另一方面，关于非营利法人的规定，无法抽象出统一的总则性条款，法律规范意义和引领意义极其有限。其三，规范效果存疑，不仅难以实现引导和规范功能，还可能成为我国事业单位改革和发展的制度障碍。其四，价值理念定位偏差，法人分类是我国民商事立法的顶层设计，应从法人制度的价值与理念出发。④ 基于此，有学者直言：“传统民法典上的社团与财团分类，能够更好地体现民商合一的基本原则，更适合构建法人的基本规则（提取法人之公因式），更能够体现法人‘组织体’的基本特征，能够更好地与民法的‘意思自治’与‘过错归责’原则相契合，我国民法典应以社团法人与财团法人的基本分类作为构建法人制度的基础”。⑤ 我们认为，《民法典》关于法人的分类方法不以成立基础为依据而是立足目的基础，不仅符合我国法人制度的实际需要和发

---

① 《关于〈中华人民共和国民法总则（草案）〉的说明》，载 http：//www. Npc. gov. cn/ npc/lfzt/rlyw/2016 -07/05/content_ 1993422. htm，2017 年 3 月 20 日访问。

② 赵旭东：《民法总则草案中法人分类体系的突破与创新》，载《中国人大》2016 年第 14 期。

③ 蒲晓磊：《民法总则草案法人分类方式存争议，业内人士称要考虑现实生活不同群体利益诉求》，载《法制日报》2016 年 8 月 2 日。

④ 谭启平：《中国民法典法人分类和非法人组织的立法构建》，载《现代法学》2017 年第 1 期。

⑤ 李永军：《以“社团法人与财团法人”的基本分类构建法人制度》，载《华东政法大学学报》2016 年第 5 期。

展，更重要的是体现了从注重概念形式到注重组织功能的一种时代趋势，以更加开放和融合的特点体现了明显的进步性，也为更好吸收和适应法人的开放发展奠定了类型框架基础。

本条规定，重点理解如下：

其一，营利法人指的是以取得利润并分配给其股东等出资人为目的的法人。对于营利法人的判断，从《民法典》第76条第1款规定来看，显然是采纳了营利法人的判断需从追求利润的目的和实际分配利润的机制两个方面出发。

学界此前存在不同争议，有学者认为，营利法人的判断需依据法人的事业目的来判断，事业目的为营利的，则为营利法人；有学者则认为，营利法人不仅事业目的为营利，还必须分配其所得之利益于法人成员，如此才算营利。[①] 本条最后采取了第二种更加综合的办法，一方面，必须以取得利润为法人的事业目的；另一方面，必须将所得利润分配给其成员。两个要件，缺一不可。我们赞同这种观点，因为是否从事经营活动并谋取经济利益，并非营利法人的根本特征。例如，有些非营利法人，为实现其公益目的，也必须要从事一些经营活动，谋取经济利益，但这并不能就此将其认定为营利法人。相反，有些营利法人，外部事业具有部分甚至全部公益性，但仍然从事经营活动并分配利润，如“营利性民办学校”“公益性”“国有企业”。[②] 因此，营利法人判断的关键不仅在于事业目的是否追求营利，还在于营利所得之归属，即是否分配给法人成员。

其二，与此同时，该条在第2款也列举了几种重要的营利法人类型，包括有限责任公司、股份有限公司和其他企业法人等，这种情况属于一种典型化列举。营利法人只是一个目的概称，本节关于营利法人的一般规范反映了相关法人的共性和规范要求，但是营利法人最终要以法人类型的法定原则体现为具体类型，这些需要通过特别法加以具体规定。但是本款的类型列举规定构成了一种类型立法授权，具有转介其他法律的意义，这又使得营利法人的范畴具有开放包容的特征。例如，司法实践中，法院认为，股份合作制是人的劳动合作与资本合作结合的企业形态，在没有法律明确规定的情形下不宜直接参照适用公司法及相关司法解释，但股份合作制企业属于营利法人的范畴，可以适用民法总则的相关规定。[③]

---

① 梁慧星主编：《中国民法典草案建议稿附理由》，法律出版社2004年版，第99～100页。

② 张力：《法人功能性分类与结构性分类的兼容解释》，载《中国法学》2019年第2期。

③ 参见北京市高级人民法院（2018）京民终501号民事判决书。

【关联规定】

《公司法》第2条，《中外合作经营企业法》第2条第2款，《中外合资经营企业法》第1条，《外资企业法》第8条

（撰稿人：龙卫球 郑志峰）

第七十七条 【营利法人的成立原则】 营利法人经依法登记成立。

【释义】

本条主要解决的是营利法人的成立原则问题。

依据该条规定，营利法人成立上采取登记形式，必须要经依法登记方能成立。此前，我国《民法通则》对于企业法人也规定必须要经过登记方能成立，第41条规定："全民所有制企业、集体所有制企业有符合国家规定的资金数额，有组织章程、组织机构和场所，能够独立承担民事责任，经主管机关核准登记，取得法人资格。在中华人民共和国领域内设立的中外合资经营企业、中外合作经营企业和外资企业，具备法人条件的，依法经工商行政管理机关核准登记，取得中国法人资格。"此外，对于公司这一主要的营利法人类型，《公司法》第6条也规定："设立公司，应当依法向公司登记机关申请设立登记。符合本法规定的设立条件的，由公司登记机关分别登记为有限责任公司或者股份有限公司；不符合本法规定的设立条件的，不得登记为有限责任公司或者股份有限公司。法律、行政法规规定设立公司必须申报经批准的，应当在公司登记前依法办理批准手续。公众可以向公司登记机关申请查询公司登记事项，公司登记机关应当提供查询服务。"由此可见，对于公司等营利法人的成立，法律通常都设置了登记这一要件。当然，立法者之所以不厌其烦地重申法人的设立条件，不能解释为立法技术的絮絮叨叨，而应解释为立法者对于法人设立条件的高度关注，以及对法人"优生优育"的孜孜以求。[①] 显然，《民法典》第77条继承了这一传统，对于营利法人的成立设置了登记这一强制性要件。根据该条规定，所有的营利法人都必须经过登记，没有登记的，不能取得民事主体资格。

---

① 刘俊海：《现代公司法》（上册），法律出版社2015年版，第86页。

该条规定，应该注意以下几点解读：

第一，所有的营利法人都必须经过登记方能成立，没有经过登记的，不能成立。

通常来说，营利法人的设立需要经过以下程序或阶段：(1) 订立营利法人设立协议；(2) 签署法人章程；(3) 认缴出资；(4) 聘请验资机构出具验资证明；(5) 确定法人机关及其组成人员；(6) 办理登记前置的行政审批程序；(7) 前往登记机关申请办理登记。① 其中，办理登记是营利法人设立的必备程序，申请人在完成前面几个程序后，需向登记机关申请登记，登记机关对申请人的设立申请进行审核，在满足条件的情况下予以登记，如此一来，营利法人才算成立。

此外，需要注意的是，《民法典》第 77 条的规定还涉及法人设立模式的问题。法人的设立模式，主要是指法人设立的基本依据以及基本方式。对于法人的设立，各国有不同的选择模式。概括而言，从罗马社会到近代工业社会，法人的设立模式包括特许主义、自由主义、许可主义、准则主义以及强制设立主义等。具体来说：其一，特许主义，主要是在法人制度早期，国家为了对法人施行严密控制，对于法人的设立，要求必须经君主之命令或议会之立法。其二，自由主义，即只要具备了法人设立的规范要件，即宣告成立，无须其他要件，即可取得法人主体地位。其三，许可主义，法人在成立过程中，除符合法律所列举的一般要件外，还需要获得有关机构的许可。这种模式下，法人成立与否常常与有关机构的自由裁量有关。其四，准则主义，法律以一般规则的方式列举法人成立的诸多要件，符合该要件即可成立。同时，为不使成立条件流于形式，通常还配以登记制度。其五，强制设立主义，主要用于公法人的设立，即依据法律规定强制设立的模式。② 考察《民法典》第 77 条，同时结合我国《公司法》等相关规定可知，我国对于营利法人的设立以准则主义为原则，例外采用许可主义。具体来说，对于有限责任公司、股份有限公司等营利法人，一般采用准则主义，即由法律预先规定公司设立的一般条件，当符合这些条件时，民事主体可以直接向登记机关申请登记，无须有关机关的审批。③ 但在例外情况下，特定类型的营利法人需遵循许可主义，即必须先经过有关机关的审批，然后才能登记设立。例如，对于国家独资的非公司形式的国有企业，根据我国《企业法人登记管理条例》第 15

---

① 当然，股份有限公司的设立方式有发起设立和募集设立，在募集设立模式下，股份有限公司的设立程序大体分为：(1) 签订发起人协议；(2) 起草公司章程；(3) 认缴发起人股份；(4) 对外募集股份；(5) 聘请验资机构出具验资证明；(6) 召开公司创立大会，通过公司章程，选举董监；(7) 办理登记前置的行政审批程序；(8) 向登记机关申请办理登记。

② 朱庆育：《民法总论》，北京大学出版社 2013 年版，第 423 ~ 425 页。

③ 梁慧星主编：《中国民法典草案建议稿附理由》，法律出版社 2004 年版，第 101 页。

条的规定，必须要先经过有关机关批准，随后才能向登记机关提请登记。再比如，根据《证券法》的相关规定，设立证券公司应当取得证券监管机关的批准；根据《商业银行法》的相关规定，设立商业银行应当取得银行业监督机关的批准。登记机关在审查此类营利法人的设立登记申请时，必须审查是否按照规定取得有关部门的批准。

第二，具体的登记程序。营利法人的登记涉及登记申请人、申请登记文件等具体事宜。

参考对作为营利法人代表的公司登记进行规制的《公司登记管理条例》的相关规定，需注意以下事项：其一，登记申请人。不同类型的营利法人，其申请登记的主体可能存在差别。例如，根据《公司法》第 29 条规定，有限责任公司由全体股东指定的代表或者公司委托的代理人向登记机关申请办理登记；而根据《公司法》第 83 条第 3 款规定，股份有限公司应由董事会向登记机关申请登记。其二，申请登记的文件。营利法人向登记机关申请登记，必须要提供相关文件。根据《公司登记管理条例》第 20 条的规定，有限责任公司申请登记必须提供以下文件：（一）公司法定代表人签署的设立登记申请书；（二）全体股东指定代表或者共同委托代理人的证明；（三）公司章程；（四）股东的主体资格证明或者自然人身份证明；（五）载明公司董事、监事、经理的姓名、住所的文件以及有关委派、选举或者聘用的证明；（六）公司法定代表人任职文件和身份证明；（七）企业名称预先核准通知书；（八）公司住所证明；（九）国家工商行政管理总局规定要求提交的其他文件。此外，法律、行政法规或者国务院决定规定设立有限责任公司必须报经批准的，还应当提交有关批准文件。而对于股份有限公司，根据《公司登记管理条例》第 21 条规定，发起设立的股份有限公司通常需要提交以下文件：（一）公司法定代表人签署的设立登记申请书；（二）董事会指定代表或者共同委托代理人的证明；（三）公司章程；（四）发起人的主体资格证明或者自然人身份证明；（五）载明公司董事、监事、经理姓名、住所的文件以及有关委派、选举或者聘用的证明；（六）公司法定代表人任职文件和身份证明；（七）企业名称预先核准通知书；（八）公司住所证明；（九）国家工商行政管理总局规定要求提交的其他文件。对于以募集方式设立股份有限公司的情形，除上述文件外，还应当提交创立大会的会议记录以及依法设立的验资机构出具的验资证明；倘若以募集方式设立股份有限公司公开发行股票的，还应当提交国务院证券监督管理机构的核准文件。最后，登记事项。当申请人申请设立登记，登记机关审核后予以登记时，究竟需要登记哪些事项呢？对此，参考《公司登记管理条例》第 9 条的规定，起码包括：（一）名称；（二）住所；（三）法定代表人姓名；（四）注册资本；（五）公司类型；（六）经营范围；（七）营业期限；（八）发起人的姓名或者名称。

【关联规定】

《公司法》第 6 条

（撰稿人：郑志峰）

第七十八条 【营利法人的营业执照及其成立日期】 依法设立的营利法人，由登记机关发给营利法人营业执照。营业执照签发日期为营利法人的成立日期。

【释义】

本条主要解决的是营利法人的营业执照及其成立日期的问题。对于依法设立的营利法人，由登记机关颁发营业执照，同时营业执照的签发日期就是营利法人的成立日期。

根据《民法典》第 77 条规定可知，营利法人的设立必须要经过登记。而在登记机构同意申请人设立登记申请之后，还应当由登记机关颁发营业执照。只有给营利法人颁发了营业执照，营利法人才算是实实在在地成立了，才算是真正取得了进行营利活动的资格。例如，对于公司这一营利法人类型，《公司法》第 7 条第 1 款规定："依法设立的公司，由公司登记机关发给公司营业执照。公司营业执照签发日期为公司成立日期。"显然，《民法典》第 78 条延续《公司法》第 7 条第 1 款的精神，站在营利法人的层面，对营利法人营业执照的颁发问题做了规定。依据该条规定，有限责任公司、股份有限公司等营利法人依法设立时，由登记机关颁发营业执照，同时营业执照的签发日期就是法人正式成立的日期。

对此，我们从以下几个方面来理解：

第一，依法设立的营利法人，由登记机关颁发营业执照。营业执照是工商行政管理机关发给工商企业、个体经营者的准许从事某项生产经营活动的凭证，其格式由国家工商行政管理局统一规定。在申请人依法向登记机关申请设立登记营利法人后，登记机关需要对设立登记的申请进行审核，对于符合登记条件的，应当予以登记，并颁发营业执照；对于不符合登记条件的坚决不予登记，当然也就不能颁发营业执照。对此，我们需要注意的是，法人的成立与设立是不同的，法人设立表现为创建法人的一系列法律行为，而法人成立则表现为一种法律上的事实状态。此外，在我国工商行政管理上，营业执照分企业法人营业执照和营业执照两种，前者是指具有法人资格的企业的营业执照，后者是指没有法人资格的企业或经营者的营业执照，如个体工商户的营业执照、合伙企业的营业执照等。[①]通常来说，登记机构颁发给营利法人的为企业法人营业执照。

第二，营业执照的签发日期为营利法人的成立日期。根据该条规定，我国法人登记与营业登记具有同一性，营利法人在取得营业执照的同时宣告成立。由此，营业执照本身也具备两个方面的效力：一是具有证明法人成立的效力，即表明法人取得了独立的民事主体资格；二是具有证明法人取得营业资格的效力，即法人在取得营业执照后，可以开始着手下一步的经营准备活动，包括开立银行账户、申请纳税登记以及展开经营活动。[②] 对此，《公司登记管理条例》第 25 条明确规定："依法设立的公司，由公司登记机关发给《企业法人营业执照》。公司营业执照签发日期为公司成立日期。公司凭公司登记机关核发的《企业法人营业执照》刻制印章，开立银行账户，申请纳税登记。"与此同时，《公司登记管理条例》第 3 条还规定："公司经公司登记机关依法登记，领取《企业法人营业执照》，方取得企业法人资格。自本条例施行之日起设立公司，未经公司登记机关登记的，不得以公司名义从事经营活动。"由此可知，营利法人只有取得营业执照，才能以法人的名义从事经营活动。

第三，营业执照应当载明的事项。营业执照记载了法人诸多重要信息。《公司法》第 7 条第 2 款就规定："公司营业执照应当载明公司的名称、住所、注册资本、经营范围、法定代表人姓名等事项。"具体来说，营业执照记载的事项包括：其一，名称。营利法人的名称是其区别其他民事主体的标志，具有身份识别的重要作用。凡是营利法人都要有自己的名称，营业执照上需要载明营利法人的名称，以此确定权利义务的归属。对于名称的选择，营利法人有自主权，可以由发起人依据自己的智慧来选择。但出于规范目的，法律对于营利法人名称在选择上有一定限制。根据《公司登记管理条例》第 11 条、《公司法》第 8 条等规定，一个法人只能使用一个名称，且特定类型的营利法人（如有限责任公司），在名称中必须标明"有限责任公司"或"有限公司"的字样。其二，住所。住所的确定对于营利法人来说十分重要，是法人发生法律关系的中心地域，对于确定债务的履行地、登记地管辖地、诉讼的管辖法院、法律文书送达地以及涉外民事关系

---

① 徐胜强、王少禹编著：《公司法原理精要与实务指南》，人民法院出版社 2008 年版，第 25 页。
② 时建中主编：《公司法原理精解、案例与运用》，中国法制出版社 2012 年版，第 15 页。

的准据法都有重要意义。其三，资本情况。包括注册资本和实收资本。其中，注册资本主要是指法人成员认缴的出资额的总和；而实收资本，是指法人在登记时已经收到的资本。其四，经营范围。既然营利法人是以从事营利活动并将利润分配给成员的法人，那么就需要明确其经营范围，如此也有利于相对人了解法人的经营情况，有利于行政机关依法实施监督管理。其五，法定代表人。根据《公司法》第13条的规定，公司法定代表人主要依照公司章程的规定，由董事长、执行董事或者经理担任，并依法登记。此外，营业执照还具有公示法人权利能力和行为能力的效力和公信力，其记载的事项，非经依法变更，不得对抗善意第三人。

【关联规定】

《公司法》第7条

（撰稿人：郑志峰）

第七十九条　【营利法人的法人章程】设立营利法人应当依法制定法人章程。

【释义】

本条是关于营利法人章程制定的规定。

法人章程是指规范法人的宗旨、业务范围、资本状况、经营管理以及法人解散等事宜的准则，是法人组织和活动的基本准则。从各国情况来看，要求营利法人制定法人章程是各国通行的做法。例如，对于公司，无论是英美法系还是大陆法系国家的公司法律中，都有关于公司章程的规定；无论是巨型公司还是中小型公司，甚至是一人公司，在公司成立之时都必须依法制定章程。公司章程的规则涵盖了公司从设立、运营到解散的方方面面，在某种意义上来说，公司章程比《公司法》更为关键。[①]

从法人章程本身来看，其主要有以下特点：第一，法定性，即法人章程是由法人依法制定的法律文件，是法人的“宪章”，其制作、内容、形式都必须要符合《民法典》等法律法规的规定。第二，公开性，法人章程一经依法制作并登

---

① 常健：《论公司章程的功能及其发展趋势》，载《法学家》2011年第2期。

记，必须以法定方式予以公开，置于规定的场所供法人的成员查阅，并方便社会公众查阅和了解。第三，真实性，法人章程是反映法人基本情况的法律文件，是调整成员与法人、成员与成员以及法人与第三人的重要依据，所以，法人章程的内容必须是真实的，否则将承担相应的法律责任。第四，自治性，法人章程是发起人或成员共同制定的，是成员们共同意思自治的结果，体现了极大的自治特性。[①] 显然，《民法典》意识到章程对于法人的重要性，第79条明确规定营利法人必须要制定法人章程。

本条规定，重点应做以下理解：

其一，所有的营利法人必须要制定法人章程。对于营利法人来说，制定法人章程是各国通行的做法。在英美法系国家，主要是将章程分为两部分，英国称之为公司组织大纲和组织章程，美国称之为公司设立章程和公司章程细则。其中，英国的公司组织大纲和美国的公司设立章程被称为公司的外部宪章，主要调整公司的外部关系；而英国的公司组织章程和美国的章程细则则被称为内部宪章，主要调整公司和股东、股东和股东之间的内部权利、义务关系。在大陆法系国家，大多没有内部与外部章程的区分，公司章程通常由一份统一文件构建。[②] 我国《公司法》也没有区分内部与外部章程，延续了大陆法系的传统。《公司法》第11条："设立公司必须依法制定公司章程。公司章程对公司、股东、董事、监事、高级管理人员具有约束力。"依据该条规定，公司必须制定自己的章程。《民法典》承续了这一精神，要求所有的营利法人也都必须制定法人章程。

其二，法人章程记载的事项。关于营利法人的章程应当规定哪些内容，《民法典》并没有给出明确的答案。从《公司法》等相关规定来看，法人章程主要将记载事项分为强制性记载事项与任意性记载事项。前者非经记载，章程不发生效力；后者一经记载，就发生法律约束力。[③] 以公司章程记载事项为例，《公司法》第25条规定："有限责任公司章程应当载明下列事项：（一）公司名称和住所；（二）公司经营范围；（三）公司注册资本；（四）股东的姓名或者名称；（五）股东的出资方式、出资额和出资时间；（六）公司的机构及其产生办法、职权、议事规则；（七）公司法定代表人；（八）股东会会议认为需要规定的其他事项。股东应当在公司章程上签名、盖章。"同时，《公司法》第81条规定："股份有限公

---

① 徐胜强、王少禹编著：《公司法原理精要与实务指南》，人民法院出版社2008年版，第47页。

② 施天涛：《公司法论》，法律出版社2014年版，第126~127页。

③ 此外，有学者认为，法人章程记载事项可以分为三类：一是强制性记载事项，即法律规定必须予以记载的事项；二是推荐记载事项，立法者明文列举，允许章程选择的事项；三是选择记载事项，即法律允许章程根据意思自治原则自由记载的事项。参见刘俊海：《现代公司法》（上册），法律出版社2015年版，第140页。

司章程应当载明下列事项：（一）公司名称和住所；（二）公司经营范围；（三）公司设立方式；（四）公司股份总数、每股金额和注册资本；（五）发起人的姓名或者名称、认购的股份数、出资方式和出资时间；（六）董事会的组成、职权和议事规则；（七）公司法定代表人；（八）监事会的组成、职权和议事规则；（九）公司利润分配办法；（十）公司的解散事由与清算办法；（十一）公司的通知和公告办法；（十二）股东大会会议认为需要规定的其他事项。”根据《公司法》的这两条规定，营利法人制定的法人章程起码应该规定以下内容：法人名称、住所；法人经营范围；法人资本情况；法定代表人；法人的机构等。

其三，法人章程的效力问题。法人章程的效力问题包括两个具体问题：一是法人章程何时生效的问题；二是法人章程对何人产生效力的问题。对于法人章程何时生效，学界有不同看法：第一种观点认为，法人章程应当自成员签字时生效；第二种观点认为，法人章程应当自法人登记注册时生效；第三种观点认为，法人章程的生效问题应当区分来看，章程中对于调整发起设立法人的事宜，应适用于合同之一般规定，自签字盖章时成立生效，至于调整尚未成立的法人事宜，则自法人成立时生效；第四种观点认为，应当区分不同法人的性质与设立方式，对于有限责任公司和以发起设立的股份有限公司，公司章程应当自全体股东或者发起人签名、盖章时生效；对于募集方式设立的股份有限公司，则应当从创立大会上通过时生效。[①] 对此，我们应当区分不同主体加以区分，对于发起人，法人章程自他们签订之日起生效；对于法人本身，法人章程自法人成立之日起生效；对于董事、监事以及其他高级管理人员，自他们开始任职时起生效。[②]

而对于法人章程的对人效力问题，也需要区分两个层面：一是对内效力，法人章程作为法人组织与活动的根本准则当然对法人具有约束力，是法人成员自治的产物，对法人以及成员、执行机构、监督机构以及其他高级管理人员当然具有约束力。法人以及成员、执行机构、监督机构以及其他高级管理人员均可以依据法人章程来主张权利，提起诉讼或仲裁。例如，《公司法》第 22 条第 2 款规定：“股东会或者股东大会、董事会的会议召集程序、表决方式违反法律、行政法规或者公司章程，或者决议内容违反公司章程的，股东可以自决议作出之日起六十日内，请求人民法院撤销。”这说明法人章程具有可诉性。二是对外效力，登记在册的法人章程具有对抗第三人的效力，综使第三人没有前往登记机关查询，也未要求法人出示章程，但章程内容仍然可以对抗第三人，因为登记在册的法人章程已经不再是法人

① 施天涛：《公司法论》，法律出版社 2014 年版，第 131 页。
② 孙英：《公司章程效力研究》，法律出版社 2013 年版，第 166 ~ 167 页。

的商业秘密或者隐私信息，而是法人对外交往的公示文件，社会公众可以合理成本自由查询此信息。[1] 需要注意的是，法人章程记载的营业范围不具有绝对的对抗效力，应当属于章程对抗效力的例外。例如，对于当事人超越经营范围签订的经营合同，《民法典》第 505 条就明确规定不能简单作为无效合同来对待。[2]

总而言之，法人章程对于营利法人来说至关重要，营利法人必须制定法人章程。一方面，从内部构造的角度来看，法人章程是法人成立及独立人格的基石，是成员自治的基础，是法人管理者的行动指南；其二，从外部关系来看，法人章程能够保障法人内外部参与人的权益，促进公司内部人员以及国家与公司的衔接，保障公司组织与公司法律的和谐并促进公司法律制度创新，实则为法人运行的“宪章”。[3] 基于此，法人章程对于营利法人来说可谓举足轻重。

【关联规定】

《公司法》第 11 条

（撰稿人：郑志峰）

第八十条 【营利法人的权力机构】营利法人应当设权力机构。

权力机构行使修改法人章程，选举或者更换执行机构、监督机构成员，以及法人章程规定的其他职权。

【释义】

本条规定营利法人需设权力机构，并且对权力机构的职权做了列举。依照该条规定，营利法人应当设立权力机构，而权力机构的具体职责则包括修改法人章程，选举或者变换执行机构、监督机构成员等。

自然人之本体，人类也，故具有自然的固有之器关（五官手足），由此而活

---

① 关于法人章程的对外效力，学界存在不同看法。例如，有学者认为，法人章程只对法人内部发生效力，对于法人外部，不发生拘束力。施天涛：《公司法论》，法律出版社 2014 年版，第 133 页。

② 在《民法典》编纂过程中，关于法人超越其目的范围所从事民事活动的效力问题，学界有不同看法。具体可参见王利明主编：《中国民法典学者建议稿及立法理由（总则编）》，法律出版社 2005 年版，第 141 页。

③ 常健：《论公司章程的功能及其发展趋势》，载《法学家》2011 年第 2 期。

动。而法人之本体，则为社会的组织，故具有法律的固有之机关，由此而活动。自然之机关自然的存在，不必以法律规定，而法人制机关，则非自然的存在，须以法律、法人设立行为，规定其组织及权限。[①] 对于营利法人而言，在成立之后，就与设立人分离，成为独立的民事主体。为执行营利法人之目的事务，必须要设立权力机构，以体现和形成营利法人之意志。此外，权力机构本身也是法人民主的体现，是构建合理的公司治理结构的基础。为此，《民法典》第 80 条规定，营利法人必须要设立权力机构。

本条规定，我们从以下方面来理解：

其一，营利法人必须要设立权力机构。从本条第一句话可以看出，设立权力机构是对所有营利法人的强制性要求：（1）对于营利法人来说，权力机构是必备机构，而非任意机构。权力机构的常见形式就是公司的股东会。例如，对于有限责任公司，《公司法》第 36 条："有限责任公司股东会由全体股东组成。股东会是公司的权力机构，依照本法行使职权。"再比如，对于股份有限公司，《公司法》第 98 条规定："股份有限公司股东大会由全体股东组成。股东大会是公司的权力机构，依照本法行使职权。"此外，即使是一人公司，其无须设股东会，但我们也将一人股东拟制为股东会的化身，同样也必须有权力机构。让营利法人设立权力机构的立法思维，源于《宪法》第 57 条和第 96 条分别将全国人民代表大会和地方各级人民代表大会界定为国家最高权力机构和地方国家权力机关。人大与政府、法院、检察院相比是权力机关，而股东会与董事会、监事会相比就是权力机关。[②]（2）权力机构并非营利法人的常设机构。尽管权力机构是营利法人的必备机构，但并非常设机构，不可能事无巨细，都由其来决定。通常来说，法人的权力机构行使职权更多的是一种被动、消极的方式。实践中，虽然法律赋予权力机构对特定事项和交易进行表决并作出决定的权利，但权力机构一般是对执行机构的提案予以赞同或否决。[③] 法人权力机构主要是通过权力机构会议来行使其职权，如公司的权力机构（股东会）行使其职权通常需要召开股东大会。股东大会又分为股东常会和股东临时会议两种形式。股东常会，又被称为"年会"或"定期会议"，是指在特定时间召开的股东例会。根据《公司法》第 39 条和第 100 条规定，有限责任公司的定期股东会议按照公司章程来灵活展开，而股份有限公司的年会应当每年召开一次。至于临时会议，又被称为特别会议，是指定期会议以外的其他会议。由于定期召开会议往往有时间和次数的限制，因此，很多

① 史尚宽：《民法总论》，中国政法大学出版社 2000 年版，第 171 页。
② 刘俊海：《现代公司法》（上册），法律出版社 2015 年版，第 582 页。
③ 施天涛：《公司法论》，法律出版社 2014 年版，第 325 页。

事务需要临时会议来决定。临时会议一般由执行机构来召集。例如，依据《公司法》规定，有限责任公司和股份有限公司的临时股东大会通常由董事会召集。但实践中，常常有董事长因害怕“宫廷政变”而不召集和主持董事会，也就无法召集股东大会。为此，法律还赋予董事会以外的主体召集临时股东大会的权利。[①]例如，对于有限责任的股东大会召集，《公司法》第40条规定：“有限责任公司设立董事会的，股东会会议由董事会召集，董事长主持；董事长不能履行职务或者不履行职务的，由副董事长主持；副董事长不能履行职务或者不履行职务的，由半数以上董事共同推举一名董事主持。有限责任公司不设董事会的，股东会会议由执行董事召集和主持。董事会或者执行董事不能履行或者不履行召集股东会会议职责的，由监事会或者不设监事会的公司的监事召集和主持；监事会或者监事不召集和主持的，代表十分之一以上表决权的股东可以自行召集和主持。”

其二，关于权力机构的职权。权力机构作为营利法人重大决策的意思机关，在公司治理中占据重要位置。但究竟哪些事项是需要由权力机构决定，哪些事项又不需要权力机构作出呢？一般认为，只有那些“重大事项”才应该由权力机构决定，毕竟权力机构并非法人的常设机构，不可能任何事情都由其决定。但如果不将重大事项保留在权力机构的决定权限内，又可能会面临法人执行机构绕开权力机构，擅自治理法人的乱象。因此，如何界定重大事项非常重要。然而，对于何为法人的重大事项，我国法律并无统一标准。依据《公司法》第37条、第99条的规定，作为有限责任公司和股份有限责任公司权力机构的股东会，起码拥有以下职权：（一）决定公司的经营方针和投资计划；（二）选举和更换非由职工代表担任的董事、监事，决定有关董事、监事的报酬事项；（三）审议批准董事会的报告；（四）审议批准监事会或者监事的报告；（五）审议批准公司的年度财务预算方案、决算方案；（六）审议批准公司的利润分配方案和弥补亏损方案；（七）对公司增加或者减少注册资本作出决议；（八）对发行公司债券作出决议；（九）对公司合并、分立、解散、清算或者变更公司形式作出决议；（十）修改公司章程；（十一）公司章程规定的其他职权。相比较《公司法》这两条中的对股东会职权的详细列举，《民法典》第80条仅仅通过第2款简单地做了一些罗列，具体包括：（1）修改法人章程。法人章程是法人的“宪章”，对于法人章程的修改，应当由法人权力机构来进行，这也是各国通常的做法。基于此，凡是法人章程的任何内容的变更都需要经过权力机构的同意，哪怕仅仅涉及一些对法人并不重要的事项。当然，对于法人章程的修订，其程序是比较严格的。例如，对于公

① 刘俊海：《现代公司法》（上册），法律出版社2015年版，第586页。

司章程的修改，就必须经代表三分之二以上表决权的有限责任公司股东通过，或经过出席会议的股份有限公司所持表决权的三分之二以上通过。(2) 选举或者更换执行机构、监督机构成员。既然是法人的权力机构，其当然有权选举或更换执行机构、监督机构成员。(3) 法人章程规定的其他职权。权力机构的职权无法完全列举，为此，本条也充分遵循法人自治的精神，赋予法人章程更多的自治空间。

【关联规定】

《公司法》第 36 条、第 66 条、第 98 条，《中外合资经营企业法实施条例》第 30 条，《中外合作经营企业法实施细则》第 24 条

（撰稿人：郑志峰）

第八十一条　【营利法人的执行机构】 营利法人应当设执行机构。

执行机构行使召集权力机构会议，决定法人的经营计划和投资方案，决定法人内部管理机构的设置，以及法人章程规定的其他职权。

执行机构为董事会或者执行董事的，董事长、执行董事或者经理按照法人章程的规定担任法定代表人；未设董事会或者执行董事的，法人章程规定的主要负责人为其执行机构和法定代表人。

【释义】

本条是有关营利法人执行机构的规定，要求营利法人设立执行机构，并对执行机构的职权做了列举。根据该条第 1 款和第 2 款的规定，营利法人必须设立执行机构，并且执行机构行使召集权力机构会议，决定法人经营计划和投资方案，决定法人内部管理机构的设置等职权。同时，依据该条第 2 款的规定，对于执行机构为董事会或者执行董事的，法人的法定代表人可以从董事长、执行董事和经理中选择；而对于未设董事会或者执行董事的，主要负责人为其执行机构，并担任法定代表人。

本条规定，应当从以下三个方面解读：

其一，营利法人必须设立执行机构。权力机构是营利法人的意思形成机构，但此意思还需要表达与执行。故此，营利法人还必须设立执行机构。执行机构在法人治理架构中起着承上启下的作用，处于权力机构和经理层的中间。如果说权力机构主要是负责法人宏观事务的决策，那么，执行机构就是负责中观事务的决策，是营利法人的必备机构，而经理层则主要负责执行具体事务。[①] 例如，《公司法》就规定了有限责任公司和股份有限公司必须设立董事会，第 44 条第 1 款规定："有限责任公司设董事会，其成员为三人至十三人；但是，本法第五十条另有规定的除外。"同时，第 108 条第 1 款也规定："股份有限公司设董事会，其成员为五人至十九人。"

其二，执行机构的职权。执行机构在法人治理中作用巨大，那到底哪些事务需要由执行机构来决策呢？对此，各国规定并不一致。有的是采取列举模式，将执行机构的职权详细列出；有些是采取排斥模式，将应当由权力机构决定事务排除在外，剩下的由执行机构行使。[②] 考察我国《公司法》的相关规定，主要采用的是详细列举模式，即对公司董事会的职权范围做了明确规定。具言之，依据《公司法》第 46 条和第 108 条第 4 款的规定，公司董事会的职权具体包括：（一）主持公司的生产经营管理工作，组织实施董事会决议；（二）组织实施公司年度经营计划和投资方案；（三）拟订公司内部管理机构设置方案；（四）拟订公司的基本管理制度；（五）制定公司的具体规章；（六）提请聘任或者解聘公司副经理、财务负责人；（七）决定聘任或者解聘除应由董事会决定聘任或者解聘以外的负责管理人员；（八）董事会授予的其他职权。当然，公司章程对经理职权另有规定的，从其规定。考察《民法典》第 81 条的规定，该条第 2 款也对于营利法人执行机构的职能做了列举，包括：（1）召集权力机构会议。召集权力机构会议是执行机构的重要职能。例如，公司的股东大会往往都是由董事会召集的。（2）决定法人的经营计划和投资方案。权力机构有权"决定公司的经营方针和投资计划"，而执行机构则是"决定法人的经营计划和投资方案"，需要注意两者的差别。一方面，权力机构决定的是经营方针，往往是更为宏观、更为根本，而执行机构决定的是经营计划，是对权力机构制定的经营方针的具体落实。另一方面，权力机构决定的投资计划往往比执行机构决定的投资方案更为抽象，后者是贯彻落实前者的具体体现。[③]（3）决定法人内部管理机构的设置。例如，执行机构可以决定聘任或解聘法人经理、副经理、财务负责人，并决定这些高管人员的报酬等。

---

① 刘俊海：《现代公司法》（上册），法律出版社 2015 年版，第 600 页。

② 赵旭东主编：《新公司法条文释解》，人民法院出版社 2005 年版，第 96 ~ 97 页。

③ 刘俊海：《现代公司法》（上册），法律出版社 2015 年版，第 601 页。

（4）法人章程规定的其他职权。根据法人自治的原理，如果法人章程对于执行机构的职权有其他规定的，应当尊重法人章程的规定。

其三，法定代表人的确定。法人作为组织主体，设立机关来形成与表达其意思，但具体的实现必须依赖于代表人或代理人等自然人。法定代表人就是依照法律或章程规定，经登记机关核准登记的，代表法人实施法律行为的负责人。① 换言之，法定代表人制度的核心，就是确定法人对外代表，明确法人意思表达的表达人。对此，《民法通则》第 38 条规定：“依照法律或者法人组织章程规定，代表法人行使职权的负责人，是法人的法定代表人。”既然法定发表人对外代表法人，传达法人的意思，那么法定代表人应当由谁来担任呢？对此，《公司法》第 13 条规定：“公司法定代表人依照公司章程的规定，由董事长、执行董事或者经理担任，并依法登记。公司法定代表人变更，应当办理变更登记。”依据该条规定，公司的法定代表人由董事、执行董事或者经理担任，并需要依法登记。比较本条第 3 款和《公司法》第 13 条，可以看出两者并无本质区别。具体来说，营利法人的法定代表人应当区分两种情形来确定：（1）执行机构为董事会或执行董事的情形。通常来说，执行机构的成员往往不是一个人。例如，根据《公司法》第 44 条和第 108 条的规定，有限责任公司设董事会的，其成员为 3 人至 13 人；有限责任公司股东人数较少和规模较小的，可以只设一名执行董事，不设董事会。股份有限公司则应一律设立董事会，其成员为 5 人至 19 人。当营利法人的执行机构为董事会或者执行董事的，那么，法定代表人从董事长、执行董事和经理中选择，具体由法人章程规定。（2）不设董事会或执行董事的情形，法人章程规定的主要负责人，为该营利法人的执行机构和法定代表人。

【关联规定】

《公司法》第 13 条、第 44 条、第 50 条第 1 款、第 67 条

（撰稿人：郑志峰）

---

① 关于法人与法定代表人之间的关系，学界存在代理说与代表说两种。代理说主要在英美法系较为流行，其理论基础为法人拟制说；而代表说则为大陆法系的主要观点，源自法人实在说。参见时建中主编：《公司法原理精解、案例与运用》，中国法制出版社 2012 年版，第 15 页。

第八十二条 【营利法人的监督机构】营利法人设监事会或者监事等监督机构的，监督机构依法行使检查法人财务，监督执行机构成员、高级管理人员执行法人职务的行为，以及法人章程规定的其他职权。

【释义】

本条是关于营利法人监督机构的规定，并且对监督机构的职权做了列举。

监督机构是现代法人制度中法定的必备机构。例如，我国《公司法》就要求有限责任公司和股份有限公司设立监督机构，第51条第1款规定："有限责任公司设监事会，其成员不得少于三人。股东人数较少或者规模较小的有限责任公司，可以设一至二名监事，不设监事会"。同时，《公司法》第117条第1款规定："股份有限公司设监事会，其成员不得少于三人。"监督机构的存在，旨在强化绝对执行机构和管理层的监督，实现第三只眼对决策权和执行权的制衡，进而提升法人经营的合法性与合规性，促进法人可持续发展。特别是由于法人成员们难以济济一堂地面对面监督和批判执行机构与经理层的业务决策以及执行行为，为此，选任监督机构对法人业务和财务展开监督就成为成员们青睐的低成本、高效率的监督机制。[①] 正是基于此，《民法典》第82条明确规定，营利法人应当设立监督机构，并罗列监督机构享有的一些职权。

本条规定，应该进行以下理解：

其一，营利法人应当设立监督机构。监督机构属于法人的必备机构，除少数国家（如美国）不要求在公司等法人中设置专门的监督机构外，绝大多数国家法律都要求公司等法人设置专门的监督机构。[②] 对于监督机构，我们可以从以下方面理解：(1) 监督机构是法人的监督主体，行使监督权，以便对执行机构的决策权和高级管理人员的执行权进行制衡。(2) 监督机构主要对法人经营管理进行监督，是法人治理中专门的机构。监督机构是法人的常设机构，并不是临时机构，是与执行机构并存的治理机构。(3) 监督机构独立行使监督权，这种监督权既包括会计监督，也包括业务监督；既包括合法、合规性监督，也包括妥当性监督；既包括事先监督，也包括事中事后监督。

监督机构在履行监督职能时，通常可以动用以下手段：(1) 监督机构发现法

---

① 刘俊海：《现代公司法》（上册），法律出版社2015年版，第617页。

② 施天涛：《公司法论》，法律出版社2014年版，第368页。

人经营情况异常时，可以进行必要的调查；必要时，监督机构可以聘请会计师事务所等协助其工作。(2) 监督机构可以列席执行机构会议，并对执行机构的决议事项提出质询或者建议。(3) 执行机构的成员、高级管理人员不得妨碍监督机构行使职权，如实向监督机构提供有关情况和资料。对于监督机构行使监督职权产生的费用，应当由法人承担，具体可能包括：检查法人财务状况时，聘请会计事务所对财务会计报告进行审计所需要支付的费用；依法对执行机构成员、高级管理人员提起诉讼时，需要支付的诉讼费用和委托律师所需要支付的律师代理费；在执行机构不履行召集权力机构大会的时候，监督机构召集和主持权力机构大会所需要支出的费用；日常工作费用，如调研费、复印费等。[①] 当然，鉴于监督机构本身的职能属性，通常会对监督机构成员的资格做出限定，特别是考虑到监督机构本身就是用来监督法人执行机构成员、高级管理人员的职务行为的，那么，为了避免"运动员兼任裁判员"的身份混同，法人执行机构的成员、高级管理人员不能兼职监督机构的成员。

其二，监督机构的职权范围。监督机构如此重要，那么其究竟行使哪些职权呢？此前，对于公司监事会或者监事，《公司法》详细列举了具体的职权，第53条规定："监事会、不设监事会的公司的监事行使下列职权：（一）检查公司财务；（二）对董事、高级管理人员执行公司职务的行为进行监督，对违反法律、行政法规、公司章程或者股东会决议的董事、高级管理人员提出罢免的建议；（三）当董事、高级管理人员的行为损害公司的利益时，要求董事、高级管理人员予以纠正；（四）提议召开临时股东会会议，在董事会不履行本法规定的召集和主持股东会会议职责时召集和主持股东会会议；（五）向股东会会议提出提案；（六）依照本法第一百五十一条的规定，对董事、高级管理人员提起诉讼；（七）公司章程规定的其他职权。"本条也延续了这一列举职权的做法，简要罗列了营利法人监督机构享有的几种重要的职权，包括：(1) 监督机构有权检查法人的财务。监督机构有权检查法人财务，主要是审核、查阅法人的财务会计报告和其他财务会计资料。财务会计报告是法人执行机构制作的反映法人一定期限内财务状况和经营成果的书面文件，主要是对法人资产负债表、损益表等表册的说明。而其他会计资料则主要是指资产负债表、损益表、财务状况变动表（或者现金流量表）、附表以及会计报表附注和财务状况的说明书等。监督机构通过查核这些报表资料，看其形式和内容上是否合法、合乎法人章程的规定。[②] 通常监督机构的

---

① 张海棠主编：《公司法适用与审判实务》，中国法制出版社2012年版，第152页。

② 朱少平主编：《〈中华人民共和国公司法〉释义及实用指南》，中国民主法制出版社2012年版，第165～166页。

成员都有权独立行使财务检查权，既无须通过监督机构的会议，也无须由监督机构成员集体组织财务检查。(2) 监督执行机构成员、高级管理人员执行法人职务的行为。监督执行机构成员、高级管理人员的职务行为也是监督机构的应有职权。当法人执行机构的成员、高级管理人员违法或不适当执行职务，损害法人的利益时，监督机构可以行使纠正权，要求执行机构的成员、高级管理人员停止侵害法人利益的行为，并要求其采取一切合理的挽救措施。当然，在监督过程中，如果发现执行机构的成员、高级管理人员执行职务的行为严重违反法律、行政法规、法人章程以及权力机构大会的决议的情形，可以行使弹劾权，要求罢免这些人的职务。(3) 法人章程规定的其他职权。依据法人自治的原则，法人章程可以规定监督机构的其他职权。例如，可以赋予监督机构一定的代表权，代表法人对外展开某些特定的活动等。

当然，监督机构在行使法人监督权的同时，也面临谁来监督监督机构的难题。对此，需要完善公司治理，让权力机构、执行机构与监督机构之间相互监督，同时引入高管人员以及社会舆论监督。

【关联规定】

《公司法》第 51 条、第 70 条、第 117 条

（撰稿人：郑志峰）

第八十三条 【禁止营利法人出资人滥用地位】 营利法人的出资人不得滥用出资人权利损害法人或者其他出资人的利益；滥用出资人权利造成法人或者其他出资人损失的，应当依法承担民事责任。

营利法人的出资人不得滥用法人独立地位和出资人有限责任损害法人债权人的利益；滥用法人独立地位和出资人有限责任，逃避债务，严重损害法人债权人的利益的，应当对法人债务承担连带责任。

【释义】

本条是关于营利法人出资人不得滥用出资人权利、滥用法人独立地位以及出资人有限责任的规定。本条分为两款，第 1 款针对的是出资人滥用出资人权利的

规定。营利法人的出资人对法人负担出资义务，也享有相应的权利。倘若出资人行使权利不当，则会给法人和其他出资人造成损害，由此引发民事责任的承担；第 2 款则是有关法人人格否认制度的规定。

本条规定，应该从以下方面理解：

其一，营利法人的出资人不得滥用出资人权利。出资人在对法人进行出资的同时，理当对法人享有相应的权利。例如，《公司法》第 4 条："公司股东依法享有资产收益、参与重大决策和选择管理者等权利。"基于此，出资人滥用权利的情形，也主要表现为滥用这三种权利的情形：（1）出资人滥用资产收益权。例如，出资人对营利法人的利润和剩余财产的分配不遵循法定程序。（2）出资人滥用重大决策权。例如，对法人有控制权的出资人利用自己享有的多数表决权优势，滥用决策权，以权谋私。（3）出资人滥用选择管理者的权利。管理者的选任关乎营利法人的发展，出资人滥用权利、任人唯亲，势必会损害法人和其他出资人的利益。

其二，营利法人的出资人不得滥用法人独立地位和出资人有限责任。法人独立地位与出资人有限责任是现代法人制度的核心，充分保障了出资人和法人的利益。例如，有学者认为，出资人有限责任具有以下社会功能：限制出资人的风险，鼓励大众的投资热情；降低出资人参与法人治理、监督法人经营管理者的成本；降低出资人对其他出资人的监督成本；有利于提高股权的流通性，推动现代证券市场的形成和发展；树立和巩固法人人格，充分发挥法人应有的社会经济作用；充分发挥法人在整合、盘活社会经济资源方面的作用；有利于培养一支对法人和出资人诚实守信、有较强经营才干的现代企业家队伍。[①]

法人在依法成立后，就取得独立的民事主体地位，由此法人与出资人就是两个相互独立的民事主体，但这也为有些出资人滥用法人独立地位、逃避法律适用提供了可能的空间。在实践中，常常出现恶意出资人滥用法人独立地位和出资人有限责任损害债权人的情形。一些无师自通的控制股东绞尽脑汁运用三十六计中的"草船借箭""借尸还魂""坚壁清野""金蝉脱壳""瞒天过海""天女散花""暗度陈仓"等阴谋诡计，大肆玩弄"拉线木偶游戏"，滥用法人的独立人格，违法侵占和转移法人财产、悬空债权人、欺诈坑害债权人的情形比比皆是。有些奸诈股东为逃避投资风险，甚至欺诈法人债权人，不惜注册多家"糖葫芦公司"，以便上下其手滥用法人独立人格。[②] 为此，法律不得不引入"法人人格否认制

① 刘俊海：《现代公司法》（上册），法律出版社 2015 年版，第 329 ~ 331 页。

② 刘俊海：《现代公司法》（上册），法律出版社 2015 年版，第 662 页。

度”。所谓的法人人格否认，又被称为“揭开法人面纱”，即在承认法人独立人格的前提下，在特定的法律关系中否认法人的独立人格和出资人的有限责任，直接要求法人背后的出资人承担责任的制度。本条第2款正是对法人人格否认制度的规定。根据该款规定，法人人格否认制度的运用，通常需满足以下条件：首先，法人已经取得了独立的人格。既然是出资人滥用法人独立人格，那么，其前提必须是法人已经取得了独立的人格。《民法典》第59条规定：“法人的民事权利能力和民事行为能力，从法人成立时产生，到法人终止时消灭。”由此，法人人格否认制度的适用必须是在法人自成立到终止的这一期间。其次，出资人实施了滥用法人独立人格的行为。对于出资人滥用法人独立人格的情形，该条仅仅列举了逃避债务这一款，这是否意味着只有出资人滥用法人独立人格逃避债务的行为才能导致法人人格否认制度的适用呢？对此，2019年《全国法院民商事审判工作会议纪要》明确三种情形：公司人格与股东人格混同；股东过度支配和控制公司；公司资本显著不足。[①] 再次，滥用行为严重损害了法人债权人的利益。只有法人的债权人的利益受到严重损害时，方能适用法人人格否认制度。又次，法人的债权人用尽其他方式不能得到充分救济。法人人格否认仅仅是一个特例，只有在特殊的情况下才能适用。最后，否认法人人格只能针对特定的个案，而不是对法人人格的全面、彻底、永久的否认，其法律效力仅仅对特定个案有效，既不影响其他法律关系，也不影响法人继续作为一个独立的民事主体存续。[②]

此外，在法人人格否认之诉中，其一，原告只能是因为出资人滥用法人独立人格和出资人有限责任的行为而受到严重损害的债权人，包括自然人、法人和其他组织。法人本身和法人的其他出资人是不能成为原告的，因为就法人而言，提起法人人格否认之诉，等于是主张自己不是“人”，这从法理和逻辑上都说不通；而对于其他出资人，则可以通过股东诉讼的方式直接向侵权出资人提起损害赔偿诉讼。其二，就被告来说，只限于实施了滥用法人独立人格和出资人有限责任的出资人。一方面，对于法人的其他董事、经理以及其他高级管理人员滥用职权，损害债权人利益的行为，不能适用法人人格否认制度；另一方面，对于没有滥用行为的其他出资人，也不能成为法人人格否认之诉的被告。[③] 根据2019年《全国法院民商事审判工作会议纪要》的规定，人民法院在审理公司人格否认纠纷案件时，应当根据不同情形确定当事人的诉讼地位：（1）债权人对债务人公司享有的

---

① 2019年《全国法院民商事审判工作会议纪要》“二、关于公司纠纷案件的审理”第10、11条以及第12条。

② 时建中主编：《公司法原理精解、案例与运用》，中国法制出版社2012年版，第60~61页。

③ 张海棠：《公司法适用与审判实务》，中国法制史出版社2012年版，第33页。

债权已经由生效裁判确认，其另行提起公司人格否认诉讼，请求股东对公司债务承担连带责任的，列股东为被告，公司为第三人；(2) 债权人对债务人公司享有的债权提起诉讼的同时，一并提起公司人格否认诉讼，请求股东对公司债务承担连带责任的，列公司和股东为共同被告；(3) 债权人对债务人公司享有的债权尚未经生效裁判确认，直接提起公司人格否认诉讼，请求公司股东对公司债务承担连带责任的，人民法院应当向债权人释明，告知其追加公司为共同被告。债权人拒绝追加的，人民法院应当裁定驳回起诉。[①]

【关联规定】

《公司法》第 20 条

（撰稿人：郑志峰）

第八十四条　【禁止营利法人特殊人员利用关联关系】 营利法人的控股出资人、实际控制人、董事、监事、高级管理人员不得利用其关联关系损害法人的利益；利用关联关系造成法人损失的，应当承担赔偿责任。

【释义】

本条是关于营利法人关联交易的规定，规定了营利法人的控股出资人、实际控制人、董事、监事、高级管理人员在关联关系中对营利法人的诚信义务和法律责任。

早前，我国对于关联关系的规制主要是税收法律。例如，2001 年通过的《税收征收管理法》、2002 年开始实施的《税收征收管理法实施细则》等。随后，中国证监会发布的《上市公司治理准则》《上市公司章程指引》《上市公司股东大会规范意见》等也对关联关系做了要求，但仅限于上市公司，且法律位阶较低。[②] 为了更好地规制关联交易，《公司法》第 21 条明确规定："公司的控股股东、实际控制人、董事、监事、高级管理人员不得利用其关联关系损害公司利益。违反前款规定，给公司造成损失的，应当承担赔偿责任。"《公司法》这一规定的出

---

① 2019 年《全国法院民商事审判工作会议纪要》"二、关于公司纠纷案件的审理"第 13 条。

② 时建中主编：《公司法原理精解、案例与运用》（第 2 版），中国法制出版社 2012 年版，第 66 ~ 67 页。

台，为我国规制公司关联关系提供了系统规范的指导。正是在此基础上，《民法典》第84条作出了这一规定，站在营利法人的高度，对包括公司在内的所有营利法人相关的关联交易做了规制。

对于本条规定，我们可以从以下几点来解读。

其一，关联人的界定。关联人，也称为“关联方”“关联者”或“关联人士”，是指相互之间具有关联关系的人。[①] 根据《公司法》第216条规定，关联关系是指公司控股股东、实际控制人、董事、监事、高级管理人员与其直接或者间接控制的企业之间的关系，以及可能导致公司利益转移的其他关系。但是，国家控股的企业之间不仅因为同受国家控股而具有关联关系。简单来说，关联关系就是一方主体对另一方主体能够实施控制或重大影响。所谓的控制，是指一方主体有权处理另一方主体重大财务问题和重大经营事务，并能够据此从中获得利益。而所谓的重大影响，是指一方主体可以参与到另一方主体的重大问题的决策中，虽然不能完全由其作出决定，但可以通过自身的地位来施加影响。[②] 为方便法律适用，本条已经列举了几种典型的关联人，包括控股出资人、实际控制人、董事、监事以及高级管理人员。下面，我们来具体分析：（1）控股出资人，是指出资额占法人资本总额50%以上的出资人，或者出资额或持有股份的比例虽然不足50%，但依据其出资额或占有的份额所享有的表决权已足以对法人权力机构的决议产生重大影响的出资人。（2）实际控制人，是指虽然不是法人的出资人，但通过投资关系、协议或者其他安排，能够实际支配法人事务的人。（3）董事，是指法人权力机构选举出来的董事会成员。（4）监事，是指法人权力机构选举出来的监事会成员。（5）高级管理人员，是指法人的经理、副经理、财务负责人。此外，上市公司法人的董事会秘书和法人章程规定的其他人员也包括在内。

其二，关联交易的界定。实践中，控股股东和实际控制人滥用关联关系的事件时有发生，尤其表现为关联交易、资产重组、违规担保、抽逃资金等。其中，关联交易是最为常见和复杂的类型。简单来说，关联交易是关联企业或关联人之间形成的交易行为，其特殊性在于交易主体之间存在着一定程度的控制关系。对此，我们可以从以下方面来理解。（1）关联交易是在控制权人意志控制或许可下进行的某种“基本自我交易”；（2）关联交易是在市场行为形式掩盖下的某种特殊交易，其行为内容通常具有隐蔽性，交易过程避开了市场交易中必不可免的真实意思表示一致的过程。（3）关联交易是一种其交易公平性需要有法律控制规则

---

① 李建伟：《关联交易的法律规制》，法律出版社2007年版，第9页。

② 张海棠主编：《公司法适用与审判实务》，中国法制出版社2012年版，第43页。

进行保障的交易。从关联关系本身来看，其又可以分为公平的关联交易和不公平的关联交易，后者是法律明确禁止的类型。[①] 换言之，法律并不禁止关联交易，但关联交易不得损害法人的利益，否则关联人需承担赔偿责任。而关联人在进行关联交易时，必须遵循法律和法人章程对关联交易的要求。

其三，滥用关联关系的规制。为了规制关联人滥用关联关系的行为，我国《公司法》《证券法》《企业所得税法》以及财务部发布的《企业会计准则第36号——关联方披露》等文件提供了诸多制度，主要包括：[②]（1）信息披露。例如，财务部发布的《企业会计准则第36号——关联方披露》要求企业与关联方发生关联交易时，应当在附注中披露该关联交易的性质、交易类型以及交易要素。交易要素至少包括：交易金额；未结算项目的金额、条款和条件；未结算应收项目的坏账准备金额；定价政策等。此外，证监会2007年发布的《公开发行证券的公司信息披露内容与格式规则第2号——年度报告的内容与格式》要求公司应披露报告期内发生的重大关联交易。（2）表决权回避。例如，我国《公司法》第16条规定："公司向其他企业投资或者为他人提供担保，依照公司章程的规定，由董事会或者股东会、股东大会决议；公司章程对投资或者担保的总额及单项投资或者担保的数额有限额规定的，不得超过规定的限额。公司为公司股东或者实际控制人提供担保的，必须经股东会或者股东大会决议。前款规定的股东或者受前款规定的实际控制人支配的股东，不得参加前款规定事项的表决。该项表决由出席会议的其他股东所持表决权的过半数通过。"依据该规定，对于公司为股东或实际控制人提供担保的，关联股东或受实际控制人支配的股东，不得参加该表决。再如，根据《公司法》第124条规定，上市公司董事与董事会决议事项所涉及的企业有关联关系的，不得对该决议事项行使表决权，也不得代理其他董事行使表决权。（3）民事责任。《公司法》等明确规定了关联人滥用关联关系的民事责任，如《公司法》第21条就规定："公司的控股股东、实际控制人、董事、监事、高级管理人员不得利用其关联关系损害公司利益。违反前款规定，给公司造成损失的，应当承担赔偿责任。"对此，本条也延续了这一精神，明确规定营利法人的关联人滥用关联关系造成损失的，必须承担赔偿责任。（4）法人人格否认制度的运用。在控股股东滥用法人独立地位和出资人有限责任，造成法人债权利益严重受损时，可以通过适用法人人格否认制度，让其对法人债务承担无限连带责任。

---

① 董安生等：《关联交易法律控制问题研究》，中国政法大学出版社2012年版，第89～91页。

② 时建中主编：《公司法原理精解、案例与运用》，中国法制出版社2012年版，第68～69页。

【关联规定】

《公司法》第21条

（撰稿人：郑志峰）

第八十五条 【营利法人决议瑕疵】 营利法人的权力机构、执行机构作出决议的会议召集程序、表决方式违反法律、行政法规、法人章程，或者决议内容违反法人章程的，营利法人的出资人可以请求人民法院撤销该决议。但是，营利法人依据该决议与善意相对人形成的民事法律关系不受影响。

【释义】

本条是有关营利法人决议行为效力的问题。

决议行为，是指多个民事主体在表达其意思表示的基础上根据法律规定或章程约定的表决规则做出决定的民事行为，如公司股东会决议、董事会决议等。决议行为的根本特征在于其根据程序正义的要求采取多数决的意思表示形成机制，决议结果对团体全体成员都具有法律约束力。[①] 在《民法典》编纂过程中，关于增加决议行为的建议不少。从最终文本来看，《民法典》第134条第2款明确了决议行为，同时在营利法人、非营利法人章节中分别对决议行为的效力做了规定，充分尊重了学界有益见解，体现了本次立法的民主性与科学性。本条规定即是对营利法人决议行为效力的规定。

本条规定，应当从以下方面解读：

其一，决议的种类。此前，我国民事法律对于决议行为的规定多散见于各单行法中。从相关规定来看，决议的主要类型包括：（1）公司决议行为。例如，《公司法》第22条规定："公司股东会或者股东大会、董事会的决议内容违反法律、行政法规的无效。股东会或者股东大会、董事会的会议召集程序、表决方式违反法律、行政法规或者公司章程，或者决议内容违反公司章程的，股东可以自决议作出之日起六十日内，请求人民法院撤销。股东依照前款规定提起诉讼的，人民法院可以应

① 王雷：《论民法中的决议行为——从农民集体决议、业主管理规约到公司决议》，载《中外法学》2015年第1期。

公司的请求，要求股东提供相应担保。公司根据股东会或者股东大会、董事会决议已办理变更登记的，人民法院宣告该决议无效或者撤销该决议后，公司应当向公司登记机关申请撤销变更登记。”（2）业主大会决议行为。对此，《民法典》做了规定，如《民法典》第280条第2款：“业主大会或者业主委员会作出的决定侵害业主合法权益的，受侵害的业主可以请求人民法院予以撤销。”（3）集体经济组织、村民委员会的决议行为。例如，《民法典》第265条第2款规定：“农村集体经济组织、村民委员会或者其负责人作出的决定侵害集体成员合法权益的，受侵害的集体成员可以请求人民法院予以撤销。”这三种类型是决议最为常见的类型。

其二，决议行为的性质。关于决议行为的性质，学界争议颇多。归纳起来，起码包括：（1）共同行为说。该说以意思表示的数量与方向为标准，将法律行为分为单方行为、合同行为和共同行为。决议由多方主体基于平行意思表示一致而作出，属共同行为。（2）特殊多方法律行为说。该说认为决议行为系区别于共同行为的特殊多方法律行为，我国大陆学者多持该观点，主要理由有：共同行为的特征在于行为人意思表示的同向性，而决议行为存在赞成与反对之对立意见；共同行为遵循意思自治原则，经行为人同意，方对其有约束力，而决议采多数决，对未表示同意者亦有约束力；对于共同行为，法律仅关注行为人是否达成合意及合意内容，并不规制达成合意的程序，而就决议行为，法律关注程序正义，决议是否有效不取决于行为人的意思表示是否真实。（3）意思形成说。该说认为决议行为是社团意思形成行为，具体又有两种不同观点，一种将其定性为区别于单方、双方、多方法律行为之独立类型的法律行为，另一种认为其是社团意思形成行为，但并非法律行为。（4）认为决议行为不仅不是多方法律行为，而且根本就不是法律行为，系法律行为之外的社团依赖意思机关形成社团意思的行为。① 从本条规定来看，似乎并没有明确决议行为的法律性质，但《民法典》第134条对此做了规定：“民事法律行为可以基于双方或者多方的意思表示一致成立，也可以基于单方的意思表示成立。法人、非法人组织依照法律或者章程规定的议事方式和表决程序作出决议的，该决议行为成立。”依据此条规定来看，《民法典》似乎更加倾向于将决议行为视为民事法律行为的一种。

其三，营利法人决议行为的效力。决议行为的效力问题，是学界研究的重点课题。此前，《公司法》第22条规定了两种效力瑕疵的公司决议行为，一种是决议无效的情形，即公司股东会或者股东大会、董事会的决议内容违反法律、行政法规的无效；另一种是决议可撤销的情形，即股东会或者股东大会、董事会的会

---

① 徐银波：《决议行为效力规则之构造》，载《法学研究》2015年第4期。

议召集程序、表决方式违反法律、行政法规或者公司章程，或者决议内容违反公司章程的，股东可以自决议作出之日起60天内，请求人民法院撤销。本条也对营利法人的决议行为做了规定，在适用中需注意以下问题：(1) 本条仅规定了可撤销的决议类型，主要包括两种，一种是决议程序存在瑕疵的情形，即营利法人的权力机构、执行机构作出决议的会议召集程序、表决方式违反法律、行政法规、法人章程；另一种是决议内容存在瑕疵的情形，即决议内容违反法人章程。对此，《民法典》关于民事法律行为撤销的规定理应适用于法人决议的情形。惟一存在的疑问是，公司决议虽为民事法律行为，但毕竟不同于自然人的意思决定，而是一种有赖于意思决定程序的法律行为，民法上基于自然人主观心理的瑕疵判断，如错误、欺诈、胁迫等，难以适用于公司决议，但《民法典》第151条有关民事法律行为"显失公平"的规定有适用可能。①

至于决议无效的情形，本条并无规定。对此，应当适用《民法典》有关民事法律行为无效的有关规定。具言之，如果决议内容违反法律、行政法规强制性规定和公序良俗原则的话，该决议行为无效，但法律、行政法规的强制性规定不导致决议行为无效的除外。此外，还需要注意决议行为不成立的情形，具体包括：未经召开会议而"作出"决议；出席人数不足法定要求；决议机关虽曾召开会议，但未作表决；决议机关虽曾召开会议并进行表决，但表决赞成或反对者的人数或所持表决权比例未达法定要求，通过伪造成员签名而作出决议等。② (2) 申请撤销的主体为营利法人的出资人，即在出现决议程序瑕疵和决议内容瑕疵这两种情形下，营利法人的出资人都可以请求人民法院撤销该决议。至于申请撤销的期间，本条并没有给出明确的规定。为维护营利法人法定代表人对外发生法律关系的稳定性，对营利法人出资人决议撤销权的行使应当规定除斥期间的限制，具体适用《公司法》等相关法律规定。③ (3) 可撤销决议并不影响善意相对人形成的民事法律关系。也就是说，纵使营利法人的决议存在程序瑕疵和内容瑕疵，营利法人的出资人申请撤销该决议的，法院也支持这一撤销申请，但如果营利法人依据该决议与善意第三人已经形成民事法律关系的，那么该民事法律关系依旧有效。换言之，基于合同的相对性原理和交易安全原则，社团法人先前的决议行为不影响随后合同行为的法律效力。④

---

① 钱玉林：《民法总则与公司法的适用关系论》，载《法学研究》2018年第3期。

② 徐银波：《决议行为效力规则之构造》，载《法学研究》2015年第4期。

③ 何建：《营利法人决议撤销的法律适用》，载《人民司法（应用）》2018年第13期。

④ 王雷：《公司决议行为瑕疵制度的解释与完善——兼评公司法司法解释四（征求意见稿）第4~9条规定》，载《清华法学》2016年第5期。

【关联规定】

《公司法》第 22 条

（撰稿人：郑志峰）

第八十六条　【营利法人的社会责任】 营利法人从事经营活动，应当遵守商业道德，维护交易安全，接受政府和社会的监督，承担社会责任。

【释义】

本条是有关营利法人社会责任的规定。

企业社会责任的概念是一个舶来品，英国学者 Shelton 教授 1924 年在《管理哲学》一文中首次提出了企业社会责任的概念。他认为，“企业社会责任要与公司经营者满足产业内外各种人类需要的责任联系，并认为包括道德因素。”[①] 1932 年，哈佛大学法学院的 Dodd 教授从企业权利来源角度界定企业社会责任，指出公司对雇员、消费者和公众负有社会责任。[②] 当时，鉴于受自由资本主义条件下自由放任经济学思潮的影响，企业盲目追逐私利，引发的社会问题日趋严重，一些明智的企业领导人开始对企业的社会责任问题给予关注，并将订单与企业社会责任履行状况相联系。随后，企业社会责任慢慢从道德层面进入法律的视野，成为一个涉及法学、经济学、管理学、伦理学等众多学科的重要命题。[③]

我国在计划经济时代，不存在独立的企业利益，当然也就没有企业社会责任的概念。改革开放后，随着经济体制改革的深化，企业逐渐成为自主经营的经济主体，企业及股东的权益受到充分的尊重，但企业社会责任的问题并未受到足够重视。这导致我国经济在获得巨大发展的同时，也付出了极高的社会成本。例如，为了利润不惜破坏和污染环境，侵犯消费者权益；普遍缺少诚信，恶意违约、破产逃债、虚假信息披露屡见不鲜；社会良知淡漠、对公益事业少有热情等。此种背景下，强化企业社会责任意识，倡导企业社会责任，健全和完善我国

---

① 刘俊海：《公司的社会责任》，法律出版社 1999 年版，第 2 页。

② 郑祝君：《公司与社会的和谐发展——美国公司制度的理念变迁》，载《法商研究》2004 年第 4 期。

③ 易凌、罗俊杰：《企业社会责任及其立法研究》，科学出版社 2015 年版，第 1 页。

企业责任法律制度，已经非常必要和迫切。[①] 对此，《十六届六中全会决定》指出，要“着眼于增强公民、企业、各种组织的社会责任”。党的十七大报告也强调，“大力弘扬爱国主义、集体主义、社会主义思想，以增强诚信意识为重点，加强社会公德、职业道德、家庭美德、个人品德建设，发挥道德模范榜样作用，引发人们自觉履行法定义务、社会责任、家庭责任。”为此，《公司法》第 5 条明确规定：“公司从事经营活动，必须遵守法律、行政法规，遵守社会公德、商业道德，诚实守信，接受政府和社会公众的监督，承担社会责任。公司的合法权益受法律保护，不受侵犯。”作为一部二十一世纪的民法典，我国《民法典》也顺应时代发展，第 86 条对营利法人的社会责任做了规定。

本条规定，可以从以下方面理解：

其一，何谓营利法人的社会责任。对于企业社会责任，并没有一个统一的概念界定。例如，有学者认为，企业社会责任是指企业不能仅仅以最大限度地为股东挣钱为自己的唯一存在目的，应当最大限度地关怀和增进股东利益之外的其他所有社会利益，包括消费者利益、职工利益、债权人利益、中小竞争者利益、当地社区利益、环境利益、社会弱者利益以及整个社会公共利益等内容，既包括自然人的人权尤其是社会权，也包括法人和非法人组织的权利和利益。[②] 有学者则认为，所谓企业社会责任，乃指企业在谋求股东利润最大化之外负有的维护和增进社会利益的义务。[③] 此外，有学者认为，企业社会责任是指企业对股东这一利益群体以外的，与企业发生各种联系的其他利益群体和政府代表的公共利益负有的一定责任。[④] 我们认为，上述学者的理解大体都是一致的，营利法人的社会责任，可以理解为就是要求营利法人超越营利本身，避免一味地仅以追求最大利润为唯一目标，而应当在追求利润的同时，关注其他相关群体的利益和社会公共利益。

其二，营利法人社会责任的具体阐释。依据本条规定，营利法人的社会责任可以从以下方面进行解读：（1）遵守商业道德。这里的商业道德是广义的，是在商业实践中发展起来的一套观念、准则和规范体系。（2）维护交易安全。“交易安全”是指营利法人在与他人的交易行为中，主动维护他人的交易安全。（3）接受政府和社会的监督。营利法人作为民事主体，本不存在专门为其设置的接受政府和社会监督的义务，这一义务源于消费者运动。例如，中国《产品质量法》

---

① 易凌、罗俊杰：《企业社会责任及其立法研究》，科学出版社 2015 年版，第 8 页。
② 刘俊海：《现代公司法》，法律出版社 2011 年版，第 640 页。
③ 卢代富：《企业社会责任的经济学与法学分析》，法律出版社 2002 年版，第 96 页。
④ 朱慈蕴：《公司法人格否认法理研究》，法律出版社 1998 年版，第 299 页。

《消费者权益保护法》多次提到生产者和经营者接受监督的义务，尤其是后者将监督权作为消费者的一项法定权利，将接受监督义务作为经营者的法定义务。这一内容在司法实践中的重要意义在于平衡公众言论自由权和经营者的商誉时，应优先保障言论自由权。（4）其他社会责任。这是营利法人社会责任适用的重点和难点。即在法律没有明确规定时，由法院依据本条规范，在个案中依具体情形裁断。[①] 此外，需要注意的是，当前，我国对于企业社会责任存在一定误区，譬如把社会责任等同于慈善捐赠义务、等同于照章纳税、等同于 SA8000；认为社会责任与"企业办社会"并无明显区别；认为社会责任是出口加工企业的事，是大企业的事，跟其他企业无关；认为企业社会责任是贸易壁垒等。[②] 为此，必须厘清以下误区：首先，企业社会责任不等于企业慈善捐助。企业履行社会责任并非一定要通过慈善捐赠的方式来实现，反过来，纵使企业进行了慈善捐赠也并不一定就尽到了企业社会责任。其次，企业社会责任不同于"企业办社会"。所谓的企业办社会，主要是针对传统的国有企业而言的，是指企业承担了在市场经济体制下不应由企业承担或企业无力承担的社会职能，如社会保障职能、办教育的职能、办幼儿园的职能、办医院的职能等。企业社会责任与"企业办社会"不同，让企业承担社会责任，并非让企业"大包大揽"，将一切负担都扔给企业。最后，企业社会责任不仅仅是大企业的社会责任。企业社会责任的承担，不在于企业大小，大企业、强企业要承担社会责任，中小企业、初步发展的企业也需要承担社会责任。

其三，营利法人社会责任的实现机制。为落实营利法人承担社会责任，需要注意以下几点：（1）区分伦理意义上的社会责任和法律意义上的责任。企业社会责任的来源既有可能是法律明文规定的，也有可能是伦理道德的要求，其中，前者是刚性的社会责任，营利法人必须遵守，如劳动者保护、环境保护、消费者保护等社会责任；而后者为柔性的社会责任，营利法人应当自觉加以落实，如遵守社会公德、商业道德等要求。[③]（2）区分不同发展阶段的企业社会责任。虽然企业不分大小、强弱，都必须承担社会责任，但大企业承担的社会责任理应更重。所谓"能力越大，责任越重"，一方面，与非国有企业相比较，国有企业应当承

① 谢鸿飞：《营利法人社会责任的法律定性及其实现机制——兼论〈民法总则〉第 86 条对公司社会责任的发展》，载《法治现代化研究》2017 年第 2 期。

② 包月阳：《初级阶段的中国 CSR》，载《中国经济时报》2007 年 4 月 17 日。

③ 关于如何将企业社会责任法律化，有学者提出两条路径：一是对于道德底线要求的企业社会责任（如对环境、消费者、劳工的某些保护），在条件允许的情况下应当尽可能将其转化为法律责任；二是借助软法特有的提倡性规范促成企业社会责任的实现，同时辅之以司法能动主义的发挥。参见蒋建湘：《企业社会责任的法律化》，载《中国法学》2010 年第 5 期。

担更多的社会责任；另一方面，与非上市公司比较，上市公司应当承担更大的社会责任。当然，承担社会责任应当量力而行，不能为了承担社会责任而牺牲企业本身的发展，损害股东的权益。(3) 落实具体的社会责任要求。企业社会责任看似一种宏大的理念，但更是一套具体的实践规则。营利法人在追求利润的同时，应当落实对职工、对消费者、对环境等各个方面的社会责任。(4) 政府、企业、社会公众广泛参与。尽管企业社会责任的承担主体为企业，但其具体落实离不开政府与社会公众的积极参与。一方面，政府应当转变思维，建设服务型政府，为企业落实社会责任创造有利条件；另一方面，行业、社会公众应当积极行使监督权，引导企业自觉承担社会责任。

【关联规定】

《公司法》第 5 条第 1 款

（撰稿人：郑志峰）

第三节　非营利法人

第八十七条　【非营利法人的概念与种类】 为公益目的或者其他非营利目的成立，不向出资人、设立人或者会员分配所取得利润的法人，为非营利法人。

非营利法人包括事业单位、社会团体、基金会、社会服务机构等。

【释义】

本条是关于非营利法人的界定及类型列举。其中，第 1 款规定非营利法人的界定，这也是一种有关非营利法人范围的划定，为公益目的或者其他非营利目的成立，不向出资人、设立人或者会员分配所取得利润的法人，为非营利法人；第 2 款具体列举了非营利法人的几种种类，作为非营利法人具体形态发展的明确指引。

法人类型法定是法人制度的一项重要原则，也是法人实际组建和开展活动的一个重要限制因素。我国 1986 年《民法通则》没有采用《德国民法典》上以成立方式不同为标准的社团法人和财团法人的分类，而是采用了注重法人目的区别的一种分类：企业法人和非企业法人，其中非企业法人又具体分为机关法人、事业单位法人、社会团体法人，后来还发展了一种基金会。这种分类模式，是当时立法经过一种复杂考量的结果，一方面旨在贴近当时国家各种既有组织形态的法人化改造需要，符合法人与社会现实结构最具密切联系的实际；另一方面为我国法人向更多元化的目的类型方向发展提供了更大、更开放的空间和基础。此次《民法典》的制定，是根据近40年来法人实践基础和进一步开发需求，提升为营利法人和非营利法人的分类，明确以营利目的与否为标准，建立了更加有利于追求多样化组织功能的法人形态基础，同时通过边缘化法人所谓成立基础的限定，也更加有利于法人开放，特别是其中非营利法人的框架概念引入，更是导致过去长期受到压制的以追求非公益社会利益为目的的法人获得了前所未有的授权依据。

在历史上，营利法人和非营利法人分类观念，经历了一个从无到有、从限制到开放承认的过程。法人在近代获得较大的发展，主要体现在营利性的社团法人发展上面，社团法人这种形态的人合特点（成员权）和聚资能力（成员有限责任），能够很好适应商业组织的发展需要，特别是公司法人形态在治理结构上的精益求精，比较好地满足规模经济对于商业组织的需要。但是，近代的法人制度在分类上也存在致命的缺陷，这就是以所谓成立基础为依据的社团法人和财团法人的分类架构，并不利于多元化法人的需求，特别是对于政治和社会目的的法人发展的需求。近代欧洲国家制定民法典之时，正值民族国家兴起之时，有意敌视各种政治势力、社会势力和宗教势力，因此试图在一边宣扬结社自由的同时，一边对于法人制度通过独特的分类架构的设计形成一个有利于国家主义的法人法，社团法人和财团法人成为这样一种隐蔽目的的较佳选择。在这种情况下，法国在民法典上甚至有意不明确承认法人地位，但在商法典上确立公司等营利性的社团法人，实际上限制了非营利法人的通道。《德国民法典》虽然创造性地发明了抽象的法人概念并引入民法典，但是通过社团法人、财团法人这种以成立基础区分为依据的形式化分类，达成了其对于非营利目的法人的压制效果。社团法人作为一种人合法人的形式设计，虽然理论上不限于以营利为目的，但是通过国家介入登记制度的配套，其实为现实政治架构了一个关于以非营利为目的的人合组织的筛选机制。结果只有营利的社团法人能够适应发展。实际上，德国当时许多追求政治目的、社会目的的政党或者社会组织就受到有关登记制度的审查而被排斥，同时受到现实政治架构影响的社团法人的登记制度，也使得许多追求特定政治目的或者社会目的的政治组织、社会组织望而却步，大量的非营利目的的结社无法登记或有意不去登记，为了保持自己的政治或社会初衷而最终沦为所谓的“非法人组织”。至于财团法人的形态，更是以一种僵硬的所谓将特定财产抽象人格化的构造方式，贯彻捐助人与其捐助财产的截然分离，导致了其得以繁荣发展的动力不足，同时又严格限于慈善等特定公益目的，更是极大压缩了自身的发展空间，所以在这一外壳下，不仅慈善等公益性财团法人动力不足，而且其他非营利的法人根本没有合法基础。所以，那种认为社团法人和财团法人有利于贯彻近代以来结社自由的认识，是值得商榷的。①

二十世纪中叶以后，特别是德国和日本战败之后，关于民法典上法人制度社团法人和财团法人封闭性和排斥政治和社会组织的弊端日益受到质疑，一种修补法人分类漏洞的思想开始发展，德国和日本的有识之士逐渐发展出一种新的分类思想，即营利法人、公益法人和中间法人的分类，希望通过这种以概括目的为依据的分类，替代法典上以成立基础为依据的法人分类，从而为法人提供一种更加开放的发展类型框架依据。大陆法系的关于营利法人和非营利法人分类的观点发展，开始在引入营利法人概念时，在另一面引入的是公益法人概念，而不是全面承认非营利法人。所谓公益法人是以从事社会公益事业为目的的法人，如慈善组织、福利院等。到后来，发展承认“中间法人”。再之后，在成立的准则主义统一基础上，逐渐形成统一的“非营利法人”概念。今天，随着全球非营利组织理念的扩展和深入人心，特别是受到英美国家的影响，“非营利法人”制度不仅对公益法人和中间法人的成立区分逐渐打破，而且向更加开放范围的方向发展。②

以日本为例，《日本民法典》第34条规定，与公益相关的社团或财团，并不以营利为目的的，经主管机关许可，可以成为法人，采取许可主义；第35条则规定，营利的社团法人成立，采取准则主义。这一条是最初成为学理援引确立营利法人和公益法人概念的依据，但本身受到社团法人和财团法人框架的限制。逐渐地，日本通过专门规定将公益法人的设立和组织予以一定的特殊化，更好适应现实需要，即《公益法人的设立许可及指导监督基础》等。但这种民法上的社团法人和财团法人的分类架构限制下的营利法人和公益法人，很快便不能适应实践需要，于是1998年出台《特定非营利活动促进法》（NPO法）；后来随着志愿者的开展，又出台制定了更加广泛的《中间法人法》，这是一种“以组成成员的共同

① 《民法总则》制定过程中，立法者从倡导结社自由的角度，呼吁支持采用社团法人和财团法人分类，具有代表性的观点，请参见王文宇：《揭开法人的神秘面纱——兼论民事主体的法典化》，载《清华法学》2016年第5期。

② 日本2005年《一般法人法》的框架，表面上看是社团法人和财团法人，但是实际在上面隐含了一个营利法人和非营利法人的开放架构。

利益为目的，但不以向社员分配剩余为目的的团体”，采准则主义。[①] 由此，发展出“中间法人”，如同学会、棋牌俱乐部。这类法人处于一种利益界限较为模糊的状态，通常是基于设立人和其成员在某个方面的共同志趣与爱好，或基于感情联络之需要设立的。[②] 但是，这种补缀式立法显得支离破碎，而且仍然不能满足日益多元化法人需要的现实，特别是公益法人采取许可主义，主管机关裁量幅度过大，导致设立法人十分不便。2006 年日本国会通过《一般法人法》（全称《一般社团法人及一般财团法人法》）、《公益法人认定法》及相关法人法律完善法（2008 年生效），废除《中间法人法》和《特定非营利活动促进法》，试图重整既有破碎的法人制度。此项改革，重点在于统一非营利法人概念，并以准则主义为设立基础，进行法人设立规制的缓和，在统一的“非营利法人”之下，在设立上不再区分公益法人和中间法人，只是通过目的不同认定属于公益法人还是其他非营利法人，其中公益法人经过《公益法人认定法》的认定程序，成为公益法人，纳入特殊严格监督管理，同时享有很多优惠政策，而对其他非营利法人则放宽监管，形成宽松的法律环境。按照这个改革框架，日本新法人制度确立营利法人和一般法人（非营利法人），一般法人又再区分为公益法人和其他一般法人。[③]

这种新兴的营利法人和非营利法人分类从范围划分上与过去社团法人和财团法人的范围划分很不一致：从表面来看，过去的社团法人里面既有营利也有非营利，而财团法人均为公益，现在营利法人只有营利，公益法人为公益，中间法人是其他非公益的非营利；实际上由于打掉了成立基础的要求，新的分类这种基于目的的划分，不是简单地把过去社团法人、财团法人框架下的各种具体类型法人按照目的不同进行了新的归属划分，而是实际上提供了一种新的关于法人类型发展的开放架构，特别是其中中间法人的提出具有极大的开放意义。此外，新的分类不仅导致对于成立基础的限制尽可能在准则主义基础上加以破除，也通过引入目的监管的方式，并且更加合理地与税法等对接，在法人管理方式上更加科学合理。但是，在民法典已经明确采取社团法人和财团法人分类的那些民法典国家，这种法人新分类的理论发展很难成为实际的法人法的主体框架。所以，最近这些国家试图通过专门制定统一非营利法人法（一般法人法）的方式或者专门的非营利组织法的方式，同时抽空原有民法典法人制度规则，相当程度引入这种新分类的合理因素，弥补过去在开放方面的不足。不过，未受民法典社团法人和财团法

---

① ［日］谷口知平、石田喜久夫：《新版注释民法（1）》，有斐阁 2002 年版，第 35 页。引自周江洪：《日本非营利法人制度改革及其对我国的启示》，载《浙江学刊》2008 年第 6 期。

② 杨立新：《民法总则》，法律出版社 2013 年版，第 147 页。

③ 周江洪：《日本非营利法人制度改革及其对我国的启示》，载《浙江学刊》2008 年第 6 期。

人分类限制的英美国家却没有这些苦恼，它们的营利法人和非营利法人的分类思想得到及时应用，其中非营利组织发展最为风起云涌，导致传统公益目的之外各类社会组织得到极大繁荣发展，其社会建设动力机制十足。

此次，民法典总则编借助立法基础，果断吸收法人合理分类思想，采取营利法人和非营利法人（更加开放整合公益法人和中间法人）的分类，顺应法人未来更加开放多元发展的需要和趋势，不仅意味着更加放开法人成立方式的限制，而且通过更加开放的非营利法人概念的架构授权，对于兴办公益的和各种非公益的社会法人提供了重要架构基础，实在是一次了不起的进步。

本条规定，可以重点理解如下：

其一，是关于非营利法人概念的使用和界定。

本条第1款界定了非营利法人，即“为公益目的或者其他非营利目的成立，不向出资人、设立人或者会员分配所取得利润的法人”。本条抽象使用了统一的非营利法人的概念，可见为基于非营利为目的组建法人提供了一个更加开放的架构基础，特别是明确放弃过去学理上“公益法人”和“中间法人”的概念区分。[①] 但是，仍然从目的上区分了两种情况，即“为公益为目的”“其他非营利目的”，前者就是所谓的公益法人，后者实际就是所谓的“中间法人”，后者非以公益为目的，但是受承认较晚而且受到较多限制，现在通过非营利法人概念统一，等于取消了相关的限制必要。

关于非营利法人的界定，这里有两个要素，一是以非营利为目的，既包括公益目的，也包括其他社会目的；二是实际不向出资人、设立人或者会员分配利润。前一个要素是主观因素，后一个是客观经济因素，缺一不可。换言之，非营利法人中的“营利”，不是指法人本身营利，而是指法人为法人成员营利，“非营利性不是意味着禁止赚取利润，而是意味着对所赚取利润的分配之限制”。[②] 所以，非营利法人可以从事营利性行为，营利性行为可以是非营利法人的重要活动内容，但营利所得不是分配给法人成员，而只能是完成其目的的一种手段。比如，高校为了扩大科研经费而开办营利办学项目，或者将它的部分资产用于创收。

其二，我国非营利法人类型包括事业单位、社会团体、基金会、社会服务机构等。这意味着非营利法人虽然进行了概念统一，而且拿掉了公益法人和中间法

---

① 我国有个别学者过去建议从广义角度使用公益法人概念，认为凡是不以营利为目的的法人都是公益法人，不存在中间法人这一概念。参见李开国：《民法总论》，华中科技大学出版社2013年版，第112页。

② 税兵：《非营利法人解释》，载《中国法学》2007年第5期。

人的区分，但是实际上依据法人类型法定的原理，仍然是具体类型化地加以确认的。本条第 2 款采取不完全列举的办法，规定了非营利法人的若干类型，这些既包括原来的事业单位法人、社会团体法人、基金会法人，也增加了过去没有明确的“社会服务机构等”，也就是说新增加了社会服务机构法人，按照第 92 条理解，这个“等”还包括宗教活动场所法人，将来还可以包括其他特别法授权允许的具体非营利法人类型。

首先是事业单位法人。事业单位法人是从事社会公益事业的法人。事业单位是指国家为了社会公益目的，由国家机关举办或者其他组织利用国有资产举办的，从事教育、科技、文化、卫生等公益活动的社会服务组织。[①] 根据《事业单位登记管理暂行条例》第 2 条规定，事业单位法人是国家为了公益目的而设立的社会服务组织，所以，事业单位不仅是非营利法人，而且是非营利法人中的公益法人。

事业单位拥有独立的财产与经费。事业单位法人是靠国家财产拨款活动的，在国家财政预算支出中，事业费占据重要比例。随着我国经济之发展，国家预算将从资金供给与财务管理等方面，不断提升这一项支出之比重。各个事业单位通过财政拨款获得之经费，由事业单位独立支配。事业单位所有或者经营的财产是其对外从事民事活动、享受权利且承担义务之基础。事业单位以法人之名义从事民事活动所形成之债务，由事业单位以自己经营或者所有之财产承担责任。[②]

其次是社会团体法人。社会团体是指中国公民自愿组成，为实现会员共同意愿，按照其章程开展活动的非营利性社会组织，[③] 如研究会。成立社会团体，通常应经其业务主管单位审查同意，并依照本条例的规定进行登记。但是，以下三种情形属于免于登记之情形：参加中国人民政治协商会议的人民团体；由国务院机构编制管理机关核定，并经国务院批准免于登记的团体；机关、团体、企业事业单位内部经本单位批准成立、在本单位内部活动的团体。[④]

再次是基金会法人。基金会是指利用自然人、法人或者其他组织捐赠的财产，以从事公益事业为目的，按照本条例的规定成立的非营利性法人。[⑤] 基金会法人是在《民法通则》中没有规定的一类法人，而是由后来的国务院《基金会登记管理条例》授权而来的。基金会法人采取了大陆法系财团法人的成立基础，是

① 《事业单位登记管理暂行条例》第 2 条。
② 王利明：《民法总则研究》，中国人民大学出版社 2012 年版，第 280 页。
③ 《社会团体登记管理条例》第 2 条。
④ 《社会团体登记管理条例》第 3 条。
⑤ 《基金会管理条例》第 2 条。

以财产的集合为基础成立的法人，其财产既不来源于成员的出资，也不来源于政府拨款，而是来源于民间捐赠。自愿捐赠的资金脱离捐赠人以后，随即享有独立性，成为基金会法人之财产，基金会法人不得根据捐赠人意志而是根据基金会的章程来管理与支配。基金会法人与通常的社会团体法人不一样，它没有成员或者会员。基金会的设立人以及基金会的管理人员都不是基金会的成员。基金会一旦设立，其设立人就与基金会相分离；而基金会的管理人员也只是基金会事务执行机构，类似于公司的董事、高管之地位，不属于基金会的成员。

最后是社会服务机构等。本条承认，我国现实中的社会服务机构法人是一类新型非营利法人。我国现实中存在大量的社会服务机构，它们以追求非公益性的社会服务为目的，是指自然人、法人或者其他组织为了提供社会服务，主要利用非国有资产设立的非营利性组织。[①] 我国过去已经就社会服务机构出台了一些管理规范包括登记规范，但是却没有明确其具有法人地位，所以其法律地位非常模糊，不利于其明确开展活动。[②] 有些社会服务机构没有办法甚至选择了公司、合伙的形式而使得自己负担沉重。现在，可以预计这种情况会很快改善，社会服务机构通过非营利法人的定位，即将取得发展史上的大繁荣局面。除了社会服务机构法人，前已述及还明确在第92条新增加承认了宗教活动场所法人。此外，本条使用了“等”字作为表述，说明其做出了一种面向未来开放的立法授权。

（撰稿人：龙卫球　赵申豪）

第八十八条　【事业单位法人资格及其取得条件】 具备法人条件，为适应经济社会发展需要，提供公益服务设立的事业单位，经依法登记成立，取得事业单位法人资格；依法不需要办理法人登记的，从成立之日起，具有事业单位法人资格。

【释义】

本条规范的是事业单位法人资格及其取得条件。本条部分继承了《民法通

---

① 《社会服务机构登记管理条例（征求意见稿）》第2条。

② 《社会服务机构登记管理条例（征求意见稿）》第11条规定，申请设立社会服务机构，应具备如下条件：不以营利为目的；有明确的社会服务范围；有规范的名称、章程；有与开展服务相适应的合法财产；有与其业务活动相适应的组织机构、场所、工作人员；有独立承担民事责任的能力；法律、行政法规规定的其他条件。社会服务机构注册资金不得低于3万元人民币。在省级以下地方人民政府民政部门申请登记的，注册资金具体标准由省级人民政府制定。

则》第50条的规定，但是也做出了一定程度的修改。《民法通则》第50条第2款规定："具备法人条件的事业单位……依法不需要办理法人登记的，从成立之日起，具有法人资格；依法需要办理法人登记的，经核准登记，取得法人资格。"可见，旨在确认事业单位得为法人，并规定其取得资格的条件。本法亦然。《民法通则》分了两种情形：对于依法不需要办理法人登记的，从成立之日起，具有法人资格；对于依法需要办理法人登记的，经核准登记，取得法人资格。本条也区分了两种情形，对于依法不需要办理法人登记的，从成立之日起，具有事业单位法人资格；对于依法需要办理法人登记的，经依法登记成立，取得事业单位法人资格。两相对比，可以看出，《民法通则》第50条与本条的区别仅在于：对于依法需要办理法人登记的，事业单位成立的条件由"核准登记"变成了"登记"。

法人的产生，犹如任何事物的诞生一样，其本身必须满足一定之条件。法人的产生需要经过设立与成立两个阶段。法人设立是指依照法律规定的条件和程序使社会组织获得法律上人格的整个过程，即它是创设法人的一系列行为的总称；法人的成立是指社会组织经过设立阶段，具备了法人条件且办理了成立登记，从而获得法人资格这一结果。①

对于事业单位法人，本条分两类规定：一类是依法不需要办理法人登记的，从成立之日起，具有事业单位法人资格，如中国科学院、中国社会科学院，其设立的原则应该属于特许设立主义；② 另一类是需要办理法人登记的，但是在条文表述上，本条与《民法通则》存在区别。《民法通则》的措辞是"经核准登记，取得法人资格"，而本条的措辞是"经依法登记成立，取得事业单位法人资格"。

《民法通则》对于事业单位法人的设立态度，应该是许可主义。这不只是由于它在措辞上使用了"经核准登记，取得法人资格"字眼，而且《事业单位登记管理暂行条例》第3条第1款规定："事业单位经县级以上各级人民政府及其有关主管部门（以下统称审批机关）批准成立后，应当依照本条例的规定登记或者备案。"第6条规定："申请事业单位法人登记，应当具备下列条件：（一）经审批机关批准设立；（二）有自己的名称、组织机构和场所；（三）有与其业务活动相适应的从业人员；（四）有与其业务活动相适应的经费来源；（五）能够独立承担民事责任。"由此可见，这显然属于许可主义。

那么，本条对于事业单位的设立主义，采取的究竟是何种态度呢？是与《民法通则》的态度保持一致，或者是改变了既往的态度呢？笔者认为，从历史解释

① 马俊驹、余延满：《民法原论》，法律出版社2010年版，第117页。
② 马俊驹、余延满：《民法原论》，法律出版社2010年版，第315页。

的角度来看，既然立法上的措辞产生了明显的变化，由“核准登记”变成了“登记”，那就说明立法态度也发生了变化。否则，如果立法者对于事业单位法人的设立仍采取既往态度，立法时完全可以采用“核准登记”这类表述，而不必多此一举。但是如上文所述，《事业单位登记管理暂行条例》第3条与第6条都指出，申请事业单位法人登记，应经审批机关批准设立。所以，根据“上位法优于下位法”以及“新法优于旧法”的原则，《事业单位登记管理暂行条例》的相关条文由于与本条相冲突，应予废止。

【关联规定】

《民法通则》第50条第2款，《事业单位登记管理暂行条例》第2条、第3条、第11条

（撰稿人：赵申豪）

第八十九条 【事业单位法人的机构设置】 事业单位法人设理事会的，除法律另有规定外，理事会为其决策机构。事业单位法人的法定代表人依照法律、行政法规或者法人章程的规定产生。

【释义】

本条规范的对象是事业单位法人的机构设置。“事业单位法人是相对于企业法人而言的，它是指从事非营利性质的社会各项公益事业的各类法人。”[①] 例如，从事新闻、广播、电视、电影等事业的法人。《民法通则》中关于事业单位法人的条文只有一条（《民法通则》第50条），但该条只是规定了事业单位法人资格的取得，不涉及事业单位法人的机构设置。所以，本条是在《民法通则》基础上的一个延伸。

公务法人是指国家行政主体为了特定目的而设立的服务性机构，与作为机关法人的行政机关不同，它担负特定的行政职能，服务于特定的行政目的，因而有别于正式作出决策并发号施令之科层式行政机关。根据《事业单位登记管理暂行条例》第2条规定，事业单位是政府为了满足社会公共需要而出资专门设立的机构，所以属于公法人。但是，虽然事业单位法人的出资来源为国有财产，或者举

① 王利明：《民法总则研究》，中国人民大学出版社2012年版，第280页。

办机构为某个国家行政部门，但事业单位法人公益目的的实现不能单纯依靠国家行政主管部门，国家作为出资者并不能直接干预事业法人的日常运营，事业法人的各项活动仍应由其本身机构做出决策。对此，《民法通则》没有规定事业单位法人的决策机构，而本条明确指出，事业单位的决策机构是理事会，法律另有规定的除外。

理事会是事业单位法人的具体事务决策机构。在社会团体法人之中，理事会由权力机构（会员大会或者会员代表大会）选举产生，但是，由于事业单位是一个公法人，是由政府为了满足社会公共需要而出资专门设立的，所以事业单位理事会也应当由设立机关（政府或政府部门）筹办，理事会成员应当包括举办单位代表、行政主管部门、职工代表、服务对象、专业人士、社区等方面的代表。[①]理事会做出决策时应遵照法人章程的规定。

事业单位法人的法定代表人依照法律、行政法规或者法人章程的规定产生。一般而言，法人的法定代表人之选择都限于一定范围。比如，根据《公司法》第13条，公司法定代表人依照公司章程的规定，由董事长、执行董事或者经理担任，并依法登记；根据本法第91条，社会团体法人应当设理事会等执行机构。理事长或者会长等负责人按照法人章程的规定担任法定代表人。但是本条中没有明确限定事业单位的法定代表人的范围，所以，事业单位法人的法定代表人可以是不违反法律规定的任何人。

（撰稿人：赵申豪）

第九十条　【社会团体法人资格及其取得条件】 具备法人条件，基于会员共同意愿，为公益目的或者会员共同利益等非营利目的设立的社会团体，经依法登记成立，取得社会团体法人资格；依法不需要办理法人登记的，从成立之日起，具有社会团体法人资格。

【释义】

本条规范的是社会团体法人资格及其取得条件。本条部分继承了《民法通则》第50条的规定，但是也做出了一定程度的修改。《民法通则》第50条第2

① 吕永邦：《事业单位法人治理结构模式与路径选择》，载《“决策论坛——科学决策的理论与方法学术研讨会”论文集》。

款规定，具备法人条件的事业单位、社会团体，依法不需要办理法人登记的，从成立之日起，具有法人资格；依法需要办理法人登记的，经核准登记，取得法人资格。可见，承认社会团体得为法人，并对于社会团体法人资格的取得做出规定。本条亦然。《民法通则》分了两种情形：对于依法不需要办理法人登记的，从成立之日起，具有法人资格；对于依法需要办理法人登记的，经核准登记，取得法人资格。本条也区分了两种情形，对于依法不需要办理法人登记的，从成立之日起，取得社会团体法人资格；对于依法需要办理法人登记的，基于会员共同意愿，经依法登记成立，取得社会团体法人资格。两相对比，可以看出，《民法通则》第50条与本条的区别仅在于：对于依法需要办理法人登记的社会团体，成立条件由“核准登记”变成了“基于会员共同意愿，经依法登记成立”。

如前文所述，对于法人设立的原则，立法例上归纳起来主要有放任主义、特许设立主义、许可主义与准则主义。对于社会团体法人资格的取得，本条分两类规定：一类是依法不需要办理法人登记的社会团体，从成立之日起，就取得社会团体法人资格，其设立的主义应该属于特许设立主义；① 另一类是需要办理法人登记的，但是在条文表述上，本条与《民法通则》存在区别。《民法通则》的措辞是“经核准登记，取得法人资格”，而本条的措辞是“基于会员共同意愿，经依法登记成立，取得社会团体法人资格”。

《民法通则》对于社会团体法人的设立态度，应该是许可主义。这不只是由于它在措辞上使用了“经核准登记，取得法人资格”字眼，而且《社会团体登记管理条例》第9条指出，申请成立社会团体，应当经其业务主管单位审查同意，由发起人向登记管理机关申请登记。由此可见，这显然属于许可主义。

那么，本条对于社会团体的设立主义，采取的究竟是何种态度呢？是与《民法通则》的态度保持一致，或者是改变了既往的态度呢？笔者认为，从历史解释的角度来看，既然立法上的措辞产生了明显的变化，由“核准登记”变成了“基于会员共同意愿，经依法登记成立”，那就说明立法态度也发生了变化。否则，如果立法者对于社会团体法人的设立仍采取既往态度，立法时完全可以采用“核准登记”这类表述，而不必多此一举。但是如上文所述，《社会团体登记管理条例》第9条指出，申请成立社会团体，应当经其业务主管单位审查同意，由发起人向登记管理机关申请登记。所以，根据“上位法优于下位法”以及“新法优于旧法”的原则，该第9条由于与本条相冲突，应予废止。

---

① 陈华彬：《民法总论》，中国法制出版社2011年版，第314页。

【关联规定】

《民法通则》第 50 条第 2 款,《社会团体登记管理条例》第 2 条第 1 款 、第 3 条

（撰稿人：赵申豪）

第九十一条　【社会团体法人的机构设置】设立社会团体法人应当依法制定法人章程。

社会团体法人应当设会员大会或者会员代表大会等权力机构。

社会团体法人应当设理事会等执行机构。理事长或者会长等负责人按照法人章程的规定担任法定代表人。

【释义】

本条规范的是社会团体法人的机构设置。“社会团体法人是由其成员自愿组织的从事社会公益、文学艺术、学术研究、宗教等活动的各类法人，如工会、妇女联合会、工商业联合会等。”[①]《民法通则》中有社会团体法人这一概念，但是涉及它的条文仅仅有一条——《民法通则》第 50 条，是关于社会团体法人资格的取得，没有关于社会团体法人的机构设置方面的条文。所以，本条是在《民法通则》基础上的一个延伸。

“法人章程是指法人成员就法人的整个活动范围、组织机构以及内部成员之间的权利、义务等问题所订立的书面文件。”[②]《民法通则》第 41 条第 1 款规定：“全民所有制企业、集体所有制企业有符合国家规定的资金数额，有组织章程、组织机构和场所，能够独立承担民事责任，经主管机关核准登记，取得法人资格。”《公司法》第 11 条也规定：“设立公司必须依法制定公司章程。公司章程对公司、股东、董事、监事、高级管理人员具有约束力。”虽然上述法律都只针对企业法人，但不论是理论上，或是实践上，社会团体法人设立时也必须制定公司章程。《社会团体登记管理条例》第 11 条就指出，申请登记社会团体，发起人应当向登记管理机关提交章程草案。第 14 条则规定，社会团体的章程应当包括名

① 王利明：《民法总则研究》，中国人民大学出版社 2012 年版，第 281 页。
② 王利明：《民法总则研究》，中国人民大学出版社 2012 年版，第 300 页。

称、住所；宗旨、业务范围和活动地域；会员资格及其权利、义务；民主的组织管理制度，执行机构的产生程序；负责人的条件和产生、罢免的程序；资产管理和使用的原则；章程的修改程序；终止程序和终止后资产的处理以及应当由章程规定的其他事项。

对社会团体法人来说，法人章程调整的是法人与法人成员之间的关系，参与章程行为的当事人的意思表示不指向其他成员，而是指向法人的意思形成机构；它不仅拘束同意该行为之当事人，对于没有表示同意但事后加入之当事人，也依法有拘束力。①

法人的机构是指根据法律或者法人章程的规定，能够对内管理法人事务和对外代表法人从事经营活动的个人或集体。社会团体法人作为社团法人之一种，其成员组成的会员大会是其意思机构（或权力机构）。意思机构是社会团体法人的最高权力机关，既可以对重要事项作出决定，也可以修改法人章程。但是，由于法人成员往往人数众多，为便于行使权利，会员大会可以选出代表组成会员代表大会，代替会员大会行使权利与作出决定，会员代表大会应对会员大会负责。

除意思机构（权力机构）外，社会团体法人也应设立执行机构，负责执行具体之事务，这种执行机构一般称作理事会。理事会成员是经会员大会（或会员代表大会）选出，对会员大会（或会员代表大会）负责，执行它们的决定，或者遵照法人章程的内容行事。理事会通常会选出一人作为理事长。根据《公司法》第13条规定，公司法定代表人依照公司章程的规定，由董事长、执行董事或者经理担任，并依法登记。公司法定代表人变更，应当办理变更登记。与此类似，社会团体法人的法定代表人也是由法人章程规定，也必须在理事、会长等负责人中选择。

【关联规定】

《社会团体登记管理条例》第11条、第14条、第18条第1款

（撰稿人：赵申豪）

第九十二条 【捐助法人资格及其取得条件】 具备法人条件，为公益目的以捐助财产设立的基金会、社会服务机构等，经依法登记成立，取得捐助法人资格。

---

① ［德］迪特尔·梅迪库斯：《德国民法总论》，邵建东译，法律出版社2000年版，第107页。

依法设立的宗教活动场所，具备法人条件的，可以申请法人登记，取得捐助法人资格。法律、行政法规对宗教活动场所有规定的，依照其规定。

【释义】

本条规范的是捐助法人资格及其取得条件。《民法通则》将法人分为企业法人、机关法人、事业单位法人和社会团体法人四类。但是社会现实中，基金会等各种捐助法人却广泛存在，为了对此做出应对，《民法典》在非营利法人项下引入了“捐助法人”这一新概念[①]，具体往下列举已经通过特别法（《基金会管理条例》）确立的“基金会”法人，同时新确立了社会服务机构、宗教活动场所等法人，其中通过“等”字表述，还做出类型开放授权。本条在确立“捐助法人”概念及其包含具体类型法人范围之外，重点规定了捐助法人资格的取得方式。按照本条规定，捐助法人以为公益目的捐助的财产为成立基础，因此实际限定为大陆法系民法中的财团法人。

大陆法系的财团法人具有四个显著的特点：(1) 财团法人以独立的财产为中心。财团法人成立的基础是一定的财产，只有以财产为基础，才能够成立财团法人，财团的中心因素是财产，财产构成财团法人的基础，无财产无人格，对于其他的法律主体而言，可能存在争议，但是对于财团法人则是前提。(2) 财团法人的财产应为捐助。财团法人所获得的财产是捐助人捐助的，因此在法人成立之后，财产属于法人所有。财产脱离捐赠人以后，随即享有独立性，成为财团法人之财产，财团法人不是根据捐赠人的意志管理与支配。(3) 财团法人应为一定的目的。财团法人必须是为了一定的目的事业而存在，是以一定目的而奉献财产的基础上具有管理机关的组织，其目的大多数国家规定应该是公益性的。(4) 财团法人是取得法律上人格的法人。与社团不同的是，财团法人是以财产为基础设立的，捐助人捐助的财产在法人成立之后，就构成财团法人的财产，与捐助人并无关联，捐助人自身财产的增减不会影响财团法人的独立存在，二者相互独立。[②]

本条规定，重点理解以下方面：

其一，本条确认了“捐助法人”属于我国非营利法人的一种类型，并且限定

---

① 赵旭东教授在我国较早使用了捐助法人的概念，“所谓的捐助法人，又称作财团法人，其与社团法人相对立，是指以实现一定公益目的，以捐助财产为基础而设立的法人，它与以人的联合为基础而设立的社团法人迥然不同”。见赵旭东：《论捐助法人在民法中的地位》，载《法学》1991 年第 6 期。

② 胡岩：《比较视野下财团法人概念辨析》，载《比较法研究》2011 年第 5 期。

为财团法人，即以公益目的和以捐助财产作为成立基础。由此而论，本节虽然使用统一的“非营利法人”概念，但是通过事业单位法人、社会团体法人以及本条的“捐助法人”，特别是对“捐助法人”限定为“公益”目的，以捐助财产为设立基础的基金会、社会服务机构以及宗教活动场所法人，使得“非营利法人”虽然具有很大的开放性，但是实际上也有很大的限定性，即排除了这些类型之外的其他社会目的的利用可能。

其二，本条将“捐助法人”分为两种情形，规定其成立条件和程序。

本条第 1 款规定，基金会、社会服务机构等，具备法人条件，以公益为目的并以捐助财产为设立基础，经依法登记成立，就可以取得财团法人资格。这实际上是采取了准则主义的成立原则，是一种相当宽松的法人设立原则，是指法人设立只需要符合法律规定的要件（这些要件中不包括与主管机关有关的许可），再到登记机关办理设立登记，法人资格就取得了。由此可见，本条对于为公益目的的捐助法人在设立上拟采取宽松态度。“不同的设立原则标志着设立法人的难易程度不同，所以也就暗示着国家对财团法人的鼓励或者限制的态度。”①

《基金会管理条例》第 8 条规定了设立基金会的条件：（1）为特定的公益目的而设立；（2）相应数额的原始基金（原始基金必须为到账货币资金）；（3）有规范的名称、章程、组织机构以及与其开展活动相适应的专职工作人员；（4）有固定的住所；（5）能够独立承担民事责任。而该条例第 9 条又指出，申请设立基金会，申请人应当向登记管理机关提交章程草案、验资证明和住所证明、理事名单、身份证明以及拟任理事长、副理事长、秘书长简历等文件。一旦提交了相应文件，登记管理机关应当自收到全部有效文件之日起60 日内，作出准予或者不予登记的决定。② 可见，对于基金会来说，只要申请登记时满足第 8 条的相应条件，而且提交了第 9 条所要求的文件，登记机关就必须在法定期限内作出准予登记的决定，而不得拒绝登记。

社会服务机构法人是《民法典》新提出的捐助法人类型。《民法通则》没有这一概念，后来，有关机构注意到社会现实中对于社会服务的组织需求，一直有推动立法承认的愿望。其中，提出的《社会服务机构登记管理条例（征求意见稿）》，虽然只是征求意见的阶段，但一些条文也反映出了我国对这种捐助法人设立的态度。根据《社会服务机构登记管理条例（征求意见稿）》第 10 条规定，设立社会服务机构，立法区分不同种类采取不同的原则。一般来说，设立社会服务

---

① 罗昆：《财团法人的设立原则探析》，载《武汉大学学报（哲学社会科学版）》2008 年第 5 期。

② 《基金会管理条例》第 11 条。

机构应该经过其业务主管单位的审查同意，但是，设立以下社会服务机构可以直接向登记管理机关办理登记：在自然科学和工程技术领域内从事学术研究和交流活动的科技类社会服务机构；提供扶贫、济困、扶老、救孤、恤病、助残、救灾、助医、助学等服务的公益慈善类社会服务机构；为满足城乡社区居民生活需求开展活动的城乡社区服务类社会服务机构。上述几种社会服务机构都是以公益为目的的，因此，吻合本条的“为公益目的以捐助财产设立的基金会、社会服务机构等，经依法登记成立，取得捐助法人资格”。

按照本条的规定，社会服务机构符合法人条件，以公益为目的，以捐助财产为设立基础，可以经依法登记设立。也就是说，无须经过业务主管单位审查。按照《社会服务机构登记管理条例（征求意见稿)》的建议，社会服务机构设立时只需具备下列条件：不以营利为目的；有明确的社会服务范围；有规范的名称、章程；有与开展服务相适应的合法财产；有与其业务活动相适应的组织机构、场所、工作人员；有独立承担民事责任的能力。另外，社会服务机构注册资金不得低于 3 万元人民币。[①] 满足上述条件后，申请人应当向登记管理机关提交申请书、章程草案、捐赠财产承诺书、验资证明、场所使用权证明等材料文书。[②] 登记管理机关应当自收到材料之日起 30 日内作出准予或者不予登记的决定。情况复杂的，经上一级民政部门批准，可以适当延长。[③] 有下列情形之一，登记管理机关不予登记，并向申请人书面说明理由：有根据证明申请登记的社会服务机构的宗旨、业务范围不符合本条例第 3 条规定的；申请登记时弄虚作假的；不符合本条例第 11 条规定的设立条件的；拟任理事、监事、负责人有本条例第 32 条规定的不适合任职的情形的。[④]

本条第 2 款规定了宗教活动场所法人资格的取得条件：依法已经设立的宗教活动场所，具备法人条件的，可以通过申请登记而取得法人资格。换言之，程序上采取登记主义，实质条件上有两个前提：首先必须依据有关法律已经设立为宗教活动场所，其次具备法人条件。宗教场所法人本身限于服务特定宗教的目的，既不是通常的公益，也不是其他非公益的社会目的。宗教活动场所法人还要受特别法的规范，即“法律、行政法规对宗教活动场所有规定的，依照其规定”。《民法典》出台之前，对于宗教活动场所，由《宗教事务条例》进行管理。根据《宗教事务条例》第 21 条规定：“筹备设立宗教活动场所，由宗教团体向拟设立的宗

---

① 《社会服务机构登记管理条例（征求意见稿)》第 11 条。
② 《社会服务机构登记管理条例（征求意见稿)》第 12 条。
③ 《社会服务机构登记管理条例（征求意见稿)》第 15 条。
④ 《社会服务机构登记管理条例（征求意见稿)》第 16 条。

教活动场所所在地的县级人民政府宗教事务部门提出申请。县级人民政府宗教事务部门应当自收到申请之日起30日内提出审核意见，报设区的市级人民政府宗教事务部门审批……宗教团体在宗教活动场所的设立申请获批准后，方可办理该宗教活动场所的筹建事项。”可见，对于宗教活动场所，在《民法典》之后如果想成为法人存在两个环节：首先是必须按照《宗教事务条例》先作为宗教活动场所依法设立，采取的是审批主义；其次具备法人条件的才得以通过申请登记取得法人资格，这个阶段《民法典》采取的是准则主义。

【关联规定】

《基金会管理条例》第2条、第6条第1款

（撰稿人：龙卫球　赵申豪）

第九十三条　【捐助法人的机构设置】设立捐助法人应当依法制定法人章程。

捐助法人应当设理事会、民主管理组织等决策机构，并设执行机构。理事长等负责人按照法人章程的规定担任法定代表人。

捐助法人应当设监事会等监督机构。

【释义】

本条规范的是捐助法人的机构设置。我国捐助法人基本采取了财团法人的组织形态和设立方式，所以属于一种“旨在实现捐助者特定目的的具有法人资格的财产集合”。[①] 但我国《民法通则》没有捐助法人或财团法人的概念，自然也就没有关于捐助法人机构设置的法律规定。虽然《基金会管理条例》里有关于基金会组织机构的规范，但毕竟基金会只是一种类型，关于基金会组织机构的规范不可以适用于其他捐助法人。所以，《民法典》有必要在立法层面制定适用于一切捐助法人组织机构的规范。

本条第1款规定，设立捐助法人应当依法制定法人章程。捐助法人与营利法人中的公司法人等和非营利法人中的社会团体法人都有法人章程，但是法人章程

---

①　朱庆育：《民法总论》，北京大学出版社2016年版，第428页。

在两者中的地位却有所不同。公司法人和社会团体法人是人的联合，它有自己的成员或会员，其法人章程由作为法人成员的设立人订立。法人成员的意思通过作为法人机关的社员大会或会员大会成为法人的意思，因此，法人的意思来自法人本身（意思自治）。[①] 虽然法人章程记载了法人的整个活动范围、组织机构以及内部成员之间的权利、义务等，但是，对公司法人和社会团体法人来说，法人章程是可以通过社员大会或会员大会予以修改的。例如，《公司法》第 12 条规定："……公司可以修改公司章程，改变经营范围，但是应当办理变更登记。公司的经营范围中属于法律、行政法规规定须经批准的项目，应当依法经过批准。"《公司法》第 43 条第 2 款规定："股东会会议作出修改公司章程、增加或者减少注册资本的决议，以及公司合并、分立、解散或者变更公司形式的决议，必须经代表三分之二以上表决权的股东通过。"

然而，捐助法人的设立基础是捐助财产，它的团体性质来源于独立财产。捐助法人的目的虽然记载于法人章程，但章程的制定者却不出于财团法人的内部，在此意义上，捐助法人的意思来自外部（意思他治）。而且，由于捐助法人是财产的集合，没有成员，因此也就不像公司法人或社会团体法人那样拥有自己的社员大会或会员大会，不可以随意修改法人章程。因此，捐助人意思不可变更，捐助法人的法人章程也就不可变更。另外，财团法人没有成员，不适用少数服从多数的原则。[②]

法人的机关是指根据法律或者法人章程的规定，能够对内管理法人事务和对外代表法人从事经营活动的个人或集体。捐助法人的法人机关与公司法人和社会团体法人等法人机关不同，捐助法人是财产集合，没有成员，所以没有社员大会之类的意思机关。但是，捐助法人拥有决策机构与执行机构，其决策机构是理事会，这与公司的董事会相类似，但也有一定区别。公司的董事会不但应遵守公司章程，而且也对股东会、股东大会负责，但由于捐助法人没有意思机关，所以理事会只需遵照章程的规定行事，不必受意思机关拘束。但捐助法人的法定代表人也是由法人章程规定，也必须在理事长等负责人中选择。[③] 本条第 3 款规定捐助法人应当设立监事会等监督机构。虽然国外只规定捐助法人仅须设立理事会，但是由于我国的信用问题一向令人担忧，因此要求在捐助法人内部建立更为完善的监察制度有其必要。理事会和监事会的基本权限应当在法律中明确规定，不允许

---

① 朱庆育：《民法总论》，北京大学出版社 2016 年版，第 430 页。

② 王利明：《民法总则研究》，中国人民大学出版社 2012 年版，第 301 页。

③ 与此类似，根据《公司法》第 13 条规定，公司法定代表人依照公司章程的规定，由董事长、执行董事或者经理担任，并依法登记。公司法定代表人变更，应当办理变更登记。

在章程中另作约定，以保障交易安全，但是其他权限可以允许在章程中作不同的规定。[①]

【关联规定】

《基金会管理条例》第 20 条、第 21 条第 1 款、第 22 条，《宗教事务条例》第 17 条

（撰稿人：赵申豪）

第九十四条 【捐助人的监督权】 捐助人有权向捐助法人查询捐助财产的使用、管理情况，并提出意见和建议，捐助法人应当及时、如实答复。

捐助法人的决策机构、执行机构或者法定代表人作出决定的程序违反法律、行政法规、法人章程，或者决定内容违反法人章程的，捐助人等利害关系人或者主管机关可以请求人民法院撤销该决定。但是，捐助法人依据该决定与善意相对人形成的民事法律关系不受影响。

【释义】

本条规范的对象是捐助人的监督权。捐助法人与公司法人、社会团体法人等一个根本性区别就是：捐助人通过捐助财产设立捐助法人以后，捐助人就与法人脱离了关系，“由于财团法人没有成员，其设立人不可以作为法人成员，也不直接参与或决定法人事务”。[②] 鉴于此，法律更应该赋予捐助人以监督权，让捐助人可以时刻监督自己捐助的财产的使用是否符合自己的目的。捐助人如不享有这一监督权，只会让捐助法人的管理人员拥有过大的权力，很可能损害捐助人的利益，从而抑制人们设立捐助法人的积极性。

捐助法人财产的管理方法，如何投资及如何使用，章程中应予规定，捐助法人的理事会也应遵照法人章程的规定管理与使用财产。但是，管理人毕竟不是捐

---

① 葛云松：《中国的财团法人制度展望》，载《北大法律评论》2002 年第 1 期。

② 葛云松：《中国的财团法人制度展望》，载《北大法律评论》2002 年第 1 期。

助人本身，会有自己的私心，为了防止管理人滥用自己的权利，违背捐助人意愿，在法律上有必要赋予捐助人一定的监督权限。在公司法人之中，这种思路很明显。比如，根据《公司法》第33条规定，股东有权查阅、复制公司章程、股东会会议记录、董事会会议决议、监事会会议决议和财务会计报告。股东可以要求查阅公司会计账簿。股东要求查阅公司会计账簿的，应当向公司提出书面请求，说明目的。公司拒绝提供查阅的，股东可以请求人民法院要求公司提供查阅。之所以赋予股东这种查阅权，也是为了防止董事损害股东之利益。捐助法人中，捐助人的地位就相当于公司中股东的地位，所以本条也赋予捐助人以查询权。

捐助人行使了查阅权之后，如果捐助法人对与财产之管理与使用符合法人章程，自然就没有问题；如不符合法人章程，那么法律就应该赋予其相应的救济措施。本条第2款就赋予了捐助人撤销捐助法人决策机构做出的决定的权利。如果捐助法人的决策机构、执行机构或者法定代表人作出决定的程序违反法律、行政法规、法人章程，或者决定内容违反法人章程的，捐助人等利害关系人或者主管机关可以请求人民法院撤销该决定。但是，捐助法人依据该决定与善意相对人形成的民事法律关系不受影响。这样主要是为了维护交易安全，保护善意第三人的利益。但是，笔者认为，对该条应采取限缩解释。所谓的“民事法律关系不受影响”，应限于有偿的民事法律关系，对无偿民事法律关系，因为善意第三人不存在信赖损害，因此不应该保护。

本条只规定了捐助人可以撤销捐助法人的决策机构、执行机构做出的决定，可是，在某些情况下，如捐助法人屡次违反法人章程，应赋予捐助人撤销捐助法人、收回捐助财产的权利。对此，本条没有规定，但《基金会管理条例》对这类情形有详细规定。该条例第39条规定：“捐赠人有权向基金会查询捐赠财产的使用、管理情况，并提出意见和建议。对于捐赠人的查询，基金会应当及时如实答复。基金会违反捐赠协议使用捐赠财产的，捐赠人有权要求基金会遵守捐赠协议或者向人民法院申请撤销捐赠行为、解除捐赠协议。”《基金会年度检查办法》第7条规定，基金会违反《基金会管理条例》第39条规定，不按照捐赠协议使用捐赠财产的，登记管理机关应当视情节轻重分别作出年检基本合格、年检不合格的结论。登记管理机关作出基本合格或者不合格年检结论后，应当责令该基金会或者境外基金会代表机构限期整改，并视情况依据《基金会管理条例》的有关规定给予行政处罚。可见，《基金会管理条例》的规定更为完善。但是，一来《基金会管理条例》只适用于基金会这一种捐助法人；二来该条例也未明确查阅权客体。所以，将来具体立法时应予以完善。

但是本条不完善，缺乏可操作性。比如，捐助人的查阅权客体不明确，是否一切文件都可以查阅，以及何种情形捐助人只可以撤销捐助法人的决策机构、执行机构做出的决定，何种情形可以撤销捐助法人以收回捐助的财产。上述疑问，都应当在将来立法时予以回应。

【关联规定】

《基金会管理条例》第39条、第43条

（撰稿人：赵申豪）

第九十五条　【非营利法人的剩余财产分配】 为公益目的成立的非营利法人终止时，不得向出资人、设立人或者会员分配剩余财产。剩余财产应当按照法人章程的规定或者权力机构的决议用于公益目的；无法按照法人章程的规定或者权力机构的决议处理的，由主管机关主持转给宗旨相同或者相近的法人，并向社会公告。

【释义】

本条规范的是非营利法人终止后，剩余财产的归属。对于营利法人，法人终止以后剩余财产的归属很好解决。经过清算程序且清偿了债权人的债权后，法人剩余财产归其成员所有。以公司为例，根据《公司法》第186条第2款规定："公司财产在分别支付清算费用、职工的工资、社会保险费用和法定补偿金，缴纳所欠税款，清偿公司债务后的剩余财产，有限责任公司按照股东的出资比例分配，股份有限公司按照股东持有的股份比例分配。"但是，对于非营利法人，却不能认为非营利法人终止后，剩余财产也应向出资人、设立人分配。

所谓非营利法人，就是不以营利为目的之法人。但是，这里所说的"不以营利为目的"，不是指法人不营利，而是指法人成员不营利。换言之，"不以营利为目的"体现为利润禁止在法人成员中分配。[①] 既然非营利法人于存续期间不可以将所获利润分配给法人成员，那么以常理推断，非营利法人终止之时，也不得将剩余财产分配给法人成员（捐助法人没有法人成员的，不得分配给捐助人）。理

① 税兵：《非营利法人解释》，载《中国法学》2007年第5期。

由是，非营利法人终止后的剩余财产，要么是当初设立时法人成员或者捐助人的出资，要么是非营利法人存续期间的营利所得，且很大可能是非营利法人的营利所得。而且，非营利法人部分财产甚至是受赠所得，受赠人当初赠与也是为了将之用于公益等目的。为了确保非营利法人真正的非营利性，在剩余财产分配上就应禁止分配给“出资人、设立人或者会员”，唯有如此，才可使他们在财产关系上完全与非营利法人脱离关系（即便他们还可以根据章程成为法人机关的成员）。[①] 否则，如允许分配剩余财产，那么设立人很可能抓住这一制度漏洞，以非营利之名行营利之实，在非营利法人终止时通过分配剩余财产间接实现营利目的。

《民法典》颁布前，《基金会管理条例》第33条就规定：“基金会注销后的剩余财产应当按照章程的规定用于公益目的；无法按照章程规定处理的，由登记管理机关组织捐赠给与该基金会性质、宗旨相同的社会公益组织，并向社会公告。”该条就表现了这一思路，本条不过是延续了这一思路，且将其适用范围扩张至整个非营利法人领域。但是，有一点应予指出。非营利法人分为以公益为目的的公益法人，以及不以营利为目的、但也不以从事社会公益为目的的中间法人。本条只表明：公益法人终止时，不得向出资人、设立人或者会员分配剩余财产。但对于中间法人，这条不适用。这种区分是有道理的。举例言之，设甲、乙、丙、丁四人为兴趣爱好，由甲、丁各出资5万元，乙提供某套房子的使用权，丙提供办公家具，成立非营利法人“某象棋协会”。如果该非营利法人终止以后，四人不可取回财产岂非荒谬？因为当初他们设立非营利法人时，就是为了他们自己的利益（兴趣爱好也属于利益），如果非营利法人终止后就得将财产收归国有，则违反了意思自治。

另外还有一个问题，对公益法人来说，如法人章程中约定了“法人终止时各成员按比例取回剩余财产”，那么该约定是否有效？对此，笔者认为不可以一概论之。如一律认为无效，会抑制人们设立公益法人的积极性。但是，如认为有效，又可能为设立人提供了制度漏洞，使他们以非营利之名行营利之实，在非营利法人终止时通过分配剩余财产间接实现营利目的。两相权衡，应当允许出资人、设立人或者会员在其终止时取回剩余财产中自己出资的那部分，其他则应当按照法人章程的规定或者权力机构的决议用于公益目的，如此就可以平衡双方之利益关系。

---

① 葛云松：《中国的财团法人制度展望》，载《北大法律评论》2002年第1期。

【关联规定】

《慈善法》第18条第3款，《民办教育促进法》第46条、第47条、第51条、第59条第2款，《基金会管理条例》第10条、第33条，《宗教事务条例》第37条

（撰稿人：赵申豪）

第四节 特别法人

第九十六条 【特别法人的类型】本节规定的机关法人、农村集体经济组织法人、城镇农村的合作经济组织法人、基层群众性自治组织法人，为特别法人。

【释义】

本条规定了特别法人的种类和范围。本法在规定了营利法人和非营利法人之外，还通过本节单独规定了“特别法人”，这是一种重大概念创制，极具中国特色和现实意义。按照本条列举类型，除了在《民法通则》已经确立的通常被看成为公法人的“机关法人”之外，新确认了农村集体经济组织法人、城镇农村的合作经济组织法人、基层群众性自治组织法人三种类型，旨在满足现实中由中国特色政治经济结构决定的几类典型组织形态的法人化需要。这三种特别法人在《民法通则》上没有得到确认，因此几十年来在现实法人生活中具有极大的不确定性。《民法典》增设本节规定，可以说是对于我国基层特别是农村地区法人现实需要的一次重大确权——不是一般的权利确权，而是一种系统的主体地位确权。其中农村集体经济组织和城乡合作社尤其重要，自从小岗村开启农村经济体制改革以来，农村经济在三十余年的改革中取得长足进步，不仅群众的财产日益增长，集体经济组织形式也得到极大发展。法律如果不能回应农村集体经济发展现状的话，将会阻碍农村经济发展以及国家深化农民财产权改革的大政方针。

原《民法总则》第三章第四节“特别法人”，是在《民法总则（三审稿）》中新加的，在此前的一审稿、二审稿中并未出现此节之名。在国内建议稿中，“北航建议稿”明确建议，应当确认“集体经济组织法人”和“合作社法人”两

种现实形态，并建议可归入营利法人之中，但应作为特殊营利法人引入特别法规范；[①] 至于《民法通则》确立的机关法人应当予以保留，但可放在非营利法人的“公益法人”一节之中。《民法总则（一审稿）》将“机关法人”放在“非营利法人”一节当中，但在法人一般规定中最后两条附带规定了集体经济组织法人和合作社法人，其实便表现出要新添确认这两种法人的态度，但对于其性质彼时尚存疑虑，故而暂时归在一般规定引而不发。这一方案出来之后，引起了大家的关注，但关于其位置安排建议不同。

北航法学院龙卫球教授等提交的《关于〈中华人民共和国民法总则（草案）〉（征求意见稿）的完善建议》，在第二部分之“（三）关于法人一章的修改意见”之“（5）”提出，应明确现实社会经济组织形态的法人地位和类型归属，在我国实践中，合作社、农村集体经济组织等都是重要的法人形式，这些法人的类型和相应的规范此次都应当予以明确。是归入营利法人还是归入非营利法人，此次应有明确说法，建议准用营利法人，但做出特别法律调整的指引。又在（三）之（3）提出，“公法人具有其独特的规则，可以考虑从非营利法人中独立出来，设立独立的一节。公法人是享有公权力的、总体上表现为公法性质的法人，至少包括上述第76、77条规定的机关法人和国库，那在我们国家究竟到什么范围呢？公法人与私法人不同，其在设立、组织形式、与成员的关系、责任承担等方面都存在特殊性，如果将其纳入非营利性法人，则无法充分体现其本为以公力公利立身的特殊性”。

原《民法总则》在三审稿集思广益，果断开辟了一个新专节，称“特别法人”，将机关法人纳入其中，同时将与我国特色政治经济有密切联系的集体经济组织、城乡合作社经济组织也首次明确赋予法人地位纳入其中，还增加了对于中国基层来说具有重要政治意义的基层群众自治组织，因就其民事活动部分需要确立其法人化地位，于是形成了本条规定。当然，本条规定之前，已经存在一定的法律基础。《民法通则》第74条第1款规定“劳动群众集体组织的财产属于劳动群众集体所有”，并在第2款规定了“集体所有的土地依照法律属于村农民集体所有，由村农业生产合作社等农业集体经济组织或者村民委员会经营、管理。已经属于乡（镇）农民集体经济组织所有的，可以属于乡（镇）农民集体所有”。

---

① 参见“北航建议稿”：第90条【农村集体经济组织】：“农村集体经济组织，自成立或登记时起具有法人资格。农村集体经济组织对其动产和不动产享有所有权或其他财产权利。农村集体经济组织以其依法所有并依法可以处分的财产，承担民事责任。农村集体经济组织的成立、组织、管理、运营、法律责任等另由法律规定。”第91条【合作社法人】：“城市居民、农村集体经济组织成员可以依法设立具有法人资格的合作社。合作社的成立、组织、管理、运营、法律责任等，另由法律规定。”

但是该条文只是对集体财产的经营者、管理者进行了概括性规定，对于农村集体经济组织的法人地位没有明确，也没有清晰区分集体经济组织、合作社以及基层群众自治组织的不同主体性质。

对于本条规定，笔者认为可以从以下几个方面加以理解：

其一，关于特别法人的地位与功能。

本条确立特别法人概念，虽然没有为特别法人下定义，但是从其安排来看，有意区别于营利法人和非营利法人，对应其一般性而体现出自身的特殊性。这种特殊性，在某种程度上来说无须言传——即反映中国独特政治经济功能的特色法人。从“法人”体系的角度来看，特别法人出于法人一章，与“一般规定”“营利法人”以及“非营利法人”并列，而在私法领域，营利法人和非营利法人的分类方法即可形成逻辑闭环，因此特别法人作为与营利法人和非营利法人并列的特殊种类法人，其必然是要起到补充营利法人和非营利法人的规范遗漏，也即私法领域之外的法人才是本节的规范对象。

其二，本条在确立特别法人的同时，也严格限定了特别法人的种类。

本条完全式列举了四类特别法人。《民法典》首先有必要在一般私法人之外，明确公法人的性质和地位。毕竟公法人不仅现实地存在于社会当中，还可以在一定范围内作为民事主体从事民事活动。所以，考虑到公法人在设立、组织形式、与成员的关系、责任承担等方面都存在特殊性，如果将其规定在“非营利法人”一节中有失公力公利。正因如此，北航法学院建议在营利法人和非营利法人的分类之外，对公法人进行特别规定。[①] 基层群众性自治组织法人，即村委会和居委会，依据《村民委员会组织法》和《城市居民委员会组织法》的规定，行使村（居）民自我管理、自我教育、自我服务的职能，也可以算是具有公法人性质。除了机关法人和基层群众自治组织具有明显的公法人特征以外，其他两类法人很难称得上是公法人。农村集体经济组织法人和城镇农村的合作经济组织法人明显具有营利性，似乎更具有明显的私法人特性，尤其是城镇农村的合作经济组织，更是农民为了迎合农业现代化发展需要，自发结合、组织形成的经济组织，[②] 与公法人似乎相去甚远，或许共同点是都颇具中国现实体制特色。但该条将它们合在“特别法人”之中，如此规定必然会引发关于它们是否均或多或少具有公共法人色彩的讨论。2016 年 12 月，十二届全国人大常委会二十五次会议审议《民法总则（草案）》以后，全国人大法律委员会对新增特别法人给出的解释是，它们

---

① 北航法学院的《北京航空航天大学法学院关于〈中华人民共和国总则（草案）〉（征求意见稿）的完善建议》，载法律博客，http：//longweqiu. fyfz. cn/b/890411，2020 年 3 月 19 日访问。

② 徐理结：《我国农村合作经济组织的实践与发展研究》，载《经济问题探索》2016 年第 1 期。

具有在我国社会生活实际中的“特殊性”，即认为根据我国社会生活实际，机关法人、基层群众性自治组织和农村集体经济组织、合作经济组织具有特殊性，法律需要对其进行特别规定，以更好地保护其参与民事活动，更好地保护法人的成员和民事活动相对人的利益。[①] 此外，未来随着实践的发展，特别法人的范围是否会扩大，有待于进一步的探索。例如，有的学者就提出，我们现实中的公法上财团法人，如社保基金，也应当规定在本节特别法人当中。[②]

（撰稿人：龙卫球　李磊）

第九十七条　【机关法人的资格取得】 有独立经费的机关和承担行政职能的法定机构从成立之日起，具有机关法人资格，可以从事为履行职能所需要的民事活动。

【释义】

本条主要规定了机关法人取得法人资格的条件和时间。机关法人的资格自法人机关或者法人机构成立之日起取得。机关法人是指依法享有行政权力，并因行使职权的需要而享有相应的民事权利能力和民事行为能力的国家机关。在法律允许范围内，机关也可以作为民事主体，从事为履行职能所需要的民事活动。

机关法人包括权力机关法人、行政机关法人、司法机关法人和军事机关法人。[③] 机关法人具有以下特征：（1）机关法人主要从事行政管理活动；（2）机关法人依照法律或者命令设立，无须进行登记；（3）机关法人的财产是由国家预算支出。沿着公私法划分的逻辑，大陆法系国家将法人分为公法人和私法人。以德国法为例，德国将公法人分为公法社团、公营造物和公法财团三类。但是，我国并没有遵循大陆法系的分类标准来划分公私法人。《民法通则》将法人分为企业法人、机关法人、事业单位法人以及社会团体法人，该分类与我国二十世纪五十年代起确定的“单位”管理体制有着一脉相承的逻辑，符合国家编制管理的分类标准。虽然，我国在法治发展过程中逐步确立了公私法的基本分类，但是公法人，尤其是机关法人，还是被有意无意地回避了，无论是教科书、理论专著，还

---

① 中国人大网文章：《全国人大常委会审议民法总则草案——法人一章增加特别法人类别》，载中国人大网，http：//www. npc. gov. cn/npc/xinwen/lfgz/2016 - 12/20/content_ 2004006. htm，2020 年 6 月 19 日访问。

② 王利明、周友军：《我国〈民法总则〉的成功与不足》，载《比较法研究》2017 年第 4 期。

③ 魏振瀛主编：《民法》，北京大学出版社 2000 年版，第 75 页。

是司法实践在遇到机关法人问题时，都只进行简短叙述了事。理论与实践的回避态度直接导致了原《民法总则》立法时，学者对于总则是否应当规定公法人，抑或机关法人争议甚大。从立法条文来看，立法机关积极回应了理论争议和实践需要。

本条规定，可以从以下角度来理解：

其一，机关在成立之时取得法人资格。法人设立原则包括四种。第一，自由设立。国家不干涉当事人设立法人的自由，法人设立完全由当事人意思自治。第二，特许设立。法人的设立需要有专门的法令或者国家许可。第三，许可设立。法人的设立除了满足法定条件之外，还需要主管机关的特别准许。第四，准则设立。法律或者规范性文件预先规定法人设立的要件，当事人只需按照特定条件进行设立，设立后向登记机关申请办理登记完毕后，法人成立，无须行政机关特别许可。机关法人具有特殊性，其设立通常由国家命令或者法律授权，无须办理登记手续，因此机关或者法定机构从成立之日起，具有机关法人资格。

其二，机关法人不仅包括“独立经费的机关”，还包括“承担行政职能的法定机构”。由于我国特殊的行政组织形式，我国仅有部分的国家机构具有独立经费，其他大部分国家机关并没有独立的经费，其经费由财政划拨，在行使职权过程中取得的收入也直接划转到财政账户中。① 而《民法通则》第50条将“有独立经费”视为国家机关的必要条件，显然是失之偏颇的。《民法总则》将承担行政职能的法定机构纳入机关法人范畴，纠正了《民法通则》的错误，值得赞扬。不过对于如何理解“独立经费”，实践中有单独经费说②和独立使用说③两种不同意见。从本条表述来看，独立经费应当是指机关具有独立、固定的经费预算。独立使用说隐含两个要件，一是独立的预算；二是机关具备独立的意思形成、表达能力。而国家机关的法人定性本身就意味着该机构能够进行独立的意思表示。此外，“承担行政职能的法定机构”的范围也需要特别注意。有学者认为，群众性自治组织、行业组织、工青妇等社会团体、事业单位与企业组织以及行政机关的内设机构和派出机构，均承担法定行政职能。④ 但是，有学者认为，随着国家机构改革的深化，企业、群众性自治组织则不属于“承担法定行政职能”的机关法

① 周友军：《德国民法上的公法人制度研究》，载《法学家》2007年第4期。

② 参见“广东省烟草公司潮安县公司庵埠经营部与汕头市人民政府等购销合同纠纷案”，最高人民法院（1997）经终字第269号，转引自张彪：《国家机关法人独立预算经费要件论——兼评〈中华人民共和国民法典民法总则草案〉（征求意见稿）第89条》，载《湖南警察学院学报》2016年第6期，第84页。

③ 参见“江阴化工塑料厂与新疆维吾尔自治区人民政府、新疆维吾尔自治区水利厅等购销合同纠纷案”，(2001) 民二终字第70号，转引自张彪：《国家机关法人独立预算经费要件论——兼评〈中华人民共和国民法典民法总则草案〉（征求意见稿）第89条》，载《湖南警察学院学报》2016年第6期，第84页。

④ 张新宝：《〈中华人民共和国民法总则〉释义》，中国人民大学出版社2017年版，第190页。

人。[1] 在事业单位、社会团队中，我们同样需要甄别其所承担的职能是否属于“承担行政职能”。在行政实践中，有相当多的机构是根据国家机关或者法律的行政授权而部分行使行政管理职能的，如《学位条例》规定，学位（包括学士学位、硕士学位、博士学位）由国务院授权的高等学校、科学研究机构授予，但是这些高等学校、科研机构的主要职能是教育，而非行政职能，因此其不属于机关法人。所以，我们在辨识机构是否承担行政职能的机关法人时，应以其主要职能的性质为标准。

其三，机关的法人资格存在于民事领域。虽未明言，但是法人似乎只是我国民法学中的概念，在行政法领域中人们通常会使用行政主体来代替机关法人的称谓。正如有些学者所言，法人制度的根本价值在于确定经济活动中团体作为交易主体的法律地位，解决财产权利之归属与财产义务之负担。[2] 更为通说的观点认为，法人的人格仅限于市民社会的生活而不及于政治国家的生活，所谓的“公法人”只有在参与民事法律关系时才称为法人，而在公法领域，它们就不是以法人身份出现了。[3] 从条文表述来看，立法者明确行政机关取得法人资格后，可以从事民事活动的，而没有涉及公法，或者是行政法领域。因此，笔者认为机关的法人资格只是针对私法领域而言，至于公法领域中机关的名称为何则不是《民法总则》需要解决的问题，进一步来说《民法总则》是民事领域的法律，无权规范公法领域中的行为。

其四，机关法人也可以作为民事主体，从事必要的民事活动。国家设立机关的目的不是让其从事民事活动，而是行使国家管理职权。但是机关法人作为现实存在的社会主体，必然会产生民事交易的需求。因此，该条规定机关法人可以从事为履行职能所需要的民事活动。

【关联规定】

《宪法》第 57 条、第 85 条、第 91 条、第 93 条、第 95 条、第 96 条、第 105 条、第 109 条、第 112 条、第 123 条、第 128 条、第 132 条、第 134 条，《国务院行政机构设置和编制管理条例》第 6 条，《地方各级人民代表大会和地方各级人民政府组织法》第 4 条、第 66 条

（撰稿人：李磊）

---

① 屈茂辉：《机关法人制度解释论》，载《清华法学》2017 年第 5 期，第 135 页。
② 江平主编：《法人制度论》，中国政法大学出版社 1997 年版，第 22 页。
③ 龙卫球：《民法总论》，中国法制出版社 2002 年版，第 335 页。

第九十八条 【机关法人的终止】机关法人被撤销的，法人终止，其民事权利和义务由继任的机关法人享有和承担；没有继任的机关法人的，由作出撤销决定的机关法人享有和承担。

【释义】

本条的规范是机关法人的终止和终止后权利义务的承继。在《民法通则》中，立法者并没有规定机关法人的终止和责任承担，实践当中遇到此类问题只能根据法人的一般规定来进行处理。然而，一般规定中的清算制度很难适用到机关法人当中。本条文内容吸取了《民法通则》的经验教训以及理论研究成果，完善了机关法人的终止制度。

机关法人终止是指机关法人丧失民事主体资格，不再具有民事权利能力和民事行为能力。相比较其他法人终止，机关法人终止具有特殊性。首先，机关法人终止的原因具有特殊性。机关法人终止不能基于约定理由，现行法律中也鲜有机关法人终止的条款。机关法人的终止要根据国家的政策、行政命令，抑或特别法律规定，如国务院在国家机构改革中，出于精简机构的目的，申请将卫生部和人口计生委合并，最终经全国人大批准卫计委成立，卫生部和人口计生委不再保留。其次，机关法人终止不存在破产和清算。一般法人终止之后，都要根据相关法律制度，进行清算；如果存在资不抵债的情况，当事人还可以申请破产。但是，机关法人作为行使国家管理职权的机构，不能进行清算或者破产程序。最后，机关法人终止后，相关机关法人继续承继其民事权利义务。除了在法人合并存在一个法人终止后另一个法人承继其权利义务，一般情形下法人终止后，其权利义务随之终止。机关法人较为特殊，因其终止不存在一般意义上的清算程序，法律只能规定其民事权利义务由继任机关或者做出撤销决定的机关承继，以周全地保护其他民事主体的利益。

本条规定，应当理解如下：

其一，机关法人的终止和权利义务承继是一脉相承的两个问题，没有终止就不存在权利义务的承继。该条内容首先规定了机关法人终止的情形，即依法被撤销。《民法总则》第 68 条规定了法人终止的具体情形，包括法人解散、法人被宣告破产以及法律规定的其他原因。依照《民法总则》第 69 条的内容，机关法人必然不会出现解散情形；机关法人的经费来源于国家，即使出现负债，机关法人也不会因资不抵债而关停，机关法人也必然不会出现破产情形。所以，机关法人只能因法律规定的其他原因而终止，而该条内容规定了“其他原因”就是“被撤销”。当然，被撤销的原因有很多，如国家机构改革，机关法人完成了国家管理的任务，机关法人存续期间届满等，而诸多理由不是民法所能规范的，因此该条对此问题一带而过，并没有详细列举或者论述。

其二，本条明确了机关法人被撤销之后的权利义务承担问题。《民法总则》第70条第1款规定：“法人解散的，除合并或者分立的情形外，清算义务人应当及时组成清算组进行清算。”而对照《民法总则》第69条的规定，法人解散的情形包括法人章程规定的存续期间届满或者法人章程规定的其他解散事由出现，法人的权力机构决议解散，因法人合并或者分立需要解散，法人依法被吊销营业执照、登记证书，被责令关闭或者被撤销，法律规定的其他情形等，以上情形均是针对私法领域的主体所设，作为公法领域中的机关法人不受法人解散条款的约束，自然也不能适用清算条款。虽然机关法人不适用清算规则，但是这不意味着机关法人终止后可以不承担相应的权利义务。在国家机构改革中，机关法人被撤销以后会出现大量的债权债务纠纷，如2000年国务院决定撤销原国家经贸委管理的9个国家局后，由于没有经过必要的清算程序，后续债权债务纠纷不断。①

其三，《民法总则》区分机关法人终止后的两种情形，并做了详细规定。首先，法人终止后，有继任机关的。有些机关法人被撤销后，还存在继任机关，主要包括以下情形：（1）合并后成立新的机关法人，如人口计生委和卫生部合并后被撤销，并新成立卫计委；（2）吸收合并，在大部制改革中，将国家电力监管委员会职能整合到国家能源局中，不再保留电力监管委员会。在有继任机关法人的情形下，已被撤销的机关法人的权利义务均由继任机关享有和承担。其次，法人终止后，不存在继任机关。也有些机关法人被撤销后，不存在继任机关法人的，如2000年，国务院下发国办发〔2000〕81号决定撤销国内贸易局、国家煤炭工业局、国家机械工业局、国家冶金工业局、国家石油和化学工业局、国家轻工业局、国家纺织工业局、国家建筑材料工业局、国家有色金属工业局，将相关职能并入国家经贸委。9个国家局被撤销以后，不存在任何继任机关来享有和负担权利、义务。依照该条文内容，如果出现上述情形，则作出撤销决定的机关法人，即国务院，有权享有和承担相关权利义务。在认定被撤销机关和新机关是否存在承继关系时，应当坚持职能承继的实质性判断的标准。在“瑾瑜集团和宿松县人民政府合同纠纷案”中，宿松县人民政府认为与瑾瑜集团签订合同的东北片区建设指挥部被撤销后，应由东北新城管委会承继其责任。但是法院却认为，宿松县

---

① 机关法人终止后的债权债务纠纷，参见路松明：《相关法人制度法律研究》，中国政法大学2008级硕士论文，第18页。

政府无法证明东北新城管委会与东北片区建设指挥部具有承继关系，因此应由做出撤销决定的宿松县承担东北片区建设指挥部被撤销后的民事责任。[①] 实践中还存在政府撤销某机构后，指定由其他主体承担机构被撤销后的债务。在“福建丰华建设工程有限公司与龙岩古田红色资源保护与发展管理中心、上杭古田建设发展有限公司建设工程施工合同纠纷”中，案涉古蛟新区管委会系龙岩市人民政府的派出机构，其被撤销后，上杭县人民政府出具杭政综（2019）177 号文件《上杭县人民政府关于调整原古蛟新区管委会和原古田发展委员会（筹）等机构历史遗留债务承接主体的通知》，决定由上杭古田建设发展有限公司作为原古蛟新区管委会和原古田发展委员会（筹）等机构历史遗留国有企业方面的债务承接主体。[②]

【关联规定】

《民事诉讼法》第 232 条，《最高人民法院关于民事诉讼法的司法解释》第 472 条，《最高人民法院关于机关法人作为被执行人在执行程序中变更问题的复函》

（撰稿人：李磊）

第九十九条　【农村集体经济组织的法人资格】农村集体经济组织依法取得法人资格。

法律、行政法规对农村集体经济组织有规定的，依照其规定。

【释义】

本条第 1 款的规范对象是农村集体经济组织取得法人资格的条件，第 2 款是兜底条款，或是准用性规范，规范对象是农村集体经济组织除主体性质外的其他事项。《民法通则》既没有系统完善的关于农村集体经济组织的条文内容，也没有明确农村集体经济组织的性质和定位。这不仅引发了学界数十年的理论争议，还使得法律规范不能充分发挥对民事主体的指引作用。《民法总则》摒弃争议，凝聚共识，将农村集体经济组织定性为特别法人，笼统地规定了农村集体经济组

---

① 参见“瑾瑜集团有限公司与宿松县人民政府、宿松县新城开发建设投资有限责任公司合同纠纷案”，（2017）皖民初 3 号。

② 参见“福建丰华建设工程有限公司与龙岩古田红色资源保护与发展管理中心、上杭古田建设发展有限公司建设工程施工合同纠纷一审民事判决书”，（2019）闽 0823 民初 2651 号。

织法人资格的取得要件，并将其他具体待规范事项指引到其他法律、行政法规中，有一定的进步意义。

第1款是一般性规范，第2款所援引的具体内容是特别性规范，即《民法总则》规定集体经济组织的主体、性质，其他法律、行政法规规定集体经济组织的具体事项。第1款是基础、是前提，第2款是补充、是完善，二者共同形成了完整的农村集体经济组织法律规范。

对于本条的理解，根据第1款和第2款的内容分别进行展开，可以理解如下：

其一，依据第1款，农村集体经济组织可以依法取得法人资格。农村集体经济组织肇始于新中国成立之初成立的互助组，互助组是农民间自愿结成的互助互利生产小组，将各家的劳动力、农具和耕畜等生产要素结合起来，共同进行农业生产。后来，从互助合作形成的农业初级合作社、高级合作社极大促进了生产力的发展，继而在社会改造推动下人民公社成立，人民公社是以财产公有、集中劳动、集中分配为特征的，集行政性和经济性为一体的社会主义组织形式。由于人民公社化与当时社会生产力发展水平不相适应，自1978年开始我国实行了家庭联产承包责任制，并在此基础上逐步施行政社分离。1983年10月12日，中共中央、国务院发出《关于实行政社分开，建立乡政府的通知》要求“以原有公社的管辖范围为基础，有领导有步骤地搞好农村政社分离”[①] 为了进一步推动基层民主、基层管理，国家在农村建立基层群众自治制度，在经济上形成了乡镇、村、组三级集体经济组织格局。经过三十多年的发展，我国农村集体经济组织得到快速发展，规模不断壮大，组织形式多样。但是，农村集体经济组织的地位、性质一直没有得到解决。今年，随着《中共中央关于全面深化改革若干重大问题的决定》《中共中央、国务院关于稳步推进农村集体产权制度改革的意见》等改革文件的出台，农村集体经济组织的法律地位也到了不得不解决的地步。《民法总则（二审稿）》决定赋予农村集体经济组织以法人地位，这一规定得到了全国人大常委会成员的普遍赞同。[②]《民法总则》将农村集体经济组织明确为特别法人，解决了农村集体经济组织的法律地位，为厘清村委会和集体经济组织之间的关系打下了基础，也为集体财产的保护、明确集体成员的权利义务、深化国家的改革方针奠定了坚实的法律基础。但是，现实中我国广大的农村地区没有设立单独的集体

---

① 管洪彦：《农村集体经济组织法人立法的现实基础与未来进路》，载《甘肃政法学院学报》2018年第1期。

② 中国人大网文章《农村集体经济组织法人如何归类》，载中国人大网，http：//www.npc.gov.cn/npc/zgrdzz/2017-01/20/content_2006318.htm，2020年6月20日访问。

经济组织，集体经济组织和村民委员会经常混同。[1]

为了彻底明确解决集体经济组织的主体地位，发挥其功能作用，农业农村部、中国人民银行和国家市场监督管理总局下发通知，建立组、村、乡镇三级集体经济组织结构，并要求各地清查核算集体资产、开展农村集体经济组织登记赋码工作。[2] 之后，农业农村部发出《农业农村部办公厅关于启用农村集体经济组织登记证有关事项的通知》，将组级集体经济组织命名为“××县（市、区）××乡（镇、街道）××村（社区）××组股份经济合作社（经济合作社）”，村级集体经济组织名称统一为“××县（市、区）××乡（镇、街道）××村（社区）股份经济合作联合社（经济联合社）”，乡镇级集体经济组织名称统一为“××县（市、区）××乡（镇、街道）股份经济合作联合总社（经济联合总社）”。[3] 按照上述两份文件的内容，农业农村部门建立了集体经济组织申请法人资格的要件、程序，明确了法人登记的事项。

其二，依据第2款规定，法律、行政法规对农村集体经济组织有规定的，依照其规定。本款系兜底条款，是为了解决农村集体经济组织的其他问题，如职能、组织形式、组织机构、决议形成、财产、与成员的关系、与政府、村民自治组织的关系等。我们必须认识到农村集体经济组织具有经济性和集体性等双重属性，尤其是当村委会和集体经济组织合二为一时该特征更为明显。双重属性意味着它很难单纯地适用营利法人或者是非营利法人的具体条款，而限于篇幅和体系，《民法总则》也很难对农村集体经济组织进行详尽的规定。另外，经过多年的发展，农村集体经济组织的形式也非常丰富，既有股份制公司，也有股份合作社，更有股份合作公司，还有村委会代为行使财产权利和代为输出公共服务；实践中，农村集体经济组织的名称也有很多，如经济合作社、经济联社、经济联合总社以及股份公司等，不一而足。[4] 而且，我国的农村制度改革正处于深化时期，根据2019年中央一号精神，相关部门正在研究制定《农村集体经济组织法》。[5] 地方其实已经开始探索集体经济组织的法律制度，以集体经济组织的审计为例，

---

① 在实际案例中，村委会通常会被认定为集体经济组织，与其他民事主体发生的纠纷通常会适用集体经济组织的法律规范。参见“李某芬与清丰县高堡乡英满城村村民委员会餐饮服务合同纠纷一审民事判决书”，(2020) 豫0922民初308号。

② 《农业农村部 中国人民银行 国家市场监督管理总局关于开展农村集体经济组织登记赋码工作的通知》。

③ 《农业农村部办公厅关于启用农村集体经济组织登记证有关事项的通知》。

④ 农业部课题组、贺军伟：《推进农村集体经济组织产权制度改革》，载《中国发展观察》2006年第12期。

⑤ 2019年中央一号文件《中共中央 国务院关于坚持农业农村优先发展做好“三农”工作的若干意见》。

内蒙古自治区在2010年重新修订了《内蒙古自治区农村牧区集体经济组织审计条例》、湖南在2015年出台《湖南省农村集体经济组织审计办法》。广东省在2013年修订的《广东省农村集体经济组织管理规定》，规定了集体经济组织的组织机构、决议程序、权利义务、与成员的关系、合并分立、法律责任等内容。从内容来看，未来的《集体经济组织法》首先需要厘清其与基层群众自治组织的关系，其次要在特别法人的框架下，制定集体经济组织的组织结构、决议、权利职能、义务责任、破产合并分立后的责任承继等规范。

【关联规定】

《宪法》第8条第1款、第17条，《物权法》第60条，《农业法》第2条、第10条、第44条，《农村土地承包法》第13条、第25条、第45条、第46条

（撰稿人：李磊）

第一百条　【合作经济组织法人】 城镇农村的合作经济组织依法取得法人资格。

法律、行政法规对城镇农村的合作经济组织有规定的，依照其规定。

【释义】

本条是关于合作经济组织法人的规定。合作制作为近代出现的一种特定的经济现象是社会发展到特定时期的产物。据学者考据，其思想起源可追溯至古希腊柏拉图的理想国到东方儒家的大同思想，十六世纪和十七世纪空想社会主义者所著的《乌托邦》《太阳城》等著作所推崇。十九世纪的三四十年代，合作运动曾在欧洲流行。[①] 合作经济组织，或称合作社，作为合作制经济的基本组织形式，依据国际合作社联盟于1995年曼彻斯特百年纪念会上通过的“关于合作社的特征声明”所规定的合作社的定义，则是指合作社是自愿联合起来的人们通过共同拥有与民主控制的企业来满足他们共同的经济、社会与文化的需求和抱负的自治

---

① 马俊驹、宋刚：《合作制与集体所有权》，载《法学研究》2011年第6期。

组织。[1] 自改革开放以来，我国社会成立了包括生产合作社、供销合作社、信用合作社、加工合作社、运输合作社等多种类型的合作经济组织，成为一类重要的市场主体，并在经济发展中发挥着十分积极的作用。尤其是近年来，在党和政府的政策支持下，以农业生产合作、医疗合作社、农村供销社等为代表，各类合作经济组织获得了较大发展。

但是，合作经济组织在私法中的地位却一直是颇具争议的问题。原《民法通则》对此未有明确规定，学者间也颇存不同看法。有学者认为，合作经济组织不同于公司制和集体所有制，而是合伙制；[2] 亦有学者主张，合作经济组织是法人，应当明确其法人地位。[3] 法律地位的不明确导致合作经济组织在参与各种经济活动时并不具有独立法人的主体资格，在市场竞争中不能享有平等的市场主体地位；在征缴赋税等方面因缺乏必要的法律依据，合法权利难以得到保障；很难获得正规渠道的银行信贷，融资扩张困难等，给合作经济组织的发展造成了不小的阻碍。[4] 有鉴于此，2006 年颁布的《农业专业合作社法》第 4 条规定："农民专业合作社依照本法登记，取得法人资格。农民专业合作社对由成员出资、公积金、国家财政直接补助、他人捐赠以及合法取得的其他资产所形成的财产，享有占有、使用和处分的权利，并以上述财产对债务承担责任。"农业专业合作社的法人地位首次获得法律的明确肯定。本条在此基础上明确规定，"城镇农村的合作经济组织依法取得法人资格"，对其法律地位作出一般性的肯定，为各类合作组织的持续健康发展提供了更为坚实的制度基础。

就其性质而言，本条应属转介条款，其实际规范意义主要表现为对城镇农村的合作经济组织依法取得法人资格的可能性的肯定。考虑到实践中我国合作经济组织类型的多样性，[5] 有学者强调，立法上应当尊重和鼓励这种多样性和灵活性，不宜将之统一确定为法人或其他组织。[6] 因此，本条在具体规范设计上采取了较

---

① 温春辉：《关于〈合作经济组织法〉制定中的几点建议》（上），载《中国供销合作经济》2003 年第 3 期。

② 郦森迪：《农民专业合作社法律属性的比较及确定》，载《中共中央党校学报》2007 年第 2 期。

③ 刘振伟：《农民合作经济组织立法的几个问题》，载《农业经济问题》2004 年第 3 期。

④ 胡良荣、侯溢萍：《我国农民合作经济组织发展的法律困境及其出路》，载《江苏大学学报（社会科学版）》2014 年第 3 期。

⑤ 董惠江：《论合作社的主体地位》，载《中国商法年刊》2006 年第 1 期。根据作者的介绍，目前来看，我国大致有 10 种类型的集体合作经济组织：①农村联产承包以后的新型合作经济组织；②农村各种类型的专业合作社；③乡镇企业中包括农户之间联合体在内的集体企业；④劳动服务集体企业；⑤无主管部门的"民办集体企业"；⑥供销合作社；⑦信用合作社；⑧住宅合作社；⑨ 消费合作社；⑩合作医疗组织，前 5 种属以生产性为主，后 5 种属以服务性为主。

⑥ 谭启平、应建均：《"特别法人"问题追问——以〈民法总则（草案）〉（三次审议稿）为研究对象》，载《社会科学》2017 年第 3 期。

为开放的态度，对于各类合作组织是否具备法人资格、如何取得法人资格以及其法人治理结构等，则主要留待专门法律法规或者司法解释分别加以明确。譬如，2018 年修订的《农业专业合作社法》在明确农民专业合作社法人资格同时，便对合作社的成立条件、程序，成员的权利义务，组织机构，财务管理制度，合并、分立、解散和清算等问题作出了较为全面的规定。此外，结合其在民法典规范体系中的定位，本条的另一重要作用在于明确了合作经济组织的“特别法人”性质。

诚如学者所言，合作经济组织既不同于一般的营利性经济组织，也与非营利的其他社会组织在根本目标和价值追求上有所差异，它既不从属于营利性的经济组织，也不是其他社会组织的一种，而应该具有独立的法律主体地位。[①] 合作社的宗旨既不是营利，也不是公益目的，而是满足社员的经济与社会需要，具有共益性，合作社的业务对象中必然有社员，合作社的业务范围是法定的，合作社是由社员管理的自主、自助的组织，具有较为明显的自治性特点。[②] 因此，在法人资格的取得、法人治理结构等方面也将较大程度地有别于一般的法人组织，需要由专门的法律对其作出具体的规定。将合作经济组织明确为“特别法人”，无疑可为未来立法和司法实践对其的规范续造和完善提供更为充分的空间。

【关联规定】

《宪法》第 8 条第 2 款，《农业专业合作社法》

（撰稿人：雷震文）

第一百零一条　【基层群众性自治组织法人】 居民委员会、村民委员会具有基层群众性自治组织法人资格，可以从事为履行职能所需要的民事活动。

未设立村集体经济组织的，村民委员会可以依法代行村集体经济组织的职能。

---

① 韦留柱、徐晓：《论我国农民合作经济组织的法律地位》，载《河南师范大学学报（哲学社会科学版）》2011 年第 4 期。

② 马跃进：《合作社的法律属性》，载《法学研究》2008 年第 6 期。

【释义】

本条是关于基层群众性自治组织法人的规定。对于居民委员会和村民委员的法律地位和属性，现有法律多以公法为视角加以描述。譬如，依据我国《宪法》第111条第1款规定："城市和农村按居民居住地区设立的居民委员会或者村民委员会是基层群众性自治组织。"《城市居民委员会组织法》第2条第1款规定："居民委员会是居民自我管理、自我教育、自我服务的基层群众性自治组织。"而《村民委员会组织法》第2条第1款规定："村民委员会是村民自我管理、自我教育、自我服务的基层群众性自治组织，实行民主选举、民主决策、民主管理、民主监督。"但就基层群众性自治组织在私法体系中的地位，在本法（包括《民法总则》）以前，相关法律尚无明确规定，难免对其参与相关民事活动造成困扰。

虽然，相关司法解释对村民委员在民事诉讼中的主体地位作出了一定程度的认可，如2015年实施的《民事诉讼法司法解释》第68条规定："村民委员会或者村民小组与他人发生民事纠纷的，村民委员会或者有独立财产的村民小组为当事人"。但是，仅就其民事诉讼主体地位的承认却远远无法满足基层组织从事为履行职能所需的民事活动的一般化需求。尤其是目前，随着工业反哺农业、城市支持农村力度的加大，以"三农"为基础的建设项目将会大幅增加，以村民委员会为建设主体的工程项目建设也将大幅增加，[①] 因对其民事主体资格规定不明所带来的不便也将越发明显。由此来看，本条对居民委员会、村民委员会基层群众性自治组织法人资格的明确肯定，无疑具有十分积极的现实意义。[②] 不仅如此，在有些学者看来，就效果而言，明确居民委员会、村民委员会的法人地位，与当前转变政府职能和社会全面转型的工作思路是相契合的，有利于扩大基层群众对公共管理的民主参与权，总体上也有利于基层民主的不断发展。[③]

本条规定，应当重点理解如下：

其一，基层群众性自治组织具有独立的法人资格，可以从事为履行职能所需

---

① 祁本彪：《村民委员会建设项目如何进行采购》，载《中国招标》2015年第19期。

② 譬如，曾有报道指出，2017年10月生效的《民法总则》明确了村（居）民委员会具有基层群众性自治组织特别法人资格，为解决基层群众性自治组织统一社会信用代码问题提供了法律依据。基层群众性自治组织村（居）民委员会获得统一社会信用代码后，可依法开展履行职能所需要的民事活动，更好地为群众提供公共服务。参见佚名：《黄树贤颁发全国首张基层群众性自治组织特别法人统一社会信用代码证书并调研社区工作》，载《中国民政》2017年第12期。

③ 谭启平、应建均：《"特别法人"问题追问——以〈民法总则（草案）〉（三次审议稿）为研究对象》，载《社会科学》2017年第3期。

要的民事活动。

首先，居（村）民委员会应属特别法人范畴。依《城市居民委员会组织法》和《村民委员会组织法》的规定，村（居）委会属于群众自治组织，不是国家机关或国家机关的派出机构，更非营利性组织，自然不属于营利法人和非营利法人的范畴。鉴于其在设立、变更和终止，管理的财产性质，成员的加入和退出，承担的职能等方面都有特殊性，[①] 本法最终将居（村）民委员会规定在特别法人的类型内。而值得注意的是，作为特别法人，居民委员会根据《居民委员会组织法》而设立，村委会依照《村民委员会组织法》而设立，自其设立时便具有法人资格，无须另外履行相应的审批或注册程序。

本条赋予基层自治组织法人资格地位的主要目的在于为其从事履行职能所需要的民事活动提供必要的便利。虽然，居（村）民委员会的主要职责为从事公益事业和提供公共服务，[②] 但其具体职能履行中涉及民事活动的情况也并不罕见。譬如，按照《城市居民委员会组织法》第 4 条第 2 款的规定，居民委员会负有管理本居民委员会财产的职责，对该财产享有财产所有权；根据《村民委员会组织法》第 8 条第 2 款规定："村民委员会依照法律规定，管理本村属于村农民集体所有的土地和其他财产，引导村民合理利用自然资源，保护和改善生态环境。"具备法人资格后，居（村）民委员会无疑可以更为独立地从事为履行职能所需要的民事活动中去，更为充分地享有、行使和保护与之相关的民事权利。

其二，未设立村集体经济组织的，村民委员会可以依法代行村集体经济组织的职能。

在目前相关法律的规定中，村民委员会与农村集体经济组织的职能多有重合。譬如，按照《民法通则》第 74 条第 2 款规定，集体所有的土地依照法律属于村农民集体所有，由村农业生产合作社等农业集体经济组织或者村民委员会经营、管理；依据《土地管理法》第 11 条规定："农民集体所有的土地依法属于村农民集体所有的，由村集体经济组织或者村民委员会经营、管理……"；另据《农村土地承包法》第 13 条规定："农民集体所有的土地依法属于村农民集体所有的，由村集体经济组织或者村民委员会发包……" 有鉴于此，本条第 2 款规定，"未设立村集体经济组织的，村民委员会可以依法代行村集体经济组织的职

---

① 李适时：《关于〈中华人民共和国民法总则（草案）〉的说明（2016 年 6 月 27 日第十二届全国人民代表大会常务委员会第二十一次会议）》，载《民法总则立法背景与观点全集》，法律出版社 2017 年版，第 12 页。

② 石宏主编：《中华人民共和国民法总则条文说明、立法理由及相关规定》，北京大学出版社 2017 年版，第 241 页。

能”，在着意区分二者不同职能、明确农村集体经济组织在自身经营事项处理上的优先地位的同时，延续村民委员会对集体经济组织的职能补充地位，对于维持对农村集体财产的有效经营管理无疑具有积极的现实意义。

【关联规定】

《宪法》第 111 条，《村民委员会组织法》第 2 条，《城市居民委员会组织法》第 2 条至第 4 条

（撰稿人：雷震文）

第四章　非法人组织

【导读】

本章规定“非法人组织”，较之于1986年的《民法通则》，属于新增规定，也是本法的一大亮点，体现了民事主体多元化的趋势。这些组织体在过去严格自然人—法人二元主体体制下被认为不具有任何主体地位，但实践中发现应该赋予它们具有一定的主体地位，如此才能更好发挥其组织功能。

关于本章的立法理由，2016年6月27日《关于〈中华人民共和国民法总则（草案）〉的说明》表述为：《民法通则》仅规定了自然人和法人两类民事主体，但随着我国经济社会的发展，个人独资企业、合伙企业、法人依法设立的分支机构等大量不具有法人资格的组织，在实践中也得以自己的名义从事各种民事活动。各方的共识是，明确这些组织的民事主体地位可以适应现实需要，有利于其开展民事活动，促进经济社会发展，也与其他法律的规定相衔接。[①]

《民法典》据此设专章加以规定，赋予“非法人组织”以自然人、法人之外的“第三民事主体”地位，它们本身也依法设立，虽然不具有法人资格，但是在存续期间可以自己的名义享有权利、承受义务、承担责任。《民法典》列举其典型类型，包括个人独资企业、合伙企业、不具有法人资格的社会服务机构等。广义上还应包括规定在第四章第一节第74条的法人分支机构，因为它们也是依法设立的，虽不具有法人地位，但以自己的名义从事民事活动，在存续期间可以先以自己管理的财产承担责任，不足以承担的，才由法人承担。

原《民法通则》的“非法人组织”，范围包括一切合法设立的、但并不具有法人资格的特定组织体。在比较法上，其他国家所确立的第三主体，除了合伙、无限责任公司之外，还把所谓的“无权利能力社团”或称“非登记社团”以及设立中的公司等也纳入其中。在学理上，我国学者也习惯将“非法人组织”概念直接对应于德国民法上的无权利能力社团。[②] 但是，此次《民法典》使用的非法人

① 载中国人大网，http：//www. npc. gov. cn/npc/lfzt/rlyw/2016－07/05/content_ 1993422. htm。
② 龙卫球：《民法总论》，中国法制出版社2002年版，第408页。

组织概念，是作为一类新的介于自然人和法人之间第三民事主体来定位的，不仅范围极广，而且恰恰是要将所谓的无权利能力社团排除在外，因为其属于未经登记。《民法典》此次使用的“非法人组织”概念，作为第三主体的指称，非常强调依法登记成立的前提。

第一百零二条　【非法人组织的概念、法律地位和类型】 非法人组织是不具有法人资格，但是能够依法以自己的名义从事民事活动的组织。

非法人组织包括个人独资企业、合伙企业、不具有法人资格的专业服务机构等。

【释义】

本条首先对非法人组织的概念、法律地位和类型做出了规定。[①] 本章所规范的非法人组织，包括了个人独资企业、合伙企业、不具有法人资格的专业服务机构等，均以依法成立为前提。《民法典》此次使用的“非法人组织”的概念，表示的是那些不具有法人资格的但是依据相关法律而成立的特定组织体，可以作为第三主体。但在比较法上，其他国家所确立的第三主体，除了合伙企业、无限责任公司之外，还把设立中的公司以及非常值得关注的所谓的“无权利能力社团”或称“非登记社团”等也纳入其中。

德国民法中的“无权利能力社团”的特点是本身符合法人条件却未经登记，但法律也逐渐承认其一定的权利能力（名义上的权利能力），体现了一种现实的包容立场。《德国民法典》区分了公法人（第 89 条）和私法人（见图一）。私法人被分为了登记社团（Eingetragene Vereine）和财团（Stiftungen）（《德国民法典》第一编第一章第二节）。[②] 除上述民法规定的社团和财团外，德国的特别法还规定了合作社（Genossenschaft）和资合公司（有限公司和股份公司）等法人

① 李昊：《我国民法总则非法人团体的制度设计》，载《暨南学报》2015 年第 12 期。

② ［德］卡尔·拉伦茨：《德国民法通论》（上册），王晓晔、邵建东、程建英、徐国建、谢怀栻译，法律出版社 2003 年版，第 249 页。基于《德国民法典》第 21、22 条的规定，非营利性社团（nichtwirtschaftlicheVereine）的权利能力经登记取得（Eintragung in das Vereinsregister），而营利性社团的权利能力则须经国家授予（staatlicheVerleihung）而取得，既未登记也未获得国家授权的社团则被称为“无权利能力的社团”（nichtrechtsfähigeVereine）（《德国民法典》第 54 条），三者均属社团（Vereine）的范畴。与有权利能力的财团相对应的则是非独立财团，但非独立财团或者适用附负担的赠与，或者适用继承编中的附负担的遗嘱的规定，没有像无权利能力的社团那样以团体的角色出现。

类型。上述这些法人和非法人在私法上的团体被总称为有权利能力的团体（Körperschaft）。[①] 与有权利能力的团体（Körperschaft）相对称的则是人合会社（Personengesellschaften），除《德国民法典》规定的民事合伙（GbR）外，还包括所谓的公开商事合伙（OHG，无限公司）、两合商事合伙（KG，两合公司）、隐名合伙（ST G）、自由职业者合伙（PartG）和航运合伙（Partenreederei）等。[②] 对于合伙，现今《德国民法典》第 14 条第 2 款已经承认了商事合伙和职业性合伙的权利能力，（外部）民事合伙的权利能力也经德国联邦最高法院的判决（BGHZ 146，341；BGH NJW 2001，1056）而获得承认。[③] 根据德国早先的观点，设立中的会社（Vorgesellschaften，包括 Vor－AG，Vor－GmbH，vor－Genossenschaft）被视为民法上的合伙或无权利能力的社团，但现在通说和持续的判例都将之视为独立的人的联合体［Personenvereinigungeneigener Art（sui generis）］。[④]

可以说，人合会社和无权利能力的社团构成了德国主要的非法人组织的类型。从立法上来看，德国民法规制了无权利能力社团（第 54 条）和民事合伙（第二编债法第八章具体债务关系第十六节合伙（第 705～740 条）），其他非法人团体由特别法另行规定。

---

① 我国学者将 Körperschaften 译为社团法人（朱庆育：《民法总论》，北京大学出版社 2013 年版，第 469 页），但这一表述存在不妥。拉伦茨教授的《德国民法通论》中也将 Körperschaften 界定为“有一定存在期限的对外作为实体出现的且具有权利能力的”联合体，但中文译本同时采用了“团体”和“团体法人”两种表述，见氏著《德国民法通论》（上册），第 179 页。依德国公司法学者的分类，《德国民法典》第 54 条规定的无权利能力的社团也属于 Körperschaft，sieheBabara Grunewald，Gesellschaftsrecht，5. Aufl.，Mohr Siebeck，2002，S. 216ff.，因此不应将 Körperschaften 仅仅限定于法人的范畴，称之为“有权利能力的社团”更为准确。但 Körperschaften 是否包括 Stiftungen（财团），存在不同观点，《德国民法典》第 89 条中将 Körperschaft 和 Stiftung 区分使用，但也有德国的公司法学者将财团纳入 Körperschaften 中，如 Saenger 和 Gruenewald，如采后一观点，则 Körperschaften 译作“有权利能力的团体”更为合适。

② 朱庆育：《民法总论》，北京大学出版社 2013 年版，第 469 页。关于 OHG 和 KG，张谷教授分别译作公开商事合伙和两合商事合伙，参见谢怀栻：《民法总则讲要》，北京大学出版社 2007 年版，第 5 页（张谷：写在《民法总则讲要》的前边）。杜景林、卢谌则将 PartG 译作特殊的普通合伙企业，参见氏编：《德汉法律经济词典》，对外经济贸易大学出版社 2011 年版，第 607 页。

③ ［德］汉斯·布洛克斯：《德国民法总论》，张艳译，中国人民大学出版社 2014 年版，第 313 页；朱庆育：《民法总论》，北京大学出版社 2013 年版，第 471 页。

④ JurisPK－BGB/Bergmann，§54，Rn. 31，juris GmbH，6. Auflage，Saarbrücken，2012. Schöpflin 则认为设立中的社团（Vorvereine）属于无权利能力社团，而设立中的合伙则不同于无权利能力社团。Siehe PWW/Schöpflin，§ 54，Rn. 7，6. Aufl.，Luchterhand，Köln，2011.

- 有权利能力的团体（Körperschaften）
  - 非资合财团（Stiftung）
    - 社团（Verein）
      - 有权利能力的社团（如登记社团，E. V.）
      - 无权利能力社团
    - 合作社（Genossenschaft）
  - 相互保险社（VVaG）
  - 资合①有限责任公司（GmbH）
    - 股份有限公司（AG）
    - 欧洲公司（EuropäischeGesellschaft，SE）
- 人合会社②公开（Personengesellschaft）
  - 民事合伙（GbR）
  - 商事合伙（OHG）
  - 两合商事合伙（Kommanditgesellschaft，KG）
  - 隐名合伙（StilleGesellschaft，st G）
  - 自由职业者合伙 Partnerschaftsgesellschaft（PartG）
  - 承担有限的职业责任的自由职业者合伙（PartnerschaftsgesellschaftmitbeschrankterBerufshaftung，PartGmbB）
- 混合形式（Die GmbH & Co. KG）③
  - 由有限责任公司担任无限责任股东的两合公司
  - 股份两合公司（Die Kommanditgesellschaft auf Aktien，KGaA）④

图一：德国法中团体的分类

从是否具有法人资格和组织形式来划分，德国法中团体的分类则如图二所示，可以看出这里存在的类型序列：从民法上的合伙起，一个类型序列是从无权利能力社团到有权利能力社团，另一个类型序列就是从无限公司（公开商事合伙）到有权利能力的公司。⑤ 无权利能力社团实际上属于介于法人和非法人之间

---

① Ingo Saenger 教授在资合的有权利能力团体中还纳入了股份两合公司（股份有限合伙，Kommanditgesellschaft auf Aktien，KGaA），siehe Ingo Saenger，Gesellschaftsrecht，2. Aufl.，Verlag Franz Vahlen，München，2013，§ 16。

② Michael Neu 的 Gesellschaft Schnell erfasst 一书还纳入欧洲经济利益集团（die europäischewirt-schaftliche Interessenvereinigung，EWIV，european economic interest grouping），siehe Michael Neu，Gesellschaft Schnell erfasst，Springer，2004. S. 4. Siehe auch Ingo Saenger，Gesellschaftsrecht，2. Aufl.，Verlag Franz Vahlen，München，2013，Rn. 834。

③ Ingo Saenger 教授将由有限责任公司担任无限责任股东的两合公司划入非典型人合会社，与公众人合公司（Publikumspersonengesellschaften）并列，siehe Ingo Saenger，Gesellschaftsrecht，2. Aufl.，Verlag FranzVahlen，München，2013，§ 9. ChristineWindbichler 教授则将由有限责任公司担任无限责任股东的两合公司和有权利能力的团体、人合会社并列，sieheChristine Windbichler，Gesellschaftsrecht，23. Aufl.，Verlag C. H. Beck，München，2013，§ 37。

④ Ingo Saenger 教授将股份两合公司划入资合团体，siehe Ingo Saenger，Gesellschaftsrecht，2. Aufl.，Verlag Franz Vahlen，München，2013，§ 16。Christine Windbichler 教授则将股份两合公司列入有权利能力的团体，Siehe Christine Windbichler，Gesellschaftsrecht，23. Aufl.，Verlag C. H. Beck，München，2013，§ 34。

⑤ ［德］卡尔·拉伦茨：《德国民法通论》（上册），王晓晔等译，法律出版社2003年版，第187页。

的过渡类型：

<table>
<tr><th rowspan="2">分类标准</th><th colspan="2">人的联合体
Personenvereinigung</th><th colspan="2">独立财产
Vermögensverselbständigung</th></tr>
<tr><th>法律形式</th><th>机关</th><th>法律形式</th><th>机关</th></tr>
<tr><td rowspan="8">法人
Juristische
Person</td><td>有权利能力的社团 Rechtsfähiger Verein</td><td rowspan="9">他人机关
Fremdorgan-
schaft
(Körperschaft)</td><td rowspan="8">财团 Stiftung</td><td rowspan="8">他人机关
Fremdorgan-
schaft
(Körperschaft)</td></tr>
<tr><td>有限责任公司 GmbH</td></tr>
<tr><td>股份有限公司 AG</td></tr>
<tr><td>股份两合公司 KGaA</td></tr>
<tr><td>由有限责任公司担任无限责任股东的两合公司 Die GmbH & Co. KG</td></tr>
<tr><td>合作社 Genossenschaft</td></tr>
<tr><td>相互保险社 VVaG</td></tr>
<tr><td>欧洲公司 SE</td></tr>
<tr><td rowspan="8">非法人
Nicht
juristische
Person</td><td>无权利能力社团 NichtrechtsfähigerVerein</td><td colspan="2" rowspan="8">非独立财团
Unselbstandige Stiftung</td></tr>
<tr><td>民事合伙 GbR</td><td rowspan="7">自己机关
Selbstorganschaft</td></tr>
<tr><td>公开商事合伙 OHG</td></tr>
<tr><td>两合商事合伙 KG</td></tr>
<tr><td>隐名合伙 stille Gesellschaft</td></tr>
<tr><td>自由职业者合伙 Partnerschaftsgese－llschaft</td></tr>
<tr><td>欧洲经济利益集团 EWIV</td></tr>
<tr><td>航运合伙 Partenreederei</td></tr>
</table>

图二：德国法中的团体分类

日本民法与德国近似，也有“无权利能力社团、财团”[①] 或“法人以外的团体”[②] 等称谓，后一称谓将组合（较我国合伙的外延大）、无权利能力社团等纳入进来。在《日本民法典》中合伙也作为契约的一种类型被规定在债权编中（第667～688条），而无权利能力社团、财团则留待学说和判例来发展。无权利能力社团是指在实质上与法人有同样的组织，独立于成员而进行活动的团体，如町内会、自治会、亲睦会、公寓管理组织、校友会等，包括了无意成为法人的社团（尤其针对中间性性格的社团）、正在成为法人（设立中的）的社团。[③] 无权利能力财团针对的也是从设立人个人处分离且独立，有管理组织运营，虽为独立的社

① ［日］近江幸治：《民法讲义Ⅰ：民法总则》，渠涛等译，北京大学出版社2015年版，第103页。
② ［日］山本敬三：《民法讲义Ⅰ：总则》，解亘译，北京大学出版社2012年版，第408页以下。
③ ［日］近江幸治：《民法讲义Ⅰ：民法总则》，渠涛等译，北京大学出版社2015年版，第103页。

会性实体，却未取得法人格的财产。[①] 可以说在日本民法上，重点关注的仍是无权利能力社团和财团。

从我国立法史来看，《大清民律（草案）》第140条和第141条曾借鉴《德国民法典》，规定了“无权利能力之社团”，不论其是否合伙，均采用合伙之规定，而以无权利能力之社团名义而与第三人为法律行为者应承担责任，行为人有数人的，承担连带责任。“民国民律草案”和“中华民国民法典”删去了这一规定，承继“中华民国民法典”的我国台湾地区的“民法”并无“无权利能力社团”的用语，而保留给判例学说来发展。我国台湾地区“民事诉讼法”第40条第3款则采用了非法人之团体的概念。“无权利能力社团”和合伙、我国台湾地区的神明会等在我国台湾地区都属于“非法人之团体”的范畴。[②] 在我国台湾地区“民法”，合伙和隐名合伙也同德国、日本一样被列入各种之债加以规范（第667~699条、第700~709条）。

1986年的《民法通则》仅承认了自然人和法人两类民事主体，个体工商户、农村承包经营户、个人合伙和联营则分别放置于公民（自然人）和法人的标题下。而实践中出现的大量团体无法纳入这些民事主体的类型中，在涉诉时如何确定其当事人资格出现困难。据学者研究，最早赋予“其他组织”以非法人组织的特定含义的法律是1989年颁行的《行政诉讼法》。该法第1条规定：“为保证人民法院正确、及时审理行政案件，保护公民、法人和其他组织的合法权益，维护和监督行政机关依法行使行政职权，根据宪法制定本法。”第2条规定：“公民、法人或者其他组织认为行政机关和行政机关工作人员的具体行政行为侵犯其合法权益，有权依照本法向人民法院提起诉讼。”第24条第1款规定：“依照本法提起诉讼的公民、法人或者其他组织是原告。”这里所谓的“其他组织”，通常被理解为依法成立、有一定的组织机构和财产，但又不具备法人资格的组织。[③] 1991年制定的《民事诉讼法》第3、49条出现了“其他组织”的概念，并为之后修订的《民事诉讼法》所承继（第49条在2012年修订后成为第48条）。1992年《最高人民法院关于适用〈中华人民共和国民事诉讼法〉若干问题的意见》（以下简称《民诉意见》）第40条明确将“其他组织”界定为合法成立、有一定的组织机构和财产，但又不具备法人资格的组织，大体可分为营业性的团体（主要为依法登记领取营业执照的合伙、独资企业、中外合作经营企业、外资企业、乡

① ［日］近江幸治：《民法讲义Ⅰ：民法总则》，渠涛等译，北京大学出版社2015年版，第109页。

② 王泽鉴：《民法总则》，北京大学出版社2009年版，第156~157页。

③ 柳经纬：《“其他组织”及其主体地位问题——以民法总则的制定为视角》，载《法制与社会发展》2016年第4期。

镇、街道、村办企业、法人的分支机构）和非营业性的团体（经民政部门核准登记领取社会团体登记证的社会团体）。2015 年《最高人民法院关于适用〈中华人民共和国民事诉讼法〉的解释》第 52 条承继了 1992 年《民诉意见》的界定，仅依据我国企业形态的改革，更新了企业类型的名称（如个人独资企业、合伙企业、依法设立并领取营业执照的商业银行、政策性银行和非银行金融机构的分支机构）。

除此之外，二十世纪九十年代之后我国制定或修改的《担保法》（第 7 条）、《合伙企业法》（第 2 条第 1 款）、《合同法》（第 2 条第 1 款）、《著作权法》（第 2 条第 1 款）等也相继采用了“其他组织”这一表述。[①] 据不完全统计，在民法典颁布前，我国至少有 79 部法律及相当数量的行政法规、行政规章和司法解释等都使用了“其他组织”的称谓，其范围不限于民法还广泛涉及刑法、行政法、经济法等领域。但不同的法律文件对其他组织的理解存在诸多不同，甚至在同一个法律文件中，其他组织的含义也有所不同。例如，《老年人权益保障法》有三个条文提及其他组织，三处含义各不相同：第 7 条第 2 款所称其他组织是指国家机关、社会团体、企业事业单位以外的组织，第 35 条所称其他组织是指慈善组织以外的组织，第 37 条第 1 款所称的其他组织是指专业服务机构以外的组织。《慈善法》所用的其他组织概念，有下列四种含义：法人以外的组织（如第 2、3 条），慈善组织以外的组织（第 61 条第 1 款），本慈善组织以外的有服务专长的组织（第 61 条第 2 款），企业事业单位以外的组织（第 89 条）。[②]

我国学理上，关于非法人组织的名称使用存在多种表述，有非法人团体、[③] 非法人组织[④]与民事主体有关的组织[⑤]等。有学者认为，在于认为团体仅指人的结合，并不包括物或财产的集合，也不能包括有单个人建立的组织体，如个人独资企业，因此不能包括社会生活中广泛存在的各种非法人组织体，非法人组织的称谓更为合适。[⑥] 应该认为，这一观点从外延上似乎更为周全，但却容易抹杀作为非法人团体规制核心的不具有法人地位的社团或财团本身的团体性色彩，而且组

---

① 崔建远等：《民法总论》，清华大学出版社 2010 年版，第 184 页。1990 年的《著作权法》第 2 条第 1 款曾使用“非法人单位”这一表述，2001 年改称“其他组织”。

② 此处的梳理由上海财经大学法学院的李宇博士提供。另可参见柳经纬：《“其他组织”及其主体地位问题——以民法总则的制定为视角》，载《法制与社会发展》2016 年第 4 期。

③ 梁慧星：《民法总论》，法律出版社 2001 年版；孙宪忠主编：《民法总论》，社会科学文献出版社 2004 年版；陈华彬：《民法总论》，中国法制出版社 2011 年版；朱庆育：《民法总论》，北京大学出版社 2013 年版。

④ 魏振瀛主编：《民法》，北京大学出版社 2000 年版；苏号朋：《民法总论》，法律出版社 2006 年版；刘凯湘：《民法总论》，北京大学出版社 2006 年版。

⑤ 韩松：《民法总论》，法律出版社 2006 年版。

⑥ 苏号朋：《民法总论》，法律出版社 2006 年版，第 163 页，该书引用了柳经纬主编：《民法总论》，厦门大学出版社 2005 年版，第 146 页。

织较之团体还经常使用于政治性的话语表述中，使用非法人团体的表述更符合民法的话语体系。《民法典》自原《民法总则》制定时最终采用了非法人组织的称谓。不过，本释义在同一意义上使用非法人团体和非法人组织。

在学说上，我国大多数学者都承认了非法人团体的民事权利能力，并和自然人、法人相并列，属于第三种民事主体，[①] 并依据中国现有规定，将非法人团体分为三种类型：(1) 非法人企业；(2) 非法人经营体；(3) 非法人公益团体，[②] 如下图所示：

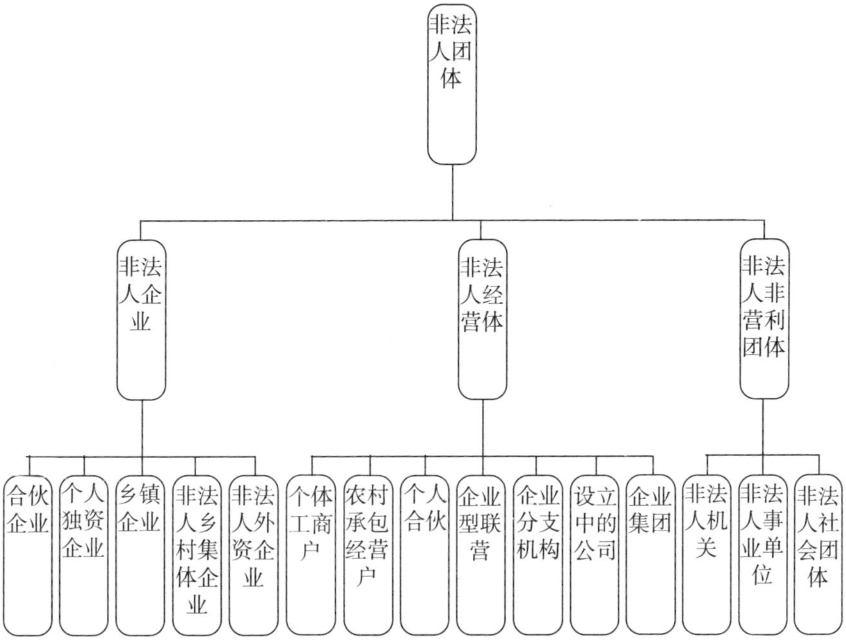

图三 非法人团体的类型

从既有民法总则的学者建议稿来看，梁慧星教授主持的《中国民法典草案建议稿·总则编》（第三版）[③] 采用了非法人团体的表述，杨立新教授主持的《中华人民共和国民法·总则编》1.0 版本和 2.0 版本亦同，[④] 中国法学会的《中华

---

① 魏振瀛主编：《民法》，北京大学出版社 2000 年版；苏号朋：《民法总论》，法律出版社 2006 年版；刘凯湘：《民法总论》，北京大学出版社 2006 年版；郭明瑞主编：《民法》，高等教育出版社 2007 年版。梁慧星教授则将非法人团体和法人并章论述，并认为，依据中国现行法，肯认了非法人团体在核准登记的范围内具有民事权利能力和民事行为能力，参见梁慧星：《民法总论》，法律出版社 2001 年版，第 147 页。

② 梁慧星、刘凯湘、苏号朋对非法人组织的分类均持此观点。参见梁慧星：《民法总论》，法律出版社 2011 年版，第 146 ~ 147 页（部分修订了 2001 年版的分类）；刘凯湘：《民法总论》，北京大学出版社 2006 年版，第 230 ~ 231 页；苏号朋：《民法总论》，法律出版社 2006 年版，第 118 页。

③ 梁慧星主持：《中国民法典草案建议稿》，法律出版社 2013 年版。

④ 2.0 版本载法学创新网，http：//lawinnovation. com/html/xjdt/13857. shtml。

人民共和国民法典·民法总则专家建议稿》（征求意见稿）[①] 采用的则是传统的“其他组织”这一称谓，2015 年 9 月全国人大法工委民法室提出的室内稿亦同。在章节编排上，梁慧星教授主持的草案和中国法学会的草案都将非法人团体或其他组织与自然人、法人并列规定，而杨立新教授主持的草案在 1.0 版本中采并列模式，2.0 版本中则将非法人团体和法人合并入一章规定。但从章节的编排上，可以看出，它们都承认了非法人团体的民事主体地位。但在非法人团体的具体类型上，各学者建议稿意见不一：如杨立新教授主持的《民法·总则编》中的非法人团体包括了合伙、有限合伙和其他组织，其中第98 条仅将经民政部门核准登记领取社会团体登记证的社会团体纳入了“其他组织”的范畴中，其他组织的其他形式则大多沿用了民事诉讼法司法解释的内容。由中国法学会提出的《民法典·民法总则专家建议稿》（征求意见稿）第 91 条则在其他组织的标题下纳入了合伙、集体经济组织等不具备法人资格的组织形式，并着重就合伙做了规定。[②] 龙卫球主持的“北航建议稿”，除了建议逐个承认合伙（含合伙企业和普通个人合伙）、个人独资企业等不具有法人资格的组织体也具有相应法律主体地位之外，还应该明确对那些实际符合法人条件但因为各种原因未经登记的组织体也加以一定的承认；[③] 此外，也应赋予设立中的法人以一定的主体地位。[④]

也有少数学者否定了非法人团体或其他组织作为民事主体存在的必要性，主要理由包括：（1）承认非法人团体是为了这些组织在诉讼上的方便，它本属于民事诉讼法上之名词，应该通过民事诉讼法而非民法来完成这一制度设计。（2）在法人之外的社会组织既有营利性的，也有非营利性的，很难用统一的模式加以概括，在法律上也没办法抽象出统一的非法人团体的概念和特征。很多组织形式已经有了相应的法律、法规、规章，将其一并纳入非法人团体的弹性箩筐内，不一定符合实际的需要和现代企业制度的发展。这种做法也不利于非法人团体概念的澄清和科学界定。（3）非法人团体种类繁多，各类团体应该使用不同的规则，如合伙与筹备中的公司，前者往往由单独立法调整、规制，而筹备中的公司的责任往往在《公司法》或《民法典》总则编中单独规定。（4）从民事责任的承担来

---

① 载法学创新网，http：//lawinnovation. com/html/xjdt/13721. shtml。

② 载于中国法学创新网，http：//lawinnovation. com/html/xjdt/13721. shtml。

③ “北航建议稿”第 85 条【非法人团体】规定：“非法人团体是未经法人登记且不从事营利活动的团体。非法人团体在法律允许的范围内从事民事活动，可以以自己的名义享有权利和承担义务，也可以以自己的名义参加诉讼。非法人团体以其享有的财产承担其民事责任，其财产不足以承担责任的，由其成员承担无限连带责任，但法律另有规定的除外。”

④ “北航建议稿”第 69 条【设立中的法人】规定：“法人的设立人可以以法人的名义从事法人设立必需的民事活动。法人成立后，因前款规定所产生的权利和义务依法由法人概括承受；法人经设立而未成立的，其债务的承担准用法律关于合伙的规则。”

看，非法人承担的责任类型不具有一种共通的特殊性。非法人团体只要未取得法人资格，都要承担无限责任，在总则中没有必要从责任的角度对其作出特别规定。由于合伙的类型比较特殊，所以有必要在总则中单独作出规定。(5) 从比较法上考察，各国立法极少采纳非法人团体的概念。就主体立法的最新体例而言，一般采取合伙独立成章与其他主体并列的模式，并不将其吸收到非法人团体之中。我国现行立法也没有采纳非法人团体这一概念。从中国的实际需要来看，采用非法人团体的概念也没有现实意义。例如，设立中的法人，即使其能够缔约，也不存在独立责任，而是转移给设立后的法人承担或者设立失败后由发起人承担连带责任。在现实中大量存在的未经登记的俱乐部、学会、同乡会等团体，如果经过登记可以成为社会团体法人，如果未经登记，既不存在独立的法律人格，也不存在独立的财产责任，如果存在债务，则由其成员独立承担责任。[①] (6) 其他组织制度，除责任承担外，很难与法人制度区别开来。即便是责任承担问题，除观念外，在具体的规范层面上，其他组织与法人也很难分得那么清楚。我们无法构建一个不同于法人的其他组织的主体制度，能希冀通过其他组织的制度设计为合伙企业、个人独资企业等独立性组织提供主体制度支持。对此，可以通过扩大法人的概念，赋予合伙企业、个人独资企业以法人资格来解决。[②]

从立法技术上来说，这些论述有着相当的说服力，特别是不同类型的非法人团体组织形态各异，能否用统一的规则来规定，确实存在着很大的疑问，但否认非法人团体概念的必要，仅承认合伙的民事主体地位，并认为非法人团体的责任应由其成员独立承担，则与我国的实际状况和立法需求及国外的立法经验存在着一定的距离，特别是无法有效地解决实践中大量存在的未经登记的团体的法律地位问题。

从我国大陆立法的实际情况来看，营利法人主要采公司形式，目前在设立上主要采准则设立主义（《公司法》第6条），但实践中还存在着大量非公司型企业，如个人独资企业、合伙企业等，也存在设立中的公司、公司的分支机构等与公司密切相关的衍生形式。对于个人独资企业和合伙企业，我国《个人独资企业法》和《合伙企业法》已经在一定程度上承认了其相对的独立性（《个人独资企业法》第5条承认了个人独资企业的财产和其他合法权益；《合伙企业法》第8、

① 王利明：《民法总论》，中国人民大学出版社2009年版，第133～134页。韩松教授也否定了“与民事主体相关的其他组织”的民事权利能力，因为这些组织既不能独立享有民事权利和承担义务，也不能独立地、最终地承担民事责任，参见梁慧星：《民法总论》，法律出版社2006年版，第169页。

② 柳经纬：《“其他组织”及其主体地位问题——以民法总则的制定为视角》，载《法制与社会发展》2016年第4期。

20 条则规定了合伙企业享有财产权）。而不具有法人地位的乡镇企业、中外合作经营企业、外商独资企业也分别由《乡镇企业法》《中外合作经营企业法》《外资企业法》来规范，这些企业根据其性质可以作为合伙企业或个人独资企业的特殊类型来对待。《公司法》第 95 条和《最高人民法院关于适用〈中华人民共和国公司法〉若干问题的规定（三）》第 3 条第 1 款和第 4 条第 1 款也对设立中的公司的法律地位做了表述。[①]《公司法》第 14 条还规定了分公司的法律地位（不具有法人资格，其民事责任由公司承担），但分公司作为公司的分支机构，与公司实为一体，虽然诉讼上出于便利，可承认其当事人能力，但不宜赋予其独立的主体地位，不应纳入非法人团体的范畴，其他法人的分支机构亦同。我国新民事诉讼法的司法解释（2015 年《最高人民法院关于适用〈中华人民共和国民事诉讼法〉的解释》第 52 条）也都赋予了这些机构以诉讼能力。可以说，关于营利性的非法人团体，我国现行法律大多数都有了专门规定，无须民法总则再详加规定。

对于不构成合伙企业的普通民事合伙的规范，可以采取两种规制方式：一种是将其作为非法人团体的一种加以单独规范，另一种则是类似德国、日本和我国台湾地区的立法体例，将合伙作为有名合同的一种类型，将来纳入民法典的合同法部分加以规范。前者的优势在于能够以团体法的视角来处理民事合伙，并赋予其部分民事权利能力，但对于单纯的松散型的合伙，则在规范上仍须留有余地，后者则能够比较弹性地处理合伙的多种类型，但不能突出体现那些团体性色彩较强的合伙类型，并无法体现出对其民事主体地位的肯定。[②]

而对于个体工商户、农村承包经营户，有学者认为属于自然人的特殊形式，可归属于商自然人[③]，但若农村承包经营户的存续并不完全取决于其成员的变动，具有某种程度的团体色彩，个体工商户也存在家庭财产承担责任的情形，是否完全将两户排除出非法人团体的范畴，抑或需要重新构造，作为非法人团体的特殊类型，仍值得斟酌。[④]

作为非营利法人的社会团体法人在我国目前则主要采许可设立主义（《社会团体登记管理条例》第 3 条），即使不具有法人资格的合伙型或个体型民办非企业单位，根据《民办非企业单位登记管理暂行条例》的规定，也须经业务主管单

---

① 朱庆育：《民法总论》，北京大学出版社 2013 年版，第 428 页。

② 持类似观点的如谭启平：《中国民法典法人分类和非法人组织的立法构建》，载《现代法学》2017 年第 1 期。

③ 苏号朋：《民法总论》，法律出版社 2006 年版，第 118 页；朱庆育：《民法总论》，北京大学出版社 2013 年版，第 464 页。

④ 建议将之纳入非法人组织的观点请参见郭明瑞：《民法总则中非法人组织的制度设计》，载《法学家》2016 年第 5 期。

位审查同意，并由民政部门登记（第3条）。[①] 但实践中还有大量的社会团体没有获得业务主管部门的许可或者无合适的业务主管部门或者尚无法在社会团体的主管机关进行登记而无法取得法人资格，如业主自治团体（业主大会及其业主委员会作为其机构）[②]、老乡会、校友会、商会等。这些社团在日常生活中从事着各种民事活动，需要法律对其民事主体的地位给予确认。2015年《最高人民法院关于适用〈中华人民共和国民事诉讼法〉的解释》第52条仅赋予经民政部门核准登记领取社会团体登记证的非法人的社会团体以诉讼能力，而对其他的非法人的社会团体未明确表态，民法总则的立法应当根据现实发展的需要进一步承认这些非法人团体的民事主体地位。

我国还有学者认为，非法人团体还包括了行政单位或事业单位开办的不具有法人资格的经营实体、无法人资格的机关和事业单位。[③] 但随着我国体制改革的进展，这些机构将会逐步退出历史舞台，或者进行转轨改制，逐步回归机关法人或者社会团体法人的范畴，不宜在民法总则中再保留其痕迹。

在我国民法总则草案采用了捐助法人概念的前提下，也有必要进一步分析非法人财团的法律地位。我国学者分析我国大陆的信托财产，不认为其有非法人财团的地位，[④] 但设立中的财团以及实践中未经许可设立而存续的财团等是否应承认其主体地位，享有部分权利能力，进而诸如寺庙是否也可以作为非法人财团存在，不无可议之处。

即使将来对非营利的社团或者财团逐步取消许可制度，[⑤] 它们是否愿意成为法人，仍应是各团体自己决定的事情。日本2005年修改法人法制，对于一般社团法人、一般财团法人采用了准则主义，对设立中的团体的法律关系，也通过立法做了必要辅助，虽然降低了无权利能力社团等的重要性，但对于不愿成为法人的团体而言，无权利能力社团论仍有做相适应应对的必要性。[⑥]

因此，借鉴上述各国的立法例，笔者曾建议，我国未来的民法总则应采用

---

① 需要注意的是，依据《民办非企业单位登记管理暂行条例》第13条规定，民办非企业单位不得设立分支机构。

② 杨立新教授提出的民法总则草案（《中华人民共和国民法·总则编》）第98条提出将依法设立业主委员会、村民委员会、居民委员会。但这些机构实际上都是社团的机关，不应单独作为一类团体来看待。

③ 梁慧星：《民法总论》，法律出版社2001年版，第146页；另参见苏号朋：《民法总论》，法律出版社2006年版，第165页；刘凯湘：《民法总论》，北京大学出版社2006年版，第231页。

④ 朱庆育：《民法总论》，北京大学出版社2013年版，第468~469页。

⑤ 根据2013年3月26日发布的《国务院机构改革和职能转变方案》，对行业协会商会类、科技类、公益慈善类、城乡社区服务类社会组织实行民政部门直接登记制度（2014年完成的任务第23项）。

⑥ ［日］山本敬三：《民法讲义Ⅰ：总则》（第3版），解亘译，北京大学出版社2012年版，第413页。

“非法人团体”这一表述，它包括了所谓的非法人社团、非法人财团、民事合伙、合伙企业、个人独资企业、设立中的法人等不具有法人性质的团体在内，德国和日本民法上的无权利能力社团或财团应作为规范的重点。这也和有些学者建议将其他组织作为德国法上的无权利能力社团的对应物，用于指称未经登记的组织或团体的观点有着一致性。①

在原《民法总则》的立法过程中，非法人组织作为自然人、法人之外的第三类民事主体都得到了立法机关的确认，虽然在名称上曾采用过“其他组织”的称谓［2016年2月全国人大法工委的《民法总则》（征求意见稿）］，但最终采用了“非法人组织”的称谓（一审稿、二审稿、三审稿）。对此，我国仍有学者在概念使用上表达了异议，认为我国现行法存在大规模适用其他组织的现状，在此情形下，无视既有法律文本而使用非法人组织这一表达，只会徒增话语冲突与沟通困扰，对民法系统的稳定性以及民法与其他法律、行政法规的协调性带来极大的损害。至于有些学者提出的“其他组织”概念有失严谨、科学的问题，可以认为，“其他组织”和“法人”的上位概念均为“组织”，按照是否具备法人资格，将“组织”进一步划分为“法人组织”和“其他组织”，并不存在逻辑问题或体系障碍。②

根据本条规定，应当理解以下几点：

其一，根据本条第1款的规定，“非法人组织”是作为一类民事主体而被赋权规定的。因此其特征有二：一是它不具有法人资格，典型地体现为它不具有法人完全独立的责任能力，不能像法人那样以其全部财产独立承担民事责任（第60条），在非法人组织的财产不足以清偿债务时，其出资人或者设立人承担无限责任（第104条）。二是非法人组织仍能够以自己的名义从事民事活动，具有独立的民事主体地位，因而它也可以作为独立的诉讼主体出现。

其二，本条明确了非法人组织作为一类新型民事主体，采取类型法定，不过采取了一个列举加开放的授权框架（“等”的表述）。关于“非法人组织”的范围，各立法草案曾数次变动。2016年2月全国人大法工委的《民法总则》（征求意见稿）规定，其他组织包括个人独资企业、合伙企业等（第78条第2款）。2016年6月的一审稿第91条第2款则将非法人组织扩大到营利性法人或者非营利性法人依法设立的分支机构等。二审稿又恢复征求意见稿的内容（第100条第

---

① 柳经纬：《“其他组织”及其主体地位问题——以民法总则的制定为视角》，载《法制与社会发展》2016年第4期。

② 此为中国政法大学柳经纬教授的观点，可参见柳经纬：《“其他组织”及其主体地位问题——以民法总则的制定为视角》，载《法制与社会发展》2016年第4期。西南政法大学的谭启平教授也主张保留其他组织的称谓，但赞同将之作为自然人、法人之外独立的第三类主体，详见谭启平：《中国民法典法人分类和非法人组织的立法构建》，载《现代法学》2017年第1期。

2 款)。三审稿最终在第 101 条第 2 款中增加了不具有法人资格的专业服务机构和其他组织。最终通过的《民法总则》(现《民法典》总则编)第 102 条第 2 款明确，非法人组织包括个人独资企业、合伙企业、不具有法人资格的专业服务机构等。从法条的内容变迁来看，法人的分支机构不再被纳入非法人组织的范畴，而个体工商户、农村承包经营户被《民法典》纳入自然人的范畴加以了规范。

其三，本条列举的非法人组织典型类型有三种，即个人独资企业、合伙企业和不具有法人资格的专业服务机构。个人独资企业和合伙企业均有单独法律加以规范。这里的合伙企业实际上可以纳入《民法通则》规定的个人合伙(《民法通则》的规定强调了个人合伙以合伙经营为内容，实际上并未规定非营利性的民事合伙)和合伙型联营。第三类非法人组织的典型情形如会计师事务所和律师事务所。根据《注册会计师法》的规定，会计师事务所可以采用合伙制(第 23 条)和有限公司制(第 24 条)。由注册会计师合伙设立的会计师事务所的债务，合伙人承担连带责任(第 23 条)。法律没有像律师事务所那样明确规定可采用特殊普通合伙的形式。实践中，合伙制会计师事务所要进行工商登记(《会计师事务所审批和监督暂行办法》第 17 条)，实际上可纳入合伙企业的范畴，属于本法所称的非法人组织的范畴。

依据《律师法》的规定，律师事务所可以采用合伙制，合伙律师事务所可以采用普通合伙或者特殊的普通合伙形式设立，合伙律师事务所的合伙人按照合伙形式对该律师事务所的债务依法承担责任(第 15 条)。就特殊的普通合伙制律师事务所，《合伙企业法》第 107 条设有准用性规定。由于律师事务所无须进行工商登记，仅须经司法行政部门审核设立，所以不属于合伙企业的范畴。同时，律师事务所也可以采用个人制，设立人对律师事务所的债务承担无限责任(第 16 条)。无论律师事务所采用哪种形式，都属于本法所称非法人组织的范畴。此外，《律师法》第 20 条还单独规定了国家出资设立的律师事务所，它以其全部资产对其债务承担责任。从责任承担上来看，这一类律师事务所不应属于非法人组织的范畴。

除上述三种典型类型外，《民法典》并未排除其他组织作为非法人组织出现，本条第 2 款应被理解为仅为例示性规定。特别是《民法典》在民事主体的规定上缺失了关于合伙的规定，实践中除合伙企业外，还存在着不以营利为目的的民事合伙的情形，对此将来的民法典如何规范，是重新纳入民法总则规定，还是作为有名合同的一类加以规定，值得关注。《民法典》第 92 条第 2 款规定，依法设立的宗教活动场所，具备法人条件的，可以申请法人登记，取得捐助法人资格。而不具备法人条件的宗教活动场所可以考虑作为非法人财团存在，法律应当预留类似的非法人财团的存在空间。除此之外，对应于德国和日本民法上的无权利能力社团，在我国实践中大量存在的未经登记的组织或团体，若其并非从事非法活动，又存在较强的团体性，则仍应纳入非法人组织的范畴加以妥当的规制。

【关联规定】

《个人独资企业法》第 2 条，《合伙企业法》第 2 条，《律师法》第 15 条第 2 款，《注册会计师法》第 23 条

（撰稿人：龙卫球 李昊）

第一百零三条 【非法人组织的设立】 非法人组织应当依照法律的规定登记。

设立非法人组织，法律、行政法规规定须经有关机关批准的，依照其规定。

【释义】

本条对非法人组织的设立进行规定，重点在于登记或批准的要求，原则上是登记主义（准则主义），特殊情形是批准主义（核准主义）。关于本条的表述，在立法过程中有所反复。在 2016 年 2 月法工委的《民法总则》（征求意见稿）中表述为，其他组织应当依法登记。法律、行政法规规定须经有关机关批准的，依照其规定（第 80 条）。一审稿在第 92 条第 2 款的规定中删去了征求意见稿第 80 条第 2 款中的行政法规。二审稿第 92 条第 1 款则将依法改为依照法律的规定，第 2 款延续了一审稿的规定，没有纳入行政法规。三审稿第 102 条第 1 款维持了二审稿的规定，但第 2 款又重新纳入了征求意见稿中出现的行政法规。

从体系解释角度来看，本条第 1 款中所称的法律，应当理解为狭义上的法律，即全国人大或全国人大常委会制定的法律，而依据第 2 款，除法律外，行政法规也可以要求非法人组织的设立须经批准，这和《行政许可法》第 14 条第 1 款的规定是一致的，但排除了《行政许可法》第 15 条中规定的地方性法规。

本条规定，应当理解如下：

其一，非法人组织的设立，原则上采取登记主义。

在本法第 102 条第 2 款例示的非法人组织的类型中，个人独资企业和合伙企

业作为经营主体，须经工商登记（《个人独资企业法》第12条，《合伙企业法》第9、10条，另有《中外合作经营企业法》第5、6条和《外资企业法》第7条要求须经审批和工商登记），而在不具有法人资格的专业服务机构中，设立会计师事务所，须经省、自治区、直辖市人民政府财政部门批准（《注册会计师法》第25条、《会计师事务所审批和监督暂行办法》），同时应当依法办理工商登记手续（《会计师事务所审批和监督暂行办法》第17条），而设立律师事务所须经省、自治区、直辖市人民政府司法行政部门审核，作出是否准予设立的决定（《律师法》第18条、《律师事务所管理办法》第16条）。

其二，特别法对成立有特殊要求的，可以采取核准主义或审批主义。

例如，我国目前不具有法人资格的合伙型或个体型民办非企业单位，须经业务主管单位审查同意，并由民政部门登记（《民办非企业单位登记管理暂行条例》第3条）；[①] 对于不具有法人资格的社会团体，其成立也主要采许可设立主义（《社会团体管理条例》第2条）。根据2013年3月26日发布的《国务院机构改革和职能转变方案》（2014年完成的任务第23项），对行业协会商会类、科技类、公益慈善类、城乡社区服务类社会组织逐步要放宽管制，由民政部门直接登记，但实践中仍有大量的社会团体没有获得业务主管部门的许可或者无合适的业务主管部门或者尚无法在社会团体的主管机关进行登记而无法取得法人资格，如业主自治团体（业主大会及其业主委员会作为其机构）、[②] 老乡会、校友会、商会等。这些社团在日常生活中从事着各种民事活动，需要法律对其民事主体的地位给予确认。2015年《最高人民法院关于适用〈中华人民共和国民事诉讼法〉的解释》第52条仅赋予经民政部门核准登记领取社会团体登记证的非法人的社会团体以诉讼能力，而对其他的非法人的社会团体未明确表态。即使将来对非营利的社团或者财团逐步取消许可制度，它们是否愿意成为法人，仍应是各团体自己决定的事情，对于不愿成为法人的团体而言，法律仍应做出应对。在法律未明确规定登记或批准程序之前，对于这些未经登记或批准的非法人团体，仍应在实践中加以妥善对待，不应因其未经登记或许可而一概否认其非法人组织的民事主体地位。

---

① 注意的是，依据《民办非企业单位登记管理暂行条例》第13条规定，民办非企业单位不得设立分支机构。

② 杨立新教授提出的民法总则草案（《民法·总则编》）第98条提出将依法设立业主委员会、村民委员会、居民委员会。但这些机构实际上都是社团的机关，不应单独作为一类团体来看待。

【关联规定】

《合伙企业法》第 9 条，《个人独资企业法》第 9 条，《律师法》第 18 条，《注册会计师法》第 25 条

（撰稿人：李昊）

第一百零四条 【非法人组织的债务承担】 非法人组织的财产不足以清偿债务的，其出资人或者设立人承担无限责任。法律另有规定的，依照其规定。

【释义】

本条是对非法人组织债务承担的规定。从民法总则的立法过程来看，虽然历次草案在表述上有所不同，但实质内容大体一致，即非法人组织作为一类民事主体，应当有相应的财产，在债务承担上，应先以其财产清偿，不足以清偿的，征求意见稿和一审稿中规定由其成员或者设立人承担无限责任，二审稿之后则改为由其出资人或者设立人承担无限责任。但本条第 2 句也为法律作出不同规定留出空间。

本条规定，应该理解如下：

其一，非法人组织在合法存续期间，原则上独立承担自己的责任。这是本条隐含的前提，也是非法人组织具有稳定性的法律保障，属于其具有一定法律地位的表现。

其二，非法人组织的财产不足以清偿债务的，由出资人或者设立人承担无限责任。这是本条在第一句明文规定的内容。这里的意思是，非法人组织的法律地位是有限度的，它毕竟不具有法人资格，所以如果其财产足以清偿债务则维持其组织稳定性，独立以自己的财产承担独立责任，但是一旦财产不足以清偿债务，则应当解散非法人组织，转而由出资人或设立人承担责任，这是一种成员的无限责任。

对于我国《民法典》第 102 条第 2 款规定的非法人组织的三种类型而言，就其债务承担，相关的一些单行法已经做出了明确的具体化规定。属于本条第 1 句所规定的成员承担责任具体化情形有：（1）《个人独资企业法》第 31 条的规定："个人独资企业财产不足以清偿债务的，投资人应当以其个人的其他财产予以清偿。"（2）《注册会计师法》第 23 条规定："……合伙设立的会计师事务所的债务，由合伙人按照出资比例或者协议的约定，以各自的财产承担责任。合伙人对

会计师事务所的债务对外承担连带责任。”（3）《合伙企业法》第2条第2款规定，普通合伙企业的合伙人对合伙企业债务承担无限连带责任。第57条规定，对于特殊普通合伙，一个合伙人或者数个合伙人在执业活动中因故意或者重大过失造成合伙企业债务的，应当承担无限责任或者无限连带责任。合伙人在执业活动中非因故意或者重大过失造成的合伙企业债务以及合伙企业的其他债务，由全体合伙人承担无限连带责任。（4）《律师法》第15条第2款规定的普通合伙制律师事务所合伙人的债务承担（引自《合伙企业法》第2条第2款，以及《律师事务所管理办法》第53条第2款第1句）、特殊普通合伙制律师事务所合伙人的债务承担（《合伙企业法》第107条，引自《合伙企业法》第57条第2款，另见《律师事务所管理办法》第53条第2款第2句前半段）和第16条规定的个人律师事务所的债务承担（设立人对律师事务所的债务承担无限责任，另见《律师事务所管理办法》第53条第2款第3句）。

其三，法律另有特别规定的，则应当例外处理。

属于本条第2句但书规定的情形主要是指成员只需承担有限责任的情形。包括：（1）《合伙企业法》上的规定。例如，《合伙企业法》第2条第3款规定：“有限合伙企业由普通各伙人和有限合伙人组成，普通合伙人对合伙企业债务承担无限连带责任，有限合伙人以其认缴的出资额为限对合伙企业债务承担责任”。第57条第1款规定：“一个合伙人或者数个合伙人在执业活动中因故意或者重大过失造成合伙企业债务的，应当承担无限责任或无限连带责任，其他合伙人以其在合伙企业中的财产份额为限承担责任。”（2）《律师法》上的规定。《律师法》第15条第2款所规定的特殊普通合伙制律师事务所的债务承担（引自《合伙企业法》第57条第1款，《合伙企业法》第107条，《律师事务所管理办法》第53条第2款第2句后半段），适用特殊普通合伙。另外，依据《律师法》第20条和《律师事务所管理办法》第53条第2款第4句，国家出资设立的律师事务所以其全部资产对其债务承担责任，不涉及出资人的责任。

除上述特别规定外，本条没有区分其他非法人组织的类型，特别是国外所谓的无权利能力社团或财团，一概以营利性组织的模式要求其出资人或者设立人承担无限责任，并且忽略了其他行为人承担连带责任的可能性，在利益衡量上有所不妥。从立法例上来看，在德国法上，因为无权利能力社团已具有部分权利能力，它需要亲自为其债务对外承担责任，并以社团财产为限。[①] 但对无权利能力

① ［德］汉斯·布洛克斯：《德国民法总论》，张艳译，中国人民大学出版社2014年版，第314～315页。

社团的社员是否承担责任这一问题，德国的理论认为，非营利性社团（Idealverein）的社员不承担个人责任（或说限于其出资份额），而经济性社团（Wirtschaftsverein）的成员应承担无限的个人责任。[①] 无权利能力社团还准用《德国民法典》第31条对其机关（董事会、董事会成员或其依章程选任的代理人或称“责任代理人”）的侵权行为承担责任。同时，根据第84条规定，作为机关的行为人和社团承担连带责任。[②] 若某人以社团名义对外实施法律行为，无论其是否是董事会成员，是否是《德国民法典》第30条规定的特别代理人，也不论其是否有代理权，都需要根据《德国民法典》第54条第2句对外承担个人责任，从而超越了第179条关于无权代理的规定。[③] 若行为人为大多数，作为连带债务人承担责任。这是为了保护社团的债权人，因为无权利能力社团没有资本的要求，[④] 同时也弥补登记公示的欠缺。[⑤] 这些个人责任不能通过章程排除，行为人只能通过和各个合同当事人约定排除这些责任。[⑥] 在日本法上，对无权利能力社团的债务，判例认为，债务也是总有性地归属于社团，所以各成员不承担个人责任。但有学说认为，有些情况下，也有必要承认成员的个人责任，如可以区分非营利团体和营利团体，对前者可以做上述判例的解释，对以将受益分配给成员为目的的营利团体，或者承诺退出时返还所持份额的团体，应当承认其成员的责任。在成员不承担个人责任时，作为行为人的代表人应当承担作为担保责任的个人的无限责任，以保护对方当事人。[⑦] 对无权利能力财团，日本判例也给出了同无权利能力的社团一样的统一的看法。[⑧] 我国台湾地区学说认为，无权利能力社团也不得负担义务，其债务应由总社员共同负担，以该社团财产清偿，社员的责任以出资额为限。[⑨] 这一主张其实也承认了社员的有限责任。

---

① ［德］迪特尔·梅迪库斯：《德国民法总论》，邵建东译，法律出版社2000年版，第859页；参见［德］卡尔·拉伦茨：《德国民法通论》（上册），王晓晔等译，法律出版社2003年版，第242～243页；Jauernig/Jauernig，§54，Rn.8（非营利无权利能力社团的社员的责任仅限于作为特殊财产的社团财产）。

② ［德］汉斯·布洛克斯：《德国民法总论》，张艳译，中国人民大学出版社2014年版，第315页；［德］迪特尔·梅迪库斯：《德国民法总论》，邵建东译，法律出版社2000年版，第860页。

③ ［德］汉斯·布洛克斯：《德国民法总论》，张艳译，中国人民大学出版社2014年版，第315页；［德］卡尔·拉伦茨：《德国民法通论》（上册），王晓晔等译，法律出版社2003年版，第241页。

④ Grunewald，Gesellschaftsrecht，5. Aufl.，Mohr Siebeck，2002，S. 220；vgl. Schmidt，Gesellschaftsrecht，4. Aufl.，Carl Heymanns，Köln，2002，S. 747f.

⑤ BGH NJW－RR 03，1265. Siehe PWW/Schöpflin，§54，Rn. 18.

⑥ ［德］迪特尔·梅迪库斯：《德国民法总论》，邵建东译，法律出版社2000年版，第860页。

⑦ ［日］近江幸治：《民法讲义Ⅰ：民法总则》（第6版补订），渠涛等译，北京大学出版社2015年版，第108～109页。

⑧ ［日］近江幸治：《民法讲义Ⅰ：民法总则》（第6版补订），渠涛等译，北京大学出版社2015年版，第110页。

⑨ 王泽鉴：《民法总则》，北京大学出版社2009年版，第158页。

笔者主张借鉴上述学说和判例，区分非营利性的非法人社团和营利性的非法人社团，对前者而言，应以其社团财产对第三人承担责任，其成员不承担个人责任，而以社团名义为法律行为的人须承担连带责任，对后者而言，其成员对社团的债务承担连带的无限责任（或考虑适用《合伙企业法》第38、39条的规定，合伙企业应当先以自己的财产承担民事责任，其财产不足以承担责任的，由其成员承担无限连带责任）。对无权利能力的财团，适用和非营利性的非法人社团同样的规则。

【关联规定】

《个人独资企业法》第2条，《合伙企业法》第2条、第39条、第57条，《注册会计师法》第23条第2款，《律师法》第15条第2款、第16条

（撰稿人：龙卫球　李昊）

第一百零五条　【非法人组织的代表人】非法人组织可以确定一人或者数人代表该组织从事民事活动。

【释义】

本条是关于非法人组织代表人的规定。在立法过程中，关于本条的内容曾出现不同的表述。全国人大法工委2016年2月的《民法总则》（征求意见稿）第81条曾规定，“代表其他组织从事民事活动的人，是其他组织的主要负责人”。一审稿后改为本条的表述。本条中所称的民事活动，依据条文的目的应当是指对外进行民事活动，特别是从事法律行为。

本条规定，理解如下：

其一，规定非法人组织可以设有代表。这是非法人组织得以组织化，可以简化其行为机制的一项重大法律授权。其依据可以是法律，但也应该包括章程。代表人的行为称代表行为，视为非法人组织的自身行为。允许设定代表，意味着从多人结合从事集体行为必须采取共同行为机制走向代表机制，非常方便和机动，当然也会导致代表行为对于被代表者的风险问题。

其二，按照本条规定，非法人组织确定代表，可以是一人，也可以是多人。这是非常灵活的，可以在单人代表制和多人代表制之间选择。单人代表，指仅有一个人获得代表权；多人代表权，指多人同时获得对外独立代表权。

其三，应当延伸理解，各单行法针对具体类型的非法人组织，由于其组织形态不同，就其代表人有不同的称谓，并且就代表人的选任、职责等做出了不尽相同的规定。

《个人独资企业法》第19条规定，个人独资企业投资人可以自行管理企业事务，也可以委托或者聘用其他具有民事行为能力的人负责企业的事务管理。投资人委托或者聘用他人管理个人独资企业事务，应当与受托人或者被聘用的人签订书面合同，明确委托的具体内容和授予的权利范围。投资人对受托人或者被聘用的人员职权的限制，不得对抗善意第三人。同时，受托人或者被聘用的人员应当履行诚信、勤勉义务，按照与投资人签订的合同负责个人独资企业的事务管理。第20条则对投资人委托或者聘用的管理个人独资企业事务的人员的行为做出了禁止性规定。

《合伙企业法》第26条规定，合伙人对执行合伙事务享有同等的权利。按照合伙协议的约定或者经全体合伙人决定，可以委托一个或者数个合伙人对外代表合伙企业，执行合伙事务。若合伙人为法人、其他组织，其执行合伙事务由其委派的代表执行。受委托执行合伙事务的合伙人不按照合伙协议或者全体合伙人的决定执行事务的，其他合伙人可以决定撤销该委托（第29条第2款）。合伙企业对合伙人执行合伙事务以及对外代表合伙企业权利的限制，不得对抗善意第三人（第37条）。根据第27条，在合伙企业委托一个或者数个合伙人执行合伙事务的，其他合伙人不再执行合伙事务，而享有监督权。第28条则规定了执行事务合伙人的定期报告义务和其他合伙人的账簿查阅权。第29条则对在数个执行合伙事务人分别执行合伙事务的情形下，执行事务合伙人的异议权做出了规定。

《律师法》第21条则采用了律师事务所的负责人的称谓，他负责对律师事务所的业务活动和内部事务进行管理，对外代表律师事务所，依法承担对律师事务所违法行为的管理责任。《律师事务所管理办法》第15条则明确了律师事务所负责人的人选确定办法。合伙律师事务所的负责人，应当从本所合伙人中经全体合伙人选举产生；国家出资设立的律师事务所的负责人，由本所律师推选，经所在地县级司法行政机关同意。个人律师事务所设立人是该所的负责人。律师事务所负责人的人选应当在申请设立许可时一并报审核机关核准。

《会计师事务所审批和监督暂行办法》第10条则采用了主任会计师的称谓，其中合伙会计师事务所的主任会计师由执行会计师事务所事务的合伙人担任。

《民办非企业单位登记暂行办法》第6条对于非法人的民办非企业单位，采用了单位负责人的称谓，其中第7款规定，对合伙制的民办非企业单位，拟任单位负责人指所有合伙人。相应的，对于民办非企业单位（个人）则应由出资人担任负责人（第2条第2款）。

对于其他类型的非法人组织，则可根据本条的规定，由组织章程或通过决议确定一人或者数人代表该组织从事民事活动，其具体的职责和义务依据本法第108条的引致性规定可以参照法人的一般规定予以确定（第61、62条）。对于其中营利性的非法人组织，不妨根据具体情形参照本法关于营利法人的规定、《公司法》或《合伙企业法》的规定加以适用。而非营利性的非法人组织，尚可参照本法关于非营利法人的规定加以适用。

【关联规定】

《合伙企业法》第26条第2款，《最高人民法院关于适用〈中华人民共和国民事诉讼法〉的解释》第50条第3款

（撰稿人：龙卫球　李昊）

第一百零六条　【非法人组织的解散事由】 有下列情形之一的，非法人组织解散：

（一）章程规定的存续期间届满或者章程规定的其他解散事由出现；

（二）出资人或者设立人决定解散；

（三）法律规定的其他情形。

【释义】

本条规定的是非法人组织的解散事由。作为组织体的一种，非法人组织与法人一样，也会终止，从而归于消灭，本条对相关的解散事由作出了规定。本条规定的原型出现于二审稿和三审稿，此前2016年2月全国人大法工委的《民法总则》（征求意见稿）将本条的第1项拆分成两项规定，并采用了章程或组织规章的表述，而非单一的章程，与本条第2项对应的规定也采用了设立人或者其成员决定解散这一表述，而非本条中的出资人或设立人决定解散。一审稿基本沿用之。从非法人组织的类型来看，并非所有的非法人组织皆订立章程，如个人独资企业和合伙企业，合伙企业主要依据的是合伙协议。而且对于实践中的非营利性的非法人组织，可能会以社团的形式出现，由其成员大会决议解散与否，而非单

纯地由设立人来决定，对于普通民事合伙，在其初始设立人退出后，新入伙的合伙人也可以参与决议和解散，用投资人或者设立人表述也不够严谨。因此，征求意见稿和一审稿的规定更为妥适。

本条规定，理解如下：

其一，原则上而言，非法人组织解散的理由有三种情形：章程规定的存续期间届满或者章程规定的其他解散事由出现；出资人或者设立人决定解散；法律规定的其他情形。第一种属于既定原因，第二种属于临时起意，它们都属于成员的意志决定；但是本条还规定了第三种情况，即其他法律规定的原因。

其二，本条规定在多个具体有关非法人组织类型的单行法中已经形成基础。所以再具体适用时应当结合这些单行法加以理解。

相关的单行法就相关类型的非法人组织的解散或者终止做出了更为详尽的规定。在具体的条文中，解散呈现出不同的意思，或者与终止等同，或者属于终止的具体情形。

前者如《个人独资企业法》第 26 条，其规定，个人独资企业有下列情形之一的，应当解散：（一）投资人决定解散；（二）投资人死亡或者被宣告死亡，无继承人或者继承人决定放弃继承；（三）被依法吊销营业执照；（四）法律、行政法规规定的其他情形。《合伙企业法》第 85 条也规定，合伙企业有下列情形之一的，应当解散：（一）合伙期限届满，合伙人决定不再经营；（二）合伙协议约定的解散事由出现；（三）全体合伙人决定解散；（四）合伙人已不具备法定人数满三十天；（五）合伙协议约定的合伙目的已经实现或者无法实现；（六）依法被吊销营业执照、责令关闭或者被撤销；（七）法律、行政法规规定的其他原因。《民办非企业单位登记暂行办法》第 17 条也基本将解散作为了注销登记的一类主要事由，具体情形包括：（一）章程规定的解散事由出现；（二）不再具备条例第八条规定条件的；（三）宗旨发生根本变化的；（四）由于其他变更原因，出现与原登记管理机关管辖范围不一致的；（五）作为分立母体的民办非企业单位因分立而解散的；（六）作为合并源的民办非企业单位因合并而解散的；（七）民办非企业单位原业务主管单位不再担当其业务主管单位，且在 90 日内找不到新的业务主管单位的；（八）有关行政管理机关根据法律、行政法规规定认为需要注销的；（九）其他原因需要解散的。

后者如《会计师事务所审批和监督暂行办法》第 40 条规定，会计师事务所有下列情形之一的，应当终止：（一）合伙协议或者章程规定的解散事由出现，自愿解散；（二）全体合伙人或者股东会决议解散；（三）因合并或者分立解散；（四）被依法宣告破产；（五）被依法注销、撤销或者吊销营业执照；（六）被依法撤销或者撤回会计师事务所执业证书；（七）法律、行政法规规定的其他终止情形。《律师法》第 22 条第 1 款，律师事务所有下列情形之一的，应当终止：（一）不能保持法定设立条件，经限期整改仍不符合条件的；（二）律师事务所执业证书被依法吊销的；（三）自行决定解散的；（四）法律、行政法规规定应当终止的其他情形。《律师事务所管理办法》第 31 条第 2 款基本沿用了《律师法》第 22 条第 1、2 款并做了补充，即律师事务所在取得设立许可后，六个月内未开业或者无正当理由停止业务活动满一年的，视为自行停办，应当终止。同时第 3 款规定，律师事务所在受到停业整顿处罚期限未满前，不得自行决定解散。

由上述现行法可见，由非法人组织的投资人、合伙人等成员决定或决议解散、章程或合伙协议约定解散的事由出现、被吊销营业执照均为通用事由，此外还有其他分别适用于不同非法人组织的解散或终止事由。本条第 1 项所规定的存续期间届满作为解散事由并不适用于个人独资企业，而且由上述列举可见，关于民办非企业单位、会计师事务所的和律师事务所的终止事由并非完全由法律规定，而是由部门规章进行了更为详尽的规定，如果将解散事由仅限定由本条第 3 项所称的法律来规定，而立法又不能及时跟进的话，则会引起实践中不必要的麻烦。

【关联规定】

《合伙企业法》第 85 条，《个人独资企业法》第 26 条

（撰稿人：龙卫球　李昊）

第一百零七条　【非法人组织的清算】非法人组织解散的，应当依法进行清算。

【释义】

本条是关于非法人组织清算的规定。在非法人组织发生本法第 106 条规定的解散的情形时，依法应当进行清算。在 2016 年 2 月全国人大法工委的《民法总则》（征求意见稿）第 84 条第 2 款和一审稿第 97 条第 2 句中曾有另一项规定：清算终结，并完成注销登记时，其他组织/非法人组织终止。二审稿之后这一规定被删除。如果根据本法第 103 条的规定，非法人组织进行了登记，在清算结束后应当进行注销登记，如《个人独资企业法》第 32 条、《合伙企业法》第 90 条、

《律师事务所管理办法》第 31 条、《民办非企业单位登记暂行办法》第 17 条等。

本条规定，理解如下：

其一，本条规定了非法人组织终止的一个前置程序，即非法人组织解散，必须依法完成清算程序。否则，不得注销登记；而且相关负有经由清算而终止义务的人，需要承担违反程序职责的责任。

其二，本条规定的依法清算只是一种概括性要求，具体应当结合特别法规定进行。

关于非法人组织的清算，既有的单行法已经做出了不少更为详尽的规定，包括清算人的组成和职责、清算程序（如通知债权人或公告、编制清算报告、办理注销登记）、清算期间非法人组织的行为约束等。

《个人独资企业法》第 27 条规定，个人独资企业解散，由投资人自行清算或者由债权人申请人民法院指定清算人进行清算。投资人自行清算的，应当在清算前十五日内书面通知债权人，无法通知的，应当予以公告。债权人应当在接到通知之日起三十日内，未接到通知的应当在公告之日起六十日内，向投资人申报其债权。第 30 条规定，清算期间，个人独资企业不得开展与清算目的无关的经营活动。在按前条规定清偿债务前，投资人不得转移、隐匿财产。第 32 条规定，个人独资企业清算结束后，投资人或者人民法院指定的清算人应当编制清算报告，并于十五日内到登记机关办理注销登记。

《合伙企业法》第 86 条规定，合伙企业解散，应当由清算人进行清算。清算人由全体合伙人担任；经全体合伙人过半数同意，可以自合伙企业解散事由出现后十五日内指定一个或者数个合伙人，或者委托第三人，担任清算人。自合伙企业解散事由出现之日起十五日内未确定清算人的，合伙人或者其他利害关系人可以申请人民法院指定清算人。根据第 87 条规定，清算人在清算期间执行下列事务：（一）清理合伙企业财产，分别编制资产负债表和财产清单；（二）处理与清算有关的合伙企业未了结事务；（三）清缴所欠税款；（四）清理债权、债务；（五）处理合伙企业清偿债务后的剩余财产；（六）代表合伙企业参加诉讼或者仲裁活动。根据第 88 条规定，清算人自被确定之日起十日内将合伙企业解散事项通知债权人，并于六十日内在报纸上公告。债权人应当自接到通知书之日起三十日内，未接到通知书的自公告之日起四十五日内，向清算人申报债权。债权人申报债权，应当说明债权的有关事项，并提供证明材料。清算人应当对债权进行登记。清算期间，合伙企业存续，但不得开展与清算无关的经营活动。根据第 90 条规定，清算结束，清算人应当编制清算报告，经全体合伙人签名、盖章后，在十五日内向企业登记机关报送清算报告，申请办理合伙企业注销登记。

《会计师事务所审批和监督暂行办法》第41条和第42条也规定了会计师事务所发生第40条规定的终止情形时的处理程序。会计师事务所发生应当终止的情形时，应当分别向会计师事务所及其分所所在地的省级财政部门备案，报送会计师事务所终止情况表，同时交回会计师事务所执业证书和会计师事务所分所执业证书。省级财政部门收到会计师事务所报送的会计师事务所终止情况表并收回会计师事务所执业证书或者会计师事务所分所执业证书后，应当将会计师事务所或者分所终止的有关情况予以公告。同时，会计师事务所终止时应当按照有关法律、行政法规的规定进行清算。不过具体的清算程序尚没有明确规定。

《律师事务所管理办法》第32条规定了律师事务所终止时的处理程序。律师事务所在终止事由发生后，应当向社会公告，依照有关规定进行清算，依法处置资产分割、债务清偿等事务。因被吊销执业许可证终止的，由作出该处罚决定的司法行政机关向社会公告。因其他情形终止、律师事务所拒不公告的，由设区的市级或者直辖市的区（县）司法行政机关向社会公告。律师事务所自终止事由发生后，不得受理新的业务。律师事务所应当在清算结束后十五日内向所在地设区的市级或者直辖市的区（县）司法行政机关提交注销申请书、清算报告、本所执业许可证以及其他有关材料，由其出具审查意见后连同全部注销申请材料报原审核机关审核，办理注销手续。律师事务所被注销的，其业务档案、财务账簿、本所印章的移管、处置，按照有关规定办理。

其三，非法人组织完成依法清算，广义上还包括财产分配和债务清偿。

清算结束后，应当对非法人组织做出面向终止的财产分配和债务清偿。其依据如《个人独资企业法》第28、29条，《合伙企业法》第89、91、92条的规定等。会计师事务所和律师事务所作为特殊的合伙类型，可以准用《合伙企业法》的相关规定。对于其他类型的非法人组织，其清算程序依据本法第107条的规定，可以参照适用本法第70条至第72条规定的法人的一般清算程序。但实际上，对于其他营利性的非法人组织，可能参照《合伙企业法》的规定更为妥适。

【关联规定】

《个人独资企业法》第27条，《合伙企业法》第86条、第87条、第88条

（撰稿人：李昊）

第一百零八条　【非法人组织的法律适用】非法人组织除适用本章规定外，参照适用本编第三章第一节的有关规定。

【释义】

本条是关于非法人组织法律适用的引致性规定。本条所引致的第三章第一节是关于法人的一般性规定。从本法第102条第2款列举的非法人组织的类型来看，三类组织都有相应的单行法加以规范，首先应当适用特别法的规定。即使如会计师事务所和律师事务所的相关单行法没有详尽规定，根据其性质，可以参照《合伙企业法》甚至《个人独资企业法》的规定进行法律适用。其次，在特别法没有规定而又需要调整的时候，回到一般法，按照本条规定，无论如何，本章第一节关于法人的一般规定也可以看成本节非法人组织的一般规定（所谓“参照”之谓）。

本条规定，理解如下：

其一，本法第三章关于法人的一般规定，应当可以视为关于非法人组织的一般规定加以参照。这里使用参照的意思，表示的是一种准用的意思，法人组织形态和非法人组织形态毕竟不同，因为不宜直接简单援引，而是应当比照适用。

其二，比照适用的前提，本条没有明确，我们应当根据特别法和一般法的关系进行推论：如果有特别法规定则不需要引用一般法，但是如果特别法没有规定而有关方面需要法律调整，则有一般法自动覆盖适用的余地。在这种情况下才有比照适用的必要。在特别法规定比较周密的一些类型，一般法比照适用的机会不多，但是特别法律规范不尽完善的领域，如民办非企业单位（合伙企业或个人独资形态），恐怕就有较多的比照机会。

其三，本条的参照适用，应当存在层次区分，不是一上来就一概参照适用本法关于法人的一般规定，在适用上首先应当注重同层级参照。从我国的规定来看，非法人组织实际上也呈现出了从合伙到前法人的不同过渡类型，应该尊重非法人组织内部类型的多样性，在法律适用上不可能一刀切，但是也正如德国和日本的新近学说所主张，这些类型其实具有或多或少的近似性，所以自身缺少特别法依据时，依其性质首先应当依据同位参照原理，先从同级特别法层面进行参照适用，只有同级层次没有特别可参照的，才有提升到更上层次的一般参照的必要。另外，从本条立法技术上来看，应当在明确之处参照适用的条文，而非笼而统之地参照适用有关规定，这也反映出我国立法技术的过于粗疏。

例如，就个人独资企业、合伙企业、会计师事务所、律师事务所等营利性的非法人组织而言，我国已有《个人独资企业法》《合伙企业法》《注册会计师法》《会计师事务所审批和监督暂行办法》《律师法》《律师事务所管理办法》等单行法律法规加以规范，大多数情况可以直接适用各自的相关规定，即使缺乏明确规定，从其各自的组织形态上也可以近前参照适用同级的《个人独资企业法》或《合伙企业法》的相关规定。对于非营利性的非法人组织，如我国目前所谓的民办非企业单位（合伙）、民办非企业单位（个体）以及业主团体等，则可借鉴德国法例，准用本法关于非营利法人（包含社会团体法人和捐助法人）的规定，或对其相关经济活动，可以准用本法关于营利法人的规定，而不宜直接准用法人的一般规定。仅在非营利法人或营利法人未加以具体规定的情形下，再援引法人的一般规定加以适用。

其四，关于类似于德国法无权利能力社团的未登记社会团体，在我国非法人组织中并无明确列举，是不是也属于可以纳入本章非法人组织的范畴，同时以没有特别法依据为由，比照引入第三章第一节法人的一般规定，据以调整呢？

笔者认为，如果严格解释本章第 103 条第 1 款的规定，非法人组织都必须经登记，那么未登记的社会团体应被排除出非法人组织的范围，但是如果认为其属于非法人组织范围，那么就和那些特别法规范不完善的其他类型一样，应当有比照适用的可能。但是，在这种情形下，依其性质，首先应当依据同位参照原理，先从同级特别法层面，参照《合伙企业法》或《个人独资企业法》的规定进行法律适用更为妥适，只有同级层次没有特别参照必要了，才提升到更上层次的一般参照。

《德国民法典》的规定，“无权利能力的社团”作为相对主体，首先应当适用合伙的规定（第 54 条第 1 款）。之所以如此，是基于德国民法典立法者的政治目的，他们想借此鼓励社团在社团登记簿上登记取得权利能力，从而避免适用民法合伙带来的不利因素，就可以实现对这些社团进行一次官方的以政治、社会因素和宗教为目的的审查。[①] 但时至今日，上述政治考量不仅已经过时，更有违宪之嫌（《德国基本法》第 9 条）。而法政策上之期待也未能实现，大量的社团根本不进行登记，包括一些重要的政治团体，如政党、工会等。[②] 德国法院通过判例（BGH 50，328f）超越了《德国民法典》第 54 条第 1 句的规定。[③] 德国的通说也认为第 54 条第 1 句的规定是不恰当的，无权利能力的社团在其整体结构上不是近

---

① ［德］卡尔·拉伦茨：《德国民法通论》（上册），王晓晔等译，法律出版社 2003 年版，第 236 页；［德］梅迪库斯：《德国民法总论》，邵建东译，法律出版社 2000 年版，第 853～854 页；［德］汉斯·布洛克斯：《德国民法总论》，张艳译，中国人民大学出版社 2014 年版，第 312～313 页；王泽鉴：《民法总则》，北京大学出版社 2009 年版，第 158 页。

② Staudinger/Weick，§ 54，Rn. 2，13. Aufl，Sellier – De Gruyter，Berlin，2005.

③ Jauernig/Jauernig，§ 54，Rn. 3，14. Aufl.，Verlag C. H. Beck，München，2011.

似于民法上的合伙，而是近似于有权利能力的社团（登记社团），无权利能力社团的创立者希望拥有的是不取决于社员变更的持续性的人的团体和独立财产。现在，德国学理和司法实践已经对无权利能力社团类推适用有权利能力社团（登记社团）的规定了。[①] 特别是对无权利能力的非营利性社团而言，除有关权利能力丧失（第42~44条）和登记（第55~79条）的规定外，可以准用《德国民法典》第23~53条中的大多数规定，因为此时既不存在重要的债权人利益，也不存在其他具有现实意义的原因，要求必须适用合伙法。但对于无权利能力的营利性社团可以在很大程度上适用合伙法（通常是公开商事合伙OHG）的规定。[②] 对此，有德国学者认为，民法上的合伙和未登记社团描述的是未登记联合体（dienichteingetrageneVerbände）的两端，但二者之间没有不可逾越的鸿沟，而是存在着灰色地带，如"人合性社团"（personalistischerVerein）或"以社团形式建构的合伙"（körperschaftlichstruktruierteGesellschaft）。因此，对于兼具社团因素和人合因素的联合体，在法律适用上应当考虑其追求的目的，是非营利性的还是营利性的，来选择适用合适的、有利于参与者的规范。对于以社团形式构建并追求非营利目的的联合体，应首先适用《德国民法典》第25~53条，而对于人合性的并追求经济目的的联合体，首先适用《德国民法典》第705~740条关于合伙的规定，对于以社团形式构建并追求经济目的的联合体，首先适用合伙法，并可以用社团法的规定来加以补充。因此，应当取消非登记社团和合伙之间的区分，《德国民法典》第54条第1句其实指明了路径，二者应当是同一"法律形式"，非登记社团可以说是以社团形式组成的合伙（einkörperschaftlichorganisierteGesellschaft）。[③] 日本法最初承继了德国法上的争论，认为非法人的团体就应该当然地被当作"合伙"来对待，但受德国学说变迁的影响，现在也侧重于将无权利能力社团作为社团而非合伙来把握。[④] 不过也有有力说（类型论）认为，不应严格区别社团和组合，对于非典型的团体，就某个问题可能具有社团特征，对另一个问题却具有组

---

① ［德］卡尔·拉伦茨：《德国民法通论》（上册），王晓晔等译，法律出版社2003年版，第236页；［德］汉斯·布洛克斯：《德国民法总论》，张艳译，中国人民大学出版社2014年版，第312~313页；Schmidt，Gesellschaftsrecht，4. Aufl.，Carl Heymanns，Köln，2002，S. 733。持反对意见者如PWW/Schöpflin，§ 54，Rn. 12.

② ［德］迪特尔·梅迪库斯：《德国民法总论》，邵建东译，法律出版社2000年版，第860~861页。

③ JurisPK – BGB/Bergmann，§54，Rn. 9，10，juris GmbH，6. Auflage，Saarbrücken，2012. Karsten Schimdt教授也认为在社团和合伙之间存在着混合形式（Mischformen），在无权利能力社团和民法上的合伙之间存在着法律关系形塑的自由空间，从而允许旨在团体因素和人合因素之间存在灵活的转化。对于混合形式，在法律适用上就需要进行衡量，看哪些规定最符合组织的需求以及参与者值得受保护的利益。Siehe Karsten Schmidt，Gesellschaftsrecht，4. Aufl.，Carl Heymanns，Köln，2002，S. 735.

④ ［日］近江幸治：《民法讲义Ⅰ：民法总则》，渠涛等译，北京大学出版社2015年版，第103页；［日］山本敬三：《民法讲义Ⅰ：总则》，解亘译，北京大学出版社2012年版，第411页。

合特征，因此不应原封不动一股脑儿地适用社团法人或组合的规定，而应当分别就每一个问题适用适合其特征的规定。① 日本最新的立法进一步超越了类型论，走向了机能论，对于无权利能力社团，有必要分别就成为问题的法律规范，依照其背后的价值、原理乃至政策目的，个别地去考虑在具备何种前提时适用，以及适用或者类推适用到什么程度。② 这一新动向和德国学者提出的上述主张有类似之处。我国台湾地区也有主流学者主张对于无权利能力社团不论对内、对外关系，原则上均应类推适用社团的规定。③

（撰稿人：龙卫球　李昊）

① ［日］山本敬三：《民法讲义 I：总则》，解亘译，北京大学出版社 2012 年版，第 412 页。
② ［日］山本敬三：《民法讲义 I：总则》，解亘译，北京大学出版社 2012 年版，第 413 页。
③ 王泽鉴：《民法总则》，北京大学出版社 2009 年版，第 158 页。

第五章 民事权利

【导读】

本章以“民事权利”为章名，继承了《民法通则》专门就民事权利规定一章的传统，旨在维护我国民法作为民事权利宣言书的品格。原《民法通则》在第五章加以规定民事权利，以权利制度板块为安排，体系性地展开了具体权利制度的规定，分别是第一节“财产所有权与财产所有权有关的财产权”、第二节“债权”、第三节“知识产权”和第四节“人身权”。可见，《民法通则》此章规定，实际充当了小民法的角色，其权利制度规定覆盖整个民法领域。

《民法通则》实施以来，民事权利理论和实践得到极大发展，许多民事单行法出台，例如原《物权法》《合同法》《侵权责任法》还有相关知识产权立法、商事立法等，就相应的权利制度加以细化规定，极大丰富和完善了具体的物权制度、债权制度等，再加上司法解释的不断发展，形成了一个更加广泛而细致的关于人格权、身份权、物权、债权、知识产权、继承权、股权及其他权利和利益的具体法律体系，导致原《民法通则》关于相关具体权利制度的规定被掏空。此次《民法典》在本章立足总则规范的特点，在保留民事权利章名的同时，就其立法内容进行变化，即不再就所有民事权利进行具体制度设定，而是专门确立关于民事权利的一般规定，包括民事权利范围和类型规定、民事权利行使原则等，所以更加具有权利宣示的意义。

本章主要内容，包括：(1) 宣示了自然人的基本人格秩序和具体人身权利。包括确认自然人人身自由、人格尊严受法律保护的原则和基本公共秩序（第 109 条）；明确和列举了具体人格权和相关法益（第 110 条）；特别强调了个人信息受法律保护（第 111 条）；明确了身份权受法律保护（第 112 条）。(2) 宣示了物权。包括明确物权的定义（第 114 条第 2 款）、明确物权的客体（第 115 条）、确立物权法定原则（第 116 条）、明确征收征用的条件与补偿（第 117 条）。(3) 明确了债权及其类型。包括：债权的概念和债的发生根据（第 118 条）、合同之债（第 119 条）、侵权损害赔偿之债（第 120 条）、无因管理之债（第 121 条）、不当得利之债（第 122 条）。(4) 确认了知识产权、继承权、股权及其他民事权益。

包括：规定知识产权的客体范围（第123条第2款）、规定继承权（第124条）、规定股权和其他投资性权利（第125条）、规定其他民事权益（第126条）。(5) 规定了民事权利取得、行使和保护的规则。包括：关于民事权利依法产生的原则及其取得的各种方式的规定（第129条）、民事权利自主行使原则的规则（第130条）、民事权利和义务相一致的规则（第131条）、民事权利禁止滥用的原则（第132条）、特殊主体依据特别法享有特殊权利的原则（如未成年人、老年人、残疾人、妇女、消费者）（第128条）。

本章进行了一些重要的变化和发展。(1) 宣示了自然人人身自由和人格尊严受法律保护原则及其公共秩序属性（第109条）；(2) 明确了民事权利的体系，具体包括人格权、身份权、物权、债权、知识产权、继承权、股权及其他权利和利益等；(3) 添加了许多新型民事权益，包括规定了个人信息受法律保护（第111条）、数据和网络虚拟财产受法律保护（第127条）；(4) 在总则高度宣示了民事主体的财产权利受法律平等保护（第113条），同时强调了征收征用的条件、程序和补偿（第117条）；(5) 添加了关于民事权利产生、行使和保护的原则，包括民事权利依法产生的原则（第129条）、民事权利自主行使原则（第130条）、民事权利和义务相一致原则（第131条）、民事权利禁止滥用原则（第132条）、特殊主体依据特别法享有特殊权利的原则等。

第一百零九条 【基本人格受法律保护原则】 自然人的人身自由、人格尊严受法律保护。

【释义】

本条宣示自然人的人身自由、人格尊严等基本人格受法律保护的原则，由此确立了一种应当保护和尊重人身自由、人格尊严的公共秩序，同时也具有授权确立和保护一般人格权的意义。在此“人身自由、人格尊严”应当抽象理解，概指一切为维护自然人人身和人格自由及尊严地存在而最直接相关的利益，而不是由狭义的“自由”“尊严”等用语所表达的局部精神人格，因此既包括最具有升华意义的狭义的“人身自由”和“人格尊严”，更包括作为人身和人格基础体现的生命、健康、名誉等内在人格要求。

自然人的人身自由与人格尊严，在我国现行宪法上已经确立为一种基本法律价值和公共秩序。《宪法》第37条第1款规定：“中华人民共和国公民的人身自由不受侵犯。”第38条规定：“中华人民共和国公民的人格尊严不受侵犯。禁止用任何方法对公民进行侮辱、诽谤和诬告陷害。”[①] 但是，1986 年《民法典》总则编在第五章第四节“人身权”规定了若干具体类型的人格权及其保护要求，并没有在概括意义上明确人身自由、人格尊严属于一种公共秩序，甚至没有提及“人身自由”字样，仅在第 101 条“公民、法人享有名誉权”的规定表述之后，提到了“公民的人格尊严受法律保护”的要求。后来，司法解释以具体人格利益的方式添加确认了“人身自由权”；但对于“人格尊严”则存在不同观点，实践中有将“人格尊严”纳入名誉权作为一种具体人格权对待的，有视为与名誉权并列的具体人格法益的，也有认为应该将之上升为一种公共秩序的。此次《民法典》总则编在第五章“民事权利”标题下在本条以一般性条款方式，直接宣示“自然人的人身自由、人格尊严受法律保护”，体现了自己以民法方式全面承认该公共秩序的意义，同时也具有概括授权确立一般人格权的意义。

近代以来，民法上对于自然人的人格基于其具有超法律伦理价值的理念，以一种超越法律的伦理秩序的观点看待自然人的人格权规定问题，因此对于自然人人格包括人身自由、人格尊严在内没有直接从法律权利的角度确权，但是从法律秩序的角度予以高度尊重，构成民法上禁止侵犯的重要秩序，成为侵权保护的重要法益。例如，《法国民法典》《德国民法典》等都没有从正面确立自然人的人格权（但德国在姓名权等标表型人格权进行了例外确认），仅从侵权角度保护自然人的人格[②]（但德国明确在侵权保护对象的角度列举了六种人格法益，成为后来德国学理和司法上具体人格权的来源），或者说散见于私法性保护中[③]。今天，随着社会复杂化，人格社会关系化日益加剧，自然人的人格保护边界越来越需要明确化，在这种情况下，人格权利化成为一种趋势。德国在民法实践中发展出“一般人格权”概念。《法国民法典》2004 年开始通过修改民法典，放弃过去的超法律伦理的人格立法体例，确立了极富当代意义的人格权制度，一方面明确将人格权秩序，特别是其中的人身自由、人格尊严，确立为一种具有强制性的公共秩序；另一方面对社会关系复杂化的具体人格关系进行规定，如身体权涉及的各种复杂关系。可见，通过立法方式将人身自由和人格尊严等人格基本价值，明确宣示或规定为当代民法的公共秩序的一部分，成为一种新的趋势。

---

① 我国《宪法》还在约束立法权、行政权和司法权等国家权力意义上就这一人身自由、人格尊严的公共秩序的维护，确立了两条公法上的义务。即第 37 条第 2 款规定：“任何公民，非经人民检察院批准或者决定或者人民法院决定，并由公安机关执行，不受逮捕。”第 3 款规定：“禁止非法拘禁和以其他方法非法剥夺或者限制公民的人身自由，禁止非法搜查公民的身体。”

② 孙宪忠：《我国民法典编纂中的几个问题》，载《中国人大》2016 年第 19 期。

③ 梁慧星：《中国民法经济法诸问题》，法律出版社 1991 年版，第 64～67 页。

本条规定，应当理解如下：

其一，本条确立了人身自由、人格尊严受法律保护的原则和公共秩序。本条宣示的“自然人的人身自由、人格尊严受法律保护”，其最核心的含义就是民法对于自然人的人身自由、人格尊严，不只是提供一般意义的权利保护，而是应当上升到制度保护即法律保护层面，即将之视为一种具有法律强制性的公共秩序。可见，本条补充了人身自由、人格尊严问题在现有体系下作为民法一种公共秩序的宣示缺位。[①] 这一公共秩序要求，对民事活动形成一种直接的强制约束性，不得违反；具体到人身自由、人格尊严本身，不仅禁止他人侵犯，也禁止交易或放弃。从这个意义上来说，由基本人格权所体现的人身自由、人格尊严，作为法律保护的一种公共秩序，本身包含了每个人必须尊重的法定义务。

其二，本条规定，“自然人的人身自由、人格尊严受法律保护”本身也包含了对于一般人格权的规定。《民法典》总则编在继承《民法通则》的基础上，在后面的条款确认了不少重要的具体人格权，但是本条在确立自然人基本人身和人格秩序的同时，也构成一种对于基本人身和人格利益的框架性确认，即构成关于一般人格权的抽象授权。在实践中，本条同时作为一种关于一般人格权的框架规定，存在一种应当不断具体化的指引要求，可以为司法创制和发展各种新型人身权或人格权提供依据。与一般人格权对应的是具体人格权。民法上的人身权，包括人格权和身份权两类。[②] 其中具体人格权，既体现为以物理保全为基础的所谓物理人格权，如关于生命、健康、身体等人格权，也有以维护精神为基础的所谓精神人格权，如关于名誉、隐私等人格权，当然这都是相对而言的，物理意义的人格权本身也充满精神追求，反过来精神意义的人格权也需要物理的基础。

其三，这一条的规范意义应当放之于整个法律体系加以理解。人身自由和人格尊严不得侵犯或受法律保护，在宪法的总括性条款下，其所彰显的广义人身权利秩序，在刑法、行政法、民法中具有不同的秩序体现要求。但是在原《民法通则》中，这一内容是缺失的，《民法典》总则编从民法公共秩序构建的角度以本条进行弥补，体现了民法对于人身和人格保护的高度重视。《民法典》高度重视对于民事权利的宣示和规定，[③] 本条又作为开章首条安排，在全部权利体系中居

---

① 宪法确认的这一公共秩序，在现有的法律框架下，也为刑法、刑事诉讼法等公法确立为相应的保护秩序。例如，在刑法保护的公共秩序中，专门确立侵犯人身权利的犯罪一章，除了禁止许多严重的针对人身的暴力犯罪之外，还有禁止非法限制人身自由和搜查公民身体的犯罪，禁止侮辱、诽谤和诬告陷害的犯罪等。

② 王利明主编：《人格权法新论》，吉林人民出版社 1994 年版，第 207～209 页。

③ 李建国：《关于〈中华人民共和国民法总则（草案）〉的说明——2017 年 3 月 8 日在第十二届全国人民代表大会第五次会议上》。

于优先位置，体现了价值的重要性和先导性。本条通过基本规范方式将民法对于人身权利保护保持与其他法律相统一的水平，具有与宪法、刑法、刑诉法等相衔接的整齐性。

【关联规定】

《宪法》第 37 条、第 38 条

（撰稿人：龙卫球　赵精武）

第一百一十条　【具体人格权的享有及其范围】 自然人享有生命权、身体权、健康权、姓名权、肖像权、名誉权、荣誉权、隐私权、婚姻自主权等权利。

法人、非法人组织享有名称权、名誉权和荣誉权。

【释义】

本条规定了具体人格权的享有及其范围，包括自然人和法人、非法人组织。此条系 109 条确立的“自然人人身自由、人格尊严作为公共秩序”受保护原则的具体化条款。本条第 1 款规定了自然人的具体人格权典型类型，既体现为以物理保全为基础的所谓物理人格权，如关于生命、健康、身体等人格权，也有以维护精神为基础的所谓精神人格权，如关于名誉、隐私等人格权，当然这都是相对而言的，往往是物理意义的人格权本身也充满精神追求，反过来精神意义的人格权也需要物理的基础。本条第 2 款规定的法人、非法人组织享有名称权、名誉权、荣誉权等权利。原《民法通则》已经采用列举的方式规定了具体人格权制度。[①] 不过，《民法通则》囿于当时的社会发展现状，有诸多权利缺失现象，随着社会生活的发展，隐私权、身体权、人身自由权等逐渐受到司法实践的承认。2009 年《侵权责任法》也以侵权保护客体的方式将隐私权列入民事权益的范围。这些新发展的具体人格权，也有必要在民法总则中加以明确。[②] 此次《民法典》总则编没有采取全面规范具体人格权制度的做法，而只是宣示具体人格权的享有及其类型，旨在体现其作为民法总则的一般权利规定的意义。但是，这就导致具体人格权制度

---

① 梁慧星：《民法总论》，法律出版社 1996 年版，第 105 页。
② 张新宝：《隐私权的法律保护》，群众出版社 1997 年版，第 21 页。

的缺位，将来还面临对人格权制度的具体规定，以便更好地与侵权责任法衔接。[①]

本条规定，应当理解如下：

其一，自然人得享有具体人格权，生命权、身体权、健康权、姓名权、肖像权、名誉权、荣誉权、隐私权、婚姻自主权等。

自然人享有生命权、身体权、健康权对应了原《民法通则》第 98 条规定："公民享有生命健康权。"自然人享姓名权对应了原《民法通则》第 99 条规定："公民享有姓名权、有权决定、使用和依照规定改变自己的姓名，禁止他人干涉、盗用、假冒。法人、个体工商户、个人合伙享有名称权。企业法人、个体工商户、个人合伙有权使用、依法转让自己的名称。"

自然人享有肖像权，对应了原《民法通则》第 100 条规定："公民享有肖像权，未经本人同意，不得以营利为目的使用公民的肖像。"自然人享有名誉权，对应了《民法通则》第 101 条规定："公民、法人享有名誉权，公民的人格尊严受法律保护，禁止用侮辱、诽谤等方式损害公民、法人的名誉。"自然人享有荣誉权，对应了原《民法通则》第 102 条规定："公民、法人享有荣誉权，禁止非法剥夺公民、法人的荣誉称号。"自然人享有婚姻自主权，对应了《民法通则》第 103 条规定："公民享有婚姻自主权，禁止买卖、包办婚姻和其他干涉婚姻自由的行为。"

此外，本条还新添身体权和隐私权等具体人格权。过去，《民法通则》第 98 条的生命健康权的内容中也没有明确地规定身体权。在现有的法律框架下，宪法都对身体权有所表述，刑法更是对身体权的几种严重侵犯形式进行了规范。《宪法》第 37 条第 3 款规定："禁止非法拘禁和以其他方法非法剥夺或者限制公民的人身自由，禁止非法搜查公民的身体。"我国刑法专门制定了禁止非法拘禁的犯罪。由此可见，从我国宪法到刑法都涉及身体保护，但是却没有民法上的身体权为依据和支持。原《民法通则》在"人身权"一节中仅规定了"生命""健康"而无"身体"，在立法之初就忽视了自然人应当享有身体权的权利基础。后来，司法解释进行了确认。隐私权过去也在《民法通则》中缺席，后来也是通过司法解释逐渐被承认，2009 年《侵权责任法》明确将其纳入保护客体。现在《民法典》总则编在本条将身体权、隐私权明确表述为民事权益，具有显著的进步。

其二，本条也确立法人、非法人组织享有与其性质相符的具体人格权。

这些具体人格权，包括名称权、名誉权、荣誉权等。它们在《民法通则》时期就已经为法人和个人合伙等确立，此次扩展到法人和所有的非法人组织。

---

① 侵害民事权益，应当依照本法承担侵权责任。本法所称民事权益，包括生命权、健康权、姓名权、名誉权、荣誉权、肖像权、隐私权、婚姻自主权、监护权、所有权、用益物权、担保物权、著作权、专利权、商标专用权、发现权、股权、继承权等人身、财产权益。

【关联规定】

《未成年人保护法》第39条第1款，《妇女权益保障法》第42条

（撰稿人：龙卫球　赵精武）

第一百一十一条　【自然人个人信息受法律保护】 自然人的个人信息受法律保护。任何组织或者个人需要获取他人个人信息的，应当依法取得并确保信息安全，不得非法收集、使用、加工、传输他人个人信息，不得非法买卖、提供或者公开他人个人信息。

【释义】

本条确立了自然人的个人信息受法律保护，重点是私法保护，但也不排除其他法律的保护，同时也对这种个人信息的法律地位进行了一种复杂安排，即没有简单作为民事权利处理，而是更近似于一种受法律保护的客观秩序所反射的利益，所以本身未明确为权利。

本法旨在适应信息化时代到来对个人信息的保护需求。个人信息保护是当今重要的法律问题，但是这种保护的前提首先是需要明确其法律地位。《全国人民代表大会常务委员会关于加强网络信息保护的决定》对个人信息保护做出了框架性的规定。本条是一次重要发展。

本法也有利于与《网络安全法》[①]《刑法》等做到体系上的衔接。[②]

《网络安全法》第76条第5项进行了通过立法方式加以明确："个人信息，是指以电子或者其他方式记录的能够单独或者与其他信息结合识别自然人个人身份的各种信息，包括但不限于自然人的姓名、出生日期、身份证件号码、个人生物识别信息、住址、电话号码等。"当前域外地区包括欧盟、亚太地区的日本、韩国等采用个人信息的概念，本质上都强调个人数据、信息是与已识别或可识别的自然人相关的所有数据和信息。例如，1980年《经合组织指南》、1995年《欧盟指令》和2016年《欧盟条例》中，都将个人数据（personal data）定义为与已

---

① 该法于2017年6月1日起施行，下文同。

② 《中华人民共和国个人信息保护法（专家建议稿）》第9条，转引自周汉华：《〈中华人民共和国个人信息保护法（专家建议稿）〉及立法研究报告》，法律出版社2006年版，第3页。

识别或可识别的自然人相关的任何信息，其中，可识别自然人是指通过身份证号或与其独特的身体、生理、精神、经济、文化和社会身份中的一个或若干因素可以直接或间接识别的人①。

《刑法修正案（九)》将《刑法修正案（七)》中出售、非法提供个人信息罪的犯罪主体由特殊主体扩展为一般主体，因此自然适用于经营者主体，同时不再限定非法获取个人信息的途径或手段，另外，还增加了网络服务提供者拒不履行信息网络安全管理义务罪。原《侵权责任法》对公民隐私权、名誉权作出了相关规定，并且规定了网络用户、网络服务提供者的侵权责任，网络服务提供者的删除义务及连带责任。徐某玉案、魏某西案的爆发进一步表明了非法获取、非法出售或者非法向他人提供公民个人信息的违法行为泛滥，社会危害严重，建议进一步强化对个人信息的保护。法律委员会经研究认为，个人信息权利是公民在现代信息社会享有的重要权利，明确对个人信息的保护对于保护公民的人格尊严，使公民免受非法侵扰，维护正常的社会秩序具有现实意义。笔者认为，个人信息是信息主体人格的主要象征，保护个人信息对于维护信息主体的人格尊严、人格自由具有重要价值。

本条规定，应当理解如下：

其一，本条明确了自然人个人信息应受法律保护。

个人信息的主体仅为自然人。所谓个人信息是指能够直接或者间接地识别出自然人的身份的信息，当前互联网、移动智能终端的不断发展使得个人生活的方方面面都有可能被记录，个人信息不仅仅包括个人的基本身份信息，还包括位置信息、行为数据等。立法过程中，一直存在是否直接确立一种个人信息权的争论。一审稿没有处理，受到批评。二审稿开始纳入个人信息问题，但考虑到个人信息的复杂性，也没有简单地以单纯民事权利特别是一种人格权的形式加以规定，而是笼统规定个人信息受法律保护，为未来个人信息如何在利益上兼顾财产化，以及与数据经济的发展的关系配合预留了一定的解释空间。

个人信息与作为隐私权保护客体的隐私有所差异。首先，隐私权主要受宪法性法律、民法中的侵权责任法等保护，个人信息则主要受个人信息（数据）保护法等保护。其次，个人信息分为敏感信息和非敏感信息，其中敏感信息与隐私权

① 详见2016年欧盟《个人信息保护条例》第4条第1款定义。Personal data means any information relating to an identified or identifiable natural person（‘data subject’）; an identifiable natural person is one who can be identified, directly or indirectly, in particular by reference to an identifier such as a name, an identification number, location data, an online identifier or to one or more factors specific to the physical, physiological, genetic, mental, economic, cultural or social identity of that natural person.

所保护的私生活秘密相重叠。大数据时代，个人隐私基本上以个人数据和信息的形式表示，保护个人隐私，必须保护个人信息，保护个人信息就是保护个人隐私与安全。在信息社会特别是大数据时代，由于人类的社会生产、生活越来越“线上化”，计算机系统记录和储存了人们的身份、轨迹、行为、活动、特征等信息，许多是公民不愿公开或让他人知悉的个人秘密和个人隐私。[①] 故而，个人信息与隐私权保护的隐私属于交叉关系。有鉴于此，《民法典》第 1034 条第 3 款明确规定，“个人信息中的私密信息，适用有关隐私权的规定；没有规定的，适用有关个人信息保护的规定”，试图从规范上对隐私与个人信息作出必要区分。

其二，本条还特别规定了个人信息受法律保护具有的排他性。

这里包括一系列的禁止规范：首先，是任何组织和个人需要获取他人个人信息的，应当依法取得并确保信息安全；其次，任何组织和个人不得非法收集、使用、加工、传输他人个人信息；最后，任何组织和个人不得非法买卖、提供或者公开他人个人信息。目前，关于禁止买卖、提供或者公开个人信息，是否要限定在“非法”范围内，有不同的理解。有人认为凡是买卖、提供或者公开个人信息的，均为非法，应当被禁止。有人则认为只有非法的买卖、提供或者公开个人信息的行为才需要被禁止，而合法的交易或者提供个人信息则不应被禁止。交易经过“脱敏”处理的信息，已经不是个人信息交易，而是交易的不能单独或者与其他信息结合识别自然人个人身份的“大数据”，不违反法律规定，并不侵害自然人的个人信息。大数据的开发、利用和交易，必将极大促进社会经济的发展和方便人们的生活。

其三，本条隐含了对于制定个人信息保护特别法的授权。

基于个人信息法律地位及其保护的复杂性，需要通过制定专门法律加以保护。[②] 这类特别法在法律适用上相比本法具有优先性。

【关联规定】

《消费者权益保护法》第 14 条、第 29 条、第 50 条，《网络安全法》第 42 条、第 76 条，《商业银行法》第 29 条，《执业医师法》第 22 条，《居民身份证

---

① 张新宝：《从隐私到个人信息：利益再衡量的理论和制度安排》，载《中国法学》2015 年第 3 期。

② 张新宝：《民法总则（草案）第 110 条释义》（网文）。至 2017 年，世界上大多数国家专门出台了个人信息保护法。欧盟地区是最早、最具代表性的个人信息保护成文法国家，亚洲地区如日本、韩国、新加坡也都制定了个人信息保护法。同时，在互联网、云计算、大数据等技术引领下，域外个人信息保护法开始进行新一轮修法高潮。

法》第 19 条,《刑法》第 253 条之一

（撰稿人：龙卫球　赵精武）

第一百一十二条　【身份权受法律保护的原则】 自然人因婚姻家庭关系等产生的人身权利受法律保护。

【释义】

本条规定的是自然人身份权受法律保护的原则。自然人因婚姻家庭关系等产生的人身权利，主要属于身份权的范畴。2017 年 3 月 15 日《民法总则》第 112 条规定：“自然人因婚姻、家庭关系等产生的人身权利受法律保护。”《民法典》总则编第 112 条延续了《民法总则》的规定，只对标点符号进行了微小调整。长期以来，我国在立法和学术研究上对于身份权存在一定程度的忽视。《民法典》总则编完整地规定了自然人身份权受法律保护，身份权的保护观念由此更加清晰。

在我国，婚姻家庭受法律保护的观点已经得到确认和发展，形成了较为全面的法律保护体系。首先，在立法依据上，《宪法》第 49 条规定，婚姻和家庭受国家的保护（第 1 款），“父母有抚养教育未成年子女的义务，成年子女有赡养扶助父母的义务”（第 3 款）。其次，从历史来看，1950 年《婚姻法》是新中国成立以来的第一部民事法律，它不仅是对婚姻制度的规定，还涵盖了父母子女关系在内的家庭法的内容，具备与财产法不同的伦理准则与道德规则，充分体现了对婚姻和家庭的重视和保护，是实质意义上的“婚姻家庭法”[1]。最后，《民法典》婚姻家庭编第五章“收养”（《民法典》婚姻家庭编第 1093～1118 条）吸收了《收养法》（1998 年修正）的内容来调整因收养而发生的法律关系，《反家庭暴力法》（2015 年制定）的立法目的在于“保护家庭成员的合法权益，维护平等、和睦、文明的家庭关系，促进家庭和谐、社会稳定”，填补了相应的法律空白，进一步完善了婚姻家庭法的法律体系。

在立法沿革上，《民法通则》的制定有深刻的历史背景。比如，为了适应改革开放和发展商品经济的需要，将商品经济关系（财产关系）置于人身关系之前并规定了等价有偿等市场经济应遵循的基本原则，这是基于时代背景而产生的立

---

① 夏吟兰：《民法典体系下婚姻家庭法之基本架构与逻辑体例》，载《政法论坛》2014 年第 5 期；薛宁兰：《婚姻家庭法定位及其伦理内涵》，载《江淮论坛》2015 年第 6 期。

法结果。但是，随着经济社会的快速发展和思想观念的逐步解放，人的主体性价值日益凸显，民法调整人身关系的重要性越来越受到关注。[①] 在此背景下，《民法典》总则编和《民法总则》做出了重大改变：一方面，在价值排序上，调换了“人身关系”和“财产关系”的顺序，《民法典》总则编的调整范围不仅在表述上由“财产关系和人身关系”（《民法通则》第2条）修改为“人身关系和财产关系”（《民法典》总则编第2条），与此同时，广义的人身权利即人格权和身份权（《民法典》总则编第109～112条）的位置也位于物权、债权、知识产权和投资性权利等财产权利（《民法典》总则编第113～125条）之前；另一方面，在权利类型上，《民法典》总则编进一步丰富了自然人的具体人身权利。《民法典》总则编第五章“民事权利”对人身权利进行全面的列举，以民事基本法的形式确认了对人格自由、人格尊严、隐私和个人信息的法律保护，突出强调了人身权利的重要性。这意味着，《民法典》摒弃了广为诟病的“物文主义”，体现了民法典的时代特征和人文关怀。[②]

在本条规定的理解和适用上，“自然人因婚姻家庭关系等而产生的人身权利”应当主要从以下三个方面进行重点把握：

第一，本条规定的权利主体仅为自然人。只有自然人才有可能有婚姻和家庭关系，而法人或非法人组织无法像自然人一样缔结婚姻、组织家庭，所以不能享有本条规定的人身权利。

第二，本条规定的权利基础是婚姻和家庭关系。从解释上来说，这里的亲属关系（婚姻和家庭关系）应当作广义理解，既包括婚姻关系（配偶关系）和自然亲属关系（基于血缘形成的亲属关系/血亲关系），也包括拟制亲属关系（因事实抚养而形成的继父母子女关系和因收养而形成的养父母子女关系）。同时，本条关于因婚姻家庭等关系产生的人身权利的限定，与《民法典》婚姻家庭编的调整范围是一致的。《民法典》婚姻家庭编第1040条规定：“本编调整因婚姻家庭产生的民事关系。”这意味着，民法仅调整自然人的婚姻家庭等民事关系（主要是配偶关系、父母子女关系和其他近亲属关系），而非宽泛意义上的所有亲属关系。[③] 这

---

① 张鸣起：《〈中华人民共和国民法总则〉的制定》，载《中国法学》2017年第2期。

② 薛军：《人的保护：中国民法典编撰的价值基础》，载《中国社会科学》2006年第4期；王利明：《民法的人文关怀》，载《中国社会科学》2011年第4期；徐国栋：《将“人前物后”进行到底》，载《人民法治》2016年第3期；杨立新：《我国民法典立法思想的选择和坚守》，载《法制与社会发展》2018年第4期。

③ 有学者认为，《民法典》婚姻家庭编规定了亲属的基本制度，确认了亲属的概念和基本类型，构建了以配偶、血亲、姻亲构成的基本亲属体系，分为近亲属和“远亲属”，在近亲属之间发生法定的权利义务关系的基本亲属法律制度。参见杨立新：《民法典婚姻家庭编完善我国亲属制度的成果与司法操作》，载《清华法学》2020年第3期。

里需要指出的是，有些社会关系或事实关系并非本条所称的“婚姻家庭关系”，自然人彼此之间亦不能产生相应的人身权利：一是“姻亲关系”，即以婚姻为中介而产生的、配偶一方与另一方的血亲之间的关系，姻亲关系主要包括该自然人与血亲的配偶（嫂子/姨妹、姐夫/妹夫）、配偶的血亲（公婆、岳父母、大舅子、小叔子）和配偶的血亲的配偶（丈夫或妻子的舅妈、叔母）之间的关系。《民法典》婚姻家庭编第1045条第1款规定：“亲属包括配偶、血亲和姻亲。”事实上，“姻亲”不属于近亲属的范围（《民法典》婚姻家庭编第1045条第2款），[①] 无法基于共同生活的近亲属地位而成为“家庭成员”（《民法典》婚姻家庭编第1045条第3款）。易言之，“姻亲关系”原则上不受本条或婚姻家庭法的调整。但是，根据夫妻双方的自由约定，男女可以成为对方的“家庭成员”（《婚姻法》第9条/《民法典》婚姻家庭编第1050条）。此时，这种已经成为家庭成员的“姻亲”与其他家庭成员之间的关系须受到婚姻家庭法的调整，应当遵循“家庭成员间应当敬老爱幼，互相帮助，维护平等、和睦、文明的婚姻家庭关系”的规定（《婚姻法》第4条后半句/《民法典》婚姻家庭编第1043条）。[②] 二是“同性婚姻（伴侣）关系”，即同性之间以夫妻关系共同生活的关系。但是，根据《婚姻法》第2、3条和第8条的规定，办理结婚登记的主体须为“男女双方”。换言之，“同性婚姻（伴侣）关系”不是法律意义上的“婚姻关系”，无法得到与合法婚姻同等程度的法律保护，以夫妻关系共同生活的同性伴侣也不享有基于婚姻和家庭关系所生的人身权利。[③] 有学者如此概括：“当同性伴侣将自己视为一个家庭，基于亲密关系安排家庭生活的时候，法律认为他们之间只能是陌生人关系。”[④] 三是“事实婚姻关系”，即男女双方未进行结婚登记但又以夫妻身份公开同居生活的关系。1994年《最高人民法院关于适用新的〈婚姻登记管理条例〉的通知》

---

① 2017年9月26日《民法典草案·婚姻家庭编》（法工委民法室室内稿）第5条第2款规定：“共同生活的公婆、岳父母、儿媳、女婿，具有近亲属地位。共同生活的近亲属为家庭成员。”2018年3月15日《民法典草案·婚姻家庭编》（征求意见稿）第5条第2款规定：“共同生活的公婆、岳父母、儿媳、女婿，具有近亲属地位。配偶、父母、子女和其他共同生活的近亲属为家庭成员。”《民法典草案·婚姻家庭编》（2018年8月27日一审稿、2019年7月5日二审稿和2019年10月14日三审稿）第822条第3款规定：“共同生活的公婆、岳父母、儿媳、女婿，视为近亲属。配偶、父母、子女和其他共同生活的近亲属为家庭成员。”但是，2019年12月28日《民法典草案·婚姻家庭编》第1045条第3款删除了“共同生活的公婆、岳父母、儿媳、女婿，视为近亲属”（原第3款第1句）的规定。

② 《民法典》继承编第1129条和《继承法》第12条规定：“丧偶儿媳对公、婆，丧偶女婿对岳父、岳母，尽了主要赡养义务的，作为第一顺序继承人。”换言之，儿媳、女婿与公婆、岳父母并非父母子女关系，不存在法律意义上的赡养义务，只不过尽了主要“赡养义务”的，可以继承遗产。这似乎也佐证了姻亲之间的关系不受婚姻家庭编调整。

③ “孙某麟、胡某亮诉长沙市芙蓉区民政局不履行婚姻登记法定职责案”，湖南省长沙市中级人民法院（2016）湘01行终452号行政判决书。

④ 罗彧：《家庭中的陌生人：批判法学视野下的同性同居》，载《中国法律评论》2019年第6期。

（法发〔1994〕6号，已失效）规定："自1994年2月1日起，没有配偶的男女，未经结婚登记即以夫妻名义同居生活的，其婚姻关系无效，不受法律保护。对于起诉到人民法院的，应按非法同居关系处理。"根据2001年《最高人民法院《关于适用〈婚姻法〉若干问题的解释（一）》（法释〔2001〕30号）第4条和第5条的规定，补办结婚登记作为当事人婚姻关系合法化的必要条件，其效力追溯到双方均符合结婚的实质要件时起，如果双方不补办结婚登记，其关系为同居关系，不再视为事实婚姻。由此可见，欠缺法定形式要件的"事实婚姻"作为一种特殊的婚姻状态已经退出历史舞台，其本质是不受法律调整的"同居关系"。除非当事人补办结婚登记，否则无法获得婚姻家庭法的法律保护。

第三，本条规定的权利内容主要是"身份权"。在理论上，"人身权利"存在广义和狭义之分，前者是人格权和身份权的统称，后者则主要是指身份权。在法律适用上，《民法典》人格权编1001条规定："对自然人因婚姻家庭关系等产生的身份权利的保护，适用本法第一编、第五编和其他法律的相关规定；没有规定的，参照适用本编人格权保护的有关规定。"换言之，本条规定的"自然人因婚姻家庭关系等产生的人身权利"的法律保护，应当适用《民法典》总则编、《民法典》婚姻家庭编和其他法律的相关规定；没有规定的，才参照适用《民法典》人格权编的有关规定。另外，民法中的"身份权"也可以包括婚姻家庭法（亲属法）以外的身份权，如荣誉权（基于特定身份地位的身份权）和知识产权中的身份权（著作署名权）。[①] 准确地说，本条所称的"因婚姻家庭关系等产生的人身权利"应当指的是基于婚姻家庭等关系产生的身份权，它们本身涉及人身关系和财产关系两个方面的内容，主要涵盖配偶权、亲权（监护权）[②] 和亲属权三种类型：一是配偶之间相互享有的配偶权，如相互忠实、相互扶养和相互继承的权利等（《民法典》婚姻家庭编第1043条第2款、第1059条和第1061条）；二是父母对未成年子女享有的亲权，既包括对未成年子女的抚养、保护和教育的权利（《民法典》总则编第26条第1款、《民法典》婚姻家庭编第1067条第1款和第1068条）、法定代理与同意权（《民法典》总则编第19～22条），也包括对未成年子女财产的管理权和处分权（《民法典》总则编第35条第1款）；三是近亲属之间的亲属权，包括成年子女与父母之间的赡养和扶助（《民法典》总则编第26

---

① 史浩明：《论身份权》，载《苏州大学学报》2001年第4期。

② 不同意见认为，现代意义上的亲权主要指的是父母责任（所谓"义务权"），与监护权在性质、法律依据、立法理念、权利义务内容和公权力介入强度等方面存在较大差异，两者不应当混为一谈，我国应明确采取监护与亲权分离的立法模式。参见夏吟兰：《民法典未成年人监护立法体例辩思》，载《法学家》2018年第4期。

条第2款、《民法典》婚姻家庭编第1067条第2款）、（外）祖父母与（外）孙子女之间的抚养和赡养（《民法典》婚姻家庭编第1074条）、兄姐与弟妹之间的扶养权（《民法典》婚姻家庭编第1075条）、自然人失踪时其配偶、父母或成年子女的财产代管权（《民法典》总则编第42～43条）和自然人丧失行为能力、失踪或死亡时近亲属的宣告申请权（《民法典》总则编第40、46条）等。[①]

【关联规定】

《民法通则》第104条第1款，《婚姻法》第20条至第23条，《民法总则》第112条

（撰稿人：邓辉）

第一百一十三条 【财产权平等保护原则】 民事主体的财产权利受法律平等保护。

【释义】

本条规定了民事主体的财产权平等保护原则。这是对于《物权法》上的物权平等保护的提升。财产利益，包括物权、债权、知识产权等。我国之所以存在这个原则强调的必要，在于我国财产权制度存在复杂性，实践中因为经济体制的特点，实际存在公有、私有的属性差异，现行宪法又规定了公有财产神圣不可侵犯，导致关于不同属性财产权的主体之间是否应当受到法律平等保护的疑问。

财产权利是民事权利的典型，在中国社会主义市场经济发展的今天，再怎么强调其重要性也不为过。党的十八届四中全会提出，使市场在资源配置中起决定性作用，必须以保护产权、维护契约、统一市场、平等交换、公平竞争等为基本导向。产权的保护最集中的民法表达就是对财产权利的保护。一方面，人格权是建立在财产权之上，也就是说，财产权得不到充分保护，人格权也不会得到充分保护。私权神圣下，法律充分保护民事主体的民事权利，任何他人都不得侵犯。另一方面，从社会经济发展和人的全面发展角度而言，经济越发展越能促进社会的全面发展从而促进人的全面发展。

---

① 雷春红：《论亲属身份权》，载《理论月刊》2012年第2期；叶英萍、李永：《民法典视域下亲属身份权之重塑》，载《西南政法大学学报》2016年第1期。

财产权主要包括物权和债权，两者区别如下：首先，对象之差别。物权的对象在于物，而债的对象为相对人的特定行为。其次，内容之差别。物权在物权关系中是明显作为压倒一切的一种主导效力体现出来的权利，其权能内容是一种兼具支配与绝对对抗作用的排他力为一体的强能力，而债权则只是在债的关系中作为一种被对应了的单边效力的权利，其权能内容只是一种请求力以及与此配套的仅具相对对抗作用的非排他力。再次，法律保护不同。二者产生物权保护和债的保护的差别及对物之诉和对人之诉的差别。最后，与此相关，形成了制度规范上的若干重大差异。包括发生方式、变动程序、消灭方式、类型要求等方面，仅就类型要求而言，便出现了物权法定主义和合同自由主义的重大区分，物权在法律规范上被要求须以类型法定化的方式确立，而债的关系尤其是合同之债关系，其在法律规范上则被赋予自由模式，就类型及其内容，法律仅予以若干典型示范，允许当事人以合意或者约定的意愿方式自定。①

2007 年《物权法》在一场争论之后，依据社会主义市场经济的定位和目标，对于国家、集体、私人的不同主体的物权，不因属性不同区别其法律保护，一律实行平等保护。《物权法》第 4 条："国家、集体、私人的物权和其他权利人的物权受法律保护，任何单位和个人不得侵犯。"物权平等保护原则的内涵包括：任何物权主体适用共同的物权变动规则，任何物权主体适用相同的纠纷解决规则，任何物权主体的物权保护都平等。物权法的精神是，只要是合法取得的财产，都要受到物权法的保护；共有财产要予以保护，私人的合法财产也要保护。富人的财产要予以保护，穷人的财产也要予以保护。②

财产权平等保护原则是在物权平等保护原则基础上的进一步提升，法律平等保护的财产权不仅限于物权，还包括债权，应该说这是一个全新的发展。本条规定具有两层含义：一是民事主体的财产权利受法律保护；二是不同民事主体的财产权利受法律平等保护。

就第一层面而言，保护民事权利是本次民事立法的重要任务。本章为了贯彻落实党中央关于实现公民权利保障法治化和完善产权保护制度的要求，凸显对民事权利的尊重，加强对民事权利的保护，为民法典各分编和民商事特别法律具体规定民事权利提供依据。法律保护民事主体的财产权利，体现了民法对私权的尊重。社会主义市场经济发展至今，对私权的保护尤为重要。民法是调整市场经济的基本法，理所应当地保护市场经济下的财产关系，最核心的就是保护财产

---

① 龙卫球：《物权法定原则之辨——一种兼顾财产正义的自由论视角》，载《比较法研究》2010 年第 6 期。

② 谭启平主编：《中国民法学》，法律出版社 2015 年版，第 290 页。

权利。

就第二层面而言，在民法的视野中，民事权利在不同民事主体之间是平等的，民法平等保护不同民事主体的民事权利。本法规定的民事主体包括：自然人、法人、非法人组织。无论这些民事主体是公共性质还是私人性质，民法都平等保护不同民事主体的财产权利。国家在公法层面出现，体现了公权力的强制性；一旦进入私法层面，进入民法调整的视野，就转变成与其他民事主体一样的地位，正如民法调整对象那经典的定义一般：民法调整平等主体的自然人、法人和非法人组织之间的人身关系和财产关系。

【关联规定】

《民法通则》第 3 条，《物权法》第 3 条，《民法总则》第 113 条

（撰稿人：龙卫球 汤敏）

第一百一十四条 【物权的享有及其定义和范围】民事主体依法享有物权。

物权是权利人依法对特定的物享有直接支配和排他的权利，包括所有权、用益物权和担保物权。

【释义】

本条规定了民事权利中的物权，包括其享有和定义范围。本条赋予了我国民事主体依法享有物权的能力，这是对民事主体抽象财产能力的一个充实。本条也界定了物权，对其权利性质和范围进行了揭示。

本条规定，应当理解如下：

其一，本条赋予了我国民事主体可以依法享有物权。

一方面，这是一种资格赋予，即物权能力；另一方面，应当注意我国对于享有物权采取的不是自然取得，区别于自然人对于人格权的取得，而是一种依法取得，其中具体物权的类型和取得方式受到法律规定的限定。

其二，本条对于物权进行了定义。

首先，揭示了物权的性质。即“权利人依法对特定的物享有直接支配和排他的权利”。这里有三个要点：一是客体的特定性，为特定的物；二是权能的特定

性，即直接支配，包括占有、使用、收益和处分；三是权利的效力属性，即对外具有排他性，为绝对权。

其次，揭示了物权的范围，包括所有权、用益物权和担保物权三大类型。在理论上，以权利人对标的物的支配范围为标准，物权可以分为所有权和定限物权，其中定限物权又包括用益物权和担保物权。

第一，所有权。

所有权，是指权利人对自己的不动产或者动产，依法享有占有、使用、收益和处分的权利。我国的所有权，包括国家所有权、集体所有权、私人所有权、建筑物区分所有权等。

所有权是对物的支配权，其权能分为消极和积极两种。积极职能包括占有、使用、收益和处分的权能。占有权能就是对于财产的实际管理或控制。使用权能是权利主体对财产的运用，以便发挥财产的使用价值。收益权能是通过财产的占有、使用等方式取得的经济效益。处分权能是指财产所有人对其财产在事实上和法律上的最终处置。处分权一般由所有权人行使，但在某些情况下，非所有权人也可以有处分权。所有权包括根据主体的不同分为国家所有权、集体所有权、私人所有权以及建筑物区分所有权。所有权的特征包括全面性、整体性、弹力性、永久性、社会性和观念性。[①] 所有权的消极权能又称“排除他人干涉”的权能，即所有人排除他人对所有物的不法侵害的权利，之所以所有权有消极权能，主要源于所有权的绝对权性质。

第二，用益物权。

用益物权，是指用益物权人对他人所有的不动产或者动产，依法享有占有、使用和收益的权利。

用益物权是以对他人所有的物为使用、收益的目的而设立的，因而被称作“用益”物权，用益物权制度是物权法律制度中一项非常重要的制度。用益物权的特征是：用益物权是由所有权派生的物权，被称为“他物权”；用益物权受限制，用益物权人不得对财产的所有权进行处分，而且用益物权人对财产占有、使用、收益的权利具有期限性等；用益物权一经设立，便具有独立于所有权而存在的特性。用益物权的存在使得所有权对物的支配力受到约束，对物占有、使用和收益的权能由用益物权人行使，所有权人不得干涉，而且也可以抵抗第三人的侵害。

我国用益物权，包括土地承包经营权、建设用地使用权、宅基地使用权、地役权，以及海域使用权、探矿权、采矿权、取水权、养殖权和捕捞权（这些权利

---

① 梁慧星、陈华彬：《物权法》，法律出版社 2010 年版，第 128 页。

在性质上属于准用益物权）等。土地承包经营权，是指以耕作、养殖或者畜牧等农业目的，对集体经济组织或国家所有的农用土地享有的占有、使用和收益的权利。建设用地使用权是指在国家或集体所有的土地及其上下建造建筑物、构筑物及其附属设施并保有其所有权为目的而占有、使用、收益土地的用益物权。宅基地使用权是指农村村民依法享有的，在集体所有的土地上建造、保有住宅及附属设施的权利。地役权，是指有权按照合同约定，利用他人的不动产，以提高自己的不动产效益的权利。

第三，担保物权。

担保物权，是指担保物权人在债务人不履行到期债务或者发生当事人约定的实现担保物权的情形，依法享有就担保财产优先受偿的权利，但法律另有规定的除外。担保物权是以直接支配特定财产的交换价值为内容，以确保债权实现为目的而设定的物权。担保物权具有以下特征：担保物权以确保债权人的债权得到完全清偿为目的，这是担保物权与其他物权的最大区别；担保物权具有优先受偿的效力，优先受偿性是担保物权的最主要效力；担保物权是债务人或者第三人的财产成立的权利；担保物权具有物上代位性。

担保物权主要包括抵押权、质权和留置权。抵押权是指债务人或者第三人不转移物的占有而向债权人提供一定财产以担保债务的履行，在债务人不履行债务或发生当事人约定的实现抵押权的情形时，可以就其变卖的价金优先受偿的权利。其中，抵押物包括动产、不动产和权利。质权是指债权人在债务人不履行到期债务或者发生当事人约定的实现质权的情形时，可以就债务人或第三人移转占有而供作担保的动产或权利所卖得的价金优先受偿的权利。其中，质权中的物只能是动产和权利。留置权是指债务人不履行到期债务时，债权人可以留置已经合法占有的债务人的动产，并有权就该动产折价或以拍卖、变卖该动产的价款优先受偿的权利。

担保物权根据权利产生的原因不同，又分为意定担保物权和法定担保物权，前者是根据当事人之间的约定设定的担保物权，包括抵押权和质权；后者是根据法律的规定而成立的担保物权，仅仅包括留置权。就效力层面，法定担保物权优先于意定担保物权，即就同一担保物上同时有抵押权、质权和留置权时，留置权人有优先受偿的效力。

【关联规定】

《物权法》第 2 条，《民法总则》第 114 条

（撰稿人：龙卫球　汤敏）

第一百一十五条　【物以及物权客体】物包括不动产和动产。法律规定权利作为物权客体的，依照其规定。

【释义】

本条规定了物以及物权客体。物是物权的客体，主要类型区分为不动产和动产；物权客体不限于物，依据法律规定，权利也可以成为某些物权的客体。

首先，物的主要分类类型是动产和不动产。不动产和动产的区分方法是先确定不动产，不动产以外的都是动产。动产和不动产是近代民法对物的最重要的区分。作这种划分主要的法律意义在于：（1）物权变动的方式不同。在采取登记或交付的生效要件主义的法制下，基于法律行为的不动产物权变动以登记为生效要件，动产物权变动以交付为生效要件。（2）不动产涉及诉讼时，由法院专属管辖，而动产则否。（3）公示方法不同。不动产以登记为公示方法，动产以交付为公示方法。（4）动产无主物可依先占而取得其所有权，而无主不动产则不同，系由国家取得其所有权，即国家享有先占权。（5）动产与不动产在添附的要件、效果上也有所不同。（6）用益物权大多仅仅可在不动产上设定，而动产上，一般不能设定用益物权。（7）在担保物权中，传统规定只能在不动产上设定抵押权，而动产只能设定质权和留置权。值得注意的是，随着经济的快速发展，为了便利交易和提高商事效率，《物权法》和本法都规定了动产抵押权，即可在动产上设定抵押权。

不动产是指土地及其定着物；定着物是指附着于土地、连续性、不能移动且社会观念上也将它视为具有独立的经济价值的物。① 所谓“附着”，即“定着”之意，是指固定的附着于土地而不能变更其位置。定着物一般包括房屋等建筑物和构筑物两类。土地与土地上的定着物如建筑物等是不同的物，土地上的定着物并非土地的构成部分，从而也不被土地所吸收。土地上的定着物可以作为独立的不动产，作为所有权、用益物权和担保物权的客体，这样有利于流通，并可实现对土地和其土地上的定着物的充分利用。

动产是指土地及其定着物以外的物，如汽车、手机、航空器、冰箱、洗衣机等。精神产品虽不是物权法规范的对象，其主要由专门法律如著作权法、商标法、专利法来调整，但在有些情况下，物权法也涉及这些精神产品中的财产支配和排他的权利。例如，著作权、商标权和专利权中的财产权可以作为担保物权的

---

① ［日］本城武雄：《民法总则》，嵯峨野书院1996年版，第120页。

标的。

值得注意的是有关“特殊动产”的问题，即货币、有价证券、外汇和与身体分离的部分。货币是指作为法定支付手段的具有强制流通力的铸币和纸币。货币不具有个性，而是有高度替代性的种类物，现代各国物权法将货币作为一种特殊的物对待，成为金钱。有价证券是表示一定的财产权利，权利人行使权利原则上必须持有的一种证券。主要包括票据、提单、股票、企业债券和国库债券等。各种票据、债券上的权利为债权，股票上的权利为社员权；提单、仓单上的权利为交付物的债权。外汇是指以外币表示的可以作国际清偿的支付手段和资产。外汇作为一种特殊的物，其性质和在私法上的对待，与本国货币和有价证券相同，差别主要在行政管理上。人的身体不是物，但身体的某一部分在与身体分离后，无论其分离的原因为何，均可成为物，由该人取得其所有权。[①]

动产物权和不动产物权的物权变动程序与方法不同，不动产以登记为生效要件，而动产以交付为生效要件。但是，对于某些特殊的动产如船舶、航空器和机动车，为了维护交易安全，特殊动产的物权变动未经登记不得对抗善意第三人，即登记的特殊动产产生对抗第三人的效力。

其次，本条还规定，权利可以根据法律的规定而成为物权客体。此处的权利是指所有权以外的可让与的财产权。权利作为物权客体必须具有可让与性，且不是人身权，必须是财产权。权利成为物权客体最典型的情形是作为质权进行出质。可以出质的权利包括：汇票、本票、支票；债券、存款单；仓单、提单；可以转让的基金份额、股权；可以转让的注册商标专用权、专利权、著作权等知识产权中的财产权；应收账款；法律、行政法规规定的可以出质的其他财产权利。但下列权利不得出质：(1) 性质上不得让与的债权，如具有人身属性的赔偿请求权、有亲属关系的抚养请求权或注重合同当事人的个性的雇佣合同中雇主对雇员的劳务请求权。(2) 当事人约定的不能转让的债权，在我国现行法上具有阻止权利转让的效力，因此不得出质；一旦出质不得对抗善意第三人。[②] (3) 法律禁止转让的权利。(4) 出让的建设用地使用权、“四荒”土地承包经营权、探矿权、采矿权、养殖权、捕捞权和水权等，不能作为权利质权的客体。(5) 动产质权、留置权、抵押权均为担保物权，具有从属性，不得与其担保的债权分离而单独让与他人，故不得单独成为权利质权的标的。

---

① 梁慧星、陈华彬：《物权法》，法律出版社 2010 年版，第 47 页。
② 崔建远：《物权法》，中国人民大学出版社 2009 年版，第 577 页。

【关联规定】

《物权法》第 2 条，《民法总则》第 115 条

（撰稿人：龙卫球　汤敏）

第一百一十六条　【物权法定原则】物权的种类和内容，由法律规定。

【释义】

本条规定了物权法定原则。本条继承了《物权法》第 5 条规定。

物权法定原则是物权法的一项重要原则，强调的是物权的种类和内容由法律规定，法律未规定的，当事人不得随意创设物权。学理上认为，物权法定的原因在于：（1）有利于物尽其用。《物权法》第 1 条规定，该法的立法宗旨包括明确物的归属、发挥物的效用。经济社会发展瞬息万变，物权是经济发展的基础，如果允许当事人任意创设物权种类，对所有权设定种种限制和负担，会影响到物的利用，不利于发挥物的效用。（2）有利于保护交易安全。物权的权属及其变动需要公示方得以使交易相对人知晓物权的权属状态。如果允许当事人自由创设物权，就增加了物权公示的难度，容易造成交易相对人的损害。所以，物权法定原则便于物权公示，从而产生公信，有利于保护交易安全。①

与物权法定原则对应，债法在合同法领域奉行的是合同自由原则。在追求所谓“财产自由”的民法社会里面，契约自由仅仅是财产交易的原理，在财产分配的领域，则应以所有权加他物权作为复杂组合体现私人自由导向亦兼顾物的社会配置的财产结构作为原理。因此，契约自由较为彻底，通常无须类型限制，而只需接受契约正义的抽象限制，但在财产分配领域，所谓物权自由则是相当有限的，即表现为法律安排的个人所有权自由以及在此基础上对立的他物权的具体类型与内容的法定化限制。这种限制的根源也是社会正义，但它是一种财产分配领域的社会主义。②

---

① 魏振瀛主编：《民法》，北京大学出版社 2016 年版，第 220 页。

② 龙卫球：《物权法定原则之辨——一种兼顾财产正义的自由论视角》，载《比较法研究》2010 年第 6 期。

本条规定应当从以下三个方面理解：

其一，物权的种类由法律规定，任何人不得随意创设新的物权种类。

法定物权种类包括：所有权、用益物权、担保物权。所有权是最完整的物权，所有权人对其所有的动产和不动产享有占有、使用、收益和处分的权利。用益物权是对他人所有的不动产或者动产享有占有、使用和收益的权利。用益物权包括土地承包经营权、建设用地使用权、宅基地使用权、地役权等。担保物权仅包括抵押权、质权、留置权，法律没有规定的担保物权形式，纵使当事人之间设定新型的“担保物权”，也不发生担保物权的效力，除非通过修法认可新类型的担保物权。

其二，物权的内容由法律规定，任何人不得随意创设法律未规定的物权内容。

例如，质权的内容包括转移质押物的占有，但如果当事人之间约定不转移占有就成立质权，这与法律规定的质权内容相悖，不发生当事人所欲达到的效力。

其三，物权的变动由法律规定，不符合法定变动规则的，不发生物权变动效力。

不动产物权的设立、变更、转让和消灭，经依法登记，发生效力；未经登记，不发生效力，但法律另有规定的除外。原则上，不动产物权的变动需要登记，这属于法律强制性规定；即使不需要登记的，也需要有法律特别规定，也属于法律强制性规定。两种形式的不动产物权变动都需要有法律规定。同样的道理，动产物权的设立和转让，自交付时发生效力，但法律另有规定的除外。原则上，动产物权的变动需要交付，这属于法律强制性规定；即使不需要交付的，也需要法律另有特别规定。

【关联规定】

《物权法》第5条，《民法总则》第116条

（撰稿人：汤敏）

第一百一十七条 【征收、征用补偿规则】 为了公共利益的需要，依照法律规定的权限和程序征收、征用不动产或者动产的，应当给予公平、合理的补偿。

【释义】

本条规定了征收、征用补偿规则，依法征收不动产或者动产，应当给予公平、合理的补偿。征收和征用，是国家强行取得公民和法人的财产权或者强行使用公民和法人的财产的制度，对于财产权受法律保护而不证自明的地位来说，属于一种例外规则。《宪法》《物权法》和其他法律已经规定了征收、征用的规则，本条再次从一般规则角度予以强调。

《宪法》第 13 条第 3 款规定："国家为了公共利益的需要，可以依照法律规定对公民的私有财产实行征收或者征用并给予补偿。"《物权法》第 42 条第 1 款规定："为了公共利益的需要，依照法律规定的权限和程序可以征收集体所有的土地和单位、个人的房屋及其他不动产。"《城市房地产管理法》第 6 条规定："为了公共利益的需要，国家可以征收国有土地上单位和个人的房屋，并依法给予拆迁补偿，维护被征收人的合法权益；征收个人住宅的，还应当保障被征收人的居住条件。具体办法由国务院规定。"从法律上来讲，本条适用于被征收动产或不动产的所有权人。

征收、征用属于政府行使行政权的体现。征收是指国家基于公共利益需要，以行政权取得集体、个人财产所有权的行政行为。征用是指行政机关为了公共利益和公共目的，依法强制获得公民、法人财产的使用权或所有权的行政行为。征收、征用具有公益性、强制性的特点。首先是公益性。不是为了私人利益、一般商业利益，而是为了公共利益。其次是强制性，是国家行政机构的权力的动用。两者都是为了公共利益需要，都要经过法定程序。不同之处在于，征收主要是所有权的改变，征收后，被征收的财产由个人所有变为国家所有；而征用只是使用权的改变，征用后，财产所有权仍然属于所有权人，使用结束后需将财产交还给所有权人。

民法上合法财产受法律保护是基本前提，而征收、征用最终建立针对民事财产权利的一种行政关系，构成对财产权的限制，因此需要严格限制。按照本条规定，除了必须有明确法律依据、严格遵循具体法律程序之外，还必须给予公平、合理补偿。所以，补偿是征收、征用的重要法律要求，如果政府为了公共利益而强制征用私人财产，就必须给予合理补偿。

本条规定主要可以从以下要点进行理解：

第一，关于征收、征用的前提。

本条明确规定，征收、征用动产或者不动产只能是为了公共利益的需要。这就明确了实施征收的前提。关于公共利益的理解存在复杂性。《物权法》立法时，有人认为，应在物权法中明确界定公共利益的范围，以限制有的地方政府滥用征收权力，侵害群众利益。在立法过程中，曾将“为了公共利益的需要”修改为“为了发展公益事业、维护国家安全等公共利益的需要”，但有关部门和专家认为这样规定仍不清楚。全国人大法律委员会、全国人大常委会法制工作委员会会同国务院法制办、国土资源部等部门以及专家反复研究，一致认为：在不同领域内，在不同情形下，公共利益是不同的，情况相当复杂，《物权法》难以对公共利益作出统一的具体界定，还是分别由《土地管理法》《城市房地产管理法》等单行法律规定较为切合实际。现行法律如《信托法》《测绘法》已经对公共利益的范围作了一些具体界定。

第二，征收、征用的法律依据和程序。

征收、征用，必须有明确具体的法律依据，并且严格遵循法律程序。

第三，关于公平补偿。

本条强调征收所有权人的财产时，应当对被征收人给予公平补偿。一直以来，我国存在征收补偿标准过低的情况，因此有必要对补偿问题作出具体规定。理论界出现了各种建议，有主张“相应补偿”的，有主张“合理补偿”的，有主张“充分补偿”的，有主张“根据市场价格予以补偿”的。从其他国家和地区的立法经验来看，对被征收财产补偿的规定有合理补偿、正当补偿、公平补偿、相当补偿等，其中采用公平补偿的国家和地区主要有法国、瑞典、波兰、新加坡、印度、菲律宾、巴西、我国台湾地区等。本条规定了“公平补偿”，公平补偿也是依赖相应的标准和规则而存在的。公平补偿，一方面是指补偿与被征收财产价值相当；另一方面是指对全体被征收人应当适用统一的标准，体现被征收人之间的公平。

【关联规定】

《物权法》第 42、44 条，《国有土地上房屋征收与补偿条例》第 3、8 ~ 14、17 ~ 27 条，《民法总则》第 117 条

（撰稿人：龙卫球　汤敏）

第一百一十八条　【债权的享有及定义】民事主体依法享有债权。

债权是因合同、侵权行为、无因管理、不当得利以及法律的其他规定，权利人请求特定义务人为或者不为一定行为的权利。

【释义】

本条规定了民事主体可以享有债权及定义，同时也揭示了债的发生根据。债权相对于物权而言，是另一类财产权，反映的是一种交易的财产权利。

债权与物权共同构成财产权，但是二者存在区别：（1）物权与债权反映不同的财产关系，体现不同的经济利益。物权反映静态的财产支配关系，其体现的经济利益，是对作为物权标的物的物质资料的支配（使用、收益、处分），或者满足物权人生产、生活的需要（所有权和用益物权），或者实现物权人的债权（担保物权）。债权反映动态的财产流转关系，其体现的经济利益，是债权人通过请求人履行债务，或者取得债务人给付的财产，或者获得债务人提供的劳务。（2）物权与债权的主体、客体不同。物权反映的财产关系是物质资料占有人与社会一般人之间的关系，故物权为对世权，以不特定的任何人为义务主体，任何人都依法负有不侵害他人物权标的物，不干涉、妨碍他人行使物权的不作为义务。债权反映的财产关系是特定当事人间的财产流转关系，故债权为对人权，以特定的债务人（财产转让方或劳务提供方）为义务主体，特定的债务人依债的内容对债权人负担给付财产或提供劳务等作为的义务。（3）物权与债权的效力不同，物权与债权都有实行效力、保全效力和救济效力，但其内容各不相同。（4）物权与债权在有无期限性上存在区别。（5）物权、债权的变动不同。变动，是指发生、变更、消灭的状态。法律行为和某种事实状态都能引起物权、债权的变动。但是由于物权、债权的性质不同，不仅引起物权、债权变动的法律行为和事实状态有所不同，而且有是否采法定主义与公示主义的区别。

本条规定主要可以从以下要点进行理解：

其一，关于债权的本质。债权是债权人请求债务人为特定给付的权利，本质上表现为债权人在法律保护下实现预期交易利益的可能性。债权为有期限的权利，债权需受诉讼时效制度的调整。此外，债权也具有可让与性，可以脱离主体存在，作为交易的客体，作为可能获得财产价值的财产权，具有独立的可让与性和处分性。债权本质上是一种针对特定行为的请求权，即权利人得请求特定义务人为或者不为一定行为的权利。债权的客体是特定行为，包括作为和不作为。

其二，关于债权的权能。债权以请求权为核心权能，债权人既不能支配债务人应为给付的财产，也不能支配债务人的人身或给付行为，只能请求债务人履行债务。债权的请求权只是债权的主要权能而并不是其全部的权能，债权除请求权能外，还包括受领权能、保有权能等，以及特殊情况下产生的代位权、撤销权、选择权、解除权、抵销权等。

其三，关于债权的效力。债权效力具有相对性，债的相对性是指债的关系只产生于双方之间，因而权利义务的效力也只发生于债的双方之间，该权利义务不会对第三人产生任何实质性影响，罗马法上将债比喻为当事人之间的“法锁”，它有两层含义：（1）债一旦设立，即对当事人双方产生约束力，任何一方不得随意破坏；（2）只有被该锁连接的双方才受债的约束，即“契约是当事人之间的法律”，对第三人不发生直接的权利义务关系。

其四，关于债权的平等性和相容性。债权的平等性和相容性是指同一标的物上可以成立内容相同的数个债权，并且其相互间是平等的，在效力上不存在排他性和优先性，同一标的物上可以并存两个以上内容相同的债权；数个债权人之间的效力一律平等，不因成立的先后、数量多寡以及发生的原因不同而有效力上的优劣之分；对同一债务人的数个债权，只要已届清偿期，对债务人的一般责任财产都有平等的受偿权。

【关联规定】

《民法通则》第 84 条，《民法总则》第 118 条

（撰稿人：龙卫球　汤敏）

第一百一十九条　【合同之债或债权】依法成立的合同，对当事人具有法律约束力。

【释义】

本条规定了合同之债或合同债权。合同是主要债因，合同依法成立生效以后，对当事人就具有了法律约束力。合同之债属于意定之债，原则上采取任意主义或自由主义的发生原则，根据合同自愿原则，订不订合同、与谁订合同、合同的内容如何等，由当事人自愿约定。

本条规定主要可以从以下要点进行理解：

其一，合同一经成立，即推定生效，产生合同的拘束力。

合同约束力，是指法律赋予依法成立的合同具有拘束当事人各方乃至第三人的强制力。合同拘束力，又可分为合同对当事人各方的拘束力与合同对第三人的拘束力。合同对当事人各方的拘束力包括：(1) 当事人负有适当履行合同的义务；(2) 违约方依法承担违约责任；(3) 当事人不得擅自变更、解除合同，不得擅自转让合同权利义务；(4) 当事人享有请求给付的权利、保有给付的权利、自力实现债权的权利、处分债权的权利、同时履行抗辩权、不安抗辩权、保全债权的代位权和撤销权、担保权等；(5) 法律规定的附随义务也成为合同效力的内容。合同对第三人的拘束力，在一般情况下，表现为任何第三人不得侵害合同债权，在合同债权人行使撤销权或代位权时涉及第三人，在涉他合同中可有向第三人履行或第三人履行的效力。

学者认为，合同拘束力具有以下特点：从根源上讲，合同的拘束力是法律赋予合同的、有国家的强制力保障的，在债务人违约时，法律依守约方的请求强制违约方实际履行或承担其他不利的后果。由此可见，合同的拘束力不同于友谊的纽带、名誉的力量和道德的约束。从反映的意志来看，合同的拘束力是法律评价当事人各方合意的表现，是国家意志的反映；同时是当事人各方为满足其需要寻找法律的依据和支持，使自己的意思符合于已上升为法律的国家意志的结果。在这种当事人各方的合意和国家的意志有机统一的状态中，最大限度地体现着当事人的要求。合同的拘束力作为法律评价当事人各方合意的表现，是复杂多样的。法律对当事人各方的合意予以肯定的评价时，发生当事人预期的法律效果，当事人各方承受合同条款固定的权利义务；法律对当事人各方的合意予以绝对否定的评价时，发生合同无效的后果，当事人各方承受法定的权利义务；法律对当事人各方的合意予以相对否定的评价，发生合同得撤销或者效力待定的结果，法律把决定权有条件地交给有权人或者其代理人，由其审时度势地决定是否撤销合同或者是否追认合同。①

其二，合同的成立并不代表合同生效，只有依法成立的合同才能生效。

一般而言，合同的生效要件包括以下几点：

(1) 合同当事人订立合同时具有相应的缔约行为能力。民事行为能力是民事法律行为有效的先决条件，无民事行为能力人及限制民事行为能力人实施的民事法律行为只有经其法定代理人的追认才有效。所谓缔约行为能力，是指民事主体

---

① 崔建远主编：《合同法》，法律出版社 2010 年版，第 96 ~ 97 页。

据以独立订立合同，以自己的行为取得民事权利或承担民事义务的法律资格。本法规定年满 18 周岁，或者 16 周岁以上不满 18 周岁的未成年人，以自己的劳动收入为主要生活来源的完全民事行为能力人订立的合同有效。8 周岁以上的未成年人、间歇性精神病人为限制民事行为能力，他们不具有完全缔约行为能力，其订立的合同需要法定代理人追认。不能完全辨认自己行为的精神病人和不满 8 周岁的未成年人是无民事行为能力人，其订立合同无效。但是，限制民事行为能力及无民事行为能力人可以订立纯获利益的合同或者与其年龄、智力相适应的合同。法人的民事行为能力只能限制在其核准登记的生产经营和业务范围内，因此法人具有其生产经营和业务范围内的缔约行为能力。

（2）合同当事人意思表示真实。所谓意思表示，是指向外部表明愿意发生一定法律效果的意思的行为。意思表示是构成法律行为的要素。意思表示真实是构成有效合同的先决条件之一，一方在被欺诈、胁迫或者重大误解下订立的合同往往非其真实意思表示，属于无效或可撤销的合同。

（3）合同不违反法律或社会公共利益。所有合法有效的民事法律行为都不得违反法律或社会公共利益，易言之，符合公序良俗的要求。因此，合同不违反法律或社会公共利益是合同有效的当然条件之一。但必须注意的是，合同不违反法律，是指合同不得违反当事人必须遵守、不得通过协商加以改变的强行性法律规定。换言之，当事人并不必须遵守合同法中用以指导当事人订立合同的任意性规定。强行性法律规定的标志是一般冠以“不得”“必须”等词语，而任意性规范则用“可以”等词语表示。另外，合同不违反法律，还指合同的内容，即设定的双方当事人的权利义务必须合法。如果合同内容的部分条款有效、部分无效，那么部分条款被确认无效不影响有效条款的效力。

（4）合同的内容必须确定或可能。“依法成立之契约，于当事人之间犹如法律。”因此，作为确定当事人各自权利义务依据的合同内容对于判断合同是否生效、生效后如何履行，以及发生纠纷时判断孰对孰错具有重大意义。合同内容的确定，是指合同内容在合同成立时必须确定，或者必须处于在将来履行时可以确定的状态。合同的内容可能，是指合同所约定的特定事项在客观上具有实现的可能性。如果合同内容属于事实不能、自始不能、客观不能、永久不能及全部不能中的任何一种情形，则合同无效。

【关联规定】

《民法通则》第85条，《合同法》第2条、第8条，《民法总则》第119条

（撰稿人：龙卫球　汤敏）

第一百二十条　【侵权损害赔偿请求权】民事权益受到侵害的，被侵权人有权请求侵权人承担侵权责任。

【释义】

本条规定了基于侵权事由而产生损害赔偿请求权。即民事权益受到侵害，构成侵权的，被侵权人有权请求侵权人承担侵权责任。侵权责任制度体现“保护民事权益”的价值，保护被侵权人的民事合法权益是建立侵权责任法律制度的主要目的，保护被侵权人的主要途径是使侵权人承担损害赔偿义务，同时对应地也赋予被侵权人在其权利受到侵害时享有损害赔偿请求权，这是一类法定债务和债权。

侵权责任的基本制度和规则都是“以被侵权人保护为中心”建立起来的，但是也充分考虑到其他方面的民事合法秩序。侵权责任法律制度的作用可从多个角度阐述，其既要保护被侵权人的合法权益，也要充分尊重行为人的行为自由。被侵权人在其权利被侵权人侵害构成侵权时，有权请求侵权人承担侵权责任。这种权利是一种请求权。

本条规定主要可以从以下要点进行理解：

其一，民事合法权益受到侵害并且构成侵权是侵权之债或侵权损害赔偿请求权产生的前提。

当侵权人的行为构成侵权，侵害了被侵权人的民事权益时，被侵权人有权请求侵权人承担侵权责任。被侵权人既可以直接向侵权人行使请求权，也可以向法院提起诉讼，请求法院保护自己的合法权益。

被侵权人可以是所有具有民事权利能力的民事主体，只要具有实体法上的民事权利能力，又因侵权行为而使其民事权利受到侵害的人，就具有被侵权人的资格，包括自然人、法人和其他组织。被侵权人的资格不在于其是否具有民事行为能力。但是，有完全民事行为能力的被侵权人，可以自己行使请求权，请求侵权人承担侵权责任；无民事行为能力或限制民事行为能力的被侵权人，自

已不能行使请求权，应当由其法定代理人代其行使请求权。被侵权人死亡的，其近亲属有权请求侵权人承担侵权责任。我国一些现有司法解释对请求权的主体也有规定。①

其二，发生侵权的情形，被侵权人有权请求侵权人承担民事责任，即可以主张侵权损害赔偿请求权。

在侵权法律关系中，侵权人是承担侵权责任的义务主体，在诉讼中为被告。②侵权人一般是直接加害人，直接加害人是直接实施侵权行为，造成被侵权人损害的人。直接加害人分为单独加害人和共同加害人，共同加害人的侵权责任根据本法侵权责任编关于共同侵权的规定承担。在替代责任形式的特殊侵权责任中，造成损害的行为人不直接承担侵权责任，承担侵权责任的主体是替代责任的责任人。③

侵权人承担民事责任的方式主要有停止侵害、排除妨碍、消除危险、返还财产、恢复原状、继续履行、赔偿损失、消除影响、恢复名誉、赔礼道歉等。法律规定惩罚性赔偿的，依照其规定。承担民事责任的方式，既可以单独适用，也可以合并适用。

【关联规定】

《民法通则》第106条，《侵权责任法》第3条、第18条，《最高人民法院关于确定民事侵权精神损害赔偿责任若干问题的解释》第7条，《最高人民法院关于审理人身损害赔偿案件适用法律若干问题的解释》第1条，《民法总则》第120条

（撰稿人：龙卫球　汤敏）

---

① 《最高人民法院关于确定民事侵权精神损害赔偿责任若干问题的解释》第7条规定：“自然人因侵权行为致死，或者自然人死亡后其人格或者遗体遭受侵害，死者的配偶、父母和子女向人民法院起诉请求赔偿精神损害的，列其配偶、父母和子女为原告；没有配偶、父母和子女的，可以由其他近亲属提起诉讼，列其他近亲属为原告。”《最高人民法院关于审理人身损害赔偿案件适用法律若干问题的解释》第1条第2款规定：“本条所称‘赔偿权利人’，是指因侵权行为或者其他致害原因直接遭受人身损害的受害人、依法由受害人承担扶养义务的被扶养人以及死亡受害人的近亲属。”

② 《最高人民法院关于审理人身损害赔偿案件适用法律若干问题的解释》第1条第3款规定：“本条所称‘赔偿义务人’，是指因自己或者他人的侵权行为以及其他致害原因依法应当承担民事责任的自然人、法人或者其他组织。”

③ 王胜明主编：《中华人民共和国侵权责任法释义》，法律出版社2013年版，第31～34页。

第一百二十一条　【无因管理费用偿还请求权】没有法定的或者约定的义务，为避免他人利益受损失而进行管理的人，有权请求受益人偿还由此支出的必要费用。

【释义】

本条规定了无因管理费用偿还请求权。即无因管理人有权请求受益人偿还管理而支出的必要费用。

无因管理本质上属于因事实行为而产生的法定之债。无因管理，是指没有法定的或约定的义务，而为他人管理事务。所谓“无因”是指没有法律上的义务，包括当事人约定的义务和法律直接规定的义务。“管理”包括管理他人事务和为他人提供服务的行为。当事人包括管理人和本人（即受益人）。

本条规定主要可以从以下要点进行理解：

其一，无因管理的构成要件。

（1）管理他人事务（客观要件）。

“管理”包括管理他人事务和为他人提供服务的行为。无因管理本身为一项事实行为，但管理的事项既可以是事实行为，也可以是法律行为，但不能是单纯的不作为。

管理下列事项，一般不发生无因管理：①单纯的不作为；②违法的或者违背社会公德的行为，如为他人看管赃物；③不足以发生民事法律后果的纯粹道义上的、宗教上的或其他一般性的生活事务，如接待他人的朋友；④依照法律须由本人实施或者须经本人授权才能实施的行为，如放弃继承权。

须注意的是：无因管理重在管理事务本身，目的是否达成，与无因管理的成立无关。例如，甲宅失火，乙用灭火器参加救火，身负重伤，纵火势未灭，甲宅全毁，救火目的未能达成，无因管理仍可成立。乙仍得依据无因管理的规定请求甲支付相应费用，包括因管理此事项而发生的损失。

（2）无法律上的义务（实质要件）。

法律上的义务包括当事人约定的义务和法律直接规定的义务。法律上的义务中的“法律”不限于民法，也包括其他法律。例如，消防队员抢救遭受火灾的他人财物、警察收留走失的儿童，属于行政法上的义务。

（3）有为他人利益而管理的意思（主观要件）。

有为他人利益而管理的意思，是指管理人知晓其所管理的系他人事务，并欲使管理事务所生的利益归于该他人（本人）。管理人误以为他人事务为自己事务而为管理时，属误信管理（不真正无因管理），不成立无因管理。管理人知晓其所管理的系他人事务，但是出于为自己利益的，则属不法管理（也属于不真正无因管理）。需要注意的是：为他人之意思与为自己之意思可以并存，为他人管理事务兼具为自己利益，无碍于无因管理的成立。甲宅失火，乙恐火势蔓延至己屋而参与灭火，同样构成无因管理。

其二，无因管理的效力。

主要是产生无因管理之债，对于管理人来说产生基于无因管理的费用偿还请求权。

（1）对管理人而言：产生基于无因管理的费用偿还请求权。同时，可阻却其行为违法性。无因管理系未经他人同意而干预他人事务，但其行为系有利于本人，并不违反其意思或可得推知的意思，因此不构成侵权。

但是管理人负有系列义务，包括：①适当管理的义务。管理人应依照本人明示的或按一般社会常识可推知的意思，以有利于本人的方法管理事务。为了本人的真正利益或社会利益而进行管理的，即使与本人的意思相左，也认为属于适当管理。管理人因过错管理不当造成本人损害的，应承担侵权责任。②通知义务。管理人的通知义务，应以能够和有必要通知为限，无法通知或者本人已经知道的，无须通知。③报告与结算义务。

（2）对本人而言：产生基于无因管理的偿还必要费用义务。此外，必要时还有清偿无因管理中的债务等义务。

【关联规定】

《民法通则》第93条，《民法总则》第121条

（撰稿人：龙卫球　汤敏）

第一百二十二条　【不当得利返还请求权】因他人没有法律根据，取得不当利益，受损失的人有权请求其返还不当利益。

【释义】

本条规定了基于不当得利的返还请求权。《民法典》关于不当得利的规定，实质内容与《民法通则》无异。《民法通则》第92条规定："没有合法根据，取得不当利益，造成他人损失的，应当将取得的不当利益返还受损失的人。"二者

的差别在于关于不当得利的表达，《民法典》立足于债权人（受损失的人）的立场，而《民法通则》是站在债务人（不当得利人）的角度。法律规定不当得利制度的目的，并不在于要制裁受益人（不当得利人）的不当得利“行为”，而是在于要纠正受益人“得利”这一不正常、不合理的现象，调整无法律原因的财产利益的变动。换句话说，不当得利制度的规范目的乃去除“受益人”无法律上的原因而受的利益（去除所受利益功能），而非赔偿“受损人”的损害，因此受益人是否有故意或过失、其行为是否具有可资非难的违法性，均在所不问。

不当得利本身与人的意志无关，它在性质上属于客观事件。引起不当得利的原因既可能是自然事件，也可能是受害人、受益人或第三人的行为。基于其发生原因，债分为意定之债与法定之债。意定之债，即系因当事人的意思（可能是单方允诺，抑或双方合意）而产生的债。法定之债，是基于法律的规定而产生的债，债的法律效果非基于当事人的意思表示。在不当得利中，受益人（不当得利人）返还不当得利的义务，是直接由法律规定的。因此，不当得利之债属于法定之债。不当得利作为一种民事法律事实，与法律行为、无因管理及侵权行为等同为债的发生根据。但不当得利属于客观事件，与人的意志无关，因而其不同于与人的意志有关的民事法律行为、无因管理及侵权行为。

民事法律行为以意思表示为要素。根据有效的民事法律行为而取得的利益是合法、正当的，当然不构成不当得利。但是若当事人所为的民事法律行为无效或被撤销时，当事人一方依据该行为所得的利益，已无合法的原因，则可构成不当得利。无因管理是一种合法的事实行为。无因管理的管理人为本人的利益将管理所取得的利益移归于本人，并因此得请求本人偿还必要费用、补偿相关损失，其行为不构成不当得利。但是若管理人从管理中取得利益并不归还本人而自己占有的，则管理人的占有是无合法根据的，本人得基于不当得利的规定请求管理人返还。侵权行为是侵权人单方实施的一种违法行为。法律规范侵权行为的目的，是预防侵权行为的发生，制裁不法行为人，要求其赔偿受害人的损失。而法律规范不当得利并不是为了制裁不当得利人，要求其赔偿受害人的损失，而是去除受益人的不当得利，纠正不正常的财产利益转移，使之恢复到正常状态，因此不当得利是否由受益人的行为引起、受益人有无行为能力在所不问。当然，不当得利常与侵权行为同时并存，因侵夺他人权益多以侵权行为为之。但这并不表明不当得利的成立需具备侵权行为的要件。

本条规定主要可以从以下要点进行理解：

其一，不当得利的成立条件。

首先，一方受有利益。一方受有利益，是指一方当事人因一定的事实而使其得到一定的财产利益。财产利益的增加包括积极增加和消极增加。财产利益的积极增加，包括：（1）取得某项财产权利；（2）取得对某物的占有；（3）原有财产权利的扩张或效力增强；（4）财产利益的负担消灭。财产利益的消极增加，包括：（1）本应承担的债务没有承担；（2）本应支出的费用没有支出；（3）在原有的财产权利上本应设定的负担没有设定等。

其次，他方受损失。损失分为积极损失和消极损失。积极损失，即现有财产的减少。消极损失，是指本应增加的财产未能增加。

再次，取得利益和受损失之间有因果关系。也就是说，一方受益与他方受损存在变动的关联性。受益与受损之间的因果关系，并非要求受益与受损必须基于同一事实原因。如果受益与受损是由两个不同的事实原因造成的，但二者之间有牵连关系，也应视为具有因果关系。

最后，没有合法根据。没有合法根据，是不当得利构成的实质性条件。在社会交易中，任何利益的取得都应当有合法的根据，或是直接依据法律，或是依据当事人间的民事法律行为。不是直接根据法律或者根据民事法律行为取得利益的，其取得利益就是没有合法根据的，取得该项利益就是不正当的。当事人于取得利益时没有合法根据，固然构成不当得利；其取得利益时虽有合法根据，但其后该根据丧失的，也属于没有法律上的依据，同样构成不当得利。

其二，不当得利的法律后果，主要产生不当得利之债，其中对于受益人而言产生返还请求权。

首先，返还请求权的标的为受有利益的一方所取得的不当利益。受益人返还的不当利益，既可以是原物、原物所生的孳息、原物的价金、使用原物所取得的利益，也可以是其他利益。

其次，受益人返还义务的范围，依其受利益是否善意而不同：

（1）受益人为善意时的利益返还。收益人为善意，即受益人于取得利益时不知道自己取得利益无合法的根据。于此情形下，若受损人的损失大于受益人取得的利益，则受益人返还的利益仅以现存利益为限。利益已不存在时，受益人不负返还义务。所谓现存利益，是指受益人收到返还请求时享有的利益，而不以原物的固有形态为限。原物的形态虽已改变但其价值仍存在或者可以代偿的，仍不失为现存利益。例如，受益人将其受领的财物以低于通常的价格出卖，受益人只返还所得的价款。如果该价款已经被消费，并因此而省下其他的费用开支，则其节省的开支为现存利益，受益人仍应返还。但是若受益人所得价款被他人盗走，则为利益已不存在。受益人受有的利益大于受损人的损失，受益人返还的利益范围以受损人受到的损失为准。

（2）受益人为恶意时的利益的返还。受益人为恶意，是指受益人受有利益时明知其取得利益是没有合法根据的。于此情形下，受益人应返还其所取得的全部利益，即使其利益已不存在，也应负责返还。若受益人所得到的利益少于受损人的损失，受益人除返还其所得到的全部实际利益外，还须就其损失与得利的差额另加以赔偿。这实质上是受益人的返还义务与赔偿义务的结合。

（3）受益人受益时为善意而后其为恶意的利益返还。受益人于取得利益时是善意的，而嗣后为恶意时，受益人所返还的利益范围应以恶意开始时的利益范围为准。

其三，在学理上依利益的取得是否基于受损人的给付行为，还可将不当得利分为给付不当得利和非给付不当得利。

首先，关于给付不当得利。是指基于受损人的给付行为而发生的不当得利。其规范功能在使给付者得向受领者，请求返还欠缺目的（法律根据）而为的给付。给付，是指为了特定目的，有意识地将财产利益转移给他人，增加他人财产利益的行为。给付可以是让与物的所有权、设立用益物权或担保物权、转移占有、提供劳务、消灭债务等。给付的目的，通常是履行一定的法律义务，如清偿债务、受托加工某产品等。有意识，是指给付者有为给付的真实意思。如果非基于给付者的意思而为给付，不能构成给付不当得利。例如，甲误以为乙的房屋为自己所有而修缮，因无增加他人财产的意思，属于非给付不当得利。给付不当得利分为：（1）给付原因自始不存在的不当得利。例如，非债清偿或基于无效行为的给付所取得的不当得利。（2）给付原因嗣后不存在的不当得利。合同解除、撤销等情形。（3）给付目的不能实现的不当得利。

通说认为，下列情形不构成不当得利：（1）履行道德上的义务而为给付；（2）为履行未到期的债务而交付财产；（3）明知无给付义务而交付财产；（4）因不法债务交付的财产；（5）债权请求权罹于时效，债务人自愿履行债务而为的给付。

其次，关于非给付不当得利。是指基于给付行为以外的其他事由所发生的不当得利。分为：（1）因行为而产生的不当得利。“行为”既有可能是受益人的行为，也可能是受损人或第三人的行为。（2）因法律的直接规定而产生的不当得利。（3）因自然事件而产生的不当得利。

【关联规定】

《民法通则》第92条，《民法总则》第121条

（撰稿人：龙卫球　汤敏）

第一百二十三条　【知识产权的享有和范围】民事主体依法享有知识产权。

知识产权是权利人依法就下列客体享有的专有的权利：

（一）作品；

（二）发明、实用新型、外观设计；

（三）商标；

（四）地理标志；

（五）商业秘密；

（六）集成电路布图设计；

（七）植物新品种；

（八）法律规定的其他客体。

【释义】

本条规定了作为民事权利的知识产权及其权利客体范围。[①] 通过本条规定，《民法典》总则编实现了民法与知识产权制度的连接。目前，我国已经制定了《专利法》（2008 年修正）[②]、《商标法》（2019 年修正）、《著作权法》（2010 年修正）[③]等知识产权专门性法律和《集成电路布图设计保护条例》（国务院令第 300 号，2001 年）、《植物新品种保护条例》（国务院令第 653 号，2014 年）等 18 部知识产权行政法规，从而形成了比较完备的知识产权法律制度。在知识产权的客体上，我国的法律和行政法规已经进行了明确和充分的规定：《著作权法》第 3 条规定了著作权的客体为"作品"；《专利法》第 2 条规定了专利权的客体是"发明创造"，具体是指"发明、实用新型和外观设计"，同法第 25 条规定对"科学发现"不授予专利；《商标法》所保护的客体为"商标"，同法第 16 条规定，商品的"地理标志"已善意注册为商标的，继续有效。对"集成电路布图设计"和"植物新品种"的保护，按照国务院颁行的条例进行保护。关于"地理标志"的

---

① 《民法总则》（《民法典》总则编）第五章集中规定了民事权利，权利客体包含其中，这表明立法者不再采取专章的形式来规定民事权利客体。参见梁慧星：《中国民法总则的制定》，载《北方法学》2017 年第 1 期。

② 2018 年 12 月，第十三届全国人大常委会第七次会议对《专利法（修正案草案）》进行了审议，向社会公开征求意见工作已于 2019 年 2 月 3 日结束。

③ 2020 年 5 月，第十三届全国人大常委会第十七次会议对《著作权法（修正案草案）》进行了审议，向社会公开征求意见工作于 2020 年 6 月 13 日截止。

保护，按照相应的部门规章进行。[①] 总之，本条使得民法典与上述法律、行政法规和国家政策之间能够进行有效的对接。

本条规定主要可以从以下要点进行理解：

首先，本条规定了民事主体依法享有知识产权这一民事权利。

知识产权是民事主体对于智力成果的权利，也被称为“智慧财产权”[②]，通常包括著作权、专利权和商标权。在知识经济时代，知识产权等无形资产成为创造财富的主要资源，面对新时代科学不断发展和技术持续革新的挑战，我国已经将知识产权制度上升为国家发展战略（2007 年），从而体现出知识产权的公共政策属性。[③] 2015 年《中共中央、国务院关于深化体制机制改革加快实施创新驱动发展战略的若干意见》要求实行严格的知识产权保护制度，完善知识产权相关法律制度和审判工作机制，健全知识产权侵权查处机制。2015 年国务院印发的《中国制造 2025》指出需要进一步强化知识产权运用，鼓励和支持企业运用知识产权参与市场竞争，培育一批具备知识产权综合实力的优势企业。2016 年《国家创新驱动发展战略纲要》强调加快建设知识产权强国，引导支持市场主体创造和运用知识产权，以知识产权利益分享机制为纽带，促进创新成果知识产权化。

除专门性的知识产权法律、行政法规和国家政策外，《民法典》中涉及知识产权及技术合同的相关规定共计 52 条，进一步强化了对知识产权的法律保护。比如，按照《民法典》合同编第 440 条第 5 项的规定，债务人或者第三人有权处分的可以转让的注册商标专用权、专利权、著作权等知识产权中的财产权可以出质。《民法典》合同编第 600 条规定：“出卖具有知识产权的标的物的，除法律另有规定或者当事人另有约定外，该标的物的知识产权不属于买受人。”《民法典》合同编第 844 条规定：“订立技术合同，应当有利于知识产权的保护和科学技术的进步，促进科学技术成果的研发、转化、应用和推广。”此外，在知识产权的法律救济上，《民法典》侵权责任编第 1185 条还规定：“故意侵害他人知识产权，情节严重的，被侵权人有权请求相应的惩罚性赔偿。”这些规定充分表明，我国坚持落实知识产权保护的基本国策，促进科教兴国、科技创新，推动国民经济的振兴和发展。

---

① “地理标志”的部门规章主要包括《地理标志产品保护规定》（国家质量监督检验检疫总局 2005 年制定）、《农产品地理标志管理办法》（农业部 2007 年制定，农村农业部 2019 年修改）、《国外地理标志产品保护办法》（国家质量监督检验检疫总局 2016 年制定，国家知识产权局 2019 年修改）、《地理标志专用标志使用管理办法（试行）》（国家知识产权局 2020 年制定）。

② 参见吴汉东：《知识产权本质的多维解读》，载《中国法学》2006 年第 5 期；孙新强：《“知识产权”——民法学之殇》，载《人大法律评论》2016 年卷第 2 辑（总第 21 辑）。

③ 参见马一德：《创新驱动发展与知识产权战略研究》，北京大学出版社 2015 年版，第 37 页。

其次，本条宣示了“知识产权入典”的方式和结构。

至于我国是否要制定统一和独立的知识产权法典，涉及知识产权的管理体制，情况比较复杂，各部门的意见也不一致。在世界主要国家和地区的知识产权立法实践中，大多数国家都采用了分别立法的形式，只有少数国家制定了统一的知识产权法典，但基本上是知识产权法律的汇编。因此，目前制定统一知识产权法典的条件还不成熟。根据学者的归纳，“知识产权入典”存在四种模式：一是分离式，即将知识产权法与民法典相分离，但无论是特别法典还是单行法，都是以民法典为其基本法，其例为《法国民法典》；二是纳入式，即将知识产权制度全部纳入民法典之中，与物权、债权、人身权等平行而成为独立的一编，其立法例为《俄罗斯民法典》；三是链接式，即民法典对知识产权作出概括性、原则性规定，知识产权仍保留单独立法模式，其例为“我国第四次民法典草案”；四是糅合式，即将知识产权视为一种无形物权，与一般物权进行整合，规定在“所有权编”之中，其立法例为《蒙古民法典》。① 也有学者建议在民法典中设立“财产权总则”，对知识产权作出统领性和整合性的“知识产权一般规定”，来规定知识产权的属性、客体、本体、产生和效力等问题。② 总之，将知识产权纳入民法典中进行规定，有利于消除知识产权法中的逻辑问题，避免法律规则的重复、分散和遗漏，以及补充目前单行法中缺失的协调机制，其利远大于弊。③

全国人大常委会法工委主任沈春耀介绍，知识产权编没有单独成编的理由在于经研究认为目前条件还不成熟，具体理由有两个：一是我国知识产权立法一直采用民事特别法的立法方式，如《专利法》《商标法》《著作权法》，还涉及《反不正当竞争法》等法律和《集成电路布图设计保护条例》《植物新品种保护条例》等行政法规。“我国知识产权立法既规定民事权利等内容，也规定行政管理等内容，与相关国际条约保持总体一致和衔接。民法典是调整平等民事主体之间的民事法律关系的法律，难以纳入行政管理方面的内容，也难以抽象出不同类型知识产权的一般性规则。”二是知识产权制度仍处于快速发展变化之中，国内立法、执法、司法等需要不断调整适应。如现在就将知识产权法律规范纳入民法典，恐难以保持其连续性、稳定性。“由于以上原因，我国知识产权立法仍适宜采用民事特别法的立法方式，针对不同需求，实行单项立法，已有知识产权单行

---

① 参见曹新明：《中国知识产权法典化研究》，中国政法大学出版社 2005 年版，第 41～59 页。

② 参见吴汉东：《知识产权“入典”与民法典“财产权总则”》，载《法制与社会发展》2015 年第 4 期；王涌：《财产权谱系、财产权法定主义与民法典〈财产法总则〉》，载《政法论坛》2016 年第 1 期。

③ 参见王迁：《将知识产权法纳入民法典的思考》，载《知识产权》2015 年第 10 期。

法律仍将继续保留，通过知识产权单行法律健全知识产权相关制度，更有利于加强和完善知识产权保护。民法典中暂不宜设立知识产权编。”①

最后，明确了我国知识产权的范围。

本条通过知识产权客体的列举，明确了我国知识产权的类型和范围，计有八项：作品；发明、实用新型、外观设计；商标；地理标志；商业秘密；集成电路布图设计；植物新品种；法律规定的其他客体。

其中，本条第5项新增“商业秘密”作为知识产权的客体。商业秘密，是指不为公众所知悉、能为权利人带来经济利益，具有实用性并经权利人采取保密措施的技术信息和经营信息。《民法典》合同编第501条规定：“当事人在订立合同过程中知悉的商业秘密或者其他应当保密的信息，无论合同是否成立，不得泄露或者不正当地使用；泄露、不正当地使用该商业秘密或者信息，造成对方损失的，应当承担赔偿责任。”《反不正当竞争法》第9条规定：“经营者不得实施下列侵犯商业秘密的行为：（一）以盗窃、贿赂、欺诈、胁迫、电子侵入或者其他不正当手段获取权利人的商业秘密；（二）披露、使用或者允许他人使用以前项手段获取的权利人的商业秘密；（三）违反保密义务或者违反权利人有关保守商业秘密的要求，披露、使用或者允许他人使用其所掌握的商业秘密；（四）教唆、引诱、帮助他人违反保密义务或者违反权利人有关保守商业秘密的要求，获取、披露、使用或者允许他人使用权利人的商业秘密。经营者以外的其他自然人、法人和非法人组织实施前款所列违法行为的，视为侵犯商业秘密。”另外，对商业秘密的法律保护还通过《刑法》第219条“侵犯商业秘密罪”以及《民法典》总则编第120条和《民法典》侵权责任编第1164～1166条中的“民事权益”来实现，这意味着商业秘密也被视为一种经营性财产权益来进行保护。随着我国市场经济的快速发展以及后WTO时代国内外经济活动的密切与频繁，各类商业秘密侵权行为大量涌现，既有的法律规定难以对商业秘密形成有效的法律保护，这就与商业秘密法律保护的紧迫需求产生了矛盾。但是，由于商业秘密本身的复杂性以及与知识产权其他客体存在多重交叉，人们对商业秘密法律性质的认识也存在着一定的混乱。② 需要指出的是，商业秘密在本质上是一种需要通过智力劳动产生的成果，同时，商业秘密具有相当程度的对世性和排他性，其主体不仅可以

① 参见朱宁宁：《全国人大常委会法工委回应民法典分编结构安排情况》，载法制网，http://www.legaldaily.com.cn/index/content/2018-08/27/content_7629177.htm?node=20908，2020年5月30日访问；朱宁宁：《六编1034条民法典各分编草案亮相》，载《法制日报》2018年8月28日，第2版；徐隽：《民法典分编草案首次提请审议》，载《人民日报》2018年8月28日，第6版。

② 参见刘春田、郑璇玉：《商业秘密的法理分析》，载《法学家》2004年第3期。

要求秘密知晓人（签有保密协议的合同相对人）保守秘密，也可以防止或对抗非秘密知晓人（合同关系之外的其他任何第三人）不得非法获取该商业秘密。此外，商业秘密的“秘密性”只影响权利的保护范围，并不构成将商业秘密排除在知识产权保护体系之外的充分理由。总之，商业秘密完全具备知识产权的属性，将其明确界定为知识产权，有助于维护商业秘密主体的合法权益，促进科技创新的进一步发展。①

不仅如此，本条还改变了《民法通则》第 94 ~ 97 条逐条列举各种知识产权的做法，并删去了《民法通则》第 97 条规定的发现权、发明权和其他科技成果权。《民法通则》第 97 条规定：“公民对自己的发现享有发现权。发现人有权申请领取发现证书、奖金或者其他奖励。公民对自己的发明或者其他科技成果，有权申请领取荣誉证书、奖金或者其他奖励。”同法第 118 条规定，发现权、发明权和其他科技成果权受到剽窃、篡改、假冒等侵害的，有权要求停止侵害，消除影响，赔偿损失。1993 年《科学技术进步法》第 60 条规定（已被修改）也规定了发现权受到侵害时的处理。按照《侵权责任法》第 2 条第 2 款的规定，“发现权”属于侵权责任法所称的“民事权益”。有学者认为，科学发现权作为一项独立的法律制度始于苏联，实为自然领域内科学发现权，其设计初衷是保护科学工作者的智力成果、鼓励发现、发明行为，发现权的权利客体具有新颖性、价值性和非物质性，即便不具备“长时间专有时限”，仍然应当承认其知识产权属性。②但是，主流意见持反对观点，主张知识产权的客体是智力成果（无体物），在“质”和“构”上具备“物”的本质，③旨在鼓励和促进科学发现的“发现权”明显不具备这样的属性。与此同时，知识产权是一种采取市场机制对知识财产进行私权界定的产权形式，而作为发明奖励制度的发现权、发明权和科技成果权采取的是非市场机制的产权形式，其目的在于保障科研人员等相关主体取得荣誉和奖励的权利。也就是说，《民法通则》将其纳入知识产权体系是立法错位的遗留问题，“发现权”应当被定位为科学领域的荣誉权。④在立法过程中，《民法总则》（三审稿）第 123 条第 2 款删除《民法总则》（二审稿）第 120 条第 2 款第 8

---

① 参见罗军：《商业秘密之知识产权保护的一般理论分析》，载《吉首大学学报（社会科学版）》2011 年第 1 期；林秀芹：《商业秘密知识产权化的理论基础》，载《甘肃社会科学》2020 年第 2 期。

② 参见高映：《论科学发现权之知识产权属性的合理性》，载《法学杂志》2009 年第 2 期；商玉玺：《科学发现权的知识产权属性及客体界定》，载《科技管理研究》2016 年第 14 期。

③ 参见何敏：《知识产权客体新论》，载《中国法学》2014 年第 6 期。

④ 参见吴汉东：《知识产权本质的多维度解读》，载《中国法学》2006 年第 5 期；王竹、杨亦楠：《论我国民法上的发现权——兼论将发现权作为科学领域荣誉权的理论构想》，载《烟台大学学报（哲学社会科学版）》2014 年第 2 期。

项“科学发现”作为知识产权客体的规定，《民法总则》第123条和《民法典》总则编第123条延续了这种修改。

【关联规定】

《民法通则》第94条至第97条，《侵权责任法》第2条、第60条，《著作权法》第3条，《专利法》第2条，《商标法》第3条、第16条、第57条，《商标法实施条例》第4条，《反不正当竞争法》第5条、第10条，《种子法》第25条、第28条，《农业法》第23条、第49条，《集成电路布图设计保护条例》第2条、第7条，《合同法》第43条，《民法总则》第123条

（撰稿人：龙卫球　邓辉）

第一百二十四条　【自然人继承权的享有与界定】自然人依法享有继承权。

自然人合法的私有财产，可以依法继承。

【释义】

本条规定了自然人的继承权，即对依法对被继承人的合法私有财产进行继承的权利。

《宪法》第13条第1款和第2款规定：“公民的合法的私有财产不受侵犯。国家依照法律规定保护公民的私有财产权和继承权。”《民法通则》第76条规定：“公民依法享有财产继承权。”《继承法》第3条规定：“遗产是公民死亡时遗留的个人合法财产，包括：（一）公民的收入；（二）公民的房屋、储蓄和生活用品；（三）公民的林木、牲畜和家禽；（四）公民的文物、图书资料；（五）法律允许公民所有的生产资料；（六）公民的著作权、专利权中的财产权利；（七）公民的其他合法财产。”按照《最高人民法院关于贯彻执行〈中华人民共和国继承法〉若干问题的意见》第3条和第4条的规定，公民可继承的其他合法财产包括有价证券和履行标的为财物的债权等，承包人死亡时尚未取得承包收益的，可把死者生前对承包所投入的资金和所付出的劳动及其增值和孳息，由发包单位或者接续承包合同的人合理折价、补偿，其价额作为遗产。《民法典》继承编第1122条规定，遗产是自然人死亡时遗留的个人合法财产。依照法律规定或者根据其性质不得继承的遗产，不得继承。

本条规定主要可以从以下要点进行理解：

其一，本条确认了自然人的继承权。

本章以列举的方式对自然人的民事权利进行了确认和保护。民法是私法，以保护公民的民事权利和私有财产为主要立法目的。《民法通则》第 67 条规定："公民依法享有财产继承权。"本条关于自然人继承权的规定，进一步丰富了自然人民事权利的范围，同时也发挥了《民法典》总则编对各分编的统领作用。换句话说，"提取公因式"是民法典编纂的基本立法技术，本条规定是《民法典》总则编对《民法典》继承编的高度凝练。

本条明确继承权的主体只能是自然人，被继承人也只能是自然人。在民事主体中，只有自然人才会发生死亡的问题，而法人和非法人组织只能进行解散、分立或合并，其财产归属按照《民法典》总则编法人部分和其他特别法律的规定进行处理，不会发生法律意义上的"继承"。此外，"继承人"包括法定继承人和遗嘱继承人，从尊重被继承人意思和遗嘱自由的角度来说，遗嘱继承应当优先于法定继承。

其二，关于自然人继承权的界定。

自然人的继承权，是指继承人对被继承人（死者）的合法私有财产依法继承的权利。此处最为关键的是"依法继承"以及"合法的私有财产"的表述：前者表明继承权依法产生，本条中的"依法"主要指的是依据《民法典》继承编的规定；后者是指继承权客体（遗产的范围），强调自然人的合法的私有财产可以被继承，这与民法保护合法权利的做法是一致的，非法的财产不受法律保护也不能被合法继承。同时，本条规定的遗产范围是"自然人合法的私有财产"，这种采取正面限定的立法模式相对概括，也没有延续《继承法》第 3 条对遗产范围的限制，故无需作同一解释而过度限制公民的继承权。

在立法过程中，《民法总则》（三审稿）增加第 125 条（合法财产可以继承）规定"自然人合法的私有财产，可以依法继承"，承接《继承法》对遗产范围的规定，《民法总则》和《民法典》延续了这一修改，即不仅规定了自然人享有继承权，也明确了继承权客体是被继承人的合法私有财产。从本条的体系地位上来看，将本条规定置于第 123 条（知识产权）与第 125 条（股权与投资性权利）之间，而非紧接着第 112 条（婚姻家庭关系等所生的人身权利/身份权）进行规定，表明了继承权在民事权利体系中的定位更加接近于"财产性权利"。但是，由于继承人与被继承人之间存在特殊的人身关系，《民法典》继承编第 1127 条对法定继承人的范围也有相应的限制，故只从财产属性来理解继承权的做法有欠妥当。进一步来说，继承权的客体虽通常指的是具有财产意义的遗产，但规范意义上的遗产范围应当涵盖财产权利与义务。[①]《民法典》继承编第 1161 条第 1 款第 1 句规定："继承人以所得遗产实际价值为限清偿被继承人依法应当缴纳的税款和债务。"这意味着，在"概括继承"和"限定继承"的原则下，债务也可以成为继承的客体。换言之，被继承人所遗留的各种权利和义务均纳入了遗产的范畴，并区分为积极财产即财产权利、消极财产即债务两类。[②]

《继承法》第 3 条规定："遗产是公民死亡时遗留的个人合法财产，包括：（一）公民的收入；（二）公民的房屋、储蓄和生活用品；（三）公民的林木、牲畜和家禽；（四）公民的文物、图书资料；（五）法律允许公民所有的生产资料；（六）公民的著作权、专利权中的财产权利；（七）公民的其他合法财产。"其中，第 5 项规定法律允许公民所有的生产资料属于遗产的范围，是计划经济时代对遗产范围的限制，无法满足社会发展的要求。《继承法》第 4 条"个人承包应得的个人收益，依照本法规定继承。个人承包，依照法律允许由继承人继续承包的，按照承包合同办理"的规定，更是否定了土地承包经营权的用益物权属性、增加了农民增收的制度性障碍，违反了《物权法》的相关规定和"农地三权分置"政策的要求。很显然，《继承法》第 3 条采取"列举 + 兜底"的立法模式来界定被继承人的遗产范围，既无法全面覆盖当前的和未来的遗产范围，回应转型时期新型财产的可继承性问题，同时也难以澄清司法实务中的争议。[③] 有学者建议，继承权客体即遗产范围的立法模式宜采取"正面概括"（删除现有对财产种类的列举性规定）与"反面排除"（新设反向的排除性规定）相结合的模式，同时明确被继承人之人身专属性财产的除外地位，还需要把财产占有也补充进遗产的范围。[④]《民法典》继承编第 1122 条规定，遗产是自然人死亡时遗留的个人合法财产。依照法律规定或者根据其性质不得继承的遗产，不得继承。由此可见，《民法典》总则编第 124 条和《民法总则》第 124 条既明确了继承权的民事权利地位，同时对继承权客体的范围也没有进行具体列举或者过多的限制，为《民法典》继承编改变《继承法》中遗产范围的界定模式提供了立法依据和开放指引，有利于降低继承人取得被继承人合法私有财产的难度，从而进一步取消立法对继承权的不当限制，强化对公民财产权和继承权的法律保护。

---

① 参见黎乃忠：《遗产范围界定的误区与修正》，载《法学论坛》2016 年第 1 期。

② 参见章程：《论我国继承法上的遗产范围——"合法财产"的立法史与解释方法》，载《人大法律评论》2013 年卷第 3 辑（总第 15 辑）。

③ 参见杨立新：《民法分则继承编立法研究》，载《中国法学》2017 年第 2 期。

④ 参见陈苇、魏小军：《论我国遗产范围立法的完善》，载《河南财经政法大学学报》2013 年第 6 期。

【关联规定】

《宪法》第13条，《民法通则》第64～65、76条，《继承法》第3～4条，《物权法》第65条，《未成年人保护法》第52条，《妇女权益保障法》第34条，《民法总则》第124条，《民法典》继承编第1122条

（撰稿人：龙卫球　邓辉）

第一百二十五条　【股权和其他投资性权利的享有】民事主体依法享有股权和其他投资性权利。

【释义】

本条规定的是民事主体对投资性财产权利的享有，包括股权和其他投资性权利。

投资者可以分为股权投资者和其他权利投资者，[①] 这种区分反映在民事权利的内容上则为股权和其他投资性权利。有学者认为，基于债券和保险合同的权益应当是债权，不能与本条“投资性权利”混为一谈。[②] 在现实生活中，投资者是投资活动的主体，投资者的动机是从投资活动中获得预期的收益，那么，收益权是投资者天然且正当的权利。2019年修订的《证券法》第91条第1款明确规定：“上市公司应当在章程中明确分配现金股利的具体安排和决策程序，依法保障股东的资产收益权。”也就是说，保护投资者合法权益根本上就是保护其正当获得预期收益及其他相关利益的权利。因此，保护投资者的合法权益，不仅关系着整个国民经济的发展，同时也是保障以按劳分配为主体、多种分配方式并存的基本经济制度的重要手段，其意义不可谓不重大。《物权法》第67条规定：“……国家、集体和私人所有的不动产或者动产，投到企业的，由出资人按照约定或者出资比例享有资产收益、重大决策以及选择经营管理者等权利并履行义务。”《民法典》物权编第268条几乎完全照搬了《物权法》第67条的规定。事实上，本条规定应理解为投资者利益保护的宣示条款。准确地说，本条和个人独资企业中的

---

① 参见许赛君：《我国资产证券化中的投资者权益保护研究——以投资者权利救济为视角》，载《特区经济》2014年第2期。当然需要指出的是，权利二分法往往在实践中面临一定的困难，如名（明）股实债即为处于传统意义上债权和股权之间的一种投资方式，该“债权”负载了大量的股权性管理权利。

② 参见李宇：《民法总则要义——规范释论及判解集注》，法律出版社2017年版，第400页。

“个人投资”“合伙人在合伙企业中的财产份额”、合作社成员的权益、农村集体经济组织成员的投资权益、商业信托受益人的权益等相关规定中的权利界定通常只是列举投资人的各项权利，但是，这些权利在严格意义上都无法通过“股权”来进行表述。对于《公司法》《证券法》等商事法（民事特别法）中的投资人权利，《民法典》总则编和《民法总则》采用了“股权”和“其他投资性权利”来进行恰当的总结和概括，体现了我国民商合一的立法理念和模式，有利于发挥自身对整个民商法的统领作用。总的来说，本条规定民事主体的投资性权利包括股权和其他投资性权利：

其一，股权。《公司法》第4条规定：“公司股东依法享有资产收益、参与重大决策和选择管理者等权利。”在理解上，股权应当是一种独立的民事权利（社员权），同时也是混合人身性和财产性的复合性权利，包括资产收益权（自益权）以及参与决策、管理的权利（共益权）。[①] 股权的发明是法律适应社会经济发展需要，鼓励人们投资与适度冒险的产物，正是有了股权，公司才能得以蓬勃发展。股权与公司相伴而生，而公司的存在便是一系列权利义务束，股权亦掺杂了各种各样的关系，如收益、分红，就是典型的财产关系束，而选择管理者、投票等则不是直接的财产关系，故股权须在对公司与公司章程的理解的前提下行使。不仅如此，股东与公司及股东之间法律关系的内容及其持续期间等缺乏可度量性，股东通过股权共处于公司这个团体并通过公司运营获取利润，股东之间需要许多的合作。[②] 此外，股权既有所有权的性质，也有债权的性质，[③] 对于其他投资性权利而言，具备参照意义。

其二，其他投资性权利。本条规定的“其他投资性权利”这一概念对实践中出现的投资多样化现象进行了归纳，如《公司法》中的股权代持、夹层投资、专项基金投资和证券法中的债券投资，这些经济安排都难以用“股权”进行准确表达，其间承载的行为人契约意志与法律管制亦存在紧张关系。目前已经有学者指出，投票权、董事委派权、利润分配权已经不是区分股与债的关键，而是否参与全部利润的按比例分配才是区分标准。[④] 这一观点对于解释现实中存在的“专项投资基金”等名（明）股实债具有较强的指导意义，有利于保护投资者预期的利益。换言之，《民法典》总则编和《民法总则》把“其他投资性权利”作为民事主体能够享有的民事权利之一，其目的就在于保护投资者的合法权益。

---

① 参见刘俊海：《现代公司法》，法律出版社2011年版，第186～187页；赵旭东主编：《公司法学》，高等教育出版社2012年版，第302页；王欣新：《公司法》，中国人民大学出版社2016年版，第32页。

② 参见孙英：《公司章程效力研究》，法律出版社2013年版，第99页。

③ 参见王作全：《公司法学》，北京大学出版社2015年版，第127页。

④ 参见许德凤：《公司融资语境下股与债的界分》，载《法学研究》2019年第2期。

【关联规定】

《公司法》第4条，《证券法》第1条，《物权法》第67条，《合伙企业法》第8条，《个人独资企业法》第5条，《民法总则》第125条

（撰稿人：邓辉 李传超）

第一百二十六条 【其他民事权利和利益的享有】民事主体享有法律规定的其他民事权利和利益。

【释义】

本条规定对民事主体得享有其他法律规定的民事权利和利益，属于极具开放意义的兜底规定，以适应民事权利和利益本身不断丰富和发展的特点。

本条规定和具体适用，应当从以下两个方面来进行理解：

一方面，民事主体可以享有法律规定的其他民事权益。

本条属于动态的授权规范，即授权其他法律确认和保护社会生活中不断产生的新类型民事权益进行。民事权益是民事权利和利益的合称。《民法通则》使用“民事权益”和“合法权益”共计7次，《民法典》总则编使用“民事权益”“合法权益”和“财产权益”的地方多达15处，《民法典》侵权责任编使用“民事权益”和“合法权益”的地方多达12处，尤其是第1164条规定：“本编调整因侵害民事权益产生的民事关系。”这意味着，无论采取德国式“三个小的一般条款”抑或采取法国式“一个大的一般条款”，[①] 我国民法的保护范围应当是包括民事权利和利益在内的民事权益。

在现代社会中，权利和利益并不是截然二分的两个概念，二者之间既有区别也有联系，而且在一定条件下可以进行转换：权利最直接地体现为利益，利益是权利的实质性因素，通过正当性评价和制度化的利益可以上升为权利。[②] 换言之，“权利”只是经权利化的特定利益，而“利益”特指欠缺具体特定的类型化特征，难以赋予名称予以权利化，即尚未上升为权利但又必须受法律保护的那

---

① 参见葛云松：《〈侵权责任法〉保护的民事权益》，载《中国法学》2010年第3期；朱虎：《侵权法中的法益区分保护：思想与技术》，载《比较法研究》2015年第5期。

② 参见彭诚信：《从利益到权利——以正义为中介与内核》，载《法制与社会发展》2004年第5期。

部分利益。[①] 由此可见，立法增设民事权益保护的兜底性规定，不仅表明民事主体可以享有特别民法（民事特别法）上所规定的权利和利益，同时也为受法律保护的利益上升为具体的民事权利预留了足够的空间。

另一方面，民事主体可以享有的民事权利和利益需要法律明确作出规定。

近年来，随着人们的权利意识高涨，权利泛化现象也逐渐显现，“接吻权（亲吻权）”“生活安宁权”“祭奠权”“行乞权”等未经制定法正当化的“民事权利”大行其道。在奉行“天赋人权”的自然法学派看来，权利是人作为主体的基本价值与尊严的自然延伸与外在表现，无需经过成文法的确认。但是，在民事法领域，无论是民事权利还是法益（受法律保护的利益），都必须经过法律的确认才能得到保护，否则民事权益的内涵与外延就没有清晰的界定，他人也无法合理预见而采取避免损害的措施，这样既增加了权益受侵害的可能和进行救济的社会成本，又不利于人类社会共同生活的健康发展。[②]

【关联规定】

《民法总则》第 126 条

（撰稿人：龙卫球　邓辉）

第一百二十七条　【对数据、网络虚拟财产的法律保护】法律对数据、网络虚拟财产的保护有规定的，依照其规定。

【释义】

本条确立了对于数据和网络虚拟财产进行法律保护的基本原则，主要指的是私法保护，同时也不排除其他部门法（行政法和刑法）规范的必要干预，此外还进行了特别法的制定授权，并明确特别法优先于本法而适用。《宪法》第 13 条规定，保护公民合法的私有财产；《民法通则》第 75 条规定，公民的个人财产包括公民的其他合法财产；《全国人民代表大会常务委员会关于维护互联网安全的决

---

① 参见陈忠五：《论契约责任与侵权责任的保护客体：“权利”与“利益”区别正当性的再反省》，载《台大法学论丛》第 36 卷 3 期（2007 年 11 月）；方新军：《一项权利如何成为可能？——以隐私权的演进为中心》，载《法学评论》2017 年第 6 期。

② 参见胡岩：《“祭奠权”的法学方法论反思》，载《法律适用》2012 年第 6 期；刘保玉、周玉辉：《论安宁生活权》，载《当代法学》2013 年第 2 期。

定》（2000 年）第 4 条和第 6 条对利用互联网侵犯他人权益的行为作出了规制。此外，我国对关键信息基础设施和数据提供了必要的法律保护，如《网络安全法》第 21 条规定："国家实行网络安全等级保护制度。网络运营者应当按照网络安全等级保护制度的要求，履行下列安全保护义务，保障网络免受干扰、破坏或者未经授权的访问，防止网络数据泄露或者被窃取、篡改……"同法第 27 条规定："任何个人和组织不得从事非法侵入他人网络、干扰他人网络正常功能、窃取网络数据等危害网络安全的活动；不得提供专门用于从事侵入网络、干扰网络正常功能及防护措施、窃取网络数据等危害网络安全活动的程序、工具；明知他人从事危害网络安全的活动的，不得为其提供技术支持、广告推广、支付结算等帮助。"以上规定为数据和网络虚拟财产纳入"公民个人合法财产"提供了较大的解释空间。在司法实践中，数据和网络虚拟财产仍然存在法律地位不明、财产价值难以确定和证据认定困难等问题。为了适应互联网时代云计算、大数据等技术发展的权利保护需要，《民法典》总则编和《民法总则》积极地作出了前瞻性回应，在本条对数据和网络虚拟财产进行法律保护的原则和框架规定下，同时进一步授权特别法或单行法对数据和网络虚拟财产作出具体规定，这些特别规定应当优先于本法而适用。

本条规定主要可以从以下要点进行理解：

其一，本法确立数据和网络虚拟财产受法律保护的原则。

信息化是二十一世纪以来的重要特点之一，同时也是历史发展的必然趋势。目前，信息技术正在快速发展，人们也随之迈入了数据资源时代。在此背景下，不单是自然人个人信息保护的重要性日益凸显，对经由信息加工和产生的合法数据来说，数据保护也很重要。此外，网络活动不断实境化，使得网络活动中形成的网络虚拟财产越来越具有保护的必要性。世界上部分国家和地区对于数据和虚拟财产的保护不断发展。例如，早在 1971 年，我国香港地区就通过《刑事罪行条例》（CAP 200 Crimes Ordinance）第 161 条对通过取用他人电脑而侵犯虚拟财产的行为设定了刑罚；1999 年，美国统一州法委员会通过了《统一计算机信息交易法》（Uniform Computer Information Transactions Act/UCITA），专门针对网络虚拟财产的保护作出了规定并且确立了信息产权的法律制度；2006 年，韩国国会出台了《游戏产业振兴法》，为保护游戏产业中的虚拟财产权提供了法律依据。

当前，对于数据和虚拟财产的法律属性还存在不同的立场。比如，以网络虚拟财产的权利属性为例，主要观点包括"知识产权说""物权说""债权说""新型财产权说”，其争论焦点集中在“物权说”与“债权说”的对立上。[①] 有学者主张，数据不仅缺乏特定性和独立性，不能归入表彰民事权利的客体，而且其交易性受制于信息内容、价值实现又依赖于数据安全和自我控制保护，故不宜被视为一种独立的财产。[②] 在此背景下，将民事权利客体纳入“虚拟财产”更多的是一种回应性的宣示，以“权利范式”构建的规则对具体法律制度并无益处，不如转而采取“关系范式”的解决方案，即把虚拟财产法律纠纷剖析为合同、侵权和继承法律关系来进行分别处理。[③] 但是，主流的学说观点坚持认为，随着云计算、大数据技术的发展以及数字经济（digital economy）的兴起，数据和网络虚拟财产的财产价值不断凸显。不过，数据与自然人个人信息之间的关系较为复杂，需要进一步的界定和厘清，[④] 同时信息企业在数据生产和利用过程中也投入了大量的资金、技术和劳动，使得数据的资产特性不断加深。因此，民法典应当纳入相应的条款和制度来回应网络时代的新型财产问题。[⑤]

其二，本法授权单行法对数据和网络虚拟财产作出特别规定。

在《民法总则》（一审稿）中，数据和网络虚拟财产曾被纳入知识产权权利客体，但因此遭受批评。《民法总则》（二审稿）以及之后公布的《民法总则》特别规定了数据和网络虚拟财产受法律保护，旨在赋予数据和网络虚拟财产一种全新的法律地位。不过，考虑到立法难以简单地界定数据和网络虚拟财产的复杂法律关系，《民法典》总则编第127条和《民法总则》第127条转而采取较为弹性和包容的表述方式来授权特别法或单行法进行具体的规定。

2018年9月10日，专门的“数据安全法”列入十三届全国人大常委会的立法规划（第一类项目），[⑥] 这意味着相关的立法条件比较成熟，预计在五年内提请审议。与此同时，由国家互联网信息办公室牵头起草的《数据安全管理办法（征求意见稿）》也在2019年6月28日结束了社会公开征求意见，相关的制定工作

---

① 参见林旭霞：《虚拟财产权性质论》，载《中国法学》2009年第1期；许可：《网络虚拟财产物权定位的证立》，载《政法论坛》2016年第5期；王雷：《网络虚拟财产权债权说之坚持》，载《江汉论坛》2017年第1期。

② 参见梅夏英：《数据的法律属性及其民法定位》，载《中国社会科学》2016年第9期。

③ 参见申晨：《虚拟财产规则的路径重构》，载《法学家》2016年第1期；梅夏英：《民法权利客体制度的体系价值及当代反思》，载《法学家》2016年第6期。

④ 参见冯源：《〈民法总则〉中新兴权利客体“个人信息”与“数据”的区分》，载《华中科技大学学报》2018年第3期；王成：《个人信息民法保护的模式选择》，载《中国社会科学》2019年第6期。

⑤ 参见龙卫球：《数据新型财产权构建及其体系研究》，载《政法论坛》2017年第4期；刘士国：《大数据背景下民法典编纂应规定的条款》，载《法治研究》2017年第1期；刘金瑞：《信息财产化与民法典编纂》，载《北京航空航天大学学报（社会科学版）》2017年第1期。

⑥ 参见《十三届全国人大常委会立法规划》，载中国人大网，http://www.npc.gov.cn/npc/c30834/201809/f9bff485a57f498e8d5e22e0b56740f6.shtml，2020年5月30日访问。

正在紧锣密鼓地进行。2020 年 5 月 25 日下午，十三届全国人大三次会议第二次全体会议召开，全国人大常委会工作报告在下一步主要工作安排中指出，围绕着国家安全和社会治理，制定生物安全法、个人信息保护法、数据安全法，通过刑法修正案（十一），修改行政处罚法、人民武装警察法等。[①]

【关联规定】

《著作权法》第 14 条，《反不正当竞争法》第 10 条，《民法总则》第 127 条

（撰稿人：龙卫球　邓辉）

第一百二十八条　【弱势群体的特别权利及其保护】法律对未成年人、老年人、残疾人、妇女、消费者等的民事权利保护有特别规定的，依照其规定。

【释义】

本条规定了对弱势群体民事权利的特别保护。《民法典》第 4 条规定了“平等原则”，但是，民事主体在年龄、智力、性别、健康以及信息对称性上存在的差别，导致部分民事主体（如未成年人、老年人、残疾人、妇女和消费者）在很多情况下处于相对弱势的地位。为了实现社会正义和实质平等，现代民法对这些主体进行了特殊的保护。截至目前，我国已经制定了《未成年人保护法》《老年人权益保障法》《残疾人保障法》《妇女权益保障法》《反家庭暴力法》和《消费者权益保护法》等来对未成年人、老年人、残疾人、妇女和消费者的合法权益进行特别保护。

根据适用范围的不同，法律可以分为一般法与特别法：前者是指针对一般人、一般事、一般时间普遍适用的法律，后者是指仅针对特定人、特定事或在特定时间内适用的法律。[②] 特别法所规定的内容多为一般法所未涉及者，或虽有涉及但较为原则、笼统或抽象，在法律适用上，特别法具有优先于一般法的地位。我国采取民商合一的体例，在民法典之外尚存在大量其他私法规范，后者系对不

---

① 参见栗战书：《全国人民代表大会常务委员会工作报告——2020 年 5 月 25 日在第十三届全国人民代表大会第三次会议上》，载中国人大网，http：//www. npc. gov. cn/npc/c30834/202005/7bfe5751b48d4dca9d7166ef2d799ae9. shtml，2020 年 5 月 30 日访问。

② 参见张文显：《法理学》，法律出版社 2007 年版，第 141 页。

同法律领域所作的特别规定往往是基于法律关系的特殊性。因此，面对特别民法对民法典的挑战，应当坚持民法典的纯粹性，无需调整消费关系和劳动关系，[①]使承载特定价值和保护特定主体的特别民法优先于普通民法适用即可。

法律以实现“公平正义”为最高目标，对弱势群体的特别保护并不是对这一基本原则的践踏，而是对这一基本原则的深化。美国著名法理学家博登海默（Edgar Bodenheimer）指出：“正义有着一张普罗透斯的脸，变化无常，随时可能呈现不同形状，具有不同面貌。”[②] 公平正义原则是以人人平等原则为基础的，人人平等原则是法律面前一律平等原则的体现。但是，民法对公平正义的追求与实现，本质上是一种形式正义，是一种抽象正义，即它不管是否正义，只关心制度的实现，因而是一种“表面正义”。在物质和生活资源稀缺的大背景下，保护弱者不仅是尊重人权的需要，同时也是社会生活的要求。有效的弱者保护，有助于克服人性弱点和充分尊重个体的选择，应当结合公法与私法，整体、综合地进行设计和规划。在私法中规定弱者保护的制度，其功能在于为私法自治提供道德底线层面的保障，更有针对性、更有效率地为弱者提供保护。[③] 进一步来说，弱势群体保护的法律制度安排通过为弱者提供一种重新出发的“第二次机会”，能够使其恢复到社会上一般人的能力与地位。[④]

本条规定主要可以从以下要点进行理解：

其一，本法确立弱势群体民事权利受法律特别保护的地位。

本法明确对未成年人、老年人、残疾人、妇女、消费者等弱势群体确立特别的权利保护规定，彰显民法社会人文理念，以实现社会正义和实际平等，本质上是着眼于实质正义，吸纳了“弱式意义上平等对待”的平等新内涵。[⑤]

其二，弱势群体的特殊权利和保护通过特别法确立，优先于本法适用。

本条属于所谓的“特别法链接条款”，其目的在于强调未成年人、老年人、残疾人、妇女、消费者等民事主体的特殊地位，并赋予《未成年人保护法》《老年人权益保障法》《残疾人保障法》《妇女权益保障法》《反家庭暴力法》和《消费者权益保护法》等法律的优先适用效力。[⑥] 此外，劳动关系以及劳动者权益保护应当由《劳动法》和《劳动合同法》负责调整。

---

① 参见谢鸿飞：《民法典与特别民法关系的建构》，载《中国社会科学》2013 年第 2 期。

② ［美］博登海默：《法理学——法律哲学与法律方法》，邓正来译，中国政法大学出版社 2004 年版，第 216 页。

③ 参见许德风：《论民法典的制定与弱者保护》，载《广东社会科学》2012 年第 1 期。

④ 参见胡玉鸿：《“失败者正义”原则与弱者权益保护》，载《中国法学》2014 第 5 期。

⑤ 参见钱大军、王磊锋：《弱式意义上的平等对待》，载《法制与社会发展》2008 年第 6 期。

⑥ 参见杨立新：《〈民法总则〉规定的民法特别法链接条款》，载《法学家》2017 年第 5 期。

【关联规定】

《民法通则》第104条,《民法总则》第128条

（撰稿人：龙卫球 邓辉）

第一百二十九条 【民事权利取得的原则和方式】 民事权利可以依据民事法律行为、事实行为、法律规定的事件或者法律规定的其他方式取得。

【释义】

本条规定的是民事权利取得的原则和方式，同时也是民法中法律事实的概括规定。法律事实是指产生或终止某项法律关系的所有事情，社会生活事实经过法律的介入，而成为具有法律意义的事实，从而直接产生相应的法律后果，民事权利的得失均以法律事实为支撑。

具体来说，这些法律事实包括民事法律行为、事实行为、法律规定的事件和法律规定的其他方式，以下进行详细的说明：

其一，民事法律行为。《民法典》总则编第133条规定："民事法律行为是民事主体通过意思表示设立、变更、终止民事法律关系的行为。"这一定义旨在确认和保护当事人根据其意思表示获得相应的法律效果，彰显和维护民法的私法自治原则。[①] 比如，行为人通过履行合同的方式取得财产，通过投资行为获得公司股权、普通合伙企业的合伙人资格，都是通过民事法律行为取得权利的例证。《民法通则》第54条规定："民事法律行为是公民或者法人设立、变更、终止民事权利和民事义务的合法行为。"其中，关于"合法行为"（法律行为的合法性限制）问题，理论界进行过激烈的争论。但是，通过考察词源史，只有在"合法行为"的类型下才有亚分类"法律行为"。[②] 此外，民事法律行为的重心在于行为人的意思表示，《民法典》总则编第134条规定："民事法律行为可以基于双方或者多方的意思表示一致成立，也可以基于单方的意思表示成立。法人、非法人组织依照法律或者章程规定的议事方式和表决程序作出决议的，该决议行为成立。"

---

① 参见朱庆育：《民法总论》，北京大学出版社2016年版，第80页。

② 参见朱庆育：《法律行为概念疏证》，载《中外法学》2008年第3期。

换言之，根据意思表示与法律行为的关系，法律行为可以分为单方法律行为（如遗赠）、双方法律行为（如合同）与多方法律行为（如决议）。

其二，事实行为。事实行为指的是只要行为人从事了某种行为即可发生相应的法律效果，即使行为人为该行为时有相应的意思表示，但法律对该意思表示不给予关注，无论其有无均不影响相应的法律效果。由于事实行为不关注行为人的内心意思，行为人是否具备相应的民事行为能力以及意思表示是否存在瑕疵，皆不在法律考虑的范围之内。换言之，事实行为不存在无效、可撤销的问题，行为一旦实施，法律规定的效果立即产生。① 典型的事实行为包括：（1）合法建造、拆除房屋等（《民法典》物权编第231条/《物权法》第30条）；（2）加工、创作作品的行为（《著作权法》第11条第2款、《著作权法实施条例》第3条第1款）；（3）拾得遗失物（《民法典》物权编第314~318条/《物权法》第109~113条）；（4）发现埋藏物或隐藏物（《民法典》物权编第319条/《物权法》第114条）；（5）无因管理（《民法典》总则编第121条/《民法总则》第121条/《民法通则》第93条）。

在民法理论中，事实行为被视为合法行为下面的再分类，我国大陆学者多认为事实行为未必合法，不法的侵权行为也可以归属于事实行为。② 须注意的是，这些行为依然与人有关。但法律规定的事件则与人的行为无关，如因大风或人力因素致使谷物混合，无法区分。事件与人的事实行为如何区分？在法理上，二者的不同在于构成要件上的差异，双方的区别不在于是否有人的行为举止，而在于法条的构成要件有无行为因素。③ 此外，在学理上，法律行为与事实行为之间尚有准法律行为，准法律行为本身与事实行为相近，只不过其相比事实行为更加关注当事人的意思，它以表示行为如催告（《民法典》总则编第171条第2款）和通知（《民法典》合同编第487条/《合同法》第29条中的对承诺迟到的通知以及《民法典》合同编第546条第1款/《合同法》第80条第1款中的债权让与通知）的存在为要素。尽管它是表示行为，但不以实现行为人的意愿为目的，仅在触发法律后果上与事实行为相靠近，而在关注行为上又与法律行为接近。④ 法律上对准法律行为的规制规则极少，在进行法律适用时，需要类推与之最近的规范，因为其间有表示行为，应当适用法律行为的规则。

---

① 参见朱庆育：《民法总论》，北京大学出版社2016年版，第83页。

② 参见王利明：《民法总论》，中国人民大学出版社2015年版，第90~91页；李永军：《民法总论》，中国政法大学出版社2012年版，第166页。

③ 参见常鹏翱：《民法中典型事实行为的规范关系》，载《法学》2012年第4期。

④ 参见常鹏翱：《事实行为的规范基础》，载《法学研究》2010年第1期。

其三，法律规定的事件。人的生老病死，属于事件，但并非所有的事件都会引起法律关系的产生或消灭，只有法律规定的事件才会影响法律关系的产生或消灭，如在荒无人迹的地方发生洪水，便不会引起法律关系的变化。相反，如洪水影响了当事人的合同履行，则可能构成不可抗力，从而影响当事人之间的法律关系。在继承法领域，被继承人的死亡，虽与人有关，但系人的自然状态之一，应属于法律规定的事件，其发生会引发继承法律关系。例如，在财产关系中，继承人在被继承人死亡这一法律规定的事件发生之时起，开始获得相应的财产性权利（《民法典》继承编第1121条/《继承法》第2条）。又如，在人身关系中，婚姻当事人双方因为一方的死亡（或宣告死亡），原存在于双方之间的婚姻关系自然终止，在世的另一方可因对方死亡这一事件，获得与他人缔结婚姻的权利（《民法典》总则编第51条）。

其四，法律规定的其他方式。在物权领域，《民法典》物权编第229条规定了因法律规定（公权力文书如人民法院、仲裁委员会的法律文书或者人民政府的征收决定等）而发生的物权变动。需要说明的是，只有具备形成力的公权力文书才可以导致物权变动。[①]

【关联规定】

《民法通则》第7条，《民法总则》第129条

（撰稿人：邓辉　李传超）

第一百三十条　【民事权利自主行使的原则】民事主体按照自己的意愿依法行使民事权利，不受干涉。

【释义】

本条是民事主体自主行使原则，即民事主体可以按照自己意愿行使权利，且此项自主不受干涉。本条与接下来的两个条文（《民法典》总则编第131条和第132条）构成了民事权利行使和保护的三个原则，即民事权利自主行使原则、民

① 根据学者的梳理，这些公权力文书主要包括：一是法院作出的形成判决、调解书、强制执行裁定、撤销仲裁裁决裁定；二是仲裁委员会作出的仲裁裁决、调解书；三是人民政府作出的征收决定。参见房绍坤：《导致物权变动之法院判决类型》，载《法学研究》2015年第1期；《法院判决外之法律文书的物权变动效力问题研究》，载《法商研究》2015年第3期。

事权利与义务一致原则以及民事权利禁止滥用原则。

本条规定主要可以从以下要点进行理解：

其一，民事主体可以自主行使权利。民事主体意思自由的体现之一就是自主行使权利（权利行使自由）。[①] 换言之，权利行使是权利人的自由，应当依当事人的意思决定，他人不得干涉，他人非法干涉即将获得法律的负面评价，从而承担相应的法律后果。[②] 比如，因他人非法干涉导致行为人意思表示受限，行为人可以获得法律的救济，民事法律行为的可撤销问题。《民法典》总则编第147条至第151条中关于重大误解、欺诈、胁迫以及乘人之危加显失公平之下的可撤销民事法律行为，就是民事权利自主行使的体现。

民事权利必含行使的自由，这是权利的应有之义，此亦法律格言“权利的行使对任何人都不意味着非正义”的体现，其核心要义即自由。[③] 同时，私法自治是民事活动所遵循的基本原理，也得贯彻到民事权利的行使之中。私法自治的实质在于尊重“当事人是其本人利益的最佳判断者”这一基本事实，由平等的当事人通过协商来决定彼此相互间的权利和义务关系。私法自治原理体现在民法的各个部分，在物权法上称为“所有权自由”（《民法典》物权编第240条/《物权法》第39条），是指所有权人在法律许可范围内可以自由占有、使用、收益和处分其所有物；在合同法上称为“合同自由”（《合同法》第4条），是指当事人依法享有自愿订立合同的权利，任何单位和个人不得非法干预；在婚姻法上称为“婚姻自由”（《民法典》婚姻家庭编第1041条第2款），包括“结婚自由”即结婚应当男女双方完全自愿、禁止强迫和干涉（《民法典》婚姻家庭编第1046条/《婚姻法》第5条）和“离婚自由”即夫妻双方自愿离婚的，应当签订书面离婚协议并申请离婚登记（《民法典》婚姻家庭编第1076条/《婚姻法》第31条）；在继承法上称为“遗嘱自由”即自然人可以依照法律规定立遗嘱处分个人财产（《民法典》继承编第1133条/《继承法》第16条）。

私法自治，是指经济生活和家庭生活中的一切民事权利和义务关系的设立、变更和消灭，均取决于当事人自己的意思，原则上国家不作干预。民事主体自由行使权利，不受外部干涉，是社会进步的结果。私法自治在民法理论上最重要的体现便是法律行为，法律行为是私法自治的工具，行为人通过法律行为行使自己的权利，即私人能够借助自由行为依自己的意志形成法律关系，并在法律关系中

---

① 参见中国审判理论研究会民商事专业委员会编：《民法总则条文理解与司法适用》，法律出版社2017年版，第232页。

② 参见李宇：《民法总则要义——规范释论及判解集注》，法律出版社2017年版，第415页。

③ 参见朱庆育：《民法总论》，北京大学出版社2016年版，第521页。

实现权利。在法律制度上，私法自治可以将其分解为行为自由与效果自主两种：在行为自由方面，一是强调行为人自择，二是强调不需宣示理由；在效果自主方面，强调注重行为人的意思自治。[①] 当事人是否实施法律行为、是否行使自身拥有的权利，不必经过政府或他人的许可，也不能受政府或他人的强迫。《民法通则》第4条和《合同法》第4条均强调自愿与不受任何单位和个人的非法干预。按照《民法典》继承编第1133条的规定，被继承人可以通过订立遗嘱处分自己的财产，可以将个人财产指定由法定继承人的一个或者数人继承，也可以将赠给国家、集体或者法定继承人以外的人。这些规定体现了法律尊重行为人自主行使权利，是私法自治的具体化表达。

其二，民事权利自主行使并非没有限制。

首先，民事权利自主和私法自治一样不是漫无边际的。《民法典》总则编第8条规定："民事主体从事民事活动，不得违反法律，不得违背公序良俗。"《民法典》总则编第143条要求民事法律行为不违反法律、行政法规的强制性规定，不违背公序良俗。如果民事权利的行使违反法律、社会公共利益或公序良俗，法律就会进行否定性评价，认定其无效或者对其处以行政或者刑事处罚。

其次，民事权利行使应当受到权利本身的属性方式限制，不得越出权利的边界。按照美国学者霍菲尔德（Wesley Newcomb Hohfeld）的理论，"权利"这一概念自身在类属关系上可以分为请求（right/claim）、特权或自由（privilege）、能力（power）与豁免（immunity）等四种关系，每一种关系中权利人与相对人的互动明显不同。[②] 比如，有的权利单靠权利人的自主行为即可实现相应的法律效果（形成权）；有的权利需要相对人的行为配合（请求权）；有的权利意味着行为人可以自我决定、不受外力干扰（放弃所有权、放弃受遗赠）。

再次，民事权利自主应当注意与权利行使的其他原则配合，如权利与义务一致、权利不得滥用。比如，在相邻关系中，不动产的相邻权利人应当按照有利生产、方便生活、团结互助、公平合理的原则，正确处理相邻关系中采光、排水、通风、通行等问题。

最后，在现代市场经济的条件下，国家为了对市场宏观调控和维持市场秩序或者为了保护消费者、劳动者利益及社会公共利益，有必要制定一些特别法规对

---

① 参见朱庆育：《民法总论》，北京大学出版社2016年版，第112页。

② 参见陈彦宏：《权利类属理论之反思——以霍菲尔德权利理论为分析框架》，载《法制与社会发展》2011年第6期；王涌：《道义逻辑、人工智能与法律——霍菲尔德法律关系形式理论的应用》，载《经贸法律评论》2020年第2期。

权利行使予以适度的限制。[1] 在国家为了公共利益对个人的财产权利进行限制（如征收、征用）时，民事主体的权利需要负担这些限制（《民法典》总则编第117条/《物权法》第42条）。同时，民事主体建造建筑物也要遵守国家有关工程建筑标准（《民法典》物权编第293条/《物权法》第89条），并对相邻权利人提供便利（《民法典》物权编第290～291条/《物权法》第86～87条）。

【关联规定】

《民法通则》第4条，《合同法》第4条，《婚姻法》第5条，《民法总则》第130条

（撰稿人：李传超　邓辉）

第一百三十一条　【民事权利行使与履行义务一致原则】民事主体行使权利时，应当履行法律规定的和当事人约定的义务。

【释义】

本条是关于民事主体行使权利和履行义务相统一的原则规定。对本条作体系解释就会发现，本条其实是对民法基本原则（《民法典》总则编第7条和第8条）的细化。本条的规范目的不在于适用，而在于劝诫和警示民事主体在行使权利时，应当履行法定义务和约定义务，以宣示某些国家政策。该类条文本身不得单独作为法院断案的裁判规范，而应当结合具体规定进行适用，违反本条规定的法律后果通常为失权和权利滥用等，情节严重的，可以构成侵权行为。

根据《宪法》第33条第4款的规定，任何公民享有宪法和法律规定的权利，同时必须履行宪法和法律规定的义务。按照《民法通则》第84条的规定，债是按照合同的约定或者依照法律的规定，在当事人之间产生的特定的权利和义务关系，债权人有权要求债务人按照合同的约定或者依照法律的规定履行义务。相较于《民法通则》对民事权利的规定，旧法中并无可与本条对应的规定，本条为新增条款。在《民法总则》（一审稿）、《民法总则》（二审稿）中也均无相应条文出现。在第三次审议中，《民法总则》（三审稿）新增第132条规定："民事主体不得滥用民事权利损害他人合法权益。"最后，《民法总则》（三审稿）第132条

---

① 参见易军：《"法不禁止皆自由"的私法精义》，载《中国社会科学》2014年第4期。

被拆分为《民法总则》第131条和第132条。《民法典》总则编延续了《民法总则》的规定。这两条分别就民事主体行使权利时不得违反法定、约定义务与不得有违公共利益作出警示。

本条规定主要可以从以下要点进行理解：

其一，民事权利同时附有义务，所以其行使应当与义务履行一致。

本条规定的“义务”，既包括法定义务，也包括约定义务，既包括相对性义务，也包括绝对性义务、民事权利伴生的义务，甚至包括社会性义务。为了适应社会保护和社会责任的需要，不受任何限制的绝对性权利观念已经转变为需要兼顾社会公平和正义的相对化权利，同时还被赋予了许多社会义务。[①]

其二，注意本条规定同时具有转介条款的作用。

所以，其适用必须结合其他法律进行，应当引入那些有关法律上规定的与特定权利相关的义务。

【关联规定】

《民法总则》第131条

（撰稿人：龙卫球　邓辉）

第一百三十二条　【民事权利禁止滥用原则】民事主体不得滥用民事权利损害国家利益、社会公共利益或者他人合法权益。

【释义】

本条是关于民事主体权利禁止滥用的原则，具体表现为民事主体不得滥用民事权利损害国家利益、社会公共利益或他人合法权益。近年来，随着我国社会主义法治建设的逐渐完善和人民群众权利意识的不断增强，通过法律手段来维护合法权益成为人们的基本选择，与此同时，滥用权利损害国家利益、社会公共利益和他人合法权益的现象也并不鲜见。针对出资人滥用出资人权利、法人独立地位和出资人有限责任的现象，《民法典》总则编第83条规定：“营利法人的出资人不得滥用出资人权利损害法人或者其他出资人的利益；滥用出资人权利造成法人或者其他出资人损失的，应当依法承担民事责任。营利法人的出资人不得滥用法

① 参见张翔：《财产权的社会义务》，载《中国社会科学》2012年第9期。

人独立地位和出资人有限责任损害法人债权人的利益；滥用法人独立地位和出资人有限责任，逃避债务，严重损害法人债权人的利益的，应当对法人债务承担连带责任。”但是，更加宏观地来看，对权利滥用行为的规制不完全是专属于《民法典》总则编或者《民法典》的问题：在民事特别法领域，2018 年修改的《公司法》第 20 条要求，公司股东不得滥用股东权利损害公司或者其他股东的利益，不得滥用公司法人独立地位和股东有限责任损害公司债权人的利益。2019 年修改的《证券法》第 110 条第 1 款但书规定：“上市公司……不得滥用停牌或者复牌损害投资者的合法权益。”滥用知识产权已经成为一种实现行业垄断、排除或限制竞争行为的企业策略；① 在公法领域，同样存在着基本权利的滥用问题，如利用言论和表达自由在互联网上恶意诽谤或传播虚假信息；② 在诉讼法领域，权利人提起“虚假诉讼”或“恶意诉讼”的现象逐渐引起理论界及实务界的重视，③ 针对这种滥用诉权的行为，《民事诉讼法》（2017 年修正）第 112 条以及《最高人民法院关于适用〈中华人民共和国民事诉讼法〉的解释》（法释〔2015〕5 号）第 190 条进行特别规定。总之，有必要将“禁止权利滥用”的规定上升到《民法典》总则编中，从而更加充分地发挥《民法典》全面保障私权和引导正确行使民事权利的作用。

“权利禁止滥用”原则或规则为世界上大多数国家和地区所采取。早在罗马法时期，就存在着表明权利不得滥用观念的若干法谚，如“任何人不得恶用自己的财产”“善良生活，不害他人，各得其所”“极端的权利，最大的不义”和“不得过分或恶意行使权利”等。④ 有学者认为，古罗马在制定法上就规定了“权利的行使不许以损害他人为目的”，如果行使所有权有害于邻人，则被认为违法。⑤ 近代以来，在大陆法系国家和地区，尽管倡扬权利的法国大革命产物的《法国民法典》（1804 年《拿破仑法典》）并未明文规定这一原则，但是民法学说及判例均承认权利滥用原则，法国 1855 年“假烟囱案（妒忌建筑案）”的判决颠覆了私权之绝对性理念，被称为近代民法上禁止权利滥用原则的滥觞。在制定法上，《德国民法典》（1900 年）第 226 条规定：“权利之行使，不得专以损害他人为目的。”《瑞士民法典》（1907 年）第 2 条第 2 项规定：“权利之显然滥用，不受法律保护。”《苏俄民法典》（1922 年）第 1 条规定：“民事权利之行使违背社

---

① 参见易继明：《禁止权利滥用原则在知识产权领域中的适用》，载《中国法学》2013 年第 2 期。
② 参见高慧铭：《论基本权利的滥用禁止》，载《清华法学》2015 年第 1 期。
③ 参见肖建华：《论恶意诉讼及其法律规制》，载《中国人民大学学报》2012 年第 4 期。
④ 参见朱庆育：《民法总论》，北京大学出版社 2013 年版，第 511 页。
⑤ 参见汪渊智：《论禁止权利滥用原则》，载《法学研究》1995 年第 5 期。

会经济之使命者，不受法律保护。”我国台湾地区“民法”第148条在1982年修正时规定：“权利之行使，不得违反公共利益，或以损害他人为主要目的。”在英美法系中，法律没有独立的权利滥用概念，但是，某些侵权行为如滥用诉权、恶意诉讼在功能上也可以起到禁止权利滥用的作用。

在法律实证主义和法社会学看来，法律作为一种社会制度，其规范和调整的范围乃社会中人与人之间的关系。只有“鲁滨孙”的世界是不需要法律的，基于人类的共同生活，法律主体时刻与社会中的他人发生交往。通过权利的赋予，确权过程中相关的利益矛盾已经通过参与者意见的充分表达而形成了最终的立法决定，因此权利的行使本属于权利人自由行为的领域。但是，权利行使并不能不受限制地允许，仍需要正当的界限。[1] 在19世纪后期，面对由“私权绝对”观念所滋生的极端个人主义和私利膨胀的消极现象，古典自然法学理论逐渐失去了往日的光辉，代之而起的是以强调社会利益为主要内容的社会法学理论。具体来说，近代民法上的“私权神圣”原则赋予了权利绝对排他和自由处分的属性和法律地位，但是，现代民法注意到权利行使不完全是属于个人自由的范畴和领域，同时也会涉及相对人和社会公共利益，应当由绝对性转向社会化和相对化。[2] 总之，法律规范的中心已经由个人本位逐渐转向社会本位，法律的目的不在于对个人自由与权利的绝对保护，而是需要同时兼顾整个人类的生存与社会的发展。

在学说上，诚实信用原则与禁止权利滥用之间的关系，一直存在争议。首先，在功能划分上，通常认为，诚实信用原则的主要功能包括（对当事人之间义务的）补充功能、（对当事人权利和义务关系的）调整功能和（对权利行使的）限制功能，[3] 而权利禁止滥用正是诚信原则限制功能的体现，[4] 即控制对违反诚实信用原则的权利行使行为。也就是说，权利的行使不得滥用或以损害于他人为目的。其次，在判断依据上，认定权利行使是否构成滥用时，应当根据诚实信用原则并结合具体情况认定，[5] 这就体现出禁止权利滥用的适用对诚实信用原则的依赖。最后，在比较法上，被认为是针对“刁难行为”的《德国民法典》第226条

---

① 参见［德］汉斯·布洛克斯、［德］沃尔夫·迪特里希·瓦尔克：《德国民法总论》（第41版），张艳译，杨大可校，冯楚奇补译，中国人民大学出版社2019年版，第301页。

② 参见龙卫球：《民法总论》，中国法制出版社2002年版，第136页；侯佳儒：《近代民法的现代性危机及其后现代转向》，载《中国政法大学学报》2009年第2期；刘作翔：《权利相对性理论及其争论》，载《清华法学》2013年第6期。

③ 参见朱庆育：《民法总论》，北京大学出版社2016年版，第521页。

④ 这一限制功能还体现在“权利失效”理论，参见吴从周：《民法上“权利失效理论”之继受与发展：以拆屋还地之类型为中心》，载《台大法学论丛》第42卷第4期（2013年12月）；［德］迪尔克·罗歇尔德斯：《德国债法总论》，沈小军、张金海译，沈小军校，中国人民大学出版社2014年版，第35页。

⑤ 参见江平主编：《民法学》（第四版），中国政法大学出版社2019年版，第46页。

（禁止权利滥用）不仅因其适用范围较小而意义不大，还被归类于诚实信用原则（第242条）的子概念。[①] 有学者质疑，诚实信用原则和禁止权利功能相仿，在缺乏尊重私人自由的语境下将其并列，意味着强化权利行使的限制，恐进一步压缩私人自由的空间。[②]

在立法的依据上，我国《宪法》第51条规定："中华人民共和国公民在行使自由和权利的时候，不得损害国家的、社会的、集体的利益和其他公民的合法的自由和权利。"《民法通则》第6条规定："民事活动必须遵守法律，法律没有规定的，应当遵守国家政策。"同法第7条规定："民事活动应当尊重社会公德，不得损害社会公共利益，扰乱社会经济秩序。"由此可见，《民法典》总则编和《民法总则》关于禁止民事主体滥用权利的规定，不仅符合宪法上对权利进行正当限制的要求，同时也继承了《民法通则》对民事主体行使权利的规定。在立法过程中，本条规定源自《民法总则》（二审稿）第8条后半句"（民事主体从事民事活动）不得滥用权利损害他人合法权益"，《民法总则》（三审稿）第132条将其修改为"民事主体不得滥用民事权利损害他人合法权益"，《民法总则》进一步修改为"民事主体不得滥用民事权利损害国家利益、社会公共利益或者他人合法权益"。总的来说，《民法总则》采取的修改是适当的，其理由在于：（1）修改后条文的内容规定更加完整。除了因受到权利滥用损害的他人合法权益，本条将国家利益和社会公共利益也涵括进来。（2）修改后条文的立法术语更加精确。"禁止权利滥用"是对法律主体行使权利的限制，而"从事民事活动"的含义和外延涵盖较广，既包括承担义务的行为，也包括事实行为等其他活动。（3）修改后的条文使法律体系更加和谐。通过改变《民法总则》（二审稿）将本条置于"基本原则"的做法，《民法典》总则编和《民法总则》使得禁止权利滥用在地位和功能上与诚实信用原则分离，有利于发挥对民事权利行使的特别指引作用。

民事权利禁止滥用，是指禁止民事主体行使权利违反法律赋予权利之本旨或超过权利的正当界限。简单地说，立法禁止权利行使逸出权利的社会和经济目的或社会所不容许的界限。权利滥用行为在外观形式上具备权利行使的形式，但是在实质上违反了权利的社会性，故法律不承认它是权利正当行使的行为，权利人滥用权利的法律效果主要表现为：（1）滥用权利的法律行为无效；（2）相对人有权请求停止和排除滥用行为；（3）相对人有权请求损害赔偿；（4）限制或剥夺权

---

① 参见［德］汉斯·布洛克斯、［德］沃尔夫·迪特里希·瓦尔克：《德国民法总论》（第41版），张艳译，杨大可校，冯楚奇补译，中国人民大学出版社2019年版，第302~303页；［德］迪尔克·罗歇尔德斯：《德国债法总论》，沈小军、张金海译，沈小军校，中国人民大学出版社2014年版，第33页。

② 参见朱庆育：《民法总论》，北京大学出版社2016年版，第531页。

利人的权利（“失权”），使权利人不具有排除他人侵害的效力。[①]

民事权利具有伦理上与社会作用上的功能，进一步体现在权利的本旨与行使的界限。故行使权利违背其本旨或超越其正当界限，就无法与权利的伦理和社会功能相容。具体来说，在判断某一权利的行使行为是否构成“权利滥用”时，应当主要从以下两个方面进行把握：一方面，根据不同个案的具体情形，进行综合和全面的衡量。[②] 这意味着，法律适用者需要结合权利人的主观意思、滥用权利的客观行为、权利人的得利和相对人或社会遭受的损害之间的比较（对本人无益或本人获利远小于他人受损）、行为违反权利的客观目的等要素进行认定。[③] 另一方面，准确把握权利的本旨或正当界限，严格区分权利滥用与权利正当行使的界限。在实践中，权利滥用的常见类型主要包括：（1）恶意损害他人之滥用行为；（2）违背权利目的之滥用行为；（3）于己无益之滥用行为损害大于所获取的利益之滥用行为；（4）与所引起信用相违背之滥用行为；（5）损害超过可接受程度之滥用行为；（6）特殊滥用行为（包括权利不行使之滥用行为和权利抛弃之滥用行为）。[④]

【关联规定】

《民法通则》第 7 条，《民法总则》第 132 条，《证券法》第 110 条，《民法典》第 83 条

（撰稿人：邓辉）

---

① 参见龙卫球：《民法总论》，中国法制出版社 2002 年版，第 137 页。

② 参见杨仁寿：《法学方法论》，中国政法大学出版社 2013 年版，第 322 ~ 323 页。

③ 参见彭诚信：《论禁止权利滥用原则的法律适用》，载《中国法学》2018 年第 3 期。

④ 参见汪渊智：《论禁止权利滥用原则》，载《法学研究》1995 年第 5 期；陈华彬：《论民事权利的内容与行使的限制——兼议我国〈民法总则（草案）〉相关规定的完善》，载《法学杂志》2016 年第 11 期。

第六章 民事法律行为

【导读】

本章以“民事法律行为”为标题，确立我国民事法律行为的一般制度。民事法律行为是民事主体通过意思表示设立、变更、终止民事法律关系的行为。民事法律行为是私法自治原则的重要工具。私法自治原则就是“个体基于自己的意思为自己形成法律关系的原则”①。从广义上来说，民事法律行为制度包括《民法典》总则编第六章（民事法律行为）和第七章（代理）。不过，考虑到代理制度可以自成体系，《民法典》总则编将其作为独立的一章予以规定。本章对《民法通则》和相关司法解释进行了继承和完善，比过去更加体现体系性，也更加具有可操作性。

本章的主要内容有：其一，民事法律行为的一般规定，包括：民事法律行为的定义（第133条）、民事法律行为（包括单方法律行为、双方法律行为和决议行为）的类型及其成立方式（第134条）、民事法律行为的形式（第135条）、民事法律行为的生效及其拘束力（第136条）。其二，意思表示的规则，包括：有相对人的意思表示的生效（区分对话方式的和非对话方式的，第137条）、无相对人的意思表示的生效（第138条）、公告方式的意思表示的生效（第139条）、意思表示的方式（明示、默示和沉默，第140条）、意思表示的撤回（第141条）、意思表示的解释规则（第142条）。其三，民事法律行为的效力，包括：无民事行为能力人的行为无效规则（第144条）、限制民事行为能力人实施的行为的效力（第145条）、通谋虚伪表示无效和隐藏行为的效力认定规则（第146条）、重大误解实施的法律行为可撤销的规则（第147条）、因欺诈（含第三人欺诈）而实施的法律行为可撤销的规则（第148、149条）、因胁迫而实施的法律行为可撤销的规则（第150条）、显失公平的法律行为可撤销的规则（第151条）、可撤销法律行为中撤销权消灭的原因（第152条）、违反法律和行政法规的强制性规定或公序良俗的法律行为无效的规则（第153条）、恶意串通损害他人合法

① ［德］维尔纳·弗卢梅：《法律行为论》，迟颖译，法律出版社2013年版，第1页。

权益的法律行为无效的规则（第 154 条）、无效或被撤销的法律行为自始无拘束力的规则（第 155 条）、法律行为的部分无效（第 156 条）、法律行为无效或被撤销的后果（第 157 条）。其四，民事法律行为的附条件和附期限，包括：附生效条件和附解除条件对法律行为效力的影响（第 158 条）、条件成就与不成就的法律拟制（第 159 条）、附期限对法律行为效力的影响（第 160 条）。

本章有许多完善和发展。一是恢复了“民事法律行为”的传统用法，废弃了《民法通则》中“民事行为”的概念，抛弃了《民法通则》中对其“合法性”的要求。这也就意味着，“民事法律行为”包括有效的民事法律行为、无效的民事法律行为、可撤销的民事法律行为和效力待定的民事法律行为。二是增加了意思表示规则，重点完善了民事法律行为本质要素的规定，使之清晰化，增加了可操作性。三是完善了民事法律行为的效力规则，包括对之进一步的系统化，弥补过去体系的缺漏，同时进行必要修补。其中，增加了通谋虚假的民事法律行为规定，将第三人欺诈和第三人胁迫纳入欺诈和胁迫，将乘人之危与显失公平结合构成更加严格的显失公平情形，废止了《民法通则》中可撤销法律行为的变更权等。四是其他方面的变化，如规定了民事法律行为基于意思表示构成的类型，增添多方法律行为、决议行为的规定，对意思表示的解释作出规定等。

第一节 一般规定

第一百三十三条 【民事法律行为的定义】民事法律行为是民事主体通过意思表示设立、变更、终止民事法律关系的行为。

【释义】

本条规定了民事法律行为的定义。此次立法在“民事行为”“法律行为”“民事法律行为”三个概念中作了最终取舍，仍然保留“民事法律行为”的用法，但其本质却是比较法上的“法律行为”。同时，通过重新定义，对《民法通则》第 54 条原来的定义进行了重要的修补。《民法通则》第 54 条规定：“民事法律行为是公民和法人设立、变更、终止民事权利和民事义务的合法行为。”本条规定添加了“通过意思表示”字样，明确其本质要素是“意思表示”，并去掉原来所谓“合法行为”的要求，不再仅限于合法有效的意思表示行为类型，使其恢复到传统大陆法系国家使用的概念范畴。即法律行为就是意思表示行为，既可以包括有效的情形（即有效法律行为或意思表示行为），也可以包括无效的情形、可撤销的情形以及效力未定的情形（即无效的法律行为或意思表示行为、可撤销的法律行为或意思表示行为、效力未定的法律行为或意思表示行为）等。这个定义在民商合一的架构下，也具有统合商事法律行为的意义。

《民法通则》创造出了“民事法律行为”和“民事行为”两个术语，民事法律行为仅指合法有效的民事行为，而民事行为则是民事法律行为的上位概念，不仅包含民事法律行为，还包含无效、可撤销、效力待定的民事行为。这一概念的使用，在民法学界饱受诟病，此次立法采纳了学界通说意见，[1] 明确了作为私法自治工具的民事法律行为，只是没有采用“法律行为”的概念，但就其本质而言，已经使得民事法律行为与法律行为并无二致。可以预见，从此“民事行为”的概念已经退场。

民事法律行为（法律行为）经历了一个理论与立法的发展历程，与私法自治原则之间存在紧密关系。简言之，法律行为是私法自治原则的基本工具。法律行为与意思表示的概念直到18世纪才形成。[2] 1805年，德国学者胡果在其著作中创立了德语中的“RechtlicheGeschaft”（法律行为）一词，不过该词汇是指相对于违法行为的一切合法行为，与其后的法律行为理论含义不同。1807年，格奥尔格·黑泽在其所著《民法概论》中使用了“RechtsGeschaft”一词，得到学界认同，被沿用至今。其后，萨维尼在其《当代罗马法体系》中，将法律行为概念进一步理论化和精致化。[3] 萨维尼给出的定义是“行为人创设其意欲的法律关系而从事的意思表示行为”，大多数法学家接受了这一定义。这一定义强调了法律行为的意思表示要素与所产生的私法效果。意思表示是法律行为不可缺少的核心构成要素。如果法律行为能够产生主体预期的后果，按照当事人的意思安排他们之间的权利义务关系，那么当事人必须能够自主作出意思表示，而且这种意思表示能够依法在当事人之间产生拘束力。

需要指出的是，德国民法学界素有意思表示与法律行为关系的要素说和工具说两种观点。要素说为德国传统民法理论，其主张意思表示为法律行为之构成要素，二者有着相同的本质，均指向法律效果变动的私人意志行为。单方法律行为由一个意思表示构成，多方法律行为由两个或者更多的意思表示构成。工具说的

---

① 梁慧星：《民法总则立法的若干理论问题》，载《暨南学报》2016年第1期；张谷：《对当前民法典编纂的反思》，载《华东政法大学学报》2016年第1期；陈华彬：《论我国民法总则法律行为制度的构建——兼议〈民法总则草案〉（征求意见稿）的相关规定》，载《政治与法律》2016年第7期。

② ［德］维尔纳·弗卢梅：《法律行为论》，法律出版社2013年版，第32页。

③ 龙卫球：《民法总论》，中国法制出版社2002年版，第422页；苏号朋：《民法总论》，法律出版社2006年版，第240～241页。

简明表述首见于梅迪库斯：“意思表示是法律行为的工具，法律行为是私法自治的工具。”莱嫩由此阐发了不同于传统要素说的工具说，即“意思表示是指在设定由法律行为所引发的法律效果之法律工具。意思表示创设法律行为，法律行为则创设私法自治框架内的法律效果”①。在德国学界，要素说为通说，但是工具说目前却越来越多地被接受。② 本书作者认为，工具说确实在法律行为分析过程中有着非常明晰的逻辑与阶段，但是严格地将意思表示与法律行为分割为独立的双层结构，恐怕不符合事实；而在要素说看来，意思表示是法律行为的核心构成要素，是法律行为的组成部分，二者是包含关系，而非互相独立的递进关系。当然，传统的要素说也有一些缺陷，那就是未明确说明，法律行为除了作为核心要素的意思表示之外，还有哪些非核心要素。这也许是工具说中所提出来的法律行为阶段的内容，即法秩序。

首次采纳法律行为理论的制定法是1794年的《普鲁士普通邦法》，尽管其没有使用“法律行为”这一术语，而是使用了“意思表示”这一概念。1863年的《萨克森王国民法典》第88条规定：“某一意旨依据法律形成、消灭或者变更法律关系的行为即法律行为。”首次正式使用了“法律行为”这一术语。③

中国自清末继受德国民法已有一百余年，《大清民律草案》和“中华民国民法典”均采用了法律行为的概念，规定了法律行为制度。1986年制定的《民法通则》专设第四章规定法律行为制度。正是由于采用了法律行为概念，决定了日本、韩国、中国属于大陆法系中的德国法系。④

我国学者对于法律行为的定义也各有不同。胡长清认为：“法律行为者，以私人欲发生私法上效果之意思表示，有此表示，故发生法律上效果之法律事实。”⑤ 王泽鉴指出：“所谓法律行为……应解为以意思表示为基本要素，因意思表示而发生一定私法效果之法律要件。”⑥ 杨振山教授把法律行为则定义为“具有民事行为能力的民事主体基于意思表示，以设立、变更、终止民事权利和民事义务为目的，具有法律约束力的民事行为”⑦。尽管学者对“法律行为”概念表述不一，但有一点是共同的：意思表示是法律行为的核心要素，并且法律行为可发

---

① 朱庆育：《民法总论》（第2版），北京大学出版社2016年，第76页。

② 参见王琦：《德国法上意思表示和法律行为理论的新进展——兼论对中国民法总则立法的启示》，载《清华法学》2016年第6期。

③ ［德］维尔纳·弗卢梅：《法律行为论》，法律出版社2013年版，第35页。

④ ［日］北川善太郎：《民法总则》，有斐阁1993年版，第105页。转引自梁慧星：《民法总论》（第5版），法律出版社2017年版，第164页。

⑤ 胡长清：《民法总论》，中国政法大学出版社1998年版，第207页

⑥ 王泽鉴：《民法总则》，中国政法大学出版社2000年版，第188页。

⑦ 杨振山：《论民事法律行为》，载《中国法学》1986年第1期。

生私法上的效果。

《民法通则》通过之后，学者通过文章和著作对《民法通则》采用“合法行为”和“民事法律行为”术语以及民事法律行为的合法性问题进行了批评性研究，并从学术源头进行梳理,[①] 最终形成了基本共识，即法律行为是意思表示与私法效果的叠加，并不需要进行合法性考量。法律行为这一概念用来专指私法领域中法律效果为意志所规定的自治行为，那么法律行为只能是私法领域中的概念。如果认为其他法域也存在法律行为，尤其是存在于公法领域，那么要么承认公法领域已经实行自治（因为法律行为的核心是私法自治），要么就是将“法律行为”理解成了所有具有法律意义的行为，即“法律上的行为”，而不再是专指法律效果为行为人意志所决定的自治行为。

民法的基本原理是私法自治，而法律行为正是实现全面自治的手段和工具。私法自治是指私人之间的法律关系应取决于私人之自由意志。即在私法范围内，法律允许私人自由创设法律关系，只要不违反法律之根本精神，私人法律关系均可依据其自己的意思自由创设。个人创设法律关系之最主要的方式，即法律行为。私法自治原则，表现在现行法上，即法律行为自由原则。法律行为自由，尤其以契约自由和遗嘱自由为核心，而团体设立自由受有较大限制。法律行为自由，包含两个方面的含义：一方面是排除国家公权力对法律行为的干涉，另一方面是对当事人自由意思的信赖。[②]

拉丁法谚云：“私法不损公法。”法律行为的自由也有明确的边界。法律行为体现的不仅是主体的自由，而且还有主体的自律。所以，法律规定了法律行为的成立要件和生效要件，这样就协调了个人自由与社会秩序的关系。[③]

本条规定主要可以从以下要点进行理解：

其一，民事法律行为以意思表示为核心要素。意思表示这一核心要素是区分法律行为与事实行为的标准，事实行为不以意思表示为核心要素。

其二，民事法律行为的目的是产生民事法律效果。能否产生民事法律效果是区分民事法律行为和情谊行为的主要标准。

---

① 米健：《法律交易论》，载《中国法学》2004 年第 2 期；米健：《论“民事法律行为”命名的谬误》，载《人民法院报》2003 年 10 月 10 日；杨代雄：《潘德克吞法学中的行为与法律行为理论》，载《西南政法大学学报》2005 年第 6 期；易军：《私人自治与法律行为》，载《现代法学》2005 年第 3 期；薛军：《法律行为理论在欧洲私法史是的产生及术语表达问题研究》，载《环球法律评论》2007 年第 1 期；谢鸿飞：《论法律行为的“适法规范”——公法对法律行为效力的影响及其限度》，载《中国社会科学》2007 年第 6 期；薛军：《法律行为“合法性”迷局之破解》，载《法商研究》2008 年第 2 期；朱庆育：《法律行为概念疏证》，载《中外法学》2008 年第 3 期。

② 参见梁慧星：《民法总论》（第 5 版），法律出版社 2017 年版，第 163 页。

③ 孙宪忠主编：《民法总论》，社科科学文献出版社 2004 年版，第 191 页。

其三，合法性不是民事法律行为存在与否的要求。《民法通则》规定的合法性不再是民事法律行为的判断标准，从而使得无效法律行为、可撤销法律行为和效力待定行为都成为民事法律行为的下位概念，即民事法律行为的效力类型之一。但是合法性，或者合乎法秩序的要求，却是法律行为生效并发生当事人欲求的法律效果的要求，只有合乎法秩序要求的法律行为才能实现法律所赋予的完全的法律效果，否则就是有瑕疵的法律行为。

【关联规定】

《民法通则》第 54 条，《合同法》第 2 条

（撰稿人：丁海俊）

第一百三十四条 【民事法律行为的成立方式】民事法律行为可以基于双方或者多方的意思表示一致成立，也可以基于单方的意思表示成立。

法人、非法人组织依照法律或者章程规定的议事方式和表决程序作出决议的，该决议行为成立。

【释义】

本条的规范对象是法律行为的成立方式。民事法律行为具有多样性，其成立方式也因类型不同而不同。从民商统一架构下，民事法律行为有四种：单方民事法律行为、双方民事法律行为、多方民事法律行为和决议行为。鉴于民事法律行为成立的参考标准不是当事人的个数而是意思表示的个数，[①] 本书分别简称为单诺行为、双诺行为、多诺行为和决议[②]。

我国 1986 年的《民法通则》并没有明确规定民事法律行为不同类型的成立

---

① 有学者认为此种分类是按照参与法律行为的人数所做的分类，参见孙宪忠主编：《民法总论》，社会科学文献出版社 2004 年版，第 192 页。当然，多数学者认为此种分类，即使采用“单方、双方”等术语，也是根据其成立所需意思表示的数量而划分的。参见苏号朋：《民法总论》，法律出版社 2006 年版，第 248 页；梁慧星教授虽然没有明确说明分类依据，但是从行文中可以推断，其划分依据是意思表示数量，参见梁慧星：《民法总论》（第 5 版），法律出版社 2017 年版，第 165 ~ 166 页。

② 依据术语一致原则，“决议”应该表述为“决议行为”更加合适，只是传统民法习惯使用“决议”一词，鉴于此种使用不至于引起误解，所以本书从之。当然，从这个角度而言，单方行为、双方行为和多方行为的术语使用也无大碍，只要界定清楚即可。

方式，导致长期以来，作为债之发生的原因之一的单方允诺一直没有正式的法律地位。其他的民事法律行为则是分别通过《合同法》《合伙企业法》以及《公司法》等特别法加以规定。《民法典》用正式法律条文规定的形式确定了民事法律行为成立方式的不同类型，既有助于完善民事法律行为成立理论，也有助于规范法律实践和法律适用。

本条规定主要可以从以下要点进行理解：

其一，民事法律行为存在多种类型。

依据其本质要素可以分为单方法律行为（单诺行为）、双方法律行为（双诺行为）、多方法律行为（多诺行为）、决议行为。①

单诺行为，传统民法称为单方行为，又称单独行为，是指仅有当事人一方的意思表示成立的法律行为。其特点是仅需一方的意思表示，无须他人的同意就能成立并发生法律效力，如悬赏广告、遗嘱以及行使形成权等行为。单诺行为又可以分为有相对人的单方行为和无相对人的单方行为。前者包括债务免除、代理权授予和形成权行使等；后者包括悬赏广告、遗嘱和设立财团捐助行为等。

双诺行为，传统民法称为双方行为，是指由两个意思表示的一致而成立的法律行为。双方行为又可以分为身份行为和财产行为。身份行为包括结婚和收养等，在我国台湾地区则有亲属契约和继承契约等类型及称谓。财产行为包括债权行为和物权行为等。

多诺行为即多方行为，传统民法称为合同行为，此合同行为不同于作为双诺行为的合同，② 是指由同一个内容的多个意思表示的一致而成立的法律行为。社团法人以及合伙组织的设立行为，是典型的多诺行为，是各设立人以创设社团或者合伙组织为共同目的，为一致的平行意思表示而成立。设立人仅为二人时，其设立行为仍属于多诺行为，而非双诺行为。多诺行为与双诺行为的区别在于，对立意思表示的有无以及对立利益之有无。

决议，是指多方当事人依据表决规则，在意思表示的基础上作出决定。此种行为通常存在于组织（含法人组织与非法人组织）就组织的事项作出决定的过程中。决议具有以下三个方面的特点：（1）若干项意思表示不仅内容相互一致，而且其所用的语句也完全一致；（2）在决议中，意思表示并不针对其他发出表示的成员，而是针对意思形成机构；（3）决议对那些有资格参加表决但没有对决议表

---

① 王利明教授就第134条的分类，先是区分为一般民事法律行为与决议行为，再把一般民事法律行为区分为单方法律行为、双方法律行为和共同法律行为。王利明：《民法总则》，中国人民大学出版社2017年，第287～288页。

② 参见梁慧星：《民法总论》（第5版），法律出版社2017年版，第166页。

示同意的成员也能够产生拘束力。[1] 此外，决议不调整参与决议成员之间的关系，而是针对决议者共同的权利领域或者其所代表的法人的权利领域，不同于双诺行为和多诺行为；决议主要调整组织内部关系，不调整组织与第三人之间的关系。[2] 决议多见于团体法中，如股东大会决议、合伙人会议决议和业主大会决议等。

其二，不同类型的法律行为其成立方式不同。

具体而言，法律对它们成立方式的要求不同：单诺行为只要行为人一方作出意思表示，民事法律行为即告成立；而双诺行为则需要两个意思表示一致才能成立；[3] 多诺行为需要多个意思表示一致；决议则是根据法律或章程上的多数决规则形成的决定，体现为多个意思表示的多数一致。除了单诺行为之外，后三者仅有一个意思表示是无法成立的。

（撰稿人：龙卫球　丁海俊）

第一百三十五条　【民事法律行为的形式】 民事法律行为可以采用书面形式、口头形式或者其他形式；法律、行政法规规定或者当事人约定采用特定形式的，应当采用特定形式。

【释义】

本条规定了民事法律行为的形式。所谓法律行为的形式，是指法律行为的意思表示所使用的表示方法。《民法通则》第56条的表达略显晦涩，但基本含义不差。其规定："民事法律行为可以采用书面形式、口头形式或者其他形式。法律规定用特定形式的，应当依照法律规定。"但是从1999年的《合同法》开始，对于法律行为的形式问题增加了一个规定，该法第10条第2款后段规定："当事人约定采用书面形式的，应当采用书面形式。"从而出现了一种约定要式的法律行为。由此，要式法律行为又演变为两种类型，即法定要式行为和约定要式行为。[4]

---

① ［德］迪特尔·梅迪库斯：《德国民法总论》，邵建东译，法律出版社2001年版，第167页。

② ［德］卡尔·拉伦茨：《德国民法通论》（下），王晓晔等译，法律出版社2003年版，第433页。

③ 英美法上有单诺合同（unilateral contract）与双诺合同（bilateral contract）的划分（参见Jeff Ferriell Understanding Contracts 2nd，LexisNexis。），强调单诺合同涉及一个允诺，而双诺合同涉及两个允诺，其意旨与大陆法系的单诺行为（单方行为）和双诺行为（双方行为）异曲同工。只是有些学者在翻译英美合同法时，未加辨别，随意翻译，有翻译为"单务"合同和"双务"合同，谬之远矣。参见［美］杰弗里·费里尔、［美］迈克尔·纳文：《美国合同法精解》，陈彦明译，北京大学出版社2009年版，第11页。

④ 朱庆育：《民法总论》（第2版），北京大学出版社2016年版，第143页。

本条规定借鉴了《合同法》的立法表述。

在古代民法中，法律行为以要式为必要。但是近现代民法确立了意思自治的基本原则，自然包括法律行为缔结形式的自由。因此，法律行为以不要式为原则，以要式为例外。作为例外，法律限定某些法律行为必须具备或者履行一定形式，称为法定形式。法定形式的意义，除需要监管特殊情形外，还有提示当事人谨慎表意、减少证明成本以及公示人之身份法上的地位等作用。法定形式包括：第一，书面形式；第二，书面形式之外的其他形式，如登记形式。此外，当事人约定必须具备或者履行一定形式的，称为约定形式。

本条规定主要可以从以下要点进行理解：

其一，民事法律行为可以采用书面形式、口头形式或者其他形式。

这是本条的前半句，其实它潜在的意思是说，民事法律行为的形式以自由为原则，强制为例外。这里所强调的是，法律行为的形式由当事人自由决定。所以规定“民事法律行为可以采用书面形式、口头形式或者其他形式”。

根据法律对民事法律行为形式的不同要求，民事法律行为可以分为要式民事法律行为和不要式民事法律行为。鉴于民事法律行为形式自由，不要式民事法律行为是一般，要式民事法律行为是例外。要式民事法律行为是指其意思表示必须具备一定形式，或者在意思表示之外尚需履行一定形式的法律行为。要式民事法律行为，如果不具备特定形式，原则上不成立。不要式民事法律行为是指无须具备一定形式的民事法律行为，当事人可以自由为之，但不要式不表示不采取任何形式，任何法律行为的实施，必须借助某种形式。对于不要式民事法律行为，任何当事人不得以法律行为不具备某种形式而主张不成立或者无效。

其二，法律、行政法规规定或者当事人约定采用特定形式的，应当采用特定形式。

本条后半句规定，相对于《民法通则》的规定，还增加了“行政法规”用语，实际上是把原“法律”的内涵加以明确，即该条规定中的“法律”包括全国人大及其常委会通过的“法律”和国务院颁布的“行政法规”。从反对解释来看，应当不包括效力等级较低的“部门规章和地方法规”，从而保证了强制性规范的有限适用范围，保障了私法自治的实现。

对于要式行为，在当事人未履行法定或者约定形式的情形下，原则上不成立。[①] 按照《民法典》第490条的规定，未履行法定形式的要式法律行为，原则

---

① 梁慧星教授认为：“我国现行法，对于法律行为未履行法定形式或约定形式的后果，未设统一规定。”梁慧星：《民法总论》（第5版），法律出版社2017年版，第168页。

上不成立，自然也就无所谓有效。在某些例外情形下，如在一方已经履行主要义务的情形下，视为成立，[①] 以及租赁合同未采用法定形式的情形下视为不定期租赁。[②]

存有疑问的是，约定要式行为，本身乃基于当事人的约定，即当事人的自由意志而来，此种约定要式行为是否与法定要式行为一样，必须按照要式行为的规则运行呢？有观点认为，当事人若是对于法律行为的形式有特别约定，则双方确立了一项个别规范，须为当事人所遵守；而不要式行为，则不存在任何关于行为形式的个别规范。[③] 当事人的约定即当事人之间的法律，既然当事人自行就法律行为的形式进行了约定，在不符合约定的情形下，自然不可谓法律行为已经成立。

【关联规定】

《民法通则》第 56 条，《合同法》第 10 条、第 11 条、第 136 条

（撰稿人：龙卫球　丁海俊）

第一百三十六条　【民事法律行为的生效时间】民事法律行为自成立时生效，但是法律另有规定或者当事人另有约定的除外。

行为人非依法律规定或者未经对方同意，不得擅自变更或者解除民事法律行为。

【释义】

本条规定了民事法律行为的生效时间以及效力的基本内容。本条的规范基础是民事法律行为的成立与生效的区分。民事法律行为成立是民事法律行为生效的前提条件，民事法律行为生效是当事人双方订立合同实现预期目标必然要追求的结果。罗马法曾规定了“同时成立之原则”，认为法律行为的成立与效力同时发

① 《民法典》第 490 条规定：“当事人采用合同书形式订立合同的，自当事人均签名、盖章或者按指印时合同成立。在签名、盖章或者按指印之前，当事人一方已经履行主要义务，对方接受时，该合同成立。法律、行政法规规定或者当事人约定合同应当采用书面形式订立，当事人未采用书面形式但是一方已经履行主要义务，对方接受时，该合同成立。”

② 《民法典》第 707 条规定：“租赁期限六个月以上的，应当采用书面形式。当事人未采用书面形式，无法确定租赁期限的，视为不定期租赁。”

③ 参见朱庆育：《民法总论》（第 2 版），北京大学出版社 2016 年版，第 143 页。

生。长期以来，我国立法与司法实践对民事法律行为成立与生效以及相关的民事法律行为的不成立与无效未作出严格的区分，从而将民事法律行为的成立与生效等同起来。从准备制定《合同法》时起，学者与立法者开始认识到，合同的成立和生效是两个既有联系又有区别的概念，[①] 当事人订立了合同，要实现合同产生的权利和利益，就要使合同发生效力；合同的成立是合同生效的前提，只有合同成立了才能谈得上无效、效力待定、撤销等问题；合同成立只解决合同存在与否的问题。所以我国《合同法》第8条规定："依法成立的合同，对当事人具有法律约束力。当事人应当按照约定履行自己的义务，不得擅自变更或者解除合同。依法成立的合同，受法律保护。"第44条规定："依法成立的合同，自成立时生效。法律、行政法规规定应当办理批准、登记等手续生效的，依照其规定。"这是第一次在立法层面将合同成立与合同生效作了区分，为此次《民法典》制定提供了坚实的基础。

民事法律行为的成立是当事人合意的结果，充分体现了当事人的意思自治，但是民事法律行为的效力却并非完全是当事人自我赋予的，而是经过国家法律评价后赋予的法律效果。民事法律行为的效力最终反映的是缔约当事人的合意，只不过这种合意需要通过体现国家意志的法律的评价，民事法律行为效力体现的是当事人意志与国家意志的协调。原则上，只要不违反法律的强制性规定和公序良俗，国家法律会充分尊重当事人的意志。所以有学者对于民事法律行为的成立与生效关系提出了新见解：在德国法学家看来，法律行为被称为私法自治的工具，在于制定法赋予其法律效果时须尊重行为人的意志，因为"制定法于此只是以私人当事人意志的服务者之面目出现"；新中国法学家则认为，法律行为之所以能够根据行为人意志发生效力，是因为该意志"符合了国家的意志"。私人与国家的地位恰好被倒置了。[②] 民事法律行为效力作为国家对当事人合意评价的体现，具有多样性：当事人的合意可能因为符合法律规定的生效要件而发生法律效力，发生当事人期望的法律效果；也可能因法律对其否定性的评价而发生无效的后果，当事人期望的法律效果无法实现，同时需要承担无效的法律后果；还可能因为法律对其效力的相对无效的评价而发生可撤销或者效力待定的后果，将法律行为最终效力的确定交由有权撤销或追认的当事人决定。[③]

---

① 参见王利明：《试论合同的成立与生效》，载《现代法学》1996年第6期；赵旭东：《论合同的法律约束力与效力及合同的成立与生效》，载《中国法学》2000年第1期；尹飞：《合同成立与生效区分的再探讨》，载《法学家》2003年第3期。

② 参见朱庆育：《民法总论》（第2版），北京大学出版社2016年版，第115页。

③ 参见丁海俊主编：《债权法教程》（第2版），对外经济贸易大学出版社2017年版，第155页。

本条规定主要可以从以下要点进行理解：

其一，民事法律行为生效，原则上以成立为开始。

民事法律行为生效，是指已经依法成立的民事法律行为在当事人之间产生预期效力而言。民事法律行为生效，意味着当事人享有或承受由法律行为所确定或带来的权利和义务，这是其实质效力。

其二，民事法律行为生效，法律另有规定或当事人另有约定的，依据规定或约定的生效条件完成为开始。

其三，民事法律行为还具有形式效力，即任何一方不得擅自变更和解除合同。

一旦当事人一方不履行合同规定的义务，另一方当事人可寻求法律保护；合同生效后，对合同当事人之外的第三人也具有法律约束力，第三人（包括单位、个人）均不得对合同当事人进行非法干涉，合同当事人对妨碍合同履行的第三人可以请求法院排除妨害；合同生效后，合同条款成为处理合同纠纷的重要依据。

【关联规定】

《民法通则》第57条，《合同法》第8条

（撰稿人：丁海俊）

第二节 意思表示

第一百三十七条 【有相对人的意思表示的生效】以对话方式作出的意思表示，相对人知道其内容时生效。

以非对话方式作出的意思表示，到达相对人时生效。以非对话方式作出的采用数据电文形式的意思表示，相对人指定特定系统接收数据电文的，该数据电文进入该特定系统时生效；未指定特定系统的，相对人知道或者应当知道该数据电文进入其系统时生效。当事人对采用数据电文形式的意思表示的生效时间另有约定的，按照其约定。

【释义】

本条规定了有相对人的意思表示的生效时间。所谓意思表示的生效，是指依意思表示的内容发生效力。意思表示何时发生效力，是利益衡量与风险分配的结果。意思表示生效规则，需要先区分有相对人的意思表示与无相对人的意思表示，再就有相对人的意思表示区分对话方式的意思表示和非对话方式的意思表示。①

根据本条的规定，有相对人的意思表示，如果是以对话方式作出的，采知悉主义；而以非对话方式作出的，则采到达主义。当然，为了贯彻意思自治原则，本条在第2款最后一句还规定了可以依据当事人的约定而生效的规定，即“当事人对采用数据电文形式的意思表示的生效时间另有约定的，按照其约定。”这是《民法典》比《合同法》在尊重当事人意思方面更加进步的一个直接体现。

本条规定主要可以从以下要点进行理解：

其一，对话方式的意思表示生效规则是知悉主义规则，即以对话方式作出的意思表示，相对人了解其内容时生效。

对于以对话方式作出的有相对人的意思表示生效，传统民法并无明文规定，因此理论上有很多争议。多数学者认为应与以非对话方式作出的有相对人的意思表示生效规则相同，即应采到达主义，在意思表示已经置于相对人客观上可能了解之状态时，即发生效力。

但我国台湾地区“民法”明文规定，以相对人了解时发生效力。只是对话时或因方言之差异，或因听觉之关系，其意思之误会在所难免，此种意思表示是否发生效力？这在解释上仍不无疑问。在通常情况下，相对人能了解而主张未了解者，应承担举证责任。② 根据《民法典》本条第1款的规定，以对话方式作出的

---

① 有相对人的意思表示与无相对人的意思表示，以及对话方式的意思表示与非对话方式的意思表示等两组术语，为我国学界通说所采，参见梁慧星：《民法总论》（第5版），法律出版社2017年版，第178页以下；孙宪忠主编：《民法总论》，社科科学文献出版社2004年版，第198页以下。尤其是对话与非对话术语为我国立法所采用，见我国《合同法》第23条第2款：“要约没有确定承诺期限的，承诺应当依照下列规定到达：（一）要约以对话方式作出的，应当即时作出承诺，但当事人另有约定的除外；（二）要约以非对话方式作出的，承诺应当在合理期限内到达。”但也有学者参考德国民法理论，结合意思表示是否需要受领，以及受领人是否在场，提出了需受领的意思表示和无须受领的意思表示，以及对在场人的意思表示和对不在场人的意思表示两组术语。参见朱庆育：《民法总论》（第2版），北京大学出版社2016年版，第199~201页。不过，此种分类，本质上与传统民法的分类，并无实质区别，仅仅是名称不同而已。需受领的意思表示对应有相对人的意思表示，无须受领的意思表示对应无相对人的意思表示；对在场人的意思表示大体对应对话方式的意思表示，对不在场人的意思表示对应非对话方式的意思表示。

② 参见梁慧星：《民法总论》（第5版），法律出版社2017年版，第178页。

意思表示，相对人知道其内容时生效。从字面意思来看，其采与我国台湾地区相同的知悉主义。

相对人是否知悉，在其否认情形下，表意人实际上在诉讼中很难证明。只是，在对话方式中，因反应及时，如果相对人不了解意思表示，恐怕后续行为无从发生，或者说很难继续，通常不会发生相对人不知悉意思表示而成立法律行为的情形。但是，从合理分配风险的角度考虑，即使是对话方式的意思表示，也应按照到达主义进行解释适用，似乎更加合理。即对话方式的意思表示，在相对人可得了解情形下即生效力。有学者指出，对话方式的意思表示，其发出、到达和知悉三个阶段合而为一，应以相对了解主义为到达时点，即生效时点。①

其二，非对话方式意思表示生效规则是到达主义规则。

以非对话方式作出的意思表示，到达相对人时生效。其中，以非对话方式作出的采用数据电文形式的意思表示，相对人指定特定系统接收数据电文的，该数据电文进入该特定系统时生效；未指定特定系统的，相对人知道或者应当知道该数据电文进入其系统时生效。当事人对采用数据电文形式的意思表示的生效时间另有约定的，按照其约定。

以非对话方式作出的意思表示生效规则比较复杂。根据意思表示之作出、发出、到达和知悉四个阶段，最完整地表现在有相对人的非对话方式的意思表示中。与这四个阶段对应，意思表示生效依次有表达主义、发出主义、到达主义和知悉主义。②

对于意思表示的生效，最理想的状态是表意人与受领人均已充分理解意思表示的内容，此即知悉主义。但是，意思表示到达相对人后，表意人完全处于被动地位，因为相对人何时知悉并引发意思表示的生效，完全取决于相对人。此时，若表意人对相对人管控之领域内的风险负责，对表意人显然不公平。

与知悉主义处于对称位置的是表达主义。若意思表示一经作出便生效，相对人将因此处于类似在知悉主义中表意人的不利地位。不仅如此，表达主义在使得相对人被动的同时，也陷表意人于被动。意思表示作出之后，由于已经生效，在理论上，表意人已无斟酌、修正乃至废除意思表示之机会，甚至是否决定向相对人发出也不再重要——虽然此时相对人通常并无可能知悉该表示内容。

发出主义对于表达主义有所弥补，但仍不理想。意思表示发送时，相对人并不知悉意思表示的内容，甚至可能并不知道对方向自己发出了一项意思表示。若

① 参见朱庆育:《民法总论》(第2版)，北京大学出版社2016年版，第211页。

② 参见朱庆育:《民法总论》(第2版)，北京大学出版社2016年版，第210页。

此时生效，相对人依然无法摆脱不利地位——该意思表示为要约时，相对人承诺的考虑期限被缩短了；该意思表示为承诺时，合同已经订立而表意人无从知晓；该意思表示为解除等单方形成行为时，相对人的法律关系已经被改变却一无所知。再者，意思表示可能延误甚至无法送达。表意方式既然由表意人选择，运送风险自然不宜转嫁给相对人。

到达主义足以避免上述所有缺陷。到达以具有执行之合理期待为判断时点，意思表示此刻生效，即表明相对人具有知悉可能后，须自负怠于知悉之风险。知悉主义的弊端就此消弭。同时，相对人仅就其支配领域承受风险，不必如表达主义或者发出主义受表意人之无端牵连。此外，意思表示在到达相对人之前，由于意思表示尚未生效，表意人因此可以随时将其撤回而获得最大限度的谨慎考虑之余地。[①]

英美法系国家多采取发出主义，而大陆法系多数国家民法以及《联合国国际货物买卖公约》（CISG）、《国际统一私法协会国际商事合同通则》（PICC）、《欧洲合同法通则》（PECL）和《欧洲民法典草案》（DCFR）均采到达主义。

我国自《合同法》第16条和第26条起明文规定采到达主义。[②] 此外，我国自《合同法》开始，就根据时代的发展，明确规定了数据电文形式意思表示的生效问题。该法第16条第2款明确规定："采用数据电文形式订立合同，收件人指定特定系统接收数据电文的，该数据电文进入该特定系统的时间，视为到达时间；未指定特定系统的，该数据电文进入收件人的任何系统的首次时间，视为到达时间。"只是在这个条文中采用了"视为到达时间"的术语表示。《民法典》继承了这个做法。此次《民法典》对到达主义的表述更为直接，删去了"视为"一词。依据《民法典》第137条第2款的规定，以非对话方式作出的采用数据电文形式的意思表示，相对人指定特定系统接收数据电文的，该数据电文进入该特定系统时生效；未指定特定系统的，相对人知道或者应当知道该数据电文进入其系统时生效。

上述法律规定，即利益衡量与风险分配，均以当事人未做事先安排为前提。若当事人以特别约定预先分配风险，无论选择发出主义抑或知悉主义，法律均不必横加干涉。制定法所提供的意思表示生效之规范，属于任意规范，不具有强制效力。[③]

---

① 以上四种主义的分析，参见朱庆育：《民法总论》（第2版），北京大学出版社2016年版，第210页。

② 参见梁慧星：《民法总论》（第5版），法律出版社2017年版，第179页。

③ 关于强制性规范的分析，王轶教授发表的论文有详细分析，见王轶：《行政许可的民法意义》，载《中国社会科学》2020年第5期。

【关联规定】

《合同法》第16条、第26条

（撰稿人：丁海俊）

第一百三十八条 【无相对人的意思表示生效】 无相对人的意思表示，表示完成时生效。法律另有规定的，依照其规定。

【释义】

本条规定了无相对人的意思表示生效，即在该意思表示完成时生效。当然，本条后一句还规定了无相对人意思表示生效时间一般规则的例外情形，即法律另有规定的，依照其规定。

意思表示的生效规则依据有相对人的意思表示与无相对人的意思表示的区分而有所不同。有相对人的意思表示生效规则规定在《民法典》第137条，本条则规定的是无相对人的意思表示生效规则，即无相对人的意思表示，在意思表示完成时生效。

从这条规定可以得出结论：此处采作出主义理论。究其原因，在于无相对人的意思表示无须发出，当然更加无须到达或者知悉，仅有意思表示完成即可。无相对人的意思表示，多存在于单方行为，因该单方行为的成立仅需一个意思表示的生效即可。需要注意的是，不是所有的单方行为，都是无相对人的意思表示。例如，撤销权的行使、同意（包括事先允许和事后追认）、代理权授予和解除等单方行为，均需向相对人作出。

【关联规定】

《合同法》第16条、第26条

（撰稿人：丁海俊）

第一百三十九条 【公告方式作出的意思表示的生效】 以公告方式作出的意思表示，公告发布时生效。

【释义】

本条规定了公告方式作出的意思表示的生效。即以公告方式作出的意思表示，自公告发布时生效。本条仅仅明确了可以公告的方式作出意思表示，并且采发出主义。但是却没有像第137条和第138条一样规定适用条件，[①] 而本书作者认为如果不对此种意思表示方式的适用条件进行限制，可能会导致此种方式的滥用。借鉴比较法上的经验，似乎应该仅以表意人非因自己的过失而不知道相对人或者相对人的姓名或住所的，方可以公告的方式作出意思表示。并且还应当对本条中的“公告”作限缩解释，即本条中的公告仅指依《民事诉讼法》的规定所作出的公告送达之公告，并非指一切公告形式，如普通广告等。

《德国民法典》第132条称之为“以送达代替到达”[②]，《日本民法典》第98条称之为“依公示的意思表示”[③]，《葡萄牙民法典》第225条称之为“意思表示之公告”[④]，《韩国民法典》第113条称之为“意思表示的公示送达”[⑤]。对比以上各国民法典的规定，可以看出，多数民法典都限制了公告方式意思表示的适用范围，即以表意人不知相对人或者不知相对人的住址为客观条件，有的还要求表意人主观上应为无过失，并且多数民法典还对公告的具体形式进行了限制，即参照当地民事诉讼法的规定之公告，只有葡萄牙民法典的规定比较宽泛，只要求在表意人所在地报章刊登即可。

---

① 也有学者提出了相反的意见，认为无论是从文义解释还是体系解释抑或历史解释的视角来看，不限制公告方式适用范围的观点更有说服力。

② 《德国民法典》第132条规定：“（1）即使意思表示是以法院执行送达员为中介被送达的，也视为到达。依照《民事诉讼法》的相关规定进行送达。（2）表意人并非因过失而不知道意思表示相对人，或者相对人的居留地不明的，可以依照《民事诉讼法》关于公示送达的规定进行送达。”条文翻译参见：《德国民法典》，陈卫佐译，法律出版社2004年版，第41页。

③ 《日本民法典》第98条规定：“（1）意思表示，在表意人无法知晓相对人或者无法知晓其所在时，可以通过公示的方法为之。（2）前项的公示，按照民事诉讼法关于公示送达的规定。”条文翻译参见渠涛编译：《最新日本民法》，法律出版社2006年版，第26页。

④ 《葡萄牙民法典》第225条规定：“表意人对不认识或者不知下落之相对人作出之意思表示，得通过在表意人居住地之一份报章上刊登公示而为之。”条文翻译参见：《葡萄牙民法典》，唐晓晴等译，北京大学出版社2009年版。

⑤ 《韩国民法典》第113条规定：“表意人不知相对人或不知相对人的所在地为无过失时，可根据民事诉讼法的公示送达规定送达。”条文翻译参见：《韩国民法典 朝鲜民法典》，金玉珍译，北京大学出版社2009年版。

我国民法后续在解释上应当明确，并非所有的意思表示均可以公告方式作出，公告方式的意思表示应当具备以下三个要件：第一，表意人客观上不知道相对人或者不知道住址而无法送达；第二，表意人主观上应当是因无过失而不知；第三，公告的形式根据《民事诉讼法》的规定确定。[①]

（撰稿人：丁海俊）

第一百四十条　【意思表示的方式】行为人可以明示或者默示作出意思表示。

沉默只有在有法律规定、当事人约定或者符合当事人之间的交易习惯时，才可以视为意思表示。

【释义】

本条规定了意思表示的方式，即明示的意思表示、默示的意思表示和沉默的意思表示。本条第1款规定了当事人可以自由选择意思表示的形式，既可以是明示的意思表示，也可以是默示的意思表示。而根据本条第2款的规定，沉默只有在法律规定、当事人约定或者当事人之间存在交易习惯时，才可以视为意思表示。

意思表示的形式又称意思表示的方法，是指表意人实施意思表示的方式。从近代民法开始，形式自由就在意思表示和民事法律行为领域取得了胜利。民事法律行为产生法律约束力的原因在于当事人表达出来的意思本身，形式仅仅是民事法律行为发生效力的一个附加条件。[②] 有学者认为，法律行为的形式，是指法律行为的意思表示所使用的方法。[③] 也有学者指出，意思表示的形式一般也是民事法律行为的方式，并指出我国法律此前主要从民事法律行为的角度规定意思表示的形式。[④] 例如，《民法通则》第56条规定："民事法律行为可以采取书面形式、口头形式或者其他形式……"《合同法》第10条第1款规定："当事人订立合同，有书面形式、口头形式和其他形式。"此次《民法典》总则编明文规定了意思表

① 本条更加详细的分析，见丁海俊：《论〈民法总则〉第139条公告意思表示的适用范围与要件》，载《中国矿业大学学报（社会科学版）》2017年第4期。

② 参见［德］卡尔·拉伦茨：《德国民法通论》（下），王晓晔等译，法律出版社2003年版，第555页。

③ 参见梁慧星：《民法总论》，法律出版社2011年版，第164页。

④ 参见苏号朋：《民法总论》，法律出版社2006年版，第265页。

示的形式，以区别于民事法律行为的形式，并且明确了明示形式、默示形式和沉默形式，在理论和立法上都是一个巨大进步。下面依次说明明示形式、默示形式和沉默形式三种意思表示形式。

明示形式是指表意人直接将其意思表示于外的形式，即使用直接语汇实施的意思表示。直接语汇包括口头语言、文字、表情语汇以及特定形体语汇。① 因此，打电话、发传真、发微信，以及拍卖市场中的特定手势等均是意思表示的明示方式。明示形式中最典型的是口头形式和书面形式。有学者认为，审批、登记、认证和公证属于其他形式的明示意思表示形式。②

口头形式是指用对话的方式进行意思表示，包括当面交流、语音通信等。口头形式的优点是简便、迅速，缺点是缺乏书面记载，一旦发生纠纷，不易确定当事人意思表示的内容。因此，口头形式大多适用于即时清结、数额不大的民事法律行为。

书面形式是指以书面文字形式的方式进行意思表示。随着科技的发展，对书面形式的理解和认识发生了很大变化。传统的书面形式是指以有形的书写工具在有形的载体上记载文字的方式进行意思表示。但是，随着数字化以及网络，尤其是移动网络的普及，人们开始广泛地以无纸化的方式进行书面形式的意思表示，如电子数据交换或者电子邮件等。因此，《合同法》第 11 条就对数据电文有了明确规定："书面形式是指合同书、信件和数据电文（包括电报、电传、传真、电子数据交换和电子邮件）等可以有形地表现所载内容的形式。"只是《合同法》中对意思表示形式和法律行为形式未加区分，所以《合同法》第 32 条规定："当事人采用合同书形式订立合同的，自双方当事人签字或者盖章时合同成立。"此条规定，乃对作为法律行为的合同成立的形式要求，而非意思表示形式的要求，即意思表示的生效要件，《民法典》第 137～139 条作了明文规定，其中并未涉及"签字或者盖章"要求。意思表示生效的必要要件，根据《民法典》的规定，分别采作出主义（无相对人的意思表示）、知悉主义（有相对人的对话方式意思表示）和到达主义（有相对人的非对话方式意思表示），但均未设定签字或盖章要求。这完全符合德国民法学家 Leenen 的双层理论，该理论主张，在构建意思表示制度时一定要把保障个人意愿实现这一目标放在首位，在构建法律行为制度时则

① 张俊浩主编：《民法学原理》（上册），中国政法大学出版社 2000 年版，第 234 页。

② 苏号朋：《民法总论》，法律出版社 2006 年版，第 265 页。本书作者认为，批准、登记、认证和公证等形式，属于法律行为形式，而非意思表示形式。根据德国学者 leenen 之"双层六阶段"理论，意思表示的生效与法律行为的生效，分别属于不同层面的问题，该理论的解释参见王琦：《德国法上意思表示和法律行为理论的新发展——兼论对中国民法总则立法的启示》，载《清华法学》2016 年第 6 期。

要对法秩序的要求给予更大的关注，而这正是 Leenen 对意思表示和法律行为严格区分的法理基础。[1] 书面形式的优点是证明力强，可以使当事人的意思表示内容更为确定。另外，书面形式也可以促使当事人三思而后行，以免在进行意思表示时操之过急。

默示形式，又称意思表示的推定形式，是指表意人没有直接使用明示形式进行意思表示，而是通过实施某种特定行为来进行意思表示。德国法理论上又称可推断的意思表示或者通过可推断的行为作出的意思表示。[2] 默示形式实际上是通过行为人实施的积极作为，推断出行为人已经作出某种欲实现民事法律效果的意思表示。例如，将汽车停放在收费停车场、登乘公共汽车、向自动售货机投币等。

沉默形式，是指单纯的不作为，当事人既未明示其意思，也未作出某种可以推定其意思的积极行为。因此，沉默原则上不具有意思表示的价值。不过，在特殊情况下，沉默可以作为意思表示的方式，即在当事人约定或者法律规定意思表示可以用沉默形式作出时。本条第一次明文规定了沉默形式的意思表示的适用规则，即沉默只有在有法律规定、当事人约定或者当事人之间的交易习惯时，才可以视为意思表示。

（撰稿人：丁海俊）

第一百四十一条　【意思表示的撤回】行为人可以撤回意思表示。撤回意思表示的通知应当在意思表示到达相对人前或者与意思表示同时到达相对人。

【释义】

本条规定了意思表示的撤回规则，即意思表示可以撤回。撤回意思表示的通知采到达主义，而且还要求该到达要先于或者同时于要撤回的意思表示。

意思表示的撤回，是指在意思表示生效之前取消意思表示的行为。在无相对人或者相对人不特定的意思表示中，不存在意思表示的撤回。而有相对人的对话方式的意思表示中，意思表示一经作出，相对人通常会立即知悉，也很难有撤回

---

① 参见王琦：《德国法上意思表示和法律行为理论的新发展——兼论对中国民法总则立法的启示》，载《清华法学》2016 年第 6 期。

② ［德］迪特尔·梅迪库斯：《德国民法总论》，邵建东译，法律出版社 2001 年版，第 252 页。

的机会。足见，意思表示的撤回主要存在于有相对人的非对话方式的意思表示情形下，表意人可以利用意思表示发出后与到达前的时间间隔，收回之前发出但尚未生效的意思表示。

意思表示的撤回，在其本质上也是一项意思表示，而且是针对有相对人的非对话方式作出的意思表示的一项否定的意思表示，所以，撤回的意思表示同样适用有相对人的意思表示的一切规则。并且，撤回的意思表示，不必与前项意思表示采取同一形式，故口头的撤回表示也可以阻止书面形式的前项意思表示。之所以如此，是因为撤回表示须不晚于前项意思表示到达，若又再要求采取相同形式，撤回自由将受到极大限制。①

先于前项意思表示的撤回意思表示可以产生前项意思表示的效果，比较容易理解。而对于同时到达的撤回表示，就相对人而言，实际上同时存在两项自相矛盾的意思表示，似乎难以适从。但从表意人方面观察，以一项意思表示否定另一项，说明后项意思表示更能代表表意人的终局决定，在对相对人无所妨碍的前提下，以后项为准，能够最大限度地尊重表意人真意。因而，同时到达，也产生撤回效果。撤回表示只要先于或与前项意思表示同时到达，即生撤回效果，至于相对人先了解哪一项意思表示，在所不问。原因在于，具备知悉之合理期待即为到达，意思表示因此生效，而不必实际知悉，支配领域内的知悉风险，由相对人自行负担。② 我国《合同法》第 17 条和第 27 条，分别规定了作为意思表示的要约和承诺的撤回规则，《民法典》继承了这些规则，并将其扩展到所有的意思表示领域。

【关联规定】

《合同法》第 17 条至第 19 条、第 27 条至第 29 条

（撰稿人：丁海俊）

第一百四十二条　【意思表示的解释】有相对人的意思表示的解释，应当按照所使用的词句，结合相关条款、行为的性质和目的、习惯以及诚信原则，确定意思表示的含义。

无相对人的意思表示的解释，不能完全拘泥于所使用的词句，

---

① 参见朱庆育：《民法总论》（第 2 版），北京大学出版社 2016 年版，第 212 页。

② 参见朱庆育：《民法总论》（第 2 版），北京大学出版社 2016 年版，第 212 页。

而应当结合相关条款、行为的性质和目的、习惯以及诚信原则，确定行为人的真实意思。

【释义】

本条规定的是意思表示的解释的规则。意思表示的解释之所以重要，是因为它是判断法律行为效力的前置步骤。

意思表示的解释的目的有多重。其一为探究隐藏在表示之下的当事人法律行为意思。这种解释的目的是纯粹的对当事人主观意思的查明。其二为对意思表示受领人之理解的探究。这种解释则从意思表示受领人的视野出发，查明特定或不特定意思表示的受领人按照一般的或特定范围内交易上通行的典型意义对该意思表示应作何理解。意思表示究竟应当根据何种方法进行解释？应当区分需受领与不需受领的意思表示而考虑，对无须受领的意思表示，如一般的单方法律行为，以探究表意人主观意思为解释之目的；而对需受领的意思表示，其解释就应从受领人的角度出发，探究受领人的认识可能性，即适用规范解释的原则。本条第2款所规定的即无相对人的意思表示的解释规则，以确定行为人的真实意思作为意思表示解释所追求的目标，亦即主观解释。而本条第1款即有相对人的意思表示的解释，以不特定第三人可理解的含义为解释的目标，亦即客观规范解释。

之所以作出这样的区分，是因为有相对人的意思表示需要顾及相对人对该意思表示的理解可能性，也因此可能具有值得保护的信赖，在这种情形下，不能仅以表意人主观真实意思来确定意思表示的含义，而应当考虑相对人可理解的意思，即意思表示的规范意义。而对无相对人的意思表示，由于不涉及相对人的信赖利益保护的问题，因此应按照表意人的真意赋予其意思表示的法律效果，如果表意人所使用的词句未能准确地反映其真意，则不应拘泥于该词句，而应当探求表意人的真意。

《德国民法典》第133条规定：“在解释意思表示时，必须探究真意，而不得拘泥于词句的字面意义。”意思表示的解释及合同的解释都应该探求真意，而非局限于表达的字面意义，由此确定了主观解释方法。而《德国民法典》第157条规定：“合同必须照顾交易习惯，以诚实信用所要求的方式予以解释。”这一规定虽然是针对合同的解释而言，但并不仅适用于对合同条款内容的确定，而是适用于一切需受领的意思表示，由此确定了客观解释方法。但在《德国民法典》中并未确定此两条适用的情形，而是通过学理确立了区分需受领或不需受领的意思表示而分别适用的规则。相比之下，我国明确了两种不同意思表示解释的方法所适用的情形，值得肯定。

在进行意思表示的解释过程中，解释的方法或手段首先应当是所使用的词句；而在词句存在歧义、不清晰或互相矛盾的情形下，则应适用体系解释的方法，从相关条款中找到符合体系的含义；若依然无法确定，则应进行目的解释，依据法律行为的性质和客观目的进行解释；最后是符合习惯及诚实信用原则的解释，这通常是作为对解释结果进行调控的手段而存在，即当解释出来的其中一种含义可能存在违背习惯或诚实信用原则的情形时，通常不应以此作为解释的结果。

【关联规定】

《合同法》第125条

（撰稿人：王天凡）

第三节　民事法律行为的效力

第一百四十三条　【法律行为的有效要件】具备下列条件的民事法律行为有效：

（一）行为人具有相应的民事行为能力；

（二）意思表示真实；

（三）不违反法律、行政法规的强制性规定，不违背公序良俗。

【释义】

本条规定的是法律行为的有效要件。本条前身是《民法通则》第55条，该条以当时的法释义学认识水平为基础，将部分类型的法律行为的生效通道的几个关键节点标示了出来，在立法史上发挥了积极的作用。但以今日的眼光来看，本条不能再被看作法律行为生效的“总闸条款”，它只是为法律行为的生效判断提供了一个粗略的指引。

这是因为，本条远远不足以覆盖法律行为生效的全体情形。一方面，不同法律行为有不同的生效前提，如合同的生效前提和单方法律行为的生效前提就不同；另一方面，同一类型的法律行为也有不同的生效通道，如经由代理人实施的法律行为，既可以通过被代理人的事前同意（代理权）而生效，也可以通过被代理人的事后追认而生效，还可以在缺乏许可时基于表见代理权而生效（《民法典》第172条）。民法对法律行为生效的规制体系并不是本条能完整反映的，下文将试图把这一体系在法释义学和实证法上的轮廓勾勒出来。

本条的用语“民事法律行为有效”对应于经典民法中的“法律行为生效”概念，对此需加阐释。法律行为的一般生成历程可分为三个阶段，即首先是法律行为的成立，其次是法律行为的生效，最后是法律行为的效果发生。[①] 这三个阶段在逻辑上层层递进，相互衔接，民法对各个阶段的规制各不相同，不能混为一谈。本条体现的是民法对法律行为生效阶段的规制。

首先必须区分法律行为的成立和法律行为的生效。法律行为的生效预设了法律行为的成立，一个根本未曾成立的法律行为谈不上生效与否。因此，在适用本条之前，应首先判定是否有法律行为的成立。

法律行为是由意思表示创设的，所以法律行为的成立取决于相关意思表示的生效，具体过程又因单方法律行为或多方法律行为而异。单方法律行为只需一个意思表示即可成立（《民法典》第134条第1款后半句），所以单方法律行为在用于创设它的表示生效时即成立（到达相对人或者表示完成）；多方法律行为的成立需要多个意思表示（《民法典》第134条第1款前半句），现实中最重要的多方法律行为——合同的成立预设了缔约双方经由要约和承诺达成合意。

法律行为的生效意味着法秩序对（已成立的）法律行为的认可，从法律行为的生效可以看出私法世界中私人意愿和法秩序这两种力量的互动作用。个人通过意思表示创设法律行为，完成必要的准备工作；随后法秩序对法律行为检验鉴定，如果确认法律行为并不应被禁止，那么法秩序将放行法律行为令其生效。在现实绝大多数情形中，法秩序都认可个人意愿，允许法律行为生效并为之提供支持和保障。但同样可能的是，法秩序拒绝认可私人意愿，不允许法律行为生效。

随后，还应将法律行为的生效和法律行为的效果发生区别开来。《民法典》第158条、第160条规定的“生效条件”和“生效期限”，涉及的并非法律行为的生效，而是法律行为的效果发生。一个未获法秩序认可的法律行为（如该行为违背法规禁令），即便在它所附有的所谓“生效条件”成就或者“生效期限”届

---

① 对这三阶段的区分，见 Leenen：BGB AT Rechtsgeschäftslehre，2. Aufl. 2015，Kap. 3 Vormerkung；王琦：《德国法上意思表示和法律行为理论的新发展——兼论对中国民法总则立法的启示》，载《清华法学》2016年第6期；张芸：《单方法律行为理论基础的重构与阐释——兼论民法总则法律行为规范的若干重难点问题》，载《清华法学》2017年第4期；王琦：《论民法典的规范技术——以〈民法总则〉为主要例证的阐释》，载《北大法律评论》第19卷第1辑，北京大学出版社2019年版；王琦：《论合意成约：重构合同法上的合意制度——合同成立的一般理论》，载《中德私法研究》第18卷，北京大学出版社2019年版。

至时，也不能生效。同理，一个获得法秩序认可的法律行为，在“生效条件”成就或者“生效期间”到来后处于已经生效的状态。

举例而言，房东和房客在3月1日签订租房合同，约定房客在6月1日入住并支付租金。按照合同约定，双方的履行请求权在6月1日才产生，但是合同不是在那时生效，而是在3月1日已经生效。这也可以更好地解释，为什么一方面主给付义务直到6月1日才产生，另一方面在那之前双方已经互负一系列的从给付义务和附随性的注意义务、保护义务，前者是法律行为因附开始期限而效果延迟的体现，后者则是法律行为生效的明证。

法律行为的成立、生效、效果发生这三个阶段的区分，以形象易懂又逻辑严密的方式勾画出了一幅法律行为的生成全景图，可以为用法者准确理解和运用民法中的有关规则提供有益的指引。下面逐项阐释。

1. “行为人具有相应的民事行为能力”

在总则编的规制体系中，行为能力对法律行为生效的影响较为复杂。理解的关键在于将本法第144条、第145条与第143条的关系厘清。

如果行为人无行为能力，那么第143条、第145条的适用将被排除。按照本法第144条（“无民事行为能力人实施的民事法律行为无效”），无行为能力人被排除于法律行为世界之外。[①]

如果行为人为限制行为能力人，则需根据所实施的法律行为来具体判定，限制行为能力人是否拥有对法律行为生效所必要的相应的民事行为能力。对此提供答案的并非第143条，而是第145条，此时应将第143条和第145条共同适用。第145条区分了无待许可的法律行为和有待许可的法律行为。

无待许可的法律行为包括三种：第一种是纯获法律上利益的行为；第二种是中性行为；第三种行为的特征在于，它虽然会给限制行为能力人带来法上非利后果，但这一非利后果“与其年龄、智力、精神健康状况相适应”。对这三类法律行为而言，限制行为能力人“具有相应的行为能力”，法律行为的生效无待其法定代理人的许可。

在这三种情形之外，则是有待许可的法律行为，即该法律行为不仅会给限制行为能力人带来法上非利后果，而且这一后果超出了行为人的“年龄、智力、精神健康状况”所允许的范围。对这一类法律行为，行为人不具有“相应的行为能力”，它的生效——正如其名称所提示的——有待行为人的法定代理人的许可

---

① 详细分析见王琦：《德国法上意思表示和法律行为理论的新发展——兼论对中国民法总则立法的启示》，载《清华法学》2016年第6期。

（事前同意或事后追认）。如果法定代理人拒绝追认，那么法律行为确定地不生效；如果获得许可，那么法律行为的状态等同于完全行为能力人实施的法律行为。需注意的是，法定代理人的许可并非限制行为能力人实施的法律行为的“生效令牌”，其作用仅仅是满足法律规定的特殊生效前提，一个获得法定代理人许可的法律行为同样可能因其内容或其他事由而无法生效或者被撤销。①

2. “意思表示真实”

“意思表示真实”预设了意思表示的有效，一个不生效的意思表示无法使得法律行为成立，本条也就失去了可适用的对象。“意思表示真实”这一用语并不准确，准确的表达方式应为经典民法学中的“无意思瑕疵”。在《民法典》中，意思瑕疵的后果被规定在第146条第1款（通谋虚伪行为），第147条至第150条（重大误解、欺诈、胁迫），这一部分法条在民法学中通常被称为“意思瑕疵法”。②

由此，本条第2项真正想表达的毋宁是用来创设法律行为的意思表示并未发生意思瑕疵，这时可以确认，不会有意思瑕疵的介入，对法律行为的生效可按照通常流程进行。反而言之，如果出现意思瑕疵，则应当优先适用意思瑕疵规定。首先必须查明出现的是哪种意思瑕疵。

如果出现的是“故意的意思瑕疵”即所谓的“意思保留”，那么意思表示无效，不会有法律行为因之而成立。③ 经典民法中的意思保留一共有三种，即“相对方知晓的内心保留”“通谋虚伪行为”“欠缺真意”。本法总则编只将通谋虚伪行为规定于第146条第1款，对另外两种并未明确规定。基于这三种情形的本质相似性，即一方面表示人缺乏按照其表示内容实施法律行为的真意，另一方面相对方没有需要保护的合理信赖，所以可将第146条第1款类推适用至其他两类意思保留。

法律后果与之不同的是“非故意的意思瑕疵”，即第147条规定的重大误解和第148条至第150条规定的欺诈、胁迫。这一类意思瑕疵事实上并不影响法律行为的生效，法律对它们的规制体现在赋予表示人以撤销权，即第147条至第151条所说的“有权请求人民法院或者仲裁机构予以撤销”。这意味着，表示人可以选择行使撤销权，由此法律行为将被视为自始无效；也可以选择不行使，此时法律行为的效力将完全正常，就像意思瑕疵根本不存在那样。

联系意思瑕疵法的规定可以看出，《民法典》第143条第2项所要求的“意

① 例如，如果与未成年人缔结的买卖、租赁合同的标的物是淫秽、暴力、凶杀、恐怖、赌博等毒害未成年人的图书、报刊、音像制品，那么即便法律行为获得未成年人的法定代理人的许可，也不能生效（因为违背《未成年人保护法》第34条的禁令）。

② 详见龙卫球：《民法总论》，中国法制出版社2002年版，第484页以下。

③ Leenen, BGB AT Rechtsgeschäftslehre, 2. Aufl. 2015, § 6 Rn. 74.

思表示真实”排除的仅仅是故意的意思瑕疵。非故意的意思瑕疵，按照《民法典》第 147 条至第 150 条的规定，并不妨碍法律行为的生效，它们的特殊性毋宁在于，法律行为虽可生效但必须面对撤销权的威胁。

3. “不违反法律、行政法规的强制性规定，不违背公序良俗”

本条第 3 项的排除对象可以被称作法律行为的一般性生效阻却要件。“一般性”意味着，它们对所有类型的法律行为都具有可适用性，既适用于单方法律行为，也适用于多方法律行为，尤其是合同；“阻却要件”意味着，只要它们出现，法律行为就不生效。从逻辑上而言，阻却要件的介入，是法律行为不生效的充分条件。通过运用阻却要件这种规制技术，法秩序为民事主体划定了私人自治的界限，法秩序对这一越界的否定性评价即体现在令法律行为无法生效上。

需注意的是，本条第 3 项的列举并不完全。在总则编中，法律行为的一般性生效阻却要件包括三类，第 3 项中只提及了其中两类，即“违反法规禁令”和“违背公序良俗”（详见第 153 条的释义），第三类是“形式瑕疵”或者说“要式缺乏”，这一类阻却要件可从本法第 135 条的规范内涵中提取出来，具体规定多见于本法的其他部分。

在总则编范围内还有两类法律行为，对它们的生效，法律在本条之外作出专门的规定。

第一类是单方法律行为的撤销。法律对撤销行为规定了专门的生效前提，即撤销权的存在。没有撤销权支持的撤销行为，即便具备本条的所有条件也无法生效。而撤销权的存在预设了，一方面撤销权必须基于一种撤销基础事由而产生，另一方面撤销权必须未消灭。《民法典》将撤销权的产生规定于第 147 ~ 151 条，将（已产生）撤销权的消灭规定于第 152 条。

第二类是经由委托代理人实施的法律行为，它也属于前文已经提到的有待许可的法律行为，其生效预设了代理人的许可。这种许可既可以代理权的形式出现（功能上等同于事前同意），包括意定代理权（第 165 条以下）和表见代理权（第 172 条）；也可以事后追认的形式出现（第 171 条第 1 款）。

如果涉及的法律行为是上述其中的一类，那么在进行生效判断时必须注意，它是否满足本条以外的相关规则设定的特殊生效前提。

【关联规定】

《民法通则》第 55 条，《民法总则》第 143 条

（撰稿人：王琦）

第一百四十四条　【无行为能力人实施的法律行为】无民事行为能力人实施的民事法律行为无效。

【释义】

第144条规定的是无民事行为能力人在法律行为交往中的地位。为了保护无民事行为能力人，法律通过第144条将其隔离于法律行为交往之外。本条背后的考量是，在以私域自治或者说自愿为原则（第5条）的法律行为世界中，法秩序对自然人实施法律行为通常都采取鼓励的态度，不会设定特别的限制。但是考虑到法律行为世界中有机遇、更有风险，出于保护目的，法秩序对自然人参与法律行为交易设置了一个“入门资格”，这个“入门资格”就体现在民事行为能力制度当中。具有（完全）民事行为能力（第18条），意味着获得了在法律行为世界中不受限的“玩家资格”，“可以独立实施法律行为”（第18条第1款后半句）。如果完全或者部分欠缺“玩家资格”，就出现所谓的“无民事行为能力人”或者“限制行为能力人”，对前者适用第144条，对后者适用第145条。

第144条可以分为其构成要件（法前提）和法律后果两部分，构成要件对应“无民事行为能力人”，法律后果对应“实施的民事法律行为无效”，下面分别释义。

第144条的适用预设了自然人无民事行为能力。无民事行为能力有两种构成可能性，第一种可能性是基于年龄，即自然人未满八周岁（第20条前半句：“不满八周岁的未成年人为无民事行为能力人”）。第二种可能性是基于精神功能障碍，这种精神功能障碍必须持续性地严重到使自然人“不能辨认自己行为”（第21条）。如果达不到这一程度，那么至多是构成限制行为能力，即第22条所说的“不能完全辨认自己行为”。从证明责任的角度来说，哪方主张行为人为民事行为能力人，哪方就必须证明该人要么在实施法律行为时未满八周岁（第20条），要么患有严重到使其“不能辨认自己行为”的精神功能障碍（第21条）。[①] 前者通常并无困难，后者的证明通常需要专业鉴定人的介入。

就所谓的“灵光时刻”则由相对方承担证明责任。“灵光时刻”涉及的是基于严重精神障碍的无行为能力人，其意义在于，该自然人虽然长期处于严重精神功能障碍（并因此不具备行为能力），但是在实施法律行为的时刻却恰好处于精神正常的状况（“灵光”）。如果相对方能够证明“灵光时刻”的存在，则可以排

---

① 《民通意见》第5条有稍详细的规定。

除第144条的适用。[①] 关于“灵光时刻”的一般规则，在实证法上可以通过逆推《民通意见》第67条第1款得出（“间歇性精神病人的民事行为，确能证明是在发病期间实施的，应当认定无效”），即不能证明法律行为是在发病期间实施的，应当认定有效。

一旦确认自然人为无行为能力人，就会出现一系列的法律后果，最基本的法律后果是利害关系人可以申请法院认定该人为无民事行为人或者限制行为能力人（第24条第1款），确定监护人（第26～39条），以及监护人取得对被监护人的法定代理权（第23条、第163条第1句第2类，第163条第2款第2句）。考虑到无行为能力人有参加法律行为交易的需求，第20条后半句规定，“由其法定代理人代理实施民事法律行为”。但是，事实上无法避免而且也正因此有待规制的是无行为能力人主动参与法律行为的情况，也就是无行为能力人不经由其法定代理人而是自行主动发出意思表示，或者他人直接以无行为能力人为相对方（而非其法定代理人）发出意思表示，这才是第144条在法律后果层面所针对的问题。

法律行为由意思表示创设，[②] 所以实施法律行为无非意味着作出意思表示，或者作为他人意思表示的相对人受领意思表示。可惜第144条并未对这两个场景分别展开规范，而只是笼统地规定“实施的民事法律行为无效”，但是结合第144条对无民事行为能力人的保护目的，参考以《德国民法典》为代表的大陆法系经典民法之规定，应该通过解释使得第144条的规范内涵向这两个场景展开。[③] 按照这种解释路径，第144条中的“实施的民事法律行为无效”有两重内涵。

第一，就意思表示的发出这一场景而言，无行为能力构成了意思表示的生效阻却要件（Wirksamkeitshindernis）。例如，一个承诺表示（作为订立合同的意思表示）或者一个合同解除的意思表示即便到达相对人，但只要表示人无行为能力人，那么该意思表示依据第144条遭遇生效阻却。在这方面，我国民法典第144条与《德国民法典》第105条第1款（其条文为“无行为能力人作出的意思表示无效”）的功能相类似。

另外，证成无行为能力的精神功能障碍限于长期性的精神异常，暂时性的精神状态异常如高度醉酒、服用麻醉药品或者高烧、其他疾病虽然不足以证成无行为能力，但是对处于这一状态下的暂时失去了自我负责能力的自然人，同样有保

---

① Spickhoff：Münchener Kommentar zum BGB 8. Auflage 2018 Rn. 29.

② Detlef Leenen：BGB Allgemeiner Teil：Rechtsgeschäftslehre，2.，neu bearbeitete Auflagg § 4 Rn. 105；王琦：《德国法上意思表示和法律行为理论的新发展——兼论对中国民法总则立法的启示》，载《清华法学》2016年第6期。

③ 王琦：《论民法典的规范技术——以〈民法总则〉为主要例证的阐释》，载《北大法律评论》第19卷第1辑，北京大学出版社2019年版，第43页。

护之必要。恰当的做法是将第144条类推适用于此类情况，使得因暂时性精神功能异常之人所作出的意思表示无效。比较法上的立法例见《德国民法典》第105条，该条首先在第1款规定“无行为能力人作出的意思表示无效”，紧接着在第2款规定“同样无效的是在无意识状态下或者暂时性精神功能障碍状态下所作出的意思表示”。在司法解释层面，《民通意见》第67条第2款作出了相似的规定，其条文为“行为人在神志不清的状态下所实施的民事行为，应当认定无效”。在实践中，法院对这一规则的适用总体而言比较严格，如表示人主张自己系饮酒后神志不清状态下作出意思表示，那么除非确能证明达到高度醉酒完全失去辨别能力的程度，否则法院一般不会适用《民通意见》第67条第2款认定意思表示无效。①

第二，就他人作出的意思表示的受领这一场景而言，第144条的内涵在于将意思表示的“到达目的地”变更为无行为能力人的法定代理人。举例而言，无行为能力人租住房屋的出租人向无行为能力人发出终止租赁合同的意思表示，这一意思表示旨在创设一种会给承租人带来较大不利后果的法律行为（合同终止）。由于欠缺行为能力，不能指望行为人对此作出恰当回应，因此，合理的做法是将意思表示的“到达目的地”变更为承租人（无行为能力人）的法定代理人，由此该意思表示的法律后果直到到达法定代理人才有望发生。在这方面，第144条与《德国民法典》第131条第1款（其条文为“对无行为能力人所作的意思表示，在到达其法定代理人之前不生效”）的功能相类似。

需要专门分析的是《民通意见》第6条，其条文为“无民事行为能力人、限制民事行为能力人接受奖励、赠与、报酬，他人不得以行为人无民事行为能力、限制民事行为能力为由，主张以上行为无效”。这一古旧的司法解释不仅在构成要件（什么是接受奖励、报酬?）和法律后果上都异常模糊不清（什么是他人不得主张?），而且一眼看来与第144条之间存在矛盾冲突，因为前者似乎是在一定范围内承认了无民事行为能力人自行作出的意思表示能够生效。从目的上看，《民通意见》第6条主要是为了保证无行为能力人可以就纯获法律上利益（条文中的“奖励”“赠与”）的法律行为提出主张，或者保证其在提供一定劳动后能够请求相对方支付对价。这一条专门规定一眼看来十分直白，便于使用。但是如果进行深入分析就会发现，该规定在一种情况下并非必要，在另外一种情况下却不应当适用。这两种情况的区别在于，在案件中是否可以认定无行为能力人的监

① 如倪甲等与上海市青浦区徐泾镇人民政府确认合同无效纠纷上诉案，上海市第二中级人民法院（2013）沪二中民二（民）终字第1326号民事判决书。

护人（作为其法定代理人）对争议的交易作出了代理。

如果在个案中可以认定无行为能力人的监护人对争议的法律行为作出了代理（第20条后半句），如意思表示其实是由代理人作出，无行为能力人仅仅是发挥了“表示方信使”的作用，那么此时按照代理行为生效的一般规则（第162条），在无行为能力人和相对人之间本就存在有效的法律行为，此时相对人按照法律行为负有履行义务，自然不能以“行为人无行为能力”拒绝履行。实践中的典型案例涉及父母对未成年子女的赠与，如父母在离婚时，双方约定将财产赠给未成年的子女作为对夫妻共有财产的一种处理方式，之后发生争议，父母其中一方起诉要求返还赠给子女的财产，法院在驳回该请求时，经常会援引《民通意见》第6条。[①] 这虽然不算错，但却是不必要的。因为在这种情况下，无行为能力人的父母一方面作为赠与方作出了赠与的意思表示，另一方面作为受赠方的法定代理人作出了接受赠与的意思表示（双方代理的例外），所以双方间成立了赠与合同且该赠与合同已经履行完毕，赠与方自然没有请求返还赠与财产的请求权。

另外一种情况是不能认定无行为能力人的法定代理人对争议的交易作出了代理。最典型的情况是，监护人对争议的交易或明示或默示地表达了拒绝。此时出于尊重监护人的监护权以及确保监护人能够发挥教护功能的目的（第34条），应当适用第144条的一般规则，即无行为能力人自行实施的法律行为无效。从后果上来说，无行为能力人无权向相对人提出请求，在这一范围内，《民通意见》第6条应当让步于第144条。

【关联规定】

《民法通则》第58条，《民法总则》第144条

（撰稿人：王琦）

第一百四十五条　【限制行为能力人实施的法律行为】限制民事行为能力人实施的纯获利益的民事法律行为或者与其年龄、智力、精神健康状况相适应的民事法律行为有效；实施的其他民事法律行为经法定代理人同意或者追认后有效。

---

① 典型案例为王某溢诉王某州赠与合同纠纷案，福建省厦门市中级人民法院（2012）厦民终字第3211号民事判决书；类似的如孟某、欧某敏申请执行人执行异议之诉案，广西壮族自治区高级人民法院（2016）桂民再95号民事判决书。

相对人可以催告法定代理人自收到通知之日起三十日内予以追认。法定代理人未作表示的，视为拒绝追认。民事法律行为被追认前，善意相对人有撤销的权利。撤销应当以通知的方式作出。

【释义】

第 145 条围绕着限制行为能力人在法律行为交易中的地位展开，第 1 款规定限制行为能力人所独立实施的法律行为的效力，即以有待法定代理人许可为原则（第 1 款第 2 分句），无待许可为例外（第 1 款第 1 分句）。第 2 款则基于地位对等和“武器平等”原则，赋予了有待许可的法律行为的相对人以催告权（第 2 款第 1、2 句）和撤销权（第 2 款第 3、4 句）。与第 144 条一样，第 145 条同样分为构成要件和法律后果两部分。

第 145 条适用的前提有二。第一项前提是行为人为限制行为能力人。限制行为能力人的构成同无行为能力人的构成一样，有两种可能性。第一种可能性是基于年龄，即“八周岁以上的未成年人”（第 19 条），但不包括十六周岁以上且以自己的劳动收入为主要生活来源之人（第 18 条第 2 款的除外规定）。第二种可能性是基于精神状态，即第 22 条所说的“不能完全辨认自己行为”，这指的同样是持续性的精神功能异常，但是这种精神功能异常又没有达到使自然人全部失去辨认能力的程度（否则就会构成无行为能力，第 21 条）。

第 145 条适用的第二项前提是限制行为能力人自行实施法律行为。如果限制行为能力人的监护人作为其法定代理人替其实施法律行为（第 19 条第 1 分句、第 22 条第 1 分句），那么适用代理行为的规则（第 162 条），无第 145 条的适用。第 145 条仅仅适用于限制行为能力人不经由其法定代理人自行实施法律行为的情况，首先指的是主动发出意思表示的情形。

将第 145 条和第 144 条的法律后果作一对比就能发现，限制行为能力人自行实施的法律行为的效力前景远比无行为能力人自行实施的法律行为的效力前景要复杂，即并非当然无效，而是存在有待许可和无待许可两种前景。这两种前景体现了法秩序在两组彼此间具有一定紧张关系的规范目的间作出平衡的努力，即一方面要保护限制行为能力人和使得监护人能够发挥作用，另一方面要为限制行为人参与法律行为交易创造必要的自由空间，尤其使得基于年龄的限制行为能力人即成长中的未成年人能够逐步接触法律行为、积累经验。为了兼顾这两组目的，第 145 条设计了一套较为精细化的方案即区分两种情况。第一种情况是，对限制行为能力人自行实施的相对简单、风险在可接受范围内的法律行为，法秩序为其免除了法定代理人的许可（事前同意或事后追认），这类法律行为作为无待许可的法律行为，适用生效的一般规则，即如果没有出现一般生效阻却要件，包括违反法规禁令（第153条第1款）、违背公序良俗（第153条第2款），未被实际履行补正的要式缺乏（第490条第2款及其类推适用），就可以生效，这类行为规定在第145条第1款第1分句。第二种情况是，限制行为能力人自行实施的法律行为给其带来显著不利后果，法秩序对其设置了一个特别的生效必要要件作为控制，即法定代理人的许可。法定代理人的许可构成法律行为生效的第一道闸门，如果没有获得法定代理人的事前同意，那么法律行为进入生效待定的状态，法律行为能否通过第一道闸门取决于法定代理人是否事后追认。这一道闸门的引入使得限制行为能力人作为不具有完全意思能力的主体能够获得强化保护，其监护人也能对其进行约束。但需要特别强调的是，“法定代理人同意或者追认”并非法律行为的生效令牌，其意义仅仅在于使得法律行为通过第一道生效闸门，即便通过这一道闸门，后面还有第二道闸门，即法律行为生效一般阻却要件（法规禁令、公序良俗、要式缺乏）。一个有待许可的法律行为，即便获得必要的许可，只要违反法规禁令、违背公序良俗，同样会遭遇生效阻却。[①] 总结来说，无待许可的法律行为和有待许可的法律行为的共性在于，两者都处于法秩序的一般性控制之下（即对其都适用法律行为的生效一般阻却要件）；两者的区别在于，后者还面临“法定代理人的许可”这一特殊生效必要要件的控制。

如上所述，限制行为能力人实施的无待许可的法律行为规定在第145条第1款，其中又包括两类。第一类对应于条文的“纯获利益的民事法律行为”，即传统民法理论上所谓的法律上纯获利益的行为。[②]“纯获法律上利益”意味着仅仅获得权利（如赠与）或者免除义务（如债务免除），这区别于“经济上纯获利益”，如限制行为能力人缔结了一项投资性质的合同，即便从经济视角下来看合同确能为其带来远超过付出的收入，但是只要该合同使得行为人负担义务（如出资义务），那么这就不属于法律上纯获利益的行为。第二类则是虽然会带来法上不利后果，但是该不利后果不具有显著性的法律行为。显著性的判断需要综合权衡主观和客观标准，主观标准在第145条第1款获得了列举，即交易与行为人的年龄、智力、精神健康状况是否相适应，客观标准在实证法上的依据为《民通意见》第

① 参见张芸：《单方法律行为理论基础的重构与阐释——兼论民法总则法律行为规范》，载《清华法学》2017年第4期。

② Staudinger/Klumpp（2017）BGB § 107 Rn 4.

3 条，即“行为与本人生活相关联的程度”“行为标的数额”。[①]

在以上之外，则是有待许可的法律行为，对应于第 145 条第 1 款第 2 分句：“实施的其他民事法律行为经法定代理人同意或者追认后有效”。该分句中的“其他民事法律行为”排除的正是第 1 分句中的行为。结合上文的论述，我们可以将其界定为会给限制行为人带来显著法上不利后果的行为。这里的关键在于法上不利后果是否达到显著性的程度，如果未达到，则属于第 1 分句意义上的无待许可的法律行为。在个案中需要按照上文举出的主客观标准进行综合权衡。比如，如果交易与限制行为能力人的日常生活密切相关（如采购日用品、食物，理发），则支持将其归入无待许可的法律行为（第 1 分句）；反过来，如果交易与其日常生活的关联度很低，如大额贷款或借款，房屋买卖、赠与、为他人债务提供担保，那么通常应当将其行为归入有待许可的法律行为（第 2 分句），除非行为人在主观上有足够的辨别能力。对标的数额可以作同样的评判。另外，行为人的精神状况越正常，交易客观上的后果就必须越重大，才能证成该行为属于有待许可的法律行为。

当特定交易的归类难以判断时，应当借助本条的“原则—例外”关系来进行决疑。依照第 145 条的目的，其“原则—例外”关系为，限制行为能力人自行实施的法律行为如果会给其带来法上的不利后果，那么应当以有待许可为原则，以无待许可为例外。[②] 因此，在疑难案件中，应当优先选择将争议交易评价为第 145 条第 2 分句的“其他民事法律行为”即有待许可的民事法律行为，使得行为人能够获得特别保护，也使其监护人能够发挥教护作用。

如果确认限制行为能力人自行实施的法律行为属于有待许可的行为，那么其能否生效取决于是否有法定代理人的事先同意或者事后追认。同意和追认的法律属性为单方法律行为，由同意或者追认的意思表示创设，该意思表示既可以明示的方式作出（如事前或者事后出具授权书），也可以默示的方式作出（如协助限制行为能力人着手履行交易）。沉默按照第 140 条第 2 款的规定只有在例外的情况下才构成相应的意思表示。至于该意思表示应向谁作出，是只能向交易相对人作出，还是可以向有待许可的法律行为的任何一方作出（即包括限制行为能力人），尽管《最高人民法院关于适用〈中华人民共和国合同法〉若干问题的解释（二）》第 11 条（“根据合同法第四十七条、第四十八条的规定，追认的意思表示

---

① 朱某汀与杨某合同纠纷上诉案，河南省郑州市中级人民法院（2018）豫 01 民终 1537 号民事判决书：限制行为能力人以 5888 元的价格购买 iPhone 手机的行为被法院认定为有待许可的法律行为。

② 详细分析见王琦：《论民法典的规范技术——以〈民法总则〉为主要例证的阐释》，载《北大法律评论》第 19 卷第 1 辑，北京大学出版社 2019 年版，第 50 页以下。

自到达相对人时生效，合同自订立时起生效”）给人一种倾向于前者的印象，但是更恰当的解释是不将该条解释为排除性的规定，而毋宁是对两种可选项中之一种的强调。也就是说，同意或者追认的表示既可以向交易相对人，也可以向限制行为能力人作出，这不仅在比较法上有依据（《德国民法典》第182条第1款），而且在司法判决中也能找到支撑。[①] 同意和追认作为单方法律行为，其生效的专门前提是许可人享有许可权（源自法定代理权）。正因为同意和追认属于单方法律行为，所以无待相对人作出接受的表示，也就是说即便相对人拒绝，也不影响同意和追认行为效果的发生。[②] 同意和追认的效果在于，使得有待许可的法律行为通过第一道生效闸门，只要没有出现法律行为生效的一般阻却要件，那么该法律行为一般将生效。另外，按照《最高人民法院关于适用〈中华人民共和国合同法〉若干问题的解释（二）》第11条末段，获得追认的合同“自订立时起生效”，也就是说追认具有某种回溯力，使得有待许可的法律行为被拟制为自成立起生效，就好似效力待定的阶段不存在那样。[③] 当然除了追认，法定代理人有权选择拒绝追认，拒绝追认的后果是使得起先效力待定的法律行为终局性地不生效。

第145条第1款为限制行为能力人量身定制了特别保护，但这同时也引发了值得注意的问题：有待许可的法律行为如果没有获得法定代理人的事前同意，那么自成立起进入生效待定状态，其能否生效首先取决于法定代理人是否追认。这种生效待定、前途未卜的状态在法世界中是一种“异常现象”，对交易相对人有着很大的不确定性，而且如果法定代理人拖延作出回应，这种“异常状态”甚至可能无限期地持续下去。所以基于“利益调和”以及“武器平等”（Waffengleichheit）的考量，第145条第2款为交易相对人设计了两种对抗性的机制，分别是催告（第2款第1、2句）和撤销权（第2款第3、4句）。

通过第145条第2款第1句规定的催告，交易相对人可以加速终结法律行为的生效悬置状态。催告的性质是一种准法律行为，其法律后果体现在，自催告通知到达法定相对人之日起，开始一段时长为30日的期间，如果在这段时间内，法定代理人没有回应，那无论其真实意思为何，其行为都构成对追认的拒绝（第145条第2款第2句），使得法律行为确定地不生效。这也是第140条第2款第1类意义上的沉默依据法律规定构成意思表示的一种类型。通过这种设计，法律为

---

① 济南鸿兴置业有限公司与牛某等房屋买卖合同纠纷上诉案，山东省济南市中级人民法院（2016）鲁01民终4197号民事判决书，法院认为“被代理人通过事后向无权代理人明确授权的方式使无权代理人获得代理权，亦可以构成有效的追认”。

② 有关判决见叶某与广州市晓锋房地产有限公司房屋买卖合同纠纷上诉案，广东省广州市中级人民法院（2016）粤01民终16458号民事裁定书。

③ MüKoBGB/Bayreuther, 8. Aufl. 2018, BGB § 184 Rn. 12.

手握追认权的法定代理人施加了及时行动的压力，法定代理人如果想避免自己的行为依据第145条第2款第2句构成拒绝追认，就必须在期间内作出追认的意思表示。

第145条第2款第3、4句则直接赋予了交易相对人主动从交易中脱身而出的办法，即行使撤销权。此处的撤销不同于第147～152条意义上作为意思瑕疵后果的撤销，其效果在于使得一个效力待定的法律行为终局确定不生效，这反映了一种“武器平等”的立场，即可以使得效力待定的法律行为终局确定不生效的不仅仅是限制行为能力人一方的法定代理人（通过拒绝追认），也包括限制行为能力人的交易相对人一方（通过撤销）。第145条第2款第3、4句意义上的撤销同样是一种单方法律行为，由撤销的意思表示创设（对应于第2款第4句：“撤销应当以通知的方式作出”），撤销表示既可以向限制行为能力人作出（参考《德国民法典》第109条第1款第2句），也可以向其法定代理人作出。撤销行为生效的前提是相对人值得保护，这体现在条文中就是善意要件（“善意相对人有撤销的权利”）。关于善意的标准，如果相对人实际上知道行为人行为能力受限而且并未获得其法定代理人的同意，自然不满足善意的前提。有疑问的是，相对人虽然实际上不知情但对此具有过失（即应当知道），这对撤销权的产生是否有影响？按照《德国民法典》，这种情况相对人依然享有撤销权，即基于过失的不知（fahrlässige Unkenntnis）不妨碍相对人的需受保护性。① 但是按照我国法上关于善意的一般界定，重大过失足以排除善意的构成。② 也就是说，如果相对人对相关事实的不知情具有重大过失，那么就并非善意，因此也不享有撤销权。可以依据第145条第2款第3句撤销的只能是处于效力待定状态即尚未获得追认的法律行为，如果法定代理人作出的追认意思表示早于相对人作出的撤销表示，那么主法律行为已经生效，无法再被撤销。

【关联规定】

《民法通则》第58条，《合同法》第47条

（撰稿人：王琦）

---

① MüKoBGB/Spickhoff, 8. Aufl. 2018, BGB § 108 Rn. 8.

② 实证规范上的依据为《最高人民法院关于适用〈中华人民共和国物权法〉若干问题的解释（一）》第15条第1款：“受让人受让不动产或者动产时，不知道转让人无处分权，且无重大过失的，应当认定受让人为善意。”

第一百四十六条　【通谋虚伪的民事法律行为】行为人与相对人以虚假的意思表示实施的民事法律行为无效。

以虚假的意思表示隐藏的民事法律行为的效力，依照有关法律规定处理。

【释义】

该条的规范对象是通谋虚伪的民事法律行为。这种民事法律行为系由行为人与相对人以虚假的意思表示实施，旨在隐蔽他项法律行为。作为外观的法律行为因为欠缺法律拘束意思（或称为“表示意思”）而当然无效，但被掩盖的法律行为不一定无效。值得一提的是，通谋虚伪行为在继续性合同当中也可能会发生。亦即，双方本来是一种真实的意思表示，但是随着时间的推移，双方决定仅以其为遮掩。例如，合同双方以租赁合同本身掩盖房屋买卖之目的。

《民法典》在本条确立通谋虚伪行为，属于一项新发展。在此之前，我国司法实践只能援引其他规则解决此类法律问题。（1）以合法形式掩盖非法目的。《民法通则》第58条第1款第6项以及《合同法》第52条第3项涉及“以合法形式掩盖非法目的”的民事行为或合同无效。亦即，法律规避行为或脱法行为无效。以表面合法手段追求非法目的，系迂回规避强制规范的行为。这种行为可被理解为通过伪装行为实现隐藏行为的目的。因此，应当被理解为通谋虚伪行为的一种。但该脱法行为无法涵摄以“合法形式掩盖合法目的”的情形。例如，以买卖之手段实现赠与目的等。（2）恶意串通行为。根据《民法通则》第58条第1款第4项和《合同法》第52条第2项规定“恶意串通，损害国家、集体或者第三人利益”的民事行为或合同无效。通谋虚伪行为有该条适用之可能。但这种规定首先要求合同双方的明确“恶意”，实质上，听之任之的串通亦可构成通谋虚伪行为。更何况，“恶意”是一个非常难以界定的概念。[①] 这种规定未明确不损害“国家、集体或者第三人利益”的伪装行为的效力。根据“法无禁止即自由”的法理，将可能存在两个相互冲突但都有效的法律行为。

本条的创设相较于上述既有规则而言，具有独立的意义。本条第1款明确了虚伪行为的法律效力，据此，将不存在两个相互冲突但都有效的法律行为；第2款为引致性条款，该款并不直接处理隐蔽法律行为的效力问题，而是交由相关规

① 杨代雄：《恶意串通行为的立法取舍——以恶意串通、脱法行为与通谋虚伪表示的关系为视角》，载《比较法研究》2014年第4期。

范解决。这种立法模式，有效解决了前述既有规则之不足，同时又为私法自治预留了足够的空间。从比较法上看，这种立法模式也为众多国家所采纳。例如，《德国民法典》第117条规定："（1）须以他人为相对人而做出的意思表示，系与相对人通谋而只是虚伪地做出的，无效。（2）另一法律行为被虚伪行为所隐藏的，适用冠亚军被隐藏的法律行为的规定。"《奥地利民法典》第916条规定："（1）向他人发出的、并且和他人一致同意为伪装行为的意思表示，无效。通过该伪装行为隐藏另一法律行为的，依据该隐藏行为特性进行判断。（2）通谋虚伪行为不得对抗相信该意思表示的第三人的既得权利。"《瑞士债法典》第18条第2款规定："债务人不得以通谋虚伪行为为由对抗相信书面债务凭证而获得债权的第三人。"

通谋虚伪的民事法律行为，在涉及第三人的情形下极为复杂。通谋虚伪的民事法律行为就内部关系而言，应当依据合同当事人之间的真实意思表示判断法律效力；但就外部关系而言，虚假行为之存在可能成为第三人发出特定意思表示的重要前提。如果第三人为恶意，亦即第三人知晓行为的虚假性从而"将计就计"，那么自不存在特殊保护的需要。但如果第三人对该通谋虚伪行为毫不知情，那么第三人的信赖利益就不能被法律所忽视。遍观各个学者建议稿，法学会版民法总则专家建议稿、[①] 孙宪忠教授主持的社科院版[②]以及梁慧星老师的版本[③]都直接规定了"该无效不得对抗善意第三人"。龙卫球教授的版本虽然没有规定对善意第三人的效力，但是根据"心中保留强调不得对抗善意第三人""非诚意表示强调应依据理性第三人认知的程度来进行判断"进行体系解释，亦不能径自认为否认了对善意第三人的特别保护。

但同样不能忽视的是，《民法总则》第三稿第147条第1款后句明文规定"双方均不得以此对抗善意第三人"，而颁布的《民法总则》却最终将该句予以删除。这至少表明了立法在对善意第三人效力上的谨慎态度。在比较法上，《德国民法典》同样拒绝了善意第三人的"豁免权"。[④] 与之相对，《奥地利民法典》第916条第2款明确规定了通谋虚伪行为不得对抗善意第三人。《瑞士债法典》第18条第2款也认可了该规则，但是将善意限制在书面形式。亦即，善意第三人只能根据书面的通谋虚伪行为凭证才可以主张对自身不生效力。需要说明的是，德国法不规定对善意第三人的保护，并不是因为德国人认为善意第三人不值得保护，而是认为借助其他规则已经可以很好地实现对善意第三人的保护，不必专门

---

① 参见第135条第1款。

② 参见第147条。

③ 参见第132条。

④ MükoBGB/Armbrüster, § 117, 7. Aufl., 2015, Rn. 23.

规定。例如，动产和不动产的善意取得、债权让与等都有专门的规则，保护善意第三人的利益。因此，在《德国民法典》起草之时，第一委员会明确表示：创设善意第三人对通谋虚伪的对抗规则是可有可无的。[①] 此外，并不是所有的善意第三人都应当受到法律保护。例如，第三人利益契约的受益人就不属于本条意义上的“善意第三人”，因为第三人的受益以合同有效为前提。例如，甲为了转移财产，将房屋卖给乙，并按照乙的要求将房屋过户给不知情的丙。此时甲的债权人丁，得以甲乙间买卖系通谋虚伪意思表示为由，代位甲诉请涂销丙的所有权登记。[②] 正是因为善意第三人范围上的不确定性，德国民法典起草第二委员会主张，“对善意第三人的保护并不是一项法律原则”，[③] 所以不应放到其总则当中。

综上所述，通谋虚伪行为对善意第三人的效力如何应当属于法律的“意味深长的沉默”。善意第三人在何种情况下受到法律保护，需要结合其他具体的法律制度进行个案的判断。另需要说明的是，所谓不得对抗善意第三人是指，第三人既得主张通谋虚伪行为有效，也可主张该行为无效。善意第三人完全可以主张虚伪行为无效，并且援引隐藏行为确立的法律关系。[④] 例如，债务人和他人通谋出售财产，从而实现转移责任财产之目的时，债权人当然可以主张这一伪装行为无效。第三人主张表意人和相对人通谋而为虚伪意思表示，合同因此无效的，第三人承担举证责任。[⑤]

本条规定主要可以从以下要点进行理解：

其一，必须为需受领的意思表示。只有意思表示是需要被受领的，才存在双方串通的可能。因此，遗嘱等无须受领的意思表示并不适用。但本条并不要求一定是双方法律行为，须受领的单方法律行为即为已足。

其二，存在伪装行为。在通谋虚伪行为中，表意人发出了意思表示，而受领人也表示同意，但双方都不欲使该行为具备法律效力。亦即，这种行为欠缺法律拘束意思。因双方都不欲使表征法律行为有效，因此该表征行为实质是一种伪装行为。

其三，伪装行为的存在仅在于隐藏另一真实的意思表示。在通谋虚伪行为当中，还存在着一项隐藏行为。该隐藏行为才是双方真正要实现的合同目的。例

---

① Benno Mugdan, Die gesammten Materialien zum Bürgerlichen Gesetzbuch für das Deutsche Reich, Band I, R. v. Decker's Verlag, Berlin 1897, S. 459.

② 王泽鉴：《民法总则》，中国政法大学出版社 2001 年版，第 362 页。

③ Benno Mugdan, Die gesammten Materialien zum Bürgerlichen Gesetzbuch für das Deutsche Reich, Band I, R. v. Decker's Verlag, Berlin 1897, S. 711.

④ MükoBGB/Armbrüster, § 117, 7. Aufl., 2015, Rn. 22.

⑤ 王泽鉴：《民法总则》，中国政法大学出版社 2001 年版，第 362 页。

如，双方在房屋买卖合同当中约定了较低的价款，但实际价金则比合同约定高得多。

其四，效力规则：(1) 伪装行为无效。双方并不欲使得伪装行为发生效力，因此认定伪装行为无效为当然之理。法律无意使得双方接受他们本来都不愿意接受的法效果。(2) 隐藏行为的效力依照有关法律规定处理。隐藏法律行为并非是当然无效的。当然，也并非径自有效，而应当根据相应法律规定进行效力裁判。例如，双方以买卖为形式行赠与之实。赠与为被隐藏的法律行为，不因隐藏而无效。只要符合赠与的法律规则，应认定为有效。

其五，不适用的领域。一般规则是通过例外证成的，本条也无外于是。通谋虚伪行为的规则效力并非及于所有的具有法律意义的行为。例如，当存在公权力同意或认证时，即使合同当事人从事的是通谋虚伪交易，如以成立公司之形式实现财产分割，但是公司本身也并非是无效的。此外，虚假婚姻也因为民政登记而获得了法律效力，“登记”使得效力得到了公共秩序的认可。再者，虚假诉讼所得的判决结果也不能根据该条而撤销。当事人事实上的不履行只能被认定为对不强制执行的约定。① 但是，该条的适用范围，至今还没有明确的划分，必须结合规范目的进行判断。

（撰稿人：林洹民）

第一百四十七条　【重大误解的民事法律行为】基于重大误解实施的民事法律行为，行为人有权请求人民法院或者仲裁机构予以撤销。

【释义】

本条所规定的是重大误解的民事法律行为，即传统民法理论中的意思表示错误的法律行为。关于重大误解的民事法律行为的规定，在我国《民法通则》和《合同法》等立法中已有。《民法通则》第59条规定：“下列民事行为，一方有权请求人民法院或者仲裁机关予以变更或者撤销：（一）行为人对行为内容有重大误解的……”

对比起来，本条规定有以下几个变化：

第一，删除了“对行为内容”这一限定性条件。但是与《民法通则》一样，

---

① ［德］维尔纳·弗卢梅：《法律行为论》，迟颖译，法律出版社2013年版，第481页。

本条中也并没有规定“重大误解”的构成要件。根据《民通意见》第 71 条的规定，行为人因对行为的性质、对方当事人、标的物的品种、质量、规格和数量等的错误认识，使行为的后果与自己的意思相悖，并造成较大损失的，可以认定为重大误解。在过往的司法实务中，法院在大多数情形下都是依据这一规定来确定“重大误解”的构成要件。在《民法典》施行后，最高人民法院未能就此再次作出新的司法解释之前，司法可能还是只能依据《民通意见》来认定。但在此至少可以确定，立法者已明确意识到“重大误解”不仅限于行为的内容，但依然并未明确动机错误是否能包括在其中。此外，明确撤销权的主体仅为“行为人”。在《民法通则》的规定中并未明确撤销权是否仅为发生错误一方享有，意思表示的相对人是否可以主张并未明确。在本条中已明确将可享有撤销权的主体限制为发生“重大误解”的行为人，即表意人。

第二，“变更权”的删除。在我国《民法通则》和《合同法》关于“重大误解”的规定中，当事人可以请求人民法院或仲裁机关撤销或者变更原法律行为，且如果当事人请求变更的，人民法院或仲裁机关还不可以直接撤销。也就是说，变更权处于优先适用的顺位。但是随着学界对于变更权的批评与质疑之声，本条直接删去了“变更权”，而使得法院及仲裁机构不再有依职权、根据意思表示的解释及合同的解释、法律的补充性任意性规范等确定当事人之间合同发生效力的内容的自由裁量权。

第三，在“重大误解”的认定上，应当符合“解释先于撤销”的要求，结合本法第 142 条的规定，首先进行意思表示的解释，确定在有相对人的意思表示中，表意人表示出来的规范含义与其内心真实意思之间是否确实不一致。并且这种错误达到“重大”的程度，即任何一个通情达理的人在了解情势之后不会作出这样的意思表示，同时这种错误的程度也应当体现在后果上，即对表意人而言有较大的不利益。

另外，需要注意的是，此处的撤销权为撤销诉权，亦即行为人必须向人民法院或仲裁机构提起撤销之诉，而并不以向对方当事人作出撤销的意思表示为已足。

本条规定中可能尚存几个问题：(1) 依旧使用了“误解”一词，从民法理论的角度而言，这一表示并不准确。从中文表述而言，“误解”一词实际上使行为人发生错误认识的对象包括了对方当事人所作出的意思表示。而这是本应由意思表示的解释予以查明和解决的问题。这种不当用语在司法实践中造成了不少困境。(2) 本条对于“重大误解”并未规定构成要件，也就是没有规定能够获得撤销的错误的范围：可撤销的错误是否仅包括表示阶段的错误、动机错误在何种情况下能够导致法律行为的可撤销等，这是本应由立法作出的价值判断。

【关联规定】

《民法通则》第 59 条，《合同法》第 54 条第 1 款，《最高人民法院关于贯彻执行〈中华人民共和国民法通则〉若干问题的意见（试行）》第 71 条

（撰稿人：王天凡）

第一百四十八条 【受欺诈的民事法律行为】 一方以欺诈手段，使对方在违背真实意思的情况下实施的民事法律行为，受欺诈方有权请求人民法院或者仲裁机构予以撤销。

【释义】

本条规范受欺诈的民事法律行为，包括其要件和效果。意思形成阶段的瑕疵原则上不受法律保护，但当存在法秩序所不允许的严重干扰时，法律就应当有所回应。欺诈就是对意思的正常形成具有破坏性的一种违法行为。[①] 受欺诈方虽然作出了意思表示，但是这种意思表示是受欺诈作出的，受欺诈方就有权利要求撤销该民事法律行为。

原《民法通则》在第 58 条对受欺诈的民事行为进行了规定并使其无效，即“一方以欺诈、胁迫的手段……使对方在违背真实意思的情况下所为的”民事行为无效。这种思路在三个旧的合同法当中得到了延续：《经济合同法》第 7 条、《技术合同法》第 21 条、《涉外经济合同法》第 10 条，均规定采用欺诈手段订立的合同无效。1999 年生效的《合同法》对此有所改变。《合同法》第 52 条第 1 项规定，一方以欺诈、胁迫的手段订立合同，损害国家利益的，合同无效；但第 54 条第 2 款规定，一方以欺诈、胁迫的手段或者乘人之危，使对方在违背真实意思的情况下订立的合同，受损害方有权请求人民法院或者仲裁机构变更或者撤销。于是，我国对于欺诈行为形成了二元规范路径：单方法律行为适用《民法通则》的规定，即民事法律行为无效；双方法律行为则适用《合同法》的规定，即合同可撤销，仅当危害国家利益时合同无效。然而，区分双方法律行为和单方法律行为以不同法效果的路径，缺乏法理上的依据。而国家利益又是难以界定的概

---

① 龙卫球：《民法总论》，中国法制出版社 2002 年版，第 561 页。

念，令人困惑。[①]《民法通则》的规定受到了苏联的影响。《苏俄民法典》（1964年）第58条第1段规定："因欺诈、强迫、威胁，一方代理人与对方勾结或者迫不得已的困难情况而实施的法律行为无效。"但是，在欺诈、胁迫情况下订立的契约"视为发生争议的契约，在法院（或仲裁委员会）有关决议生效前，契约有效"[②]。因此，苏联实质上认为这种欺诈行为是可撤销的。我国当初将因欺诈订立的合同确定为无效合同，背后还有着鲜明的国家干预色彩。这种色彩在21世纪是应当淡化的。我国多个学者专家意见稿也都明确否定了欺诈行为径自无效的规则。

《民法典》总则编修改了《民法通则》的规定，将欺诈行为视为可撤销行为，值得肯定。在比较法上，近似的规定有《德国民法典》第123条：(1) 因被欺诈或者被不法胁迫而作出意思表示的，表意人可以撤销该意思表示。(2) 欺诈系由第三人所为的，对于另一方所作的意思表示，只有当另一方明知或者可知欺诈事实时，始得撤销。应向其作出意思表示的相对人以外的人，因意思表示而直接取得权利时，只有当权利取得人明知或者可知欺诈事实时，始得撤销该意思表示。《法国民法典》第1109条："如同意由于错误、胁迫或诈欺的结果，不得认为同意已有效成立。"第1117条："因错误、胁迫、诈欺而缔结的契约并非依法当然无效，仅依本章第五节第七目规定的情形和方式，发生请求宣告契约无效或取消契约的诉权。"《日本民法典》第96条：(1) 因欺诈或胁迫而进行的意思表示，可以撤销。(2) 就对某人的意思表示，第三人进行欺诈时，以相对人知其事实情形为限，可以撤销其意思表示。(3) 因欺诈而进行的意思表示的撤销，不得以之对抗善意第三人。我国台湾地区"民法"第92条：(1) 因被诈欺或被胁迫而为意思表示者，表意人得撤销其意思表示。但诈欺系由第三人所为者，以相对人明知其事实或可得而知者为限，始得撤销之；(2) 被诈欺而为之意思表示，其撤销不得以之对抗善意第三人。

本条规定主要可以从以下要点进行理解：

其一，受欺诈的民事法律行为的构成要件。

(1) 存在欺诈手段。该条中的"欺诈手段"是指旨在引起、强化或维持对方不正确看法之行为。[③] 这种行为既包括积极作为（积极欺诈），也包括消极不作为（消极欺诈），如"隐瞒真实情况"。积极作为是指明确地或默示地对重要情况作

---

① 朱庆育：《民法总论》，北京大学出版社2016年版，第282页。

② B. T. 斯米尔诺夫等：《苏联民法》（上卷），中国人民大学出版社1987年版，第192、193页。

③ Hans Brox, Allgemeiner Teil des BGB, 39 Aufl., München 2015, Rn. 450；朱庆育：《民法总论》，北京大学出版社2016年版，第279页。

出不符合事实的说明。例如，将二手车说成新车，虚报二手车行驶里程等。但需注意，单纯的夸耀不构成欺诈。例如，卖瓜者自卖自夸，或是化妆品售货员强调使用后将面白如霜等。[①] 消极不作为原则上不构成欺诈。但是如果存在信息说明义务，那么单纯的不作为也可以构成欺诈行为。如果按照诚实信用原则以及在交易中的重要意义作出说明是必要的，那么即存在这种义务。总结起来，消极行为何时方能构成欺诈，需要个案判断。例如，卖方的购置成本、买方的购置底价等虽然重要，但不必告知；而拍卖组织者有义务对参与竞拍者说明货物品质、出租者对房屋附近即将建成工地等应予以说明等。

（2）因果关系。受欺诈方的意思表示应当是欺诈手段的必然结果。本条“使对方在违背真实意思的情况下实施的民事法律行为”这一表达，即为此意。欺诈行为中的意思表示必须符合双重原则（Doppelkausalität）：受欺诈方应当因欺诈而产生了错误认识，在这种错误认识的影响下，进而实行了意思表示行为。[②]

欺诈行为导致受欺诈人产生认识错误。如果欺诈人实行了欺诈行为，但相对方并没有产生相应的认识错误，则不构成欺诈。例如，声明是新车，但相对方清楚地知道是二手车。此外，认识错误的类型并不重要，即使是动机错误也有适用空间。另需要澄清的是，并非只有欺诈直接地导致了错误的产生，才存在因果关系。欺诈使得错误得以维持亦可。再者，相对方是否尽了交易上必要的注意义务，对因果关系的成立，不生影响。例如，出卖人谎称车辆年份，即使买受人查阅行车执照即可得知真相，亦得撤销意思表示。[③]

受欺诈者因认识错误而发出意思表示。此即在无该错误的情况下，受欺诈者根本不会或不会如此发出该意思表示。例如，如果知道车辆是二手车，那么买受人根本不会放弃其他车辆选择等。需要强调的是，该错误不必是意思表示作出的充分必要条件。只要该错误构成了意思表示发出的部分原因即为已足。[④]

（3）违法性。欺诈必须是非法的。尽管该条并没有对此明言，但应当是规范目的的必然要求。例如，雇主询问雇员是否有过堕胎记录，或卖方询问买方的宗教信仰等。此时，相对方有权撒谎，因为这种欺诈不具备违法性。

（4）故意。本条并未明确欺诈仅限于“故意”。然而，我国《民通意见》第68条规定：“一方当事人故意告知对方虚假情况，或者故意隐瞒真实情况，诱使对方当事人作出错误意思表示的，可以认定为欺诈行为。”可见，我国的司法经

---

① 王泽鉴：《民法总则》，北京大学出版社 2009 年版，第 308 页。

② MüKoBGB/Armbrüster，§ 123，7. Aufl.，2015，Rn. 20.

③ 王泽鉴：《民法总则》，北京大学出版社 2009 年版，第 309 页。

④ Hans Brox，AllgemeinerTeil des BGB，39 Aufl.，München 2015，Rn. 452a.

验表明应当将欺诈限制于故意要件之上。

欺诈故意也应当符合“双重标准”，亦即不仅对错误的引发具有故意，对表意人基于该错误发出的意思表示本身也具有故意。这种故意也包括间接故意，如欺诈人认为陈述信息基本是不可能的。[①] 举例而言，特许人告知被特许人，“加盟后”一年盈利可达两百万元，这虽然只是一种猜测，但特许人认为这一点根本不可能实现。

其二，受欺诈的民事法律行为的法律后果。

在恶意欺诈的情况下，被欺诈者享有撤销权。立法者为了保护被欺诈者的利益，认为应当赋予被欺诈者以选择权——尽管出现了欺诈情势，但被欺诈者未必认为合同是不符合自己利益的。这种撤销权的行使必须通过人民法院或仲裁机构为之。

另需要说明的是，该条是欺诈行为的一般规范，当存在特殊规范时，应当适用特殊规范的法律效果。例如，《消费者权益保护法》第55条规定：“经营者提供商品或者服务有欺诈行为的，应当按照消费者的要求增加赔偿其受到的损失，增加赔偿的金额为消费者购买商品的价款或者接受服务的费用的三倍；增加赔偿的金额不足五百元的，为五百元。法律另有规定的，依照其规定。经营者明知商品或者服务存在缺陷，仍然向消费者提供，造成消费者或者其他受害人死亡或者健康严重损害的，受害人有权要求经营者依照本法第四十九条、第五十一条等法律规定赔偿损失，并有权要求所受损失二倍以下的惩罚性赔偿。”此时，消费者有权要求经营者进行“惩罚性赔偿”。

【关联规定】

《消费者权益保护法》第49条，《最高人民法院关于贯彻执行〈中华人民共和国民法通则〉若干问题的意见（试行）》第68条

（撰稿人：林洹民）

第一百四十九条　【利用第三人欺诈的民事法律行为】 第三人实施欺诈行为，使一方在违背真实意思的情况下实施的民事法律行为，对方知道或者应当知道该欺诈行为的，受欺诈方有权请求人民法院或者仲裁机构予以撤销。

---

① A. Arnold in：Erman，BGB，14. Aufl. 2014，§ 123 BGB，Rn. 27f.

【释义】

本条规定的是第三人欺诈的民事法律行为。不言自明，立法意在实现受欺诈方的意思自由和无过错方的信赖利益之间的平衡。通常情况下，合同的一方当事人所受到的欺诈或胁迫来自合同的另一方，也就是合同相对人。但在有些情况下，实施欺诈或胁迫的并非合同的相对人，而是合同相对人以外的第三人。在合同相对方知道或者应当知道第三人的欺诈行为的情况下，受欺诈方当然可以要求撤销合同。但当合同相对方“善意”时，此时合同相对方对于合同履行的预期也应当受到法律保护。如果执意赋予受欺诈者以合同撤销权，那么合同相对方将因为一个其并没有参与的、也完全不知情的欺诈行为而陷入期待落空的不合理境地。与之相对，第三方的恶意欺诈可能构成对受欺诈方的侵权，受欺诈方可以通过侵权路径，弥补自己的损失。

我国之前并没有一般性地规定第三人欺诈的法效果。但前述规则事实上为我国的司法实践所认可。2000 年《最高人民法院关于适用〈中华人民共和国担保法〉若干问题的解释》第 40 条规定：“主合同债务人采取欺诈、胁迫等手段，使保证人在违背真实意思的情况下提供保证的，债权人知道或者应当知道欺诈、胁迫事实的，按照担保法第三十条的规定处理。”由此可见，《最高人民法院关于适用〈中华人民共和国担保法〉若干问题的解释》对于第三人欺诈是以债权人是否知情作为保证合同是否有效的条件。可见，本条亦暗合以往的司法经验。

在比较法上，对于何种情况下始得承认受欺诈方的撤销权，大致有下列三种模式：第三人欺诈以构成重大误解为限、第三人欺诈以相对人知情为限、只要存在欺诈即可。法国采纳了第一种模式。虽然立法并没有对此作出直接回应，但是司法判例实际上认为：对于第三人实施欺诈的行为，仅在由第三人的欺诈而引起误解时，当事人一方才具有主张合同无效的权利。[①] 后两种模式分别以德国和意大利为代表。两国都通过法律明文规定了受欺诈方撤销权适用的条件。在第三人欺诈的情况下，当事人一方想要表达的意思与善意的相对人受领的、因受第三人的欺诈或胁迫而作出的表示内容之间，究竟何者具有决定性的意义？法律从来不是价值取向单一的。立法应当侧重于实现保障私权和交易安全之间的平衡。从条文设计上看，我国系采纳了德国进路。这一进路值得认同，将撤销权的行使条件限定在“对方知道或者应当知道该欺诈行为的”情况下，也体现了法律的衡平之

---

① 冉克平：《论因第三人欺诈或胁迫而订立合同的效力》，载《法学论坛》2012 年第 4 期。

道。据此，从构成要件看，要求存在第三方欺诈行为、第三方欺诈故意、因果关系和合同相对方故意或过失；从法律效果看，符合该条规定的，受欺诈方有权请求人民法院或者仲裁机构予以撤销。

本条的争议之处在于，如何界定该条意义下的“第三人”的范围。对此目前并不存在统一的标准，只能个案地判断。基本无疑义的是，为债务担保而进行欺诈行为的保证人，应当被认为属于本条意义上的第三人。即使保证人参与了合同的谈判，在欠缺其他考虑因素的情况下，也不应当径自认定保证人属于谈判辅助人。① 在合伙事业当中，一个合伙人以欺诈手段劝说他人入伙，该合伙人也应当被认定为本条意义上的第三人。这同样适用于商业特许经营事业中的被特许人，如果该被特许人以欺诈手段劝说他人加入该特许经营事业。但是，股份公司的大股东利用公司实现自己的欺诈目的时，该股东不能被视为第三人。此时，应当适用刺破公司面纱规则，直接追究该股东的法律责任。如果有限责任公司的股东将公司视为实现自己恶意欺诈的工具，那么该股东也不能被视为第三人。第三人显然也不包括合同相对方的法定代表人、负责人、代理人或作为其缔约辅助人参与从事行为的人。对由法定代表人、负责人、代理人以及辅助人实施的欺诈行为，合同相对人必须将其归责于自己。即使他们没有代理权、行为没有获得合同相对人的追认亦是如此。② 此时，他们的欺诈故意应当被理解为本人的故意。此外，在有些情况下，若第三人与合同相对方在利益方面具有密切联系，以至于从被欺诈一方当事人的角度来看，二者看上去在经济上系为一体，合同相对人也必须将该第三人实施的欺诈或胁迫行为归责于自己。在这些情况下，“第三人”处于和合同相对人同样的位置或者明显是合同相对人信任的人，如合同相对人的经纪商或营销商等。在融资租赁等合同关联的场合，同样也可能将一方的欺诈行为当作另一方所为。③

此外，知道或者应当知道该欺诈行为的“对方”是否仅限于合同相对方？对此应当为扩张解释。亦即，不仅包括合同的相对方，也可包括意思表示相对人以外的其他因该法律行为而直接取得权利的人。以利益第三人契约为例：受欺诈方与受领人签订合同，约定由受欺诈方向甲（权利取得人）给付，而欺诈行为却是由另一第三人乙（欺诈人）进行的。在这种情况下，若权利取得人甲知悉该欺诈行为，那么应当允许受欺诈方撤销合同。如果认同恶意的甲在这种情况下仍然可

---

① BGH NJW 1999, 58 (60).

② MüKoBGB/Armbrüster, § 123, 7. Aufl., 2015, Rn. 66.

③ MüKoBGB/Armbrüster, § 123, Rn. 66；冉克平：《论因第三人欺诈或胁迫而订立合同的效》，载《法学论坛》2012 年第 4 期。

以保有给付，那么与法理不合。“北航建议稿”第147条第2句规定：意思表示相对人以外的人因该意思表示而取得权利，且知道或应当知道欺诈行为的，受欺诈人有权对其撤销法律行为。可兹赞同。

（撰稿人：林洹民）

第一百五十条 【受胁迫的民事法律行为】 一方或者第三人以胁迫手段，使对方在违背真实意思的情况下实施的民事法律行为，受胁迫方有权请求人民法院或者仲裁机构予以撤销。

【释义】

本条规定的是受胁迫的民事法律行为，包括其要件和法律效果。胁迫与欺诈、重大误解等制度不同，表意人并没有出现认知错误。受胁迫方清楚地知道该意思表示意味着什么，问题仅在于，受胁迫方不得已而为之。因此，胁迫是对意思自由的重大威胁。因为无论胁迫来自法律行为相对方还是第三人，都使得受胁迫方在严重违背个人意志的条件下发出了意思表示，因此立法采取了和欺诈不同的立场：在第三人胁迫的情况，一概赋予受胁迫方以撤销权。

一直以来，第三人胁迫的规则设计都是法学理论研究的难点。具体而言，当合同相对方为善意时，受胁迫方是否可以撤销因受第三人胁迫而作出的意思表示？遍观数个专家建议稿，梁慧星教授认为，无论胁迫人为当事人一方或者第三人，受胁迫的表意人均可以撤销其意思表示。[①]“北航建议稿”也秉持了同样的立场。其中第150条规定，第三人实施胁迫行为的，不问相对人是否知道或应当知道，受胁迫人均有权撤销法律行为。王利明教授主持的“法学会版”《民法总则专家建议稿》则秉持了相反的立场。其中第139条规定，第三人实施的欺诈或者胁迫行为，使一方当事人在违背真实意思的情况下实施法律行为的，如相对人知道或者应当知道该欺诈或者胁迫行为的，受欺诈或者受胁迫方有权请求人民法院或者仲裁机构变更或者撤销该法律行为。亦即，只有在相对方知道或应当知道该胁迫行为的，受胁迫方才有权撤销该法律行为。

这一问题并非为我国所独有。对于第三人胁迫情况下的合同撤销权问题，大致存在着两种立法例。法国、德国、日本等国都规定了受胁迫方不受限制的

---

① 梁慧星：《中国民法典草案建议稿·总则编》，第136条。

撤销权。[①] 其中又以《德国民法典》最为典型。该法典第123条第2款规定："第三人进行欺诈的，仅在相对人知道或应当知道欺诈时，须向他人做出的意思表示才是可撤销的。"依据反对解释，在第三人进行胁迫时，无论法律行为相对人是否知道或应当知道胁迫，当事人一方均可撤销。《德国民法典》认为，当事人一方的意志在受第三人胁迫的情况下比欺诈的情况下遭受的破坏更甚，因此即使相对人是善意的，也允许当事人一方撤销该法律行为。而美国、荷兰等国则将其限制在相对方知道或应当知道的情形之下。以荷兰为例，《荷兰民法典》第3：44条第5款规定："因非法律行为的当事人实施胁迫、欺诈或者不当影响而作出意思表示的，该瑕疵不得被援引以对抗没有理由宣告该瑕疵存在的法律行为当事人。"强调胁迫不论相对人知情与否，受胁迫方均有权撤销该法律行为，这大致是出于对表意人意思自由的高度重视。"盖胁迫行为对表意人意思自由影响甚大，应优先予以保护。"[②] 而强调将撤销权限制在相对人知道或应当知道的情形，则强调在保护个人意志自由的同时，维护善意相对人的信赖利益。

法律当然应当维护表意人的意思自由，但是仅凭借这种决定自由，而不另外加入社会伦理方面的因素（信赖原则等），那也无法构筑一项妥当的法律制度。如果在法律行为相对人不知道或不应当知道胁迫事实的情况下，仍然允许相对人撤销合同，那么相对人的信赖利益与期待利益均无法实现。这种片面强调对表意人意思自由的保护是否真的合理，值得反思。《欧洲合同法原则》和《国际商事合同通则》都将受胁迫方的撤销权限定在相对方"知道或应当知道"的情况下。再者，即使法律限制了受胁迫方撤销权的行使，受胁迫方仍然可以向第三人主张侵权责任，受胁迫方的损失完全可以得到弥补。限制在第三人胁迫情势下的受胁迫方行使撤销权，未尝不是一种可行的立法选择。

本条规定主要可以从以下要点进行理解：

其一，受胁迫民事法律行为的构成要件。

---

① 《法国民法典》第1111条规定："对缔结债务的人实施的胁迫，构成契约之无效原因；即使由为其利益订立契约的人以外的第三人实施的胁迫，亦同。"《德国民法典》第123条规定，（1）因被欺诈或者被不法胁迫而作出意思表示的，表意人可以撤销该意思表示。（2）欺诈系由第三人所为的，对于另一方所作的意思表示，只有当另一方明知或者可知欺诈事实时，始得撤销。应向其作出意思表示的相对人以外的人，因意思表示而直接取得权利时，只有当权利取得人明知或者可知欺诈事实时，始得撤销该意思表示。《荷兰民法典》第3：44条第5款规定："因非法律行为的当事人实施胁迫、欺诈或者不当影响而作出意思表示的，该瑕疵不得被援引以对抗没有理由宣告该瑕疵存在的法律行为当事人。"《日本民法典》第96条规定："（一）因欺诈或胁迫而进行的意思表示，可以撤销。（二）就对某人的意思表示，第三人进行欺诈时，以相对人知其事实情形为限，可以撤销其意思表示。（三）因欺诈而进行的意思表示的撤销，不得以之对抗善意第三人。"

② 王泽鉴：《民法总则》，北京大学出版社2014年版，第374页。

(1) 胁迫行为。在胁迫行为下，受胁迫方知道某种行为的发生将对其造成不利，因此不得不按照对方要求从事。[①] 但需要说明的是，这种胁迫不必达到特别严重的程度，只要构成精神上的强制即为已足。胁迫行为重在影响受胁迫方的意志，使得受胁迫方屈服于胁迫人的意志。至于危害之实现在客观上是否具有可能，均非所问。关键只在于，被胁迫人相信危害将会实现，并相信胁迫人有能力令其实现。[②] 另需要强调的是，物理上的强制不构成胁迫，因为在这种情况下不存在意思表示。例如，强力按着对方的手按手印，此时不存在行为意思，因此根本就不存在意思表示。

(2) 因果关系。胁迫须为被胁迫人的恐惧及发出意思表示的原因。因果关系不应从客观理性人的角度进行观察，而应该具体到受胁迫方的真实的心理和精神状况进行判断。同样的胁迫对不同的人可能有不同的反应——胆大者或许完全不屑一顾，而胆小者或许会因此而颤抖。在胁迫情况下，因果关系应当具体地、个案地判断。

(3) 违法性。胁迫行为必须为法秩序所不容。逻辑上，胁迫之不法性可存在于手段、目的以及手段和目的之间的关联三个环节。[③] 手段不法是指以不法行为实施胁迫，迫使对方作出意思表示。例如，出卖人迟延履行合同，买受人威胁将其痛殴。目的不法又称结果不法，是指要追求的目标是不合法的。例如，胁迫方威胁到，如果不帮助做假账，那么就将其解雇。做假账为法秩序所否定，此即目的不法。此外，目的和手段都合法时，也可能发生手段和目的之间的关联不法。这意味着，将两个本不相关的事情强行关联。例如，胁迫方威胁说，如果对方不履行合同，那么就举报对方的赌博行为。本条在措辞上没有区分合法胁迫与非法胁迫，但在解释上应限于非法而言。[④]

(4) 胁迫方故意。胁迫人在预告危害、引起恐惧以及迫使被胁迫人发出迎合己意的意思表示诸方面，均需存在故意。但是，并不要求胁迫方对行为的违法性有充分的认识，因为本条重在保证受胁迫方的意志自由，而非谴责胁迫方。[⑤]

其二，受胁迫民事法律行为的法律后果。

意思表示是受非法胁迫为之的，受胁迫方可以请求人民法院或者仲裁机构予以撤销。因此，受胁迫法律行为的效力是“可撤销”。但法律在特殊情况下直接

---

① Hans Brox, Allgemeiner Teil des BGB, 39 Aufl., München 2015, Rn. 465.

② 朱庆育:《民法总论》，北京大学出版社2006年版，第285页。

③ Brox, Rn. 467ff.; 朱庆育:《民法总论》，北京大学出版社2006年版，第286页。

④ 龙卫球:《民法总论》，中国法制出版社2002年版，第569页。

⑤ MükoBGB/Armbrüster, § 123, 7. Aufl., 2015, Rn. 111.

否定了胁迫行为的效力。例如，《农村土地承包法》第60条规定：“任何组织和个人强迫进行土地承包经营权互换、转让或者土地经营权流转的，该互换、转让或者流转无效。”此处所谓“强迫”自应包括胁迫。依据特别法优于一般法的规则，因胁迫而以“转包、出租、互换、转让、入股、抵押或者其他形式”流转土地承包经营权的，合同无效。[①]

（撰稿人：林洹民）

第一百五十一条　【显失公平的民事法律行为】一方利用对方处于危困状态、缺乏判断能力等情形，致使民事法律行为成立时显失公平的，受损害方有权请求人民法院或者仲裁机构予以撤销。

【释义】

本条规定的是显失公平制度，是将我国过往民事立法中的“乘人之危”制度与“显失公平”制度进行统和、修改而拟定的。显失公平制度源于罗马法的“非常损失规则”，后在各国民法中均有规范，如《法国民法典》的“合同损失”规定、《德国民法典》的“暴利行为”规定、英美法中的显失公平等。

显失公平制度在我国以往的民事立法中都是作为法律行为可撤销的事由而规定的，《民通意见》第72条规定了其构成要件：“一方当事人利用优势或者利用对方没有经验，致使双方的权利与义务明显违反公平、等价有偿原则的，可以认定为显失公平。”而根据《民法通则》第58条，乘人之危是导致法律行为无效的原因。《合同法》第54条将其法律后果规定为可撤销。《民通意见》在第70条规定了乘人之危的构成要件：“一方当事人乘对方处于危难之机，为牟取不正当利益，迫使对方作出不真实的意思表示，严重损害对方利益的，可以认定为乘人之危。”

在我国过往的司法实践中，乘人之危与显失公平制度在构成要件的认定上有大量的混淆，且从判例的统计来看，近十年的案例当中，只有极少数案例被认定构成乘人之危，几乎导致乘人之危条款成为具文。学界对乘人之危与显失公平的关系也有不同观点，有学者认为应保留显失公平而废除乘人之危制度，也有学者认为应维持《民法通则》和《合同法》的体系而分开规定，还有学者认为应采纳德国立法经验而统一规定为暴利行为。从原有的乘人之危与显失公平规定来看，乘人之危的主观要件与显失公平的主观要件确实有交叉的可能；而从客观方面而

---

① 朱庆育：《民法总论》，北京大学出版社2006年版，第287页。

言，没有法律后果明显失衡的单纯的乘人之危也不会受到调整。本条可以认为是对原有显失公平与乘人之危制度在主观要件与客观要件上的整合，从立法技术而言，其积极意义值得肯定。

在本条已对显失公平的构成要件进行整合而明确规定的情况下，《民法通则》及《民通意见》中关于乘人之危和显失公平的相关规定均应为此条规定所替代。

从制度本身规定而言，此规定更类似德国法上第 138 条第 2 项关于暴利行为的规定："某人利用他人处于急迫情势、无经验、欠缺判断力或意志显著薄弱，以法律行为使该他人就某项给付向自己或第三人约定或给予该项给付明显不相当的财产利益的，该法律行为尤其无效。"所不同的是，我国此规定中的法律效果是赋予受损害方以撤销权，而在德国法中是直接导致法律行为的无效。这会导致两个方面的差别：一方面，在我国，仅有受损害方可以申请撤销，而其他人不可主张。但另一方面，受损害方也可以不主张撤销，而维持法律行为的效力。而如果是直接导致法律行为无效，则任何人均可主张，且无维持法律行为效力之可能。从对此类行为的干预程度不同可看出立法者在这一问题上作出了不同的判断。

同样需要注意的是，此处的撤销权为撤销诉权，行为人必须向人民法院或仲裁机构提起撤销之诉，而并不以向对方当事人作出撤销的意思表示为已足。

【关联规定】

《民法通则》第 58 条、第 59 条，《合同法》第 54 条，《最高人民法院关于贯彻执行〈中华人民共和国民法通则〉若干问题的意见（试行）》第 70 条、第 72 条

（撰稿人：王天凡）

第一百五十二条　【撤销权的行使期间】有下列情形之一的，撤销权消灭：

（一）当事人自知道或者应当知道撤销事由之日起一年内、重大误解的当事人自知道或者应当知道撤销事由之日起九十日内没有行使撤销权；

（二）当事人受胁迫，自胁迫行为终止之日起一年内没有行使撤销权；

（三）当事人知道撤销事由后明确表示或者以自己的行为表明放弃撤销权。

当事人自民事法律行为发生之日起五年内没有行使撤销权的，撤销权消灭。

【释义】

本条涉及撤销权的行使期间或称除斥期间。法律行为的可撤销意味着在撤销权人行使该权利之前，法律行为的效力是暂时有效的。法律基于对私法自治和自我负责原则的尊重，将选择权交到权利人手中：权利人当然可以使得法律行为无效，但权利人也可能在参考各种情势后，认为虽然自己的意思自由受到了影响，但是最后的结果并非是对自己不利的。例如，在货物买卖中，买受人虽然意思表示不真实或不自由，但是买受人发现再买到类似的货物要付出更高的市价或者更多的成本，从而愿意继承履行合同。[①] 但衡平的内在价值同时要求规则考虑相对方的利益：缩短法律行为的不安定状态。此外，限制撤销权的行使时间也将督促权利人尽快行使权利，这有利于交易环境的稳定性，进而促进交易的发展。这种时效限制使得权利人负有及时行使撤销权的义务，否则撤销权将消灭。

在立法过程当中，围绕撤销权行使期间的计算问题的争议表现为：对于重大误解、欺诈等行为的期间计算是否应当从“知道或应当知道”之日进行计算。无论是“法学会版”专家建议稿、[②] 梁慧星老师主持的建议稿[③]还是“北航建议稿”[④]，都认为应当从“知道或应当知道”之日起算撤销权的行使期间。而孙宪忠教授主持的社科院《民法总则建议稿》第 154 条第 1 款则规定：“被诈欺的意思表示的撤销权，自发现被诈欺之日起经过一年消灭。”这一规定认为应当采纳“主观标准”，即从权利人发现撤销事由时进行计算。这一规定明显采纳了德国民法典的规范模式。亦即，在欺诈情况下要求被欺诈方的“积极认知”（die positive Kenntnis）而非应当知道（过失不知情形）。[⑤] 不承认过失不知显然更侧重对于撤销权人意思自由的捍卫。而我国的立法路径则明显更强调实现交易安全和被欺诈方保护之间的平衡。但是，如何判断“应当知道”与否，还有赖于司法实践的进

① MüKoBGB/Armbrüster，§ 121，7. Aufl.，2015，Rn. 1.
② 参见第 143 条第 1 项。
③ 参见第 140 条第 1 款。
④ 参见第 151 条第 2 款第 1 句。
⑤ MüKoBGB/Armbrüster，§ 124，7. Aufl.，2015，Rn. 3.

一步发展和补充。①

本条针对欺诈、重大误解和胁迫等规定了不同的除斥期间。

具体而言，重大误解的当事人应当自知道或者应当知道撤销事由之日起90日内行使撤销权；受胁迫的当事人应当自胁迫行为终止之日起1年内行使撤销权；其他情况下应当自知道或者应当知道撤销事由之日起1年内行使撤销权。

在重大误解的情况下，相对人可能是无过错的，此时允许重大误解当事人撤销合同已经构成了对相对人信赖利益的侵害。考虑到相对人的这种利益状态，有必要缩短权利人的权利行使期间。权利人也应当积极行使权利，避免法律关系长期处于不稳定状态。因此，法律规定，重大误解的当事人应当自知道或者应当知道撤销事由之日起90日内行使撤销权。

权利人遭受胁迫时，受胁迫方应当在"胁迫行为终止之日"起1年内行使权利，否则撤销权将被排除。需要注意的是，"胁迫终止之日"并非依据客观状况进行判断。欺诈、胁迫、重大误解等制度重在对当事人主观意志自由的维护，因此胁迫行为终止之日也应当依据被胁迫方的主观感受进行确定。亦即，被胁迫方是否仍然感受到自己在被胁迫。只有当被胁迫方认为已经不再受到将来的不利的威胁时，才能认定"胁迫行为终止"。另需要说明的是，在胁迫的情况下经常会发生"民法与刑法的对话"。此时胁迫行为的终止之日，应当以被胁迫方不再畏惧向司法机关告发之日或者该行为已经被告发且被胁迫方知晓之日为准。②

除重大误解和胁迫外，撤销权应当在权利人知道或应当知道撤销事由之日起1年内行使撤销权。但是源于制度之间的内在关联性，如在欺诈的情况下也可能构成重大误解，就可能出现请求权竞合的情况。此时，除斥期间的计算应当分别为之，互不干扰。如果同时存在多个权利人，那么每一个权利人的撤销权除斥期间也应当分别计算。③ 再者，即使撤销权时效已过，仍然不影响权利人可以依据他条规范主张损害赔偿。例如，在恶意欺诈情况下，被欺诈方也可以依据侵权主张损害赔偿。④

---

① 《德国民法典》第119条：（1）表意人所作意思表示的内容有错误，或者表意人根本无意作出此种内容的意思表示，如果可以认为，表意人若知悉情事并合理地考虑其情况后即不会作出此项意思表示时，表意人可以撤销该意思表示。（2）交易中认为很重要的有关人的资格或者物的性质的错误，视为意思表示内容。第124条：（1）根据第123条的规定可撤销的意思表示，只能在一年之内撤销。（2）在被欺诈的情况下，撤销期限自撤销人发现欺诈之时起开始计算，在被胁迫的情况下，撤销期限自胁迫终止之时起开始计算。对于期限的届至，准用第203条第2款以及第206条，第207条关于消灭时效的规定准用于期间的经过。

② MüKoBGB/Armbrüster, § 124, 7. Aufl., 2015, Rn. 4.

③ MüKoBGB/Armbrüster, §121, 7. Aufl., 2015, Rn. 3.

④ MüKoBGB/Armbrüster, §124, 7. Aufl., 2015, Rn. 9.

如果当事人知道撤销事由后明确表示或者以自己的行为表明放弃撤销权，那么撤销权被排除。在当事人表示放弃撤销权之后，再允许权利人主张权利，将是一种对于不诚信行为的鼓励。依据禁反言原则，在这种情况下的撤销权当然地被排除。

本条同时规定了为期5年的绝对时效。亦即，撤销权在5年内不被行使时将终局地消灭。绝对时效不存在中止或中断，体现了法律对于法律关系稳定性的追求。与绝对时效不同，前述短期时效则受到其他条件的影响。例如，当事人行使权利时，时效发生中断。[①] 再者，本法第194条第1款规定，在诉讼时效期间的最后6个月内，因下列障碍，不能行使请求权的，诉讼时效中止：（一）不可抗力；（二）无民事行为能力人或者限制民事行为能力人没有法定代理人，或者法定代理人死亡、丧失民事行为能力、丧失代理权；（三）继承开始后未确定继承人或者遗产管理人；（四）权利人被义务人或者其他人控制；（五）其他导致权利人不能行使请求权的障碍。时效的中断和中止对于普通时效的计算至关重要，但是绝对时效则不受影响。

此外，对于时效经过的举证责任应当由撤销权相对人承担。这是“谁主张，谁举证”原则的当然之理。亦即，撤销权相对人需要对除斥期间的经过承担举证责任。

【关联规定】

《合同法》第55条，《最高人民法院关于贯彻执行〈中华人民共和国民法通则〉若干问题的意见（试行）》第73条

（撰稿人：林洹民）

第一百五十三条　【违反强制性规定和公序良俗的民事法律行为】 违反法律、行政法规的强制性规定的民事法律行为无效。但是，该强制性规定不导致该民事法律行为无效的除外。

违背公序良俗的民事法律行为无效。

① 参见本法第195条。

【释义】

本条规范的是一般性法律行为的两类生效阻却情形，即违反法律法规中有关强制性规定（第1款）或违背公序良俗（第2款）的法律行为无效。[①] 这两类生效阻却事由适用于所有类型的法律行为，包括各种合同、[②] 法人的章程、决议、劳动法上的集体合同以及单方法律行为，如立遗嘱、通知终约等。[③]

1986年《民法通则》第58条规定了导致民事行为无效的原因，包含了第5项“违反法律或者社会公共利益的”的情形以及第6项“经济合同违反国家指令性计划的”情形（2009年8月27日删除）。1999年《合同法》在第52条规定的合同无效的几种情形中，列举了第4项“损害社会公共利益”和第5项“违反法律、行政法规的强制性规定”两种情形，其中把《民法通则》的“违反法律”明确为“违反强制性法律”。同年的《最高人民法院关于适用〈中华人民共和国合同法〉若干问题的解释（一）》要求，据以主张合同违反法律无效的法律，必须限于法律和行政法规。[④] 后来，司法解释又进一步主张应当区分强制性法律中的效力性规定和管理性规定，认为只有违反效力性规定才会导致法律行为和合同无效。[⑤] 2009年《最高人民法院关于适用〈中华人民共和国合同法〉若干问题的解释（二）》第14条接受了这一观点，规定“合同法第五十二条第（五）项规定的‘强制性规定’，是指效力性强制性规定”。《民法总则》制定中，总结了上述规定的经验，一开始就确立了相关条款，并将违反法律法规强制性和公序良俗导致法律行为无效统合到一条加以规定，三审稿仍然明确规定在第155条，并且强调此处强制性规范为效力性强制性规范，但是到四审稿忽然拿掉了（其原意大概是因为考虑到第8条基本原则的规定），这遭到梁慧星、孙宪忠等学者的激烈批评（参见本书第8条释义），于是又在本条予以恢复。民法典继受了《民法总

---

① 另请参阅本书中对第8条的释义。

② 对以合同法为重点的违反法规禁令的分析，见朱庆育：《合同法第52条第5项评注》，载《法学家》2016年第3期。

③ 比较 MükoBGB/Armbrüster § 134 Rn. 23ff。

④ 《最高人民法院关于适用〈中华人民共和国合同法〉若干问题的解释（一）》第4条：“合同法实施以后，人民法院确认合同无效，应当以全国人大及其常委会制定的法律和国务院制定的行政法规为依据，不得以地方性法规、行政规章为依据。”同时还在第10条规定：“当事人超越经营范围订立合同，人民法院不因此认定合同无效。但违反国家限制经营、特许经营以及法律、行政法规禁止经营规定的除外。”

⑤ 龙卫球：《民法总论》，中国法制出版社2002年版，第468页。

则》第155条，但有几处标点符号的修改，主要是将第1款调整为两句。①

这一规定的意义在于，明确法律行为效力和违反强制性法律法规、违背公序良俗之间的关系，是第8条关于禁止违反法律和公序良俗基本原则条款的一个具体化体现。法律、行政法规的强制性规定和公序良俗代表了一种正当秩序的要求，因此要求法律行为应当对之加以尊重是应有之理。通过规定这两种阻却要件，法律划定了私人自治的正当化秩序边界，法秩序不会允许越界的法律行为生效。② 其中，有关禁止违反法律的要求相对确定，属于确定性的秩序，但是违反公序良俗的要求却比较模糊，该要求的目的在于对民事主体的私人自治提出了道德伦理要求，使得法律行为不逾越社会共同体的某种道德和伦理底线。

本条规定应当展开以下几点理解：

其一，违反法律、行政法规强制性规定和公序良俗的法律行为无效。

这里关于"违反法律、行政法规强制性规定"，有三个解释重点：第一，限于法律、行政法规。所谓法律，是指全国人大及其常委会根据《宪法》和《立法法》的立法权制定的规范文件；所谓行政法规，则是指国务院根据《宪法》《立法法》和有关法律授权制定的规范文件。③ 其他规范文件，如地方性法规、自治条例、单行条例、各级行政规章则原则上不属于上述法律、行政法规的范围，④ 除非本身可以看成法律、行政法规的授权延伸。第二，限于法律、行政法规中的强制性规范，包括强行性规定和禁止性规定。第三，并非所有强制性规定都导致法律行为无效，而应该是其中效力性规定部分。本条在这里没有明确使用"效力性强制性规定"的学理说法，而是采取了"但是该强制性规定不导致该民事法律行为无效的例外"的表述，大概是为了避免过于学理概念化，但含义应该是一样的。

一项强制性规定是否为效力性规定，或者说是否导致法律行为无效，取决于该规定的目的和意义。⑤ 这需要用法者进行解释来查明。解释的重要规则有：

---

① 《民法总则》第153条为："违反法律、行政法规的强制性规定的民事法律行为无效，但是该强制性规定不导致该民事法律行为无效的除外。违背公序良俗的民事法律行为无效。"

② Leenen, *BGB AT Rechtsgeschäftslehre*, 2. Aufl. 2015, § 9 Rn. 4.

③ 第153条第1款将强制性规定的法源限定于法律（《立法法》第8条）和行政法规（《立法法》第65条），需要补入的还有和法律有同等效力的全国人大常委会的法律解释（《立法法》第50条）。但是关于最高人民法院的司法解释则应存疑。一种观点认为，按照《最高人民法院关于司法解释工作的规定》第5条的规定，最高人民法院发布的司法解释，具有法律效力。鉴于司法解释在我国司法实践中发挥的不可或缺的重要作用，在第153条第1款的框架内赋予其与法律、行政法规近似的地位是合理的。

④ 这些下位的法源即便符合上位法，也只能作为解释上位法的辅助材料；如果下位法与上位法相违背或者出现了《立法法》第96条所列举的一种瑕疵事由，那么即便下位法作出了禁止性规定并且为当事方作为法律行为的无效依据所主张，第153条第1款也授权法官不予支持，这时可以看出第153条第1款前半句所具有的法源限定和排除功能。

⑤ Paldnt/Ellenberger § 134 Rn. 7.

（1）出发点始终是规范的语词。如果法律规范自身使用了“禁止”（例如，《未成年人保护法》第34条）、“关于××的约定无效”等提法，那么这就构成了具有较大指示价值的标志。例如，第197条就明言，“诉讼时效的期间、计算方法以及中止、中断的事由由法律规定，当事人约定无效”。但是由于法条使用语言往往因场合而异，所以条文用语只具有参考意义，并无决定意义。还以“不得”为例，有些采用了“不得”这一语词的条文确实属于第153条第1款意义上的法规禁令，如确立了抵押禁令的第399条（“下列财产不得抵押……”）。另外一些条文虽然使用了“不得”，但却并非这一意义上的禁令，如第443条、第444条、第445条等条文的第2款都规定了作为质押标的的权利不得转让，但是这却并非禁令。以股权质押为例，出质人在设定权利质权后，再签订股权转让的合同，该转让合同并不因此而无效，因为股权转让并不导致其上的权利质权消灭，因此也就不会影响质权人的利益。（2）如果法律法规本身并未使用相关语词或者其使用相关语词的意义不明晰时，那么则必须直接诉诸法规的意义和目的。应当区分的是，法规所作出的禁令依照其目的和意义针对的是法律行为的效力自身，还是法律行为成立的时间、地点、方式等外部环境因素。后者的例子如《娱乐场所管理条例》第28条，该条规定：“每日凌晨2时至上午8时，娱乐场所不得营业。”这一禁令针对的是法律行为成立的时间，而非法律行为的生效自身。同样，以仿冒行为（《反不正当竞争法》第6条）促成的合同并不因第153条第1款的规定而无效，因为对仿冒行为的禁令涉及的仅仅是合同成立的方式，而非合同的生效，合同相对方可从其他途径主张救济，如依据第147条（重大误解）、第148条、第149条（欺诈）等主张撤销法律行为。[①]（3）该类强制性规定可以针对法律行为的内容，即所谓的“内容禁令”，如双方约定一方实施某种犯罪行为另一方支付酬劳；又或者法律行为以毒品或者其他禁止交易的对象为标的；也可以针对法律行为的实施，即所谓的“实施禁令”，如不具有拆迁许可的公司签订建筑物拆迁合同。（4）如果经过解释依然无法查明强制性规定的目的和意义，那么按照第153条第1款含有的“存疑无效”的解释规则，应当认定，对其违反将导致法律行为无效。[②]

所以，从程序上说，在判定法律行为是否违反强制性规定时，应当依据相关事实注意法律行为是否违反了第153条第1款法源范围内的强制性规定，而且依照其意义和目的，应当“导致该民事法律行为无效”。由此第153条第1款的适

---

① 比较 Palandt/Ellenberger § 134 Rn. 24.

② 比较 Bork：Bork Allgemeiner Teil des Bürgerlichen Gesetzbuchs，Rn. 1111.

用可分为两步：第一步，判定所违反的强制性规定是否处于第 153 条第 1 款规定的法源范围内；第二步，判定该规定依照其目的是否要求法律行为无效。强制性规定可以存在于民法典的分则之中，也可以存在于其他专门法之中，所以第 153 条第 1 款的基本功能还在于将民法典以外的法规范纳入法律行为的生效检测中，以避免法秩序内部的矛盾冲突，由此也搭建起民法和其他法律的合作桥梁。①

关于"违反公序良俗"，也有四个解释重点：第一，关于"公序良俗"的理解，首先应考虑已经获得制定法明确认可或者可以从制定法中提取出来的价值和原则（所谓的"以法律为准绳"），只有在制定法无法提供线索时，才应诉诸"公道正义之人的道德伦理观念"做出判断和论证。② 关于法律法规强制性和公序良俗的关系，由于强制性法规是立法者权衡、取舍、斟酌的成果，比公序良俗更特定化和明确化，所以第 153 条第 1 款相对于第 153 条第 2 款是特殊法，应优先适用。③ 第二，违背公序良俗的审查，其范围可以覆盖法律行为的整体。这种违背或违反，可以体现在法律行为的内容上（例如，约定买卖国家荣誉证书、奖章、国家勋章，约定以造谣、污蔑方式损害他人人格权），也可以体现在法律行为的整体性质上，此时需对法律行为的内容，行为人的动机、效果等因素作出综合考量。第三，在判断时一般而言应以法律行为实施时的事实状态和社会道德伦理为准，之后的社会观念变化通常不能再影响法律行为的效力。第四，公序良俗的内涵非常抽象，因此第 153 条第 2 款意味着赋予法官巨大的自由裁量权，也极具不确定性，为了限制法官的任意裁判，此款需要不断在司法实践中具体化。④

其二，导致无效的后果，是一种绝对的、自始的、当然的无效。

应当区分是整体无效还是部分无效，其取决于禁止性法规自身作出了怎样的规定，也应当注意当事人的意愿和利益。但按照民法典第 156 条的规定，应以部分无效为原则，整体无效为例外（参见第 156 条的释义）。部分无效的一类典型

---

① 朱庆育：《民法总论》，北京大学出版社 2013 年版，第 292 页。

② 比较 Leenen，*BGB AT Rechtsgescgäftslehre*，2. Aufl. 2015，§ 9 Rn. 242。

③ MükoBGB/Armbrüster § 138 Rn. 4.

④ 参见 MükoBGB/Armbrüster § 138 Rn. 129。以德国司法为例，关于公序良俗所作的类型化规范包括以下方面：（1）针对交易相对方的公序良俗违背。如准暴利行为（如在买卖、借贷、租赁合同中）；带有性别、种族歧视的行为；债务人配偶或者其他近亲属承诺的远远超过其经济承受能力的保证；严重侵害相对方经济自由的束缚合同（如长达数十年的独家供货约定）；超出合理范围的竞业禁止等。（2）针对公众或第三人的公序良俗违背。违背公序良俗的另一种类型是，法律行为妨害了某个社会领域的根本法秩序，如宪法秩序、刑法秩序、税法秩序、航空法秩序、环境法秩序、婚姻家庭法秩序（此时可能有第 153 条第 1 款违背法规禁令的同时适用）。（3）法律行为还可能因对第三人的损害而被评价为违背公序良俗，如引诱相对方违约使得第三方（相对方的债权人）遭受损害，又或者债权人和主债务人约定只从抵押人（第三人）的财产中受偿；对客户（第三人）的代理人或者谈判辅助人的贿赂等。更多的案例类型，参见龙卫球：《民法总论》，中国法制出版社 2002 年版，第 473 页以下。

案件涉及对价格禁令、利率禁令的违反或者（准）暴利行为，此时法律行为并非整体无效，而是被减缩至法律允许的程度，并在这一范围内保持有效（所谓的“保持效力的限缩”）。例如，当约定的租金过高时，合同的租金将被缩减，合乎理性的做法是，将租金减缩为当地市场的通常价格（第 511 条第 2 项），经过租金减缩后的租赁合同保持有效；另外，按照《最高人民法院关于审理民间借贷案件适用法律若干问题的规定》第 26 条第 2 款的规定，当借贷双方约定的利率超过年利率 36%，超过部分的利息约定无效，这意味着，借贷合同在年利率 36% 的范围内有效。无效的具体后果，主要是给付返还。

当法律行为依据第 153 条规定而无效时，已履行的给付应当被返还（第 157 条）。如果法律行为一方过错性地以违反法规禁令或者违背公序良俗的方式导致相对方遭受损害，且合同因此未生效，那么通常还可适用缔约过失责任（第 500 条第 3 项）。①

其三，一般而言，成立违反法律法规强制性规定或公序良俗，需要的仅仅是一种客观上的违法状态，当事人主观上对此有无认识或者过错并无决定意义。但在某些情况下，按照法律法规的保护目的，在判定法律行为是否因违反法律法规强制性规定或者违背公序良俗而无效时，也应当考虑当事人的主观情况。②

关于证明负担分配，谁依据第 153 条主张法律行为无效，就需承担对法律行为违反法律法规强制性规定或违背公序良俗的证明责任。

【关联规定】

《民法通则》第 58 条，《合同法》第 52 条

（撰稿人：龙卫球　王琦）

第一百五十四条　【恶意串通的民事法律行为】 行为人与相对人恶意串通，损害他人合法权益的民事法律行为无效。

【释义】

第 154 条的规范对象是法律行为无效事由的特别情形。以恶意串通而为的法

---

① Staudinger/Sack/Selbl（2011）§ 134 Rn. 143；§ 138 Rn. 186.

② Staudinger/Sack/Selbl（2011）§ 143 Rn. 82ff.

律行为，因其在内容（及目的）上欠缺社会妥当性，而导致其无效的法律后果。因法律行为的"背俗性"而致其无效，故该条可以视为违背公序良俗无效的一个子类型。当事人恶意串通订立的法律行为，既包括双方行为（如买卖合同），也包括单方行为（如债务免除），以前者为典型。恶意串通行为与传统民法上的通谋虚伪行为有相似性，但也有一定的区别。[①] 首先，通谋虚伪行为的通谋双方并不欲依表示出来的内容发生法律效果，通谋的意思表示是虚假的，[②] 而第 154 条恶意串通双方的意思则是真实的。其次，通谋虚伪行为的表面行为不生效系双方当事人合意的结果，是否损害第三人利益在所不问，[③] 而第 154 条则以"损害他人合法权益"为客观要件。最后，第 146 条对通谋虚伪行为已作了单独规定，本条的恶意串通与之相比有一定的区别。故此，第 154 条适用于法律行为当事人的恶意串通为真实意思，同时损害其他人合法权益的情形。

在适用本条时，应首先考虑串通的双方所为的行为是否属于民法上的法律行为，再考察行为人主观上是否有恶意，客观上是否损害他人的合法权益。当各要件成就，串通双方的法律行为归于无效。概言之，应当结合主、客观要素，观察交易样态及其在整体上是否合乎正常的社会交往和商业交往标准，是否超越了合理的竞争秩序，是否违背善良风俗。

串通双方是否为法律行为，用以区别真正的恶意串通和非真正的恶意串通。例如，竞买人之间恶意串通，损害其他竞买人利益的，拍卖无效。[④] 这里两个竞买人之间的串通并非法律行为，故此种情形属于非真正的恶意串通。与此相反，投标人与招标人串通投标，损害他人合法权益的，两者之间的串通乃为达成买卖合同这一法律行为，故属于第 154 条规制的情形，则会导致中标无效的后果。[⑤]

该条所指的恶意，并非单纯指对特定事实的明知或应知，而是指侵害他人合法权益的故意。"串通"是恶意的共谋。换言之，如果当事人明知或应知法律行为会损害他人的合法权益而仍然为之，即可认定为具有侵害他人的故意或"恶意"。"恶意"的成立至少包括两种情形，一是当事人积极地通过订立法律行为损害第三人利益；二是订立法律行为的当事人对其可能损害第三人利益持消极放任的态度。[⑥]

---

① 朱庆育：《民法总论》，北京大学出版社 2013 年版，第 256 页。

② 《德国民法典》第 117 条规定的表面行为（Scheingeschäft）。

③ Reinhard Bork, *Allgemeiner Teil des Bürgerlichen Gesetzbuchs*, 3. Aufl. 2011, Rn. 801; Brox/Walker: Allgemeiner Teil des BGB, 34 Aufl., 2010, Rn. 402.

④ 2015 年《拍卖法》第 37 条。

⑤ 1999 年《招标投标法》第 32 条第 1 款、第 53 条。

⑥ 茅少伟：《论恶意串通》，载《中外法学》2017 年第 1 期。

该条所指的“串通”，其典型样态是当事人事先共谋、共同行为，但也包括了一方当事人作出意思表示、对方当事人明知其不法目的而仍默认接受的情形。[①]

当事人意图以恶意串通行为侵害他人合法权益，而他人并未实际遭受损害的，法律行为没有必要因为恶意串通而无效。因此，“恶意之外”，还要考察客观要件，即是否损害他人的合法权益。这里的他人权益，是指特定第三人确实享有的、受法律保护的民事权益。既可以是财产性利益，也可以是人身性权益。

《民法通则》第 58 条第 1 款第 4 项和《合同法》第 52 条第 2 项均规定，“恶意串通，损害国家、集体或者第三人利益”的法律行为（合同）无效。而自《民法总则》第 154 条以来，恶意串通，则仅限于损害“他人合法权益”的情形。应当认为，该条所指的“第三人”，是作为民商事主体的特定第三人。

由于该条的主旨在于保护特定第三人利益，重点已经不再是保护公共利益，所以法律后果不宜认定为绝对无效，而应认定为相对无效，即只能由受害的第三人主张无效，法院亦无权审查适用。且此种主张也应受除斥期间的限制。[②]

【关联规定】

《民法通则》第 58 条，《合同法》第 52 条

（撰稿人：张陈果）

第一百五十五条　【无效或被撤销民事法律行为的效力】无效的或者被撤销的民事法律行为自始没有法律约束力。

【释义】

本条规定的是无效或被撤销法律行为的效力。《民法通则》第 58 条第 2 款规定：“无效的民事行为，从行为开始起就没有法律约束力。”第 59 条第 2 款规定：“被撤销的民事行为从行为开始起无效。”《合同法》第 56 条规定：“无效的合同或者被撤销的合同自始没有法律约束力……”在传统民法理论中，法律行为的无效是一种强烈的否定性评价，其包括以下几个方面的含义：（1）自始无效。法律行为之无效，自行为作出时即为无效；（2）当然无效。法律行为之无效，无须任

① 王利明：《合同法研究（第一卷）》，中国人民大学出版社 2015 年版，第 645 页。

② 茅少伟：《论恶意串通》，载《中外法学》2017 年第 1 期。

何人主张，也不需法院或仲裁机构宣告。即该法律行为无效不以主张、确认和宣告为要件；（3）绝对无效。无效的法律行为是对任何人均无效，任何人均得主张该法律行为无效，法院也可以依职权审查，主动宣告无效。我国民法典中没有明确把相对特定第三人无效作为法律行为的一种效力类型而进行规定，而是仅在此统一规定了绝对无效的情形。

在此需要特别注意的是，法律行为的无效不同于法律行为的不生效。在符合本法所规定法律行为无效的情形下，该行为的效力已经被法律作出了否定性评价，因而是无法补正而绝对地无效。这是一种终局性的效力判定。但法律行为的不生效往往是由于法律行为尚欠缺法律所要求的必要形式或特定程序（如一些类型的审批等），法律所作出的这种效力的判定并非终局性的，完全可以由当事人补正了相关的手续而使法律行为发生当事人所欲发生之效力。

与无效法律行为相对，可撤销的法律行为在被撤销之前是已经发生效力的，只不过由于该法律行为的意思表示存在瑕疵，可能是由于意思表示的不真实（包括故意的或无意的意思与表示的不一致），或者意思表示的不自由，而导致意思表示可撤销。可撤销法律行为相对于无效而言具有了更多的弹性，赋予了撤销权人以选择权。在存在意思表示瑕疵的情形下，撤销权人仍可选择维持该意思表示的效力而不行使撤销权。

法律行为之无效，是指法律行为不发生当事人所欲追求的法律效果。由于法律行为之内核为当事人的意思表示，而生效法律行为的效力也应是由当事人的意思表示而决定。因此，在法律行为无效的概念下，仅仅指称该法律行为不发生当事人所追求的法律效果，而不是说该行为不产生任何法律效果。如果该无效行为构成侵权，则当事人依然需要承担侵权责任，若满足不当得利的法律要件时，仍发生不当得利等法律规范所规定的效力。

另外，对此条规范应该进行限缩解释，在继续性法律行为（如继续性合同等法律关系中），法律行为的被撤销或无效之后果是否具有溯及力？多数学者均主张此种情况下，法律行为的无效或被撤销应当仅向后发生效力，而业已进行完毕的法律行为所产生的效果不应再溯及地消灭。这是对已发生的法律行为所产生的法律效果的维持，这种维持并不意味着对无效法律行为作出了不同的法律评判，也并不是法律对于无效法律行为所违背的法律规范及其背后所保护的价值的妥协，而是基于已发生行为所产生的外观、不特定第三人可能产生的信赖、即秩序价值的保护。因此，该条规定中应将自始没有法律约束力的无效或被撤销的法律行为限于一时性的法律行为，而对于继续性的法律行为，该效力的消灭应当仅向后发生。

【关联规定】

《民法通则》第 58 条第 2 款、第 59 条第 2 款，《合同法》第 56 条，《婚姻法》第 12 条，《收养法》第 25 条

（撰稿人：王天凡）

第一百五十六条　【民事法律行为部分无效的法律后果】 民事法律行为部分无效，不影响其他部分效力的，其他部分仍然有效。

【释义】

第 156 条规定的是法律行为部分无效事由的影响范围，即是整体无效还是部分无效。第 156 条适用于所有令法律行为无效的事由，如第 153 条的违背法规禁令、违背公序良俗、第 155 条的撤销、第 135 条的形式瑕疵等。第 156 条的基本立场是以部分无效为原则，整体无效为例外。即一般而言，仅有受到无效事由直接作用的那部分无效，其他部分保持有效。只有当无效那一部分影响到其他部分的效力时，才应认定整体无效。至于部分无效是否"影响其他部分效力"，主要取决于当事人事实上的或者可推断的意愿。

第 156 条的适用可以分为三步，（1）判定是否存在一个法律行为整体（"整体性判定"）；（2）判定这一整体内部是否具有可分性（"可分性判定"）；（3）按照当事人意愿并结合法律的目的判定，因无效事由介入而无效的部分是否影响法律行为其他部分（"影响性判定"）。其中，整体性和可分性处于第 156 条的构成要件层面，影响性判定处于第 156 条的法律后果层面。①

首先，第 156 条预设了一个法律行为整体的存在。在现实中，当事人往往做出了多项约定，其中包含多个不同类型的法律行为，这些约定能否构成一个法律行为整体并被置于第 156 条的框架下评判，关键看当事人是否有一种整体性的行为意愿，另外也要参考交易习惯和各方的利益状况。如果当事人的多项约定是在同一缔约过程中达成或者被载入同一合同书，那么通常可认为当事人对其有一种整体性意愿。即便当事人间的约定是在不同时段做出或者被载入了不同的合同书，但是只要按照当事人的意愿或者交易习惯，这些约定应当"同生同灭"或者

---

① Wolf/Neuner, *Allgemeiner Teil des BGB*, 11. Aufl. 2016, § 56 Rn. 9ff.

说组成了一个“交易包”，那么它们也构成一个法律行为整体。例如，房客的租赁合同和对房东家具的购买合同；建设工程施工合同和建筑监理合同；对计算机硬件和软件的购买；移动通信套餐合同和手机合同（“存话费赠手机”）；对书画作品的买卖合同和装裱约定（作为承揽合同）。相反，如果这些约定不能被看作一个法律行为整体的组成部分，那么其中一部分的无效自然不能影响其他的约定，此时从一开始就没有第156条的适用可能。例如，对同一债权的多个保证合同并不构成一个法律行为整体；对担保合同和主合同第388条第1款3句、第4句作出了专门规定，所以它们之间的关系一般也不适用第156条；另外，基于意定代理权授予的无因性，授权行为和基础关系只有在例外情形下才能被视为一个整体。[①] 谁主张形式上分离的多个法律行为构成一个法律行为整体，并对其有第156条的适用，则需承担相应的证明负担。

其次，第156条预设了法律行为整体的内部具有可分性，因此一部分无效后，其他部分依然可以作为一个独立实体而存续。可分性的主要类型有：

第一，合同包含有多个条款时，不同条款之间通常具有可分性；一个证据见第507条，该条规定，合同其余部分无效不影响合同中有关争议解决方法的条款的效力。

第二，法律行为的一方有多个参与人时，如多个买受人或者出卖人、连带债权人、共同保证人、共有人等。

第三，给付自身可分时，如买卖合同中有多个买受物或在承揽合同中约定了多个承揽工作。[②]

如果上面两步检验都得到了肯定答案，那么依照第156条的基本立场，无效事由只令法律行为部分无效，除非按照当事人的意愿，该部分的无效可以影响其他部分的效力，此时则法律行为整体无效。现在关键在于查明当事人是否具有这样的意愿。这种意愿既可能是双方的事实意愿，例如，当事方在磋商过程中已然表明，万一部分无效也愿意保持其他部分有效；也可能是经由解释确认的推定意愿或者说假设意愿，即假设当事人事先知晓部分无效的话，也依然会实施该法律行为或者愿意接受其余部分的约束。[③] 如果无效事由涉及的是合同的次要或者辅助性条款，一般应肯定当事人的意愿是部分无效。如果双方对是否具有整体性意愿发生争议，那么应当查明，一位理性公道的交易人在相同情形下会持何种态度。

---

① Palandt/Ellenberger § 139 Rn. 6ff; MüKoBGB/Busche BGB § 139 Rn. 20 – 22.

② 龙卫球：《民法总论》，中国法制出版社2002年版，第531页。

③ Bork, *Allgemeiner Teil des BGB*, 4. Aufl. 2015, § 28 Rn. 1217ff.

如果双方实现在合同中约定有“可分离条款”（salvatorische Klausel）或者“替代条款”（Ersetzungs klausel），那么通常这就表明当事人的初衷是愿将无效限制在部分范围内。这两类条款并非不可推翻，它们的效果准确而言影响的仅仅是证明负担的分配。具体而言，哪一方如果无视可分离性条款或者替代条款的存在，依然主张法律行为整体无效，就应当证明当事人有“部分无效会影响其他部分效力”的相应意愿。[①]

谁依据第156条主张法律行为整体无效，就应当证明，基于当事人的意愿或者其他相关因素，部分无效足以影响其他部分的效力。万一无法查明当事人意愿或者支持部分无效和整体无效的证据分量相等，则可诉诸第156条的基本立场，以部分无效为优先选项。[②]

【关联规定】

《民法通则》第60条，《合同法》第56条

（撰稿人：王琦）

第一百五十七条　【民事法律行为无效、被撤销或确定不发生效力的后果】 民事法律行为无效、被撤销或者确定不发生效力后，行为人因该行为取得的财产，应当予以返还；不能返还或者没有必要返还的，应当折价补偿。有过错的一方应当赔偿对方由此所受到的损失；各方都有过错的，应当各自承担相应的责任。法律另有规定的，依照其规定。

【释义】

本条是关于法律行为无效、被撤销或确定不发生效力的后果，包括财产返还、折价补偿以及赔偿损失等方面。我国《民法通则》第61条规定：“民事行为被确认为无效或者被撤销后，当事人因该行为取得的财产，应当返还给受损失的一方。有过错的一方应当赔偿对方因此所受的损失，双方都有过错的，应当各自承担相应的责任。”《合同法》第58条规定：“合同无效或者被撤销后，因该合同

① 比较 Medicus/Petersen, *Allgemeiner Teil des BGB*, 11. Aufl. 2016, § 35 Rn. 510.

② 比较 BeckOK BGB/Wendtland BGB § 139 Rn. 20.

取得的财产，应当予以返还；不能返还或者没有必要返还的，应当折价补偿。有过错的一方应当赔偿对方因此所受到的损失，双方都有过错的，应当各自承担相应的责任。”本条规定基本保持了《合同法》上述规定的原貌，仅在其基础上，加入了一个但书的规定。

本条规定了法律行为无效、被撤销或者确定不发生效力后的两种效力：返还财产与损害赔偿。

从理论上而言，对于该财产返还请求权的性质问题在学者间产生过较多争论，主要分为不当得利请求权说和物上请求权说。这些争论本质上还是物权行为独立性与无因性之争。在法律效果方面，不当得利请求权可以请求返还的范围比原物返还请求权要广，但是不当得利请求权在返还范围的问题上需要考虑相对方的主观状态（善意或恶意）。而立法者在本条中依然未就此问题作出明确判断。但可以确定的是，由于原物返还请求权以原物的存在为前提，因此在原物已经不存在的场合，应当适用不当得利请求权。

本条所确定的损害赔偿，我国学界通说认为其属于缔约过失责任。而此处“对方由此所受到的损失”一般包括缔约费用、为准备履行及实际履行所支出的费用及缔约机会丧失等间接损失。但在此需区分类型予以认定：若法律行为是由于重大误解而被撤销的，该当事人承担的损害赔偿责任其数额不应超过法律行为有效的情况下对方当事人可得利益的范围。但若法律行为是由一方当事人的欺诈、胁迫或显失公平的，该方当事人承担损害赔偿责任的数额不受法律行为有效的情况下对方当事人可得利益范围的限制。

这一条文在实际运行中赋予了法院较大的弹性空间，尤其是该条第二句关于各方过错与赔偿责任之间关系的处理上，法官在个案中进行调整有充分的余地。这一方面有利于在个案中调整而实现具体的公平，但另一方面过于弹性的标准可能也会有导致司法不统一的隐患。

【关联规定】

《民法通则》第 61 条，《合同法》第 58 条、第 59 条，《最高人民法院关于贯彻执行〈中华人民共和国民法通则〉若干问题的意见（试行）》第 74 条。

（撰稿人：王天凡）

第四节　民事法律行为的附条件和附期限

第一百五十八条　【附条件的民事法律行为】 民事法律行为可以附条件，但是根据其性质不得附条件的除外。附生效条件的民事法律行为，自条件成就时生效。附解除条件的民事法律行为，自条件成就时失效。

【释义】

本条规范的对象是附条件的民事法律行为，具体包括民事法律行为是否可以附条件以及条件的类型。本条继承自《民法总则》第158条。此前，附条件的民事法律行为由《民法通则》第62条和《合同法》第45条第1款进行规范。《民法通则》第62条规定："民事法律行为可以附条件，附条件的民事法律行为在符合所附条件时生效。"从该规定可看出，原《民法通则》只规定了生效条件，对解除条件则付之阙如。《合同法》第45条第1款规定："当事人对合同的效力可以约定附条件。附生效条件的合同，自条件成就时生效。附解除条件的合同，自条件成就时失效。"相比《民法通则》，《合同法》的规定增加了解除条件。本条则又在《合同法》规定的基础上，对民事法律行为不得附条件的情况作了明确的例外规定，对附条件民事法律行为制度作了进一步的完善。

民事法律行为附条件制度的重要价值是拓展民事主体的私法自治空间。原则上，民事法律行为自成立时生效（《民法典》第136条第1款），但未来的不确定事件可能会对民事主体是否实施特定的民事法律行为产生影响，民事主体通过附条件制度可以将民事法律行为的生效或失效与未来的不确定事件相关联，进而自主决定在不确定事件发生或未发生时民事法律行为的效力，从而能够对未来可能的风险作出事先安排，以规避或降低风险可能带来的影响。[①]

条件是将来的不确定的事实。[②] 对于附条件民事法律行为的容许性，本条首先明确，原则上，所有类型的民事法律行为均可以附条件，这也是最大程度维护私法自治的要求。但本条同时规定，按照民事法律行为的性质不得附条件的例

① 龙卫球：《民法总论》（第2版），中国法制出版社2002年版，第533页。
② 朱庆育：《民法总论》（第2版），北京大学出版社2016年版，第126页。

外。对于这一例外规定，本条没有明确规定何种性质的民事法律行为不得附条件。学说上一般认为有两类民事法律行为不得附条件。第一类是基于公共利益要求而不得附条件的民事法律行为，典型的如婚姻、收养、离婚等身份行为。[①] 这类身份行为如果可以附条件，会严重影响当事人在法律上的身份或地位的确定性。此外，比较法上也有一些财产性行为不得附条件，如《德国民法典》第 925 条第 2 款规定："附条件或附期限而达成的关于不动产所有权转移的合意，不生效力。"该款规定的原因是，此处涉及通过不动产登记簿而转移不动产所有权这种重要的权利，不动产登记簿应当直接反映不动产的权属状况，以使得人们在进行不动产交易时，不必再查询该登记的不动产在先前交易中是否附有条件或期限。[②] 第二类是基于法律行为效力的确定性要求而不得附条件的民事法律行为。[③] 这主要是针对单方法律行为，例如解除、抵销等形成权。形成权可由当事人单方行使而直接对相对人发生法律效力，对相对人的利益影响较大，为保持该法律行为效力和相对人法律地位的确定性而不得附条件。我国《民法典》第 568 条第 2 款第 3 句明确规定："抵销不得附条件……"

在类型上，条件可以分为生效条件和解除条件。本条第 2 句规定的是生效条件，又称为延缓条件或停止条件。附生效条件的民事法律行为虽然已经成立，但尚未生效，须待所附条件实现时法律行为方发生效力，此前法律行为的效力处于停止状态。若所附条件确定的不实现，则附生效条件的法律行为确定的不发生法律效力。[④] 但也有观点认为，条件只影响民事法律行为的效果，而不影响民事法律行为的效力，附条件的民事法律行为已经具有法律效力，但当事人通过民事法律行为所追求的法律效果能否实现，则取决于条件是否成就。[⑤] 条件的实现或不实现，称为条件的成就或不成就。例如，甲从乙处购买房屋，但乙因向银行借款而将该房屋抵押给了银行，双方订立的房屋买卖合同中约定，"自银行的抵押权消灭时，本买卖合同生效。"该约定中，"银行的抵押权消灭"即为甲乙的房屋买卖合同的生效条件。若之后乙通过清偿银行债务而使得银行的抵押权消灭，则为

---

① 龙卫球：《民法总论》（第 2 版），中国法制出版社 2002 年版，第 535 页；王利明：《民法总则研究》（第 3 版），中国人民大学出版社 2018 年版，第 587 页；朱庆育：《民法总论》（第 2 版），北京大学出版社 2016 年版，第 125 页。

② 朱庆育：《民法总论》（第 2 版），北京大学出版社 2016 年版，第 125 ~ 126 页；Medicus/Petersen, *Allgemeiner Teil des BGB*, 11. Auflage, Rn. 847.

③ 王利明：《民法总则研究》（第 3 版），中国人民大学出版社 2018 年版，第 587 页；朱庆育：《民法总论》（第 2 版），北京大学出版社 2016 年版，第 126 页。

④ 龙卫球：《民法总论》（第 2 版），中国法制出版社 2002 年版，第 535 页。

⑤ 袁治杰：《法律行为的条件理论》，载陈小君主编：《私法研究》（第 8 卷），法律出版社 2010 年版，第 58 ~ 61、87 页。

条件成就，甲乙的房屋买卖合同生效。

本条第3句规定的是解除条件，又称为失效条件或消灭条件。附解除条件的民事法律行为已经成立且生效，但在所附的解除条件成就时，该法律行为会失去效力。[①] 例如，甲将位于北京的一套房屋租赁给乙，租赁合同中约定，若甲的儿子将来在北京找到工作，则房屋租赁合同失效。该约定中，“甲的儿子在北京找到工作”是甲乙之间的房屋租赁合同的解除条件。若甲的儿子确定地在北京找到了工作，则解除条件成就，甲乙的房屋租赁合同丧失法律效力。

由于条件是未来之不确定的事实，如果当事人约定的作为条件的某事实已经确定地发生，而只是当事人对此不知情或不确定，则该条件称之为不真正条件，[②] 在《日本民法典》上称之为既成条件。不真正条件对法律行为效力之影响，取决于条件的具体类型，《日本民法典》第131条第1款和第2款对此有明文规定，据此，(1) 在条件已经确定成就时，若为停止条件，则法律行为为无条件；若为解除条件，则法律行为无效。(2) 在条件已经确定不成就时，若为停止条件，则法律行为无效；若为解除条件，则法律行为为无条件。[③] 此外，还有不法条件和不能条件两种重要类型值得注意。不法条件是指以违法或违背公序良俗的事实作为法律行为的条件，[④] 不能条件是指以客观上不能成就之事实作为法律行为的条件。[⑤] 对于不法条件和不能条件，《民通意见》第75条规定：“附条件的民事行为，如果所附的条件是违背法律规定或者不可能发生的，应当认定该民事行为无效。”有观点认为，该条关于附不能条件的民事行为无效的规定过于简单化，因为在不能条件作为解除条件时，此时由于解除条件永远不能成就，意味着当事人无意使法律行为失效，故此时应是解除条件无效，而非法律行为无效。[⑥] 此观点值得赞同，《日本民法典》第133条第2款[⑦]亦作如是规定。除上述外，还有矛盾条件这一类型，矛盾条件会使法律行为的内容自相矛盾，如当事人订立的租赁合同中约定，“若租赁合同被解除，则合同生效”，矛盾条件无论是生效条件或解除

---

① 龙卫球：《民法总论》（第2版），中国法制出版社2002年版，第535页。

② Medicus/Petersen, *Allgemeiner Teil des BGB*, 11. Auflage, Rn. 829.

③ 刘士国、牟宪魁、杨瑞贺译：《日本民法典》（2017年大修改），中国法制出版社2018年版，第23页。

④ 王利明：《民法总则研究》（第3版），中国人民大学出版社2018年版，第590页。

⑤ 朱庆育：《民法总论》（第2版），北京大学出版社2016年版，第132页。

⑥ 朱庆育：《民法总论》（第2版），北京大学出版社2016年版，第132页。

⑦ 刘士国、牟宪魁、杨瑞贺译：《日本民法典》（2017年大修改），中国法制出版社2018年版，第24页。

条件，都会使法律行为不发生效力。[①]

以作为条件的不确定事实的原因为标准，可将条件分为偶成条件、随意条件和混合条件三类。偶成条件的成就与否完全取决于偶然事件或第三人的意思，而与当事人的意思无关。随意条件的成就与否则取决于当事人一方以作为或不作为所体现的意志或决定，[②] 此外还有纯粹随意条件，即条件的成就与否完全取决于当事人的意愿而非行为。[③] 混合条件的成就与否则取决于当事人的意志与其他事实的结合。[④] 根据事实发生原因所作出的这三类主要具有学理和民法理论体系上的意义，《民法典》对此并无明确规定。这些类型中，纯粹随意条件是否能够作为“条件”，具有一定的复杂性。对于以纯粹随意条件作为条件的法律行为之效力问题，需要在划分条件类型的基础上，通过对当事人的意思表示进行解释而最终确定。[⑤]

条件成就与否尚未确定的期间称为未决期间，虽然在未决期间内法律行为的效力尚未最终确定，但民法理论上认为在此期间内法律行为已经具有一定拘束力，当事人应获得期待权的保护。[⑥]《民法典》对未决期间内当事人的权利保护问题未作规定。比较法上较为典型的保护方式是给予损害赔偿请求权，例如根据《德国民法典》第160条的规定，在条件成就与否尚未确定的期间，如果一方因过错侵害另一方当事人因附条件法律行为而应取得的权利，在条件成就时，受侵害的权利人可以请求损害赔偿。此外，当事人在未决期间取得的权利或利益还会产生流转或继承的需求，根据《日本民法典》第129条的规定，当事人在条件成就与否没有确定期间的权利义务，可以按照一般规定予以处分、继承或担保。[⑦] 未来我国在司法实践中处理类似问题时，可以参照上述关于比较法的相关规定。我国理论上也有类似的主张。[⑧]

---

① 朱庆育：《民法总论》（第2版），北京大学出版社2016年版，第132页；王利明：《民法总则研究》（第3版），中国人民大学出版社2018年版，第590页。

② 朱庆育：《民法总论》（第2版），北京大学出版社2016年版，第129页；Medicus/Petersen, *Allgemeiner Teil des BGB*, 11. Auflage, Rn. 830.

③ 王利明：《民法总则研究》（第3版），中国人民大学出版社2018年版，第592页。

④ 王利明：《民法总则研究》（第3版），中国人民大学出版社2018年版，第592页；朱庆育：《民法总论》（第2版），北京大学出版社2016年版，第131页。

⑤ 具体的阐释可参见朱庆育：《民法总论》（第2版），北京大学出版社2016年版，第129～131页。

⑥ 龙卫球：《民法总论》（第2版），中国法制出版社2002年版，第535页；王利明：《民法总则研究》（第3版），中国人民大学出版社2018年版，第593页。

⑦ 刘士国、牟宪魁、杨瑞贺译：《日本民法典》（2017年大修改），中国法制出版社2018年版，第23页。

⑧ 袁治杰：《法律行为的条件理论》，载陈小君主编：《私法研究》（第8卷），法律出版社2010年版，第78～79页。

【关联规定】

《民法典》第568条,《最高人民法院关于贯彻执行〈中华人民共和国民法通则〉若干问题的意见(试行)》第75条

(撰稿人:孙新宽)

第一百五十九条 【当事人阻止或促成附条件的成就】 附条件的民事法律行为,当事人为自己的利益不正当地阻止条件成就的,视为条件已经成就;不正当地促成条件成就的,视为条件不成就。

【释义】

本条规定的是当事人阻止或促成附条件的成就,继承自《民法总则》第159条和《合同法》第45条。《民法通则》无此规定。《合同法》第45条第2款规定:"当事人为自己的利益不正当地阻止条件成就的,视为条件已成就;不正当地促成条件成就的,视为条件不成就。"

由于条件的成就或不成就可能会给一方当事人带来不利益,因此当事人可能会以对自己有利的方式对条件的成就与否施加影响,如租赁合同约定,在承租人找到合适的替代住房时,其有义务搬出所租赁的房屋,该承租人为能够继续租赁该房屋,而不去努力寻找其他房屋,甚至拒绝承租其他出租人提供的房屋。[1] 这种为自己的利益不正当地阻止或促成条件成就的行为,违反了诚实信用原则的要求,侵害了对方当事人的正当利益,法律有必要对此进行规制。本条即为应对此种情形而设。

本条在性质上为一种拟制。[2] 当事人为自己利益不正当地阻止条件成就的,虽然此时条件在事实上并未成就,但法律为保护对方当事人的利益,将条件拟制为已成就。若当事人不正当地促成条件成就的,虽然此时条件在事实上已经成就,但法律为保护对方当事人的利益,将条件拟制为不成就。

本条在理解和适用上的难点是,在实践中如何认定本条规定中"不正当"的含义。例如,一个大学生通过遗赠获得一笔丰厚的奖学金,该奖学金持续到其大学毕业为止,但该大学生每次在毕业考试前就开始就读一个新的专业,以继续获

① Medicus/Petersen, *Allgemeiner Teil des BGB*, 11. Auflage, Rn. 834.

② 龙卫球:《民法总论》(第2版),中国法制出版社2002年版,第535页。

得丰厚的奖学金，这是否构成“不正当地阻止条件成就”?[1] 在比较法上，《德国民法典》第162条第1款规定：“因条件成就而会受到不利益的当事人，违背诚信阻止条件成就的，条件视为已经成就。”第2款规定：“因条件成就而会受到利益的当事人，违背诚信促成条件成就的，条件视为未成就。”在对该条规定中“违背诚信”（wider Treu und Glauben）的理解上，一些观点试图在过错层面对其进行理解，并区分恶意、故意、过失或无过错等类型。[2] 但该种理解在具体判断上存在问题，例如在上述大学生不断就读新专业的例子中，即便其“故意的”就读新专业，但由于该大学生并不负有不再就读新专业的义务，“故意”的判断也就成了无本之木。按照另一类观点，《德国民法典》第162条中的“诚信”与《德国民法典》第157条和第242条关于诚实信用的要求相同。[3] 具体言之，在判断一方的行为是否违背诚信时，应在对当事人关于条件的约定进行适当解释后，判断对方当事人对该行为是否可以期待；或者说，《德国民法典》第162条只是再次重申了在对“条件”进行解释时要遵守诚实信用的要求。[4] 对于大学生就读新专业以阻止条件成就的例子，要对当事人所设定的条件的确切含义进行解释和追问，即该奖学金是否仅是给予该大学生完成一个大学专业的机会？按照这种理解，对条件之具体含义的解释就具有重要意义。

上述比较法的观点，尤其是第二种观点，值得我国借鉴。具体言之，在对本条规定中“不正当”的含义进行认定时，可以从诚实信用的角度出发，以对方当事人是否可以合理期待为标准，认定阻止或促成条件成就是否“正当”。在我国的一个案例中，法院认为：“《退股协议》约定陈某柱在政府收购该土地和房屋时偿还米某灵借款，该约定系双方对付款条件的约定，后在履行过程中，因陈某柱申请解除导致其与政府签订的收购合同解除，造成就付款期限约定的条件未能发生，根据《合同法》第45条第2款的规定，应视为约定的条件已成就，债权人可以要求履行。”[5] 法院的该判决理由未对陈某柱申请解除与政府签订的收购合同的事由再作进一步分析，说理稍显不足。在上述德国法的分析下，似乎有必要再具体分析陈某柱解除收购合同的具体理由，再判断对方当事人对其解除收购合同是否可以合理期待，进而认定是否属于“不正当地阻止条件成就”。

（撰稿人：孙新宽）

---

① Medicus/Petersen, *Allgemeiner Teil des BGB*, 11. Auflage, Rn. 834.

② Medicus/Petersen, *Allgemeiner Teil des BGB*, 11. Auflage, Rn. 835.

③ Flume, Allgemeiner Teil des Bürgerlichen Rechts, *Zweiter Band*, *Das Rechtsgeschäft*, 4. Auflage, S. 716 f.

④ Medicus/Petersen, *Allgemeiner Teil des BGB*, 11. Auflage, Rn. 835.

⑤ 参见“米某灵与陈某柱借款合同纠纷案”，安徽省高级人民法院（2015）皖民一终字第00144号民事判决书。

第一百六十条　【附期限的民事法律行为】民事法律行为可以附期限，但是根据其性质不得附期限的除外。附生效期限的民事法律行为，自期限届至时生效。附终止期限的民事法律行为，自期限届满时失效。

【释义】

本条的规范对象是附期限的民事法律行为，具体包括民事法律行为是否可以附期限以及期限的类型。《民法通则》对附期限的民事法律行为没有规定。《合同法》第46条规定："当事人对合同的效力可以约定附期限。附生效期限的合同，自期限届至时生效。附终止期限的合同，自期限届满时失效。"《民法总则》第160条在《合同法》的基础上增加规定了不得附期限的民事法律行为，对附期限民事法律行为制度作了进一步的完善。本条在内容上延续了《民法总则》第160条的规定。

与附条件民事法律行为制度类似，附期限民事法律行为的重要价值也是拓展民事主体的私法自治空间。原则上，民事法律行为自成立时生效（《民法典》第136条第1款），但在一定情况下民事主体希望能延缓法律行为生效的时间，或使法律行为在特定的时间不再发生法律效力，期限给民事法律行为效力的发生或消灭增添了时间上的维度，使得民事主体能够在考虑时间因素的情况下对法律行为的效力作出安排，以妥善地应对时间因素可能带来的风险。

期限是指未来的确定的事实，事实是否确定发生，是期限与条件的根本区别。[①] 但实践中，某事实是否确定发生常常需要进行具体判断。例如，A对B许诺，若B的父亲去世，A向B或其继承人每月支付400元。虽然B的父亲何时去世尚不确定，但由于死亡是确定会发生的事实，因而该例中"B的父亲去世"这一事实在性质上属于期限，而非条件。[②] 根据事实是否到来和到来时期是否确定，某事实在性质上可以分为四类：其一是到来时期不确定，到来亦不确定，则为条件；其二是到来时期确定，但到来不确定，也为条件；其三是到来时期不确定，但到来确定，则为期限；其四是到来时期确定，到来亦确定，也为期限。[③]

---

① 朱庆育：《民法总论》（第2版），北京大学出版社2016年版，第133页。

② ［德］汉斯·布洛克斯、沃尔夫·迪特里希·瓦尔克：《德国民法总论》，张艳译，中国人民大学出版社2012年版，第291页；朱庆育：《民法总论》（第2版），北京大学出版社2016年版，第134页。

③ 王泽鉴：《民法总则》，北京大学出版社2009年版，第332页；刘凯湘：《民法总论》（第3版），北京大学出版社2011年版，第324页。

与附条件民事法律行为类似，原则上，所有类型的民事法律行为均可以附期限。这也是最大程度维护私法自治的要求。本条同时规定，根据民事法律行为的性质不得附期限的例外。本书对《民法典》第158条中例外规定的释义基本上同样适用于本条规定的例外情形，也即民事法律行为基于公共利益要求或基于民事法律行为效力的确定性要求而不得附期限，前者典型的如婚姻、收养、离婚等身份行为，[①] 后者典型的如解除、抵销等性质上为形成权的单方法律行为。我国《民法典》第568条第2款第3句也明确规定："抵销不得……附期限。"

在类型上，期限可以分为生效期限和终止期限。本条第2句规范的是生效期限。生效期限又称为延缓期限、停止期限或始期。附生效期限的民事法律行为虽然已经成立，但在期限到来之前尚未发生法律效力，也就是法律行为的效力仍然处于停止状态。[②] 但与附生效条件的民事法律行为不同的是，期限在将来会确定地到来，因此附生效期限的民事法律行为在未来一定会发生法律效力，而附生效条件的民事法律行为在未来是否发生法律效力并不确定。附生效期限的合同与合同的履行期具有一定的相似性，但二者差别也非常明显。首先，附生效期限的合同，在期限届至前，合同尚未发生法律效力；而对于合同的履行期，合同已经生效，只是在履行期届至前，债权人无权要求债务人履行合同义务，但根据《民法典》第530条第1款的规定，在不损害债权人利益的情况下，债务人可以在履行期届至前提前履行义务。其次，合同的履行期可以通过适用任意性规则予以确定。在当事人没有约定合同履行期或约定不明确时，可以根据《民法典》第510条和第511条第4项的规定予以确定。本条第3句规范的是终止期限。终止期限又称为失效期限、解除期限或终期。附终止期限的民事法律行为，已经成立而且生效，但在期限届至时该法律行为会丧失法律效力。[③]

作为期限内容所约定的事实发生时，期限到来。对于生效期限，期限到来时称为"届至"；对于终止期限，期限到来时称为"届满"。

【关联规定】

《民法典》第510条、第511条、第530条、第568条

（撰稿人：孙新宽）

---

① 朱庆育：《民法总论》（第2版），北京大学出版社2016年版，第125页。

② 龙卫球：《民法总论》（第2版），中国法制出版社2002年版，第537页。

③ 龙卫球：《民法总论》（第2版），中国法制出版社2002年版，第537页。

第七章 代 理

【导读】

本章确立了代理制度的一般规则体系。代理在民法上属于民事法律行为的代理，所以本是民事法律行为制度的一部分。代理既是交易的工具，也是人们从事社会交往不可缺少的手段；既是正常人从事私法自治活动的合理需要的延伸机制，也是欠缺民事行为能力或者具有其他不能发挥自己自治能力者的帮助机制。在传统民法上，代理的功能主要体现在：一是私法自治的补充功能。所谓补充功能主要体现在法定代理和指定代理中，即通过代理被代理人进行意思表示，以保护限制行为能力人或无行为能力人的利益。二是私法自治的扩张功能。本人由于时间、精力、专业技能等方面的不足，许多事情不可能事必躬亲，可以通过代理人的行为而实现。被代理人让代理人为自己的利益而行为就使他扩大了在法律交往中实现自己的利益的范围。①

在现代社会，随着社会分工日趋复杂，代理也日趋专业化、经营化，出现了非常复杂的多元化发展局面，甚至出现各种类型的代理商，本身成为一个特殊商业领域。在这种基础上，代理制度在当代同样就呈现了一种分散化、多样化发展的趋势。这也就导致代理制度一般立法的困难，呈现一种不断通过专门立法而抽空一般代理规则的趋势。

此次《民法典》一方面继承《民法通则》的做法，对于代理制度的一般规则加以确立，另一方面也果断顺应代理制度更加独立的要求，从民事法律行为一章分离出来，专设一章加以规定，旨在适应代理更加专业化、多样化的整合要求。但是，立法过程也发现这种整合十分困难，特别是如果采取理念上的“民商合一”架构的话，就更应当是一种能够保留多样化的整合，否则限制了目前代理领域特别是商事代理领域为了适应专业化和商业化需要而呈现的合理分散化发展的要求，对具体的代理制度和代理立法发展构成一种不合理的体制基础。最终，此

① ［德］卡尔·拉伦茨著：《德国民法通论》（下册），王晓晔等译，法律出版社2003年版，第815页。

次代理一章的规定，确立了“一般规定、委托代理、代理终止”的一般加重点的相对开放、相对弹性的架构。

本章的内容主要有：(1) 规定了代理制度的一般规则，包括：代理的适用范围（第161条）、代理行为的效力（第162条）、代理人与相对人恶意串通损害被代理人权益的责任（第164条）。(2) 规定了委托代理的规则，包括：授权委托书的记载事项（第165条）、共同代理的规则（第166条）、代理事项违法的法律后果（第167条）、自己代理和双方代理的禁止规则（第168条）、复代理的规则（第169条）、职务代理的规则（第170条）、无权代理的法律后果（第171条）、表见代理的规则（第172条）。(3) 规定了代理的终止，包括：委托代理终止的原因（第173条）、被代理人死亡后委托代理人实施的代理行为仍然有效的例外情形（第174条）、法定代理终止的原因（第175条）。

本章也做出了一些制度发展：一是扩大了代理概念，适应民商融合，将《民法通则》的代理概念仅限于直接代理（显名代理）加以突破，代理包括直接代理和间接代理（第161条）。二是新增了一些规则。这些包括共同代理的规则（第166条），为实践中数人同时作为代理人时如何行使代理权确立了规则；禁止自己代理和双方代理的规则（第168条），避免代理中的利益冲突；职务代理规则（第170条），解决实践中法人或非法人组织工作人员在其职权范围内实施法律行为的后果归属问题。三是吸收司法经验和总结学理见解，对于代理一般规则加以完善，特别是对于委托代理制度、代理终止制度进行了更加细化的规定，增加了可操作性。例如，关于表见代理的规定，关于代理权滥用的规定等，就通过吸收司法经验而更加系统化了。

第一节　一般规定

第一百六十一条　【代理的范围】民事主体可以通过代理人实施民事法律行为。

依照法律规定、当事人约定或者民事法律行为的性质，应当由本人亲自实施的民事法律行为，不得代理。

【释义】

本条是关于代理的范围规定。实际上，包含了鼓励代理、代理事项以及代理禁止的规定，也隐含了代理的定义。《民法通则》第63条规定：“公民、法人可以通过代理人实施民事法律行为。代理人在代理权限内，以被代理人的名义实施民事法律行为。被代理人对代理人的代理行为，承担民事责任。依照法律规定或者按照双方当事人约定，应当由本人实施的民事法律行为，不得代理。”本条和《民法通则》第63条规范意旨相同，即原则上允许和鼓励进行代理，但比较起来也有几个重要变化：（1）扩展了概念范围，不再强调显名（以他人名义）的要求，实际将代理扩展为包括过去的直接代理（显名代理）和过去没有明确承认的间接代理（非显名代理），实现了本章代理制度的广义化，有利于“民商合一”架构。（2）在实施代理法律行为的主体上，从“公民、法人”表述修改为“民事主体”，扩大了可为代理的主体范围，体现代理行为主体的更加丰富。《民法典》中民事主体包括“公民、法人、其他组织”三类。（3）在不得适用代理法律行为情形上从“法律规定或者双方当事人”两种情况，增加为“法律规定、当事人约定或者民事法律行为的性质”三种情况，更加全面。

代理制度是私法自治的贯彻和必要补充。首先，代理制度是私法自治的扩张，社会分工越来越细，专业技能要求越来越高，生活节奏越来越快都极有可能导致当事人不能亲自实施民事法律行为，代理制度的出现有助于解决当事人因各种原因而无法亲自实施的窘境，而且代理人的专业技能有助于更好地完成事务，进而扩大交易，提高经济效益。其次，当事人实现私法自治的前提是具备意思表示的能力，若当事人为无行为能力人或限制行为能力人，代理制度可以弥补其意思表示能力的不足，更好地实现私法自治。法人作为法律构造之物，只能通过法人机关实施法律行为，在采取法人拟制说的基础上，法人与法人机关中间的桥梁则是代理制度。

本条规定，应当理解如下：

其一，本条第1款一如既往采取允许和鼓励代理的立场，即“民事主体可以通过代理人实施民事法律行为”。

其二，本条第1款同时也隐含规定了代理的定义和范围。

本条拿掉了过去《民法通则》第63条关于代理定义的第2款规定，使得第1款成为关于代理定义及其范围的理解基础，该款使用的是“可以通过代理人实施”的表述，并没有关于是否“显名”（以本人的名义）的特殊要求，所以可以理解本法的代理是一个广义的界定，包括直接代理和间接代理。

本条第1款也隐含了代理事项的规定，即适用于民事法律行为，但不限于何种类型的民事法律行为。所以，当然包括单方民事法律行为、双方民事法律行为、多方民事法律行为；但是否包括准民事法律行为？理论上应该也可包括在内。

其三，本条第 2 款规定了代理的禁止情形，区分三种情形，即法律规定禁止、当事人约定禁止以及依据法律行为性质的禁止。不得适用代理的民事法律行为，具体如下：

（1）法律规定禁止。依照法律规定应当由本人亲自实施的民事法律行为，不得代理。这其中包括两类，第一类是法律禁止的行为和违法行为，无论是“被代理人”抑或“代理人”均不得实施。《民法典》第 167 条规定：“代理人知道或者应当知道代理事项违法仍然实施代理行为，或者被代理人知道或者应当知道代理人的代理行为违法未作反对表示的，被代理人和代理人应当承担连带责任。”买卖武器弹药、文物、毒品等也是不得进行代理的。可见法律禁止的行为和违法行为是不得代理的。第二类是法律明确规定只能由本人实施的法律行为，如《婚姻法》第 8 条和第 31 条的规定“要求结婚的男女双方必须亲自到婚姻登记机关进行结婚登记……”“……双方必须到婚姻登记机关申请离婚……”

（2）当事人约定禁止。当事人约定，应当由本人亲自实施的民事法律行为，不得代理。此类情况是法律尊重当事人的约定而规定不得代理。本规定是《民法典》第 5 条的体现，体现了私法自治的立法精神。

（3）民事法律行为的性质禁止。民事法律行为的性质决定，应当由本人亲自实施的法律行为，不得代理。这其中包括两类，第一类是人身行为，其具有较强的人身属性，必须由本人作出决定并亲自实施，如婚姻关系的缔结、解除，以及收养子女、订立遗嘱、遗赠等行为。第二类是人身性质的债务，如代为劳务、演出、绘画等履行债务的行为。依照法律规定和民事法律行为的性质，应当由本人亲自实施的民事法律行为不得代理的情形中存在重叠可能，但是区分规定是有必要的，在法律没有规定的情况下，性质禁止的规定可以起到兜底的作用。

（撰稿人：龙卫球　王江）

第一百六十二条　【直接代理】代理人在代理权限内，以被代理人名义实施的民事法律行为，对被代理人发生效力。

【释义】

本条是对直接代理的规定，包括其概念和效力的规定。《民法通则》第 63 条第 2 款规定：“代理人在代理权限内，以被代理人的名义实施民事法律行为。被代理人对代理人的代理行为，承担民事责任。”本次《民法典》将之删除，旨在使本章代理概念广义化，但本条吸收了该表述，专门就直接代理进行定义和效果规定。本条表述，较之于《民法通则》第 63 条第 2 款，将“被代理人对代理人的代理行为，承担民事责任”改为“对被代理人发生效力”，一般来说仅在违反义务或者侵害权利时，才会有“民事责任”，而代理的效果既包括享有权利，也包括负担义务，《民法典》的修改更加准确。

代理的概念有广义和狭义之分，体现为直接代理与间接代理之别。广义的代理包括直接代理和间接代理，是指代理人以被代理人名义或者以自己名义代被代理人为法律行为，并使由此法律行为产生的法律效果直接或间接地归属于被代理人承受。狭义的代理是指直接代理，即代理人以被代理人名义为法律行为，并使由此法律行为所产生的法律后果直接归属于被代理人。间接代理，是指代理人以自己的名义为法律行为，由此法律行为所产生的法律效果经由代理人转移归属于被代理人或者在符合法律规定条件其后果直接归属于被代理人。

在英美法系中采广义代理的概念，不仅包括直接代理还包括间接代理。同时在英美法系中将代理分为显名代理和隐名代理。显名代理是指代理人明示委托人姓名而为之代理，所订之合同效果直接归于委托人承受，代理人一般不享有合同权利，也不承担合同的责任或义务。隐名代理是指代理人代订合同时向对方公开了代理关系却不透露委托人姓名或者不公开代理关系而为的代理。本条规定是显名代理。我国在具体制度中也承认了间接代理，规定同样比较分散。《民法典》第 925 条与第 926 条沿袭《合同法》第 402 条、第 403 条规定了间接代理，而对于《民法典》代理制度中是否规定间接代理制度是具有很大争议的，我们看到目前《民法典》对此问题的处理方法沿袭了《民法通则》的路径，《民法典》总则编只规定直接代理作为一般规则，由合同编等其他法律规定间接代理作为特殊规则。

按照本条规定，直接代理的本质要素包含两方面，一是代理权基础，二是显名即以本人名义从事民事法律行为。前一个基础，实际上是有权直接代理的生效条件，后一个基础是直接代理的成立条件，所以应该具有区分性。直接代理的后果则是，其代理的结果“对被代理人（本人）发生效力”，即代理的法律效果完全归于被代理人。

（撰稿人：王江）

第一百六十三条　【代理的类型】代理包括委托代理和法定代理。

委托代理人按照被代理人的委托行使代理权。法定代理人依照法律的规定行使代理权。

【释义】

本条规定了代理的类型。《民法通则》第 64 条规定："代理包括委托代理、法定代理和指定代理。委托代理人按照被代理人的委托行使代理权，法定代理人依照法律的规定行使代理权，指定代理人按照人民法院或者指定单位的指定行使代理权。"

本条较之于《民法通则》的规定删去了指定代理。

委托代理是指基于被代理人的委托授权而发生代理权的代理。被代理人的委托授权是被代理人以其单方意思表示授予代理权的民事法律行为。委托代理产生的基础在于委托授权而非委托合同。委托代理是最主要的代理种类，《民法典》代理部分的条文主要是围绕着委托代理展开的。

法定代理是指依据法律规定而产生代理权的代理。法定代理权只来源于法律规定，而无须任何授权行为。法定代理主要是为了无民事行为能力人和限制行为能力人而设定的，由于无行为能力人和限制行为能力人本身欠缺相应的行为能力，需要由他人代理行为，而自身又不能委托代理人，因此法律为其设定代理人。法定代理人与民事主体制度是密切相关的。

《民法通则》中还规定了指定代理，其代理权来自人民法院或者指定单位，这种情况是由于被代理人因特殊原因不能亲自实施法律行为，又不能通过法定代理或委托代理人解决，所以通过指定的方式来确定代理人。《民法典》第 31 条第 1 款规定："对监护人的确定有争议的，由被监护人住所地的居民委员会、村民委员会或者民政部门指定监护人，有关当事人对指定不服的，可以向人民法院申请指定监护人；有关当事人也可以直接向人民法院申请指定监护人。"可见，指定监护是由有关单位指定的，人民法院并不直接指定，而是在有关单位指定监护人后有争议才进行指定。指定了的监护人就成为被监护人的法定代理人，有了法定代理人也就无须再指定代理人。因此，指定代理仍属于法定代理的一种，没有作为独立代理类型的必要。

（撰稿人：王江）

第一百六十四条 【代理人的职责违反责任】代理人不履行或者不完全履行职责，造成被代理人损害的，应当承担民事责任。

代理人和相对人恶意串通，损害被代理人合法权益的，代理人和相对人应当承担连带责任。

【释义】

本条规定了代理人违反职责时对被代理人的责任。《民法通则》第66条第2款、第3款规定："代理人不履行职责而给被代理人造成损害的，应当承担民事责任。代理人和第三人串通、损害被代理人的利益的，由代理人和第三人负连带责任。"

本条较之于《民法通则》内容并无较大变化，但表达更加准确。首先，《民法典》增加"或者不完全履行职责"使得表述更加准确全面，实践中存在代理人履行了职责但是未完全尽到代理人的义务而造成被代理人利益受损的情况，所以《民法典》增加的内容更加有利于保护被代理人的利益。其次，《民法典》增加"恶意""合法权益"使得表述更加准确。造成合法权益受损的串通主观上不一定是恶意的，造成损害的利益不一定是"合法的"，《民法典》的表述使得法条更加准确，体现了立法水平的提升。

本条规定的"代理人不履行或者不完全履行职责""代理人和相对人恶意串通"是代理人滥用代理权的两种表现。代理人应当尽到勤勉和谨慎的义务，维护被代理人的利益，不得滥用代理权，代理人应当按照法律规定和约定积极行使代理权，不得消极行使代理权，这也是代理人遵循诚实信用原则的要求。

（撰稿人：王江）

第二节 委托代理

第一百六十五条 【委托代理授权的书面形式】委托代理授权采用书面形式的，授权委托书应当载明代理人的姓名或者名称、代理事项、权限和期限，并由被代理人签名或者盖章。

【释义】

本条规定了委托代理授权的书面形式。《民法通则》第65条规定："民事法律行为的委托代理，可以用书面形式，也可以用口头形式。法律规定用书面形式的，应当用书面形式。书面委托代理的授权委托书应当载明代理人的姓名或者名称、代理事项、权限和期间，并由委托人签名或盖章。委托书授权不明的，被代理人应当向第三人承担民事责任，代理人负连带责任。"本条较之于《民法通则》的规定删去了关于授权委托口头形式的内容，因为口头的授权委托极易发生纠纷，本条的规定带有建议性，但条文规定的是"委托代理授权采用书面形式的"，并未规定授权委托必须采用书面形式。同时删去了"委托书授权不明的，被代理人应当向第三人承担民事责任，代理人负连带责任"，按照授权行为的单方性，不应当由代理人承担过多的责任。

授权委托书是确定代理人代理权的证明，对于确定代理人的代理权限非常重要。授权委托书并非委托合同，委托合同是授权行为的基础关系。委托代理合同为双方法律行为，而授权委托书是授权行为这一单方法律行为的表现形式。授权委托书一旦颁发就具有授权的效力，不需要代理人同意，如果当事人不同意可以明确表示拒绝或者请求被代理人撤回授权，但均不影响在此之前代理授权的效力。授权委托书是代理权存在的直接证明，无论是否存在基础关系，善意第三人完全可以信赖授权委托书的效力，与"代理人"进行的法律行为仍然有效。

如前所述，授权委托书是授权行为这一单方法律行为的表现形式，授权委托不明是被代理人的单方过失，如果要求代理人承担责任，无疑有失公平。代理人为了被代理人的权益实施法律行为，本身并未获得其他的收益，而被代理人却可能获得额外的收益，不能为了单纯地保护第三人的利益而损害代理人的利益。

（撰稿人：王江）

第一百六十六条　【共同代理】数人为同一代理事项的代理人的，应当共同行使代理权，但是当事人另有约定的除外。

【释义】

本条的规范对象是共同代理行为。共同代理制度在《民法通则》中并无规定，在《民通意见》第79条中有所规定。《民法总则》的出台，将其写入。该意见第79条规定了当委托代理人未与其他委托代理人协商，实施行为侵害被代理人权益应当承担民事责任。相较《民通意见》中的规定，本条规定有两点变化。（1）将“委托代理人”一词换为“代理人”。共同代理的产生原则上既可法定，也可意定。按照体系解释，虽然将“委托代理人”换为“代理人”，但因共同代理这一制度规定于代理制度的第二节委托代理中，从理解上代理人应属委托代理人，即属意定代理。在法定代理中，虽不常见共同代理，但也并非全无，父母双方行使对子女的代理权时，也可能意见不统一，产生相应的共同代理纠纷，解决这类纠纷可参照本条规定。（2）条文规定更加原则化。《民通意见》中仅规定了委托代理人未与其他委托代理人协商，损害被代理人权利时承担民事责任一种情形，相对较为狭窄。共同代理中，代理人单独行使代理权，不仅可能侵害被代理人利益，也可能侵害其他代理人利益或第三人利益，因而在《民法总则》规定共同代理制度时，仅原则性地规定了应当共同行使代理权，而删除了具体的“损害被代理人利益”这一条件。赋予了条文更多解释适用空间。

随着民事交往日益复杂多元，专业领域日趋细分，一名代理人已逐渐不能满足被代理人的需求，共同代理制度应运而生。共同代理人在人数方面也并非完全不受限制。一般而言，被代理人委托几名代理人属意思自治范畴，法律不应加以干涉，但随着社会经济关系中弱势群体的出现，为贯彻平等原则，法律在部分领域也作出了相应调整。例如，《民事诉讼法》第58条第1款规定：“当事人、法定代理人可以委托一至二人作为诉讼代理人。”为平等保护当事人的诉讼利益，该条文对诉讼代理人的人数进行了限制。从法律制度层面而言，共同代理制度进一步提升被代理人能力的同时也增加了相应的法律交易风险。在数名代理人与被代理人间的关系方面，同一事务中，数名代理人平等享有代理权协商处理代理事务，当代理人之间出现分歧时，应当如何协调，当事人之间如无明确的约定，法律应当作出相应的规范进行调整。

共同代理制度中代理权原则上由代理人共同行使，但当事人另有约定的除外。从条文性质上看，属于任意性规范。“当事人另有约定的除外”说明当事人可意定排除代理权共同行使。当事人另有约定是指被代理人与数名代理人进行约定还是数名被代理人之间进行约定，法律并无明确说明。从法律解释的角度方面而言，被代理人与数名代理人进行约定自可排除代理权共同行使，但数名被代理人之间自行进行约定，应作严格解释。如在获得被代理人许可或主观上为更好履行代理义务，且不违背代理权设立的宗旨以及被代理人意愿的情形下，可排除共同行使，其余情形数名代理人不得自行进行代理权限行使的分工。从法律构成要件而言，何为共同行使，并未进一步说明，解释上应当理解为各代理人平等享有代理权，经全体代理人同意，形成一致意思表示，代理权方能行使。被代理人就不同事项或同一事项不同内容分别交由代理人行使，不能称为共同代理。

当代理人未与其他共同代理人协商，单独行使代理权时，其法律效果如何，应当作出相应的区分。如代理人为单方法律行为时，则因法律行为作出并非属于共同代理人的意思，法律行为效力上属效力待定，如其他共同代理人或被代理人拒绝追认，则属无效，相应损失由单独做出意思表示的代理人承担。如属双方法律行为或多方法律行为，则应区分第三人是否善意。第三人善意，法律行为有效，被代理人受相应法律行为约束。相应损失由单独做出意思表示的代理人承担。第三人如恶意，则可能存在恶意串通损害被代理人利益的情形，法律行为应属无效。另外，该条文规定了共同代理人应当共同行使代理权，但并未规定代理人未共同行使代理权造成损害时，责任承担情况，属不完全法条，在解释上，应当结合民法典第 164 条第 1 款规定的，“代理人不履行或者不完全履行职责，造成被代理人损害的，应当承担民事责任”。仍需注意尽管可以进行体系解释，民法典第 164 条并未规定在共同代理中，代理人单独行使代理权造成内部其他代理人损失或第三人损失的情形，解释上此种情形可参照《民法总则》第 164 条的规定进行适用。

（撰稿人：范冬雨）

第一百六十七条　【违法代理及其后果】 代理人知道或者应当知道代理事项违法仍然实施代理行为，或者被代理人知道或者应当知道代理人的代理行为违法未作反对表示的，被代理人和代理人应当承担连带责任。

【释义】

本条规定的是违法代理及其后果。本条规定来源于 1986 年《民法通则》第 67 条，原文表述为，“代理人知道被委托代理的事项违法仍然进行代理活动的，或者被代理人知道代理人的代理行为违法不表示反对的，由被代理人和代理人负连带责任”。本次《民法总则》对该条文并未做大的调整，只是在主观要件方面增添了“应当知道”。这一要件的增添在举证责任上降低了当事人举证难度。当事人只要提供相应材料，能够证明代理人或者被代理人应当知道代理活动违法，即可要求代理人与被代理人承担连带责任。增强了对于第三人的保护，加重了代理人与被代理人的责任。

在私法自治的前提下，行为人以自己责任为原则。代理人实施代理行为，原则上法律行为的效果由被代理人承担。代理人在代理行为实施完毕后，相关的义务由被代理人履行，责任由被代理人承担。但当被代理人明知或应知代理事项违法或其知道或者应当知道代理人代理活动违法时，代理人与被代理人的主观恶性已经突破了相应的自己责任原则，因而承担连带责任。与一般民事法律关系相比，代理法律关系更为复杂，涉及基础法律关系、代理权授予以及被代理人与第三人之间的法律关系。原则上而言，代理人与第三人之间并无法律关系。因此，在实践中，部分被代理人借助代理人与第三人无直接法律关系而进行违法活动，旨在逃避相应法律责任。为保护第三人利益，该条文设立了代理人与被代理人承担连带责任制度。这一制度设立有四重意义。一是解决了代理人与第三人无直接法律关系可能逃避法律责任的问题；二是责任主体的增加加强了对第三人的保护；三是连带责任制度的设立使代理人与被代理人相互监督，防范违法行为的发生；四是从体系上而言，代理制度适用于法律行为，违法行为与事实行为均不具有适用代理制度的空间，该条规定也同时宣示了违法行为不适用代理制度。

从条文构成要件而言，本条属于完全法条，强制性规范。本条规定要求在主观方面，代理人与被代理人明知或者应知代理活动违法，存在共同过错。从客观方面，代理人进行违法事项代理活动或者被代理人在代理人实施违法行为时未加以劝阻、禁止，法律后果为代理人与被代理人承担连带责任。至于如何承担连带责任，应当结合民法典第 178 条关于连带责任的规定。从条文理解而言，须对“违法”“反对表示”作进一步阐释。法律规范区分为任意性规范与强制性规范。此处的违法应当指效力性强制性规范。“反对表示”对应代理人知道或应当知道被代理人代理行为违法时，有相应作出反对表示的义务。该反对表示义务不应简单地理解为提醒说明义务，如仅在言辞上提醒过代理人禁止从事相关违法代理行为，但未对代理人的行为采取进一步的措施，主观上采取放任的态度，仍不属于履行了“反对表示”义务。被代理人知道或者应当知道代理人行为违法时，应当采取积极主动的措施制止代理人的违法行为，例如责令代理人立即停止违法行为，收回代理权证书，解除代理权、通知有关部门等。只有被代理人采取了积极主动的措施制止代理人的违法行为，才能够认为被代理人履行了相关“反对表示”的义务。

【关联规定】

《民法典》第 178 条

（撰稿人：范冬雨）

第一百六十八条 【自己代理与同时代理】代理人不得以被代理人的名义与自己实施民事法律行为，但是被代理人同意或者追认的除外。

代理人不得以被代理人的名义与自己同时代理的其他人实施民事法律行为，但是被代理的双方同意或者追认的除外。

【释义】

本条规范的是代理权滥用的两种典型情形，自己代理与同时代理。自己代理与同时代理在 1986 年《民法通则》中并无规定，在已经失效的《经济合同法》第 7 条第 1 款第 3 项中规定“代理人超越代理权限签订的合同或以被代理人的名义同自己或者同自己所代理的其他人签订的合同”属无效合同。改革开放以来随着我国经济交往日趋频繁，贸易往来逐渐增多，民事主体从事相关经济活动的能力逐渐增强，因而国家在经济合同领域干预保护逐渐减少。对比《经济合同法》中规定的自己代理与同时代理的合同绝对无效而言，民法典总则编关于自己代理与同时代理规定了例外条款，并非属于绝对无效。因本条规定于民法典总则编中，从范围上而言也不局限于合同领域，扩展为民事法律行为。

代理制度设置的初衷是为扩展行为人意思表示的时空范围，因而代理人在实施代理行为时，应该时刻以维护被代理人的利益为目的。因人的理性具有有限性，在自己代理的情形下，代理人以被代理人的名义与代理人自身进行交往，法律推定此种情形代理人不能审慎履行代理人义务，实现被代理人利益最大化，甚至可能以一己私利损害被代理人利益。从便捷交易与法律关系的角度而言，被代理人可不依托代理制度而与代理人直接发生相应的法律关系，因而法律禁止自己代理情形。在同时代理的情形下，代理人管理数名被代理人事务，发生相应的法律关系。与居间人仅为合同双方提供相应的信息不同，代理人在代理权限范围内享有意思表示决定的权利。在同时代理的情形下，法律推定代理人可能损害其中被代理人利益或可能从中获取不法利益，因而禁止同时代理的情形。但一概禁止不利于尊重当事人真实的意思表示。因而法律规定了例外情形，被代理人同意或者追认的除外。

从法条类型而言，该条规定应为完全法条，任意性规范。当代理人取得被代理人事前同意时，自己代理与同时代理行为均为有效，但当被代理人未取得同意而实施了自己代理或同时代理行为时，效力如何条文并没有直接写明，值得分析。对比《经济合同法》中直接规定无效，似乎在《民法总则》中的规定回避了效力问题。本条仅规定了被代理人不得进行自己代理或同时代理的法律行为。“不得进行”字面意思而言似乎应是无效，但从“被代理人同意或者追认的除外”而言，被代理人享有追认权，又不可认定绝对无效。因而笔者认为当代理人未取得被代理人事前同意的情形下进行自己代理或同时代理的法律行为，法律行为效力应属效力待定。被代理人追认，法律行为有效，被代理人拒绝追认，法律行为无效。对比《经济合同法》中第7条第3款规定“经济合同的无效，由人民法院或者仲裁机构确认”，自己代理或同时代理的效力一概由法院确认不利于促进民事经济活动往来，如无其他违法事由，由被代理人自己决定是否接受自己代理或同时代理尊重了当事人的意思表示。

从比较法上看，德国民法关于自己代理、同时代理规定了一项除外事由，债务履行者不在此限。[①] 债务履行行为因明确具体，因而代理人在履行过程中受相关债务约束，与被代理人间一般无利益纠纷。法律禁止自己代理、同时代理的原因在于代理人享有较大的意思自治空间。当被代理人与代理人约定代理事项较为笼统，模糊时，代理权人约束较少，因而在自己代理、同时代理情形中可能损害被代理人利益。当代理事项明确具体，代理人自主意思表示空间较小时，利益冲突自然较少。因而在债务履行情形中，自己代理与同时代理可以被允许。相较德国民法的规定，我国民法典总则编缺少此项除外事由规定。

（撰稿人：范冬雨）

第一百六十九条　【再代理】代理人需要转委托第三人代理的，应当取得被代理人的同意或者追认。

转委托代理经被代理人同意或者追认的，被代理人可以就代理

---

① 《德国民法典》第181条规定：“除另外得到许可外，代理人不得以被代理人的名义并以自己的名义与自己实施法律行为，或以被代理人的名义并作为第三人的代理人与自己实施法律行为，但该法律行为专为履行债务除外”，参见《德国民法典》，陈卫佐译注，法律出版社2015年版。

事务直接指示转委托的第三人，代理人仅就第三人的选任以及对第三人的指示承担责任。

转委托代理未经被代理人同意或者追认的，代理人应当对转委托的第三人的行为承担责任；但是，在紧急情况下代理人为了维护被代理人的利益需要转委托第三人代理的除外。

【释义】

本条规范的事项是再代理行为，即代理人在被授予代理权后，在代理事项范围内将部分或全部代理事务委托第三人代理。条文规定共三款。相比 1986 年《民法通则》，将再代理的有关规定作了进一步细化与调整。一是在用词上更为准确，条文理解更加清晰。将“事后及时告诉被代理人”改为“追认”。“追认”一词既表达了告知被代理人的意思，也表达了取得被代理人认可的意思。较之前表述字数减少，意思增加。二是增加了关于被代理人同意转委托代理的制度设计。在第二款，被代理人可以就代理事务直接指示转委托的第三人。明确了被代理人无须经过代理人即可行使指示的权利。另就代理人的责任而言，仅需对第三人的选任以及对第三人的指示承担责任。

在代理制度中，代理人应当本着勤勉、审慎以及对被代理人负责的态度行使代理权。因而代理人一般不宜将代理权再转授予他人，尤其是基于特别的信赖关系所形成的代理权。例如，基于专业信赖，律师、专利代理机构的专利代理人等。但在被代理人同意代理人将代理权再授权给他人时，法律也不宜强行禁止。尤其是对于特殊紧急情况下，代理人将代理权授予他人的目的是保护被代理人的利益。因而该条规定在取得被代理人事前同意或事后追认，抑或在紧急情况下，代理人可将代理权再授权给他人。另外，再代理制度不仅局限于意定代理，法定代理制度中也存在相应情形，区别在于法定代理制度中代理人可将代理事务直接授权他人行使，无须经由被代理人同意。但需注意的是法定代理人将代理事务委托他人行使后，并不免除其相关监护职责。

从条文类型而言，本条属于完全法条，任意性规范。从适用前提而言，为代理人将代理权授予第三人，从法律后果而言，区分为三种情形。一是事先取得被代理人同意或事后得到追认。此时法律效果适用第 2 款规定。被代理人可直接指示转委托的第三人。通说认为，此时转委托的第三人是被代理人的代理人，因而其所完成的法律行为的效力直接归属于被代理人。关于责任承担方面，规定了代理人仅就第三人的选任以及指示承担责任。但并无具体说明代理人与被代理人责任承担的先后顺序及相关关系，今后条文适用时需进一步解释。二是转委托未经被代理人同意或者追认。此时代理人对转委托的第三人的行为承担责任。三是遇有紧急情况时，代理人无须征得被代理人同意即可将代理权转授予他人。另外，在适用过程中还应当注意代理人授予第三人代理权时，应当在其获得的代理权限范围内授予，超出代理权限范围内授予第三人代理权，如符合表见代理的规定，适用表见代理有关规定。不符合表见代理规定，属无权代理，相应法律责任由代理人承担。其次需注意第 3 款中规定的“紧急情况”如何解释的问题。可参考《民通意见》第 80 条规定“由于急病、通讯联络中断等特殊原因，委托代理人自己不能办理代理事项，又不能与被代理人及时取得联系，如不及时转托他人代理，会给被代理人的利益造成损失或者扩大损失的”属于紧急情况。在紧急情况消除后，代理人有义务及时与被代理人取得联系沟通说明情况。

需要关注的一点是条文中使用“转委托的第三人”容易与第三人相混淆，不如直接使用“复代理人”或“再代理人”更为清晰可辨。希望进一步修法时有所改变。

【关联规定】

《民法典》第 923 条，《最高人民法院关于贯彻执行〈中华人民共和国民法通则〉若干问题的意见（试行）》第 80 条

（撰稿人：范冬雨）

第一百七十条 【法人或者非法人组织中职务行为的效果】 执行法人或者非法人组织工作任务的人员，就其职权范围内的事项，以法人或者非法人组织的名义实施的民事法律行为，对法人或者非法人组织发生效力。

法人或者非法人组织对执行其工作任务的人员职权范围的限制，不得对抗善意相对人。

【释义】

本条规范的是法人或者非法人组织中职务行为的效果。以法人为例，在采取法人拟制说或法人机关代理说的国家，直接就可以把职务行为归入代理效果，但

在我国采取的法人实在说或法人机关代表说，所以比较复杂，原则上应当将职务行为视为法人自己行为，但是也存在内部限制和对第三人关系问题，可以类推代理效果。这正是本条的意旨所在。

相比 1986 年《民法通则》，本条规定发生了较大改变。《民法通则》第 43 条规定："企业法人对它的法定代表人和其他工作人员的经营活动，承担民事责任。"本条主要作了以下调整。一是从民法总则体系结构而言，新的条文规定在第 7 章代理部分的第 2 节委托代理部分。而旧有条文规定在第 3 章法人中的第 2 节企业法人部分。首先这一变化表明将法人的法定代表人与工作人员这一称谓相互分离。法人中的法定代表人本身是法人中的一类机构设置，并非真正意义上的自然人，民法典总则编在法人一章中对法定代表人行为的效力归属作了专门规定。其次说明代表行为与代理行为在本质上并无差别。狭义的代表行为专指法人的法定代表人代表法人所进行的行为，而广义的代表行为是指自然人与法人或非法人组织之间的代表关系。从这点上而言，无论自然人之间的代理关系还是自然人与法人之间的代理行为，并无实质差异。二是增添了非法人组织的工作人员。《民法总则》一大变化即在于引入了非法人组织这一称谓。因而在相应条文上也进行了调整。三是增加了限制性条件。《民法通则》中，企业法人对其法定代表人以及工作人员的经营活动，一律承担民事责任。而《民法总则》中规定就人员在职权范围内的事项，以法人或者非法人组织的名义实施民事法律行为，才对法人或者非法人组织发生效力。我国《民法典》第 504 条规定了法人的法定代表人或者非法人组织的负责人超越权限订立合同的情形，同之前合同法表述相同，为代表行为，未作相应调整，法定代表人与负责人同执行工作任务的人员范围狭窄了许多，且仅在合同领域，法律效果而言，并无实质差异。

改革开放后，我国市场经济建设如火如荼，增强企业的活力与市场竞争力成了重点。因此，如何为企业减负，进一步解脱企业束缚，让企业在自由的环境下公平竞争成了《民法总则》立法考量的出发点与落脚点。自然人之间的代理制度有助于扩展自然人进行民事交往能力，相应的代理制度也有助于拓宽法人与非法人组织进行经济活动的时空范围。传统意义上，法定代表人与法人间为代表关系而自然人之间即为代理关系，在本质上并无差异。仅在主体类型上有所区别，另外自然人之间代理权授予关系所基于的基础法律关系更为多样，例如劳动关系，劳务关系，委托关系，甚至可以无须基础法律关系。而自然人与法人之间的代表关系往往以雇佣劳动关系为基础法律关系。但在理解相应法律效果归属方面，进行区分并无实质意义。

从法律条文构成而言，第 1 款规定了常规情形下的法律效果归属，第 2 款规定了特殊情形下的法律效果归属。在常规情形下，执行工作任务的人员在职权范围内以法人或非法人组织的名义执行法人或者非法人组织的工作任务，法律效果当然地归属于法人或非法人组织。在执行工作任务的人员与第三人之间并不产生直接的民事法律关系。民事法律关系的主体为法人或非法人组织与第三人。特殊情形下，执行工作任务的人员超越职权范围进行民事活动，此处职权范围的规定可能来源于两处，一为代理权限对于执行工作任务的人员的限制，二为法人或非法人组织内部的规章制度管理规定对于执行工作任务的人员的限制。上述两种限制如第三人在审慎的查明后不得而知，可认定为善意，适用第2款规定，不得对抗善意第三人。但如果相关代理权限证书上明确写明了代理事项及范围，第三人未注意，则不能认定为善意。该条文规定使用“执行工作任务的人员”虽然烦琐，但不使用“员工”一词，目的在于执行工作任务的人员可能与法人或非法人组织无相应的雇佣劳动关系，使得条文适用更为广泛。

【关联规定】

《民法典》第504条

（撰稿人：范冬雨）

第一百七十一条　【无权代理】行为人没有代理权、超越代理权或者代理权终止后，仍然实施代理行为，未经被代理人追认的，对被代理人不发生效力。

相对人可以催告被代理人自收到通知之日起三十日内予以追认。被代理人未作表示的，视为拒绝追认。行为人实施的行为被追认前，善意相对人有撤销的权利。撤销应当以通知的方式作出。

行为人实施的行为未被追认的，善意相对人有权请求行为人履行债务或者就其受到的损害请求行为人赔偿。但是，赔偿的范围不得超过被代理人追认时相对人所能获得的利益。

相对人知道或者应当知道行为人无权代理的，相对人和行为人按照各自的过错承担责任。

【释义】

本条的规范对象是无权代理，包括其构成及法律后果。本条对《民法通则》第66条的规定进行了缩减。第66条的第2款、第3款由《民法总则》中的第164条进行规定，这样的整合使代理的民事责任和无权代理及其法律后果的区分更加清晰。本条将《民法通则》的“第三人”替换为“相对人”，词语的使用更加准确。

无权代理主要有三种情况：（1）行为人没有代理权的无权代理，即行为人虽然实施了代理行为，但并没有代理权；（2）行为人虽然有代理权，但超越了代理权限的无权代理，即行为人越权代理；（3）代理权终止后，行为人仍然以被代理人的名义实施代理行为的无权代理。

无权代理会因不同的情况而产生不同的法律后果。首先，如果对于行为人实施的无权代理行为，被代理人有权根据自己的利益决定是否予以追认。如果被代理人予以追认，代理人欠缺的代理权就得以弥补，无权代理因此而转化为有权代理，其法律后果由被代理人承担。追认的方式可以是明示，也可以根据被代理人的行为进行推断。根据合同编第503条的规定，被代理人已经开始履行合同义务或者接受相对人履行的，视为对合同的追认；如果被代理人拒绝追认，无权代理行为即不能发生有权代理的效力，由此产生的一切法律后果由实施无权代理的行为人自行承担。在无权代理的情况下，虽然代理人并没有代理权，但其代理行为有可能对被代理人带来利益。如果不区分具体情况，将所有的无权代理行为都宣告无效，有时不利于保护被代理人的利益。因此，被代理人享有追认权。追认权性质上属于形成权，一经作出即产生法律效力，嗣后被代理人不得主张撤销。其次，相对人一方面可以催告被代理人在一个月内予以追认。被代理人在此期间内未作表示的，法律推定被代理人拒绝追认。另一方面行为人实施的行为被追认前，善意相对人有撤销的权利。所谓善意相对人，是指相对人不知道也不应当知道代理人没有代理权。善意相对人的撤销权，应当在被代理人表示追认之前行使。如果被代理人已经进行了追认，则善意相对人不能行使撤销权。撤销权的行使方式应当是以通知的方式作出。最后，如果行为人的无权代理行为未被追认，则根据合同的相对性原理，善意相对人可以要求行为人履行债务或者进行赔偿。如果善意相对人要求行为人的赔偿超过了被代理人追认时相对人所能获得的利益，则不符合公平合理的原则，因此赔偿范围应在此之内。如果相对人知道或应当知道行为人无代理权，则有“串通”之嫌，不能要求行为人履行债务或者进行赔偿，相对人和行为人按照各自的过错承担责任。

本条比较详细具体地规定了无权代理的情形和法律后果，解决了《民法通则》和《合同法》关于无权代理很多悬而未决的问题。但是仍然存在一定的局限性。被代理人的追认权从性质上属于形成权，追认人的行为能力是否有限制？受到威胁、欺诈而做出的追认能否撤销？在未被追认的无权代理中，代理人承担责任的性质是什么？可见，《民法总则》的顺利实施仍然需要其他规则的配合。

【关联规定】

《民法通则》第66条第1款、第4款，《民法典》第503条

（撰稿人：李贝妮）

第一百七十二条 【表见代理】行为人没有代理权、超越代理权或者代理权终止后，仍然实施代理行为，相对人有理由相信行为人有代理权的，代理行为有效。

【释义】

本条的规范对象是表见代理。《民法通则》没有真正意义上规定表见代理制度，仅在第65条第3款规定："委托书授权不明的，被代理人应当向第三人承担民事责任，代理人负连带责任。"和第66条第1款："……本人知道他人以本人名义实施民事行为而不作否认表示的，视为同意。"可见表见代理的雏形。直至《合同法》第49条规定："行为人没有代理权、超越代理权或者代理权终止后以被代理人名义订立合同，相对人有理由相信行为人有代理权的，该代理行为有效。"表见代理制度才在我国确定下来。本条的内容基本与《合同法》关于表见代理制度规定统一，弥补了《民法通则》未对表见代理制度进行规定的缺陷。《民法总则》对于表见代理的规定，也确定了表见代理属于无权代理的一种，解决了学界一直以来对于表见代理性质的争议。

表见代理的构成要件有四。（1）行为人为无权代理。行为人无代理权是成立表见代理的前提条件，如果行为人有代理权，则为有权代理，不发生无权代理。（2）有使相对人相信行为人具有代理权的事实或理由。这是成立表见代理的客观要件。该事实和理由是否能使相对人相信行为人有代理权，应当依一般交易情况而定。一般有两种情况可以认定相对人足以相信行为人有代理权。一是行为人持

有被代理人发出的证明文件，如被代理人的介绍信、盖有合同专用章或者盖有公章的空白合同书，或者有被代理人向相对人所作法人授予代理权的通知或者公告，这些证明文件构成认定表见代理的客观依据。二是根据交易习惯，相对人合理信赖行为人为有权代理。对上述客观依据，相对人负有举证责任。在我国司法实践中，盗用他人的介绍信、合同专用章或者盖有公章的空白合同书签订合同的，一般不认定为表见代理，但被代理人应负举证责任，如不能举证则构成表见代理。对于借用他人介绍信、合同专用章或者盖有公章的空白合同书签订的合同，一般不认定为表见代理，由出借人与借用人对无效合同的法律后果负连带责任。（3）相对人为善意且无过失。这是表见代理成立的主观要件，即相对人不知行为人系无权代理。如果相对人出于恶意，即明知他人为无权代理，仍与其实施民事行为，就失去了法律保护的必要，故表见代理不能成立。如果相对人有注意的义务，出于过失应知而未知行为人为无权代理，则也不构成表见代理。《民法总则》第171条第4款规定："相对人知道或者应当知道行为人无权代理的，相对人和行为人按照各自的过错承担责任。"（4）行为人与相对人之间的民事行为具备民事行为的有效要件。行为人与相对人之间的民事行为应当符合《民法总则》对民事行为有效的规定，否则自始无效的行为也不可能构成表见代理。

关于表见代理的构成要件是否包含被代理人方面的因素，各国做法不同，学界观点不一。德国、日本、我国台湾地区的民法均采用限定类型主义的规范模式，即法律明确规定表见代理的若干类型，而不是从构成要件的角度对表见代理作出一般规定。对于表见代理的成立是否以被代理人的过错为要件，主流观点持肯定说，即要求被代理人对于代理权表象之发生具有过错，当然，也有一些学者认为只要被代理人的行为与代理权表象之发生存在因果关系即可成立表见代理。[①] 笔者认为，表见代理应当以被代理人有过错作为构成要件。表见代理制度是市场经济条件下，当事人利益的法律平衡，是效率重于公平的体现。从表见代理的规定来看，尽管相对人有充分理由相信代理人，但实际上被代理人并未作出意思表示。在被代理人不同意接受代理人的行为结果，而本人又无过错的情况下，让被代理人对代理人的行为后果负责，实质是对被代理人意志的一种强制。但是，表见代理制度的建构，很大程度是因为在表见代理所设定的情况下，代理人的财产和信誉已不足以保护善意相对人的利益，被代理人如果不对代理人的行为负责，善意无过错相对人的权益就无法保障，财产权益势必遭受损失。被代理人的可规则性作为表见代理的要件之一更能够维护交易安全，实现民事主体之间的自由与公平。

① 杨代雄：《表见代理的特别构成要件》，载《法学》2013年第2期。

具体而言，表见代理主要有三种类型：第一，授权型表见代理。主要情形有（1）被代理人向相对人作出授权的表示而事实上并未授权；（2）以通知或公告方式授予行为人代理权而事实上未授予、将公章、合同专用章、加盖印鉴的空白加盖印鉴的空白合同书、介绍信交了（包括借予）行为人的，上述文件或印鉴遗失被盗或伪造时，由于被代理人不具有可归责性，因此不适用表见代理；（4）知道行为人以自己名义实施法律行为而不作否认表示的。第二，权利延续性表见代理。主要情形有：（1）代理权授予的意思表示向相对人作出的，代理权消灭的通知到达相对人之前；（2）代理权授予的意思表示以特别通知或公告方式告知相对人的，代理权消灭的意思表示在以同样方式告知相对人之前；（3）交予代理人的代理授权书、交予（包括借予）他人的公章、合同专用章、加盖印鉴的空白合同书或介绍信，在被返还给授权人或被宣告无效之前[①]；第三，权利逾越型表见代理。代理人与被代理人之间的内部约定不得对抗善意相对人，代理人违反内部约定实施的代理行为构成表见代理，对被代理人生效，但代理人故意违反内部约定实施有损被代理人利益的行为除外。

【关联规定】

《合同法》第49条

（撰稿人：李贝妮）

第三节 代理终止

第一百七十三条 【委托代理终止及其事由】 有下列情形之一的，委托代理终止：

（一）代理期限届满或者代理事务完成；

（二）被代理人取消委托或者代理人辞去委托；

（三）代理人丧失民事行为能力；

（四）代理人或者被代理人死亡；

（五）作为代理人或者被代理人的法人、非法人组织终止。

---

① 迟颖：《〈民法总则〉表见代理的类型化分析》，载《比较法研究》2019年第21期。

【释义】

本条的规范对象是委托代理终止及其事由。本条规定在继承《民法通则》第69条的基础上，进行了适当的补充和完善。《民法通则》第69条第3项仅规定了代理人死亡代理终止，而忽略了被代理人死亡一样会导致代理终止，本条第4款对其进行了完善。另《民法总则》确立了非法人组织的法律地位，因此第5款由原来的“作为被代理人或者代理人的法人终止”改为“作为代理人或被代理人的法人、非法人组织终止”。

委托代理的终止主要有五种情形。(1)代理期间届满或者代理事务完成。代理人和被代理人的基础合同或授权委托书中一般都有载明代理期限的条款，期限一旦届满，代理权即丧失，代理关系便宣告终止。(2)被代理人取消委托或者代理人辞去委托。委托代理的基础是双方当事人的相互信任，如果发生了致使信任丧失的事由，被代理人或代理人都有权终止代理。若代理人不能勤勉尽责，泄露秘密，与第三人恶意串通等，则被代理人可以取消委托。取消委托是单方法律行为，无须征得代理人的同意即可发生效力，但如果代理合同中规定了代理期限，则代理人可以提出抗辩，要求委托人赔偿相应的损失；同样的，若委托人无故少付或迟延支付报酬或佣金，不能应代理人的要求提供必需的资料或材料，不能及时按代理人与第三人签订的合同供应货物或支付货款，拒绝对代理人垫付的财物给予合理的补偿，代理人失去了对委托人的信任，也可以通知委托人辞去委托，不再担任其代理人。辞去委托也属于单方法律行为，不需征得委托人的同意。取消委托和辞去委托的法律效果自意思表示到达对方时生效。此处应当区分取消委托或者辞去委托与解除基础法律关系的区别。如果是代理人或者被代理人要行使法定解除权或者约定解除权，应当根据合同编解除合同的相关规定和双方订立的委托合同的条款行使。(3)代理人丧失民事行为能力。代理人实施的行为为民事法律行为，故代理人必须有民事行为能力，才能使其实施的法律行为有效。若代理人丧失行为能力，则其丧失以自己的名义进行民事法律行为的资格，代理关系即告终止。(4)代理人或者被代理人死亡。委托代理基于信任而具有人身权的性质，它与代理人和被代理人的人身是不可分离的，既不能继承，也不能转让。因此，作为代理人的自然人一旦死亡，代理权随即终止，代理关系也就相应地终止。需要特别指出的是，《民法通则》只规定了当代理人死亡时，代理关系终止，而没有一概规定当委托人死亡时，代理关系终止。理由为，如果规定委托人死亡即引起委托关系的终止，会导致一系列的不稳定因素，不利于维护交易秩序和民事关系的正常进行，也不利于保护代理人和第三人的合法权益。但是由于代理人的代理行为所带来的法律后果由被代理人承担，这是基于被代理人真实意思而做出的选择，如果被代理人死亡，该法律后果的承担主体不明；若将该法律后果归于被代理人的继承人，则有悖意思表示自由原则，因此《民法总则》将被代理人死亡也作为委托代理终止的条件之一。(5) 作为代理人或者被代理人的法人、非法人组织终止。法人、非法人组织终止，同自然人死亡一样，法人、非法人的权利能力和行为能力随之消灭，其作为委托人或者代理人的资格也随之消灭。因此，当委托关系中的任何一方当事人为法人或非法人组织时，其法人、非法人组织的终止就意味着代理关系的终止，代理权也随之消灭。

委托代理关系首先是建立在委托人和代理人相互信任的基础上的，其次代理活动要求代理人具有相应的行为能力，方可以被代理人的名义进行民事活动，最后由于代理人所进行的代理行为的法律效果归于被代理人，因此被代理人也应该系承担该法律后果的可能性的民事主体。《民法通则》规定的委托代理的终止情况，充分考虑了双方当事人的真实意思表示，在尊重意思自治的基础上，结合了委托代理的特征，使委托代理的终止情况更符合社会发展的现状。

【关联规定】

《民法通则》第69条，《民法典》第933条至第936条

（撰稿人：李贝妮）

第一百七十四条　【被代理人死亡后实施委托代理的效果】被代理人死亡后，有下列情形之一的，委托代理人实施的代理行为有效：

（一）代理人不知道且不应当知道被代理人死亡；

（二）被代理人的继承人予以承认；

（三）授权中明确代理权在代理事务完成时终止；

（四）被代理人死亡前已经实施，为了被代理人的继承人的利益继续代理。

作为被代理人的法人、非法人组织终止的，参照适用前款规定。

【释义】

本条的规范对象是被代理人死亡后实施委托代理的效果。原则上，被代理人死亡，委托代理归于终止，所以不得代理，但是鉴于委托代理的复杂性特别是涉及当事人交易安全问题，所以本条进行了例外规定，特定情形被代理人死亡后委托代理实施的，委托代理视为未终止，仍然有效。

《民法通则》没有规定被代理人死亡后代理行为仍然有效的情况，但是1988年的《民通意见》第82条明确规定："被代理人死亡后有下列情况之一的，委托代理人实施的代理行为有效：(1) 代理人不知道被代理人死亡的；(2) 被代理人的继承人均予承认的；(3) 被代理人与代理人约定到代理事项完成时代理权终止的；(4) 在被代理人死亡前已经进行、而在被代理人死亡后为了被代理人的继承人的利益继续完成的。"由此可见，本条基本上与上述规范一致，在自然人的基础上添加了作为被代理人的法人、非法人组织终止的情形，使得该条更加规范和完整。

被代理人死亡，并不是委托代理终止的当然原因，即被代理人死亡不必然导致代理行为无效，为保护本人的利益，符合下列情况的，委托代理人实施的代理行为仍然有效。(1) 代理人不知道并且不应当知道代理人死亡的。首先，代理人在其代理行为的过程中，不知并且不应当知道被代理人死亡，其主观上没有过错；其次，代理人在其授权范围内以被代理人的名义进行民事法律活动，客观上没有归责的原因；最后，相对人出于对代理人的信赖而与之进行民事法律活动，相对人的利益应当受到保护，因此在此种情况下，委托代理人实施的代理行为仍然有效。(2) 被代理人的继承人予以承认。委托代理是基于代理人与被代理人的相互信任，被代理人死亡，其财产利益由继承人继承，一方面，若由于被代理人死亡便将代理行为归为无效对于代理人和相对人来说于法不公；另一方面，若被代理人的继承人不同意便将代理人的法律后果加之于继承人，则有违其继承人的真实意思表示，会造成意思表示的不自由，故在继承人同意的情况下，代理人的代理行为可继续有效。被代理人死亡的，代理人所为的代理为无权代理，该法律行为待定，只有在被代理人的继承人承认时，才对继承人发生效力。(3) 授权中明确代理权在代理事务完成时终止。当授权中明确代理权在代理事务完成时终止的情况下，被代理人和代理人都自愿承担了在代理事务完成前可能发生的风险，即便代理人知道被代理人死亡或是被代理人的继承人不同意的，也不影响其代理行为的继续有效。(4) 被代理人死亡前已经实施，为了被代理人的继承人的利益继续代理。此种情形是站在被代理人的继承人的角度上考虑的。委托代理其本质是被代理人旨在通过代理人的行为为其增加利益，被代理人死亡后，其部分利益由继承人继承，若代理人可以为了被代理人的继承人的利益继续代理，则该代理行为视为有效。本条的适用条件有两个，其一，被代理人死亡时，代理行为已经开始实施而未完成。开始实施是指代理人已经为被代理人的事务投入了资金或花费了大量时间做了准备；而未完成是指或委托事务已完成则适用第 173 条第 1 款的规定，不适用本条。其二，为了被继承人的“利益”继续为代理行为。若不继续改代理行为，继承人的利益将遭受损失，此处的“利益”应当为法律利益，因为经济利益在交易过程中尚不确定，在实践中比较难把握。

将本条的规定，从《民通意见》中抽取出，作为“代理人或者被代理人死亡委托代理终止”的但书条款，体现了《民法总则》逻辑连贯，详细完整的特点。相对周全地保护了被代理人、被代理人的继承人、代理人以及相对人的合法权利。但是仍然有许多问题值得进一步确定。例如，在被代理人的继承人予以承认的，以及被代理人死亡前已经实施，为了被代理人的继承人的利益继续代理的情况下，被代理人由原代理人变为现在的原代理人的继承人，那么是否需要订立新的委托合同，原先的委托合同是否继续对继承人生效？代理人在满足上述规定的情况下，可否要求辞去委托？可见，关于委托代理的相关规定还需要进一步地完善。

【关联规定】

《最高人民法院关于贯彻执行〈中华人民共和国民法通则〉若干问题的意见（试行）》第 82 条

（撰稿人：李贝妮）

第一百七十五条 【法定代理终止及其事由】 有下列情形之一的，法定代理终止：

（一）被代理人取得或者恢复完全民事行为能力；

（二）代理人丧失民事行为能力；

（三）代理人或者被代理人死亡；

（四）法律规定的其他情形。

【释义】

本条规范的是法定代理终止及其事由。传统民法上的自然人的法定代理制度，以监护制度为基础，其消灭，以发生监护消灭为条件。我国《民法通则》也规定，法定代理应以监护消灭的有关情形为条件，第70条规定："有下列情形之一的，法定代理或者指定代理终止：（一）被代理人取得或者恢复民事行为能力；（二）被代理人或者代理人死亡；（三）代理人丧失民事行为能力；（四）指定代理的人民法院或者指定单位取消指定；（五）由其他原因引起的被代理人和代理人之间的监护关系消灭。"本条在原来的基础上删去了指定代理的终止情况，并将"法律规定的其他情形"作为本条的兜底性条款。法定代理是根据法律的直接规定而产生的代理，主要是为维护无行为能力或限制行为能力人的利益而设立的代理方式。法定代理人的代理权，非基于本人的授权行为，而是直接由法律根据一定社会关系的存在而确定。法定代理的终止，也是非基于双方当事人的意愿，而必须符合法律规定的情形，法定代理方可终止。

法定代理的终止主要有以下四种情况：(1)被代理人取得或恢复民事行为能力。法定代理一般是为保护无民事行为能力人或限制民事行为能力人的合法权益而设立的，当被代理人取得（如未成年子女已达成年年龄）或恢复民事行为能力（如精神病患者恢复健康）后，设定代理的原因已消失，则代理关系即告终止。(2)代理人丧失民事行为能力。当代理人丧失民事行为能力时，其本身丧失了从事民事法律行为的主体资格，无法保护被代理人的利益，因此代理权归于消灭。(3)被代理人或代理人死亡。被代理人或代理人死亡使得代理关系因失去主体而消灭。但是，应当以另一方知道或应当知道对方死亡为标准。若代理人在不知被代理人死亡的情况下实施的代理行为，其法律后果应由被代理人的继承人承受。(4)法律规定的其他情形。本条为兜底条款，即作为以后修改或制定新的具体情形的依据。

本条未规定在法定代理中，当被代理人死亡时，法定代理行为继续有效的例外规定。一方面，与意定代理相比，一些情况不可能发生，如代理人不知道并且应当不知道被代理人死亡。作为被代理人的监护人依法负有保护、教育和照顾被监护人的法定职责，应当了解被代理人的情况。另一方面，作为近亲属，被代理人的继承人和代理人具有重合的可能，"经被代理人继承人的同意"和"为被代理人的继承人的利益"的行为一般都是由同一个民事主体做出的，再做规定未免多余。

法定代理不同于意定代理，其产生的基础是法律的直接规定，法定代理人的代理权限范围也是由法律规定的，而且一般都属于普通代理或全权代理，没有代理权限范围的特殊限制。法定代理人与被代理人之间往往存在某种特定的血缘或亲缘关系，这种特定的血缘或亲缘关系正是法定代理产生的基础。法定代理的宗旨在于保证无行为能力和限制行为能力人能够通过代理行为顺利地参加民事活动，享有民事权利，承担民事义务。它主要是为未成年人和精神病患者而设立的代理方式。法定代理不可依双方当事人的意愿而解除。一方面，被代理人系无民事行为能力人或限制行为能力人，其从事的法律行为可能存在效力瑕疵；另一方面，在实践中被代理人处于相对弱势的地位，或为未成年人或为精神病人，在信息、社会资源、能力等各个方面都不及代理人，势必会造成其权利的亏损，也就不符合法定代理的立法目的。由此可见，法定代理的终止方式由法律进行规定符合法定代理制度的立法目的，也符合公平正义原则。《民法总则》规定的几种情形，均为生活十分普遍的现象，比较全面地概括了法定代理终止的情形。同时，本条没有将指定代理的终止情形进行规定，《民法总则》也没有对指定代理的相关制度进行规定，指定代理制度作为我国曾经特有的法律设计并没有被《民法总则》继续沿用。

【关联规定】

《民法通则》第70条

（撰稿人：李贝妮）

第八章　民事责任

【导读】

本章“民事责任”，延续了《民法通则》规定独立的“民事责任”章的做法，并予以发展完善。民事责任，是民事主体违反法律规定或当事人约定的民事义务的法律后果。一般认为，民事责任的重要特点是，其与诉权相连接，从而与民事义务相区别。本章的内容主要包括：民事责任承担的一般规定（第176条）、按份责任的规定（第177条）、连带责任的规定（第178条）、民事责任方式及其适用的规定（第179条）、作为免责事由的不可抗力（第180条）、正当防卫的规定（第181条）、紧急避险的规定（第182条）、保护他人民事权益使自己受到损害获得赔偿或补偿的规定（第183条）、因自愿实施紧急救助免责的规则（第184条）、侵害英雄烈士等死后人格导致损害社会公共利益的特殊责任的规定（第185条）、违约责任与侵权责任自由竞合处理的规定（第186条）、民事责任优先性的规定（第187条）。本章也作出了一些显著的制度发展：一是认可了惩罚性赔偿是民事责任的一种特殊方式（第179条），明确将其纳入我国民事责任体系之中。二是维持了对《民法通则》中的民事制裁制度的废除，解决了实践中因民事制裁而导致对当事人利益不当损害的问题。三是添加规定，因自愿实施紧急救助造成受助人损害不承担民事责任，旨在鼓励因自愿的紧急救助（第184条），这是对实践中“老人倒了扶不扶”的困惑问题的积极回应。四是添加规定，就侵害英雄烈士等人格利益的行为，明确规定其在损害社会公共利益情形下行为人要承担民事责任（第185条），这是对现实中邱少云、狼牙山五壮士等英雄烈士名誉事件的一种国家政治立场的回应。五是添加确立了民事责任优先性规则（第187条），以强化民事合法权益的保护。此外，也对过去一些规则进行了完善或系统修补，例如民事责任方式、民事责任类型等。

第一百七十六条　【民事责任承担的一般规定】民事主体依照法律规定或者按照当事人约定，履行民事义务，承担民事责任。

【释义】

本条是关于民事责任承担的一般规定。民事责任是民法上的一种旨在保护民事合法权益并在其受到不法侵害时的一种法律效果。我国民事立法没有采取责任与债相结合的模式，而是创立了责任与债相分离的模式。这种模式下，民事责任是违反民事义务的法律后果，属于民法整体性问题，而不再是债的组成部分。所以，我国民事责任不局限于债的范畴，各种法律关系中都存在义务，而违反这种义务，就是责任的问题。

本条作为一般规定，确立了民事主体承担民事责任的一般根据。民事主体本身具有民事责任能力，且其决定民事主体应当承担责任，但其责任承担的发生应有根据。这些根据体现为两种情形，即或为依照法律规定，或为根据当事人约定，通常体现为违反相关规定或约定的义务的法律后果，因此又可区分法定的民事责任和约定的民事责任两种类型。

民法典遵循民事权利——民事义务——民事责任的立法模式，沿用原《民法通则》第6章“民事责任”的概念，肯定责任在民法中的重要地位。原《民法通则》第106条规定：“公民、法人违反合同或者不履行其他义务的，应当承担民事责任。公民、法人由于过错侵害国家的、集体的财产，侵害他人财产、人身的应当承担民事责任。没有过错，但法律规定应当承担民事责任的，应当承担民事责任。”这一条文规定了民事责任的过错责任原则，“过错”成了民事责任的一般条件，也就是说，无论是侵权行为还是违反合同约定，其责任承担都以过错为条件。在侵权责任中，过错可以被认为是一般的归责原则，但在合同违约责任中，依过错归责并不具有显著的优势地位。《民法典》第176条改变了《民法通则》第106条的立场，摒弃了过错责任的规定。《民法典》第577条规定：“当事人一方不履行合同义务或者履行合同义务不符合约定的，应当承担继续履行、采取补救措施或者赔偿损失等违约责任。”这一规定被认为是对违约责任采取了严格责任原则。“法律确认合同具有拘束力，在一方不履行时追究其违约责任，不过是执行当事人的意愿和约定而已。因此，违约责任与一般侵权行为责任比较，应该更为严格。"[1] 不可否认，民法典合同编中确有大量过错责任条款，诸如：过错、故意或重大过失、保管不善的过失、应当告知而未告知的过失。在合同编内部，两类责任及两种归责原则各有其适用对象和作用领域，适用法律时各依其规定，不成问题。而归责原则的效果在于，对于非典型合同，当存在不同规则原理可供选择的场合，何为"头号原理"或者"原理之首"，即适用法律遇有疑问时被默认应予适用的归责原理。[2] 过错责任在违约责任归责情形下，并不具有如过错责任在侵权责任归责情形下的地位，不应作为民事责任的一般归责原则。

《民法通则》制定时，主要借鉴了苏联学者关于民事责任的学说。在二十世纪，苏联民法学者对民法上的责任研究，突破了传统民法将责任限于违反债的责任的观念。教材中没有按照 1964 年《苏俄民法典》第 19 章的题目称为"违反债的责任"，而是设"苏联民法中的责任"专章或者直接称之为"民事法律责任"。《民法通则》专章规定民事责任是对苏联立法学说的借鉴和超越。[3]《民法典》继续使用"民事责任"概念，是对我国自有"民法传统"的继承。而大陆法系民法理论认为，责任与债是一体化的问题。比较有代表性的是《德国民法典》，第 249 条第 1 款规定，"损害赔偿义务人必须恢复假如没有发生引起赔偿义务的情况所会存在的状态"，这里的责任也即损害赔偿责任，是债的保护方法，它强调的是损害赔偿请求权的内容，而不是义务或责任的承担。在德国民法体系结构中，居于核心地位的是权利，而责任并不具有独立地位，反映在具体的民事权利保护方式上的是请求权。我国民法上的民事责任，是民事主体违反民事义务所应承担的民事法律后果，并不属于债的范畴，性质上是权利的救济方式，基于民事责任产生的法律关系实质是基于违法行为形成的民事法律关系。民事责任强调以国家强制力为后盾，在责任人拒绝自动承担责任的情况下，经权利人请求，人民法院强制其履行义务、承担责任。

【关联规定】

《民法典》第 179 条

（撰稿人：李超）

---

① 梁慧星：《从过错责任到严格责任》，载梁慧星主编：《民商法论丛》（第 8 卷），法律出版社 1997 年版。

② 韩世远：《合同法总论》（第四版），法律出版社 2018 年版，第 745 ~ 746 页。

③ 魏振瀛：《民事责任与债分离研究》，北京大学出版社 2016 年版，第 390 页。

第一百七十七条 【按份责任】二人以上依法承担按份责任，能够确定责任大小的，各自承担相应的责任；难以确定责任大小的，平均承担责任。

【释义】

本条是关于按份责任的规定。按份责任是指二人以上各自按照确定的份额分别承担责任。本条规定要求承担按份责任的主体必须是二人以上，并以责任大小能否确定为标准来确定责任承担，能够确定的，按各自确定的份额承担责任，不能确定份额的，平均承担。

本条与第178条规定的连带责任均为债法规则，由于《民法典》立法上没有安排“债法总则”相关章节，因此这两条规则纳入民事责任制度之下。

《民法通则》第86条规定：“债权人为二人以上的，按照确定的份额分享权利。债务人为二人以上的，按照确定的份额分担义务。”这条为按份之债的规定，从债权人权利和债务人义务两个方面阐述。债的主体包括债权人和债务人，多数人之债在概念上是指债权人和债务人一方或双方是多数的情况。按份责任纳入民事责任章以后，《民法典》第177条的规定，不包括按份债权的内容，仅对债务人承担债务责任表达了立场。《民法典》第1172条从侵权责任形态上规定了按份责任。该条规定：“二人以上分别实施侵权行为造成同一损害，能够确定责任大小的，各自承担相应的责任；难以确定责任大小的，平均承担责任。”

按份责任的成立，应当具备如下要件：一是承担责任一方为两人以上的多数人；二是给付基于同一原因发生，即承担责任的多数主体因同一法律行为而发生债务关系，特殊情况下，因债的部分转移也可以成立按份责任之债；三是所承担的责任即债的标的必须具有可分性，多数人一方的责任主体所为的给付或者标的物是可分的，给付在性质上如果不可分或者依照当事人的约定不可分的，不能成立按份责任。在份额的确定上，对于大部分案件来说，通过对各个侵害行为对损害后果的盖然性判断是能够确定责任大小，进而确定责任份额的。但在特殊场合下，就需要结合各个责任主体的过错程度、认知程度、公平原则、政策考量等因素来判断责任大小，在构成损害结果的多重原因中，每个原因对于损害结果发生或者扩大所发挥的作用是不同的，通过分析这种差异，来确定责任份额。对于案情复杂的案件，责任分配如果很难有一个可以确定化的标准，很难分清每个责任主体的行为对损害后果的作用力究竟有多大，即可认为属于难以确定责任大小之情况，由责任主体平均承担责任。

本条规定的难以确定责任大小的推定为同等责任份额，相较《民法通则》第86条有所改进，但在当事人没有约定或约定不明的情况下，是否可以推定多数债务人之间为按份之债，则没有明确。但对《民法典》第178条第3款规定的“连带责任，由法律规定或者当事人约定”作出反面解释，可以得出此种情况下成立按份责任的结论。实践中，按份责任的意义远远小于连带之债。在重要的可分给付情况下，法律上常将多数债务人规定为连带债务人，例如共同侵权情况下，多个侵权人造成的损害作为连带债务人承担责任。在德国法上，“共同签订合同情况下，有疑问的，应当推定为连带之债（《德国民法典》第427条），除非解释合同可以得出，合同当事人双方都期待每一个债务人按份承担债务”。[①]

按份责任在对内效力上，以平均分担为原则，各个责任人除法律另有规定或合同另有约定外，应当平均分担责任，而互不干涉。在对外效力上，权利人对每一个责任人的请求权都是独立的，互不影响。某一责任人的履行超过自己所应承担的份额时，如果可以认定为是代其他责任人履行，成立第三人代为清偿，发生责任消灭的效果；否则，就其超出履行部分，成立不当得利，可由代偿人向受领人请求返还。由于按份责任基于同一的法律关系，合同解除权等项权利只能由所有债务人共同行使，或者针对所有债务人行使。同时履行抗辩权的行使，只要按份债务人有一人未履行约定义务，债权人主张同时履行抗辩权可及于所有债务人之所有义务。

其他国家和地区立法例对按份责任多有规定，但多将其作为债的形式。例如，《德国民法典》第420条规定：“数人负担同一可分的给付，或者数人有权要求同一可分的给付的，在发生疑问时，各债务人平均负担一部分义务，或者债权人平均享有一部分权利。”《日本民法典》第427条规定：“在债权人或债务人有数人情形，没有特别意思表示时，各债权人或各债务人，以平等的比例享有权利或负担义务。”我国台湾地区“民法”第271条规定：“数人负同一债务或有同一债权，而其给付可分者，除法律另有规定或契约另有规定外，应各平均分担或分受之。其给付本不可分而变为可分者，亦同。”

【关联规定】

《民法典》第517条、第1172条

（撰稿人：李超）

---

① 王洪亮：《债法总论》，北京大学出版社2016年版，第492页。

第一百七十八条　【连带责任】二人以上依法承担连带责任的，权利人有权请求部分或者全部连带责任人承担责任。

连带责任人的责任份额根据各自责任大小确定；难以确定责任大小的，平均承担责任。实际承担责任超过自己责任份额的连带责任人，有权向其他连带责任人追偿。

连带责任，由法律规定或者当事人约定。

【释义】

本条是关于连带责任的规定。连带责任是指依照法律规定和当事人约定，多数责任主体中任意一人或多人对权利人负全部给付义务，若连带责任人超出其责任份额承担责任，有权向未承担责任的责任人追偿。与按份责任相比，连带责任更为严厉，具有加重责任人责任的属性。在合同法上，对于债权人来说，连带责任是最为有保障的多数人债务人责任承担形式，只要债务人其中一人有清偿能力，债权就可以获得满足，而且债权人还可以选择最具偿付能力的债务人。对于债务人而言，连带责任的风险则比较大，任何债务人都有可能被债权人请求承担全部债务责任，而不是仅就其所应承担的部分承担责任，一个债务人要为其他债务人的不能给付承担风险。

连带责任是两个或两个以上的债务人共同向债权人承担民事责任，是一种较为严厉的责任方式，除当事人有约定外，宜由法律作出规定。连带责任成立须具备以下几个条件：（1）责任主体须为二人以上或多数；（2）须为同一标的，只要多数责任主体之间的权利义务份额在履行义务之前是不确定的，并且也是不能确定的，即可成立连带责任；（3）须当事人之间的债务具有同一目的，基于这种同一目的，连带债务人中的一人的给付或者因连带债务人中的一人与债权人发生抵销、混同或者提存，使债权人的债权得到满足时，全体债权人的债务也归于消灭；（4）须多数责任主体之间有某种连带关系，这是连带责任的本质特征。

连带责任是基于一定的连带关系而产生的责任，从连带关系的角度看，主要包括以下四种类型：第一种是连带身份下的连带责任，主要是夫妻关系中的连带责任和监护关系中的连带责任。《民法典》婚姻家庭编对夫妻财产制规定一般为共同共有的连带责任制度，如果夫妻约定财产采分别所有制的，且第三人不知道该约定的，夫妻要负连带清偿责任。关于监护关系中的连带责任，相关司法解释规定，监护人可以将监护职责部分或者全部委托给他人。因被监护人的侵权行为需要承担民事责任的，应当由监护人承担，但另有约定的除外；被委托人确有过错的，负连带责任。第二种是连带意思下的连带责任，主要包括合伙中的连带责任、合同中的连带责任、连带保证引起的连带责任、因共同侵权行为产生的连带责任。(1) 合伙中的连带责任。合伙是最典型的人合性经济组织形式，其信用基础是组成合伙的每个人的信用，这也是产生连带责任的直接关系。《合伙企业法》第39条规定："合伙企业不能清偿到期债务的，合伙人承担无限连带责任。"退伙人对基于其退伙前的原因发生的合伙企业债务，承担无限连带责任。(2) 合同中的连带责任。例如承揽合同，共同承揽人对定作人承担连带责任，当事人另有约定的除外。(3) 连带保证引起的连带责任。连带保证又称连带责任保证，债务人在约定的履行期内不履行债务时，保证人与债务人对债权人承担连带的履行责任。《民法典》第688条第2款规定："连带责任保证的债务人不履行到期债务或者发生当事人约定的情形时，债权人可以请求债务人履行债务，也可以请求保证人在其保证范围内承担保证责任"。(4) 因共同侵权行为产生的连带责任。数人共同不法侵害他人权益造成的损害的行为，应当承担连带责任。《民法典》第1168条规定："二人以上共同实施侵权行为，造成他人损害的，应当承担连带责任。"第三种是连带利益下的连带责任。所谓的连带利益，是指两人以上的责任人之间存在相互关联的利益，主要体现在商法和社会法领域，包括《公司法》《证券法》《产品质量法》中的连带责任的规定。例如，《公司法》第94条规定："股份有限公司的发起人应当承担下列责任：(一) 公司不能成立时，对设立行为所产生的债务和费用负连带责任；(二) 公司不能成立时，对认股人已缴纳的股款，负返还股款并加算银行同期存款利息的连带责任；(三) 在公司设立过程中，由于发起人的过失致使公司利益受到损害的，应当对公司承担赔偿责任。"再如，《产品质量法》第58条规定："社会团体、社会中介机构对产品质量作出承诺、保证，而该产品又不符合其承诺、保证的质量要求，给消费者造成损失的，与产品的生产者、销售者承担连带责任。"第四种是连带事实下的连带责任。所谓的连带事实，是指当事人之间共同参与的不存在连带意思但要求承担连带责任的行为或事件。基于连带事实承担连带责任，主要是基于社会公平正义的价值考量，通过法律的强制性规范加以确认。例如，共同危险行为，《民法典》第1170条规定："二人以上实施危及他人人身、财产安全的行为，其中一人或者数人的行为造成他人损害，能够确定具体侵权人的，由侵权人承担责任；不能确定具体侵权人的，行为人承担连带责任。”①

连带责任在外部效力上，各责任人都有清偿全部债务、承担全部责任的义务，权利人可以同时或者先后请求各责任人全体或者部分乃至其中的一人承担全部或部分责任。只要责任没有全部承担完毕，每个责任人不论其是否应权利人的请求承担过责任，对尚未承担的部分责任，都有继续承担的义务。责任只有全部承担完毕以后，不论是由责任人中的一人或数人承担，还是由责任人全体承担，各责任人的责任都归于消灭。连带责任在内部效力上，虽然各责任人都有承担全部责任的义务，但各个责任人之间，各个责任人是按照一定份额来承担责任的，所以一旦所承担的责任超过所应承担的份额，承担责任的一方有权向其他责任人行使追偿权。

【关联规定】

《民法典》第83条、第164条、第167条、第688条、第786条、第791条、第834条、第932条、第973条、第1168条、第1169条、第1170条、第1171条、第1195条、第1197条、第1211条、第1214条、第1215条、第1241条、第1242条、第1252条

（撰稿人：李超）

第一百七十九条　【民事责任方式及其适用】 承担民事责任的方式主要有：

（一）停止侵害；

（二）排除妨碍；

（三）消除危险；

（四）返还财产；

（五）恢复原状；

（六）修理、重作、更换；

（七）继续履行；

（八）赔偿损失；

---

① 本部分关于连带责任类型的介绍，参见彭熙海：《民事连带责任司法裁判研究》，湘潭大学出版社2013年版，第34～43页。

（九）支付违约金；

（十）消除影响、恢复名誉；

（十一）赔礼道歉。

法律规定惩罚性赔偿的，依照其规定。

本条规定的承担民事责任的方式，可以单独适用，也可以合并适用。

【释义】

本条是承担民事责任的主要方式及其适用的规定。民事主体应当依照法律规定和当事人约定，履行民事义务，否则，即应产生承担民事责任的法律后果，而具体的法律后果就是本条所称的“民事责任的方式”。民事责任方式是落实民事责任的具体形式，也是民事责任的具体体现，本质上是各项民事权益的保护方法。《民法总则》规定的责任形式呈现多样化的特点，不仅包括债的损害赔偿责任方式，还包括一般物权、知识产权、人格权、股权、继承权等民事权益保护的责任方式，这是适应为受害人的合法权益提供全方位保护的需要。本条没有规定《民法通则》第134条民事制裁的内容，解决了实践中民事制裁导致对当事人利益不当损害的问题。

本条规定，应当理解如下：

其一，本条第1款规定了我国民事责任的主要方式，总计有11种之多。

1. 停止侵害。行为人实施的侵害他人财产和人身的行为仍在继续进行之中，受害人可依法请求人民法院责令其停止侵害。作为一种独立的民事责任形式，停止侵害适用于人身权、物权、知识产权等绝对权益的保护。这种责任形式不仅适用于正在进行中的侵害，而且更重要的是预防损害的发生，强调权利保护的周延性。停止侵害的适用条件为侵害正在进行或者仍在延续。这种责任方式的作用在于：能够及时制止侵害行为，防止侵害后果的扩大。责令行为人停止侵害，实际上是要求行为人不实施某种侵害行为，即不作为。

2. 排除妨碍。行为人实施的侵害行为使得受害人无法行使或者不能正常行使自己的合法权益，受害人有权要求行为人排除妨碍权益实施的障碍。例如，堆放物品妨碍他人通行，截断水流妨碍他人用水，违规建设妨碍他人通风、采光等，受害人均可请求行为人排除妨碍。这种责任方式的适用条件是：妨碍行为必须是不当的，如果行为人的妨碍行为是正当行使权利的行为，则行为人可以拒绝受害人的请求，而妨碍人主观上是否能够预见妨碍后果，不影响受害人的请求；妨碍行为可以是现实存在的，也可以是将来可能发生而有损害之虞。妨碍的行为必须是对被害人绝对权的圆满状态构成的持续性的威胁。需要注意的是，受害人请求排除妨碍，须依客观因素判断，必须是已经存在或者确实存在某种危险，而不能是请求人主观的臆想或猜测。受害人以自己的行为排除妨碍的，也可以请求行为人承担排除妨碍的费用。

3. 消除危险。行为人的行为虽然对他人人身、财产权益没有构成现实的侵害或妨碍，但存在损害或妨害的现实危险，权利人有权要求行为人采取有效措施消除这一危险。例如，房屋的所有人或管理人不及时修缮房屋，致使房屋随时可能坍塌，而对邻人的房屋建筑结构造成危险，邻人可以请求消除这种危险。适用这种责任方式要求，危险须为现实存在，确有可能造成损害的后果，被侵权人负有危险存在的证明责任。所要消除的危险具有客观性。例如，电力部门架设高压电线，穿越某人屋顶，某人请求消除危险。依据相关技术标准规定，架空线路跨越房屋的安全距离为 4 米，这一标准可以作为危险是否客观存在的参照，只要电力部门架设的电线高于 4 米，即可认为不存在危险。适用此种责任方式，目的是及时有效地防止损害的发生，使民事主体的民事权益获得更为充分的保护。

4. 返还财产。行为人无权占有他人财产，权利人有权主张返还财产。无权占有是指没有法律或者合同根据占有他人财产，侵害了他人财产权益。返还财产既包括物权法上的返还财产，也包括债法上的返还财产。物权法上的返还财产包括作为物权请求权的返还原物请求权和作为占有保护请求权的返还原物请求权。债法上的返还财产包括合同上的返还请求权和不当得利返还请求权。提出返还原物的人，一般是财产的所有人、合法占有人和使用人。权利人只能针对非法占有人提出返还请求，而不能要求合法占有人返还原物。所有人提出返还原物时可以向占有人提出，而不需证明占有人构成非法占有，但合法占有人可以提出抗辩。请求返还财产还须财产客观上能够返还，如果财产已经灭失或者为他人善意取得，则侵权人无法履行返还财产的责任。此时，权利人只能要求赔偿损失。如果原物虽然存在，但已发生毁损而贬值，则权利人仍可请求返还财产，同时可以请求赔偿损失。

5. 恢复原状。恢复原状有广义和狭义之分。广义的恢复原状是指恢复权利到被侵害前的原有的状态。停止侵害、排除妨碍、消除危险、返还财产、赔礼道歉、消除影响及恢复名誉等均可归结由恢复原状统辖，可以作为“恢复原状的具体形态”[①]；停止侵害、排除妨碍、消除危险可理解为物权请求权意义上的恢复原状；返还财产基于无权占有场合下的恢复原状，即便是对金钱的侵夺也可将其理解为特定金钱而纳入恢复原状的范畴；赔礼道歉、消除影响、恢复名誉的责任方式则可以认为属于人格权益的恢复原状。本条规定的恢复原状采狭义概念，“仅能够被理解为在有体物遭受毁损的情况下的物理状态原状之恢复”[②]。请求恢复原状须满足两个条件：一是受损害的物存在恢复原状的可能，如果受到损害的财产已然不存在，或者损毁严重无法修复的，受害人只能请求赔偿损失；二是受损害的物有修复的必要，这主要是从经济效益的角度考虑，如果修复成本高于财产本身的价值，或者被害人已经不需要该物，则恢复原状没有必要，受害人可以请求赔偿损失。

6. 修理、重作、更换。修理、重作、更换的责任方式，主要适用于对质量不符合约定的违约行为。当事人订立合同应当就质量要求以及违反质量要求的违约责任作出约定，如果事先没有对质量不符合约定的情形规定违约责任，或者责任规定的不明确，合同当事人可以通过协议作出补充。倘若双方不能达成补充协议，则应当按照合同的有关条款或者交易习惯来予以确定。根据《民法典》第511条的规定，质量要求不明确的，合同当事人应当按照强制性国家标准履行；没有强制性国家标准的，按照推荐性国家标准履行；没有推荐性国家标准的，按照行业标准履行；没有国家标准、行业标准的，按照通常标准或者符合合同目的的特定标准履行。因质量不符合要求，受损害的合同一方可以根据合同的性质以及损失的大小，选择修理、重作、更换的方式来要求对方承担违约责任。在选择上述责任方式时，应当遵循公平原则和诚实信用原则，当质量出现微小瑕疵，就应当选择修理的方式来达到质量要求，而不能要求重作或更换。

7. 继续履行。继续履行又被称为“强制实际履行”，是指违约方不履行合同时，由人民法院强制其继续履行合同约定义务的责任承担方式。强制履行虽然是合同履行的继续，仍然是履行原合同债务，但它同一般的履行合同债务的行为有如下区别：一是履行时间不同，强制履行的时间晚于履行原合同债务的时间；二是作为法律规定的民事责任方式，强制履行比正常合同履行增加了一层国家强制，多了一层道德和法律对违约行为的否定性评价。强制履行属于违约责任的方式，并非单纯的合同债务的履行。[③] 适用强制履行包括以下要件：存在违约行为；违约方能够继续履行性合同；守约方请求违约方继续履行合同。依照《民法典》

---

① 周友军：《我国侵权责任形式的反思》，载《法学杂志》2009年第3期。

② 张新宝：《侵权责任法立法研究》，中国人民大学出版社2009年版，第118页。

③ 韩世远：《合同法总论》（第四版），法律出版社2018年版，第759页。

第580条的规定，下列几种情形不适用继续履行：（1）法律上或者事实上履行不能；（2）债务的标的不适于强制履行或者履行费用过高；（3）债权人在合理期限内未请求履行。有上述除外情形之一的，致使不能实现合同目的的，人民法院或者仲裁机构可以根据当事人的请求终止合同权利义务关系，合同也不再继续履行，但是不影响违约责任的承担。

8. 赔偿损失。赔偿损失是指行为人向受害人支付一定数额的金钱以弥补其损失的责任方式，为最基本的责任方式，也是实际运用最为广泛的责任方式。严格说来，"损失"不同于"损害"，损失仅指财产的损失，而损害除包括损失外，还包括人身伤害和精神损害，故"损害赔偿"的提法更为周延。[①] 本条规定沿用原《民法通则》"赔偿损失"的概念，实为赔偿损害之意。赔偿损失既可以适用于违约责任，也可以适用于侵权责任。作为违约责任的赔偿损失，其构成要件主要包括：违约行为、受害人受到损害、违约行为与损害之间有因果关系、违约人没有免责事由。作为侵权责任的赔偿损失，主要包括：权利人的财产遭受不法侵害，致使财产损害无法修复或修复不经济，又或者原物已经灭失无法返还，可以请求侵害人赔偿损失；权利人的知识产权遭受不法侵害，知识财产利益受到损害的，可以请求侵害人赔偿损失；人身权益遭受不法侵害的，造成财产损失、人身伤害和精神损害的，可以请求侵害人赔偿损失。有关如何确定赔偿范围和赔偿数额，《民法典》第1179至1187条作出了规定。

9. 支付违约金。支付违约金的责任方式为违约责任特有。违约金是合同一方因其违约行为而向合同相对方支付的特定数额的金钱。违约金是合同订立时当事人即已明确地违约时承担的责任方式，为损害赔偿数额的预先设定，具有督促当事人履行合同义务的功能。《民法典》将违约金与赔偿损失、继续履行等责任方式并列，表明我国民法上的违约金属"赔偿性违约金"，一般不具有惩罚性质。例外的情况是，《民法典》第585条第3款规定的"就迟延履行约定违约金"，可与"履行债务"并用，在该项违约金为迟延赔偿额的预定时，属于赔偿性违约金；在该项违约金属于替代赔偿额的预定时，则构成惩罚性违约金。[②] 约定的违约金过分高于造成的损失的，人民法院或者仲裁机构可以根据当事人的请求予以适当减少。对于因违约所造成的实际损失，应由请求减少违约金数额一方负举证证明责任。当事人约定的违约金超过造成损失的30%的，可以认定为《民法典》第585条第2款规定的"过分高于造成的损失"。约定的违约金低于造成的损失

---

① 王利明、杨立新、王轶、程啸：《民法学》，法律出版社2014年版，第158页。

② 崔建远：《合同法》，北京大学出版社2012年版，第360页。

的，人民法院或者仲裁机构可以根据当事人的请求予以增加，但增加的违约金不能超过实际损失额。

10. 消除影响、恢复名誉。消除影响、恢复名誉是指人民法院根据受害人的请求，责令行为人在一定范围内采取适当方式消除对受害人名誉的不利影响，以使其名誉得到恢复的一种民事责任方式。主要适用于侵害名誉权的情况，一般不适用于侵害隐私权的情况。

11. 赔礼道歉。赔礼道歉是指行为人以口头、书面或者其他方式向受害人进行道歉，求得对方谅解的一种民事责任方式。主要适用于侵害名誉权、隐私权、人身自由、姓名权、肖像权或者其他人格权益的情况。

其二，本条第2款对惩罚性赔偿作了规定。

所谓惩罚性赔偿，是指赔偿数额超出实际损失的赔偿，是在承担补偿性民事责任基础上的增加赔偿责任，为加重赔偿责任，是严厉性程度最高的一种民事责任方式。惩罚性赔偿的目的在于通过强制性手段对行为人财产施加损失以达到惩罚的功能，防止行为人将来重犯。惩罚性赔偿作为一种民事责任方式，须为法律明确规定，法无明文规定不惩罚。对于何种行为在何种情况下适用惩罚性赔偿由法律作出明确规定；对于惩罚性赔偿金的数额和计算方法由法律作出明确规定。例如，《消费者权益保护法》第55条规定的“经营者提供商品或者服务有欺诈行为的，应当按照消费者的要求增加赔偿其受到的损失，增加赔偿的金额为消费者购买商品的价款或者服务的费用的三倍……”，即为惩罚性赔偿的规定。

其三，本条第3款规定民事责任方式的适用，明确了既可以单独适用，也“可以合并适用”。

民事责任方式并列式规定有其优势：首先，法律并未规定民事责任方式的承担交由法官裁量，可以解释为当事人有权自由选择，如果是法官选择模式，可能产生的隐患是法官未必能准确判断被害人真实的缓急状态，而当事人的选择往往更能够达到损害赔偿的目的；其次，民事责任方式可以单独或合并适用，消除了救济模式非此即彼、不能兼具模式过于僵化的弊端。[①] 合并适用的情形，不能理解为简单地累加适用，应遵循损害赔偿法之完全赔偿原则，即遭受多大损害、获得多少赔偿。以违约金与赔偿损失为例，对于同一种损害，如果事先约定了违约金，该违约金就是对此项损害赔偿额的预定，债权人虽有填补赔偿请求权，由于请求支付违约金与请求赔偿损失“并非立于债权人可自由选择的地位”，“而是有违约金请求权场合必须行使违约金请求权”，此时，“债权人的损害赔偿请求权实

---

① 李超：《民法解释与裁判思维》，上海人民出版社2019年版，第15~20页。

际尚停留在不得行使的状态”。[①] 又如，违约金与继续履行场合下，如果违约金针对拒绝履行等情形而约定，应当认定系作为替代债务不履行的损害赔偿额预定，违约金的约定并不使继续履行请求权消灭。当拒绝履行实际发生时，为避免债权人重复获利，债权人只能择一主张，而不可兼得。

【关联规定】

《民法典》第 1185 条、第 1207 条、第 1232 条

（撰稿人：李超）

第一百八十条　【不可抗力免责事由】 因不可抗力不能履行民事义务的，不承担民事责任。法律另有规定的，依照其规定。

不可抗力是不能预见、不能避免且不能克服的客观情况。

【释义】

本条是关于不可抗力作为免责事由的规定。

本条第 1 款将不可抗力规定作为一般的免责抗辩事由，为各国立法之通例。一般来说，不可抗力包括自然原因的不可抗力，如地震、海啸、台风、洪水等自然灾害；社会原因的不可抗力，如战争、罢工、骚乱、封锁禁运等。亦有学者认为，政府的特定行为也可构成不可抗力，这主要是指当事人在订立合同以后，政府颁布新政策、法律或者行政措施而导致合同不能履行。[②] 这个问题在司法实践中尚有争议，如《浙江省高级人民法院民一庭关于审理受房地产市场调控政策影响的房屋买卖合同纠纷案件的若干意见（试行）》（2011 年 4 月 22 日）第 2 条规定：“纯粹因受限贷、限购、禁购等调控政策的直接影响”的房屋买卖合同，“合同确实无法继续履行的，不属于‘不可抗力’”，一般应认定为，“不可归责于当事人双方的事由”“当事人据此请求解除合同的，可予以支持”。

第 1 款也允许了例外，在法律有特别规定的情况下，不可抗力不能作为免责事由，行为人仍应对不可抗力造成的损害承担民事责任。《民法典》第 1237 条规定：“民用核设施或者运入运出核设施的核材料发生核事故造成他人损害的，民

① 韩世远：《合同法学》，高等教育出版社 2010 年版，第 344 页。
② 王利明、杨立新、王轶、程啸：《民法学》，法律出版社 2014 年版，第 534 页。

用核设施的营运单位应当承担侵权责任；但是，能够证明损害是因战争、武装冲突、暴乱等情形或者受害人故意造成的，不承担责任。”据此，因不可抗力的自然灾害造成的损害，不能免除核设施经营者的责任。《民法典》第1238条规定：“民用航空器造成他人损害的，民用航空器的经营者应当承担侵权责任；但是，能够证明损害是因受害人故意造成的，不承担责任。”据此，因不可抗力的自然灾害造成的损害，不能免除航空器经营者的责任。《邮政法》第48条规定：“因下列原因之一造成的给据邮件损失，邮政企业不承担赔偿责任：（一）不可抗力，但因不可抗力造成的保价的给据邮件的损失除外……”根据这一规定，对于保价的给据邮件因发生不可抗力而造成的损害，邮政企业仍应承担赔偿责任。

在合同场合，根据《民法典》第590条第1款的规定，当事人一方因不可抗力不能履行合同的，根据不可抗力的影响，部分或者全部免除责任。不能认为不可抗力发生后，当事人就必然被全部免除责任。在某些情况下，不可抗力可能导致暂时不能履行或者不完全履行，而此时当事人只是被免除了部分责任，待障碍消除以后能够继续履行的仍应继续履行。《民法典》第590条第2款规定：“当事人迟延履行后发生不可抗力的，不免除其违约责任。”在发生不可抗力致使合同无法履行的情况后，当事人仍然应当履行基于合同所负有的其他义务，如通知义务和注意义务。《民法典》第590条第1款还规定：“因不可抗力不能履行合同的，应当及时通知对方，以减轻可能给对方造成的损失，并应当在合理期限内提供证明。”

本条第2款是对不可抗力的定义。不可抗力指不能预见、不能避免且不能克服的客观情况。例如，新冠肺炎疫情发生后，为了保护公众健康，政府采取了相应疫情防控措施。对于因此不能履行合同的当事人来说，这种情况即属于不能预见、不能避免且不能克服的不可抗力。因不可抗力不能履行合同的，根据不可抗力的影响，部分或者全部免除责任，但法律另有规定的除外。

不可抗力的判断标准，立法采用主观与客观折中说，不可抗力在性质上具有客观性而与当事人的主观意志无关，而在判断是否属于不当得利的事件时，仍需要考虑当事人主观上是否尽到注意义务。不可抗力的构成要件包含两个层面：一是与加害人无关的外界客观事实；二是不能预见、不能避免、不能克服的客观情况。于名义上的加害人而言，“不能预见、不能避免、不能克服”的对象是什么？是客观情况本身还是客观情况给受害人造成的损害。有学者认为，不能预见、不能避免、不能克服的是客观情况造成的损害，而非客观情况本身。其理由是，不可抗力之所以能够免除加害人的民事责任，原因就在于它排除了加害人的过错。如果认为加害人不能预见、不能避免、不能克服的是客观情况本身，那么不可抗力的范围显然过于广泛。[1] 因不可抗力造成损害的，当事人不承担民事责任，但这里要求不可抗力必须是损害发生的唯一原因。在司法实践中，往往存在不可抗力与加害人责任混淆的问题，此时，加害人仍应承担相应责任。例如，甲被乙所有的简易板房铁皮砸伤，而铁皮吹落系由台风所致，审理这一案件时，仍需考察乙对简易板房的安全性是否尽到注意义务，如果乙应当预见到简易板房不足以抵抗台风而麻痹大意，仍应向甲承担过错赔偿责任。

【关联规定】

《民法典》第 194 条、第 563 条、第 590 条、第 832 条、第 835 条、第 1239 条、第 1240 条；《邮政法》第 48 条

（撰稿人：李超）

第一百八十一条 【正当防卫作为违法阻却事由】 因正当防卫造成损害的，不承担民事责任。

正当防卫超过必要的限度，造成不应有的损害的，正当防卫人应当承担适当的民事责任。

【释义】

本条是关于正当防卫的规定。本条被规定在“民事责任”之中，既是为了明确正当防卫是免责事由，也是为了明确防卫过当时的责任承担。我国《民法通则》和《侵权责任法》之中对正当防卫都有规定，此次将其规定在《民法典》总则编之中，是为了明确其属于民事责任的免责事由，形成民事责任制度的完整体系。

正当防卫是指公共利益、他人或本人的人身或其他利益受到正在进行的不法侵害时，行为人所采取的一种防卫措施。[2] 依据该条规定，行为人在合理限度内的正当防卫，即使致人损害也不承担责任；行为人的防卫超越必要限度造成不应有损害的应当承担适当的民事责任。所谓“适当的民事责任”是指对超出必要限

① 程啸：《侵权责任法》，法律出版社 2015 年版，第 322 页。
② 王利明、杨立新、王轶、程啸：《民法学》，法律出版社 2015 年版，第 37 页。

度的损害部分承担责任，而不是承担全部损害赔偿责任。[①]

正当防卫的本质是以一个合法行为制止不法行为，而保护行为人自己或第三人的合法权益。正当防卫是自卫行为的一种，一般认为，法律上之所以允许实施自卫行为，是因为在非常之际，无法请求国家干涉，只能放任当事人的行为。[②]

为了保护自己或他人的合法权益，对正在实施的加害行为采取必要的防卫手段，具有正当性，属于正当的抗辩理由。此外，正当防卫也是世界各国法律普遍认可的刑事、民事责任的抗辩事由。[③] 我国《刑法》第20条和《民法通则》第128条对此有明确规定。本条沿用《民法通则》第128条的规定。

当下通说认为，正当防卫的成立应具备下述要件：

其一，防卫人面临的侵害具有不法性和现实性。具体而言，所要防卫的侵害必须满足如下特点：

一是不法性，即侵害行为属于违法行为。若是合法的侵害，不得对其进行防卫行为，例如主管机关依法拆除违章建筑物。[④] 至于行为人主观上是否具有故意、过失，是否具有责任能力等，只影响责任的承担，不影响防卫的成立。例如，对于精神病人实施的侵害行为，虽然精神病人不具有责任能力，但其行为是违法的，所以，也可以防卫。

不法侵害一般仅限于针对个人法益的侵害，对侵害国家法益、社会法益的犯罪行为，原则上不能擅自进行正当防卫。正当防卫、紧急避险的行为不属于不法侵害，所以对正当防卫、紧急避险本身不能进行正当防卫。

二是现实性，即不法侵害必须是现实存在的。如果行为人误以为存在不法侵害，并进行所谓的防卫，就是假想防卫，应承担相应的法律责任。

其二，不法侵害正在进行，即防卫具有适时性。即若不法侵害已经开始、尚未结束，允许进行正当防卫，而对尚未开始或已经结束的不法侵害，均不允许进行正当防卫。

其三，防卫不超过必要限度。正当防卫是针对正在进行的不法侵害行为而予以反击。因此，法律对正当防卫有程度的限制。正当防卫超过必要限度的，称为防卫过当，行为人应当承担适当的责任。至于是否超过必要限度，应斟酌正当防

① 王利明：《侵权行为法归责原则研究》，中国政法大学出版社1992年版，第33页、第34页。

② 郑玉波：《民法总则》，中国政法大学出版社2003年版，第555页。

③ 梁慧星：《中国民法典草案建议稿附理由：侵权行为编》，法律出版社2013年版，第38页。

④ 魏振瀛主编：《民法》，北京大学出版社2011年版，第45页。

卫人和不法侵害人双方具体情形及当时的客观条件。[①] 大体而言，其防卫行为须具备两项条件：（1）必要性，即达到制止不法侵害的程度。（2）相当性，即考量进行正当防卫所生的损害与所欲避免的侵害是否大体相当。

具备以上两项要件，即构成正当防卫行为属于违法阻却事由之一。即使正当防卫行为使不法侵害人受有损害，既不构成侵权，也不承担任何损害赔偿责任。如果防卫超过必要限度，则属于非法侵害。[②] 行为人对于所造成的不应有的损害，应承担适当的民事责任。此民事责任的成立，仅以防卫行为是否超过必要限度为要件，不考虑其是否有过错，因此属于严格责任。

（撰稿人：赵精武）

第一百八十二条　【紧急避险作为违法阻却事由】 因紧急避险造成损害的，由引起险情发生的人承担民事责任。

危险由自然原因引起的，紧急避险人不承担民事责任，可以给予适当补偿。

紧急避险采取措施不当或者超过必要的限度，造成不应有的损害的，紧急避险人应当承担适当的民事责任。

【释义】

本条规定是关于紧急避险的规定，尤其是明确了在紧急避险情况下的责任承担。在《民法总则》出台以前，我国《民法通则》第 129 条和《侵权责任法》第 31 条都有规定。本条延续了《侵权责任法》第 31 条的规定。

"紧急避险或紧急状态下因避免自己或他人生命、身体、自由、财产上急迫之危险，出于不得已之行为。"[③] 紧急避险行为属于自卫行为的一种，是权利的一种私力救济方式。但出于对文明、安定与和平的需求，现代社会已将纠纷的裁断权交与公共力量。为尽量避免基于一己私利的报复性暴力事件发生。权利的私力救济或称自力救济范围已被严格限制。[④] 但是，在紧急情况下，不得已放任私人实施自卫行为。

---

① 丁海俊：《民事责任的预防功能》，载《现代法学》2001 年第 2 期。

② 江平：《民法学》，中国政法大学出版社 2011 年版，第 42 页。

③ 史尚宽：《民法总论》，中国政法大学出版社 2000 年版，第 746 页。

④ 朱庆育：《民法总论》，北京大学出版社 2016 年版，第 568 页。

该条分为3款，分别规定了在人为的紧急状态、自然的紧急状态下避险的法律效果以及避险过当的法律效果。其中，自然的紧急状态下避险的法律效果又分为两种，要么“不承担责任”，要么“给予适当补偿”。该条文仅规定了紧急避险行为的法律后果，并未规定紧急避险行为的构成要件，不属于完全性法条。一般来说紧急避险需符合以下构成要件：首先，存在对避险人自身或者他人生命、身体、自由以及财产上的急迫危险。其次，不得已而实施加害他人的行为。最后，没有超过必要的限度。①

根据《民法典》第182条的规定，将紧急避险分为自然原因引起的紧急避险和人为原因引起的紧急避险。若紧急避险人所躲避的危险是由自然原因引起之时，紧急避险人因避险行为给他人造成损害的，不承担责任，但出于公平的考量可以给予适当补偿。这意味着这是一种基于公平原则的对损害的合理分担，而不是承担侵权责任。若紧急避险人的危险是由人为原因引起的，则由引起险情的人承担民事责任。而我们需要注意的是，紧急避险制度需要关注的不是引起危险的原因而是避险行为所影响的法益。根据本条的规定，在由人为的原因引起险情而引起险情的人逃逸或不得而知的情况下，造成保护被避险人的利益不能得到很好的保护，对于无辜的避险人并不公平。对此，《德国民法典》的规定可以借鉴，其将紧急避险区分为防御型紧急避险（第228条）和进攻型紧急避险（第904条）。其中防御型紧急避险是指面临由他人的物引起的急迫危险而毁损或灭失此物的紧急避险。在防御性紧急避险当中，应该避免的危险是物产生的并且是基于此物导致对危险的防卫。因此，为避免危险而侵害该物，那么这种行为就具有正当性。其要件只要求“损害非与危险不成比例”即可，在防御型紧急避险中只有在避险过当时避险人才承担责任。攻击型紧急避险，是指对于危险没有关系之物所采取的紧急避险。《德国民法典》第904条所规定的攻击型紧急避险，其适度性要求比防御型紧急避险更为严格。如此规定的原因，是因为避险行为人所侵害的是与危险毫无关系之物，物之所有人所受之损失，要求避险行为人所保护的法益价值要远远大于该物的价值，才能认为该避险行为具有合法性。在攻击型紧急避险中，被侵害之物的所有人有权提出损害赔偿请求。受益人应该承担损害赔偿责任。

（撰稿人：赵精武）

---

① 程啸：《侵权责任法》，法律出版社2015年版，第324～325页。

第一百八十三条 【因保护他人民事权益使自己受损应受的赔偿或补偿】因保护他人民事权益使自己受到损害的，由侵权人承担民事责任，受益人可以给予适当补偿。没有侵权人、侵权人逃逸或者无力承担民事责任，受害人请求补偿的，受益人应当给予适当补偿。

【释义】

该条是关于因保护他人民事权益使自己受到损害的受赔偿或补偿的规定。本条与前述正当防卫和紧急避险相关联，限于其中见义勇为者。本条规定的目的在于，通过确立侵权人的责任和受益人补偿义务的后果，强化对见义勇为者的利益保护，从而鼓励人们实施此种行为，弘扬良好的道德风尚。

在见义勇为的情形，因保护他人民事权益使自己受到损害的人，是否可以直接从受益人那里获得补偿，一直存在争议。一种观点认为，只能从侵权人那里获得赔偿，另外一种观点认为，除侵权人应当赔偿外，在没有侵权人或者没有人应该负责时，受益人应该基于公平原则补偿。还有一种意见，主张见义勇为人可以选择。本条选择了第二种方案，但是在有侵权人时，虽然应由侵权人赔偿，但也尊重受益人自愿，可以适当补偿。

理论上，关于见义勇为应受补偿或受益人应为补偿的性质和来源存在争论。主流认为，应该属于公平责任的范畴。公平责任是指在当事人对于损害的发生都无过错且法律又未规定适用无过错责任的情况下，法院依据公平的观念，在考虑受害人的损害、双方当事人的财产状况及其他相关情况的基础上，决定由加害人与受害人双方对该损害加以分担。本条直接赋予了因见义勇为者而受损害者针对受益人的补偿，与公平责任的理念是一致的。笔者倾向于认为，其属于特殊的无因管理。在见义勇为的情形，行为人实施的防止侵害行为虽然具有特殊性，但是仍然构成无因管理，见义勇为行为是无因管理的一类。但是，见义勇为自身具有较多的特殊属性，因此需要专门对其进行规制。换句话说，虽然见义勇为在性质上属于无因管理，但是由于其自身具有较强的特殊性，应当以不同的法律规范对其进行规制。①

本条规定了两种不同的民事责任：

---

① 王利明主编：《中国民法案例与学理研究》，法律出版社 2003 年版，第 127 ~ 128 页；杨立新：《人身损害赔偿司法解释释义》，法律出版社 2004 年版，第 228 页。

其一，侵权人的民事责任。在因保护他人民事权益而使自己受到损害的情形，见义勇为者遭受的损害，可以认为是与侵权行为之间存在因果关系的损害，因此，侵权人应当依据《民法典》侵权责任编或其他法律的规定承担侵权责任。

其二，受益人的补偿责任。就此而言，又分为两类：

一是在有侵权人，且侵权人能够承担责任的情形，受益人可以给予适当补偿。这是为了更充分地保障见义勇为者的权利。

二是在没有侵权人、侵权人逃逸或者无力承担民事责任的情形，受害人请求补偿的，受益人应当给予适当补偿。

在上述两种情形，受益人都应当给予适当补偿，这里应当由法官考虑个案的具体情事，综合予以考虑。笔者认为，在必要的情况下，"适当补偿"也可以填补见义勇为者的全部损害。

另外，在受益人与侵权人之间实际上形成不真正连带债务。因为侵权人是终局责任人，因此，在受益人补偿之后，其有权向侵权人追偿。[1]

（撰稿人：龙卫球　赵精武　周友军）

第一百八十四条　【因自愿紧急救助造成受害人损害的免责】 因自愿实施紧急救助行为造成受助人损害的，救助人不承担民事责任。

【释义】

本条是关于紧急救助人免责的规定。该条规定是对诸如"南京彭宇案"等一系列社会现象的回应，反映出我国民事立法的社会化趋势。其立法目的是，通过免除紧急救助人的责任，为救助人免除后顾之忧，从而鼓励此种救助行为，弘扬互助的精神。所以，本条也被称为"好人法"。

值得注意的是，本条在起草过程中，经历了一个变迁的过程。《民法总则（草案三审稿）》第187条曾将紧急救助人的责任限定为，仅对其重大过失负责。[2]《民法总则（草案大会审议稿）》第187条则进一步限定为，救助人因重大过失造

---

① 郑玉波：《民法债编总论》，中国政法大学出版社2004年版，第425页以下。

② 《民法总则（草案三审稿）》第187条规定："实施紧急救助行为造成受助人损害的，除有重大过失外，救助人不承担民事责任。"

成受助人不应有的重大损害的，承担适当的民事责任。[①] 为鼓励见义勇为，最终通过的《民法总则》中没有就救助人的责任作出任何规定救助人将获绝对免责，实施救助行为因重大过失致使受助人遭受损失的也无须承担责任。[②]

从本条规定来看，救助人免责的前提是，其自愿实施紧急救助行为。就此，可以从如下两个方面予以理解：一是自愿的解释，它是指救助人无法定或约定义务自愿实施救助行为。至于救助人和受助人之间是否就救助达成合意，在所不问。由于在紧急状态下，对救助人与受助人的要求不宜过分苛刻，因情况紧急受助人默示同意或无法征得受助人同意的情形应当纳入本条射程之内。如果救助人和受助人达成了合意或受助人事后予以追认，双方之间可能成立有偿委托或无偿委托，适用《合同法》委托合同的相关规则。在情势允许、受助人明示同意或追认接受救助行为的情况下，若因救助人故意或重大过失导致受助人受有损失的，应尽量扩张委托合同规则的适用范围以限缩本条的适用，根据《民法典》第929条的规定："有偿的委托合同，因受托人的过错造成委托人损失的，委托人可以请求赔偿损失。无偿的委托合同，因受托人的故意或者重大过失造成委托人损失的，委托人可以请求赔偿损失。受托人超越权限造成委托人损失的，应当赔偿损失"。二是紧急救助。救助行为按照一般的理解，是指对于处于困境之中的人予以帮助。对于是否属于紧急状态的认定，应由法官按照一般大众的观念在个案中衡量，或可以借鉴紧急的无因管理制度，将其理解为，避免受助人的急迫危险。[③]

只要救助人自愿实施了紧急救助行为，其就可以免责。在救助过程中，如果救助人实施了故意侵权行为，如借救助之机盗窃受助人财物，则该故意侵权行为不属于"救助"行为的范畴，构成侵权行为的，救助人应按照民法典侵权编的有关规定承担民事责任。

笔者认为，本条规定虽然有助于鼓励救助行为，但是，在一定程度上也忽视了受助人利益的保护，违背了"法爱衡平"的原则，在司法实践中应当谨慎适用。经过一段时间的适用之后，可以总结实践经验，通过司法解释的方式，适当强化受助人的保护，再次平衡救助人和受助人之间利益的关系。

（撰稿人：景南衡　周友军）

---

① 《民法总则（草案大会审议稿）》第187条规定："因自愿实施紧急救助行为造成受助人损害的，救助人不承担民事责任。但是救助人因重大过失造成受助人不应有的重大损害的，承担适当的民事责任。"

② 某些行为名为救助实为侵权，以救助的名义故意实施侵权行为致使受助人遭受损失，满足侵权行为构成要件的，应直接适用民法典侵权编的有关规定。

③ ［德］梅迪库斯：《德国债法分论》，杜景林、卢谌译，法律出版社2007年版，第507页。

第一百八十五条 【侵害英雄烈士等人格利益的特殊民事责任】侵害英雄烈士等的姓名、肖像、名誉、荣誉，损害社会公共利益的，应当承担民事责任。

【释义】

本条属于我国《民法典》总则编新增条款，明确了侵害英雄烈士等死者人格利益的特殊民事责任，旨在进一步强化对英雄、烈士等死者人格利益的特殊保护。本条是在最后立法审议时由人大代表提议加入的，是对实践中毁损邱少云、狼牙山五壮士名誉等社会事件的回应，也引发不少争议。根据立法审议修改说明的解释，“英雄和烈士是一个国家和民族精神的体现，是引领社会风尚的标杆，加强对英烈姓名、名誉、荣誉等的法律保护，对于促进社会尊崇英烈，扬善抑恶，弘扬社会主义核心价值观意义重大。据此，建议增加本条”①。

本条彰显《民法典》具有高度社会化的色彩，特别是在民事责任问题上，甚至可以不完全与保护民事权益相关，必要时直接以社会公共利益为基础，违反社会公共利益本身也可以导致民事责任。换言之，侵害英雄烈士等死者人格利益是外在方面，最重要的是对英雄烈士等人格利益的侵害很可能“损害社会公共利益”。

本条规定适用的前提包括：(1) 侵害英雄烈士等的姓名、肖像、名誉、荣誉。本条采取了具体列举的方式，明确了要保护的权益，是指姓名、肖像、名誉和荣誉。但本条要保护的主体范围具有一定的开放性，即英雄、烈士和其他类似主体。因此，本条中“等”字的解释，需要根据实践的发展进行。(2) 损害社会公共利益。这一点非常关键，也是最为实质的要件。就英雄、烈士而言，因为其特殊的身份，侵害其人格利益，往往可能导致损害社会公共利益；而就普通的自然人死后其人格利益的保护，通常不会涉及损害社会公共利益，而是往往只损害善良风俗。但也不是绝对的，所以是否同时符合“损害社会公共利益”的要求，这是更加实质的要件。只要满足了前面两项要件，侵权人就应当承担民事责任。此处所说的民事责任，应当是指侵权责任，包括精神损害赔偿。问题在于，本条并没有明确可以主张民事责任的主体。笔者认为，英雄、烈士等的近亲属，应当可以主张；如果已经没有了近亲属，或者近亲属不主张的，也可以由检察院等机

---

① 第十二届全国人民代表大会法律委员会：《关于〈中华人民共和国民法总则（草案）〉审议结果的报告》。

关或组织，提起公益诉讼。就此，还需要通过司法解释或民事特别法予以明确。

本条规定指向的民事责任，是一种特殊民事责任。其与其他一般民事责任比较，具有浓厚社会责任的色彩，是以民法上侵权责任之名，实现我国强化社会公共利益保护之实际需要。

（撰稿人：赵精武）

第一百八十六条　【违约责任和侵权责任竞合】因当事人一方的违约行为，损害对方人身权益、财产权益的，受损害方有权选择请求其承担违约责任或者侵权责任。

【释义】

本条旨在规范违约责任与侵权责任的竞合问题，明确了受损害方可以选择主张违约责任或侵权责任。本条规定与《合同法》第122条的规定基本相同。

责任竞合，又称请求权竞合，是指同一权利人对同一义务人，就同一标的发生数个请求权的情形。[①] 就责任竞合的认定，理论上主要有三种不同的学说：[②] 一是目的或效果的同一性说。此种观点认为，当数个请求权导致同一效果或者致力于同一目的时，就构成请求权竞合。[③] 二是法律上利益的同一性说。此种观点认为，请求权竞合的本质特征在于，数个产生于相同的权利人和义务人之间的请求权具有相同的法律上利益。[④] 三是给付的同一性说。此种观点认为，只有当同时存在于相同的权利人和义务人之间的数个请求权具有“同一给付”的特点，才构成请求权竞合。[⑤] 笔者倾向于采用第一种观点，因为这一观点确立了比较弹性的标准，为请求权竞合认定中的法政策考量提供了充足的空间。

从实践来看，责任竞合最典型的形态就是违约责任和侵权责任的竞合。这与民事责任制度被划分为侵权责任和违约责任之两大类型的传统是一致的。如何处理违约责任和侵权责任的竞合，存在不同的观点，主要包括：

其一，法条竞合说。此种观点认为，违约行为是侵权行为的特别形态。因

---

① 郑玉波：《民法总则》，三民书局1979年版，第51页。

② Apostolos Georgiades, *Die Anspruchskonkurrenz im Zivilrecht und Zivilprozessrecht*, C. H. Beck1967, S. 65ff.

③ Friedrich Endemann, *Lehrbuch des Bürgerlichen Rechts*, 1. Bd., 9. Aufl., Berlin 1903, S. 418.

④ Karl Berger, *Anspruchskonkurrenz ausserhalb des Verhältniss von Vertrag und Delikt*, Diss. Münster1936, S. 5.

⑤ Heinrich Dernburg, *Pandekten* Ⅰ, 1. Bd., 7. Aufl., Berlin 1902, S. 314.

此，同一事实具备侵权行为和违约行为的构成要件时，依特别法优先于普通法的原则，只能适用违约责任的规定，因而仅发生合同上的请求权，没有主张侵权损害赔偿请求权的余地。[①]

其二，请求权自由竞合说。此种观点认为，基于侵权行为和违约行为所产生的两个请求权独立并存，无论在成立要件、举证责任、赔偿范围、抵销、时效等，都应当就各个请求权分别进行判断。[②]

其三，请求权相互影响说。此种观点认为，基于侵权行为和违约行为虽然产生了两个独立的请求权，但是两个请求权可以互相作用，《合同法》上的规定可适用于基于侵权行为而产生的请求权，反之亦然。也就是说，这两项请求权并不完全是互相独立的，在其相互交集的范围内，两项请求权互受限制。请求权相互影响是对请求权自由竞合说的修正。[③]

从本条的规定来看，其似乎是明确了请求权自由竞合说。本条适用的前提是：

其一，当事人一方实施了违约行为。此处所说的违约行为，是指所有违反合同义务的行为，包括违反主给付义务的行为、违反从给付义务的行为和违反附随义务的行为。

其二，违约行为损害了非违约方的人身权益、财产权益。此处所说的人身权益和财产权益，应当是指非违约方的固有利益。

在满足上述条件时，受损害方有权选择请求其承担违约责任或者侵权责任。结合原《最高人民法院关于适用〈中华人民共和国合同法〉若干问题的解释（一）》第 30 条的规定，受损害方依据本条规定向人民法院起诉时作出选择后，在一审开庭以前又变更诉讼请求的，人民法院应当准许。

另外，笔者认为，违约责任和侵权责任竞合的处理，必须与侵权法上过错责任的一般条款结合起来考虑。在法国法上，其采纳的是法条竞合说或者非竞合说的立场，如果案件符合了合同责任的构成要件，受害人就只能提起合同诉讼，而不能提起侵权诉讼。[④] 这与其对于过错责任采纳一般条款模式有关。依据《法国民法典》第 1382 条和第 1383 条的规定，只要加害人因过错导致他人损害，就要承担侵权责任。在此背景下，如果不禁止侵权责任和违约责任的竞合，所有的违

---

① 韩世远：《责任竞合的法理构造——以合同法第一百二十二条为中心》，载《人民法院报》2004 年 1 月 30 日。

② 王泽鉴：《民法学说与判例研究》，中国政法大学出版社 1997 年版，第 378 页。

③ 周清林：《理性的困惑：请求权竞合理论解构》，载《现代法学》2003 年第 1 期。

④ George A. Bermann, Etienne Picard (ed.), *Introduction to French Law*, Kluwer Law International BV, 2008, p. 244.

约责任案件都可以适用过错责任的一般条款，这将使得合同法所确立的风险分配机制受到破坏。因此，其采侵权责任和违约责任不竞合的立场。[①] 考虑到我国《民法典》第1165条第1款对于过错责任采取与法国法类似的一般条款模式，因此，应当对于本条的规定进行目的性限缩，即在履行利益的范围之内，受害人只能主张违约责任。如果合同履行利益也将面临民事责任竞合的问题，这势必引起法律适用的混乱，[②] 而且，合同法将淹没在侵权法的汪洋大海之中了。

（撰稿人：赵精武　周友军）

第一百八十七条　【民事责任和其他责任的竞合】 民事主体因同一行为应当承担民事责任、行政责任和刑事责任的，承担行政责任或者刑事责任不影响承担民事责任；民事主体的财产不足以支付的，优先用于承担民事责任。

【释义】

本条文明确规定了民事责任与行政责任、刑事责任竞合问题，确立了可以并存以及民事责任优先的原则。根据本条规定，应当理解如下：

首先，民事责任可以和其他责任并存。即民事主体因同一行为应当承担民事责任、行政责任和刑事责任的，承担行政责任或者刑事责任不影响承担民事责任。

我国《民法通则》第110条规定，民事责任、行政责任和刑事责任之间应当构成聚合，而不是竞合。[③] 这一规定符合法治的基本原理，毕竟法秩序的形成需要法律体系整体的协力才能实现，因此，在同一行为同时被数个法律部门所规范时，原则上，各个部门法都可以适用。而且，这一做法也纠正了我国历史上长期存在的“罚了不打、打了不罚”的不当做法。本条规定总结了《民法通则》第110条和《侵权责任法》第4条第1款的做法，明确了民事主体因同一行为应当承担民事责任、行政责任和刑事责任的，承担行政责任或者刑事责任不影响承担民事责任。

---

① ［德］瓦格纳：《当代侵权法比较研究》，高圣平、熊丙万译，载《法学家》2010年第2期。

② 刘海奕：《加害给付研究》，载《民商法论丛》第4卷，法律出版社1995年版，第362～363页。

③ 《民法通则》第110条规定：“对承担民事责任的公民、法人需要追究行政责任的，应当追究行政责任；构成犯罪的，对公民、法人的法定代表人应当依法追究刑事责任。”

其次，民事责任具有优先性。即民事主体的财产不足以同时承担民事责任、刑事责任和行政责任时，优先承担民事责任。民事主体（包括自然人、法人和非法人组织）承担财产责任时，适用本条。

我国《刑法》《公司法》《证券法》和《侵权责任法》等法律都曾对于民事责任优先性原则作出了规定。[①] 考虑到民事责任所具有的补偿性和直接救济受害人的特点，优先实现侵权责任是良好的法律政策选择。另外，这一制度也体现了对私法主体利益优先关怀的精神，[②] 体现了“国不与民争利”的先进法治理念。

如果民事主体承担其他的责任，如赔礼道歉等责任，不会出现其财产不足以承担所有责任的情形，也就没有民事责任优先性规则的适用。另外，民事责任优先性规则需要相应的法律程序予以配合，这是我国未来立法需要解决的问题。

【关联规定】

《刑法》第36条第2款

（撰稿人：赵精武　周友军）

---

① 《刑法》第36条第2款规定：“承担民事赔偿责任的犯罪分子，同时被判处罚金，其财产不足以全部支付的，或者被判处没收财产的，应当先承担对被害人的民事赔偿责任。”《公司法》第214条规定：“公司违反本法规定，应当承担民事赔偿责任和缴纳罚款、罚金的，其财产不足以支付时，先承担民事赔偿责任。”《证券法》第220条规定：“违反本法规定，应当承担民事赔偿责任和缴纳罚款、罚金、违法所得，违法行为人的财产不足以支付的，优先用于承担民事赔偿责任。”《侵权责任法》第4条第2款规定：“因同一行为应当承担侵权责任和行政责任、刑事责任，侵权人的财产不足以支付的，先承担侵权责任。”

② 杨立新：《论侵权请求权的优先权保障》，载《法学家》2010年第2期。

第九章 诉讼时效

【导读】

本章确立了诉讼时效制度。诉讼时效是权利人在法定期间内不行使权利，该期间届满后，权利不受保护的法律制度。该制度有利于促使权利人及时行使权利，维护交易秩序和安全。同时，考虑到除斥期间的重要性，本章也简单规定了除斥期间（即权利预定的存续期间）。①

诉讼时效是时效的一种。时效，是指一定的事实状态经过一定的期间，就发生一定法律效果的制度。② 时效可以分为诉讼时效和取得时效。诉讼时效，也称消灭时效（德 Verjährung，英 prescription），是指请求权在一定期间内不行使，就减损其效力的制度。③《民法典》总则编仅规定了诉讼时效，取得时效属于物权的取得方式，应当规定在民法典物权法编。我国《民法通则》和《最高人民法院关于审理民事案件适用诉讼时效制度若干问题的规定》都对诉讼时效作出了规定。《民法典》总则编在总结既有立法经验的基础上，又对该制度予以发展完善。

从本法规定来看，主要引人注目的发展或变化包括：一是将《民法通则》规定的两年的诉讼时效延长为三年（第 188 条），以强化对债权人的保护。二是新增了因监护关系的原因诉讼时效停止制度，即受监护人（欠缺民事行为能力人）对其监护人（法定代理人）的请求权，自法定代理终止之日起算的规则（第 190 条），以强化对未成年人、精神障碍者等的保护。三是特别规定了未成年人遭受性侵害的，诉讼时效期间自其年满十八周岁之日起算的规则（第 191 条），这对于受性侵害的未成年人具有特殊保护意义。四是明确了不适用诉讼时效的请求权的范围（第 196 条）：（1）请求停止侵害、排除妨碍、消除危险；（2）登记的物权人请求返还财产；（3）请求支付赡养费、抚养费或者扶养费；（4）其他依法不

① 王伯琦：《民法总则》，编译馆 1957 年版，第 235 页。

② 杨与龄：《民法概要》，中国政法大学出版社 2002 年版，第 77 页。

③ 梅仲协：《民法要义》，中国政法大学出版社 1998 年版，第 154 页。与多数大陆法系国家不同，我国民法采“诉讼时效”的概念，而不是“消灭时效”，有学者认为，这极易遮蔽消灭时效的实体法性质。参见朱岩：《消灭时效制度中的基本问题》，载《中外法学》2005 年第 2 期。

适用诉讼时效的请求权。[1] 五是明确了诉讼时效制度的强行法特点，不允许当事人作出约定（第197条）。六是首次明确了，诉讼时效制度可以适用于仲裁时效的确定（第198条）。

本章的内容主要有：普通诉讼时效期间为3年的规则（第188条第1款）、诉讼时效起算的规则（第188条第2款）、同一债务分期履行中的诉讼时效起算（第189条）、非完全民事行为能力人对其法定代理人请求权的诉讼时效期间停止（第190条）、未成年人遭受性侵害时诉讼时效期间停止（第191条）、诉讼时效期间届满效果及时效利益放弃（第192条）、诉讼时效的中止（第194条）、诉讼时效的中断（第195条）、不适用诉讼时效的请求权范围（第196条）、诉讼时效规定的强行法性质（第197条）、诉讼时效规则对于仲裁时效的适用（第198条）、除斥期间的规则（第199条）等。

第一百八十八条　【诉讼时效的一般规定】向人民法院请求保护民事权利的诉讼时效期间为三年。法律另有规定的，依照其规定。

诉讼时效期间自权利人知道或者应当知道权利受到损害以及义务人之日起计算。法律另有规定的，依照其规定。但是，自权利受到损害之日起超过二十年的，人民法院不予保护，有特殊情况的，人民法院可以根据权利人的申请决定延长。

【释义】

民法典总则编第188条规定了我国普通诉讼时效期间及其例外、诉讼时效期间计算（包括计算起点和最长计算限制）。其中第1款规定了我国普通诉讼时效期间与特殊诉讼时效期间的准用规则；第2款规定了计算诉讼时效的起算点、最长诉讼时效期间及与诉讼时效的延长。本次民法典总则编第188条合并重述了《民法通则》第135条、第137条，将普通诉讼时效期间从2年延长为3年，其他法律中准用《民法通则》第135条的诉讼时效也从此均变为3年[2]。《关于〈中华人民共和国民法总则（草案）〉的说明》称："诉讼时效是权利人在法定期间内

① 李建国：《关于〈中华人民共和国民法总则（草案）〉的说明》，第三部分之（九）。

② 参见《最高人民法院关于审理证券市场因虚假陈述引发的民事赔偿案件的若干规定》（法释〔2003〕2号）第5条。

不行使权利，该期间届满后，权利不受保护的法律制度。该制度有利于促使权利人及时行使权利，维护交易秩序和安全。草案根据各方面意见，吸收司法实践经验，对诉讼时效制度作了完善，一是将现行2年的一般诉讼时效期间延长为3年。近年来，社会生活发生深刻变化，交易方式与类型也不断创新，权利义务关系更趋复杂，要求权利人在2年诉讼时效期间内行使权利显得过短，有必要适当延长。”①

诉讼时效，也称消灭时效，指请求权持续不行使经过法定期间的情形，其法律效果通常为产生请求义务人拒绝给付的权利；诉讼时效的法律性质是法律事实中的事件。② 因法律事实的发生而对他人享有某项请求权的权利人，应当在法定诉讼时效期间内向人民法院提起诉讼或申请其他法律救济程序；权利人逾期向人民法院请求救济民事权利，对方当事人享有时效抗辩权，承担救济请求被人民法院驳回的不利后果。③ 但是，导致请求权产生的母体权利本身不会因时效届满而消灭。④ 确立诉讼时效的原则，在于使人们勿去纠缠陈年旧账之请求权，如果在消灭时效届满之前很长的时间里，债权人本来可以行使请求权而不行使，债务人享有拒绝给付权。诉讼时效同时也在于保护债务人，为答辩年代久远的请求权，举证的机会常因时间的经过而恶化，或原存在的证据灭失，因此法律允许义务人于消灭时效期间经过后，以时效来对抗而无须实体抗辩。⑤

本条规定，应当理解以下：

其一，本条在第1款确立我国普通民事诉讼时效期间为3年。

民法典总则编采纳了普通诉讼时效为3年的主流意见⑥，如无其他法律特殊规定，民法上的请求权诉讼时效期间均为3年。此前《民法通则》曾经规定普通诉讼时效为2年。在民法典总则编的起草过程中，诉讼时效作为交易语境中的一项重要体现交易安全的制度，但在我国《民法通则》上似乎过于偏向交易安全，而不利于法律上权利的正常保护需要，且比较法上其他国家都比我国长（包括德国经过2002年债法改革修改缩短也只是到4年），所以提出延长到3年。在《债法现代化法》颁布前的德国民法中，普通诉讼时效期间为30年，原则上适用于

---

① 参见李建国：《关于〈中华人民共和国民法总则（草案）〉的说明》，第三部分之（九）。

② 龙卫球：《民法总论》，中国法制出版社2002年版，第612页。

③ 参见《最高人民法院关于适用〈中华人民共和国民事诉讼法〉的解释》（法释〔2015〕5号）第219条。

④ ［德］梅迪库斯：《德国民法总论》，邵建东译，法律出版社2001年版，第90~92页。

⑤ 黄立：《民法总则》，中国政法大学出版社2002年版，第452页。

⑥ 参见中国法学会2015年《中华人民共和国民法典——民法总则专家建议稿（征求意见稿）》第184条；北航法学院课题组（龙卫球主持）：“北航建议稿”第205条，链接http：//longweqiu. fyfz. cn/b/872378；中国社会科学院：2015年《民法典建议稿》第198条。

所有情形的请求权，除非法律规定了或当事人通过法律行为约定了某项比这个期间短促的消灭时效。[①]

其二，本条第1款也隐含着实际废除过去《民法通则》的短期时效规定。

我国普通诉讼时效此次原则上统一适用于各种类型的请求权，包括在债法上也不因合同与侵权行为产生的债权加以区别。《民法典》总则编第9章删去了《民法通则》第136条的规定，从此往后伤害人体、延付或者拒付租金的、寄存财物被丢失或损毁的诉讼时效期间也均为3年。

大陆法系国家，一般规定合同之债的请求权都比侵权之债的请求权要短，其理由是这些不同请求权的交易属性或程度不一样，故而诉讼时效期间也不应完全一致，一般认为只有合同领域才是真正的交易领域，应当督促当事人尽快行使权利从而促进民事流转和市场交易[②]，所以通常存在完全适用交易安全的必要（部分兼顾社会结构价值的合同例外）。例如，《德国民法典》就对因合同产生的请求权与因侵权产生请求权的普通诉讼时效期间加以区分，合同之债请求权的诉讼时效期间最短为3年，侵权之债请求权的诉讼时效期间为10年或30年。[③] 其他国家合同之债的诉讼时效期间也通常较短，瑞士为1年和10年，意大利为2年和5年，我国澳门地区规定为3年，我国台湾地区规定为2年和10年，最长的为奥地利30年。[④] 但是，我国《民法通则》在1986年将普通诉讼时效设为2年的同时，反而将瑕疵商品损害赔偿请求权以及侵权之债中的人身损害赔偿规定为1年，其适用效果可想而知：一方面，总体普通时效偏短，当然不利于法律权利的保护，还被市场主体用来牟利从而增加了民事纠纷[⑤]；另一方面，对于人身损害赔偿反而适用更短时效，缺少合理性，当然不能充分保护公民人身权利和利益[⑥]。据此，在延长诉讼时效期间的同时，废除不合理的短期时效制度成为民事立法建议中的共识，尤其是人身损害与产品质量引发的纠纷不应再采取短期诉讼时效。[⑦]

其三，普通诉讼时效应当让位于特别法规定的特别诉讼时效。

比较法上，随着专门立法的数量增加，大量的特别法对于某些事项的请求权规定了特殊的期间，或者更短，或者更长，往往是基于保护交易安全必要程度的

---

① ［德］梅迪库斯：《德国民法总论》，邵建东译，中国政法大学出版社2001年版，第97页。

② 王利明：《民法总则研究》，中国人民大学出版社2012年版，第739页。

③ 杨巍：《民法时效制度的理论反思与案例研究》，北京大学出版社2015年版，第256页表7-1。

④ 杨巍：《民法时效制度的理论反思与案例研究》，北京大学出版社2015年版，第256页表7-1。

⑤ 冯恺：《诉讼时效制度研究》，山东人民出版社2007年版，第112页。

⑥ 史浩明：《完善诉讼时效制度三论》，载《广西社会科学》2003年第3期。

⑦ 主张彻底删除短期诉讼时效的建议稿有：中国法学会：2015年《中华人民共和国民法典——民法总则专家建议稿（征求意见稿）》；北航课题组（龙卫球主持）：“北航建议稿”，链接 http://longweiqiu.fyfz.cn/b/872378。

不同加以判断。例如，《民法典》第 594 条规定，因国际货物买卖合同和技术进出口合同争议提起诉讼或者申请仲裁的时效期间为四年。其中，有关大陆法国家专门规定的短于普通诉讼时效的期间，一般为 3 个月、6 个月、1 年、2 年、3 年、5 年不等，最短的 1 个月，多适用于定期给付债权，孳息性质金钱债权，劳动报酬请求权，赡养费、抚养费请求权等[①]某些快速结清的行为以及拖欠款[②]。我国《民法通则》第 136 条第 1 项、第 2 项的规定，也被许多后来颁布的特别法上的特殊诉讼时效期间排除。[③] 目前，《海商法》《专利法》《环境保护法》《保险法》《拍卖法》《产品质量法》《民用航空法》等法律中对诉讼时效的规定在今天原则上继续有效。[④]

其四，对于诉讼时效的起算时间，除非特别法有例外规定，原则上采取权利人知悉主义。

本条第 2 款与《民法通则》第 137 条[⑤]相比，属于新添规定，明确规定除非例外，应将权利人知道或应知民事义务人的身份之日，作为计算诉讼时效的时间起点。按照现有司法解释规定，这里的"明知"指查明被告人身份而言。[⑥] 此前，权利人无法查明责任人身份的情形属于中止诉讼时效的客观障碍[⑦]，障碍消除后权利人可以保留至多 6 个月的诉讼时效期间[⑧]。仅有请求返还不当得利[⑨]、请求无因管理费用或不当管理赔偿[⑩]、投资人请求虚假陈述行为人赔偿证券交易损失[⑪]这三类民事纠纷中诉讼时效起始于义务人身份确定之日。

从比较法上看，有采用客观主义的，也有采用主观主义的。例如，德国民法采取客观主义，规定消灭时效通常在请求权产生之时开始起算，如果是不作为的

---

① 杨巍：《民法时效制度的理论反思与案例研究》，北京大学出版社 2015 年版，第 258 页表 7－2。

② ［德］梅迪库斯：《德国民法总论》，邵建东译，中国政法大学出版社 2001 年版，第 94 页。

③ 参见《环境保护法》第 66 条；《产品质量法》第 45 条。

④ 《海商法》第 257 条至第 265 条；《专利法》第 68 条；《环境保护法》第 66 条；《保险法》第 26 条；《拍卖法》第 61 条；《产品质量法》第 45 条；《民用航空法》第 135 条、第 171 条。

⑤ 《民法通则》第 137 条规定，诉讼时效期间从知道或者应当知道权利被侵害时起计算。

⑥ 参见《民事诉讼法》第 119 条；《最高人民法院关于适用〈中华人民共和国民事诉讼法〉的解释》（法释〔2015〕5 号）第 209 条。

⑦ 参见《最高人民法院关于审理民事案件适用诉讼时效制度若干问题的规定》（法释〔2008〕11 号）第 20 条。

⑧ 《民法通则》第 139 条规定，在诉讼时效期间的最后六个月内，因不可抗力或者其他障碍不能行使请求权的，诉讼时效中止。从中止时效的原因消除之日起，诉讼时效期间继续计算。

⑨ 参见《最高人民法院关于审理民事案件适用诉讼时效制度若干问题的规定》（法释〔2008〕11 号）第 8 条。

⑩ 参见《最高人民法院关于审理民事案件适用诉讼时效制度若干问题的规定》（法释〔2008〕11 号）第 9 条。

⑪ 参见《最高人民法院关于审理证券市场因虚假陈述引发的民事赔偿案件的若干规定》（法释〔2003〕2 号）第 5 条。

请求权，则消灭时效在实施行为之时起算。[①] 而在瑞士、荷兰、日本等大陆法国家与我国台湾、澳门地区，诉讼时效期间均自知道损害和责任人时起算，如《日本民法典》第724条规定：因侵权行为发生的损害赔偿请求权，自受害人或其法定代理人知道其损害及加害人时三年间不行使时，因时效而消灭。[②]

其五，本条第2款保留了《民法通则》第137条规定的20年最长时效计算期间及其例外。

最长时效计算期间，学理也有称最长诉讼时效期间，即“自权利受到损害之日起超过二十年的，人民法院不予保护；有特殊情况的，人民法院可以根据权利人的申请决定延长”。本次《民法典》总则编的立法建议多支持保留20年最长诉讼时效期间。[③]

这里，又有两层含义：

一是诉讼时效的计算存在最长限制。一方面诉讼时效采取主观主义的计算起点，另一方面给予最长的客观计算起点限制，自权利基础法律事实发生之日（即权利受到侵害之日）起算，不得超过20年，此项期限计算不可中止、中断。最长诉讼时效期间可以避免受害人因过早起算期间而得不到救济，又可避免加害人对年代过于久远的行为仍需承担责任，对侵权请求权具有重要意义。[④]

二是赋予人民法院在特殊情况可以根据当事人的申请而延长，实际是可以使得这项限制成为例外。权利人因客观障碍无法在诉讼时效期间内或损害事实发生之日20年内行使权利时，可以申请延长，但由人民法院根据证据证明的障碍具体内容[⑤]决定是否延长最长诉讼时效期间。[⑥] 这里既对人民法院授权，在法定特殊情形发生时由法官发挥自由裁量权来确保公平正义，[⑦] 又对其有所限定，即人民法院不能未经当事人申请、举证而主动延长最长诉讼时效期间。[⑧] 有观点认为，诉

---

① ［德］梅迪库斯：《德国民法总论》，邵建东译，中国政法大学出版社2001年版，第94页。

② 杨巍：《民法时效制度的理论反思与案例研究》，北京大学出版社2015年版，第308页。

③ 参见中国法学会2015年《中华人民共和国民法典——民法总则专家建议稿（征求意见稿）》第185条；中国社会科学院2016年《民法总则建议稿》第235条；北航法学院课题组（龙卫球主持）：“北航建议稿”第208条等。

④ 杨巍：《民法时效制度的理论反思与案例研究》，北京大学出版社2015年版，第343页。

⑤ 参见最高人民法院中国应用法学研究所编：《人民法院案例选》（总第48辑），人民法院出版社2005年版，第80~81页。吉林省通化市中级人民法院认为：一审原告当事人不知受到侵害与不能主张权利的情形属于客观障碍，虽然双方当事人对侵害事实发生至诉讼请求被提交至一审法院时已过20年没有异议，但可以延长诉讼时效期间。

⑥ 参见《民通意见》（法办发〔1988〕6号）第169条。

⑦ 李群星：《法律与道德的冲突——民事诉讼时效制度专论》，法律出版社2011年版，第316页。

⑧ 《民法典》总则编第196条规定了人民法院不得主动适用诉讼时效。

讼时效延长制度是我国作为社会主义国家的特有制度①，旨在追求公平，必要时通过时效计算的延长，更加公平地保护权利人的正当权利。② 有关民法典总则编的立法建议多倾向不准延长最长诉讼时效期间③，唯对人身损害赔偿请求权，有观点认为如果是权利人在 20 年内因不可归责于自身的原因不知道损害的发生或者损害在 20 年之后才显现而无法主张权利的，人民法院可以适当延长。④ 也有建议认为，人身损害赔偿请求权的最长保护期应为 30 年，但不适用延长规则。⑤

【关联规定】

《民法通则》第 135 条至第 137 条，《最高人民法院关于贯彻执行〈中华人民共和国民法通则〉若干问题的意见（试行)》第 175 条第 2 款

（撰稿人：龙卫球　谢地）

第一百八十九条　【同一债务分期履行时诉讼时效的起算】 当事人约定同一债务分期履行的，诉讼时效期间自最后一期履行期限届满之日起计算。

【释义】

本条规范的是同一债务分期履行时诉讼时效的起算。对于分期履行之债的诉讼时效起算点，《民法通则》中并无规定。2008 年最高人民法院在适用诉讼时效的司法解释规定："当事人约定同一债务分期履行的，诉讼时效期间从最后一期履行期限届满之日起计算。"⑥ 如果当事人之间在合同中没有约定履行期限，依照

---

① 佟柔主编：《中国民法学·民法总则》，中国人民公安大学出版社 1990 年版，第 327 页。

② 佟柔主编：《中国民法》，法律出版社 1990 年版，第 615 页。

③ 参见中国法学会 2015 年《中华人民共和国民法典——民法总则专家建议稿（征求意见稿)》第 185 条；中国社会科学院 2016 年《民法总则建议稿》第 235 条；北航法学院课题组（龙卫球主持)："北航建议稿" 第 208 条，链接 http：//longweqiu. fyfz. cn/b/872378；杨立新等：《〈中华人民共和国民法总则（草案)〉建议稿》第 260 条，载《河南财经政法大学学报》2015 年第 2 期。

④ 中国法学会 2015 年《中华人民共和国民法典——民法总则专家建议稿（征求意见稿)》第 185 条；李永军等：《中华人民共和国民法总则（专家建议稿)》第 180 条，载《比较法研究》2016 年第 3 期。

⑤ 杨立新等：《〈中华人民共和国民法总则（草案)〉建议稿》第 260 条，载《河南财经政法大学学报》2015 年第 2 期；北航法学院课题组（龙卫球主持)： "北航建议稿" 第 208 条，链接 http：//longweqiu. fyfz. cn/b/872378。

⑥ 参见《最高人民法院关于审理民事案件适用诉讼时效制度若干问题的规定》(法释〔2008〕11 号) 第 5 条。

《合同法》第61条、第62条的规定，可以确定履行期限的，诉讼时效期间从履行期限届满之日起计算；不能确定履行期限的，诉讼时效期间从债权人要求债务人履行义务的宽限期届满之日起计算，但债务人在债权人第一次向其主张权利之时明确表示不履行义务的，诉讼时效期间从债务人明确表示不履行义务之日起计算。[①] 本条对于这一司法解释进行了继受，但进行了简化规定。本条将《最高人民法院关于审理民事案件适用诉讼时效制度若干问题的规定》对约定分期履行之债的诉讼时效起算点由司法解释升格为一般规定有其合理性。[②]

本条规定，应当理解如下：

其一，本条适用于当事人之间就同一笔债务约定了分期履行的情形。

例如，在买卖合同关系、借贷关系等债权债务关系的当事人之间，就一个债务关系约定了分期履行时，可以适用。所谓同一笔债务，是指该债务在合同订立之时即已经确定，时间因素对其内容和范围不再起作用，受到时间因素影响的只是履行债务的方式。[③] 此类债务有两种常见类型：一类是定期给付债务，主要是继续性合同在合同履行中持续定期发生的债务，如租赁合同租金的定期支付、劳动合同中报酬的定期给付等；另一类是同一笔债权分期履行，即某一债务发生后，当事人依照约定的时间分期履行，如借款合同约定债务人分期还款，买卖合同约定买方分期付款等。[④]

其二，此种情形应当就约定期限的最后一期的最后一日开始起算诉讼时效。同时，这里没有限定何种诉讼时效。

这一起算点的规定，首先，符合分期履行之债本质上属于一个债的认识。从债法理论的角度分析：[⑤] “当事人约定同一笔债务分期履行的，其订立合同的目的是对同一笔债务约定分期履行，该债务为一个单一的整体，具有整体性和唯一性。尽管因为对整体债务分别约定了分期履行的期限和数额，使每一期债务具有一定的独立性，但该独立性不足以否定整体性，整体性和唯一性是该债务的根本特征，给付每一期债务请求权的诉讼时效期间从最后一期履行期限届满之日起算是同一笔债务具有唯一性和整体性的根本要求。”

---

① 参见《最高人民法院关于审理民事案件适用诉讼时效制度若干问题的规定》（法释〔2008〕11号）第6条。

② 宋晓明等：《〈关于审理民事案件适用诉讼时效制度若干问题的规定〉的理解与适用》，载《人民司法》2008年第12期。

③ 宋晓明等：《〈关于审理民事案件适用诉讼时效制度若干问题的规定〉的理解与适用》，载《人民司法》2008年第12期。

④ 吴庆宝：《准确起算诉讼时效维护当事人合法权益》，载《法律适用》2008年第11期。

⑤ 宋晓明等：《〈关于审理民事案件适用诉讼时效制度若干问题的规定〉的理解与适用》，载《人民司法》2008年第12期。

其次，这一规定也符合诉讼时效的立法目的。权利人没有在每一期履行期限届满后即主张权利，并非其怠于行使权利，而系其基于对同一债务具有整体性以及不同期债务具有关联性的合理信赖，通常把每一次履行行为看作一个完整的合同关系的一部分，认为其可以从最后一期履行期限届满之日再主张权利。①

最后，这一规定或多或少站在了有利于债权人的角度，应该符合这种分期之债本身属于一种债权人付出信用恩惠的实际，因此有必要给提供信用负担的债权人以特殊对待。当事人之间签订分期给付债务合同的目的，在于使得债务人可以获得履行上的时间缓冲，更好地享受对应交易利益的同时可以有区段地全面履行合同约定的义务，所以尽量维持双方的债权债务关系和信任关系是处理此类履行障碍的前提；同时基于整体利益的考虑，权利人为促进双方的友好合作关系，也往往不愿或者不想在部分债权受到侵害后就立刻主张权利。因此，规定从最后一期履行期限届满之日起算诉讼时效期间，可以更好保护权利人的合理信赖利益，也不违背诉讼时效制度督促权利人行使权利的立法目的。②

其三，《民法典》总则编第189条以最高法律渊源似乎统一了分期履行之债的诉讼时效期间起算点争议。但是本条规定比较简约，实际上债的具体类型五花八门，理解上今后是否应当有具体化必要呢？可以预计会存在争议，值得关注。

在2008年司法解释《最高人民法院关于审理民事案件适用诉讼时效制度若干问题的规定》发布前，在分期履行之债中，诉讼时效起算点曾经因每一期履行的标的物之间是否存在依存关系而不同。例如，对分期还款的借款合同纠纷，最高人民法院于2000年批示认为，在借款、买卖等合同中，当事人约定分期履行合同债务的，诉讼时效期间应当从最后一笔债务履行期届满之次日起开始计算。③而对于因继续性租金债权被拖欠而发生的纠纷，最高人民法院于2004年批复认为：对分期履行合同的每一期债务发生争议的，诉讼时效期间自该期债务履行期届满之日的次日起算。④

---

① 宋晓明等：《〈关于审理民事案件适用诉讼时效制度若干问题的规定〉的理解与适用》，载《人民司法》2008年第12期。

② 宋晓明等：《〈关于审理民事案件适用诉讼时效制度若干问题的规定〉的理解与适用》，载《人民司法》2008年第12期。

③ 张雪楳：《诉讼时效前沿问题审判实务》，中国法制出版社2014年版，第129页。源自《最高人民法院对山东省高级人民法院〈关于借款合同中约定借款分期偿还应如何计算诉讼时效期间的问题的请示〉的答复》（法经〔2000〕244号）。

④ 参见《最高人民法院关于分期履行的合同中诉讼时效应如何计算问题的答复》（法函〔2004〕23号）。

【关联规定】

《最高人民法院关于审理民事案件适用诉讼时效制度若干问题的规定》第5条

（撰稿人：龙卫球　谢地）

第一百九十条　【受监护人对其监护人诉讼时效期间计算的停止】 无民事行为能力人或者限制民事行为能力人对其法定代理人的请求权的诉讼时效期间，自该法定代理终止之日起计算。

【释义】

本条规范的是受监护人（无民事行为能力人或者限制民事行为能力人）对其监护人（法定代理人）的请求权的诉讼时效期间计算发生停止的效果，属于时效停止制度的一种类型。在这种情形下，诉讼时效在某个特定时间之前彻底停止，必须到特定时间到来之时才开始计算。在本条规定中，诉讼时效期间开始计算之日是监护终止（法定代理终止）之日，意在合理保护受监护人。[①] 本条是新增条款，《民法通则》无此规定。本条生效前，最高人民法院关于适用诉讼时效的司法解释已经有所关注，规定无、限制民事行为能力人被法定代理人侵害却又无独立行使法律行为获得救济的能力，属于被义务人或者其他人控制无法主张权利的情形，其诉讼时效自在当事人知道、应知被侵害之日起开始计算，在最后6个月内仍未获得行为能力或通过其他途径获得救济时，中止计算诉讼时效。[②] 当中止事由消除后，被损害的无、限制行为能力人及其新法定代理人仅能获得6个月的诉讼时效期间。由此可见，本条规定既有对现存司法解释的继承，又有发展，引入了其他国家的诉讼时效停止进行制度，其区别于本法的诉讼时效终止制度，不限于最后6个月出现障碍，而是可以在期间内任何时间，而且不是连续计算而是全新计算。

该制度在许多国家如德国、日本等均有规定，针对特殊需要保护的权利人，

---

① 龙卫球：《民法总论》，中国法制出版社2002年版，第635页。

② 参见《最高人民法院关于审理民事案件适用诉讼时效制度若干问题的规定》（法释〔2008〕11号）第20条第3项；《民法通则》第139条。

使得诉讼时效制度期间进行更具人性化。从比较法来看，近亲属（配偶、父母、子女）以及监护人之间发生的请求权，通常都以诉讼时效停止进行或延期届满的方式来处理。[①] 例如，《德国债法现代化法》第210条第1款规定："如无行为能力人或限制行为能力人欠缺法定代理人，则自其成为完全行为能力人或欠缺法定代理人的情况终止后6个月内，不论消灭时效对其有利或不利，消灭时效皆不完成。如消灭时效期间短于6个月，则以消灭时效的期间代替该6个月期间。"[②]

本条规定，理解如下：

其一，限于受监护人对其监护人的请求权。

我国在本条没有像有关国家那样建立更加广泛的诉讼时效停止制度，而是只确立了因监护关系存续期间时效停止的一种类型，甚至连类似的夫妻关系期间是否应当停止都没有考虑。所以，可以也算是一种立法不系统、不彻底的规则体现，将来可以作为相关法律漏洞的判断和填补依据。此外，本法条使用了"民事行为能力人或限制民事行为能力"对"法定代理人"的用词，而不是"受监护人"对"监护人"的表述，不够精准。

各国都对监护关系期间的受监护人对监护人的请求权予以时效停止的保护，由于监护人与被监护人基于彼此关系的不对等性和对外的遮蔽性，前者对后者存在加害时，后者往往难以正常行使权利，包括进行诉讼时效期间的合理把握。所以，这种情形应当导致诉讼时效期间计算上的例外安排，最好是完全停止进行，以有效维护受监护人的利益。

其二，这种受监护人对监护人的请求权可以基于两种情况产生。

一是监护人对于本身违反监护职责产生的特殊监护责任。监护人应当按照最有利于被监护人的原则履行监护职责，保护被监护人的人身、财产权利及其他合法权益[③]，不履行监护职责或者侵害被监护人合法权益的应当承担责任。[④] 二是监护人对被监护人的加害，重点是侵权加害。监护人本身可能对被监护人实施侵犯身体健康、财产所有权的行为，被监护人可以依据本法与《侵权责任法》等法律赋予的请求权向监护人请求承担民事责任。

其三，诉讼时效期间计算发生停止的效果。具体来说是直到监护终止之日（法条表述为"法定代理终止之日"）才完全开始从头计算，即所谓"自法定代

---

① 例如，《法国民法典》第2236条、《瑞士债法典》第134条、《日本民法典》第159条及之二以及《欧洲示范民法典草案》第Ⅲ－7：305条第二款均有类似规定。参见朱晓喆：《关于〈民法总则（草案）〉诉讼时效制度的批评意见》，载《交大法学》2016年第4期。

② 冯恺：《诉讼时效的不完成》，载《法学杂志》2005年第1期。

③ 参见《民法典》总则编第35条。

④ 参见《民法典》总则编第34条。

理终止之日起算”。[①]

但既有司法解释认为，如果原法定代理人侵害无、限制行为能力人的事实发生在法定代理关系存续期间，无、限制行为能力人行使相应请求权的诉讼时效期间依本规定自代理关系终结之日起算；但是，如果原法定代理人的侵害行为发生在法定代理关系建立之前，那么仍应适用《民法典》总则编与《最高人民法院关于审理民事案件适用诉讼时效制度若干问题的规定》有关诉讼时效中止的规定。[②]

（撰稿人：龙卫球　谢地）

第一百九十一条　【未成年性侵受害人请求损害赔偿的诉讼时效起算点】未成年人遭受性侵害的损害赔偿请求权的诉讼时效期间，自受害人年满十八周岁之日起计算。

【释义】

本条规范的是另一种诉讼时效期间计算停止的情形，即未成年人受性侵害，直到受害人年满十八周岁起计算。这是对遭受性侵害的未成年人的一种特殊的诉讼时效利益保护，通过成年之前停止计算的办法予以照顾。《民法通则》的诉讼时效制度比较粗略，自然没有规定。因此，本条属于新添条款。在《民法典》总则编的立法过程中，本条成为宣传的一个热点也被认为是亮点，体现了诉讼时效制度人性化细化的一面。有观点认为，该制度在我国的现实理由是，受“家丑不可外扬”的传统观念影响，不少遭受性侵的未成年人及其监护人常不愿、不敢公开寻求法律保护；或遭受性侵时，未成年人年龄尚小，不具备识别判断性侵行为的能力；当成年后往往距性侵行为发生时已经超过诉讼时效。[③]

在比较法上，这一诉讼时效停止制度其实非常普及，如《德国民法典》在第208条就明确规定，因侵犯性自决权而产生的请求权，其诉讼时效应当停止计算。在民法典总则编征求意见的过程中，梁慧星教授就认为我国应增设未成年人受性侵害请求权诉讼时效特别规则，而目前可供参考的大陆法系各国民法中利用诉讼时效制度保护未成年人权利的制度主要有三类：[④] 第一类，为受性侵害的损害赔

---

① 冯恺：《诉讼时效的不完成》，载《法学杂志》2005年第1期。

② 参见《民法典》总则编第194条第4项；《最高人民法院关于审理民事案件适用诉讼时效制度若干问题的规定》（法释〔2008〕11号）第20条第3项。

③ 张维炜：《让民法总则更具人文关怀》，载《中国人大》2016年第22期。

④ 梁慧星：《中国民法总则的制定》，载《北方法学》2017年第1期。

偿请求权规定足够长的时效期间，保障其成年之后能够寻求法律保护，如《法国民法典》第2226条第2款规定："对未成年人实施拷打或野蛮行为、暴力或性侵犯造成损害的，诉讼时效期间为20年。"第二类，将受性侵害未成年人损害赔偿请求权诉讼时效与性侵害犯罪行为的追诉时效相联系，规定于性侵害犯罪行为追诉时效届满之前诉讼时效亦不届满，以保障受害人可以行使损害赔偿请求权，如《荷兰新民法典》第3：310条第4款规定："对不满18周岁的女性的性侵害犯罪行为，损害赔偿的诉讼时效在犯罪的追诉时效届满前不届满。"第三类，规定受性侵害未成年人的损害赔偿请求权诉讼时效期间，于受害人成年且能够行使诉权之前不开始计算，如《德国民法典》第208条规定："基于性的自主决定受侵害的请求权，于受害人满21周岁前，时效不开始进行。时效开始时受害人与加害人处在家庭共同生活关系中的，于共同生活关系解除前，诉讼时效不开始进行。"

本条规定，应当理解如下：

其一，未成年人受性侵害的，其损害赔偿请求权自成年之日起开始起算。

首先，本条规定没有将受性侵害的未成年人局限于女性，所以应该也包括男性。

其次，本条规定此项诉讼时效期间停止规定适用于基于受性侵害产生的损害赔偿请求权。

性侵未成年人的实施者一般为《刑法》规定的强奸罪、猥亵妇女儿童罪的犯罪分子与猥亵妇女儿童的治安违法人员①，但从侵权责任的角度看，也属于侵权行为，性侵受害人成年后可以《侵权责任法》第16条为基础向性侵行为实施人请求民事赔偿。受害人成年后还可向对性侵害的发生、处置负有过错责任的当事人，如学校和其主管部门、开办单位以及校长、教师、教工、宿管等人员②提起人身损害赔偿诉讼。成年后的受害人及其诉讼代理人请求人身损害赔偿与精神损害赔偿，须在起诉书中同时提出，单独提出精神损害赔偿人民法院不予受理。③ 被害时已满16周岁并拥有劳动收入的未成年人，可向性侵实施人请求赔偿误工费用。④

最后，本条规定了自当事人成年，即年满十八周岁之日起开始计算诉讼时效

---

① 强奸罪，参见《刑法》第236条，强制猥亵、侮辱罪、猥亵儿童罪，参见《刑法》第237条，对猥亵他人的治安处罚，参见《治安管理处罚法》第44条。

② 关于学校及其教职工对未成年学生看护、保护的责任，参见《未成年人保护法》第三章与《教育部、公安部、共青团中央、全国妇联关于做好预防少年儿童遭受性侵工作的意见》（教基一〔2013〕8号）。

③ 参见《最高人民法院关于适用〈中华人民共和国刑事诉讼法〉的解释》（法释〔2012〕21号）第138条。

④ 参见《侵权责任法》第16条。

期间。

其二，应当注意，本条没有区分这种损害赔偿请求权是针对监护人还是外人，也没有区分未成年人是精神健全者还是精神残障者。这就导致一个疑问，上述情况是否都一体适用自受害人成年开始计算的标准。

实践中，许多未成年人受到性侵害可能来自家庭内部或者直接就来自监护人，这是一种情形；还有许多受性侵害的未成年人是智障者，即使成年也可能面临不知道受害的情况。所以，从这个意义上说，本条规定还是过于简单，所以应该结合本规定的目的以及和其他相关法条的体系关联进行解释，来处理有关漏洞。如果来自监护人的加害或者失职导致受性侵害，那么未成年人针对监护人的损害赔偿请求权应该援引第191条进行处理，即自法定代理终止之日，这种情况不受年满十八周岁的限制；如果是来自外部的加害，未成年人是精神健全者，其对于加害人的损害赔偿请求权，则适用本条，如果未成年人是精神智障者，那么应该基于第191条和第192条规定，得基于实际情况选择最有利于其境遇的法律依据。监护委托的受托人，应被视为处于相当于监护人的地位，根据最高人民法院的司法解释：教育机构在职责范围内，对遭受人身损害的未成年人承担过错责任，对第三人实施的侵害行为承担补充赔偿责任。[①] 此外，如果性侵实施者身份未知，在受害人成年后尤其是21周岁以后才被查明，那么诉讼时效的起算点应该自性侵实施者身份确认之日起算。

其三，受害人成年之前，可能已经由其法定代理人作为诉讼代理人在刑事附带民事诉讼和单独民事诉讼中向性侵实施人、责任人请求过人身损害赔偿并经法院出具判决书、调解书。

此种情况如何处理？正确的理解应该是，成年后的受害人纵使在诉讼时效之内，一般也不能再就同一事实重复起诉性侵实施人、责任人要求赔偿人身损害。[②]

（撰稿人：龙卫球　谢地）

第一百九十二条　【时效届满的效果与时效利益的放弃】 诉讼时效期间届满的，义务人可以提出不履行义务的抗辩。

诉讼时效期间届满后，义务人同意履行的，不得以诉讼时效期间届满为由抗辩；义务人已经自愿履行的，不得请求返还。

---

① 参见《最高人民法院关于审理人身损害赔偿案件适用法律若干问题的解释》（法释〔2003〕20号）第7条。

② 参见《最高人民法院关于适用〈中华人民共和国民事诉讼法〉的解释》（法释〔2015〕5号）第247条。

【释义】

本条规范的是时效届满的效果以及时效利益放弃的效果。《民法通则》相关规定没有明确时效届满的效果，而是模糊使用“请求人民法院保护”的表述，导致不少关于该效果性质的争议，如抗辩权说、请求权消灭说、法院司法保护说等。《民法通则》中没有规定时效抗辩权，但规定民事义务人可以自愿放弃时效利益。[①] 2008年最高人民法院在司法解释《最高人民法院关于审理民事案件适用诉讼时效制度若干问题的规定》中认为保证人与主债务人均享有因主债务诉讼时效届满而产生的时效抗辩权。[②] 在民事诉讼程序中当事人应注意及时行使时效抗辩权：诉讼时效抗辩权可以在一审程序中无条件行使；在二审程序中当事人需要提交新证据[③]支持方可行使时效抗辩权，否则人民法院不予支持；再审程序中当事人不得行使时效抗辩权。[④] 在诉讼中遇到有关时效利益的问题时，法官不可以主动适用诉讼时效，向一方当事人释明其享有时效抗辩权。[⑤] 本条吸取学理、司法和比较法经验进行了明确，第1款规定时效届满的一般效力，第2款规定时效利益放弃的后果等。

其中，本条明确的诉讼时效届满的一般法律效果是[⑥]：诉讼时效届满使义务人取得拒绝履行的抗辩权，义务人有权援用诉讼时效，拒绝履行义务。请求权人仍然可以起诉，如果义务人主张时效抗辩，其起诉不予保护。如果义务人不主张时效抗辩，则请求权人仍然可以胜诉。例如，《德国债法现代化法》第214条规定：“消灭时效完成后，债务人有权拒绝给付；为满足已罹时效之请求权所为的给付，不得请求返还，纵使是在不知时效的情况下给付的，也不例外；对于依合同作出的认诺以及对于债务人提供的担保，适用相同规定。”[⑦]

本条规定，理解如下：

其一，本条第1款明确了诉讼时效届满的效果，即请求权被对抗，具体而言是义务人产生抗辩权。

---

① 《民法通则》第138条，超过诉讼时效期间，当事人自愿履行的，不受诉讼时效限制。

② 参见《最高人民法院关于审理民事案件适用诉讼时效制度若干问题的规定》（法释〔2008〕11号）第21条第1款。

③ 参见《最高人民法院关于民事诉讼证据的若干规定》（法释〔2001〕33号）第41条第2项。

④ 参见《最高人民法院关于审理民事案件适用诉讼时效制度若干问题的规定》（法释〔2008〕11号）第4条。

⑤ 参见《民法典》总则编第193条。

⑥ 龙卫球：《民法总论》，中国法制出版社2002年版，第626~627页。

⑦ 杜景林、卢谌译：《德国民法典》，中国政法大学出版社2014年，第44页。

由此可见，本条采取了义务人仅仅取得抗辩权之说，这种效果是请求权的效力被阻却而已，而不是实体发生消灭，义务人只是可以提出不履行义务的抗辩，以此来对抗对方的请求权效力而已。

其二，本条第 2 款规定了诉讼时效利益放弃的效果，就是这种放弃有效，而不得再主张时效利益。这与《民法通则》第 138 条表述不同但法律效果相同。

由于请求权相对人取得的是一种抗辩权，从这种属于权利的性质来说当然可以放弃，这种放弃的表示应当是一种单方的明确的意思表示。由于是单方行为，所以一旦放弃就不得反悔。[①] 义务人自愿放弃的方式可以多种多样，例如保证人为已经届满诉讼时效的债务承担保证责任，也应视为对债权人与主债务人同时放弃时效利益，而不得请求债权人返还也不得向主债务人追偿。[②] 但应注意，《民法典》总则编第 192 条所述为“自愿履行义务”。如果合法债务关系中债务人放弃时效抗辩权的原因系债权人实施暴力、胁迫[③]、非法拘禁、乘人之危[④]或其他刑事犯罪与治安违法行为强迫的结果时，其实际履行或履行债务意思表示并非其真实意愿的体现，不应视为“自愿履行义务”。被强迫履行的义务人可以依据《民法典》总则编第 151 条、第 152 条、第 154 条向请求人民法院或者仲裁机构予以撤销，并请求债权人返还已经交付的财产与支付的钱款[⑤]。

但是，在诉讼时效开始计算或届满前，当事人预先承诺表示放弃时效抗辩权的意思表示无效。[⑥] 因为这种情况还没有产生抗辩权，所以不属于具体的权利放弃，相反是对诉讼时效作为强制性规定的预先规避，故而无效。

其三，本条第 2 款还延伸规定义务人自愿履行的效果，就是不得再主张返还。

义务人也可以通过实际自愿履行的方式放弃自己的时效利益，这种情况下同样不可反悔。其内在的理由除了放弃有效之外，就是时效届满的效力仅仅是产生了对抗请求权的效力的一个逻辑方面。请求权既然本体还在延续，所以就还具有其他效力，一旦义务人自愿履行，请求权人就得受领和保有之，而义务人也就无法再以时效届满为由主张返还。

---

① 参见《最高人民法院关于审理民事案件适用诉讼时效制度若干问题的规定》（法释〔2008〕11 号）第 22 条。

② 参见《最高人民法院关于审理民事案件适用诉讼时效制度若干问题的规定》（法释〔2008〕11 号）第 21 条第 2 款。

③ 参见《民通意见》（法办发〔1988〕6 号）第 69 条。

④ 参见《民通意见》（法办发〔1988〕6 号）第 70 条。

⑤ 参见《民法典》总则编第 157 条。

⑥ 参见《民法典》总则编第 197 条。

【关联规定】

《民法通则》第 138 条,《最高人民法院关于贯彻执行〈中华人民共和国民法通则〉若干问题的意见(试行)》第 171 条,《最高人民法院关于审理民事案件适用诉讼时效制度若干问题的规定》第 22 条

(撰稿人:龙卫球　谢地)

第一百九十三条　【法院不得主动适用诉讼时效】人民法院不得主动适用诉讼时效的规定。

【释义】

本条规范的是法院不得主动适用诉讼时效的问题。这是由诉讼时效届满效果属于"仅仅产生抗辩权"而不是产生其他当然效果所推定而出的,由于时效届满仅仅产生义务人的抗辩权,所以人民法院从中立客观的角度来说,在审理案件时不应越俎代庖,主动提出或适用抗辩权。本条属于新添规定,《民法通则》没有明确规定,2008 年《最高人民法院关于审理民事案件适用诉讼时效制度若干问题的规定》第 3 条规定:"当事人未提出诉讼时效抗辩,人民法院不应对诉讼时效问题进行释明及主动适用诉讼时效的规定进行裁判。"虽然最高人民法院要求各级人民法院在立案、审判等程序环节①以诉讼风险提示书等其他形式告知诉讼当事人诉讼时效制度的存在及法律后果。② 但是这种诉讼风险提示是带有普法性质的法律知识告知,审判程序中了解了案件事实的审判员既不可主动告知一方其具有时效抗辩权,也不可在一方当事人没有提出时效抗辩的情形下主动驳回另一方诉讼时效期间届满的诉讼请求。应注意,在裁判作出前开展调解工作的审判员可在单独约见一方当事人时③向其释明超诉讼时效期间的法律风险,但不可将当事人在调解过程中所作的不利于其时效利益的陈述在庭审时作为对其不利的证据主

---

① 参见《最高人民法院关于印发〈关于落实 23 项司法为民具体措施的指导意见〉的通知》(法发〔2003〕20 号)第 10 条。

② 参见《最高人民法院关于印发〈人民法院民事诉讼风险提示书〉的通知》(法发〔2003〕25 号)第 4 条。

③ 参见《最高人民法院关于人民法院民事调解工作若干问题的规定》(法释〔2004〕12 号)第 7 条。

动适用[①]。《民法典》总则编在本条予以清晰化的简约规定，有利于减少实践分歧。

本条规定，应当作以下理解：

其一，人民法院或法官本身不得主动适用诉讼时效。

这里，着重强调人民法院或法官应当正确认识时效届满利益的性质，是一种属于义务人的抗辩权，所以这种时效届满后的效力本身是不确定的，系于义务人是否行使权利。从尊重权利的角度，也从人民法院自身地位的角度，应该禁止人民法院或法官代行当事人的权利。

其二，这种不得主动适用，除了不得直接地主动援引时效届满的抗辩权之外，还包括许多变相的做法。具有争议的是，关于诉讼时效问题可否由法官向当事人释明，这种所谓释名包括提醒，也包括详细地告知。

主流观点认为：因诉讼时效期间届满而产生的时效抗辩权是一方当事人的一种利益，在法律规定的范围内应允许当事人自由处分，这种处分既没有违反法律的规定，也没有侵犯国家、集体及他人的合法权益，人民法院不应主动干预，否则就破坏了私法自治原则。[②] 这也是比较法的做法。例如，在《德国民事诉讼法》并没有明确法官对诉讼时效抗辩有释明义务，法官通常情况下并不实施这样的指导；在《日本民事诉讼法》也没有规定法官负有该项义务，法官对诉讼时效的释明长期以来持消极态度，不进行释明被认为是一种"实务中形成的明智之举"。[③] 但是，我国也有观点认为，《最高人民法院关于审理民事案件适用诉讼时效制度若干问题的规定》第3条只是笼统地规定了禁止人民法院对诉讼时效进行释明。依据释明权原理，法律只应禁止法院对诉讼时效的积极释明，而人民法院可以对当事人消极释明诉讼时效问题。[④]

民法典总则编制定过程，专家们的立法建议[⑤]一致要求，人民法院不得"主动"适用诉讼时效的规定，要求从法庭行为的实施方式上排除了"消极释明"诉讼时效问题的可能。这种意见认为，消极释明也是一种干预。因为，消极释明是指当事人提出的诉讼请求或主张与案件事实不符或当事人没有提出适当的诉讼请

---

① 参见《最高人民法院关于适用〈中华人民共和国民事诉讼法〉的解释》（法释〔2015〕5号）第107条。

② 汪渊智：《我国民法诉讼时效制度之构想》，载《法学研究》2003年第3期。

③ 熊跃敏：《民事诉讼中法院释明的实证分析》，载《中国法学》2010年第5期。

④ 杨巍：《民法时效制度的理论反思与案例研究》，北京大学出版社2015年版，第245～246页。

⑤ 梁慧星版《中国民法典建议稿》第202条规定："时效必须由其受益人或者受益人的代理人通过诉讼或者仲裁主张，才能适用。"参见中国社会科学网，http：//www.cssn.cn/fx/fx_ttxw/201504/t20150424_1600823.shtml。北航法学院课题组（龙卫球主持）："北航建议稿"第201条，除非当事人援用，法院和仲裁机构不应对诉讼时效问题进行释明及主动适用，http：//longweqiu.fyfz.cn/b/872378。

求和主张时，法院要求当事人修改或补充的释明。[①] 由此可见，消极释明仍是以法官在庭审过程中的主动询问当事人来实现的，而非被动地等待当事人提出自己的观点、主张自己的权利。

【关联规定】

《最高人民法院关于审理民事案件适用诉讼时效制度若干问题的规定》第 3 条

（撰稿人：龙卫球　谢地）

第一百九十四条　【诉讼时效的中止】 在诉讼时效期间的最后六个月内，因下列障碍，不能行使请求权的，诉讼时效中止：

（一）不可抗力；

（二）无民事行为能力人或者限制民事行为能力人没有法定代理人，或者法定代理人死亡、丧失民事行为能力、丧失代理权；

（三）继承开始后未确定继承人或者遗产管理人；

（四）权利人被义务人或者其他人控制；

（五）其他导致权利人不能行使请求权的障碍。

自中止时效的原因消除之日起满六个月，诉讼时效期间届满。

【释义】

本条规范的是诉讼时效的中止制度。诉讼时效中止，指时效进行期间的最后六个月内因特定事由发生，诉讼时效在特定期间停止进行，之后等特定事由消除继续计算六个月。[②] 之所以设置诉讼时效的中止情形，是因为诉讼时效在于使怠于行使权利的当事人承担诉讼时效期间届满的不利后果，但如果当事人并非怠于行使权利而是因为客观障碍不能行使，自然不能使其承担不利后果。[③] 本条规定以《民

① ［日］松本博之、上野泰男：《民事诉讼法》，弘文堂 2008 年版，第 117 页。

② 龙卫球：《民法总论》，中国法制出版社 2002 年版，第 634 页。

③ 柳经纬：《关于时效制度的若干理论问题》，载《比较法研究》2004 年第 5 期。

法通则》第 139 条为基本内容[①]，吸收重整了最高人民法院关于适用《民法通则》[②] 与诉讼时效制度司法解释[③]的若干规定，进一步明确了诉讼时效中止存在 5 种法定障碍类型。

本条规定，应当理解如下：

其一，诉讼时效中止的法定原因发生，并且出现在时效期间进行的最后六个月内。

本条规定了以下 5 种中止事由：

第一种为不可抗力。是指不能预见、不能避免并不能克服的客观情况。[④] 任何权利人之故意或过失均排除了不可抗力的适用，不可抗力的认定应依社会一般观念决定，但如果其原因是人为所致，不属于不可抗力的范围。[⑤] 不可抗力的原因事实一般有战争、天灾等权利人无法自主决定的情形。近年来人民法院承认的中止诉讼时效的不可抗力原因事实有：(1) 权利人因抗震救灾、灾后重建而不能参加诉讼活动[⑥]；(2) 灾区人民法院或政府机关尚未恢复职能；(3) 灾区法人或其他组织尚未恢复正常经营；(4) 被宣告失踪、死亡当事人的重现及财产代管人与继承人尚未确定的情形。[⑦]

第二种为法定代理人缺失。无民事行为能力人不能实施民事法律行为，限制民事行为能力人不能实施与其年龄、智力、精神健康状况不符合的民事法律行为。[⑧] 因此，没有法定代理人是一种无、限制民事行为能力人无法行使民事权利

---

① 《民法通则》第 139 条规定，在诉讼时效期间的最后六个月内，因不可抗力或者其他障碍不能行使请求权的，诉讼时效中止。从中止时效的原因消除之日起，诉讼时效期间继续计算。

② 参见《民通意见》(法办发〔1988〕6 号) 第 169 条、第 172 条。

③ 参见《最高人民法院关于审理民事案件适用诉讼时效制度若干问题的规定》(法释〔2008〕11 号) 第 20 条。

④ 参见《民法典》总则编第 180 条。

⑤ 黄立:《民法总则》，中国政法大学出版社 2002 年版，第 489 页。

⑥ 《最高人民法院关于依法做好抗震救灾恢复重建期间民事审判和执行工作的通知》(法〔2008〕164 号) 第 4 条规定，当事人因四川汶川特大地震不可抗力不能及时主张权利的，依照民法通则的规定诉讼时效中止，从中止时效的原因消除之日起，诉讼时效期间继续计算。人民法院对当事人因抗震救灾、灾后重建而不能参加诉讼活动的，要依法延期或中止审理；延期或中止的原因消除后，及时恢复审理。《最高人民法院关于依法做好抗震救灾和恢复重建期间审判工作切实维护灾区社会稳定的通知》(法〔2010〕178 号) 第 7 条，当事人因青海玉树特大地震不可抗力不能及时主张权利的，依照民法通则的规定诉讼时效中止，从中止时效的原因消除之日起，诉讼时效期间继续计算。人民法院对当事人因抗震救灾、灾后重建而不能参加诉讼活动的，要依法延期或中止审理；延期或中止的原因消除后，及时恢复审理。

⑦ 《最高人民法院印发〈关于处理涉及汶川地震相关案件适用法律问题的意见（一）〉的通知》(法发〔2008〕21 号) 第 7 条第 2 款，人民法院在确定时可以考虑以下因素：1. 人民法院恢复正常工作的情况；2. 当地恢复重建进展的情况；3. 失踪当事人重新出现、财产代管人经依法确定、被有关部门确定死亡或被人民法院宣告死亡明确继承人的情况；4. 作为法人或其他组织的当事人恢复经营能力或者已经确立权利义务承受人的情况。

⑧ 参见《民法典》总则编第 144 条、第 145 条。

的客观障碍，中止计算诉讼时效。

第三种为继承人、遗产管理人缺失。被继承人生理死亡或被宣告死亡时[①]，继承人既分配被继承人的遗产，也获得被继承人对第三人享有的债权。[②] 继承人身份不确定时，由遗产管理人代为行使权利。两者皆不确定时，被继承人享有的请求权在其诉讼时效期间剩余6个月时中止计算，直到产生了可以行使权利的继承人或遗产管理人。

第四种为当事人不能实施法律行为。民事法律行为是指民事主体通过意思表示设立、变更、终止民事权利义务关系的行为。[③] 权利人或义务人在诉讼时效期间内被他人控制，以至不能作出符合真实意愿的意思表示时，自然无法行使民事法律行为来中断诉讼时效。

第五种为开放性规定，授予法院根据客观情况运用自由裁量权确定是否发生中止事由。鉴于现实生活的复杂性与不可预测性，当法院认为权利人因为不以自己主观意志为转移的且自己尽合理的努力仍无法控制的“客观的障碍”[④]“客观情形”[⑤] 而无法行使请求权时，可以适用诉讼时效期间中止。但是权利人需要提供证据证明“客观障碍”的存在及其确实足以妨碍权利人在诉讼时效期间内行使权利[⑥]，审判人员不应主动适用[⑦]。

从比较法的角度来看，在德国并没有限于特定事由发生在最后6个月内的要求，此外民法关于时效停止进行的规定情形有：因其给付或债务人因其他原因暂时享有抗辩权，审判休止或权利实现收到不可抗力的妨害，存在特定的亲属法方面的事由（如家庭安宁）等。[⑧]

其二，诉讼时效中止事实消失后，权利人可以享有完整6个月的诉讼时效期间。

过去《民法通则》的规定是“从中止时效的原因消除之日起，诉讼时效期间继续计算”，也就是说按照剩余时间继续计算。法定中止事由发生后，方可停止

① 参见《最高人民法院关于贯彻执行〈中华人民共和国继承法〉若干问题的意见》（法民发〔1985〕22号）第1条。

② 参见《最高人民法院关于贯彻执行〈中华人民共和国继承法〉若干问题的意见》（法民发〔1985〕22号）第3条，公民可继承的其他合法财产包括有价证券和履行标的为财物的债权等。

③ 参见《民法典》总则编第133条。

④ 参见《民通意见》（法办发〔1988〕6号）第169条。

⑤ 参见《最高人民法院关于审理民事案件适用诉讼时效制度若干问题的规定》（法释〔2008〕11号）第20条第4项。

⑥ 参见《最高人民法院关于适用〈中华人民共和国民事诉讼法〉的解释》（法释〔2015〕5号）第91条。

⑦ 参见《民法典》总则编第193条。

⑧ ［德］梅迪库斯：《德国民法总论》，邵建东译，中国政法大学出版社2001年版，第100页。

时效期间的进行；在中止事由消灭后，时效期间继续进行，与已经过的期间合并计算。

但是，本条作出了重要变化，更加有利于权利人，即权利人排除妨碍权力行使的障碍后，依据本法将一律享有 6 个月的时间。

【关联规定】

《民法通则》第 139 条，《最高人民法院关于贯彻执行〈中华人民共和国民法通则〉若干问题的意见（试行）》第 172 条，《最高人民法院关于审理民事案件适用诉讼时效制度若干问题的规定》第 20 条

（撰稿人：谢地）

第一百九十五条　【诉讼时效的中断】 有下列情形之一的，诉讼时效中断，从中断、有关程序终结时起，诉讼时效期间重新计算：

（一）权利人向义务人提出履行请求；

（二）义务人同意履行义务；

（三）权利人提起诉讼或者申请仲裁；

（四）与提起诉讼或者申请仲裁具有同等效力的其他情形。

【释义】

本条规范的是诉讼时效期的中断情形。时效中断，是指特定事由发生导致迄今为止已过去的时效期间统统不算，待中断事由结束后时效期间重新计算的一种有利于债权人的时效进程障碍，是对债权人最为有利的情形。[①]《民法通则》时就规定了诉讼时效中断制度，承认诉讼时效期间因起诉、请求、承认三种情形中断。[②] 实践中司法解释和有关批复对于这些情形进行了更加明确的处理。本次《民法典》总则编立法继承和吸收了《民法通则》和有关司法解释的成果，就中断事由进行了完善规定，除对过去的请求、承认和起诉加以承认外，对它们还进行了界定，特别是将起诉界定为“提起诉讼或者申请仲裁”以及与之具有同等效力的其他情形。

---

① ［德］梅迪库斯：《德国民法总论》，邵建东译，中国政法大学出版社 2001 年版，第 99 页。

② 龙卫球：《民法总论》，中国法制出版社 2002 年版，第 630 页。

本条规定，理解如下：

其一，诉讼时效期间发生了特定中断事由，包括请求、承认和起诉。

首先是请求作为中断事由。本条在第一项专门界定说“权利人向义务人提出履行请求”，是谓此项“请求”。这是指一种权利人于诉讼外作出行使权利的意思表示。新颁布的《民法典》总则编第195条保留了《民法通则》第140条的规定，将行使请求权的法律行为视为诉讼时效的中断情形。[①] 日本民法、瑞士民法和我国台湾地区民法均承认这一中断事由。[②] 权利人在诉讼时效期间内行使请求权可中断诉讼时效，不存在一次用尽的问题；除债务人外，权利人请求债务保证人、债务人的代理人或者财产代管人履行义务也中断诉讼时效期间[③]；权利人对主债权中的部分债权主张权利，诉讼时效中断的效力及于剩余债权[④]。

权利人通过不同形式的法律行为行使请求权，但相对人不予回应时，诉讼时效是否中断的问题，《民法典》总则编及其他司法解释无明确规定。我国台湾地区民法要求权利人在行使请求权后6个月内起诉，否则视为不中断。[⑤] 目前，最高人民法院规定了4种中断计算诉讼时效期间的意思表示行为类型：[⑥]（1）当事人一方直接向对方当事人送交主张权利文书，对方当事人在文书上签字、盖章或者虽未签字、盖章但能够以其他方式证明该文书到达对方当事人的，如催收通知单[⑦]；（2）当事人一方以发送信件或者数据电文方式主张权利，信件或者数据电文到达或者应当到达对方当事人的，如核对本息询证函[⑧]；（3）当事人一方为金融机构，依照法律规定或者当事人约定从对方当事人账户中扣收欠款本息的；（4）当事人一方下落不明，对方当事人在国家级或者下落不明的当事人一方住所

① 《民法通则》第140条，诉讼时效因提起诉讼、当事人一方提出要求或者同意履行义务而中断。从中断时起，诉讼时效期间重新计算。

② 龙卫球：《民法总论》，中国法制出版社2002年版，第632页。

③ 参见《民通意见》第173条。

④ 参见《最高人民法院关于审理民事案件适用诉讼时效制度若干问题的规定》（法释〔2008〕11号）第11条。

⑤ 龙卫球：《民法总论》，中国法制出版社2002年版，第632页。

⑥ 参见《最高人民法院关于审理民事案件适用诉讼时效制度若干问题的规定》（法释〔2008〕11号）第10条。

⑦ 《最高人民法院关于超过诉讼时效期间借款人在催款通知单上签字或者盖章的法律效力问题的批复》（法释〔1999〕7号）：“信用社向借款人发出催收到期贷款通知单，债务人在该通知单上签字或者盖章的，应当视为对原债务的重新确认，该债权债务关系应受法律保护。”

⑧ 《最高人民法院关于超过诉讼时效期间后债务人向债权人发出确认债务的询证函的行为是否构成新的债务的请示的答复》（〔2003〕民二他字第59号）：“……重庆嘉陵企业公司华西国际贸易公司于诉讼时效期间届满后主动向中国农业银行重庆市渝中区支行发出询证函核对贷款本息的行为，与本院法释〔1999〕7号《关于超过诉讼时效期间借款人在催款通知单上签字或盖章的法律效力问题的批复》所规定的超过诉讼时效期间后借款人在信用社发出的催款通知单上签字或盖章的行为类似……”

地的省级有影响的媒体上刊登具有主张权利内容的公告的①，如催收公告②。债权人通过上述形式行使权利，纵使相对人没有回应或作出带有承认请求权性质的意思表示，也会发生中断诉讼时效的。

其次是承认也会中断诉讼时效。根据《民法典》总则编第 195 条第 2 项界定，“义务人同意履行义务的行为”，便是此谓“承认”。可见，承认是指义务人向请求权人表示，认同其请求权存在，属于准法律行为中的观念通知，并且仅以债权人单方行为而成立。③ 例如，债务人向债权人作出分期履行、部分履行、提供担保、请求延期履行、制定清偿债务计划等承诺或者行为。④ 德国联邦最高法院对“承认”解释为：债务人的行为必须使债权人产生了信任，相信债务人不会主张诉讼时效。⑤

最后是起诉可以作为诉讼时效中断的第三种事由。按照《民法典》总则编第 195 条第 3 项、第 4 项的规定，此项起诉应当广义解释，既包括第 3 项的“权利人提起诉讼或者申请仲裁的”情形，也包括第 4 项的“与提起诉讼或者申请仲裁具有同等效力的其他情形”，明确了权利人起诉与其他各种启动法律程序的机制，均可以中断诉讼时效，并将法律程序终结之日作为恢复计算诉讼时效的期日，而之前《民法通则》第 140 条未作此规定。

根据最高人民法院在《关于审理民事案件适用诉讼时效制度若干问题的规定》中的解释，除民事诉讼与仲裁外，权利人申请人民调解⑥、向人民法院口头

---

① 《最高人民法院关于审理民事案件适用诉讼时效制度若干问题的规定》（法释〔2008〕11 号）第 10 条还规定，“……对方当事人为法人或者其他组织的，签收人可以是其法定代表人、主要负责人、负责收发信件的部门或者被授权主体；对方当事人为自然人的，签收人可以是自然人本人、同住的具有完全行为能力的亲属或者被授权主体”。

② 《最高人民法院对〈关于贯彻执行最高人民法院“十二条”司法解释有关问题的函〉的答复法》（法函〔2002〕3 号）：“……金融资产管理公司对已承接的债权，可以在上述报纸上以发布催收公告的方式取得诉讼时效中断（主张权利）的证据……”

③ 龙卫球：《民法总论》，中国法制出版社 2002 年版，第 632 页。

④ 参见《最高人民法院关于审理民事案件适用诉讼时效制度若干问题的规定》（法释〔2008〕11 号）第 16 条。

⑤ ［德］梅迪库斯：《德国民法总论》，邵建东译，中国政法大学出版社 2001 年版，第 99 页。

⑥ 参见《最高人民法院关于审理民事案件适用诉讼时效制度若干问题的规定》（法释〔2008〕11 号）第 14 条。

起诉或递交诉状[①]以及申请支付令等7种民事程序法律行为[②]的实施之日也可中断诉讼时效。如果权利人没有选择民事法律程序，而是在向公安机关、人民检察院报案或者向人民法院提起的刑事自诉中提出了保护民事权利的请求时，最高人民法院认为报案或者控告之日为诉讼时效中断之日，而上述机关决定不立案、撤销案件、不起诉时则从权利人知道或者应当知道不立案、撤销案件、不起诉之日起重新计算；如果刑事案件进入审理阶段，诉讼时效期间则从刑事裁判文书生效之日起重新计算。[③]

其二，诉讼时效中断或者有关程序终结时起，诉讼时效期间重新计算。

应注意这里是重新计算，意指以前经过的时效期间统统不算，一切从头开始计算。

【关联规定】

《民法通则》第140条，《最高人民法院关于贯彻执行〈中华人民共和国民法通则〉若干问题的意见（试行）》第173条、第174条，《最高人民法院关于审理民事案件适用诉讼时效制度若干问题的规定》第10条第1款、第13条至第16条

（撰稿人：谢地）

第一百九十六条　【不适用诉讼时效的请求权类型】 下列请求权不适用诉讼时效的规定：

（一）请求停止侵害、排除妨碍、消除危险；

（二）不动产物权和登记的动产物权的权利人请求返还财产；

（三）请求支付抚养费、赡养费或者扶养费；

（四）依法不适用诉讼时效的其他请求权。

---

① 参见《最高人民法院关于审理民事案件适用诉讼时效制度若干问题的规定》（法释〔2008〕11号）第12条。

② 《最高人民法院关于审理民事案件适用诉讼时效制度若干问题的规定》（法释〔2008〕11号）第13条规定，下列事项之一，人民法院应当认定与提起诉讼具有同等诉讼时效中断的效力：（一）申请仲裁；（二）申请支付令；（三）申请破产、申报破产债权；（四）为主张权利而申请宣告义务人失踪或死亡；（五）申请诉前财产保全、诉前临时禁令等诉前措施；（六）申请强制执行；（七）申请追加当事人或者被通知参加诉讼；（八）在诉讼中主张抵销；（九）其他与提起诉讼具有同等诉讼时效中断效力的事项。

③ 参见《最高人民法院关于审理民事案件适用诉讼时效制度若干问题的规定》（法释〔2008〕11号）第15条。

【释义】

本条规范的是不适用诉讼时效期间的请求权类型。本条第 1 项至第 3 项以及其他法律有专门规定的请求权不适用诉讼时效，权利人可以随时主张权利，相对人不享有民法典总则编第 192 条赋予的时效抗辩权。此前《民法通则》和最高人民法院关于适用《民法通则》与诉讼时效制度的司法解释均无类似规定。[①] 本条规定是一个明确化的规范发展。

有学理认为，作为金钱债权的赔偿损失请求权必然适用诉讼时效，但停止侵害、排除妨碍、消除危险、返还财产、赔礼道歉、消除影响与恢复名誉请求权是保护物权、人格权等绝对权的圆满状态所必需的救济途径[②]，其功能在于阻止正在进行且侵害状态仍持续存在的侵权行为，不应适用诉讼时效[③]。关于诉讼时效是否适用于依据《民法典》物权编行使的返还原物请求权[④]，如王利明教授认为："物权请求权是物权效力的具体体现，包含在物权权能中，只要物权存在，物权请求权就应该存在。由于物权本身作为支配权，不适用诉讼时效的规定，因而作为物权一部分的物权请求权，也不应因时效届满而消灭。"[⑤] 还有观点认为，土地承包权是用益物权，不受诉讼时效的限制，法院在处理土地纠纷，尤其是因历史原因造成的纠纷时不应以超过诉讼时效为由驳回起诉。[⑥] 更有观点认为，从比较法的角度来说，诉讼时效适用于交易安全存在的领域，所以不管何种请求权，如果其本身具有交易安全属性，则应当适用诉讼时效，反之则反。[⑦] 所以，《德国民法典》第 902 条第 1 项规定：已经登记权利之请求权，不受时效之限制；第 2 项规定：为保全权利，已就土地簿册之正确性为异议登记者，其权利视为已登记。[⑧] 在意大利、葡萄牙则规定除发生取得实效的法律事实外，"返还所有物之诉不因时效而消灭""请求返还所有物之诉权，不因事件经过而罹于时效"。[⑨]

---

① 参见《民法通则》《民通意见》（法办发〔1988〕6 号）、《最高人民法院关于审理民事案件适用诉讼时效制度若干问题的规定》（法释〔2008〕11 号）。

② 崔建远：《绝对权请求权抑或侵权责任方式》，载《法学》2002 年第 11 期。

③ 杨巍：《民法时效制度的理论反思与案例研究》，北京大学出版社 2015 年版，第 171 页。

④ 《民法典》物权编第 235 条，无权占有不动产或者动产的，权利人可以请求返还原物。

⑤ 王利明：《民法总则研究》，中国人民大学出版社 2012 年版，第 734 页。

⑥ 徐晓波：《农村土地纠纷仲裁解决机制的运行现状、问题及对策——以安徽省为例》，载《唯实》2009 年第 1 期。

⑦ 参见龙卫球教授的观点，其在 2007 年《物权法》制定讨论物上请求权诉讼时效适用问题时提出的见解。

⑧ 黄立：《民法总则》，中国政法大学 2002 年版，第 457 页。

⑨ 杨巍：《民法时效制度的理论反思与案例研究》，北京大学出版社 2015 年版，第 197 页。

本条规定，应当理解如下：

其一，诉讼时效不适用于“请求停止侵害、排除妨碍、消除危险的”情形。当事人的人身与财产遭到侵权人侵害、妨碍，或处于受到人为制造的危险状态而存在损害风险时，可以随时依据《民法典》侵权责任编[①]向人民法院请求侵权人停止侵害、排除妨碍、消除危险，不受诉讼时效期间的限制，也无须考虑中止、中断、延长诉讼时效等。

其二，诉讼时效也不适用于“不动产物权和登记的动产物权的权利人请求返还财产的”情形。在四审稿时，当时的建议条文表述是“登记的物权人请求返还财产”（第200条第2项），审议中代表提出不动产物权部分，应该是所有的都不适应诉讼时效，而不只是登记的不动产物权。最后公布稿形成了上述规定。

对不动产、动产享有的所有权、占有权被他人侵害的当事人可以依据《民法典》物权编请求返还原物[②]，也可以依据民法典总则编与侵权责任编的规定请求返还财产[③]。根据本条第2项新规定，不动产物权人无论是否登记过标的物，当标的物被他人非法占有时，物权人可以向人民法院请求侵权人返还财产，不受诉讼时效期间的限制。当被非法占有的标的物是动产时，权利人在登记机关登记过其主张权利的返还原物纠纷诉讼标的物时，其返还原物、返还财产的权利请求可以不受诉讼时效期间的限制。反之，如果权利人没有办理过机动车登记、各类动产的抵押与质押登记等产生物权效力的登记时，权利人均需要在知道或应知侵权事实与侵权人身份起3年内向侵权人主张返还原物、返还财产，否则将面临诉讼请求被驳回的不利后果。对不易证明流转过程的动产来说，以登记为不适用诉讼时效的前提，有助于法院查明动产的物权状况，排除年代过于久远无法由当事人举证证明的物权争议。

其三，诉讼时效也不适用于“请求支付赡养费、抚养费或者扶养费”。此前，本条内容在《民法通则》与最高人民法院的司法解释中均无类似规定。

这些属于亲属关系基础上的请求权，与交易安全无关，自然不应适用诉讼时效。在我国台湾地区，因家庭关系而生的请求权、身份权，如夫妇同居请求权、判决离婚之赡养费请求权、亲属间抚养请求权、履行婚约请求权以及离婚请求权也同样不适用于诉讼时效的规定。[④]

---

① 民法典侵权责任编第1167条，侵权行为危及他人人身、财产安全的，被侵权人有权请求侵权人承担停止侵害、排除妨碍、消除危 险等侵权责任。

② 民法典物权编第235条，无权占有不动产或者动产的，权利人可以请求返还原物。

③ 参见民法典总则编第179条第1款第4项返还财产；民法典侵权责任编第1167条。

④ 黄立：《民法总则》，中国政法大学出版社2002年版，第454页。

其四，诉讼时效也不适用于“依法不适用诉讼时效的其他请求权”。根据本条第4项规定，其他法律也可以将不同类型的请求权排除出诉讼时效的适用对象。目前，最高人民法院在司法解释上禁止债务人对以下3种金钱债权请求权行使时效抗辩权：(1) 支付存款本金及利息请求权；(2) 兑付国债、金融债券以及向不特定对象发行的企业债券本息请求权；(3) 基于投资关系产生的缴付出资请求权。[①] 此外，未授权给公民、法人经营、管理的国家财产受到侵害的，也不受诉讼时效期间的限制。[②]

【关联规定】

《最高人民法院关于审理民事案件适用诉讼时效制度若干问题的规定》第1条

（撰稿人：谢地）

第一百九十七条　【诉讼时效规定的强制性】 诉讼时效的期间、计算方法以及中止、中断的事由由法律规定，当事人约定无效。

当事人对诉讼时效利益的预先放弃无效。

【释义】

本条规定了诉讼时效的强制性。本条规定诉讼时效规定具有强制性，第1款禁止当事人约定变更诉讼时效的期间、计算方法以及导致期间中止中断的事由，第2款也禁止当事人通过意思表示预先放弃诉讼时效利益。此前，《民法通则》没有规定诉讼时效强制性原则。最高人民法院在司法解释中规定：当事人违反法律规定，约定延长或者缩短诉讼时效期间、预先放弃诉讼时效利益的，人民法院不予认可。[③]

本条规定，应当理解如下：

---

① 参见《最高人民法院关于审理民事案件适用诉讼时效制度若干问题的规定》（法释〔2008〕11号）第1条；该解释同时也规定“其他依法不适用诉讼时效规定的债权请求权”。

② 参见《民通意见》（法办发〔1988〕6号）第170条。

③ 参见《最高人民法院关于审理民事案件适用诉讼时效制度若干问题的规定》（法释〔2008〕11号）第2条。

其一，《民法典》总则编第197条精简了司法解释规定的内容，禁止当事人通过约定的方式，排除适用《民法典》总则编第9章关于诉讼时效期间、计算方法以及中止、中断事由的规定。

《民法典》总则编将诉讼时效规定作为强制性规定前，学术界存在与最高人民法院司法解释不同的看法。一类观点认为，诉讼时效制度追求的价值是尽快确定法律状态，稳定现有社会关系，短于法定期间的诉讼时效期间的约定符合该制度目的。[①] 例如，《德国民法典》第255条允许当事人协议缩短诉讼时效，但不得通过法律行为排除或者加重时效。[②] 但是，实践情况却反映出延长诉讼时效的约定比缩短诉讼时效的约定更受当事人欢迎。[③] 因此也有人认为：诉讼时效法应是任意法，当事人原则上可以自由处分时效利益，无论延长还是缩短；就如《瑞士债法典》第291条虽然禁止当事人协议变更为期10年的普通诉讼时效期间，但是为期1年的侵权之债、不当得利之债诉讼时效可以通过约定变更，承揽合同中为期5年的不动产定作物的时效期间就可以延长。[④] 还有立法建议认为应允许当事人在法律规定的期间范围内自由约定诉讼时效期间，并限制格式合同提供者约定诉讼时效的权利，以防其减轻己方责任、加重消费者义务。[⑤]

其二，根据本条第2款规定，由于诉讼时效规定的强制性，当事人不可通过意思表示事先承诺放弃时效抗辩权，否则无效。在合同中约定此类条款，属于违反法律、行政法规的强制性规定的无效条款。当事人只能在时效届满后，通过在诉讼中不行使时效抗辩权或不实施中断诉讼时效的消极法律行为来放弃时效利益。

大陆法系国家，多出于“维持社会秩序”和“事关公共利益”的理由也禁止当事人约定变更诉讼时效期间。[⑥] 德国《立法理由书》赋予消灭时效以一种法律警察性质，要求债权人为公共利益作出牺牲，并在民法中禁止当事人约定排除、延长消灭时效。[⑦]《意大利民法典》第2936条规定：“任何一个旨在改变消灭时效

---

① 朱晓喆：《诉讼时效制度的立法评论》，载《东方法学》2016年第5期。

② 柳经纬：《关于时效制度的若干理论问题》，载《比较法研究》2004年第5期。

③ 在对18个约定变更诉讼时效期间的案例的研究中发现：约定延长时效期间（包括事实上可延长时效期间的“预先”中断诉讼时效）的案例远远多于约定缩短时效期间的案例。约定延长诉讼时效期间的共17例，占比94.4%；约定缩短诉讼时效期间的为1例，占比5.6%。参见金印：《诉讼时效强制性之反思——兼论时效利益自由处分的边界》，载《法学》2016年第7期。

④ 金印：《诉讼时效强制性之反思——兼论时效利益自由处分的边界》，载《法学》2016年第7期。

⑤ 北航法学院课题组（龙卫球主持）：“北航建议稿”第206条，双方当事人通过协议可以变更时效的规定。合意时效期间不能短于一年或者超过五年。格式合同条款提供方缩短其承担义务的时效期间或者延长其享有权利的时效期间的，不发生效力。链接 http：//longweqiu. fyfz. cn/b/872378。

⑥ 杨巍：《民法时效制度的理论反思与案例研究》，北京大学出版社2015年版，第259页。

⑦ ［德］梅迪库斯：《德国民法总论》，邵建东译，中国政法大学出版社2001版，第93页。

法律规定的约定都是无效的。”[①]

由于当事人在合同中约定放弃时效抗辩权属于无效条款，承诺放弃时效抗辩权的当事人仍可行使该权利而不承担违约责任。但在实践中，应注意一方明知诉讼时效不可约定变更，故意约定放弃时效利益却又在纠纷发生后反悔，利用时效抗辩不履行义务的投机牟利行为。在瑞士法上，这种情形会因违背禁止权利滥用原则而不获认可。[②] 在我国受害人则可依民法典总则编第 147 条、第 148 条与民法典合同编第 506 条向人民法院申请撤销合同，并依据民法典总则编第 157 条请求牟利者返还已经履行的合同对价、支付补偿与赔偿。

【关联规定】

《最高人民法院关于审理民事案件适用诉讼时效制度若干问题的规定》第 2 条

（撰稿人：谢地）

第一百九十八条　【仲裁时效对于诉讼时效规定的适用】法律对仲裁时效有规定的，依照其规定；没有规定的，适用诉讼时效的规定。

【释义】

本条的规范对象是仲裁时效期间与诉讼时效规定的关系。本条规定，原则上仲裁时效适用专门的法律规定，专门规定没有明确的，则以诉讼时效规定为其一般法，补充适用诉讼时效的规定。本条是新增内容，《民法通则》无此规定。

本条规定，应该理解两点：

其一，仲裁时效，首先应该适用《仲裁法》等专门规定。

仲裁，是民事纠纷的当事人自愿或因法律规定而将纠纷交由中立的第三方机构裁决的争议解决方式。仲裁时效存在于劳动仲裁和农村土地纠纷仲裁中。

劳动仲裁是依据《劳动争议调解仲裁法》设立的一种行政仲裁，其仲裁时效

---

① 柳经纬：《关于时效制度的若干理论问题》，载《比较法研究》2004 年第 5 期。

② 金印：《诉讼时效强制性之反思——兼论时效利益自由处分的边界》，载《法学》2016 年第 7 期。

规定适用于用人单位（含事业单位）① 和劳动者之间围绕劳动权利义务关系发生的纠纷。② 仲裁程序可依劳动者或用人单位单方申请而启动③，争议当事人对仲裁裁决不服方可向人民法院提起劳动争议诉讼④。劳动仲裁规定的仲裁时效为 1 年，从当事人知道或者应当知道其权利被侵害之日起计算，因拖欠劳动报酬引起的争议自劳动关系终止之日开始计算；仲裁时效因当事人一方向对方当事人主张权利（含磋商、谈判、调解）⑤，或者向有关部门请求权利救济，或者对方当事人同意履行义务而中断；仲裁时效因不可抗力或者其他妨碍当事人在时效期间内（含法定代理人未确定情形）⑥ 申请仲裁的正当理由而中止，自原因事实消灭后继续计算。⑦

农村土地承包经营纠纷仲裁也是依法设立的行政仲裁⑧，但其并非提起民事诉讼的强制性前置程序，当事人可以向农村土地承包仲裁委员会申请仲裁，也可以直接向人民法院起诉。⑨ 农村土地承包经营纠纷申请仲裁的时效期间为 2 年，自当事人知道或者应当知道其权利被侵害之日起计算。⑩ 鉴于我国农村纠纷的复杂性以及当前农村群众的法律素养，2 年的仲裁时效没有必要也不符合建立土地仲裁制度的根本目的。⑪ 因此，最高人民法院解释认为当事人的仲裁申请因超过仲裁时效被农村土地承包仲裁委员驳回时，仍可向人民法院起诉。⑫ 只有在对方当事人提出诉讼时效抗辩的情况下，人民法院才依法审查当事人的请求权是否超过诉讼时效期间。⑬

其二，特别法对于仲裁时效没有规定时，仲裁时效可以适用诉讼时效规定。

学界与实务界一直存在关于仲裁时效的性质是诉讼时效、除斥期间还是普通

---

① 参见《最高人民法院关于人事争议申请仲裁的时效期间如何计算的批复》（法释〔2013〕23 号）。

② 洪冬英：《〈劳动争议调解仲裁法〉评析》，载《学海》2008 年第 6 期。

③ 参见《劳动争议调解仲裁法》第 22 条。

④ 参见《劳动争议调解仲裁法》第 5 条。

⑤ 参见《劳动人事争议仲裁办案规则》（人力资源和社会保障部令〔2009〕第 2 号）第 10 条。

⑥ 参见《劳动人事争议仲裁办案规则》（人力资源和社会保障部令〔2009〕第 2 号）第 11 条。

⑦ 参见《劳动争议调解仲裁法》第 27 条。

⑧ 季秀平：《关于农村土地承包纠纷仲裁的几个问题》，载《法学杂志》2008 年第 1 期。

⑨ 参见《农村土地承包经营纠纷调解仲裁法》第 4 条。

⑩ 参见《农村土地承包经营纠纷调解仲裁法》第 18 条。

⑪ 徐晓波：《我国农村土地仲裁制度之反思与重构——兼评〈农村土地承包经营纠纷调解仲裁法〉》，载《皖西学院学报》2010 年第 1 期。

⑫ 参见《最高人民法院关于审理涉及农村土地承包经营纠纷调解仲裁案件适用法律若干问题的解释》（法释〔2014〕1 号）第 1 条。

⑬ 张勇健等：《〈关于审理涉及农村土地承包经营纠纷调解仲裁案件适用法律若干问题的解释〉的理解与适用》，载《人民司法》2014 年第 5 期。

时限的争议。[①] 但《仲裁法》第 74 条规定仲裁时效具有特殊时效的属性，法律对仲裁时效有规定的，适用其规定。法律对仲裁时效没有规定的，适用诉讼时效的规定。因此，无特别法律规定时，仲裁时效与民事诉讼时效的期间、起算、中止、中断保持一致。民法典总则编第 198 条再次明确了仲裁时效的特殊地位，以及它与诉讼时效期间在法律适用中的顺序：仲裁时效首先适用特别法规定，没有特别法规定则适用诉讼时效规定。

【关联规定】

《仲裁法》第 74 条

（撰稿人：谢地）

第一百九十九条　【形成权的存续期间或除斥期间】 法律规定或者当事人约定的撤销权、解除权等权利的存续期间，除法律另有规定外，自权利人知道或者应当知道权利产生之日起计算，不适用有关诉讼时效中止、中断和延长的规定。存续期间届满，撤销权、解除权等权利消灭。

【释义】

本条的规范对象是形成权的除斥期间，包括其适用对象、起算方式、不变性、法律效果。除斥期间，也称预定期间，指法律直接规定或当事人依法确定的特定形成权的预定存续期间，因该期间的经过，该权利当然消灭。[②] 除斥期间只适用于形成权，即权利人依自己单方面的意思表示，使民事法律关系发生、变更或消灭的权利，如追认权、解除权、撤销权、抵销权等。[③]《民法通则》未对除斥期间作一般规定，而是由《合同法》等民法分则部分法律就撤销权等形成权作专门规定，民法典总则编在第 203 条首次规定了“除斥期间”的一般条款，体例上类似我国澳门地区。

---

① 张冬梅：《劳动争议仲裁时效制度的突破及其局限》，载《中国劳动关系学院学报》2009 年第 2 期。

② 龙卫球：《民法总论》，中国法制出版社 2002 年版，第 638 页。

③ 史浩明：《论除斥期间》，载《法学杂志》2004 年第 7 期。

关于除斥期间的立法体例，目前大概有两种。一种是具体式的，主要在《合同法》有关具体的形成权部分加以规定，例如受欺诈合同的撤销权的除斥期间规定。《德国民法典》[①]《日本民法典》[②] 等多数大陆国家及地区采用该模式。[③] 另一种则属于概括式，例如我国澳门地区的《澳门民法典》在总则卷规定了撤销权与除斥期间一般条款，在债法卷具体规定不同类型合同之债的撤销权、解除权除斥期间。我国今日《民法典》总则编与合同编对除斥期间规定之间的关系，与之较为类似。

本条规定，应该理解如下：

其一，法律规定或者当事人约定的撤销权、解除权等权利的存续期间，除法律另有规定外，自权利人知道或者应当知道权利产生之日起计算。

根据本条规定，权利人知道或应知权利"产生"之日为除斥期间的起算点。因此，除斥期间自当事人对其拥有某一形成权知情的法律事实发生之日次日开始计算。当事人因自己不能控制的情形无法及时行使权利时，自该情形消灭之日的次日开始计算。[④] 民法典总则编第 188 条等关于诉讼时效期间起算的规定不适用于当事人因法律规定或约定产生的撤销权、解除权、优先购买权等形成权。[⑤]

普遍观点认为，除斥期间应采用客观法律事实的发生之日，即自权利成立之日起算[⑥]。因为除斥期间只是权利的存续期间，它并不考虑权利是否行使的问题。[⑦] 民法典总则编的一些立法建议也认为，应将除斥期间起算点规定为"自权

① 《德国民法典》中，规定除斥期间的条文有：108 条（追认权）；第 121、124 条（撤销权）；第 355 条（消费者撤回权）；第 531 条（赠与人撤回权）；第 574b 条（承租人异议权）；第 626 条（雇佣合同终止权）等。

② 《日本民法典》关于除斥期间的规定有：第 126 条（撤销权）；第 426 条（诈害行为撤销权）；第 547 条（解除权）；第 564 条、第 566 条（买卖合同解除权）；第 637、638、639 条（承揽合同解除权）；第 865、866 条（监护中的撤销权）等。

③ 本节内容参见杨巍：《民事权利时间限制研究》，武汉大学出版社 2011 年版，第 240 页。

④ 例如，《婚姻法》第 11 条，因胁迫结婚的，受胁迫的一方可以向婚姻登记机关或人民法院请求撤销该婚姻。受胁迫的一方撤销婚姻的请求，应当自结婚登记之日起一年内提出。被非法限制人身自由的当事人请求撤销婚姻的，应当自恢复人身自由之日起一年内提出。

⑤ 参见《澳门民法典》（第 39/99/M 号法令）。总则第 280 条规定了撤销权的行使应"撤销依据之瑕疵终止后一年内"。第 320 条规定了除斥期间为不变期间"既不中止，也不中断，但法律有此规定者除外"。第 321 条规定了除斥期间的起算点为"如法律未规定起始日，则除斥期间于可依法行使权利时开始进行"。在债法一编，第 430 条第 2 款规定了合同解除权未在合同中约定时"他方当事人得定出解除权人须行使解除权之合理期间，如在该期间内不行使解除权，则该权利即告失效"。第 614 条规定"债权人争议权自可撤销之行为作出之日起经过五年失效。"第 922 条规定了买卖合同的解除期间最高为："自买卖时起计二年或五年内行使，但得约定较短之期间"，且"如当事人所约定之期间或约定延长之期间超过上述自买卖时起计之二年或五年限制，则视约定期间缩短至该等期间"。其余还有第 965 条赠予废止权"于赠予时或知悉时 1 年内行使"、第 1018 条出租合同解除权"应自获悉作为解除依据之事实时起一年内提起"等。

⑥ 徐开墅主编：《民商法辞典》，上海人民出版社 1997 年版，第 560 页。

⑦ 王利明：《民法总则研究》，中国人民大学出版社 2012 年版，第 779 页。

利发生时起”[①] 或“自意思表示后、自发现欺诈之日”[②]。也有建议认为，除斥期间应自“撤销权人应在其知道或者应当知道撤销事由”之日起开始计算。[③] 因为权利实际发生并不代表权利人主观上就已经实际知晓了权利的存在，这期间可能存在着一个时间差的问题，除斥期间从权利人知晓或应当知晓权利存在之时起计算除斥期间才公平合理。[④]

民法典总则编第 147 条、第 152 条与合同编、婚姻家庭编中对追认权、撤销权、解除权等形成权的规定，均要求权利人自权利发生之日或撤销权的原因事实之日[⑤]、自催告之日[⑥]起在法定期限或合理期限[⑦]内及时行使形成权，不规定权利行使期限的延长或变更，或规定逾期不行使权利将消灭。部分有关形成权的条文规定了类似最长诉讼时效期间的最长保护期间，权利人自法律事实发生起超过法定最长除斥期间而不行使权利，将导致权利灭失。[⑧] 权利人可以通过明示或默示的意思表示放弃合同撤销权与遗赠接受权的除斥期间利益。[⑨]

同时民法典总则编第 154 条将胁迫中止之日也作为撤销权除斥期间的起算点，其作扩大解释可以解决权利人因人身安全受威胁、人身自由被控制时不能及时行使撤销权的问题。

其二，上述撤销权、解除权等形成权不适用有关诉讼时效中止、中断和延长的规定。

本条明确了除斥期间不适用民法典总则编第 9 章关于诉讼时效中止、中断、延长的规定。当事人不得援引《民法典》总则编第 191 条、第 195 条对除斥期间提出时效抗辩。[⑩]

---

① 参见中国法学会 2016 年《中华人民共和国民法典——民法总则专家建议稿（征求意见稿）》第 205 条。

② 参见中国社会科学院 2016 年《民法总则建议稿》第 152 条、第 154 条。

③ 参见北航法学院课题组（龙卫球主持）：“北航建议稿”第 151 条。

④ 张鹏：《诉讼时效与除斥期间区分标准之再探索》，载《南昌高专学报》2006 年第 2 期。

⑤ 参见《民法典》总则编第 152 条第 1 项；《民法典》合同编第 663 条、第 664 条；《民法典》婚姻家庭编第 1052 条。

⑥ 参见《民法典》总则编第 145 条、第 171 条；《最高人民法院关于审理商品房买卖合同纠纷案件适用法律若干问题的解释》（法释〔2003〕7 号）第 15 条。

⑦ 参见《民法典》合同编第 564 条、第 621 条、第 726 条；《商业特许经营管理条例》（国务院令〔2007〕第 485 号）第 12 条。

⑧ 参见《民法典》总则编第 152 条、《民法典》合同编第 574 条；《最高人民法院关于贯彻执行民事政策法律若干问题的意见》（84 法办字第 112 号）第 58 条、《最高人民法院关于典当房屋回赎中几个有关问题的批复》（〔1986〕民他字第 4 号）。

⑨ 参见《民法典》总责编第 152 条第 3 款；《民法典》继承编第 1124 条。

⑩ 参见《最高人民法院关于审理民事案件适用诉讼时效制度若干问题的规定》（法释〔2008〕11 号）第 7 条。

除斥期间是绝对不变期间[①]，不能照诉讼时效期间适用中止、中断、延长的规定。这一看法在我国学界已无异义[②]，司法实务界也持相同观点[③]。虽然有观点认为：为了防止因出现丧失行为能力等事件妨碍权利行使时导致适用时效制度不公正，除斥期间在必要时，可以适用关于时效中止的规定，特别是其中关于因不可抗力原因的中止。[④] 但是此种担心无必要，因为民法典总则编第 203 条将权利人知道或应知之日作为除斥期间起算点，这意味着如果权利人因客观障碍无法得知形成权的存在，除斥期间不开始计算，自然无须中止。

其三，上述撤销权、解除权等形成权存续期间届满，撤销权、解除权等权利消灭。

（撰稿人：谢地）

---

① 梁慧星：《民法总论》，法律出版社 2001 年版，第 268 页。

② 杨巍：《民事权利时间限制研究》，武汉大学出版社 2011 年版，第 251 页。

③ 最高人民法院主编：《最高人民法院关于民事案件诉讼时效司法解释理解与适用》，人民法院出版社 2008 年版，第 24 页。

④ 耿林：《论除斥期间》，载《中外法学》2016 年第 3 期。

第十章　期间计算

【导读】

本章是关于民法上期间计算的制度规定。[①] 考虑到期间的重要意义，《民法典》总则编对其计算问题设立专章予以规定。这些规则基本上延续了《民法通则》的规定，保持了法的稳定性。

就民法而言，时间的意义非常重大。时间和空间是我们生存和生活的两大支撑因素。一切生活事实和生活关系都在一定的空间范围和时间过程中发生和展开。[②] 法律既然是人类生活的规范，时间在法律上的重要地位，就不言而喻了。[③] 时间本身构成民法上的法律事实的要素；任何法律关系的发生、变更和终止也都是在一定的时间发生的。

期间是指民法上的一个时间跨度。期间在法律上有多种意义，有时是法律效果的时间属性，比如形成权的存续期间，债务的履行期间等，有时是法律事实的一个要素或者就是法律事实本身，比如时效期间。所以，期间的计算本身对于法律关系或法律事实的确定有着重要影响，应当合理明确其规则。

本章主要是对于《民法通则》有关规定的继承和清晰化，同时吸收了相关司法经验和学理。比较突出的创新之处时，新增关于期间计算方法具有任意法性质的规则，允许当事人通过约定限制或排除其适用（第 204 条）。

本章的内容主要有：期间按公历计算的规则（第 200 条）；按照历法计算法，开始的当日不计入的规则（第 201 条）；按照历法计算法，到期日的确定规则（第 202 条）；期间最后一日为法定休假日的，到期日的确定规则（第 203 条第 1 款）；期间计算方法为任意性规定的规则（第 204 条）等。

---

① 王伯琦：《民法总则》，国立编译馆 1957 年版，第 210 页。

② 龙卫球：《民法总论》，中国法制出版社 2002 年版，第 682 页。

③ 王伯琦：《民法总则》，国立编译馆 1957 年版，第 210 页。

第二百条 【期间的计算单位】 民法所称的期间按照公历年、月、日、小时计算。

【释义】

本条的规范对象，是期间的计算单位。根据本条规定，我国民法的期间计算使用公历计算法来确定年、月、日、小时这些计算单位。本条沿用了《民法通则》第154条第1款以来的立场，即采用公历计算法，且与《民事诉讼法》对期间的规定一致[①]，因此不会给任何人与单位的民事法律工作造成不统一的困扰。由于公历普及世界，所以世界各国大体差不多都是这种做法。

本条理解，应当立足以下方面：

其一，正确理解何谓期间。期间，指民法上有意义的时段。所谓时段，指以一定时点为起点，以达于另一时点为终点，所持续进行的时间跨度。[②] 我国民事法律关于期间期日的规定很多，例如，《民事诉讼法》第7章规定的期间、民法典总则编中关于宣告失踪与死亡的期间、未成年人成年的期间、撤销权行使的除斥期间等。

其二，正确理解期间的计算单位。民法上的期间，据以计算其长度的时间单位，就是期间的计算单位。民法期间的计算单位，往往与期间自身的长度相关，也可与法律事实或法律关系对于时间要素的要求特点相关，在实践中可以是时、分、秒等微小单位，也可以是日、星期、月、年等时间单位。

其三，本条明确规定，我国民法的期间计算单位，如果是年、月、日、时，应当依据公历的标准理解。

但是本条没有明确，如果民法有的期间，其计算单位不是年、月、日、时怎么办？理论上，我国民法应当统一按照公历的要求来折算其他计算单位的长度。例如，以年、季度、半个月为单位时，为了计算的方便，《民通意见》第198条第1款解释："当事人约定的期间不是以月、年第一天起算的，一个月为三十日，一年为三百六十五日。"从比较法上看，大多数国家也都是采取公历计算法折算，如德国民法就有明确规定。《德国民法典》第189条规定，半年应理解为6个月，一季度应理解为3个月，半个月应理解为15日；如果期间为一个半月或几个月零半个

---

① 《民事诉讼法》第82条第2款规定，期间以时、日、月、年计算。

② 史尚宽：《民法总论》，中国政法大学出版社2000年版，第611页。

月，最后半个月依15日计算。[①] 第192条还对“旬”的概念作出规定：“月初理解为一个月的第一日，月中理解为一个月的第15日，月终理解为一个月的最末一日。”[②]

【关联规定】

《民法通则》第154条第1款

（撰稿人：龙卫球　谢地）

第二百零一条　【期间的起算】按照年、月、日计算期间的，开始的当日不计入，自下一日开始计算。

按照小时计算期间的，自法律规定或者当事人约定的时间开始计算。

【释义】

本条的规范对象是期间的起算方法。本条原则上沿袭了《民法通则》第154条第2款[③]相关规定。本条第1款规定，各民事法律中凡是按年、月、日计算期间的，期间起算之日不计入，自次日开始起算期间。本条第2款规定，以小时为计算单位的期间，遵从法律规定的起算方式，但也允许当事人之间在法律没有规定时约定起算方式，与《民法通则》比较，后者是本条新增内容。

本条规定，应理解以下几点：

其一，各民事法律中凡是按年、月、日计算期间的，期间起算之日不计入，自次日开始起算期间。例如，在本法第41条规定的宣告失踪程序中，即从“失去音讯之日”“战争结束之日”的次日开始计算被申请人下落不明的时间，属于贯彻较为明确的情况。[④] 此规定与各国法律采取的一般立场相同。[⑤]

但是，上述关于期间起算的规定可否通过当事人约定改变呢？从本条第2款

---

① 龙卫球：《民法总论》，中国法制出版社2002年版，第606页。

② 参见《德国民法典》第192条，杜景林、卢谌译，中国政法大学出版社2014年版，第38页。

③ 《民法通则》第154条第2款，规定按照小时计算期间的，从规定时开始计算。规定按照日、月、年计算期间的，开始的当天不算人，从下一天开始计算。

④ 参见《民法典》总则编第41条。

⑤ 龙卫球：《民法总论》，中国法制出版社2002年版，第607页。

通过明确的方式授权允许约定改变的规定推论（明示为排斥），似乎上述的本条第 1 款属于民法上的强制性规定的性质，不得由当事人约定改变。但过去司法解释一直采取了相反做法，如《民通意见》第 199 条的规定："按照日、月、年计算期间，当事人对起算时间有约定的，按约定办。"

其二，以小时为计算单位的期间，遵从法律规定的起算方式，但也允许当事人约定起算方式。在此，按照小时计算的，应当依照法律的具体要求进行，一般法律都会有明确规定。但是，也允许当事人约定起算方式，这里没有限定必须在法律没有规定时才得约定。

其三，我国民法上有直接规定或者按照性质应当推定为某一期间应当采取即时起算的，此时，应当作为本条规定的例外。例如，《民法典》总则编第 13 条规定的"自然人从出生时起到死亡时止，具有民事权利能力"便是应当理解为一种即时计算，从有效法律文书记载的出生时间或死亡时间开始赋予或终止其民事权利能力。①

此外，比较法上，有关国家非常重视细化规定，以精确平衡期间中当事人的时间利益，所以有不少更加具体的规则。例如，《德国民法典》第 187 条第 1 款，通常在事件发生之日之后的次日才开始起算期限；第 187 条第 2 款规定：如果期间开始是以某一天的零时开始的，或者计算年龄，当天应计算在内，除非另有规定（如受领期限为"中午之前"或"8 个小时"），期限均终于当日的零时。② 我国法律对不少这种具体的情形未及规定，实务可以通过类推适用的方式引入相关规则处理，以维护当事人的合理时间利益。③

【关联规定】

《民法通则》第 154 条第 2 款，《最高人民法院关于贯彻执行〈中华人民共和国民法通则〉若干问题的意见（试行）》第 199 条

（撰稿人：龙卫球　谢地）

---

① 参见《民法典》总则编第 13 条。
② ［德］梅迪库斯：《德国民法总论》，邵建东译，法律出版社 2001 年版，第 643 页。
③ 龙卫球：《民法总论》，中国法制出版社 2002 年版，第 607 页。

第二百零二条 【期间的终止】按照年、月计算期间的，到期月的对应日为期间的最后一日；没有对应日的，月末日为期间的最后一日。

【释义】

本条的规范对象是期间的终止。本条是新增条款，1986 年《民法通则》没有直接规定期间终止的具体日期，是对基层司法实践经验提炼的产物。根据本条规定，按照年、月计算期间时，“到期月的对应日”为期间终止之日；没有对应日的，以月末日为终止之日。

我国台湾学者梅仲协先生总结了三种期间终止点之计算方法：（1）以日定期间者，以期间末日之终止，为期间终止点；（2）以星期、月或年定期间，自该星期、月或年之第一日起算的，以期间末日为终止点；（3）不以星期、月或年之始日起算的，以最后之星期、月或年，与起算日相当之前一日，作为期间的末日。[①]在比较法上，以《德国民法典》第 188 条为例，也对不同时段的期间终止之日作了不同规定：按日指定的期间随期间末日的届满而终止；以星期、以月或者数月为一期——一年，半年，一个季度——指定的期间，以一定时间或一日进行中的一定时刻为起算标准的，随最后星期或者最后月份中依其名称或者数目与事件发生或者时刻到来之日相符之日的届满而终止；以一日的开始作为期间开始的时刻的，随最后星期或者最后月份中依其名称或数目与期间开始之日相符之日的届满而终止；对于按月指定的期间，在最后月份中无期间届满准确日的，期间随该月末日的届满而终止。[②]

本条规定，应当理解如下：

其一，以年、月为单位计算期间的，到期月的对应日为期间的最后一日。

以宣告死亡为例，被申请人因意外事件下落不明满二年这一期间的到期日，应为意外事件发生之日或意外事件发生后被申请人失去音讯之日起 2 年后的对应之日。

其二，没有对应日的，月末日为期间的最后一日。

也以宣告失踪为例，如果失踪之日恰逢闰年 2 月 29 日，其期间届满之日则为 2 年后的 2 月 28 日。

---

① 梅仲协：《民法要义》，中国政法大学出版社 2004 年版，第 152 页。

② 《德国民法典》第 188 条，杜景林、卢谌译，中国政法大学出版社 2014 年版，第 37 页。

【关联规定】

《最高人民法院关于贯彻执行〈中华人民共和国民法通则〉若干问题的意见（试行）》第198条

（撰稿人：谢地）

第二百零三条　【期间的顺延】 期间的最后一日是法定休假日的，以法定休假日结束的次日为期间的最后一日。

期间的最后一日的截止时间为二十四时；有业务时间的，停止业务活动的时间为截止时间。

【释义】

本条的规范对象是期间的顺延。本条与《民法通则》第154条第3款、第4款内容基本一致。[①] 期间终止有时会遇到特殊情形，如测算的终止日却是法定休假日或者终止日虽然是工作时间但是却存在业务时间限定，这种情况如何处理呢？本条依据一般常理平衡各方利益，提出了符合事理的处理办法。

本条规定，应当理解如下：

其一，根据本条第1款的规定，期间的终止之日为双休日、国庆节、春节等法定休假日的情形下，期间顺延至法定休假日结束之日的次日。

但是，法定休假日可能存在实际变通的情况，所以应当灵活理解上述规定。比如，期间的最后一天是星期日或者其他法定休假日，而星期日或者其他法定休假日有变通的，按照《民通意见》第198条，以实际休假日的次日为期间的最后一天。[②]《德国民法典》在民法总则部分第193条也作了类似规定：一定期日为休息日的，以次日或下一个工作日代之。[③]

其二，根据本条第2款的规定，终止日截止时间原则上是自然时间的第24小时结束之时，但是如果存在业务时间的，则以业务时间为准。因此，凡属于有业务活动时间的，如营业时间、办公时间，则应以规定停止业务或营业的时间为期

---

① 《民法通则》第154条："……期间的最后一天是星期日或者其他法定休假日的，以休假日的次日为期间的最后一天。期间的最后一天的截止时间为二十四点。有业务时间的，到停止业务活动的时间截止。"

② 《民通意见》（法办发〔1988〕6号）第198条。

③ 龙卫球：《民法总论》，中国法制出版社2002年版，第605页。

间的终止之时。[①] 例如，业务时间为 8 时至 17 时，则应以期间最后一日的 17 时整为终止点；而无业务活动实践的，则应以期间最后一日的 24 时正为终止点。[②] 这一规则具有很强的商人法属性。一些国家或地区在商法上明确贯彻此一做法。比如，我国台湾地区就规定，禁止票据期间的延长，规定依法令定有办公时间或者商业定有营业时间的，当该时间届满时，则为终止日的截止。[③]

【关联规定】

《民法通则》第 154 条第 3 款、第 4 款

（撰稿人：谢地）

第二百零四条　【期间的计算方法的准据】 期间的计算方法依照本法的规定，但是法律另有规定或者当事人另有约定的除外。

【释义】

本条的规范对象是期间的计算方法的准据。《民法通则》没有明确期间的计算方式是应当严格依照通则的规定，还是可以准用其他法律的规定，也没有明确当事人是否可以约定期间的计算方式。理论上，有特别法依据特别法应为必有之义，但是当事人是否得约定改变法定，则值得疑问。《民法通则》之后的司法意见采取了肯定态度，《民通意见》第 199 条规定："按照日、月、年计算期间，当事人对起算时间有约定的，按约定办"。该解释允许按照日、月、年计算期间的可以依据约定，不过，依旧没有明确关于按照小时的期间的计算方法可否约定。本条规定，对于上面的问题均予明确。

本法关于期间的计算方法，采取的主要是历法计算法或公历计算法。但必要时也有采取自然计算法的。

自然计算法依实际时间计算期间，从一个时点到另一个时点。[④] 一日为 24

① 梁慧星：《民法总论》，法律出版社 2007 年版，第 254 页。
② 梁慧星：《民法总论》，法律出版社 2007 年版，第 254 页。
③ 龙卫球：《民法总论》，中国法制出版社 2002 年版，第 608 页。
④ 黄立：《民法总则》，中国政法大学出版社 2002 年版，第 444 页。

时，一星期为7日，一个月为30日，一年为365日。[①] 多数国家对于以时、分、秒为单位的期间计算，以及对于以日为单位的期间采取自然计算法，如我国台湾地区“民法”第120条规定“以时定期间者，实时起算”[②]；对于以星期、月、年为单位，但不连续的期间，也采取自然计算法，比如《民通意见》第198条第1款规定：“当事人约定的期间不是以月、年第一天起算的，一个月为三十日，一年为三百六十五日。”[③]

历法计算法通过历法规则计算期间，一月不一定是30日，而根据行进中的不同月份有不同日数确定，如7月为31日，8月为31日，9月为30日；常年时为365日，闰年时为366日；行进年月中的每一日均为从早晨零时至晚间第24时之范围，每一星期均为从周日到周六之范围。[④] 各国民法对于以星期、月、年为单位，且连续进行的期间，采用历法计算法。[⑤] 例如，《日本民法典》第143条规定：“以周、月、年确定期间的，以历计算。”[⑥] 我国台湾地区“民法”则规定：“称月或年者，以历计算”，而不对“周”适用历法计算。[⑦] 本法第40条、41条规定的失踪期间的计算方法，就是历法计算法。

本条规定，应当理解如下：

其一，根据本条新规，期间的计算原则上应当按照民法典总则编第10章的规定进行。这些法律规定应该视为强制性规定，还是任意性规定呢？性质上当然属于强制性规定，但是属于未关系根本价值的强制性规定，允许当事人予以改变。

其二，根据本条规定，当存在其他法律规定或当事人之间约定的期间计算方法时，期间依照其他法律的规定和当事人的约定计算。例如，当事人可以本法第203条规定的期间计算中的“业务时间”进行具体约定，以使得期间的计算与财务、证券行业的业务活动保持同步，实践中对之应当尊重。

（撰稿人：谢地）

---

① 例如，《德国民法典》第191条，参见杜景林、卢谌译，中国政法大学出版社2014年版，第38页。

② 王泽鉴：《民法总则》，北京大学出版社2009年版，第571页。

③ 龙卫球：《民法总论》，中国法制出版社2002年版，第606页。

④ 龙卫球：《民法总论》，中国法制出版社2002年版，第606~607页。

⑤ 龙卫球：《民法总论》，中国法制出版社2002年版，第607页。

⑥ 王爱群：《日本民法典》，法律出版社2014年版，第35页。

⑦ 王泽鉴：《民法总则》，北京大学出版社2009年版，第571页。

图书在版编目（CIP）数据

中华人民共和国民法典总则编释义 / 龙卫球主编
. —北京：中国法制出版社，2020
（民法典权威解读丛书）
ISBN 978 - 7 - 5216 - 1101 - 4

Ⅰ. ①中… Ⅱ. ①龙… Ⅲ. ①民法 - 总则 - 法律解释
- 中国 Ⅳ. ①D923. 15

中国版本图书馆 CIP 数据核字（2020）第 080199 号

策划编辑　韩璐玮（hailuwei666@163. com）
责任编辑　韩璐玮　王紫晶　　封面设计　李　宁

中华人民共和国民法典总则编释义
ZHONGHUA RENMIN GONGHEGUO MINFADIAN ZONGZEBIAN SHIYI

主编/龙卫球
经销/新华书店
印刷/三河市国英印务有限公司
开本/730 毫米 × 1030 毫米　16 开　　印张/ 33. 5　字数/ 518 千
版次/2020 年 7 月第 1 版　　2020 年 7 月第 1 次印刷

中国法制出版社出版
书号 ISBN 978 - 7 - 5216 - 1101 - 4　　定价：158. 00 元

北京西单横二条 2 号
邮政编码 100031　　传真：010 - 66031119
网址：http：//www. zgfzs. com　　**编辑部电话：010 - 66070084**
市场营销部电话：010 - 66033393　　**邮购部电话：010 - 66033288**

（如有印装质量问题，请与本社印务部联系调换。电话：010 - 66032926）